上海文化发展基金会图书出版专项基金资助项目
上海师范大学“高水平大学一流学科——中国语言文学”基金项目
310-AC9103-20-368003

上古汉语研究丛书

上古汉语新构拟

上海教育出版社
SHANGHAI
EDUCATIONAL
PUBLISHING
HOUSE

Old Chinese: A New Reconstruction

[美] 白一平 [法] 沙加尔 著
来国龙 郑伟 王弘治 译

“上古汉语研究丛书”前言

学术界一般简略地将汉语史分为上古、中古、近代和现代四个主要时期,上古汉语的时间跨度最大。如果以主要语言特征来分,从殷周到东汉,其间几一千五百年,占去了近一半的中国文明史,而中华元典也是太半诞生于上古汉语时期。《尔雅》《说文》之遗文既彪炳于前,甲金简牍之出土又煌煌于后,传统“小学”的精髓尽在乎此。近代以来,经过马建忠、高本汉、李方桂、王力等海内外数代学者的不懈努力,一方面将现代语言学的范式从海外移介到中国,另一方面对汉语及其周边语言“内外”材料作深入挖掘,奠定了上古汉语研究的基本局面,在语言史领域蔚为大观。

上海教育出版社新设“上古汉语研究丛书”,主要裒集近年来海内外上古汉语的研究新著,同时也整理出版一些目前学林不易见到的前贤经典之作。语言学科的进步离不开创新,所以丛书编选尤其重视新材料、新方法和新视角,例如:最简方案、认知构式、语言接触、语法化等渐渐为古汉语语法常用的理论框架;历史层次、音变理论、从地理视时还原历史真时,成为上古汉语构拟的新方法;出土古文字材料与上古汉语音韵、词汇、句法研究的相互融合、相互影响;亲属语言形态类型研究对上古汉语词法形态的启发,等等。当然,上古汉语研究的创新,不止于此,不尽于此,时刻关注前沿的发展动态正是丛书秉持的首要宗旨。

上海教育出版社原有“国际汉藏语研究译丛”,今后也会继续关注汉藏语研究领域的新进展,与“上古汉语研究丛书”共同形成汉藏语系学术研究的双翼。汉语拥有东亚地区最久远最丰富的文献,上古汉语的成功研究,使我们有如立于高山之巅,俯瞰整个东亚语言的演变脉络,从语言角度切入,探索东亚文明的起源与传播。所以这套丛书的出版,一定会更加有力地助推汉藏语系学术研究的进展。

潘悟云　王弘治

中 译 本 序

我们的《上古汉语新构拟》问世至今已经四年了，现在我们非常欣喜地看到上海教育出版社、香港浸会大学饶宗颐国学院联合香港中华书局，将在内地和香港两地同时出版《上古汉语新构拟》的中文简体和繁体版。如果中国的语言学研究者对本书中的许多新见解感到意外，我们并不会特别吃惊。我们期待着中国同行的反应，希望中国的同行能从各个不同的角度对我们的上古音构拟提出具有深度的和建设性的讨论意见。正如书中所明言，我们并不认为我们的构拟系统是对上古汉语语音、形态和词汇诸方面研究的定论，“新构拟”从本质上说是对迄今尚未得到解释或者尚未得到充分解释的语言事实所作的一系列假设。

自本书出版以来，学界同仁已经指出书中文字上的一些纰缪，我们自己也发现了一些疏漏。所幸这些错误只需做一些细微的更正，还不至于累及全书的基本观点。尽管目前我们已发现有必要对某些构拟进行修正，但这些修改并没有呈现在中文版中。为使中文版与原版之间保持一致，除了一些明显的错漏和误字，我们决定尽可能少修改。中文版翻译完全基于英文原版，未作任何显著改动。英文版的勘误表近期已刊布在我们的网站上：http://ocbaxtersagart.lsait.lsa.umich.edu/。

书末所附《构拟词表》包括了全书中讨论的全部汉字，并标注了相应页码。读者也可从上述网站下载构拟全表，这是我们 2014 年 9 月 20 日上传的，其中包含约五千字，分为三个以不同形式排序的 PDF 文档。同时还有一个单独的表格文档可供下载，内容与 PDF 文档完全一致。五千字的构拟全表也收录了本书《构拟词表》中的内容。长短两份词表使用的是完全相同的构拟系统。

我们非常感谢本书的译者来国龙教授、郑伟教授和王弘治教授的勤勉工作，感谢马坤博士和沈瑞清博士校读了译稿，感谢陈致教授对这项翻译计划的支持。在此还要特别感谢来国龙教授，他发起并多方协调这项工作，此外还一同参与翻译了书中的部分章节。我们由衷感谢上述诸位向中国的学术界引介我们的“新构拟”。我们审读了他们的翻译文本，并认为中文版准确地反映了我们在英文原版中的学术观点。

作者

于巴黎和安娜堡

2018 年 9 月 29 日

译 者 序

美国密歇根大学白一平(William H. Baxter)教授和法国巴黎国立东方语言文化学院沙加尔(Laurent Sagart)教授合著的 *Old Chinese: A New Reconstruction*(中译本《上古汉语新构拟》)是一部关于上古音研究的集大成的著作。2014 年该书由牛津大学出版社出版。该书出版后,受到中外学界的广泛关注,随即荣获 2016 年度美国语言学会(Linguistic Society of America)的“布龙菲尔德图书奖”(Leonard Bloomfield Book Award)。

两位教授都是训练有素、经验丰富的汉语史专家,之前都发表过关于上古音研究的重要著作。白一平教授 1992 年出版《上古音手册》(*A Handbook of Old Chinese Phonology*),继承了清代以来中外学者对《诗经》韵部的研究成果,利用现代语言学的方法对传统韵部作进一步细致的分析,提出了包括上古音构拟的“六元音系统”在内的一系列理论。沙加尔教授则主要利用汉语方言、谐声、词族以及其他东亚语言中的早期借词等材料探讨上古汉语的词根、词缀和声母系统,1999 年出版了 *The Roots of Old Chinese* 一书(该书中文版《上古汉语词根》由复旦大学龚群虎教授翻译,上海教育出版社 2004 年出版)。

白、沙两位教授的合作在学术界也是一段佳话。1992 年白教授的书出版后,沙教授就写了一篇长达二十多页的书评(*Diachronica* 10:2[1993], pp.237 - 260)。他一方面高度评价了白教授的成就,另一方面也中肯地批评了书中存在的严重不足。白教授虚心接受了沙教授的批评,随后他们就开始了长期的合作研究。两位先生发挥各自的专长,取长补短,切磋琢磨,为后辈学者树立了学术合作、协同创新的楷模。《上古汉语新构拟》就是两位教授长期合作的结晶,这也使得本书具有综合性、系统性的特点,即开始全面利用新出土的战国秦汉古文字材料、汉语方言以及其他东亚语言中的早期汉语借词等,全面系统地研究上古音以及相关的如上古汉语的形态、词汇、语法等多方面的问题。两位先生的共同努力,将上古音研究提升到一个新的境界。

本书是来国龙、郑伟、王弘治三人合作翻译的结晶。2015 年 10 月复旦大学“古文字与汉语历史比较音韵学”工作坊会议期间,我们决定合作翻译《上古汉语新构拟》。现代语言学向来以术语与符号繁多著称,为了统一术语的翻译,我们三人先分头翻译了本书的索引。现代语言学的一般术语,我们参考了沈家煊先生翻译的戴维·克里斯特尔(David Crystal)的《现代语言学词典》(*A Dictionary of Linguistics and Phonetics*, 4th edition;中文版由商务印书馆 2000 年出版)。需要特别说明的是,对本书中的一个重要概念“onset”的翻译,我们选择了“音首”这一词(潘悟云先生的《汉语历史音韵学》中也用了“音首”一词,见上海教育出版社 2000 年版第 102 页)。本书中“音首”指的是上古汉语音节的首要部分,即主元音之前的所有音节成分,它可以包括前置音节成分(最多可以有两个辅音,包括前缀)、主要音节的声母和介音。中文版的章节、格式和符号基本都遵从英文版,如在构拟的上古音前加星号(*),中古音标音都用斜体,字词的释义用单引号等。

我们的工作分配大致是这样的:来国龙翻译第一、二、三、六章及其他部分,郑伟翻译第四章,王弘治翻译第五章,索引翻译工作由三人共同完成,来国龙统稿。初稿完成后,我们互相校读了译稿。借 2017 年 7 月参加在香港和澳门举行的首届“上古音与古文字研究的整合”国际研讨会的机会,作者和译者碰面讨论了翻译中遇到的具体问题。之后由来国龙整合译稿,送交白一平先生和沙加尔先生审阅。两位作者仔细审读了我们的译稿,在此过程中改正了一些明显的疏漏。根据作者的修改意见,我们三人分头修改译文。整理之后,又请了中山大学马坤先生和新加坡国立大学沈瑞清先生校读译稿。此后我们再次分别做了修改。最后由来国龙统一定稿。

在《上古汉语新构拟》译稿完稿之际,我们愿意借此机会感谢白一平先生和沙加尔先生对我们的信任与支持。我们还要谢谢马坤先生和沈瑞清先生细心校阅译稿。译事繁难,尤其是翻译这样一部内容复杂丰富的语言学著作。三位译者都有自己的工作和研究项目,只能利用难得的工作间隙,见缝插针、忙里偷闲来从事翻译工作。虽然我们也是诚惶诚恐、谨慎从事，尽了最大的努力，但是一定还会有不少错漏，敬请读者不吝教正为幸。

中国现代学术中，语言学一直是走在比较前沿的研究领域。这不但是因为有清代以来传统语文学家、文献学家的卓越成就，奠定了坚实的基础，也是因为有高本汉、蒲立本、雅洪托夫、罗杰瑞等海外汉学家、语言学家的积极参与与贡献，更是因为“五四”以来有赵元任、李方桂、王力、董同龢等几代中西兼通的学者的开阔胸怀和开放心态，不断推进这一学科的发展。这正好印证了王国维先生在二十世纪初对中国学术的预言，即“异日发明光大我国之学术者，必在兼通世界学术之人，而不在一孔之陋儒，固可决也”(《奏定经学科大学文学科大学章程书后》，发表在《教育世界》1906 年第二、三期，收入《静安文集续编》)。

我们希望我们的翻译工作能给中文学界，尤其是为研究汉语古文字、汉语方言和其他东亚语言的年轻学子学习白、沙两位先生这本著作提供方便。正如两位先生在本书中指出的那样，以上古音为基础的上古汉语的综合研究才刚刚起步。我们衷心祝愿本书的翻译，能为我们共同推进上古汉语的研究添砖加瓦，为综合上古汉语、古文字学、战国秦汉简帛研究、汉语方言以及东亚语言的研究开辟一个新天地。

译者

于洛杉矶和上海

2018 年 12 月 15 日

目　　录

表 目 录[①]

① "表目录"由译者添加。

图 目 录[①]

① “图目录”由译者所加。

致　谢

感谢安娜堡的密歇根大学和巴黎的东亚语言研究中心为我们这一远程合作提供的支持。我们也要感谢密歇根大学的亚洲语言与文化系、语言学系、中国研究中心，尤其是文理学院的信息技术办公室（College of Literature, Science, and the Arts: Information Technology, LSAIT）和语言资源中心（Language Resource Center, LRC），如果没有它们慷慨得力的协助，我们的项目是不可能完成的。特别是里德·帕克斯顿（Reid Paxton）、朱莉·埃弗谢德（Julie Evershed）、简·斯图尔特（Jan Stewart），他们帮我们设立了一个上古汉语词汇的大数据库，并储存在LRC的服务器上，使我们只要能上网就能随时随地登录并更新数据。

我们也要感谢给予我们各种帮助和支持的人：米歇尔·阿布德（Michelle Abud）、秋谷裕幸、毕鹗（Wolfgang Behr）、陈剑、齐卡佳（Katia Chirkova）、米歇尔·费吕（Michel Ferlus）、金鹏程（Paul Goldin）、韩哲夫（Zev Handel）、向柏霖（Guillaume Jacques）、来国龙、阿兰·卢卡（Alain Lucas）、野原将挥、许家平（Weera Ostapirat）、潘悟云、托马·佩拉尔（Thomas Pellard）、范氏秋河、裘锡圭、玛莎·拉特利夫（Martha Ratliff）、许思莱（Axel Schuessler）、亚当（Adam D. Smith）、托尔·乌尔温（Tor Ulving）、王弘治、魏克彬（Crispin Williams）。当然，书中的任何错误都与他们无关。

最后，我们要感谢已故的罗杰瑞（Jerry Norman）和奥德里古尔（André-Georges Haudricourt），以及我们的老师包拟古（Nicholas C. Bodman）和鲁国尧，感谢他们在学术上给予我们深远的影响。

第一章
绪　论

本书所介绍的白-沙“上古汉语新构拟”，是白一平(William H. Baxter)和沙加尔(Laurent Sagart)多年合作的结晶，是对上古汉语的音系、形态和词汇更全面、更完整的语言学构拟。上古汉语，是最早的汉语经典文献(约公元前第一个千年的早期)所反映的语言，也是后世各种形式的汉语的祖先。我们先前都写过上古汉语构拟方面的书和文章(特别是：Baxter 1992；Sagart 1999c；Baxter & Sagart 1998)。但是，新获得的材料使我们得以采用新方法来处理旧问题，并在以前的研究基础上取得了显著的改进，白-沙构拟体系是这一新方法的成果。我们同时提供了四千多个汉语单字的上古音构拟，可以在这个网站找到：http://ocbaxtersagart.lsait.lsa.umich.edu/。

重构三千多年前汉语的语言特征，不仅仅是为了满足历史语言学家的好奇心，事实上，它更是解读中华文明基本典籍的锁钥。希腊或罗马的古文献因为是用拼音文字写下来的，辨识其中的词比较容易，研究者不必过分担心它们的实际发音就可以开始解析文本。但在阅读早期汉语文献时，古文字读音的重构通常对最初的离经辨志起到至关重要的作用。这是数百年来中国学者公认的事实。

1.1 什么是上古汉语

我们用广义的“上古汉语”(Old Chinese)来指公元前221年秦统一中国之前各种形式的汉语。汉语最早的文字记录起源于约公元前1250年(商代晚期，周克商于公元前1045年)刻在兽骨和龟甲上的甲骨文，所以我们讨论的也就是这一千年里的汉语。很明显，在这样广阔的时空跨度下，当时应该有很多不同形式的汉语。原则上，我们希望重构这段时间内汉语整体的历史，包括它所有的复杂

性，但是我们可以肯定的是，这些语言信息中有很多已经不可挽回
1 地丢失了。

不过一个有益的出发点是，尽可能重构所有已证实的语言形式的共同祖先。后世的方言可以说是从这一共同祖先演变而来。虽然我们没法确定，但是似乎包括甲骨文、金文和最早的经典文献在内的早期文本，也和这一共同祖先相差不远。

历史语言学中一般将已证实的语言（如拉丁语、希腊语、梵语）和必须构拟的语言（如原始日耳曼语、原始印欧语）区分开来。从某种意义上说，上古汉语是可证实的，因为文献中有大量的书证。但因为上古汉语文字系统的性质，为了解析这些文本，我们必须重构它的音系和其他语言特征。[1]这是因为早期汉字系统的最重要原则是用代表一个词的字符去记录别的读音相近的词（有时还添加其他部件）。因此对于上古时期的文本而言，没有拼音文字的便利，要确定文本中用的是哪个词，我们就必须弄清楚在文本写成时期哪些词是读音相近的。

而由于最早的汉语文献所记录的语言，看上去和所有已证实的汉语方言的共同祖先很接近，现阶段我们很难对上古汉语和原始汉语（Proto-Chinese＝Proto-Sinitic）作出有意义的区分。为了方便起见，我们用狭义的“上古汉语”来指根据现有证据构拟的最早期的汉语，并且我们认为来自任何汉语族语言的证据（包括借入其他语言的汉语借词）都有助于我们的构拟。

1.1.1 上古音构拟的传统方法

重构上古音最重要的早期工作是清代（1644—1911）学者完成的。他们把辨析古音作为语文学的工具，用来解析形成于上古时期的经典文献。他们用押韵和谐声来辨识经典流传过程中造成的文本错乱或文字讹误。

瑞典汉学家高本汉（Bernhard Karlgren，1889—1978）结合清代学者的成果和字母标音法以及当时他自己的一些语言学方法，建立了一个上古音的构拟体系［他称之为“Archaic Chinese”；高本汉

(Karlgren 1954)中做了总结],他主要用了三种证据:

1. 早期诗歌中的韵脚字,特别是中国最早的诗歌总集《诗经》; 2
2. 汉字中的谐声声符;
3. 中古汉语(高本汉称"Ancient Chinese")读音的具体信息保存在《切韵》(成书于 601 年)和类似韵书以及其他书面材料中,如陆德明(550? —630)的《经典释文》(简称 JDSW),其中包含对经典文字音义的解释。

高本汉的方法后来成为了传统,他提出的上古汉语读音既符合以上这三种证据,又(在某种程度上)符合自然语言。白一平的《上古音手册》(*A Handbook of Old Chinese Phonology*, 1992)就继承了这一传统。这一传统方法已经取得了重要的成果,但是也存在一些局限:

1. 中文文献以外的证据(即现代方言的口语材料和其他语言中的早期汉语借词)很大程度上被忽略了。
2. 多数研究者倚重清代小学家对《诗经》押韵的传统分析,而不是直接分析韵文证据本身。
3. 大部分对谐声声符的分析,不是基于实际使用的先秦文字,而是用汉代(公元前 206—公元 220)以来的标准文字,或者是用许慎完成于公元 100 年、以分析秦篆为主的《说文解字》。这样的做法很明显是时代错乱的。
4. 上古汉语多被看作是一个同质的、共时的系统;很少关注上古时期语言的变化。
5. 主要精力集中在语音的构拟,而较少注意构拟形式的形态或句法、语义属性。

1.1.2 一种更全面的方法

我们的新构拟还是依靠传统构拟所使用的三种证据。但最近的一些进展使我们得以运用一种更全面的方法:现代方言——尤其是那些可能承载更多有关上古汉语信息的方言,比如福建及其周边的闽方言——现在的文献记录比过去要好得多,因此我们不必甚至不应该像高本汉那样,只依靠中古汉语的书面材料来替代上古汉语后来的语言形式。

我们也有了侗台语族(Kra-Dai = Tai-Kadai)[2]、苗瑶语族(Hmong-Mien)、藏缅语族(Tibeto-Burman)、越语族(Vietic families)方面更好的调查和研究,这些语言中保留了借自汉语的早期
3 借词。这些借词往往为我们提供了在现代方言和中古汉语书面材料中很难或根本不可能得到的语言信息,而这些信息是构拟上古汉语时应该考虑的。

另外一个新近的进展是中国激动人心的考古发掘了一大批先秦时期的出土文献。[3]这些用统一和标准化之前的文字抄写的文本,不但出土数量日益增多,而且内容丰富,特别是湖北出土的郭店楚简(参见:“GD”条)和20世纪90年代上海博物馆收藏的战国竹书(参见:“SB”条)。以前出土的先秦时期文字材料内容有限,而且比较程式化,如商代的甲骨文和商周青铜礼器上的金文。多数常用词都不见于这些材料,因此高本汉倚重稍后的标准文字也是可以理解的。但最近出土的简帛写本,内容丰富多样,包括哲学、历史、神话、法律、占卜、医药等多个领域。这些资料中有一部分也见于传世文献,但多数是闻所未闻或以前仅知其名而不见其实的。此外,这些文本中有很多字形是前所未见的,为我们提供了构拟先秦读音的宝贵证据。相比之下,很多秦汉以来使用的标准文字,却完全不反映上古汉语的语音。

我们也认为上古汉语的构拟已经发展到可以有效利用内部构拟方法来重现上古汉语的形态。高本汉在他1933年的文章《汉语中的词族》(“Word families in Chinese”)中已经为此打下一些基础。他把音义相近的词放在一起,作为判定它们的词根和形态变化过程的初步工作。但是他在古音构拟方面的局限,限制了他对有关规律的辨识。改善后的古音构拟,加上方言以及早期借词的证据,使我们现在可以更精准地辨识形态变化的过程。

最后,使用更趋完善的古音构拟,能更好地理解早期文本中一些关于早期汉语及其方言变体的或明或暗的信息。

1.2　方法论

1.2.1　语言构拟的性质

我们把语言构拟看作是对一种或多种语言的较早阶段进行推论，这种推论是通过提出假设，然后进行实际验证。音系的构拟常常是最基本的工作，尤其在研究的初期，因为对音系的了解是理解其他语言结构的前提。但是原则上我们的目标是构拟一种语言的所有，包括所 4
有词汇的语法及语义特征，而不仅仅是它们的读音。

这些目标看上去不可能做到，并且有时候的确不可能做到。从原则上说，我们怎样能获得对一种死语言，或者是一批死语言的认识呢？关于如何重构语言史，存在两种截然不同的观点。按照一种传统的看法，历史语言学家手上有某些科学的方法，如果正确运用的话，可以产生可靠的结果，万无一失。正确使用这些方法所得到的结论，就可以被看作是“证实”了（依照这种看法，如果两位学者得出不同的结论，那至少其中一位是用错了方法）。而且按照这种观点，研究者只能是一分材料说一分话，不能多说；讨论那些未观察到的现象是不科学的。

虽然很难说有任何人曾把这种方法自始至终贯彻到底，但是构拟的过程有时就是如此：某些结论说是被“证实”了，而且研究者之间的不同观点可归结于这方或那方的不合理操作。我们这里采用的是另外一种对于科学研究的看法，那就是假设-演绎（hypothetico-deductive）法，如迈尔（Mayr 1982：28—29）所描述的。在我们看来，语言的构拟是对一种语言的历史所作的一系列假设。假设并不仅仅是对观察到的现象的概括，更重要的是，它们一面基于已有的观察，另一面也对未来的观察提出可验证的预测。这就是该方法的演绎部分。假设不能被证实，但是根据它们推演出来的预测，是可以被检验的。如果它们的预测是错的，那就说明假设是有问题的；在这样的情况下，科学家就要修正或替换原来的假设。

这一假设-演绎法最有名的用例是 1919 年 5 月 29 日的日食。这次日食为比较牛顿物理学和爱因斯坦的广义相对论提供了一个很好的机会。在这之前,牛顿对古典物理学定律的归纳是深得人心的,大多数人可能会说它们就是被“科学地证实”了的。但是牛顿和爱因斯坦的理论,对光在被巨大的物体(如太阳)影响时应该怎样弯曲作出了不同的预测,而 1919 年的全日食正好为验证这些预测提供了机会。结果是爱因斯坦的理论比牛顿的理论更符合观测到的现象(Dyson, Eddington and Davidson 1920)。

这样,语言的构拟不仅仅是对所观察到的事实的总结,更是关于语言实际的一系列假设。这些假设与观察到的事实大致符合,但同时也能预测还没有看到的事实。我们的上古汉语构拟预测:在新发现的或还未经仔细分析的文本中,会或者不会押什么样的韵;上古时期写本中的某词,会或者不会被写成什么样子;在汉语方言或其他语言
5 的汉语借词中,会或者不会找到怎样的发音。因此,我们的构拟也会被已有的或是新发现的证据证伪。

因此只要有新材料不断涌现,构拟的工作就永远没个完。很遗憾英语“reconstruct”这个动词似乎属于泽诺·万德勒(Zeno Vendler 1957)所谓的“完成式动词”(accomplishment verbs),即暗含着一个过程和一个终点。对于完成式动词(更确切地说是动词短语)如“run a mile”,我们可以问:“How long did it take you to run a mile?”完成式动词与“活动式动词”(activity verbs)不同。对于活动式动词如“run”(跑步),正常的问话是“How long did you run?”,但是我们不会说“How long did it take you to run”(除非你已经预设了一个终点,如某人每天跑一定的距离)。对于“reconstruct”(构拟)来说,“How long did it take you to reconstruct Old Chinese?”(构拟上古汉语花了你多少时间?),这听起来是一句正常的话,因此“构拟上古汉语”似乎可以被看作是一个完成式动词。事实上,高本汉好像就是这么认为的,他 1940 年出版《汉文典》(*Grammata Serica*)时,大概认为他完成了上古汉语的构拟。[4]

但是我们认为,这样理解构拟的过程是容易引起误解的。上古汉语的一些信息已经不可挽回地丢失了,构拟上古汉语的过程永远不可能完成。同时随着更多证据的出现,更多人来研究,现在的构拟就一

定会需要修正。我们相信我们所构拟的基本假设是足够稳固了的，因此现在可以公布我们的结果。我们把构拟的结果放在一个公开的网站上，这样，有了新材料或新主张时就可以作必要的修正。

值得强调的是，我们的假设应该能预测哪些现象是将来会观察得到的，但同样重要的是，也应该能预测哪些现象是不可能观察得到的。如果碰到构拟系统不能解释的实例，一般总是可以临时提出一些特设的修改来解释这些例外。但如果一个构拟系统能符合所有可以想象得到的现象，如果它什么都能解释，它也就没有预测力了。有时与其马上提出特设的修改，还不如等到能找出比较合理的解释方法。

1.2.2　本书构拟上古汉语的方法

我们最终的目的不只是构拟狭义的上古汉语，而且是构拟所有一切我们所能构拟的先秦语言史。早期的语音系统是什么？它是怎么演变的？有哪些形态变化？有哪些方言差异？这些方言又是怎样发展的？每个词的语义和语法属性是怎样演变的？当时的汉语与哪些语言有接触？这样的接触在语言上产生了什么结果？汉语的语言史和说汉语的人的历史之间又是什么样的关联？为了回答这些问题，我们认为所有可能用到的证据都应该用上，不仅仅是上面所说的传统的三种证据。 6

在第二章我们会概述所使用的每一种主要证据。不过，我们先要介绍一下所使用的记音符号。

举例时，我们一般举现代标准普通话读音、中古音（MC）和构拟的上古音（OC）。普通话读音用拼音字母。中古音读音用一套约定的转写符号，我们会在第二章中详细介绍。这套中古音的转写符号并不是对语音的构拟，而是把中古时代的书面材料中关于读音的信息用一套约定的符号表示出来，因此在它们前面也就不用星号。为了输入打印的方便，也为了强调它们不是语音构拟，只用通常的 ASCII 字符（用斜体排），而不用国际音标。

上古音构拟形式前加星号（*），并使用国际音标符号。连字符（-）

标示语素的界线。处在元音前的*-r-,其两端的尖括号(<*-r->)表示它是一个中缀(参看§3.3.2.6)。在§3.3.1讨论词根的结构时,我们还会进一步解释上古汉语的词在主要音节之前还可以有语音成分。有些前置音节可视为共时的前缀,所以我们用连字符把它和主要音节分开,比如在这一对中,表示静态-不及物化的前缀*N-:

(1) 華 huā < *xwae* < *q^{wh}ˤra'花(名词)'(汉代以后一般写作"花"[5])

華 huá < *hwae* < *N-q^{wh}ˤra'开花(动词);华丽的(形容词)'

但在上古汉语时期并不是所有的前置音节都可以分析为共时的前缀。有些成分可能在更早时期是前缀,而在上古汉语时期已经成为词根的一部分。也有些成分可能一直都是词根的一部分。无论哪一种情况,如果我们不能确定前置音节是否是共时的前缀,我们就在后面用一个小黑点(.)表示,而不用连字符:

(2) 千 qiān < *tshen* < *s.n̥ˤi[ŋ]'一千'

(3) 實 shí < *zyit* < *mə.li[t]'果实;充满'[6]

如上所述,我们永远不会有上古汉语词汇的全部信息,特别是对单个字词的构拟,有时候证据不足而无法确定。例如,大多数情况下,我们可以从中古汉语的语音形式分辨出上古汉语中某个词的主要元音前有没有一个*-r-,但是在有些情况下,有*-r-和没有*-r-的对应形式是没有区别的。虽然上古音中*kaŋ和*kraŋ在中古音中分别还是有 *kjang* 和 *kjaeng* 的区别,但是上古音的*ka和*kra都变成了中古音的 *kjo*。类似的例子,如中古音的 *ki* 可以对应上古音*kə或*krə,中古音的 *kje* 可以对应上古音的*kaj或*kraj。我们觉得有必要在我们的记音符号中标示这种不确定性,因此这样的例子我们记作*k(r)a、*k(r)ə和*k(r)aj,表示就我们所知,在上古音的主要元音之前可以有一个*-r-(但这并不意味着我们有任何确实的证据说明应该构拟 *-r-)。

同样,在我们的构拟中,中古音的 *k*-可以来自上古音的*k-或

*C.q-(这里*C 是一个不确定的辅音)。在很多例子中,我们有证据去
选择这个或那个构拟,但是有时候我们没有证据。在这种情形下,为 7
了反映这种不确定性,我们记作 MC *k*-< OC *[k]-。一般而言,
“*[*X*]”的意思是“是*X*,或者是一个与*X* 在中古音中的对应形式一
样的形式”。有时主要元音也不容易确定。中古音韵尾带-*n* 的词中
方括号([])用得尤其多。这是因为虽然我们有强有力的证据证明中
古音的韵尾-*n* 可以来自上古的*-n,也可以来自*-r(参看 § 5.5.1),但
有的词,很难确定应该构拟哪一个韵尾。举一个具体的例子:我们把
奇 jī < *kje*‘单数’构拟成 OC*[k](r)aj,表示依据现有的证据,我们不知
道中古音的辅音 *k*-是来自软腭音还是小舌音,也不知道元音之前有没
有*-r-。[7]

最后,在讨论古文字时,我们采用方便的惯例,用花括号(如:裘锡圭[8] 1988,2000)来指括号里的标准文字所代表的词(音义的结合),而不是这个字形本身。因此,{聞}指的是现在写作“聞”的那个词,而不是“聞”这个字本身;在上古汉语时期{聞}有好多种写法,而且是在相当晚的时候才写作“聞”的。①

1.3　章节安排

第二章将更加详细地讨论我们的构拟所用的各种证据。第三章
简述上古汉语构拟研究的历史以及我们的创新。第四章对上古汉语
音首的构拟是本书的核心。第五章是关于上古汉语韵母的构拟。第
六章介绍我们在构拟中已知的一些问题和未来将研究的课题。 8

---

① 译注:勘误表此处注释内容如下,“聞”字在战国文献里已经出现(Harbsmeier 2016),但据我们目前所知“聞”表示‘听见’的用法也没有更早的例子了。

第二章

上古汉语的证据

2.1 中古音

2.1.1 中古音的材料来源

中古音的语音材料主要有两个来源：一是韵书，特别是 601 年成书的《切韵》和 1008 年根据《切韵》增补的《广韵》；二是陆德明(550？—630)的《经典释文》，成书大约在六世纪晚期，它是对十四种经典的注释，为特定语境中的词注音。第三种书面材料是稍晚的韵图，把字音按照不同的分类排列在二维平面表格中。但是我们很少用韵图的材料，因为它们的解释是有问题的。它们可能是以更晚的汉语语音为基础(晚期中古音参见：Pulleyblank 1984)，和上古汉语的构拟基本上无关。[1]

韵书是按照读音编排的汉字字典，把可以互相押韵的字归在一起。原本《切韵》早已亡佚，传统的做法是用 1008 年成书的《广韵》替代。但二十世纪四十年代末在北京故宫发现了一本几乎完整的王仁昫本《刊谬补缺切韵》(706)，为我们提供了更早的《切韵》版本(参见：龙宇纯 1968)。

韵书(编排)的第一级划分，是按中古音的平、上、去、入四声分为四个部分。[2]每个调类又按韵排列。每个韵顺次编号，以第一个汉字作为这个韵的名称(即“韵目”)。各个版本的第一个字头都是“東”字，所以这个韵就叫“一東”(每个调类都从一开始重新编号)。 9

每个韵又进一步分为若干小韵。下文例(4)举了王仁昫本《刊谬补缺切韵》平声第一韵的第一个小韵，其中包括“東”“凍”两字。

(4)

每个小韵中，第一个汉字下标示反切。反切是用两个字拼合而成的注音方法，上字取其声母，下字取其韵母和声调。这两个字后面往往跟着个“反”字（如王仁昫本《刊谬补缺切韵》）或者“切”字（如《广韵》）。

下面就是例(4)中“東”字条下的反切，为“東、凍”注音：

(5) 德 紅 反

dé hóng fǎn

第一个字“德”标示声母，第二个字“紅”标示除声母之外的其他语音成分（包括韵母和声调），第三个字“反”表示“德紅”是反切注音。在我们用 ASCII 字符标写（下面再介绍）中古音符号时，“德”是 *tok*，“紅”是 *huwng*。要得到中古音的读音，就把“德”的声母、“紅”的韵母与声调拼合在一起：德 紅 反 *t*(*ok*)+(*h*)*uwng*=*tuwng*。这是“東、凍”组的中古音读音。

如果我们查反切上字“德”，我们就会找到：

(6)

这里德“多特反”的中古音就是：*t*(*a*)+(*d*)*ok*=*tok*。如果我们再查

“德”的反切上字“多”，我们会发现：

(7) 

“得河反”是：*t*(*ok*)+(*h*)*a*=*ta*。 10

这些拼写是通过参考其他字的中古汉语发音来标示中古音，因此它们并不告诉我们一个词实际上是怎样具体发音的。但是将这些反切字系联起来，我们可以建立中古音的音类。我们根据反切，知道“德、多、得”都代表同一个中古音的声母。[3]在我们的中古音标音法中，我们用 *t*-来标示“德、多、得”的声母，这是因为这三个词在现代各种形式的汉语以及其他语言的汉语借词中，绝大多数(虽然不是全部)是以[t]为声母，参见表 2.1(我们的中古音音标列在表中第一排)[4]：

表 2.1　中古汉语、部分现代方言和汉语借词中的德、多、得

	德	多	得
中古汉语	*tok*	*ta*	*tok*
普通话	[tɤ^{35}]	[tuo^{55}]	[tɤ^{35}]
广东话	[tɐk^{5}]	[tɔ^{55}]	[tɐk^{5}]
苏州话	[tɤʔ^{4}]	[tɒ^{44}]	[tɤʔ^{4}]
朝鲜汉字音	*tŏk*[tʌk]	*ta*[ta]	*tŭk*[tɯk]
日本汉字音	*toku*	*ta*	*toku*
汉越语	*đức*[ɗɯk D1]	*đa*[ɗɑ A1]	*đắc*[ɗak D1]

我们的中古音标音并不是一种构拟，而是一套约定的、便于记忆的对中古汉语书面材料中所能找到的信息的标示。[5]

至于《经典释文》，它不是一本字典，而是对十四种重要经典文本的随文注释，对词在具体语境中的读音进行解说(当然也还有其他信息)。例如在《左传·隐公元年》中有这样一句：

(8) 惠公之季年，敗宋師于黄。[6]

关于这一句,《经典释文》说:

(9) 敗宋,必邁反;敗他也,後放此。

之所以这样注释,是因为根据中古汉语的材料,“敗”字有两读:“打败”(及物动词)时读 *paejH*,“遭受失败”(不及物动词)时读 *baejH*。注释告诉我们,《左传》这里的“败”读为 *paejH*(“必 邁 反”[MC
11 *p*(*jit*)+(*m*) *aejH* = *paejH*]),是个及物动词,意思是“打败他人”。“後放此”是告诉读者,同样的原则适用于后面的“败”的例子,这样就不用每个例子都注释了。

我们并不认同这些中古汉语材料忠实地反映了一时一地的语言;并且从它们的内容上看,也明显不是。《切韵序》明确指出,这个系统是由至少两种读音综合而成的(参见:周祖谟 1966,1968)。《切韵》和《经典释文》可能都是为了界定正确的读书音。这一阅读传统在很多方面可能是不自然的,而且是建立在对经典文本的不一定是完美的阐释之上。很难说当时的学者在平常说话时是否会尝试用这些读书音,当然他们肯定会至少用一些在字典的标准释义中找不到的口语词。这也是为什么我们不给中古音拟音,而只是用一套约定俗成的转写。若没有大量对现代方言的历史研究,单靠这些书,不可能对中古时期的汉语口语进行精确描述。

但并不是说这些书面材料就不能成为构拟上古汉语的证据,事实上,这些材料所反映的多样性可以帮助我们理解在这些材料被记录下来以前方言的情况。[7]

2.1.2 本书的中古音标音法

中古音的材料定义了一个被可能的音节填充的抽象空间,从书面材料中,一般也容易确定填充这一抽象空间的具体形式。汉语音节传统上被分析为由三个部分组成:声母、韵母、声调。因此音系学上这些抽象空间也具有这三个方面的属性。我们用传统的术语声母、韵母、声调来描述中古音,但必须注意的是,这里的韵母,如果按照传统的定义,与“韵”是不同的：韵母还包括一些主要元音之前的成分,这些成分在不同的分析中可以被认为是音首的一部分。

即使我们不可能精准地确定这一音节空间与任何一个中古汉语具体的口语发音之间的对应关系,在大多数情况下,我们也可以确定它所属的语音区分不是人为编造的,而是某一历史时期的汉语中确实存在过的某些形式。因此它们是构拟上古汉语的重要材料。本书用中古音标音法来标示那个抽象空间中每一个音节的位置。

概括地来说,本书的中古音转写依照以下这些原则：

1. 为了简洁与方便,也为了提示这不是一个语音构拟,转写只采用标准的 ASCII 字符,且在本书中写成斜体。 12
2. 当中古音系中某一成分的发音大致没有疑问时,转写就按照那个发音来写。例如一个词的中古音转写以 *t-* 开头,那它可能真的在中古时期大多数的汉语方言中以[t]开头;那些以 *-p*、*-t*、*-k*、*-m*、*-n*、*-ng* 结尾的词,可能真的以[p][t][k][m][n][ŋ]结尾。
3. 当一个音的发音不确定,或很难用 ASCII 字符来标示,或者各方言之间都不同时,我们用约定的符号,只是起到助记的作用。例如,“國”的中古音记作 *kwok*。在大多数中古汉语的方言中,这个词可能就是以[k]开始,以[k]结尾,而且 *-w-* 对大多数方言来说,也可能是真实的。在现有的中古音构拟中,这个词经常写作[kwək]或[kwʌk]。但 ASCII 字符中找不到相当于[ə]或[ʌ]的符号,而且,这个元音是否是非圆唇的,以及它到底是哪种方言我们也不知道。虽然 *kwok* 这样的标记可能并不符合任何一种中古方言,但是它确实有这样的好处：采用易认的符号,便于和这个词的其他已知形式联系起来,如表 2.2 所示。
4. 标音法被设计成尽可能地使《切韵》系统中的自然类别易于辨识。例如,《切韵》系统有一个自然类别,即所谓的二等韵。虽然这个名词在中古后期的韵图中才出现,但是二等韵只要用《切韵》本身的分布标准就容易辨识出来,而不用靠韵图：它们在《切韵》系统中与“卷舌”声母(如 *tr*-和 *tsr*-)并存,而不与“腭音”声母(如 *tsy*-和 *ny*-)并存。[8]在我们的标音系统中,所有的二等韵音节都很容易辨识,它们的主要元音写作-*ae*-或-*ea*-,前面没有-*j*-或-*y*-。601 年前后,一些中古汉语的方言里很可能就有这两个对立的主要元音,有时被构拟成[æ]和[ɛ],而另一些方言可能没有这种区分。我们所说的-*ae*-是[æ]的助记符号,而-*ea*-很容易与“-*ae*-和
13 [ɛ]”联系起来。

表 2.2 國(guó <*MC kwok*)的词源形式

	國
中古音	*kwok*
普通话	[kuɔ^{35}]
广东话	[kwɔk^{33}]
上海话	[koʔ^{5}]
厦门话	[kɔk^{32}]
朝鲜汉字音	*kuk*[kuk]
日本汉字音	*koku*
汉越语	*quốc*[kwʌk D1]

《切韵》的这一例就恰好能够告诉我们中古汉语方言的多样性。我们的系统中用-*aen* 和-*ean* 表示《切韵》中的一对邻韵：删韵(MC *sraen*)和山韵(MC *srean*)。《切韵》把它们分成两个韵,说明在有的方言中是将它们区分开来的——从当时押韵的实例来看,这可能是真的。从上古音押韵和汉字谐声材料分别独立得出的证据,也支持这一结论。但是当《切韵》中相邻韵目以同一辅音开头(如这里都以 *sr*-开头)时,那可能表明某些方言中不区分这两个韵。这种相邻韵目可能在某些方言中已产生合流的例子有：東(MC *tuwng*)～冬(MC *towng*),支(MC *tsye*)～脂(MC *tsyij*)～之(MC *tsyi*),删(MC *sraen*)～山(MC *srean*),仙(MC *sjen*)～先(MC *sen*)。

2.1.2.1 中古汉语的声调

中古汉语的“四声”是平、上、去、入。在我们的标音法中,它们分

别表示如下：

(10) 平 píng < ***bjaeng***　　无标记
　　上 shǎng < ***dzyangX***　　用-***X*** 尾标记
　　去 qù < ***khjoH***　　用-***H*** 尾标记
　　入 rù < ***nyip***　　用-***p***、-***t*** 或-***k*** 尾标记

声调的名称是对声调的描述，同时它们本身也是属于这个声调；所以“平”(píng < ***bjaeng***)本身就是一个平声字，“上”(shàng～shǎng < ***dzyangX***)是个上声字，“去”“入”亦是如此。为了在现代发音中保留这个一致性，“上”在作为中古汉语声调名称时，一般习惯念 shǎng (而不是中古音 ***dzyangX*** 在现代普通话中按规则对应的 shàng)，因为大多数上声字在普通话中念第三声(上声)。(但是，上声字如果在中古汉语中其声母为浊阻塞音，包括“上”字[***dzyangX***]本身，在普通话中就规则地演变为第四声去声。)入声字包括所有以-***p***、-***t*** 或-***k*** 收尾的词，这些韵尾在普通话中已经消失了，但在一些南方方言中仍有保留，如广东话。

请注意，中古音的四个声调与现代普通话的四声并不是简单的对应关系：中古音的平声和普通话第一、二声调(阴平、阳平)规则对应；上声字与普通话第三、四声调(上声、去声)对应；去声字都对应第四声调(去声)；入声字在普通话中不太规则，可能归入四个声调中的任何一个。

2.1.2.2　中古汉语的声母

我们的标音法中，中古汉语的声母和常用的丁声树、李荣系统(1981)的名称对应，见表 2.3。每个声组的标目字用中古汉语中的同 14
声组字表示。第二竖列中的大写字母代表右边所列的声母组。我们称 ***P***- 和 ***K***- 组为“钝音辅音”；其他组为“锐音辅音”。表 2.3 中方括号里的数字，即该表注释部分的编号。中古汉语声母系统方面以及其他传统术语更具体的讨论可参看白一平(Baxter 1992：45—61)。

中古汉语声母中经常包括非、敷、奉、微，但是它们分别只是 ***p***-

(幫)、*ph*-(滂)、*b*-(並)、*m*-(明)的唇齿音对应形式。虽然这四个唇齿辅音的名称经常用在中古汉语的讨论中,但是把它们当作《切韵》系统的声母则是时代错乱的:因为《切韵》代表的早期中古音中还没有唇齿音,所以我们的标音法不区别这两组声母。

表 2.3　中古汉语的声母

1	*P*-	*p*- 幫	*ph*- 滂	*b*- 並	*m*- 明				
2	*T*-	*t*- 端	*th*- 透	*d*- 定	*n*- 泥	*l*- 來			
3	*Tr*-	*tr*- 知	*trh*- 徹	*dr*- 澄	*nr*-[1] 娘				
4	*Ts*-	*ts*- 精	*tsh*- 清	*dz*- 從			*s*- 心	*z*- 邪	
5	*Tsr*-	*tsr*- 莊	*tsrh*- 初	*dzr*- 崇			*sr*- 生	*zr*-[2]	
6	*Tsy*-	*tsy*- 章	*tsyh*- 昌	*dzy*-[3] 禪	*ny*- 日		*sy*- 書	*zy*- 船	*y*-[4] 以
7	*K*-	*k*- 見	*kh*-[5] 溪	*g*- 群	*ng*- 疑				
8		*'*- 影	*x*- 曉	*h*- 匣					*hj*-[6] 云

表 2.3 注释:

[1] 赵元任(Chao 1941)指出 *n*-和 *nr*-是互补分布的,不需要作区分。据此,有时泥母用来指中古汉语声母系统中的 *n*-和 *nr*-。但是在反切中这个区分通常是存在的,因此我们在标音中保留。

[2] 声母 *dzr*-和 *zr*-在《广韵》中不作区分,因此 *zr*-没有传统的命名。但是王仁昫本《刊谬补缺切韵》中有一个单独的 *zr*-声母,因此我们的系统也作这个区分。

[3] 汉字"禪"现在比较常见的读音是 chán(如禅定的禅、禅宗的禅),但是作为声母,丁声树、李荣(1981)提供了另一种读音 shàn(意
15 思是"禅让")。

[4] 在通过分析反切知道中古音的 *y*-(以母)和 *hj*-(云母)其实是

不同的声母之前，它们被当作同一个声母，传统上称为喻母。因为在韵图中 *y*-（以母）总是放在四等，*hj*-（云母）在三等，所以 *y*-（以母）又称“喻四”，*hj*-（云母）“喻三”。我们有时也这么用。

[5] 根据现行的字典，“溪”字在普通话中念 xī，而不是从中古汉语读音 *khej* 中可以预期的“qī”，一些字典确实将“qī”列为旧读。

[6] 匣母和云母传统上是互补分布的，所以我们的标音系统中它们都是 *h*-，但是传统术语中它们是有区分的。在具体的例子中，我们的标音系统也把它们加以区分：所有三等韵之前的 *h*-代表云母（包括带-*i*-而不是-*j*-的，如：隕 yǔn < *hwinX*‘陨落’）。其他所有韵之前的 *h*-代表匣母。在此类图表中，我们把匣母写作：*h*-、云母写作 *hj*-，即使代表云母的 *h*-在转写中并不是总跟有-*j*-。

2.1.2.3　中古汉语的韵母

标记中古汉语韵母最方便的方法就是依据它们在韵图中的分布：传统术语中的一、二、四等韵和三等韵（事实上，在中古前期的《切韵》音系中，一、四等韵配的是完全相同的一套声母，因此它们实则是同一类，但是习惯上还是把它们当作不同的类别，因为在韵图上它们是这样分布的）。一、二、四等字合起来称为“A 型音节”（依据：Pulleyblank 1977—1978），三等字称为“B 型音节”。[9] 在我们的上古音构拟中，A 型音节拟测为咽化音首，而 B 型音节没有咽化（参看§3.1.1）。

在我们的中古音转写系统中，字母或字母组合 *a*、*e*、*i*、*o*、*u*、*ae*、*ea*、“+”（加号，代表加杠的 i：“ɨ”）为主要元音。相关的传统音类和转写系统的主要标音法，见表 2.4。

表 2.4　中古音的音节类型 17

类别	传统术语	中古音标音法及例子
I	一等	包含-*a*-、-*o*-或-*u*-，但是没有-*e*-和元音前的-*j*-：綱 gāng < MC *kang*，本 běn <MC *pwonX*，東 dōng <MC *tuwng*。
II	二等	包含-*ae*-或-*ea*-，但是没有元音前的-*j*-：間 jiān <MC *kean*，白 bái <MC *baek*，詐 zhà <MC *tsraeH*。

续 表

类别	传统术语	中古音标音法及例子
III	三等[1]	包含-*i*-，元音(包括“+”)左边加-*j*-，或者这两者兼有；或者声母带-*y*-： 真 zhēn <MC *tsyin*，長 cháng <MC *drjang*，丙 bǐng <MC *pjaengX*，貴 guì <MC *kjw*+*jH*，章 zhāng <MC *tsyang*。
IV	四等	包含-*e*-(但没有-*a*-)，没有-*j*-或-*y*-：天 tiān <MC *then*，圭 guī <MC *kwej*，閉 bì <MC *pejH*。

表 2.4 注释：

[1] 在有重纽区分的情况下(参看本书 § 5.2.1 和白一平[Baxter 1992：75—81]的解释)，重纽三等韵有元音-*i*-，或其他元音左边有-*j*-，但不是两者兼有：乙 yǐ <MC *'it*，龜 guī <MC *kwij*，碑 bēi <MC *pje*，廟 miào <MC *mjewH*。重纽四等韵有元音前-*j*-和-*i*-(也可能中间有一个-*w*-)：一 yī <MC *'jit*，季 jì <MC *kjwijH*，卑 bēi <MC *pjie*，妙 miào <MC *mjiewH*。

16 因为声母 *Tsy*-只和三等韵配，为了方便，我们采用习惯的拼写法，把 *Tsy*-后面韵母里元音前的-*j*-省略；这样中古音的“章”，声母是 *tsy*-，韵母是-*jang*，但我们拼写作 *tsyang*，而不是 *tsyjang*，因为-*j*-在这里是多余的。

中古音一等韵及其《广韵》韵目列在表 2.5。[10] 和其他的表格一样，方括号里的数字是表下面注释的号码。有好几个韵目里包含了数个韵母，如東韵，包括韵母-*uwng* 和-*juwng*。注意入声韵母——那些带清塞音韵尾的韵母——与那些带同一发音部位是鼻音韵尾的韵母相对应。因此-*uwng*、-*uwngX*、-*uwngH*、-*uwk* 可以看作是一组，就好像

17 -*uwk* 是-*uwng* 的入声。换一种分析就是中古汉语只有三声，而塞音韵母没有声调的区别。

表 2.5　中古音一等韵及其《广韵》韵目

		-*X*	-*H*		-*p*、-*t*、-*k*
-*uwng*	東 *tuwng*	董 *tuwngX*	送 *suwngH*	-*uwk*	屋 *'uwk*
-*owng*[1]	冬 *towng*	—	宋 *sowngH*	-*owk*	沃 *'owk*

续　表

		-X	-H		-p、-t、-k
-u	模 mu	姥 muX	暮 muH		
-aj、-waj[2]			泰 thajH		
-woj	灰 xwoj	賄 xwojX	隊 dwojH		
-oj	咍 xoj	海 xojX	代 dojH		
-won	魂 hwon	混 hwonX	慁 hwonH	-wot	没 mwot
-on[3]	痕 hon	很 honX	恨 honH	-ot	—
-an[4]	寒 han	旱 hanX	翰 hanH	-at[4]	曷 hat
-wan[4]	桓 hwan	緩 hwanX	换 hwanH	-wat[4]	末 mat
-aw	豪 haw	晧 hawX	号 hawH		
-a[4]	歌 ka	哿 kaX	箇 kaH		
-wa[4]	戈 kwa	果 kwaX	過 kwaH		
-ang、-wang	唐 dang	蕩 dangX	宕 dangH	-ak、-wak	鐸 dak
-ong、-wong	登 tong	等 tongX	嶝 tongH	-ok、-wok	德 tok
-uw	侯 huw	厚 huwX	候 huwH		
-om	覃 dom	感 komX	勘 khomH	-op	合 hop
-am	談 dam	敢 kamX	闞 khamH	-ap	盍 hap

表 2.5 注释：

［1］没有与冬韵相对应的上声韵目；在本来只包括-*jowngX* 韵母的腫韵中，也寄放了一些韵母是-*owngX* 的字，有特别注解；可见，韵母是-*owngX* 的字太少，不足以成为一个独立的韵目。

［2］一些以-*j* 结尾的韵都是去声；参看 § 5.5.2.2 的解释。

［3］虽然在入声以外的调类中，-*won* 和-*on* 是在不同的韵目，但 18
是没有单独的-*ot* 韵目，少数是-*ot* 的字被寄放在没韵（-*wot*）中。

［4］《切韵》没有单独的韵目区分：-*an* 与-*wan*、-*at* 与-*wat*、-*a* 与-*wa*，但是如表中所示，《广韵》有这样的区分。在唇音声母之后，没有-*an*、-*at*、-*a* 和-*wan*、-*wat*、-*wa* 的区分，《切韵》的反切经常暗示的

是前者，如末 mò < *mat* 在王仁昫本《刊谬补缺切韵》中是“莫割反，”即 *m*(*ak*)+(*k*)*at* = *mat*。但是《广韵》经常把唇音声母和这些韵母相配的音节当作好像有-*w*-的韵母，并把它们归在带-*wan*、-*wat*、-*wa* 的韵目。在这一点上我们的标音遵从《切韵》而不是《广韵》，因此我们把末 mò 的中古音标作 MC *mat*，尽管《广韵》的末韵(mò < *mat*)包括带-*wat*的字，这是把“末”当作成“*mwat*”。

中古音二等韵及其《广韵》的韵母列在表 2.6。注意，它们的元音都写作-*ae*-或-*ea*-，元音前没有-*j*-(或-*y*-)。

中古音四等韵及其《广韵》的韵母列在表 2.7。

表 2.6　中古音二等韵及其《广韵》韵目

		-*X*	-*H*		-*p*、-*t*、-*k*
-*aewng*	江 *kaewng*	講 *kaewngX*	絳 *kaewngH*	-*aewk*	覺 *kaewk*
-*ea*、-*wea*	佳 *kea*	蟹 *heaX*	卦 *kweaH*		
-*eaj*、*weaj*	皆 *keaj*	駭 *heajX*	怪 *kweajH*		
-*aej*、-*waej*			夬 *kwaejH*		
-*aen*、-*waen*	删 *sraen*	潸 *sraenX*	諫 *kaenH*	-*aet*、-*waet*	鎋 *haet*
-*ean*、-*wean*	山 *srean*	産 *sreanX*	襇 *keanH*	-*eat*、-*weat*	黠 *heat*
-*aew*	肴 *haew*	巧 *khaewX*	效 *haewH*		
-*ae*、-*wae*	麻 *mae*	馬 *maeX*	禡 *maeH*		
-*aeng*、-*waeng*	庚 *kaeng*	梗 *kaengX*	映 *'jaengH*	-*aek*、-*waek*	陌 *maek*
-*eang*、-*weang*	耕 *keang*	耿 *keangX*	諍 *tsreangH*	-*eak*、-*weak*	麥 *meak*
-*eam*	咸 *heam*	豏 *heamX*	陷 *heamH*	-*eap*	洽 *heap*
-*aem*	銜 *haem*	檻 *haemX*	鑑 *haemH*	-*aep*	狎 *haep*

表 2.7　中古音四等韵及其《广韵》韵目

		-*X*	-*H*		-*p*、-*t*、-*k*
-*ej*、-*wej*	齊 *dzej*	薺 *dzejX*	霽 *dzejH*		
-*en*、-*wen*	先 *sen*	銑 *senX*	霰 *senH*	-*et*、-*wet*	屑 *set*

续　表

		-X	-H		-p、-t、-k
-ew	蕭 sew	篠 sewX	嘯 sewH		
-eng、-weng	青 tsheng	迥 hwengX	徑 kengH	-ek、-wek	錫 sek
-em	添 them	忝 themX	㮇 themH	-ep	帖 thep

中古音三等韵有两个表：表 2.8 是元音韵尾(或没有韵尾)的韵母，表 2.9 是鼻音和塞音韵尾的韵母。在我们的中古音标音系统中，三等韵韵母主要元音是-*i*-，或者主要元音的左边有-*j*-或-*y*-，或者两者兼有。一些韵母兼具元音前的-*j*-和充当整个主要元音或部分主要元音的-*i*-(可能中间还会插有-*w*-)。这一标写是为了区别所谓的“重纽”，这里需要特别解释一下。

支韵是重纽韵母中的一例，它与中古音声母 *p*-相配，有两个同音字组：一组首字是碑 bēi <MC *pje*‘石碑’，另一组首字是卑 bēi <MC *pjie*‘低下，谦逊’。重纽指的是像这样会有一个以上音节且声母相同的小韵。这些不同音节之间语音区别的本质是个争论已久的问题。但是在韵图中，碑小韵在三等，卑小韵在四等。在我们的标音法中，重纽四等韵母如-*jie*，兼有元音前的-*j*-和-*i*-；重纽三等韵母如-*je*，有-*j*-或-*i*，但不兼有两者。这个区别只存在于钝音声母，即 *P*-和 *K*-型的。对重纽的区别，更具体的讨论参看白一平(Baxter 1992：75—81)。

幽韵和清韵中的钝音声母字在韵图中也归在四等，而我们把这样的韵母分别标写成-*jiw* 和-*j*(*w*)*ieng*。广义上说，它们可以被看作是重纽四等，虽然在同一韵目中并没有与之相对立的三等字。

表 2.8　中古音三等韵及其《广韵》韵目(元音韵尾)

		-X	-H
-je、-jwe、-jie、-jwie	支 tsye	紙 tsyeX	寘 tsyeH
-ij、-wij、-jij、-jwij	脂 tsyij	旨 tsyijX	至 tsyijH
-i	之 tsyi	止 tsyiX	志 tsyiH
-j+j、-jw+j	微 mj+j	尾 mj+jX	未 mj+jH

续 表

		-X	-H
-jo	魚 ngjo	語 ngjoX	御 ngjoH
-ju	虞 ngju	麌 ngjuX	遇 ngjuH
-jew、-jiew	宵 sjew	小 sjewX	笑 sjewH
-ja[1]	歌 ka	哿 kaX	箇 kaH
-jwa[1]	戈 kwa	果 kwaX	過 kwaH
-jae	麻 mae	馬 maeX	禡 maeH
-juw	尤 hjuw	有 hjuwX	宥 hjuwH
-jiw	幽 'jiw	黝 'jiwX	幼 'jiwH

表 2.8 注释：

19 [1] 只有少数不重要的字的韵母是-*ja* 和-*jwa*；它们是后起的，所以无法构拟其上古音。

表 2.9 中古音三等韵及其《广韵》韵目（鼻音和塞音韵尾）

		-X	-H		-p、-t、-k
-juwng	東 tuwng	董 tuwngX	送 suwngH	-juwk	屋 'uwk
-jowng	鍾 tsyong	腫 tsyongX	用 yowngH	-jowk	燭 tsyowk
-in、-win、-jin[1]	真 tsyin 臻 tsrin	軫 tsyinX	震 tsyinH	-it、-wit-、-jit	質 tsyit 櫛 tsrit
-win、-jwin[1]	諄 tsywin	準 tsywinX	稕 tsywinH	-wit、-jwit	術 zywit
-jun	文 mjun	吻 mjunX	問 mjunH	-jut	物 mjut
-j+n	欣 xj+n	隱 'j+nX	焮 xj+nH	-j+t	迄 xj+t
-jon、-jwon	元 ngjwon	阮 ngjwonX	願 ngjwonH	-jot、-jwot	月 ngjwot
-jen、-jwen、-jien、-jwien	仙 sjen	獮 sjenX	線 sjenH	-jet、-jwet、-jiet、-jwiet	薛 sjet
-jang、-jwang	陽 yang	養 yangX	漾 yangH	-jak、-jwak	藥 yak
-jaeng、-jwaeng	庚 kaeng	梗 kaengX	映 'jaengH	-jaek	陌 maek

续 表

	-X -H		-p、-t、-k
-jeng、-jieng、-jwieng	清 *tshjeng* 靜 *dzjengX* 勁 *kjiengH*	-jek、-jiek、-jwiek	昔 *sjek*
-ing、-wing	蒸 *tsying* 拯 *tsyingX* 證 *tsyingH*	-ik、-wik	職 *tsyik*
-im、-jim	侵 *tshim* 寢 *tshimX* 沁 *tshimH*	-ip、-jip	緝 *tship*
-jem、-jiem	鹽 *yem* 琰 *yemX* 豔 *yemH*	-jep、-jiep	葉 *yep*
-jaem	嚴 *ngjaem* 儼 *ngjaemX* 釅 *ngjaemH*	-jaep	業 *ngjaep*
-jom	凡 *bjom* 范 *bjomX* 梵 *bjomH*	-jop	乏 *bjop*

表 2.9 注释:

[1]《切韵》只有一个真韵,而《广韵》分成真韵和諄韵。《广韵》的一般规则是韵母是*-in* 以及钝音声母配重纽三等韵韵母*-win* 的字归真韵,而韵母*-win* 中的锐音声母字以及韵母*-jwin*中的重纽四等字归諄韵。

以上的中古音标音法是在白一平(Baxter 1992: 27—85)基础上的稍加修定版。这两个版本的区别是:

1. 我们把白一平(Baxter 1992)版中的起首喉塞音 ʔ-改成了'-(撇号,Unicode U+0027),标示传统的起首声母影母。

2. 中古音韵母方面,白一平(Baxter 1992)写作"-ɛɨ"和"-wɛɨ"的中古韵(《广韵》中的佳韵),现在分别改写成*-ea*和*-wea*。其他如"ɨ"(带杠的 i)改成"+"(加号,U+002B),"æ"改成 *ae*,"ɛ"改成 *ea*。

2.2 上古汉语的韵文证据

许多先秦时期的文献中都有韵文,但传统上用于上古音构拟的材料主要是《诗经》。《诗经》是中国最早的诗歌总集,其中几乎所有的诗都押韵。构拟一个合格的上古音系统的先决条件之一,就是要能解释 20
《诗经》中的哪些字之间是互相押韵的,且同样重要的还有,解释哪些字之间是不可以互相押韵的。

和其他早期中国的经典一样,现有的《诗经》文本基本上是用两千年前就已经标准化的文字系统来写的。虽然其中很多词在今天的口语中早就已经不用了，字典中还是给出了每个字的现代读音，人们就是用这样的发音来诵读的。在朗读的时候，我们很容易发现原来的韵脚不总是押韵的。以《国风·周南·芣苢》为例，用现代的读音来读，例(11)右边"韵脚"下是押韵字的中古音转写：

(11)《国风·周南·芣苢》　　韵 脚
采采芣苢，薄言采之　　采 cǎi <MC *tshojX*
采采芣苢，薄言有之　　有 yǒu <MC *hjuwX*
采采芣苢，薄言掇之　　掇 duō <MC *twat*
采采芣苢，薄言捋之　　捋 luō <MC *lwat*
采采芣苢，薄言袺之　　袺 jié <MC *ket*
采采芣苢，薄言襭之　　襭 xié <MC *het*

根据这首诗的结构，我们很容易确定韵脚：它们是每一句中唯一变化的字。第二、第三两句在中古和现代汉语中仍然押韵，但是第一句的"采"(cǎi <MC *tshojX*)和"有"(yǒu <MC *hjuwX*)在中古和现代汉语中都不押韵。但这样的押韵一点也不奇怪，它是有一定的规律的，有很多类似的例子。一个合格的上古音构拟就必须能解释这样的押韵。

当我们用押韵或诗歌的其他技巧作为发音的证据时，我们不能想得太单纯了：文学有自己约定俗成的常规，不能总是认定它能简单直接地反映口语。这些文学作品所设定的读者也不一定就是说同一种方言的人，还会有各种各样的折中[进一步讨论，参看白一平(Baxter
21 1992：87—97)]。上古汉语的押韵不像唐诗以及后来的诗词那样有繁复且常常是人为的格律，且不管诗人自己有什么样的方言背景，诗词的格律是受韵书严格规定并且必须遵守的。没有证据显示上古时期就有韵书或其他关于怎么写诗的规范性文本。当然，任何时期新创作的诗歌都可能受到已有的诗歌影响。例如，甚至在先秦时期，诗人有时可能会模仿著名诗篇的押韵，即使这些韵文并不反映诗人自己的发音。但总的来说，我们可以肯定，上古汉语的押韵很大程度上是基于当时的口语语音系统的。

在§1.1.1我们已经提到,清代学者为上古汉语用韵的分析奠定了基础,其中集大成者是王念孙(1744—1832)和江有诰(?—1851)。他们的方法是把上古汉语中的韵脚字归为一个韵部,用《广韵》的韵来界定,同时也用《广韵》的韵目来命名这些韵部。这些方法至今还被广泛使用。

目前在用的有数种传统韵部的版本。最有影响的一个可能是王力《古代汉语》(1999)教材中的,见表2.10。王力也构拟了每一韵部的音值,虽然大家经常使用的只是传统的韵部名称,而没有提及王力的音值构拟,表2.10中包括他的韵部构拟(为了和我们的构拟相区别,他的构拟用引号加以标示)。传统的做法是韵部分为三类:韵尾是元音或没有韵尾的阴声,以清塞音*-k、*-t或*-p为韵尾的入声和以鼻音为韵尾的阳声。韵部的三分法(甲乙丙或ABC)依据的是韵尾的发音部位:在王力的构拟中,甲类是没有韵尾或软腭韵尾,乙类有*-i或齿音的韵尾,丙类是唇音韵尾。

王力的韵部系统与清人的只有些微的区别。王力主要的修订就是([1937]1958)提出从传统的脂部分出脂部(表2.10中18,构拟为一个前元音“*-ei”)和微部(表2.10中21,构拟为一个非前元音“*-əi”)。 22

表2.10　王力的上古音韵部及构拟 23

	阴声(没有韵尾或元音韵尾)	入声(清塞音韵尾)	阳声(鼻音韵尾)
甲类 A	1. 之“*-ə”	2. 職“*-ək”	3. 蒸“*-əng”
	4. 幽“*-u”	5. 覺“*-uk”	6. 冬“[*-ung]”[a]
	7. 宵“*-ô”	8. 藥“*-ôk”	
	9. 侯“*-o”	10. 屋“*-ok”	11. 東“*-ong”
	12. 魚“*-a”	13. 鐸“*-ak”	14. 陽“*-ang”
	15. 支“*-e”	16. 錫“*-ek”	17. 耕“*-eng”
乙类 B	18. 脂“*-ei”	19. 質“*-et”	20. 真“*-en”
	21. 微“*-əi”	22. 物“*-ət”	23. 文“*-ən”
	24. 歌“*-ai”	25. 月“*-at”	26. 元“*-an”
丙类 C		27. 緝“*-əp”	28. 侵“*-əm”
		29. 葉“*-ap”	30. 談“*-am”

[a] 王力认为冬部(6)和侵部(28)在《诗经》时代是一个韵部,但到战国时代(前475—前221)因为音变而分成两部,参看:王力(1980:8)。 23

22 清代学者的古音分析确实是一项伟大的学术成就，而且通常人们认为划分上古汉语韵部的工作已经完成了。有些上古音的构拟系统(如李方桂[1971]和蒲立本[1977—1978])不是建立在早期韵文的实际押韵情况上，而是基于这一传统的分析。这种倾向又由于传统的分析看上去很好，且我们在读早期诗篇时似乎很少碰到例外而得到加强。

虽然传统的分析通常与押韵的情况一致，但是它不能充分解释为
22 什么某些押韵没有出现。我们很容易找到在上古汉语中押韵，现在却
24 不再押韵的例子。如前面所举的《国风·周南·芣苢》，当我们颂吟
《诗经》时，这些是很明显的。但是要识别现在念起来押韵而上古汉语中不押韵的例子就比较难：如是，我们就得查全部的诗韵，以确认哪些韵部没有押韵。

原先押韵但后来不再押韵是由上古汉语韵部的分化导致的。如“采”cǎi <MC *tshojX* 和“有”yǒu <MC *hjuwX*，在《国风·周南·芣苢》中押韵，中古汉语时归入了不同的韵。现在押韵而以前不押韵的，是因为上古汉语韵部的合流。因为分化比合流更容易被人察觉，一开始上古音的研究者就有个印象，好像上古汉语的韵部比后世的韵部要少得多。他们的分析也渐渐变得越来越细密，但是最近的研究表明，他们的分析还不够细密。

例如和王力的三十部相比，清初学者顾炎武(1613—1682)只分出十个韵部。前面已经提到，清代学者用《广韵》的韵作为分析的单位。顾炎武的第三部包括了来自《广韵》的魚(MC *-jo*)、虞(MC *-ju*)和侯(MC *-uw*)韵的字。可能他是受了《诗经》中《广韵》的魚韵和虞韵押韵且虞韵和侯韵押韵的影响，这样可能就给人一个印象，以为《广韵》这三个韵在上古汉语中都押韵。

江永(1681—1762)和段玉裁(1735—1815)明确指出，《广韵》虞韵(MC *-ju*)与魚韵(MC *-jo*)字在上古押韵的字，和虞韵与侯韵(MC *-uw*)字在上古押韵的字是不同的两组字。而且《广韵》魚韵和侯韵在上古汉语中互不押韵。所以，他们把顾炎武的第三部分为魚部(我们构拟为 *-a，对应表 2.10 中 12)和侯部(我们的 *-o，对应表2.10 中 9)。顾炎武被上古汉语魚部(*-a)和侯部(*-o)部分合流的现象迷惑了，这

两部中都有字后来归在了《广韵》虞韵(MC -*ju*)中。[11]

事实上,后来在合流中消失的上古汉语韵部的区别,如果只通过《诗经》韵文,很难用归纳推理的方法发现,除非我们一开始就假设好这些区别的性质是什么。假如以 15 个韵脚为一组,而我们要检查它们是否应该分成两组,但是我们不知道哪些词在原来的哪一组。把这 15 个韵脚分成两组的方式有 16 368 种,所以要逐个检查每一种可能的方式将会是一项艰巨的工作。[12]就实际情况而言,我们只有一开始就对韵部应该怎样划分有一些具体的假设,才会对解决这个问题有所推进。在顾炎武第三部的例子中,《广韵》区分魚韵(MC -*jo*)和侯韵(MC -*uw*)的事实可能使江永和段玉裁认识到这样的一个假设,即在上古汉语中这两部也是有区别的。当他们用实际韵例来检查时,发现这个假设果然是对的。 24

最近在韵部分析方法上的进展,已经超出了传统古音分析方法中靠《广韵》的具体排列得出假设并进行验证,而是依据中古音系统中音系成分的分布规律得出假设并进行推演。例如,中古音元音前-*w*-的分布使雅洪托夫(Jaxontov 1960b)认识到一些中古音的-*w*-来自上古音的唇音化声母,如 *kw-,而另一些来自原先圆唇元音的复元音化。例如:團 tuán'圆的;大量的'<MC *dwan* <OC *-on,与此相对的如:壇 tán'祭坛'<MC *dan* <OC *-an。我们称之为"圆唇元音假设"。團和壇都属于传统元部(表2.10 中 26),但是圆唇元音的假设说明它们的主要元音是不同的,因此预测它们在上古音中不能互相押韵。对韵例的仔细分析证明这个推测是正确的(Baxter 1992:370—389)[13]。类似的有关分布的论据推导出"前元音假设",预测了更多传统分析所忽略的韵部区别,这些预测也被实际的韵例证明是对的(对两个假设更具体的讨论见 § 5.2.1)。

我们来回顾一下。在利用押韵的证据构拟上古音时,发现哪些韵不押韵和发现哪些韵押韵一样重要。发现哪些韵押韵比较容易,我们从实际的韵例中就能看到。但是,要发现哪些韵不押韵就比较微妙。光看韵例的语料,用归纳法很难发现这些区别,我们需要有一些假设来指导我们去寻找区别。清代学者从《广韵》的排列中得出假设,据此逐步发现更多的韵部区别,但是没有理由说他们已经发现了所有的区别。分析中古音音系成分的分布已经为我们提示了更多的韵部区别,这些区别也通过韵例语料的分析而被证实了。一个充分的上古汉语音系的构拟也应当解释这些区别。

以押韵作为证据的局限是,上古汉语中只有一小部分词会用来押韵。新发现的古文字材料中的韵文可以帮助解决一些问题,但是,一个词即使出现在韵文中,要是韵例太少的话,也还是很难构拟它的读音。部分原因是这些韵文出现在不同的时间与地点,不一定反映相同的语音系统(传统的韵部不够细致,会给人一种感觉,以为《诗经》的押韵相当严整,但事实上并不是这样)。

清代学者利用文字系统的声符和传世文献中的异文,对上古汉语
25 声母的研究也作出了贡献。例如,他们认识到中古音中的 *Tr*-类声母是后来发展起来的,起初与 *T*-类声母没有区别;类似地,*n*-、*nr*-和 *ny*-同源(我们将其构拟为 *n-)。在这一点上,他们预见了二十世纪语言学构拟的许多成果。

2.3 先秦文字的证据

如上所述,韵文的证据只对上古汉语中一小部分词有用,而且押韵并不能告诉我们音首的任何信息。另外一个可能更加全面的证据来源于汉字本身,绝大多数汉字有声符:或是它本身就是声符,如所谓的假借字;或是加上一个义符,如形声字(即谐声字)。为了方便起见,不管有没有附加义符,我们把用同一声符记录的词都叫作有“谐声关系”。

既然汉字系统两千年来是凝固的,没有重大的变化,在这期间的音变破坏了原来因为有相似的读音而选择相同声符的词之间的语音关系。但这一事实也意味着文字结构中保存的声符可以帮助我们构拟更早的读音。汉字的证据特别重要,因为我们用来构拟上古音的传统方法中所使用的三种证据——中古音、上古韵文和汉字——只有中古音和汉字这两种可以告诉我们音首的情况。

和使用韵文一样,在使用文字来构拟上古音时,重要的是,我们不但要考虑哪些词是用同一个声符来记录的,还要考虑哪些词是不用同一个声符来记录的。传统的中国学者注意到,后来发音很不相同的声母,在早期文字中是可以互相替换的。比如,曾运乾([1927]1972)发现中古音以 *y*-(传统称喻四=以母)和以 *d*-(传统称定母)为声母的词

之间，经常在同一文本的不同版本中可以互相替换，而且也常常有相同的声符。这里有一些例子：

(12) 弋 yì < *yik* ‘用带丝绳的箭来射’，是“代”的声符
代 dài < *dojH* ‘代替’
(13) 余 yú < *yo* ‘我’，是“涂”的声符
涂 tú < *du* ‘道路’
(14) 易牙 Yìyá <MC *yek-ngae*，‘人名’，也有异文作
狄牙 Díyá <MC *dek-ngae*。 26

这就是古文字学者都知道的“喻四古归定”。用同样的推理，学者总结出中古音的声母 *ny*-(传统称日母)、*nr*-(娘母)和 *n*-(泥母)同源，因为它们中的任何一个都可以用同一个声符来记录。

这样的结论给人的印象是，上古音声母系统比中古音的要更简单：传统的术语中，中古音有大约 40 个声母(具体的数字，依不同的学者有不同的算法)，王力(1999: 689—700)的上古音系统只有 32 个声母，何琳仪(1998: 1)只有 19 个。和韵部的情况一样，我们比较容易观察到上古音中可以互相转换的声母，后来分化为两个或更多不同的声母。反之，几个上古音的声母合流为一个声母就不容易被察觉。我们也是慢慢才发现这样的例子。

例如，蒲立本(1962—1963)发现中古音的 *d*-有两个不同的上古音来源，在文字系统中分得很清楚。我们现在把它们构拟为 *dˤ-和 *lˤ-。以下是它们的一些最小对立：

(15) 度 duó < *dak* < *[d]ˤak ‘测量(动词)’
铎 duó < *dak* < *lˤak ‘一种铃’
(16) 屠 tú < *du* < *[d]ˤa ‘屠宰(动词)’
涂 tú < *du* < *lˤa ‘道路’

用来记录 MC *d*-<OC *dˤ-的声符，一般和用来记录 MC *d*-<OC *lˤ-的声符不同，而且有不同的规律：用来记录 MC *d*-<OC *dˤ-的声符也记录

MC *dzy*- < *d-、MC *t*- < *tˤ-和 MC *tsy*- < *t-，但是很少用来记录MC *y*-。而用来记录*lˤ-的声符则经常用来记录 MC *y*- < *l-、*sy*- < *l̥-和 *th*- < *l̥ˤ-，但是很少用来记录 MC *dzy*-、*t*-或 *tsy*-。高本汉和其后大多数的研究者都忽略了这些区别，古文字学者多半也没有认识到这一点。

就像中古音声母 MC *d*-（定母）有不止一个上古音的来源一样，中古音声母 MC *y*-（喻四＝以母）也有不止一个上古音的来源，并且在早期的文字系统中从不混淆。我们的上古音构拟中将*l-和*ɢ-（小舌浊塞音）作为中古音声母 MC *y*-的来源。以下是它们的最小对立：

(17) 陽 yáng < *yang* < *laŋ ‘明亮的’
　　 羊 yáng < *yang* < *ɢaŋ ‘羊’
(18) 譯 yì < *yek* < *lAk ‘翻译’
　　 亦 yì < *yek* < *ɢ(r)Ak ‘也’
(19) 以 yǐ < *yiX* < *ləʔ ‘拿，用’
27 　 已 yǐ < *yiX* < *ɢ(r)əʔ ‘停止；已经’

MC *y*- < *ɢ-和 MC *y*- < *l-可以区分开来，因为它们的谐声关系很不同：*y*- < *ɢ-的声符一般与软腭音和喉音有谐声关系，而 *y*- < *l-的声符一般与 MC *sy*- < *l̥-、MC *d*- < *lˤ-和 MC *th*- < *l̥ˤ-的声符有谐声关系。

上古音*ɢ-是我们构拟的一组小舌塞音中的一个（据潘悟云[1997]的建议修改），具体讨论见 § 3.1.2（参见：Sagart and Baxter 2009）。和软腭音的关系源于：当上古音的小舌音前面带有前置辅音时，它在中古音中会有软腭音的对应形式：

(20) 影 yǐng < *'jaengX* < *qraŋʔ ‘阴影’
　　 景 jǐng < *kjaengX* < *C.qraŋʔ ‘明亮；图景’

在早期文献中，两个词都写作“景”，应该是来源于同一词根，虽然我们还不能确定“景”*C.qraŋʔ 的前置辅音是什么。

小舌音假设也解释了以前没有注意到的声符中一些其他的区别。

例如，工 gōng < *kuwng* ‘工作’和公 gōng < *kuwng* ‘父亲；诸侯’在中古音是同音字，而且以前把它们的上古音也构拟成同音字。但是先秦文献中，从工声的字和从公声的字从来不相混（白于蓝 2008：254—257），这是需要解释的。我们是这样构拟的：

(21) **工** gōng < *kuwng* < *kˤoŋ **‘工作’**

　　公 gōng < *kuwng* < *C.qˤoŋ **‘父亲；诸侯’**

这个构拟也解释了为什么公 gōng < *C.qˤoŋ 在下面的例子中作声符，它们每个都构拟了一个小舌音声母：

(22) **瓮** wèng < *'uwngH* < *qˤoŋ-s **‘坛子’**

　　容，宊 róng < *yowng* < *[ɢ](r)oŋ **‘容纳’**[14]

古文字学者相信公 gōng < *C.qˤoŋ 是｛瓮｝wèng < *'uwngH* < *qˤoŋ-s ‘坛子’的本字（季旭昇 2010：83—84）。而容 róng < *[ɢ](r)oŋ ‘容纳’，在标准文字中由宀 mián ‘房子，建筑’和谷 gǔ ‘山谷’组成，但是原来的声符是公 gōng < *C.qˤoŋ：《说文解字》有古文作宊，由宀和公组成（《说文诂林》3236a），金文的例子证实这是对的（《古文字诂林》6.803—804），在早期文字中，厶和口常常可以互换。

容 róng < *[ɢ](r)oŋ 原来的声符是公 gōng < *C.qˤoŋ，在标准文字里并不是显而易见的，这个例子也说明传统的上古音构拟依靠标准文字是很有问题的。标准文字大约在秦汉时期（公元前 221—公元 220 年）基本定型为如今的样子，离上古汉语的初始时期，已过千余年之久。所以用标准文字来作为构拟上古汉语的指南，到底有多少是可信的？在最近之前都没有一个明确的答案：如我们在 § 1.1.2 已经指 28
出，以前大批的先秦文字材料只有商代晚期的甲骨文以及金文，这两种文本都比较短而且程式化，它们的内容也比较有限，许多上古汉语的词汇根本不在其中出现。这大概就是为什么以前的上古汉语构拟主要依靠标准文字中的声符，而不是先秦时期的文字系统。虽然高本汉熟悉甲骨文和金文，但在《汉文典（修订本）》（*Grammata Serica*

Recensa,简称 GSR)中,他特意排除了那些在后来的标准文字中没有的先秦文字(GSR: 5)。例如,{容}róng‘容纳’,他只收了容(GSR 1187a),而没有收更早的㝐,也没有认识到这些字和公 gōng(GSR 1173a)的关系。

从近年发现的先秦古文字材料中,我们发现了更多更好的上古汉语音系的证据,这是以前的研究者所得不到的,而且我们也看到了细致的古文字研究对构拟上古汉语的重要性。有些例子中,标准文字就没有提供足够的信息;更有一些例子还会给人以误导,因为它们反映的是秦汉时期的音系,而不是上古汉语音系。这里我们举两个例子,更多的例子见本书§3.4。

設 shè <*syet* <*ŋ̊et‘设立’

設 shè <*syet* 的音首很难构拟。中古音声母 *sy*-(審三或書母)的谐声关系有几个不同的形式,表明它有几个上古音的来源。在我们的构拟中,包括*n̥-、*l̥-、(在前元音前的)*ŋ̊-,加上复辅音*s.t-和*s.th-,这些构拟基于谐声关系和方言中的对应形式。下面的例子显示了我们构拟的几个与中古音声母 MC *sy*-相关的例证和它们所依据的谐声关系。

		中古音(MC)	白-沙构拟 (Baxter-Sagart)
(23)	恕 shù‘宽恕’	*syoH*	*n̥a-s
	如 rú‘像,如果’	*nyo*	*na
(24)	輸 shū‘运输’	*syu*	*l̥o
	愉 yú‘愉悦’	*yu*	*lo
(25)	勢 shì‘形势,情势’	*syejH*	*ŋ̊et-s
	埶 yì‘种植’	*ngjiejH*	*ŋet-s
(26)	書 shū‘书写’	*syo*	*s-ta
	煮 zhǔ‘煮,烧’	*tsyoX*	*[t]aʔ

但和上面这些例子不一样,标准文字中的設 shè <*syet* 并没有提

供谐声关系的信息，可以让我们知道它应该按照中古音声母 MC *sy-* 的哪一个可能的上古音来源来构拟。[15] 在一篇重要文章中，裘锡圭(1985)揭示早期文献中{設}是写成埶 yì <MC *ngjiejH*(参见：裘锡圭1998)。这个发现使我们不但可以确定{設}的声母是 *ŋ̊-，也可以认识 29
到它与勢 shì <MC *syejH* 的词源关系。它们的构拟如下：

(27) 埶 yì < *ngjiejH* < *ŋet-s ‘种植’
　　設 shè < *syet* < *ŋ̊et ‘设立’
　　勢 shì < *syejH* < *ŋ̊et-s ‘形势，情势’

弄清楚了动词設 shè < *syet* < *ŋ̊et 的上古音构拟，我们可以知道勢 shì < *syejH* < *ŋ̊et-s 只是它的名词形式，在它的后面加上一个很常用的 *-s 后缀，其主要功能就是把一个动词转变为名词(参看 § 3.3.2.7)。这样这个对很多翻译者来说极具挑战性的“勢”字的意义就相当清楚了。马守真(Mathews 1943)的词典中把“勢”界定为“Power(力)；influence(影响)；authority(权势)；strength(力量)；Aspect(形势)；circumstances(情况)；conditions(状况)”，但是从以上列举的英文翻译中，很难看出这些意义之间有什么样的联系。从与設 shè < *ŋ̊et 的联系上看，我们可以找到这条共同的线索：“勢”的基本意义是事物被设立的方式。它可以指大自然设立事物的方式，包括地形和气候，虽然这些不是人所能控制的，但是对知道怎样认识和利用它们的人来说，它们也可以为人所用。在《韩非子》(公元前 3 世纪)中，“勢”可以指人主设立事情的方式，这样事情会依人所意欲的方式而发生，就像是一个自然而然的结果。《韩非子・难势》中有一句话包含了“設”(动词)和“勢”(名词)的用法，表明当时的读者是了解它们之间的词源关系的：

(28) 吾所為言勢者，言人之所設也。

(英文翻译：‘The setup (*ŋ̊et-s) of which I am speaking refers to what is set up(*ŋ̊et) by men.’[我所说的势是指人所设立的。])

葛瑞汉(A. C. Graham 1989：280)译为，“When I speak of the

power-base it is of something instituted by man(我说的势力基础是指由人所制定的东西)”,这就没有抓住它们在词源上的联系。这个例子也说明,语言学的构拟可以为理解当时的读者是怎样解读文本的提供更好的视角。

改～改 gǎi < *kojX* < *C.qˤəʔ ‘改变’

在标准文字中,改 gǎi < *kojX*‘改变’的声符是已 jǐ < *kiX* ‘天干第六位,自己’,这也是《说文解字》的解释(《说文诂林》1337b)。但是在出土文献中,我们发现它一直是以巳 sì < *ziX*‘地支第六位’为声符的(魏慈德 2009),如郭店楚简和上博简中的例子：[16]

30 (29) {改}gǎi 

作为比较,我们来看“已 jǐ”和“巳 sì”在郭店楚简和上博简中的例子,它们的区别在古代字形中比现代字形分辨得更清楚：[17]

(30) {己}jǐ
{巳}sì 

另外,巳 sì < *ziX*‘地支第六位’现在写得和已 yǐ < *yiX*‘停止,已经’不同,但这是唐代以后的事(季旭昇 2010：1020)。我们的构拟如下：

(31) 己 jǐ < *kiX* < *k(r)əʔ ‘天干第六位’
巳 sì < *ziX* < *s-[ɢ]əʔ ‘地支第六位’
已 yǐ < *yiX* < *ɢ(r)əʔ ‘停止;已经’
改 gǎi < *kojX* < *C.qˤəʔ ‘改变’

改 gǎi < *kojX* 的中古音声母 ***k***-来自上古音 *C.qˤ-,就像前面讨论的公 gōng < *kuwng* < *C.qˤoŋ 的声母一样。声符己 jǐ < *kiX* < *k(r)əʔ,带着

原有的*k-声母，替换了巳 sì < *ziX* < *s-[ɢ]əʔ，反映了*C.qˤ-> *k-的音变。这个音变在后汉时期就已经发生，也反映在《说文解字》中。

文字中声符的模式表明，上古音的音首系统不比中古音的声母系统简单，而是远远复杂得多。一般来说，我们希望尽可能地约束我们的构拟，使它们具有一定的预测价值：一个允许各种可能的复杂辅音组合的构拟可以解释所有现存的谐声关系，但是同样重要的是，要能够预测怎样的组合是<u>不可能</u>发生的。我们希望解释所有实际发生的谐声关系，仅此而已。

但不可避免的事实会指向这样的结论，即上古汉语有非常复杂的词首(word-initial)辅音组合。在大多数例子中，同一声符的词中古音发音部位至少会相同，但是也有不少字违反这一原则。看下面的例子：

(32) 九 jiǔ < ***kjuwX*** ‘九’
肘 zhǒu < ***trjuwX*** ‘手肘’

在现代标准文字中，“肘”由月(肉)和寸组成，《说文解字》是这么分析的(《说文诂林》1761a)，高本汉没有把它和“九”(GSR 992a, 1073a)联系起来。但是，古文字学者普遍认为“九”是‘手肘’的本字，肘字中的 31
“寸”是“九”的简写，再在左边加义符“肉”(季旭昇 2010：991，参看 §4.4.1.1的讨论)。

因此“九”本来代表的是{肘} zhǒu < ***trjuwX*** ‘手肘’的意思，而被假借来记录数字{九} jiǔ < ***kjuwX*** ‘九’。但是中古声母 *tr*-和 *k*-很难调和，通常它们不用同一个声符来记录。上古汉语中没有一个简单声母可以是中古 MC *tr*-和 MC *k*-的共同来源，为了解释这个联系，我们不得不构拟更复杂的声母。我们的构拟是：

(33) 肘 zhǒu < ***trjuwX*** < *t-[k]<r>uʔ ‘手肘’[18]
九 jiǔ < ***kjuwX*** < *[k]uʔ ‘九’

构拟像*t-k-这样的组合看上去像是临时将就：把声母辅音堆砌在一起，这样做可以解释几乎所有的谐声关系，而无限制地使用这一方法会削弱构拟的可预测价值。不过在此例中,藏缅语比较和上古汉语形态模式方面(的证据),都表明我们的构拟可能是对的。藏缅语族中有非前缀形式的,如书面藏语 **khru** ‘手肘’;有前缀形式的,如嘉绒语 /tə^{22} **kru**^{33}/ ‘手肘’(黄良荣和孙宏开 2002: 661)。其他的证据也表明上古汉语有前缀 *t-,它的一个功能就是表示不可分割地拥有(参看 § 3.3.2.4),这对表达身体部位的词来说是合适的。一个类似的例子:

(34) 齒 chǐ < *tsyhiX* < *t-[k^h]ə(ŋ)ʔ ‘门齿’

这里,中古声母 *tsyh*-经常构拟为上古音齿音 *t^h-,这是传统的解决方法: 高本汉把“齿”构拟为 *t̑ʻi̯əg。虽然这和中古音是一致的,但这样的构拟忽视了闽方言中‘牙齿’一词的声母是软腭音,如福州/ k^hi 3/ 和厦门/ k^hi 3/,是一个非前缀的形式 *k^həʔ(或可能是 *ŋ̊əʔ,参看 § 3.1.7.2)。

下面我们将会看到现代方言和其他语言中的早期汉语借词也支持上古汉语的词首(word-initial)应该有比较复杂的构拟。

2.4 现代汉语方言材料

我们早已认识到闽方言表现出了中古的《切韵》音所不能解释的特征。另外还有至少两种方言也保留了中古汉语中已经消失的特征,因此也可以为上古汉语的构拟提供各自的证据: 它们是中国东南的
32 客家方言和湖南的瓦乡话(或叫乡话)。

2.4.1 闽方言

原始闽语(Proto-Mǐn, pMǐn)音系材料方面,我们主要依据罗杰瑞的研究(始于 Norman 1973, 1974a, 1981)。对于原始闽方言的构拟,罗杰瑞在塞音中构拟了六种发音方式,还有一套与浊响音相对应的清响音: *mh-、*nh-、*lh-等。学界接受罗杰瑞的发现是个非常缓慢的过程,毫无疑问这是因为它们(六种发音方式)与中古汉语的简单声纽之间,距离相差太大。但事实上罗杰瑞构拟的语音区别整体是建立

在牢固的基础之上的。他的语料限定于口语，并且他提出的对应关系在各个闽方言中显示出令人满意的规律性。

闽方言从主流汉语分流出去的时间应该发生在几乎是“泛汉语”的“第一次软腭音的腭化”之前，因为闽方言没有发生此种现象(参看§4.1.2)。许思莱(Schuessler 2010：305)把上古音 OC *ki-到[tɕi-]的腭化定在西汉时期(公元前 207—公元 9 年)。如果是这样的话，那么汉语的一支，也即原始闽语的祖先，应该是在这之前从主流汉语中分流出来的。这样可以解释为什么原始闽语有一些词汇没有发生其他汉语方言中的那种创新。这一时间框架与罗杰瑞(Norman 1979)把闽方言的最早层次定在汉代是相符合的。这比丁邦新(1983)基于押韵系统演变的年代所做的估计要早一点：丁邦新认为闽语的分流发生在西汉与东汉的转折时期(大约公元前 50—公元 50 年)。

紧接着语言的个别化之后，发生了一系列造就闽方言的词汇和音系上的创新，对此，罗杰瑞大多都做了研究：塍(或一个同源词)[19]替代了田，意为‘田地’；戍替代了屋，意为‘房子’；囝替代了子，意为‘孩子’；喙(MC *tsyhwejH*)替代了口，意为‘嘴巴’(北京大学 1995：249)。在音系上，闽语一个独特的创新是上古汉语的 OC*r 变为原始闽语软化声母*-d-，如闽语的路‘道路’和鲤‘鲤鱼’等词(参看§4.5.2.4)。这些创新保证了闽方言作为汉语族底下有效子群的地位。因为创新需要时间才能积累起来，原始闽语的年代大概是公元第一个千年的前半期。

2.4.2　客家方言

客家(Hakka)是地理上分布广泛但语言上差异不大的群体，主要分布在江西南部、福建西南、台湾和广东。客家方言描述性语料很多也很丰富(李如龙和张双庆 1992；李如龙等 1999；刘纶鑫 2001)。其多样性最大的中心是在江西南部、紧邻的广东东北和福建西部，原始客家语的本部可能就在这里。目前客家人群的扩散，依据梁肇庭(Leong 1997)的描述，是 1550 年至 1850 年间一系列以经济利益为驱动的移民的结果。因此原始客家话应该早于 1550 年，但是鉴于客家方言有限的多样性，即使在客家话核心区，也不会比这个年代早多少。客家 33

方言中存在不能从中古汉语推导出的特征，比如带响音声母的音节有声调区别，这和罗杰瑞为原始闽语构拟的浊与清响音的区别大致相对应。

2.4.3 瓦乡话（乡话）

瓦乡话（乡话）分布于湖南西部。它们和其他汉语方言有显著不同，有一段时间大家甚至在争论它们是否属于汉语族（王辅世 1982）。即便可以肯定是汉语的一种，但和闽方言一样，它们有一些特征也是没法从中古汉语的系统中推衍出来的。好几种瓦乡话现在已经有了调查资料，但是至今对它们语言史的研究还很少。它们有些特征和闽方言共享，但可能是共同存古，而不是共同创新，所以现在还不能把它们和闽语放在一个单独的子群中。

2.5 其他语言中的早期汉语借词

接受早期汉语借词的语族主要是越语族（Vietic）、苗瑶语族（Hmong-Mien，在中国叫"Miáo-Yáo"）和侗台语族（Kra-Dai）。

2.5.1 越语族

越语族包括越南语（Vietnamese，VN）、芒语（Mường）和其他一些语言，如 Rục、Sách、Thavưng，是越南、老挝境内偏远高地族群使用的语言。越语族是孟高棉语（Mon-Khmer）的分支，按照南亚语系的传统分类，孟高棉语是该语系的东部语支。

越语族和汉族人群的广泛接触可能始于公元前三世纪的晚期。大约在秦朝灭亡的时候，汉族将领赵佗建立南越国，统治今广东、广西和越南北部，约公元前二世纪南越国成为西汉王朝的附属国（Aurousseau 1923）。在赵佗统治下的可能包括说侗台语和越语族的人群，因此很可能侗台语和越语族中的一些早期汉语的借词反映了赵佗时代的语音系统。

汉人统治越南到938年为止，整个这一时期，汉语借词不断被引入越语族语言，特别是在越南语中形成了连续的层积，每一层都反映了借词时汉语的语音特征。在越南语中，通过声调的对应可以分为两个主要时期。如马伯乐（Maspero 1912）和奥德里古尔（Haudricourt 1954a）所示，在汉人统治的早期借进来的流行词汇显示了这些对应关系。[20] 在后来的汉人占领时期，汉语上声和去声的对应关系对换了。 34

所谓的汉越语读音是汉人占领期结束之后，越南文人用来朗诵汉字的读音系统。它的性质和口语中的借词层次不同，但是它可能反映了十世纪早期，汉人占领的最后时期越南首都的汉字读书音。它们的声调与汉语的对应关系见表2.12。汉越语读音对上古汉语的构拟没有直接的关联，后期的借词也与上古汉语的构拟没有关系，但早期层次中的借词有表2.11中所示的声调对应关系的特征，则是和上古汉语构拟有关的。两个时期的语音对应都不完全同质。

表2.11　汉语与越南语声调的对应(早期)

汉语声调	越南语声调
píng 平	*ngang-huyền* (A)
shǎng 上	*sắc-nặng* (B)
qù 去	*hỏi-ngã* (C)

表2.12　汉语与越南语声调的对应(后期)

汉语声调	越南语声调
píng 平	*ngang-huyền* (A)
shǎng 上	*hỏi-ngã* (C)
qù 去	*sắc-nặng* (B)

2.5.2　苗瑶语族

苗瑶语（Hmong-Mien languages）散布在中国南方和东南亚。苗瑶语方面我们主要依靠玛莎·拉特利夫（Martha Ratliff）的新构拟；

如果没有另外注明的话，所有的原始苗瑶语（Proto-Hmong-Mien，pHM）、原始苗语（Proto-Hmongic，pHmong）、原始勉语（Proto-Mienic，pMien）的构拟都来自拉特利夫（Ratliff 2010）。苗瑶语族中的勉语支分布紧密、界限分明，勉语支的语言一般来说是原始苗瑶语族中韵母对立最保守的。苗语支相对来说更加多样化，但同时与勉语相比，它的韵母对立是锐减的，这样就形成一大批音系上的创新，使这些语言在苗语的分类中紧密地联系起来。除此之外，拉特利夫提到苗
35 语另外一个共同的创新：原始苗语的 pHM *-k 对应的是声调 C。与她的前辈一样，拉特利夫给出了三层构拟：原始苗瑶语、原始苗语、原始勉语。以王辅世和毛宗武（1995）的工作为基础，她在苗瑶语族中识别出了汉语借词的许多层次，这使得她能够从原始苗瑶语的构拟中排除掉后来的层次和借词，使构拟的系统看上去更加简单，也看起来更加自然。

原始苗瑶语族的年代不太能确定。苗瑶语族借用汉语词汇并在整个语族的两分支中都表现出带有规律的语音对应关系，大概至少延续到公元一世纪。我们发现 *lˁ- > *dˁ-和 *l̥ˁ- > *tʰˁ-的音变在下面的词汇中有反映：

(35) 銅 *[l]ˁoŋ> *duwng*> tóng '青铜，黄铜'，原始苗瑶语 pHM *dɔŋ '黄铜'

以及

(36) 桶 *l̥ˁoŋʔ> *thuwngX*> tǒng '木桶'，原始苗瑶语 pHM *thɔŋ(X)

沙加尔（Sagart 1999c：30—31）举证这两个音变在公元 79 年之前已经发生在东汉的主流汉语中。

原始苗瑶语族的年代上限更难确定。基于本书第四章讨论的音首语音对应关系，原始苗瑶语中的汉语借词有时比越语族和原始闽语中的汉语借词有着更古老的特征。例如，原始苗瑶语中至少有一

例显示，一个上古汉语非咽化齿龈塞音的对应形式是非塞擦音（见例(734)，参看 § 4.5.2.2）。既然越语族借用汉语词汇是在秦征服南方以后才可能，因此原始苗瑶语族的年代上限可能在公元前三世纪末之前。

2.5.3　侗台语族

侗台[21]语族分布在中国南方和东南亚，其最具多样性的中心是在中国南方，相对较晚的时候它们才向东南亚延伸。从公元前 206 年赵佗在广东、广西建立南越国以后，侗台语族，尤其是台语支和侗水语支(Kam-Sui)，就一直与汉语有持续的接触，至今我们只构拟了侗台语族的分支：原始仡央语(Proto-Kra, Ostapirat 2000)、原始黎语(Proto-Hlai, Ostapirat 2004; Norquest 2007)、原始侗水语(Thurgood 1988; Ostapirat 2006)、原始台语(Li 1977; Pittayaporn 2009)，所以侗台语族的构拟现状只允许我们零星地利用各个语言中的早期汉语借词。

侗台语中，拉珈语(Lakkia、Lakkja)要单独提出来。拉珈语是侗台语的一种，拉珈人在中国被官方划定为瑶族，拉珈语是这个语族中唯一的把以鼻音为第二成分的复辅音简化为保留第一辅音，而把鼻化转移到主要元音上的语言，即使在有鼻音尾音时也如此(Solnit 1988, Edmondson and Yang 1988, L-Thongkum 1992)。 36
例如：

(37) 原始台语(PT) *q.ma:A↔拉珈语 /k^hũə A/ ‘狗’
PT *q.mu:A↔拉珈语 /k^hũ:A/ ‘猪’
PT *q.mat:D↔拉珈语 /k^hũət D1/ ‘跳蚤’

上面的原始台语构拟来自张高峰(Pittayaporn 2009)。[22]另外，许家平(Ostapirat 2006: 1092，注 16)主张拉珈语的/kjaai C1/‘肠’来自原始侗水语*k-s-，拉珈语的/khjom C1/‘酸’来自原始侗水语*kh-s-，显示拉珈语在一些非鼻音的复辅音中至少也保留了部分起首辅音。

在§4.2.2.3中我们将会举证这样的行为也可以在来自早期的汉语借词里观察到,包括第二辅音是塞音的词。拉珈语所显示的前置辅音是被借语言汉语的一部分,这一事实被越来越多的来自其他保守语言——如越语族的 Rục 语(Nguyễn Phú Phong et al. 1988)——的证据清楚地证明了。见表2.13。

因此,拉珈语是上古汉语复杂音首重要证据的来源之一。

表 2.13　拉珈语保留的起首辅音

	汉语	拉珈语	水语	越南语	Rục	原始闽语
紙	*k.teʔ> *tsyeX* > zhǐ ‘纸’	khjei 3		*giấy*[zʌi B1]	kəcáy	*tš-
賊	*k.dzˤək> *dzok* > zéi ‘歹徒’	kjak 8		*giặc* [zak D2]	kəcʌ́k	*dzh-
牀	*k.dzraŋ> *dzrjang* > chuáng ‘床’				kəcɨːŋ	*dzh-
箴	*t.[k]əm> *tsyim* > zhēn ‘针’	them 1		*găm* [ɣam A1]		*tš-
溺	*kə.nˤewk-s> *newH* > niào ‘尿’	kjĩ:w 5	ʔniu 5			*n-

2.6　汉语传统文献中对语言的直接讨论

除了可以从韵文和文字的使用来推断外,也有一些早期汉语文献直接讨论语言和读音。扬雄(公元前53—公元18年)的《方言》、许慎(58—147)的《说文解字》、刘熙的《释名》(约200年)都是很著名的例子。而且汉代以来的经典注疏在音义方面也有丰富的解释。东汉(25—220)时期很多这样的注解,在柯蔚南(Coblin 1983)一书中可以很方便地找到,但还有很多注解有待发掘研究。有时一些以前看上去很隐秘难懂的注解,如果我们从上古汉语新构拟的角度来看也就容易理解。后面会讨论的例子包括何休(129—182)在《公羊注》中对我们构拟为咽化特征的描述(§4.1.1)、郑玄(127—200)在《礼记》注中对我们构拟为*-r 韵尾的词在本地方言读音的解释
37 (§5.5.1.4)。这里我们只讨论一个现象:传世文献中以"云"代"有"的现象。

早期文献中以“云/員”代“有”的现象

清代学者注意到典籍中的“云”(有时写作“員”),意为“说”,经常有早期的注疏家解释为“有”或者至少倾向于这样的解释。在每一个例子中,“云”或“員”后面紧跟的词都以鼻辅音开头,说明以“云/員”代“有”是与对后接词的鼻音辅音的同化有关。

清代学者王引之(1766—1834)记录了其父王念孙(1744—1832)的意见,认为“云”有时候意为“有”,并举了一些例子([1798]1956:31—32)。

我们对“云”和“有”的构拟如下:

(38) 云 *[ɢ]ʷə[r] > *ɢʷən > *hjun* > yún ‘说’
　　 有 *[ɢ]ʷəʔ > *hjuwX* > yǒu ‘有,存在’

这两个词在上古音中读音相近:它们的音首和元音都相同,唯一的不同是“云”以 *-r(后来变为[n])收尾,而“有”以喉塞音 *-ʔ 收尾。这两个词可以互相替代,支持我们对两个词的音首 *[ɢ]ʷ-和主要元音 *ə 的构拟。但是它们的韵尾不同怎么解释?

在好几个以“云”代“有”的例子中,很明显后面接的词以上古音 OC *n-开头,这说明有 yǒu < *[ɢ]ʷəʔ 中的喉塞音 *-ʔ 被后面的鼻音同化了:*[ɢ]ʷəʔ n- > *[ɢ]ʷən n-。例如,王引之引的一个例子是唐代学者杨倞在《荀子注》里引的慎到(公元前四世纪)的话。[23] 杨倞引慎到如下:

(39) 云能而害無能,則亂也。

王引之解释说:

(40) 言有能而害無能之人,則必亂也。 38

“云能”和“无能”平行,支持王引之的解释。看来这段文字在流传过程中,“有能”被写成了“云能”:

(41)	有 yǒu	能 néng
	hjuwX	*nong*
	*[ɢ]ʷəʔ	*nˤə(ʔ)～*nˤəŋ[24]
	‘有’	‘能力’
(42)	云 yún	能 néng
	hjun	*nong*
	*[ɢ]ʷən < *[ɢ]ʷə[r]	*nˤə(ʔ)～*nˤəŋ
	‘说’	‘能力’

也就是说，*[ɢ]ʷəʔ n-的序列被*[ɢ]ʷən n-的序列替代了，这是一个很自然的同化。[25]王引之又举《荀子・儒效》“云能”代替“有能”的例子。同样，他举《尚书・秦誓》中在有鼻音声母的然*[n]a[n]> *nyen* > rán 之前以“員”代“有”的例子。这里員 yún < MC *hjun* 和云 yún < MC *hjun* 同音。[26]

在目前讨论的例子中，以云 yún < *[ɢ]ʷən（可能更早的是*[ɢ]ʷə[r]）代有 yǒu < *[ɢ]ʷəʔ 发生在中古音 MC *n*-或 *ny*-中），两者都经常对应上古音声母 OC *n-。但是这样的替代也发生在其他辅音之前。《尚书・秦誓》有另外一段，王引之说：

(43)	員	來
	hjun	*loj*

应该理解为：

(44)	或	來
	hwok	*loj*
	‘有人来’	

“有”和“或”读音相近，可能本是同源的，在早期典籍中它们经常可以互换。我们的构拟是：

（45）有 *[ɢ]ʷəʔ > *hjuwX* > yǒu ‘有，存在’
　　或 *[ɢ]ʷˤək > *hwok* > huò ‘有的；或许’ 39

但是为什么“云” yún < *[ɢ]ʷən（< *[ɢ]ʷə[r]）在“來”前面可以替代“有”或“或”呢？如在 § 4.5.2.4 解释的那样，我们认为“來”原来有一个前置成分 *mə-，可以用来帮助解释“來”是“麥”（mài < *meak* < *m-rˤək ‘麦子’）的声符。

这样我们可以理解以“云”代“有”或“或”，是“來”（lái < *mə.rˤək）的鼻音前置成分的同化作用。事实上，我们知道的所有这种替换的例子都发生在鼻音声母或前置鼻音成分之前。[27] 这些替换关系给我们提供了主要元音（两例都是 *ə）和前置成分的信息。

但必须注意，这一解释假定“云”的韵尾 *-r 已经变成了[n]。这些例子都是汉代文献；我们预测以“云”代“有”的例子不会在先秦出土文献中发生，因为当时 *-r 和 *-n 还是不同的。

在丰富的汉语经典注疏中可能还有很多这样的例子，可以帮助我们构拟上古汉语的音系或者帮助确定某个词的构拟。随着构拟越来越精确，我们能够更好地理解这些注疏。因此，它们作为构拟上古汉语的一种证据不应该被忽视。

2.7　藏缅语族

我们赞同汉语（＝汉语族）和所谓藏缅语族是汉藏语大家族的组成部分。我们的方法或多或少预设了假定汉语族本身是汉藏语中一个有效的单元，但是在这个大家族中，下面怎么分亚群还不清楚。也就是说，我们还不确定汉藏语是完全分化为这两支，还是它的种系发生要更为复杂。无论哪种情况，对汉语族或藏缅语族理解的深入，都可能帮助我们更好地理解另一种语言——就像在印欧语研究中，知道希腊语和梵语重音的位置可以帮助解释日耳曼语的辅音交替［即由于“维尔纳定律”（Verner’s Law）而产生的“语法交替（Grammatische Wechsel）”］。在设定关于上古汉语的假说时，从藏缅语（或其他任何语言）中得到启发是完全合理的；事实上，我们这里接受斯塔罗斯金

(Starostin)的上古汉语有 OC *-r 韵尾的假设(相对于韵尾*-n 和*-j),最早就是通过与藏缅语中有[r]韵尾的词进行比较而得出来的(Starostin 1989：338—341,参看§5.5.1)。

但如果用藏缅语的证据来检验上古汉语方面的假设,那就错了。事实上,一些藏缅语中有[r]、[n]和[j]韵尾的不同,可能会使人提出上古汉语是否也有类似的不同,但只有来自汉语内部的证据(不排除
40 其他语言中的汉语借词)才能回答这个问题。类似于藏缅语有某前缀、有某功能,这些是富有启发性的,但对于上古汉语形态的构拟来说不是决定性的。

藏缅语族的一些语言中可能有来自汉语的借词,它们与上古汉语的构拟可能是有关联的,但限于我们目前的知识水平,很难有效地区
41 分出借词和同源词。

第三章

上古汉语构拟概观

本章是我们对新构拟的一个概述,具体的观点见第四章(音首)和第五章(韵母)。

3.1 音首:主要假设

上古汉语的词必须有一个主要起首辅音,有时也有前置成分(具体讨论见第四章)。新构拟在主要辅音和前置成分上有了一些创新。

与早期的构拟方案相比,我们在构拟中使用的前置成分明显更多。为了解释谐声关系,高本汉的上古音已经构拟了一些复辅音丛,如下面的例子:

(46) 筆 高本汉的 *pli̯ət ‘毛笔’(> *pit* > bǐ;我们的 *p.[r]ut);比较:

律 高本汉的 *bli̯wət ‘法,规则’(> *lwit* > lǜ;我们的 *[r]ut)

(47) 黑 高本汉的 *χmək ‘黑色’(> *xok* > hēi;我们的 *m̥ˤək);比较:

墨 高本汉的 *mək ‘墨水’(> *mok* > mò;我们的 *C.mˤək)

(48) 品 高本汉的 *p'li̯əm ‘类,级’(> *phimX* > pǐn;我们的 *pʰr[ə]mʔ);比较:

臨 高本汉的 *bli̯əm ‘向下看’(> *lim* > lín;我们的 *(p.)rum)

然而,如果考虑现代方言和其他语言中的早期汉语借词,很明显我们就必须构拟更多更复杂的音首。例如,高本汉构拟的瓦 wǎ ‘屋瓦’只是简单的 *ngwa,白一平(Baxter 1992)作 *ngʷrajʔ(用我们现在的标音法是“*ŋˤʷrajʔ”);但我们得将声母构拟为 *C.ŋʷˤ-(*C 是不确定的响音声母),以此来解释闽语、客家话和越南语中早期借词的阴调(upperregister tone)：

(49) 瓦 *C.ŋʷˤra[j]ʔ > *ngwaeX* > wǎ ‘屋瓦’；原始闽语 pMǐn *ŋh-；梅县客家话 /ŋa 3/；比较：越南语 *ngói* [ŋɔi B1]带阴调(high-register tone)。

很明显各个方言对前置成分的处置还有很大的差异，这在《说文解
42 字》有关‘毛笔’的词条中可以清楚地看到(更多的例子见 § 4.4.4.4)：

(50) 聿 (*[m-]rut > *lut > *ywit* > yù)：
所以書也。
楚謂之聿 (*lut < *[m-]rut?)；
吴謂之不律 (*pə.[r]ut)；
燕謂之弗 (*put)；
筆 (*p.[r]ut > *prut > *pit* > bǐ)：
秦謂之筆 (*p.[r]ut) (《说文诂林》1271b, 1273a)

请注意，部分差异在于前置辅音与主要音节是紧密还是松散。在像例(50)这种情况下，有时有必要对某些词根进行不止一种形式的重构。

我们在音首构拟方面的主要创新，本节接下来的部分概括如下。

3.1.1 A 型(非三等)音节中的咽化音首

上古汉语中的 A 型音节后来发展为中古音中的一、二、四等字的音节[1]；其他的所有音节，传统上称为三等字，是 B 型音节(这两个术语是蒲立本发明的，参见：Pulleyblank 1977—1978)。中古汉语的音节可以大致平分成两类。高本汉在他的上古音构拟中把 B 型(三等字)音节拟成元音前带半元音 * i̯ (“medial yod”，也称喻化)的介音(prevocalic)，而 A 型音节(一、二、四等字)则没有。董同龢(1948)接受了这个方案，李方桂(Li 1971)和白一平(Baxter 1992)也同样如此，

但是他们把喻化介音写作 *-j-。有很多原因使人对这个方案感到不满意，学者们提出了别的方案（参看 §4.1.1），我们接受了罗杰瑞（Norman 1994）的意见，把 A 型音节构拟为带有咽化音首。例如：

(51) 綱 *kˤaŋ > *kang* > gāng ‘提网的绳’（一等，A 型）
　　 疆 *kaŋ > *kjang* > jiāng ‘边疆’（三等，B 型）

(52) 更 *kˤraŋ > *kaeng* > gēng ‘改变’（二等，A 型）
　　 京 *[k]raŋ > *kjaeng* > jīng ‘山；国都’（三等，B 型）

(53) 鼎 *tˤeŋʔ > *tengX* > dǐng ‘鼎’（四等，A 型）
　　 整 *teŋʔ > *tsyengX* > zhěng ‘安排；整齐’（三等，B 型）

这种构拟有助于解释两个重要的事实，这在以前的假设下是无法解释的：(1) A 型音节中元音被低化的趋势；(2) A 型音节的声母对腭化的抵抗力。参看 §4.1.1 的进一步讨论。

3.1.2 小舌音声母

我们在上古汉语的声母中增加了一套小舌音和圆唇小舌音，采用了潘悟云（1997）的建议。我们在沙加尔、白一平（Sagrat & Baxter 43
2009）中说明了这样做的理由，而且在上面 §2.3 也有简要提到。如潘悟云指出的，中古是擦音和塞音的词在文字上互不干扰：如中古音 *s-* 和 *t-* 不出现在同一谐声系列中。但是在喉音声母中，喉塞音 *'-*（传统的影母）和擦音 *x-*、*h-*、*hj-*（传统的晓母、匣母、喻三＝云母）却常常共用同一个声符。例如声符“于”，比较：污 *'wae* > wā ‘不净，污秽’，訏 *xju* > xū ‘大’，于 *hju* > yú ‘去；在’；声符“曷”，比较：謁 *'jot* > yè ‘拜谒’，歇 *xjot* > xiē ‘停止，休息’，褐 *hat* > hè ‘粗布’；声符“有”，比较：郁 *'juwk* > yù ‘雅致，优美’，賄 *xwojX* > huì ‘财物，值钱的’，囿 *hjuwH* > yòu ‘园囿，花园’。潘悟云建议将中古音的 MC *'-*、*x*、*h-/ hj* 分别与上古音的小舌塞音 *q-、*qʰ-、*ɢ-对应（*h* 和 *hj-* 在中古音的分布互补），这样一来它们之间的接触只不过是上古音中相同发音部位塞音的清浊、送气不送气的交替而已。我们接受潘悟云的意见，构拟为：

(54) 污 *q^{wˤ}ra > _'wae_ > wā ‘不净，污秽’
　　訏 *q^{wh}(r)a > _xju_ > xū ‘大’
　　于 *ɢ^{w}(r)a > _hju_ > yú ‘去；在’
(55) 謁 *qat > _'jot_ > yè ‘拜谒’
　　歇 *q^{h}at > _xjot_ > xiē ‘停止，休息’
　　褐 *[ɢ]^{ˤ}at > _hat_ > hè ‘粗布’
(56) 郁 *q^{w}ək > _'juwk_ > yù ‘雅致，优美’
　　賄 *q^{whˤ}əʔ > _xwojX_ > huì ‘财物，值钱的’
　　囿 *[ɢ]^{w}ək-s > _hjuwH_ > yòu ‘园囿，花园’

但我们觉得潘悟云最初的建议也有几点需要修改。

第一，潘悟云的理论中，中古音声母 MC '-的唯一来源是上古音的 *q-，然而，存在的相对较长的谐声系列中除了 MC '-没有其他的中古音声母，而且在中古音声母是 MC '-的词以外没有一个词族接触（word-family contact）的范例。这两个事实显著表明，上古音中有一个不同于 *q-的喉塞音声母，而且与 *q-形成对立（参看 § 4.3.1）。这样，在较长的谐声系列中仅有MC '-作为它们唯一的中古音声母时，我们构拟 *ʔ-为中古音 MC'-的来源，如“央、死、亞、嬰、意、奧、幺、夭”等。在谐声系列中中古音 MC'-和其他中古喉音交替时，如上举例(54)到例(56)的例子，或者和中古音的软腭音轮替时，如谐声系列“可、夸、區、曷、今、圭、或”等，我们构拟为 *q-。因为我们的上古音构拟中没有音节是以元音起首的，所以 *ʔ-也可以看作是零声母。不过谐声系列在区别 OC *ʔ-和 *q-时用处总是有限的，如我们在 § 4.3.1 所示，上古音 OC *q-和 *ʔ-在原始闽语中已经合流为一个喉塞音，而原始闽语大概在汉代早期就已经从主流汉语中分化出来（参看 § 2.4.1）。二者合流之后，汉语就失去了新造字与历史
44 上对应谐声系列相匹配的语音基础。

第二，认为上古存在软腭音与小舌音对立的理论，必须解释为什么中古的喉音（也就是上古小舌音正常的对应形式）经常与软腭音在谐声系列中同时出现。潘悟云的解释是，这两类音在语音上足够接近，可以用同一个谐声声符来记录。我们则认为中古跟小舌音有谐声接触的软腭音，是上古音中带某些前置成分的小舌音的规则对应形

式，如下面的例子所示，中古音中带软腭音和喉音声母的字共用一个词根：影 *'jaengX* > yǐng'影子'和景 *kjaengX* > jǐng'明亮，图景'。在沙加尔、白一平(Sagart & Baxter 2009)中，我们指出上古小舌音演变为中古软腭音的条件是有松散附着的前置辅音："影"和"景"我们以前分别构拟为 *qraŋʔ 和 *Cə.qraŋʔ。这里我们修正原来的意见，认为这类演变的条件是带有一个紧密附着的前置辅音，我们在第四章注 24 中给出了理由，我们现在的拟音是影 *qraŋʔ > *'jaengX* 和景 *C.qraŋʔ > *kjaengX*。如果只把后者拟为软腭辅音，前者拟为小舌辅音，那就不能够表示它们共有的词根。进一步讨论见 § 4.4.5.1。

这里再次说明在实践中，用谐声系列来决定一个中古声母是软腭音的字，其在上古是软腭音还是小舌音，是受制于造该字时上古的小舌音是否已经变成了软腭音。如果上古的小舌音在紧密附着的前置辅音之后已经变成了软腭音，那么该字的声符就有可能是软腭音，即使词素本身的上古声母是小舌音；反之亦然。因此，必须权衡谐声关系的证据与文本、古文字、比较法和词源等其他证据的轻重。

第三，我们对 B 型音节中 OC *ɢ-的演变的看法与潘悟云不同。他认为 B 型音节中的 *ɢ-演变为中古音 MC *hj*-(喻三＝云母)。因为中古汉语中绝大多数该声母的字是圆唇化的(即合口)，这样就要把许多声母是喻三(＝云母)的字中的圆唇成分视作次生的。潘悟云认为这是因为后舌位的辅音倾向于圆唇化，与后元音倾向于圆唇平行。因此潘悟云把永 yǒng < MC *hjwaengX* '(时间上的)久远' 拟为 *ɢrăŋ，于 yú < MC *hju* '去；在'拟为 *ɢă；他推测在它们演变成中古音之前就已经圆唇化为 *ɢʷrăŋ、*ɢʷ ă (潘悟云 1997：20)。我们的意见是，除了极少数的例外，中古音 MC *hj*-的上古音来源就是唇化小舌音 *ɢʷ-，而且大多数中古音 MC *hj*-声母字圆唇化是原生的。"永"和"于"，我们的拟音分别是 *[ɢ]ʷraŋʔ和 *ɢʷ(r)a。我们也构拟了非圆唇的 *ɢ-，但是基于谐声关系和词族接触，我们认为这个声母演变为中古音 MC *y*-，即传统的喻四＝以母(Sagart & Baxter 2009)。具体讨论和例证可见 § 4.3.3。

第四，我们认为上古音 OC *qʰ-和 *ɢ-在鼻音前缀 *N-或 *m-之后，演变为中古 MC *ng*-。这将在 § 4.4.1.2、§ 4.4.1.3、§ 4.4.2.2、§ 4.4.2.3

45 中具体讨论。中古音声母 MC *ng*-的上古小舌音和非小舌音声母来源,有时可以在文字上区分开来。例如,五 wǔ < *C.ŋˤaʔ '五'和午 wǔ < *[m].qʰˤaʔ'地支第七位'作为声符(除了一些后起的字)时就是这样;参看 § 4.4.2.2 的讨论。

在前面没有任何前置辅音时,我们构拟的小舌和圆唇小舌辅音的中古音主要对应形式,参见表 3.1。

表 3.1 上古音小舌辅音声母和它们中古音的主要对应形式

A 型音节(咽化)		B 型音节(非咽化)	
上古音	中古音	上古音	中古音
*qˤ->	*'-*	*q->	*'-*
*qʰˤ->	*x-*	*qʰ->	*x-*
*ɢˤ->	*h-*	*ɢ->	*y-*
*qʷˤ->	*'(w)-*	*qʷ->	*'(w)-*
*qʷʰˤ->	*x(w)-*	*qʷʰ->	*x(w)-*
*ɢʷˤ->	*h(w)-*	*ɢʷ->	*hj(w)-*

接下来,我们讨论关于前置辅音主要的新假设。

3.1.3 前置辅音作为原始闽语清响音的来源

罗杰瑞为原始闽语构拟了一系列的清响音 *mh-、*nh-、*lh-等来解释声调发展上的差别。闽北语[2]中 *lh-也有一个咝音对应形式,和 *l-的对应形式不同。这些不与我们所说的上古音中的清响音 *m̥(ˤ)-、*n̥(ˤ)-、*l̥(ˤ)-等对应,后者有不同的对应形式。事实上,它们所对应的是上古汉语中有紧密附着的前置清辅音成分的浊响音。例如,*k.r-在原始闽语中演变为 *lh-。在某些情况下,特定的前置辅音可以从其他证据中识别出来(如早期借词或文字学的证据),否则我们就把它写作 *C。参看 § 4.4.4.4 和 § 4.4.5.4。

3.1.4 松散附着的前置成分作为原始闽语"软化"塞音的来源

§ 2.4.1 已经提到,罗杰瑞(Norman 1973,1974a)为原始闽语构拟了一套“软化”塞音,它们在闽北方言中有明显的分段对应形式。罗杰瑞(Norman 1986)认为这些可能是来自有鼻冠音(prenasalized)的阻塞音,但我们发现这个解决方案并不令人满意,我们认为软化的条件是主要音节的声母前面有一个松散附着的前置成分,主要辅音因为处在两个元音之间浊化和(或)弱化。例如:

(57)

上古音	罗杰瑞构拟的原始闽语	中古音
*Cə.tˤ- >	*-t	*t-*
*Cə.dˤ- >	*-d	*d-* 46

从类型学上来说,这是一个比鼻冠音更合理的解释,而且这与现代福州话及其他沿海闽方言中的弱化现象相类似。具体讨论参看 § 4.5。

3.1.5 紧密附着的前置辅音作为原始闽语送气浊塞音的来源

在 § 2.4.1 已经提到,在一些闽方言中,中古的浊塞音和塞擦音所对应的声母有送气、不送气的区别。罗杰瑞因此在原始闽语的浊塞音和塞擦音中构拟了一个送气的差别。我们的假设是送气的对应形式来自上古汉语除 ***N.**以外的紧密附着的前置辅音:

(58)

上古音	罗杰瑞构拟的原始闽语	中古音
*b >	*b	*b-*
*C.b >	*bh	*b-*
*m.p >	*bh	*b-*

我们对闽方言中同时共存的不送气和送气的塞音对应于中古音的浊塞音的解释是,闽方言经历了两波清音化的过程。第一波的清音化影响到上古音的浊塞音和前面带 ***N** 的清塞音,后者在原始闽语的时期就已经和浊塞音合流了。第一波清音化产生了不送气的清音的对应形式,但是没有影响到有紧密附着前置成分的浊塞音声母。后来这些前置辅音丢失了,暴露出浊音声母,它们变成气嗓音(breathy)并且经

历第二波的清音化,产生了送气的对应形式。具体讨论参看 §4.2.1.1 的表 4.9。

3.1.6 前置辅音成分(松或紧附着)作为越语软化声母的来源

在本族语词汇和早期汉语借词中,越南语有一种阻塞音声母擦音化的现象,这与闽北方言的软化相似:当越南语有擦音化声母时,其他关系密切的越语族语言有越南语中已经消失的前置音节。学界普遍认为越南语的辅音擦音化发生在元音间的辅音位置。例如:

(59) Rục /kəpuːl 1/,越南语 *vôi* [voi A1]'石灰'

当这样的前置音节出现在借自汉语的词汇时,我们认为也可以把这作为上古汉语有前置音节的证据。例如:

(60) Rục /kcoːŋ 3/,越南语 *giống* [zʌwŋ B1] '种子',来自:
47 OC 種 *k.toŋʔ > *tsyowngX* > zhǒng '种子'

越南语最早的汉语借词很可能是进入了原始越语族语言,而不是越南语本身,当时越南语还没有成为一种独立的语言。看起来早期汉语借词中的所有前置音节,不管在汉语中是紧密或松散附着的,越南语都作为松散附着音节处理。

3.1.7 苗瑶语中汉语借词的鼻冠音来自上古汉语的鼻音前置辅音

苗瑶语中一些来自汉语的早期借词有鼻冠音或鼻冠音的反映,我们把这个作为其上古汉语来源中有前置鼻辅音的证据。

(61) 原始苗瑶语 pHM *ntam A '用肩挑',来自上古汉语 OC 擔 *mə-tˤam > *tam* > dān '用肩挑',原始闽语 pMǐn

*-tɑm A

参看 § 4.2.2.1 的讨论。

3.1.8　上古音 *N-r(ˤ)-和 *m-r(ˤ)-作为中古音 *d*-和 *y*-的来源之一

构拟 *N-r(ˤ)-和 *m-r(ˤ)-可以解决一些关于辅音声母的疑问：

(62) *N-rˤ-, *m-rˤ- > MC *d*-
　　*N-r-, *m-r-　> MC *y*-

参看 § 4.4.1.4 和 § 4.4.2.4 的讨论。

3.1.9　前置辅音 *t-加软腭音作为中古音 *Tsy*-类声母的来源之一

中古音 *Tsy*-类声母(*tsy*-, *tsyh*-, *dzy*-, *ny*-)规则地对应上古音的非咽化齿龈音声母 *t-、*tʰ-、*d-和 *n-；*Tsy*-类声母的另一个来源是非咽化软腭音声母在前元音 *i 和 *e 前的腭化。然而，软腭音和 *Tsy*-类声母在非前元音前也有接触，这一直以来都没有令人满意的解释。[3]我们现在把这种腭化归结于一个存在于主要软腭音之前的前置辅音 *t。

(63) 齒 *t-[kʰ]ə(ŋ)ʔ 或 *t-ŋ̊əʔ > *tsyhiX* > chǐ '门牙'，原始闽语 Proto-Mǐn *khi B.

前置塞音经证明存在于越语族语言的早期借词中，这一事实使得这个解决方案成为可能。参看 § 4.4.4 的讨论。 48

3.2　韵母 50

虽然修改了一些单字韵母的拟音，但除了以下两个例外，我们找不出理由要修改白一平(Baxter 1992)提出的主要元音和韵尾系统。首先,我们现在把白一平(Baxter 1992)中写成*ɨ 的元音写作*ə;其次,更重要的是,依照斯塔罗斯金(Starostin 1989)的说法,我们现在认识到韵尾*-r与*-j 和*-n 形成对比,并为它找到了更多的证据(参看 § 5.5.1)。韵尾*r的常见中古音对应形式是 MC -*n*,但方言中显然也有*-r 与*-j 合流。斯塔罗斯金没有详述这些方言的具体地点,我们现有的证据表明*-r > *-j的音变发生在山东半岛及其附近地区(参看 § 5.5.1.4)。

因此,如果不算韵尾的后置成分*-ʔ 和*-s,上古汉语的韵母是由六个主要元音(*i、*ə、*u、*e、*a、*o)中的一个元音与一个韵尾(*∅、*-k、*-ŋ、*-j、*-t、*-n、*-r、*-w、*-wk、*-m、*-p)组合而成。并不是所有
50 的组合都会出现,我们构拟的组合例见表 3.2。

49 **表 3.2 上古汉语韵母的拟音**

	*∅	*-j	*-w	*-n	*-m	*-ŋ	*-r	*-t	*-p	*-k	*-wk
*i	—	-ij	-iw	-in	-im	-iŋ	-ir	-it	-ip	-ik	-iwk
*u	-u	-uj	—	-un	-um	-uŋ	-ur	-ut	-up	-uk	—
*ə	-ə	-əj	—	-ən	-əm	-əŋ	-ər	-ət	-əp	-ək	—
*e	-e	-ej	-ew	-en	-em	-eŋ	-er	-et	-ep	-ek	-ewk
*o	-o	-oj	—	-on	-om	-oŋ	-or	-ot	-op	-ok	—
*a	-a	-aj	-aw	-an	-am	-aŋ	-ar	-at	-ap	-ak	-awk

新构拟对韵母拟音的具体讨论见第五章。

3.3 词根结构、词的结构和词缀

3.3.1 词根结构

上古汉语的词由一个词根加上可能存在的词缀组成。词根或是单音节,由一个完整的音节(Σ)组成,或是双音节,由一个完整的音节并前加一个次要音节(σ)组成,这样就是 σ.Σ 的结构。次要音节相较于完整音节来说,所允许的结构位置以及每个位置存在的音位对立都

要少一些。

一个完整的主要音节 Σ 包括五个结构位置，每个位置可以填充不同的音位组（见图 3.1）。 50

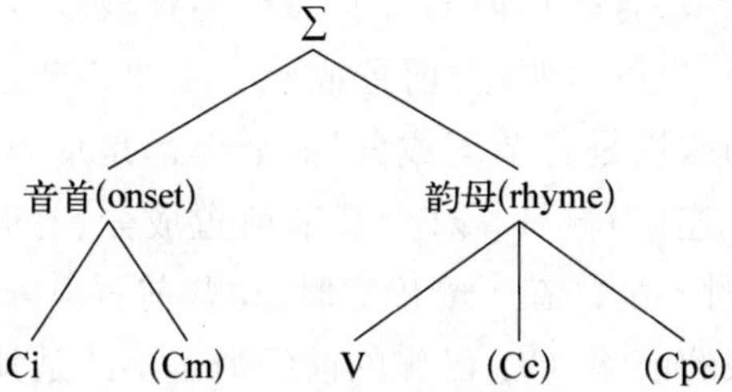

图 3.1
上古汉语主要音节的结构

第一个位置 **Ci**（initial，声母）是必须填充的。所有上古音的辅音，除了 *j 和 *w，都可能出现在这里。（上古音里）可能存在的辅音声母系统表，见第四章表 4.1。

第二个位置 **Cm**（medial，介音）要么空着，要么由 *r 填补。如果有 *r，它可以是词根的一部分，也可以是中缀 *<r>，占据相同的位置。我们把中缀 *<r>写在尖括号里与介音位置的 *r 词根相区别。

第三个位置 **V**（vowel nucleus，主元音）形成音节的峰（peak），必须由六个元音（*i、*e、*ə、*a、*u 和 *o）之一来填充。我们写作 *ə，但是不清楚这个元音的音质：它可能是一个央元音[ə]，或者是高的央元音[ɨ]，或者甚至可能是高的非圆唇后元音[ɯ]。[4]

第四个位置 **Cc**（coda，韵尾）要么空着，要么由一个辅音来填充，后者可以是下列任何一项：*m、*n、*ŋ、*r、*j、*w、*p、*t、*k、*wk。请注意没有"*wŋ"韵尾。

最后的位置 **Cpc**（postcoda，后置辅音）要么空着，要么由一个喉塞音来填充。喉塞音只能跟在一个响音（六个元音之一或者一个响音韵尾）之后：不可能有 *-kʔ、*-pʔ、*-tʔ 或 *-wkʔ 这样的例子。不带词缀的单音节词如：

(64) 豝 *pˤra > *pae* > bā '母猪，猪'

(65) 終 *tuŋ > *tsyuwng* > zhōng ‘止’

(66) 涯 *ŋˤrar > *ngea* > yá ‘河岸;边界’

除了主要音节,有些词前面会有额外的音段成分,形成主要音节前面的次要音节,也可以叫作“前置成分”,主要音节之后还可以带*-s尾。我们暂时的假设是音节尾成分*-s全部都是形态上的后缀,所以我们在前面加上连字符(-)。对于音节前置成分,有时我们可以确定它们是前缀,有时不能。在不能确定时,这些前置成分可能是:(1)还没有被识别出来的前缀,(2)已知的前缀但是不清楚其功能,(3)词根的一部分。当我们不知道前置辅音是不是前缀时,我们用点号(.)把它和主要音节分开,而不用连字符,这样至少暂时地把它看作是词根的一部分。比如,我们在前置辅音*s-之后用一个连字符,如:

(67) 賜 *s-lek-s > *sjeH* > cì ‘给予’

因为我们把*s-作为能提高配价能力的前缀(参看下面的§3.3.2.3),而附加到例(68)的词根上:

(68) 易 *lek > *yek* > yì ‘改变;交换’

但是我们在例(69)用一个点号,如:

(69) 千 *s.n̥ˤi[ŋ] > *tshen* > qiān ‘一千’

51 因为在这里前置成分*s没有明确的形态上的功能。

进一步的研究可能会表明,有些前置音节我们现在当作词根的一部分,可能是上古汉语中共时的词缀,而有些可能在更早以前是词缀,但后来就只能当作是上古汉语中共时的词根的一部分。一个类似的例子是英语的 *believe* 和德语的 *glauben*,它们都是“相信”的意思。最初,它们都来自原始日耳曼语的词根*laub-,但有不同的前缀。从共时的角度来看，现在必须把它们的前缀视为词根的一部分。当然还有一些前置音节可能从来就不是前缀。

在次要音节中有两个结构性的位置：Cpi(preinitial consonant 前置音节中的辅音)和 Vpi(preinitial vowel 前置音节中的元音)(图 3.2)：

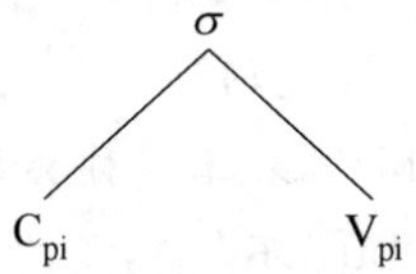

图 3.2
上古汉语次要音节的结构

第一个位置 **Cpi** 必须由一个辅音来填充。可以填充第一个位置的辅音是有限的，我们有证据的是 ***p**、***t**、***k**、***r**、***s**、***m** 和 ***N**，其中 ***N** 可以认为是 ***n** 或 ***ŋ** 在不同位置的音位变体。***r** 作为前置辅音的证据很有限。我们在以下词中构拟前置辅音 ***r** 来解释以“魚” *ngjo* > yú 为声符的“魯” lǔ < *luX*，“魯”字有中古音声母 *l*-(中古來母一般来自上古音 ***r**)。

(70) 魯　*r.ŋˤaʔ > *luX* > lǔ ‘(地名)’
　　 魚　*[r.ŋ]a > *ngjo* > yú ‘鱼’

有时候，比较证据表明有一个前置辅音存在，但是我们并不能确定是哪一个。在这样的情况下，我们将其写作 ***C**。还有一些其他的辅音可能会出现在这个位置，我们现在还不能给出一个确定的清单。但没有证据表明次要音节可以包括咽化辅音。

第二个位置 **Vpi** 要么空着(这时次要音节的音峰是一个辅音)[5]，要么以 *ə 来填充。

我们称没有元音的前置音节为“紧密附着的”，而那些有元音 *ə 的为“松散附着的”。紧密附着的前置音节和主要音节中的必须成分声母(起首辅音)形成紧密的辅音丛，这些辅音丛在中古汉语中以不同的方式被简化，而松散附着的前置音节在中古汉语中完全丢失了(有时候在消失之前也影响主要音节的声母，如闽北方言那样)。

次要音节除了与后面的主要音节形成音步之外，不能自由地出现。但少数高频率的常用虚词，在结构上与带/ə/的次要音节相同，可
52 以算是自由出现的次要音节。例如：

(71) 而 *nə > *nyi* > ér ‘和，但是’
其 *gə > *gi* > qí ‘语气词’
之 *tə > *tsyi* > zhī ‘(第三人称宾语代词，定语助词)’
不 *pə > *pjuw* > bù ‘不’

之 *tə 在《诗经》中不带重音(**Kennedy** 1939)。如果我们把它们看作是次要音节，这种行为就是正常的。但是这里我们仍然把它们看作是完整音节的一种。

对上古汉语词根的结构概括见图 3.3。

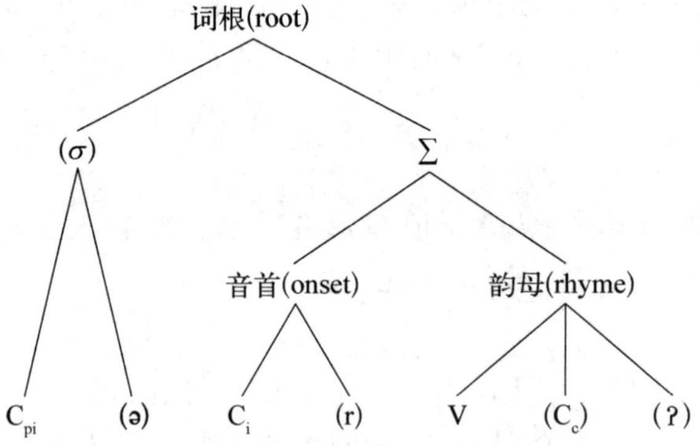

图 3.3
上古汉语词根的结构

下面是带紧密附着的前置音节的双音节词根例子：

(72) 川 *t.l̥u[n] > *tsyhwen* > chuān ‘溪，河’(中古音的韵母不规则，正常演变应该是 *tsywin*)
種 *k.toŋʔ > *toŋʔ > *tsyowngX* > zhǒng ‘种子’；原始越语中的借词是 *k-coːŋʔ
板 *C.pˤranʔ > *paenX* > bǎn ‘木板’

下面是带松散附着的前置音节的双音节词根例子：

（73）落 *kə.rˤak > *lak* > luò‘掉下’

　　舌 *mə.lat > *zyet* > shé‘舌头’

　　尝 *Cə.daŋ > *dzyang* > cháng‘品尝’

上古汉语没有声调(参看下文 § 5.1 的讨论)。主要音节一律带重音,而次要音节一律不带。这给了双音节词一个抑扬格(弱-强)的节奏。在韵文中,双音节和单音节的词都只算一个音步：一个四个音步的韵文可以由单音节或双音节词的任意组合构成。

3.3.2　词缀

上古汉语的词汇,很多是有词缀的。上古汉语有数个前缀和后缀以及一个中缀。所有词缀都是派生性的,而且有一些具有较强的能产性。前缀附着在词根的第一音段之前,后缀在最后一个音段之后,中缀插在主要音节的声母(Ci)和主元音(V)之间,也就是音节的介音位置。我们 53
用连字符(“-”)把词根与前缀和后缀分开,用尖括号(“<>”)把中缀从一个词根里区别开来。大多数的前缀都添加到单音节词根上(见下面具体讨论的例子),但是也有一些加在双音节词根上的例子：

（74）蓝 *[N-k.]rˤam > *lam* > lán‘靛青’；参考：原始苗瑶语 pHM *ŋglam

　　懒 *[N-kə.]rˤanʔ > *lanX* > lǎn‘懒惰’；参考：原始芒语 pHmong *ŋglæn B‘懒惰’

也存在带两个前缀的词根(参看 § 4.6 的讨论)：

（75）層 *N-s-tˤəŋ > *dzong* > céng‘在二层楼,加倍’

　　近 *s-N-kərʔ-s > *gj* + *nH* > jìn‘靠近(及物动词)’

上古汉语中到底有哪些词缀，目前还不能确定，但是有一些已经有了很好的证据。我们先把它们列在下面。

前缀是辅音，有短(*C)和长(*Cə)两种不同形式，二者都有同样的形态功能。短的形式在音系学上和紧密附着的次要音节无差别，长的形式和松散附着的次要音节相同。这些不同形式的证据是通过语言比较而来的(参看 § 4.2)。短的和长的形式出现的条件现在还不清楚，我们目前把它们当作自由变体。短形式的词缀比较普遍。有两个前缀的词其音节地位是不确定的，同样带前缀的双音节词根的音节地位也不确定。

3.3.2.1 *N-前缀

几乎所有的*N 前置音节都是前缀。*N-前缀一般都是派生的静态非及物动词，通常从及物动词派生而来，而且使后接的清塞音或塞擦音变成浊音。长形式的*Nə-就没有这种浊化的效果。例如：

(76) 敗 *pˤra[t]-s > *paejH* > bài ‘打败(及物动词)’
　　 敗 *N-pˤra[t]-s > *baejH* > bài ‘遭受失败(不及物动词)’
(77) 折 *tet > *tsyet* > zhé ‘弯曲；折断(及物动词)’
　　 折 *N-tet > *dzyet* > shé ‘弯曲(不及物动词)’
(78) 見 *[k]ˤen-s > *kenH* > jiàn ‘看见’
　　 見 *N-[k]ˤen-s > *henH* > xiàn ‘露面’(<‘被看见’)

进一步讨论和更多的例子见：沙加尔和白一平(2010、Sagart & Baxter 2012)。

3.3.2.2 *m-前缀

上古汉语有几个*m-前缀，各有不同的功能(参见：沙加尔和白一平 2010)。和*N-前缀一样，短形式使后接的清塞音或塞擦音变成中古音的浊音。

54 前缀*m_{1a}-使非意愿动词变成意愿动词，有时也有使动的意味：

（79） 覺 *kˁruk-s > *kaewH* > jiào ‘醒来’
　　　學 *m-kˁruk > *haewk* > xué ‘学习，模仿’
（80） 見 *[k]ˁen-s > *kenH* > jiàn ‘看见’
　　　見 *m-[k]ˁen-s > *henH* > xiàn ‘使看见，介绍’
（81） 晶 *tseŋ > *tsjeng* > jīng ‘明亮，透明’，精 *tseŋ ‘清纯’
　　　淨 *m-tseŋ-s > *dzjengH* > jìng ‘洗净（及物动词）’

前缀 *m_{1b}-使名词变成意愿动词：

（82） 背 *pˁək-s > *pwojH* > bèi ‘背脊’
　　　背 *m-pˁək-s > *bwojH* > bèi ‘背对’
（83） 倉 *tsʰˁaŋ > *tshang* > cāng ‘粮仓’
　　　藏 *m-tsʰˁaŋ > *dzang* > cáng ‘贮藏’
（84） 朝 *t<r>aw > *trjew* > zhāo ‘早上’
　　　朝 *m-t<r>aw > *drjew* > cháo ‘上朝’

前缀 *m_{1c}-使动词变成施事或工具名词：

（85） 判 *pʰˁan-s > *phanH* > pàn ‘分开’
　　　畔 *m-pʰˁan-s > *banH* > pàn ‘田畔’
（86） 拄 *t<r>oʔ > *trjuX* > zhǔ ‘支撑，支持’
　　　柱 *m-t<r>oʔ > *drjuX* > zhù ‘柱子’
（87） 稱 *tʰəŋ > *tsyhing* > chēng ‘称重；称量；称呼’
　　　稱 *mə-tʰəŋ-s > *tsyhingH* > chèng ‘杆秤’；参考：原始苗瑶语 *nthjụəŋH ‘杆秤’
（88） 包 *pˁ<r>u > *paew* > bāo ‘包装，捆扎’
　　　袍 *m.[p]ˁu > *baw* > páo ‘长袍’

带双重前缀的“層” *m-s-tˁəŋ > *dzong* > céng ‘又一层，领域’，请看§4.6的讨论。

前缀 *m_2-出现在人体器官名之前：

(89) 肚 *tˤaʔ > *tuX* > dǔ ‘肚子，胃’
肚 *m-tˤaʔ > *duX* > dù ‘肚子’
(90) 兜 *tˤo > *tuw* > dōu ‘头盔，头巾’
頭 *[m-t]ˤo > *duw* > tóu ‘头’
(91) 髀 *peʔ > *pjieX* > bì ‘髀骨，臀骨’
髀 *m-pˤeʔ > *bejX* > bì ‘髀骨’

前缀 *m_3-出现在动物的名字之前：

(92) 鼃 *qʷˤre > *'wea*，*'wae* > wā ‘青蛙’
55 鼃 *m-qʷˤre > *hwea*，*hwae* > wā ‘青蛙’
(93) 鷽 *qˤruk > *'aewk* > xué ‘一种鸟’
鷽 *m-qˤruk > *haewk* > xué ‘一种鸟’
(94) 麑 *m-ŋˤe > *mej* > ní ‘幼鹿’
(95) 鹿 *mə-rˤok > *luwk* > lù ‘鹿’；参考：布央 /ma 0 lok 8/ ‘鹿’(李锦芳 1999：199)①

3.3.2.3 *s-前缀

前缀 *s_1-增强动词的配价能力(包括及物动词化和使动化)：

(96) 烝 *təŋ > *tsying* > zhēng ‘(水蒸气)升起’
升 *s-təŋ > *sying* > shēng ‘升，登，出现’
(97) 諤 *ŋˤak > *ngak* > è ‘直言’
愬 *s-ŋˤak-s > *suH* > sù ‘诉说，诽谤’
(98) 當 *tˤaŋ > *tang* > dāng ‘匹敌；抵，与……相当’
商 *s-taŋ > *syang* > shāng ‘估量’
(99) 視 *gijʔ > *dzyijX* > shì ‘看，看见’
示 *s-gijʔ-s > *zyijH* > shì ‘显示’

---

① 译注：据勘误表，此处“/ma 0 lok 8/”，应改为“(郎架方言)/ma 0 lɔk 8/”。

前缀*s_2-派生出时地名词(地方、时间、工具)：

(100) 屰 *ŋrak > *ngjaek* > nì ‘逆,相反’

　　　朔 *s-ŋrak >(*srjak* >) *sraewk* > shuò ‘月初第一天’(月亮由亏转盈时)

(101) 通 *l̥ˤoŋ > *thuwng* > tōng ‘通透’

　　　窗 *s-l̥ˤ<r>oŋ > *tsrhaewng* > chuāng ‘窗户’(<‘光穿过的地方’>)

(102) 亡 *maŋ > *mjang* > wáng ‘逃亡;消失;死亡’

　　　喪 *s-mˤaŋ > *sang* > sāng ‘丧事;埋葬’(<‘与死亡有关的情形’>)

(103) 以 *ləʔ > *yiX* > yǐ ‘拿,用’

　　　鈶 *sə.ləʔ① > *ziX* > yí ‘耒柄或镰刀’(<‘用来握的工具’>)

关于上古汉语中*s-前缀更多的讨论,见沙加尔和白一平(Sagart & Baxter 2012)。

3.3.2.4　*t-前缀

前缀*t_1-出现在某些静态的或非静态的不及物动词中：

(104) 出 *t-kʰut > *tsyhwit* > chū ‘出去或出来’ 56

(105) 慹 *t-nip, *t-nˤ[i]p > *tsyip*, *nep* > zhí ‘感到害怕的,害怕’(关于声母的演变,参看§4.4.4.4)

(106) 踂 *n<r>ep > *nrjep* > niè ‘不能走路’

　　　輒 *t-nˤep > *tep* ‘瘫痪,不能动’

前缀*t_2-出现在某些不可转让领属的名词中：

(107) 妐 *t-qoŋ > *tsyowng* > zhōng ‘夫之父’

① 译注：勘误表此处改为“sə-ləʔ”。

(108) 肘 *t-[k]<r>uʔ > *trjuwX* > zhǒu ‘手肘’

(109) 齒 *t-[kʰ]ə(ŋ)ʔ 或 *t-ŋ̊əʔ > *tsyhiX* > chǐ ‘门齿’

(110) 喙 *t-l̥o[rʔ]-s, *l̥o[rʔ]-s > *tsyhwejH, xjwojH* > huì ‘动物的嘴’

(111) 臭 *t-qʰu(ʔ)-s > *tsyhuwH* > chòu ‘臭味’; 参考:
朽 *qʰ(r)uʔ > *xjuwX* > xiǔ ‘腐烂’

3.3.2.5 *k-前缀

前缀 *k-加在动词词根上派生出动词非限定性形式,可以用作名词:

(112) 方 *C-paŋ > *pjang* > fāng ‘方形’
匡 *k-pʰaŋ > *khjwang* > kuāng ‘方筐’(词根中的送气没法解释)

(113) 明 *mraŋ > *mjaeng* > míng ‘明亮’
囧 *k-mraŋʔ > *kjwaengX* > jiǒng ‘明亮的窗户’

前缀 *k-也出现在动词中,它的功能很难确定:

(114) 谬 *m-riw-s > *mjiwH* > miù ‘谎言,谬误’(<‘歪曲事实’)
摎 *k-riw > *kjiw* > jiū ‘绞死,缠绕’

(115) 卬 *ŋˤaŋ > *ngang* > áng ‘高;高举’
亢 *k-ŋˤaŋ > *kang* > gāng ‘举高’

(116) 淚 *[r][ə]p-s ([方言]>) *rup-s > *lwijH* > lèi ‘眼泪’
泣 *k-r̥əp > *khip* > qì ‘哭泣’

3.3.2.6 *<r>中缀

中缀 *<r_1>在动作动词中表示分布式动作(有几个行动者、受动者或地点,重复的动作):

(117) 洗 *[s]ˤərʔ > *sejX* > xǐ ‘洗涤’

洒～灑 *Cə.s<r>ərʔ-s > *srjeH* > *sreaH* > sǎ ‘洒’；参考：越南语 *rảy* [zai C1] ‘洒’（*r*-反映出前置音节的存在；参看§4.5.5.1） 57

(118) 挟 *m-kˤep > *hep* > xié ‘抓住’

夹 *kˤ<r>ep > *keap* > jiā ‘两边夹住’

(119) 見 *[k]ˤen-s > *kenH* > jiàn ‘看见’

睍 *m-[k]ˤ<r>en > *hean* > xián ‘监视’

中缀 *<r_2>在静态动词中起加强功能的作用：

(120) 揭 *m-[k]at > *gjot* > jiē ‘举’

桀 *N-[k]<r>at > *gjet* > jié ‘杰出；豪杰’（<‘超越’）

(121) 腫 *toŋʔ > *tsyowngX* > zhǒng ‘肿胀’

重 *N-t<r>oŋʔ > *drjowngX* > zhòng ‘重’

(122) 厭 *ʔem > *'jiem* > yān ‘满足的’

饜 *ʔ<r>em-s > *'jemH* > yàn ‘满意的’

中缀 *<r_3>在名词中表示分布式结构（成双或多个物体）：

(123) 齊 *[dz]ˤəj > *dzej* > qí ‘整齐，齐一’

儕 *[dz]ˤ<r>əj > *dzreaj* > chái ‘类，同类’

(124) 脛 *m-kʰˤeŋ-s > *hengH* > jìng ‘腿；小腿’

牼 *m-kʰˤ<r>eŋ > *heang*，*kʰˤ<r>eŋ > *kheang* > kēng ‘胫骨’

(125) 縊 *q[i]k-s（[方言]>*qek-s）> *'jieH* > yì ‘勒死’

厄 *qˤ<r>[i]k > *'eak* > è ‘軛的一部分’（压住牛马头颈以带动大车的部件）

3.3.2.7　*-s 后缀

这是一个很常见的后缀，有许多功能，但其中只有少数功能易于理解。

后缀*-s$_1$使动词名词化，是目前*-s最常见的功能。

(126) 结 *kˤi[t] > *ket* > jié‘打结’

髻 *kˤi[t]-s > *kejH* > jì‘头髻，发髻’

(127) 磨 *mˤaj > *ma* > mó‘摩擦，研磨’

磨 *mˤaj-s > *maH* > mò‘磨石’

(128) 内、纳 *nˤ[u]p > *nop* > nà‘引入或使进去’

内 *nˤ[u]p-s > *nut-s > *nwojH* > nèi‘里面’

后缀*-s$_2$由名词派生出动词：

(129) 冠 *k.ʔˤor > *kwan* > guān‘帽子’

58 冠 *k.ʔˤor-s > *kwanH* > guàn‘戴帽子’

(130) 衣 *ʔ(r)əj > *'j+j* > yī‘衣服’

衣 *ʔ(r)əj-s > *'j+jH* > yì‘穿衣服’

(131) 王 *ɢʷaŋ > *hjwang* > wáng‘国王’

王 *ɢʷaŋ-s > *hjwangH* > wàng‘称王’

后缀*-s$_3$由内向动词或静态动词派生出外向动词。

(132) 買 *mˤrajʔ > *meaX* > mǎi‘买’

賣 *mˤrajʔ-s > *meaH* > mài‘卖’

(133) 受 *[d]uʔ > *dzyuwX* > shòu‘接受’

授 *[d]uʔ-s > *dzyuwH* > shòu‘给予，授予’

(134) 學 *m-kˤruk > *haewk* > xué‘学习；模仿’

斅 *m-kˤruk-s > *haewH* > xiào‘教’

(135) 好 *qʰˤuʔ > *xawX* > hǎo‘好’

好 *qʰˤuʔ-s > *xawH* > hào‘爱；喜好’(动词)

(136) 惡 *ʔˤak > *'ak* > è‘不好，丑陋’

惡 *ʔˤak-s > *'uH* > wù‘厌恶(动词)’

3.3.3　词族

上古汉语中，两个词有相同的词根而有不同的词缀，它们就可以说属于同一词族。在这一节里我们用三个例子来说明词族的概念。

词根 *tˤəŋ‘上升’出现在下例动词中，没有任何词缀：

(137) 登 *tˤəŋ > *tong* > dēng‘上升’

加前缀 *s_1-，就形成一个使动动词：

(138) 增 *s-tˤəŋ > *tsong* > zēng‘增加(及物动词)’(<‘使上升’)。

从上面最后这个形式——通过加前缀 *N-，派生出一个静态动词‘增加的、增大的、加倍、高’，不过尚不清楚这一过程是发生在 *s-t-变成 ts-之前还是之后：

(139) 層 *N-s-tˤəŋ > *dzong* > céng‘加倍的，层叠的’

另外一个词，中古音也是 MC *dzong*，属于名词：

(140) 層 *m-s-tˤəŋ > *dzong* > céng‘又一层楼’

我们用前缀 *m_{1c}-来构拟 *m-s-tˤəŋ，‘又一层楼’的意思是一个房子里‘增加’空间的一种方式。在闽方言中，这个词在‘田地’的意义上代替 59
了原有的田 *lˤiŋ > *den* > tián(Norman 1996：31)：厦门/tsʰan 2/、潮州/tsʰaŋ 2/、福州/tsʰeiŋ 2/、建瓯/tsʰaiŋ 5/、永安/tsʰĩ 2/。注意这里的送气声母，这暗示原始闽语 pMǐn 是 *dzh-，是上古汉语 OC *m-s-t-预期的对应形式。词义的演变大致是从‘增加田地大小的方式’，到‘在一层田之上再加一层’，到‘梯田’，到‘田地’。

词根*pˤan ‘分开’在一组核心意义为‘分割’的词里很明显。这个词根本身不作为一个词出现，但在加后缀*-s_1后就形成了它的派生名词：

（141） 半 *pˤan-s > *panH* > bàn ‘一半’

原来的动词词根加上中缀*< r_1 >就有了分布式的意义：

（142） 班 *pˤ< r >an > *paen* > bān ‘分，分赐’

从相关的词根来看（参看下文 § 3.3.4），我们还有另外一个词族，包括“判” *pʰˤan-s > *phanH* > pàn ‘分开’及其带工具前缀*m_{1c}-的派生名词：

（143） 判 *pʰˤan-s > *phanH* > pàn ‘分开’
畔 *m-pʰˤan-s > *banH* > pàn ‘田畔’

词根*truŋ ‘中’是一个名词词根，单独出现在：

（144） 中 *truŋ > *trjuwng* > zhōng ‘中心’

从这个名词添加后缀*-s_2派生出一个动词：

（145） 中 *truŋ-s > *trjuwngH* > zhòng ‘击中中心’

再进一步，加*N-前缀派生出一个新的静态、不及物动词：

（146） 仲 *N-truŋ-s > *drjuwngH* > zhòng ‘（三兄弟或三个月）居中的’（<‘中间的一个’）；参考：原始苗瑶语 *ntroŋ A ‘中心，中间’

我们假设的鼻音前缀，在原始苗瑶语形式中得到了直接的印证，虽然我们预期的应该是 C 调对应汉语的去声，而不是 A 调。

3.3.4　历史上有关系的词根

两个可以被构拟出的独立词根，有相似的意义和相仿却不相同的读音，这是常有的事。比如说，接着上面讨论的词根 *tˤəŋ ‘上升’，我们有词根 *təŋ ‘升起’：

(147) 烝 *təŋ > *tsying* > zhēng ‘升起’

这个词可特指水蒸气，也被用作及物动词“蒸”。这个词根和前缀 *s- 一起出现在： 60

(148) 升 *s-təŋ > *sying* > shēng ‘上升’(如：升堂；上车)

在动词“蒸”的带 *s-后缀形式中通过加前缀 *S-[6] 派生出一个表蒸煮器具的名称：

(149) 甑 *S-təŋ-s > *tsingH* > zèng ‘蒸饭的器具’

因此我们有 *tˤəŋ 和 *təŋ 两个词根，它们的不同在于声母是否咽化。还有其他一些词根意义相近但是有送气与不送气的对立：

(150) 鬻 *m-quk > *yuwk* > yù ‘养育’
　　　畜 *qʰuk > *xjuwk* > xù ‘养育’

另外一对例子如例(141)和例(143)中：半 *pˤan-s > *panH* > bàn ‘一半’和判 *pʰˤan-s > *phanH* > pàn ‘分开’。

在其他的例子中有词尾 *-ʔ 和 *-k 的交替，如 *taʔ 和 *tak 都是‘放’的意思：

(151) 署 *m-taʔ-s > *dzyoH* > shǔ ‘任命;官职’
　　　緒 *s-m-taʔ > *zjoX* > xù ‘安排;排好’
　　　著 *t<r>ak > *trjak* > zhuó ‘放置’
　　　著 *t<r>ak-s > *trjoH* > zhù ‘地方;明显’
　　　席 *s-m-tAk > *zjek* > xí ‘席子’(<‘放东西的地方’?)

像这样的语音上的交替,在上古汉语中虽然常见,但是没有能产性。我们把它们看作是更早时期上古汉语的祖语里面存在形态变化的遗留。它们类似英语中的 whole、heal 和 health 这组词:

(152) whole <古英语 *hál* ‘健全的,健康的’<原始日耳曼语 *hail-az
　　　heal <古英语 *hǽlan* ‘使全或健全’<原始日耳曼语 *hail-jan
　　　health <古英语 *hǽlþ* ‘身体健康’<原始日耳曼语 *hail-iþa

它们都来自相同的原始日耳曼语词根 *hail-,意为‘身体健康’,但在现代英语中它们可能必须被看作是三个共时的不同词根,只在历史上有关联。

同样,我们也可以期待在更广泛的比较中找到对于上古汉语相关词根如 *taʔ 和 *tak 的解释。例如,动词中词尾 *-ʔ 和 *-k 的交替使人想到库基-钦语(KuKi-Chin languages)中词干 A 和词干 B 之间的交替(例如,So-Hartmann[2009: 71]关于 Daai Chin 语的研究)。这方面
61 还需要更多的研究。

3.4 先秦文字的性质

如 § 2.3 所述,我们进行新构拟的主要动机之一是,大量先秦古文字材料被发现,其中的先秦文字系统与上古汉语构拟密切相关,这比以前所依赖的标准文字在关系上更密切。这些出土文本使我们对先秦文字系统的性质有了一个新的认识,而这又和上古汉语构拟的问题相关联。

对熟悉现代汉语的人来说，很容易时代错乱地认为先秦文字和两千年来一直使用的标准文字没有什么本质差别。学习标准文字，需要记住好几千个汉字，而随着时间的推移，这些汉字和它们读音之间的直接联系变得越来越弱。很重要的一点是，标准文字有强有力的制度和文化支撑，而上古汉语时期，这样的支撑还没有后来那么强大。标准文字在一个幅员辽阔、语言多样的地区长时间使用，并且识字能力成为获得政府公职的关键之一。它有一套由中央规定的标准，还有广为传播的工具书和其他文献。这些文本的流传最终因为纸的使用(比早期的书写材料更廉价)、印刷术、商业书市的发展而变得更加容易。识字阶级拥有的文化威望又增强了这种趋势。所有这些因素都使得标准文字系统被很好地维护，只有细微的变化，虽然它在很多方面不但难学也很不方便使用。

但是，在先秦时期还没有这些制度和文化支撑。当然也有一些约定俗成的惯例，否则文字不可能成为有效的交流手段，但还是没有中央规定的统一标准。识字能力是得到某些工作的一个重要的先决条件，但对于获得威望与享有崇高社会地位的职务来说，也还没有像后来那么重要。政治上的分裂可能也意味着文本一般还是在小范围内流传。与后来相比，当时的书是笨重且昂贵的。所以和后来的帝制时代相比，对已有文本的熟悉，还没有像后来那样成为创新的阻力。经典文本的体量也还小，而且对那些经典文本，更多的是记诵和听讲，而不完全是读和写。我们可以在出土战国文本中清楚地看到，不同书手之间的差异很大。最后，有很明显的风格和范本供人模仿的书法，还没有完全成为一个独特的艺术门类。

因此和后来帝制时期的文字系统相比较，先秦文字更具流变性，而且在调整与修正上更少遇到阻力。当然，文字系统还是要在很大一批人中间起到交流的作用，而且文字也会为其所服务的功能而重塑字形。文字是一个共时的系统，与语言有类似的限制。那么，是哪些限制决定了先秦文字的结构呢？ 62

首先，这个文字系统必须是学得会的。就像没有任何一种口语会使用超过一百个区别音位，由于人脑记忆的限度，文字系统对必学必记的基本字符数量也一定有一个实际的上限。不像后来那样有强有力的制度性支撑,需要牢记的基本字符的数量和帝制时期相比,可能要少很多。

其次,就算其他的条件都一样,字符与口语语音对应关系的复杂性也有一定程度的限制。如果读音发生变化而使这个关系复杂化,先秦文字系统尚能相对自由地来顺应变迁。如果因此一个声符不再适合来记录某个词,很可能会被替换,对这种调换遇到的阻力,应该会比后来要弱得多。

我们以{聞}这个词的字形历史为例。在甲骨文和早期金文中,这个字从人从耳:

(153) 

字中的"人"是跪坐而以手掩面之形(参见:于省吾 1941,引自《古文字诂林》9:585)。在出土战国文献中,{聞}经常以"昏"为声符。我们的拟音是:

(154) 聞 *mu[n]> *mjun* > wén'听'
　　　昏 *m̥ˤu[n]> *xˤun > *xwon* > hūn'黄昏,昏暗'

以"昏"记录"聞"是基于两个词中的 *m 和 *m̥ˤ-在语音上的相似性以及二者韵母均为 *-u[n]。我们也看到"昏"再加"耳"旁,就是"聒",《说文》列为"古文"(《说文诂林》5356a)。

但是到某个历史阶段,"昏"的声母 *m̥ˤ-变成一个擦音[h]或[x](> MC *x-*),就破坏了和{聞} *mu[n]的音近关系;而且在秦文字中(如睡虎地秦简,参看季旭昇 2010:877),有一个新的字,以"門"为声符:

(155) 聞 *mu[n]> *mjun* > wén'听见'
　　　門 *mˤə[r]> *mwon* > mén'门,户'

在上古汉语的早期，“門”还不适合作“聞”的声符，因为它们的主要元音还不一样（*ə≠*u），而且韵尾也可能不同（*-r≠*-n），虽然这一点还不确定。但是后来由于音变在大多数方言中韵尾*-r 变成*-n 了，在唇音音首后*-un 和*-ən 的对立也消失了，所以这时候“門”适合作为{聞}的声符，因为后来*m̥(ˁ)变成*x(ˁ)，“昏”反而不适合作声符。这个例子显示早期文字中，由于存在较少的制度性阻力阻止创新，可以适应
这些音变，以“門”代替“昏”为声符。 63

然而，即使在先秦时期，也有一些力量会控制文字系统的过分流变。书写下来的文本是要给不同的人在不同的时空阅读和使用的。以前的记录也还是要给人阅读的，而且在一定的地域范围内，文本还是要从一地流传到另一地。尽管这个地域比帝制时期要小得多，政府行政管辖的范围没有那么大，文本的广泛流传肯定没有后来那么普遍。事实上，古文字学者们已经辨认出先秦文字的地域差别。

不但字符的总数有限，而且当时应该有一种倾向，即尽量避免对字形的差别作过分细致的区分：如果两个字字形相似，有时它们就合并成为一个字符而具有一种以上的功能——也有可能从一开始它们就没有明确地区分开过。现代汉字中就有一个这样的例子，“肉”的简省体与月亮的“月”字合并，虽然它们的功能很不相同，但是语境能提供足够的信息，不会把这两个字符混起来。与此相似先秦文字中的“月”（‘月亮’）和“夕”（‘夜’）也不是明确区分开来的（季旭昇 2010：565）。

我们可以假设先秦文字的结构是多种力量的一个平衡。字符不能多到难学、难记、难写、难认，但是也必须有足够的数量来表达各种区别。与口语语音之间的联系太曲折的字符，就会被别的能够更直接地表现这种关系的字符所替代。文字系统的修改也不能太频繁或太随意，否则一时一地写下来的文本，换到另一个时空条件下，就会变得难以释读。

以词为基础的文字系统，文本中的每个字符代表的是一个语词长度的单位，而不是像字母文字那样代表一个音段。不过从如何学、记、忆、识字的角度来看，我们认为先秦文字主要是一个以音节为基础的文字系统，而不是以词为基础的。对于现代的识字标准来说，一个人

必须能识读大致五千到一万个汉字,每个汉字大致代表一个语素。而一个学习先秦文字的人,只要识读大约一千个字符,每个字符都可以作声符来代表某类音节。很多这样的字符起源于象形字,还有一些是根据它们的意义结合在一起的会意字。但是这个系统中最有能力来代表口语语音中的所有词汇的,是一套一千个左右的声符。当声符单独表达可能有歧义时,可以加一个义符。例如,“耳”有的时候就加在
64 “昏”边上,来代表{聞}(见上面的讨论)。

在大多数例子中,一个声符代表一类音节,其音首的发音部位、主要元音和韵尾都是明确的。例如,字符“皮”代表一个大致是 ***P(r)aj** 这样的音节,这里 ***P** 代表任何口语中咽化或者非咽化的唇塞音。元音前可以有也可以没有 ***-r-**,同样,音节前可以有前置成分也可以没有。根据白于蓝(2008: 127),在最近的出土文献中,字符“皮”不加任何其他符号,可以代表下面的词:

{皮} ***m-[p](r)aj** > *bje* > pí ‘兽皮’
{彼} ***pajʔ** > *pjeX* > bǐ ‘那’
{疲} ***[b](r)aj** > *bje* > pí ‘疲劳,衰竭’
{破} ***pʰˤaj-s** > *phaH* > pò ‘破坏’
{跛} ***pˤajʔ** > *paX* > bǒ ‘跛脚’

与此类似,字符“白”代表 ***Pˤ(r)ak** 这样的音节类型。根据白于蓝(2008: 187),它被单独用来代表以下这些词:

{白} ***bˤrak** > *baek* > bái ‘白色’
{伯} ***pˤrak** > *paek* > bó ‘伯父’
{柏} ***pˤrak** > *paek* > bǎi ‘柏树’
{百} ***pˤrak** > *paek* > bǎi ‘一百’
{泊} ***[b]ˤak** > *bak* > bó ‘安静,不动’

如果把“皮”和“白”的这么多种用法看成是后来成为标准的形声字的省形或者是错字,那是时代错乱的观念。相反,它们被用来代表的是

特定的音节类型：具体代表的是哪一个词，通常可以从语境中得到正确的理解。额外的义符可以加上去以减少模糊性，而且后来这些义符成了常规。不过，我们所见到的出土文献中的文字系统，主要是以一套字符来代表音节的类型。

有些音节可能有一个以上的声符来代表。比如代表音节 *ŋ(ˤ)(r)aj(ʔ)的可能有两个字符：

(156) 我 *ŋˤajʔ > *ngaX* > wǒ ‘我们，我’
　　　宜 *ŋ(r)aj > *ngje* > yí ‘适宜；应该’

这两个声符似乎可以互相替换，比如这个词现在写作：

(157) 義 *ŋ(r)aj-s > *ngjeH* > yì ‘义务；正义’

在郭店简和上博简中写作“宜”*ŋ(r)aj（事实上，{義}*ŋ(r)aj-s 是通过加后缀 *-s 从{宜}*ŋ(r)aj 派生出来的一个名词）。不过，我们发现在 65
郭店简的《性自命出》中 *ŋ(r)aj-s ‘义务；正义’写作“義”，而相应的上博简《性情论》中写作“宜”（白于蓝 2008：135）。

相反，如果两个字似乎是代表相同的音节类型，但在早期文本中并不可以互相替换，这个事实可以启发我们去发现可能被忽视了的音系学上的区别。例如，“工”和“公”的中古音都是 ***kuwng***，以前的上古音拟音也是同音。但是，根据白于蓝（2008：254—257），战国出土文献中用这两个声符记录的两组词完全没有交集——这说明它们在上古汉语中并不同音。通过仔细分析我们发现“工”是代表软腭音声母的音节，如例(158)，而“公”是代表小舌音声母的音节，如例(159)：

(158) 工 *kˤoŋ > *kuwng* > gōng ‘官员’
　　　空 *kʰˤoŋ > *khuwng* > kōng ‘空旷的，空的，孔穴’
(159) 公 *C.qˤoŋ > *kuwng* > gōng ‘公正无私；政府，公家’；它是下列词的声符
　　　容 *[ɢ](r)oŋ > *yowng* > róng ‘容纳’[7]

与此同时，有一些音节类型看上去好像没有自己合适的声符，在这种情况下，通常的语音匹配标准必须放宽。举个例子，似乎没有单独的声符可以代表音节类型*n(ˤ)er：

(160) 臡 *nˤer > *nej* > ní ‘腌制的带骨肉酱’(也读作*ner > *nye*)

因此声符“難” nán < *nˤar，通常只用来代表音节类型*nˤar，在这里和“肉”一起来表示{臡} *nˤer。

类似的例子，字符單 dān < *tan* < *Cə.tˤar ‘单独’一般代表音节类型*Tar，但是在《史记·匈奴列传》中表示匈奴所骑的一种马的名字：

(161) 驒騱 diānxí ‘一种野马’

注释说这个词应该念为中古音的 MC *ten-hej*，从这里我们可以构拟这个词(可能是借自匈奴语)的晚期上古汉语形式*tˤer.gˤe。这里單 dān < *tan* < *Cə.tˤar 用来记录音节*tˤer，尽管它们的主要元音不同，因为没有别的更好的声符可以用。

我们说这样的例子中用的声符是“不得已而求其次”的办法(faute de mieux)：这说明虽然用一套声符来代表音节类型是上古汉语的文字系统的基础，但是这些音节被代表的可能性程度是不均衡的。声符代表音节类型的精确性，音节类型在不同地区是不相同的，而且语音
66 相同的标准也不总是一致的。例如，词尾是*-m 和*-p 的音节类(相对较少)与词尾是*-ŋ 和*-k 的音节类型(有相对较多种选择的可能)相比，使用声符的自由度相对较大。但一般而言，当然是选择最适合的声符来代表一个音节类型。

有一种趋势是，随着时间的推移，文字系统的声符变得越来越精确。例如，在早期古文字中，“袁”代表两种音节类型 *Qʷan 和*Qʷen：

(162) 遠 *C.ɢʷanʔ > *hjwonX* > yuǎn ‘遥远’
睘，還 *ɢʷˤ<r>en > *hwaen* > huán ‘回转；旋转’
還 *s-ɢʷen > *zjwen* > xuán ‘回转；旋转；敏捷’

最后作了区分，“袁”被用来代表$^{*}Q^{w}an$，而“睘”代表$^{*}Q^{w}en$。

这样的演变使得声符系统比开始阶段更加精确。但是，秦统一（公元前 221 年）以后，随着文字系统越来越标准化，也有力量在降低声符系统的精确性。有时语音的变化使得原来用同一声符记录的词的读音渐渐不同，但是现在的文字系统不太容易适应语音的变化（像以前那样，{聞}的早期以“昏”为声符，后来以“門”为声符）。

结果是，随着时间的推移，词的读音和声符之间的联系变得越来越不直接，最后形成了我们现有的系统。此外，造新的形声字时，如果是用现存的形声字的语音标准，语音相似性的标准会降低。因此，后起的汉字一般没有像以前的字那样富有信息——特别是对上古汉语语音而言。 67

第四章

上古汉语的音首

我们将上古汉语中主元音之前的音节成分定义为一个词的音首(onset),它包括:

1. 可能存在的任何前置音节成分,最多可以包含两个辅音,包括前缀,元音 *ə 可有可无;
2. 主要音节的声母;
3. 介音 *-r-(某些情形下是个中缀),如果有的话。

音首中唯一必须出现的成分是主要音节的声母。占据主要音节声母位置的上古汉语辅音请参看下文表 4.1。

在下一节中,我们将讨论影响这些辅音变化的若干主要的音韵演变。

表 4.1　上古汉语主要音节的声母辅音

常态:B型	p	t	ts				k	k^w	q	q^w	ʔ	
	p^h	t^h	ts^h	s			k^h	k^{wh}	q^h	q^{wh}		
	b	d	dz				g	g^w	ɢ	$ɢ^w$		
	m	n			l	r	ŋ	$ŋ^w$				
	m̥	n̥			l̥	r̥	ŋ̊	$ŋ̊^w$				
咽化:A型	$p^ʕ$	$t^ʕ$	$ts^ʕ$				$k^ʕ$	$k^{wʕ}$	$q^ʕ$	$q^{wʕ}$	$ʔ^ʕ$	$ʔ^{wʕ}$*
	$p^{hʕ}$	$t^{hʕ}$	$ts^{hʕ}$	$s^ʕ$			$k^{hʕ}$	$k^{whʕ}$	$q^{hʕ}$	$q^{whʕ}$		
	$b^ʕ$	$d^ʕ$	$dz^ʕ$				$g^ʕ$	$g^{wʕ}$	$ɢ^ʕ$	$ɢ^{wʕ}$		
	$m^ʕ$	$n^ʕ$			$l^ʕ$	$r^ʕ$	$ŋ^ʕ$	$ŋ^{wʕ}$				
	$m̥^ʕ$	$n̥^ʕ$			$l̥^ʕ$	$r̥^ʕ$	$ŋ̊^ʕ$	$ŋ̊^{wʕ}$				

*该音非常少见

4.1 上古汉语辅音声母的演变：主要变化

4.1.1 咽化

中古汉语音节可以分为两种基本类型，蒲立本（Pulleyblank 1977—1978）称之为“A 型”和“B 型”。用传统的术语来说，A 型为一、二、四等音节，B 型为三等音节。在我们的中古汉语标音法中，B 型（或者说三等）写成有 *-i-* 元音，或元音前的 *-j-* 介音，或两者都有，也可能具有一个写作 *-y-* 的声母辅音；A 型音节则既没元音 *-i-*，也没有 *-j-* 介音，或者是不带 *-y-* 的声母。

A 型和 B 型在上古汉语中的来源问题已经争论了数十年。高本汉（Karlgren 1940）为三等字在元音前构拟了喻化（yod）介音 *-i̯-，非三等没有这个介音；这种构拟一度成为习惯［李方桂（Li 1971）和白一平（Baxter 1992）用 *-j- 来代替 *-i̯-］。但是蒲立本（Pulleyblank 1962—1963：99）注意到了高本汉所拟的喻化介音在汉语早期域外借词的读音中并无反映，认为是个元音长短的区别：他提出三等音节带有长元音，上古汉语阶段之后发生复元音化（diphthongized），并产生
68 了作为副产品的高本汉所说的喻化音。郑张尚芳（1987）和斯塔罗斯金（Starostin 1989）也将 A/B 型音节之分归因于元音的长短，但看法正好与蒲氏相反。郑张和斯塔罗斯金都援引了藏缅语与汉语的对应词来说明汉语的非三等与长元音对应、三等则与短元音对应。[1]

在此期间，蒲立本（Pulleyblank 1973，1977—1978）放弃了之前的元音长短的解决办法，而提出用音节的第二摩拉（mora）的重音（用元音上的锐音性符号来标识）作为非三等字的特征，而三等字则是重音在音节的第一摩拉上（用钝音性符号来标识）。后来罗杰瑞（Norman 1994）受到了俄语中普遍存在的“硬”辅音和“软”辅音之别的启发，为上古汉语的非三等音节构拟了咽化特征，并认为非咽化音节后来发生了腭化［咽化是辅音或元音的协同发音特征（secondary articulation），咽化表现为舌根的后退以使咽部收缩；阿拉伯语诸多方言的“强势”（emphatic）辅音就是咽化

的]。我们目前的构拟采用了罗杰瑞的咽化假设，因为它最具有解释力。[2]

各家对于A/B型音节之分的不同解释以及相关的记音归纳于表4.2，以中古最小对立“铭”míng < *meng*‘铭文’(A型)和“名”míng < *mjieng*‘名字’(B型)为例。

表4.2 关于上古汉语A/B型音节的不同构拟

	A型音节 铭 míng‘铭文’	B型音节 名 míng‘名字’
中古汉语	*meng*(青)	*mjieng*(清)
高本汉(Karlgren 1957)	*mieng	*mi̯ĕng
蒲立本(Pulleyblank 1962—1963)	*meŋ	*mēŋ
李方桂(Li 1971)	*ming	*mjing
蒲立本(Pulleyblank 1977—1978)	*máɲ	*màɲ
郑张尚芳(1987)	*meŋ	*mĕŋ
斯塔罗斯金(Starostin 1989)	*mēŋ	*meŋ
白一平(Baxter 1992)	*meng	*mjeng
罗杰瑞(Norman 1994)	*'meng	*meng
郑张尚芳(2003)	*meeŋ	*meŋ
白-沙系统	*mˤeŋ	*C.meŋ

上古汉语A/B型音节语音解释的多样性，表明构拟语音差别的存在和分布往往比构拟其语音性质要容易一些。显示A/B型音节差异的证据比比皆是，然而关于此差异专门的语音解释证据却很难找到。我们选择把咽化作为A型音节的特性是基于以下几点 69
考虑：

1. A/B型音节在上古汉语里可以任意互相押韵，表明两者的差别主要在于音节的音首而非韵母。

2. 在汉语后来的发展阶段里，A型音节的元音比B型音节有着更低的舌位形式，从跨语言视角来看，元音与咽化辅音相邻时往往容易低化。[3]

3. 齿龈音、软腭音、边音等通常在B型音节中发生腭化，而在A型音节中不发生腭化。

4. 汉代的汉语译音词以及侗台语和苗瑶语的借词表明，上古汉语的软腭音声母在 A 型音节里带有小舌音的发音形式（Norman 1994）。从咽化的软腭音向小舌音的发展在其他语言中也有相似表现。[4]

把 A 型音节的相关特征构拟成咽化音，与其他解释相比，前者更自然地解释了这些事实。

最近，米歇尔·费吕(Ferlus 2009b)提出 A 型音节和 B 型音节的区别源自上古汉语中双音节词（有前置辅音）和单音节词（无前置辅音）的对立，A 型音节来自前者，B 型音节来自后者。费吕指出，一旦前置辅音失落，上古汉语的差异就被辅音声母的强/弱对立替代：强辅音声母发展出紧音，弱辅音发展出松音或气嗓音。这些音质因此导致了孟高棉语中清浊声域(voice registers)的复元音化类型，紧音使元
70 音低化，松音或气嗓音使元音高化。

这种解释存在一些问题。当我们依据语言比较方面的证据来构拟上古汉语前置辅音时，我们并未发现汉语 A 型音节词有前置音节而 B 型音节词缺失前置音节的倾向。在 § 4.2 中，我们可以看到，前置辅音的直接证据主要来自早期的越语和拉珈语借词，以及罗杰瑞原始闽语的软化辅音（如原始闽语中的 *-p-）和浊送气音（如原始闽语中的 *bh-）。尽管下列例子属于 B 型音节，但它们带有前置辅音声母的证据很强：

(163) 牀 *k.dzraŋ > *dzrjang* > chuáng ‘床’，原始闽语 *dzh-
前置辅音 *k-可用 Rục 语 /kəciːŋ^{2}/ ‘床’来印证；前置辅音也可用越南语 *giường* /zɯʌŋ A2/ ‘床’中的擦化辅音和原始闽语中的送气辅音 *dzh-来证明：厦门 /tsʰŋ2/，潮州 /tsʰɯŋ2/，福州 /tsʰouŋ 2/，建瓯 /tsʰɔŋ 2/（详见 § 4.2）。

(164) 種 *k.toŋʔ > *tsyowngX* > zhǒng ‘种子’
前置辅音 *k-可由 Rục 语 /koːŋ3/ ‘种子’体现；越南语 *giống* /zʌwŋ B1/ ‘物种、繁殖、血缘、种族；性别’也证明了前置辅音的存在（原始闽语有 *tš-，它反映的是上古汉语的 *t-还是 *k.t-，无法判断）。

(165) 箴 *t.[k]əm > *tsyim* > zhēn ‘针’
前置辅音 *t- 可由拉珈语 /them 1/ 体现；越南语 *găm* [ɣam A1] ‘竹针或金属针’也证明了前置辅音的存在（原始闽语有 *tš-，它既可能反映的是上古汉语的 *t- 也可能反映 *t.k-）。

(166) 谢 *sə-lAk-s > *zjaeH* > xiè ‘辞谢，放弃’
原始闽语 *-dzia C 和越南语 *giã* /za C2/ ‘告别’都表明有一个前置辅音，基于中古汉语，可被认定为 *sə-（参看 § 4.5.3.3）。

下列例子虽然是 A 型音节，但它们没有什么前置音节：

(167) 斗 *tˤoʔ > *tuwX* > dǒu ‘量器名；杓子’，原始闽语 *t-，越南语 *đấu* /ɗʌw B1/ ‘斗’，声母未擦音化。
(168) 節 *tsˤik > *tset* > jié ‘关节’，原始闽语 *ts-，越南语 *tết* /tet D1/ ‘春节’，声母未擦音化（越南语 /t/ < 原始越语 *ts-；参看 Ferlus 1992）。
(169) 繭 *kˤ[e][n]ʔ > *kenX* > jiǎn ‘茧’，原始闽语 *k-，越南语 *kén* /kɛn B1/ ‘茧’，声母未擦音化。
(170) 芥 *kˤr[e][t]-s > *keajH* > jiè ‘芥菜’，原始闽语 *k-，越南语 *cải* / kɑi C1 / ‘洋白菜’，声母未擦音化。 71
(171) 點 *tˤemʔ > *temX* > diǎn ‘黑点’，原始闽语 *t-，越南语 *đốm* /ɗom B1/ ‘点’，声母未擦音化。
(172) 白 *bˤrak > *baek* > bái ‘白色’，原始闽语 *b-，越南语 *bạc* /ɓak D2/ ‘银色的’，声母未擦音化。

虽然咽化音构拟的直接证据很难发现，我们找到东汉何休（129—182）颇具启发性的注释。何休对《春秋》三传之一的《公羊传》做过注（转引自周祖谟[1943]1966：406），涉及了连接副词“乃”和“而”语音的差异。我们的构拟如下：

(173) 乃 *nˤəʔ > *nojX* > nǎi（A 型） 而 *nə > *nyi* > ér（B 型）

《公羊传》历史叙述的部分比较少，不像《左传》那样有趣味，但是它涵盖了对《春秋》本身详尽的讨论，且尝试去解释为什么文本用某个词而非另一个。下面是《春秋》(宣公八年)中的一段注释：

(174) 冬十月己丑，葬我小君頃熊[5]。雨，不克葬。庚寅，日中而克葬。

在《春秋》的另一处(定公十五年)有相似的段落，写到下葬因雨水天气而推迟，文中说道："乃克葬"，用的是"乃"而非"而"。《公羊传》注了"乃""而"二字的意义，并试图解释何时用何者。其注释采用了问答的形式：

(175) 而者何？難也。乃者何？難也。曷為或言而？或言乃？
72 乃難乎而也。

其观点似乎是"乃""而"二字被用作转折副词('但是'或'相反')——表明当时的情况是下葬遇到了阻碍——但是"乃"的程度更强。这种早期对于先秦文本的元语言学注释本身是很有意思的，然而让我们感兴趣的语音层面的内容是汉代经师何休关于"乃""而"二字的语音描述：

(176) 言乃者内而深，言而者外而淺。

"内而深"是对咽化音舌头后退的比较合适的印象式描写，可与没有咽化的舌头未后退的"外而浅"对立。

术语"内"和"外"在其他早期注疏中用于分别指示 A 型音节和 B 型音节，类似"缓气"和"急气"[6]。"缓气"也适用于描述有咽化音首的音节，该类音节更难发音，因为涉及了附加的舌位后退，发这种音节时间上慢一些。此类注疏大概是我们能得到的有关 A / B 型音节对立最直接的语音描写。

显然，将 A 型音节构拟成咽化音首造成了一个辅音繁多的声母系统，因为不管发音部位和方法是什么，所有的非咽化辅音都有对应的咽化辅音。我们知道这样的系统在类型学上是不常见的：在出现咽化辅音的语言中，不是所有的辅音都会有咽化。比如，咽化送气塞音和咽化清响音似乎都很罕见的。另外一种可能是在音首和韵母之间的位置构拟一个独立的咽化音段[ʕ]，我们没有采取这种构拟方法，但也不想排斥它。

系统中所显示的类型上的人为性，可能正是构拟过程的产物。上述促使我们构拟咽化音(如 A 型音节元音舌位的降低和音首的抗腭化)的现象大约可追溯到汉代：表明在当时相关的特征是咽化。由于在此之前几乎没有相关信息显示 A／B 差异的性质，我们尝试把咽化追溯到上古汉语的最早期阶段。然而事实上，汉代以咽化形式存在的差异很可能在早期是以其他不同的特征存在的，但我们尚未找到任何与之相关的证据。虽然在我们的构拟中，咽化表面上是上古汉语早期阶段的特征，且咽化辅音持续了长达一千年(甚至更多)之久，但这只反映了我们缺乏表明早期差异性质的证据。带来上述语音改变的咽化，事实上完全有可能只存在了很短的 73
一段时间，且由于类型学上不常见，使之相当不稳定而极易发生进一步的音变。

虽然咽化语言多集中在高加索语、亚非语系以及萨利希语系中，但至少此特征在一种藏缅语中可见，即四川红岩的北部羌语(Evans 2006a, 2006b)。台湾南岛语系下的两种语言，阿眉斯语(Amis)和泰雅语(Atayal)也有咽化辅音(Maddieson & Wright 1991)。更进一步，罗杰瑞(Norman 1994：403，注释 9)引述雅各布森(Jakobson[1931] 1971)，强调了他提出的汉语的咽化对立和某些土耳其语的所谓“音节和谐”(syllabic harmony)过程(通过腭化来区别的辅音对立，与元音和谐密切相关)有极大的相似性。

总的来说，我们给中古汉语的一、二、四等构拟了咽化的上古音，而三等没有。但是上古汉语非咽化咝音声母后跟介音 *-r- 的某些字出现了一些例外：*sr-、*tsr-、*ts^{h}r-、*dzr-(以及其他在中古汉语阶段之

前合并进来的音首)。作为非咽化音首,这些词在中古汉语三等字中以卷舌咝音的形式出现,符合我们的预期:

(177) 蝨 *srik > *srit* > shī ‘虱子’
(178) 差 *ts^hraj > *tsrhje* > cī ‘不齐貌’
(179) 愁 *[dz]riw > *dzrjuw* > chóu ‘忧虑’

但是这类词的一部分表现为二等韵字:

(180) 生 *sreŋ > *sraeng* > shēng ‘生育,出生;活’
(181) 殺 *s<r>at > *sreat* > shā ‘杀死’
(182) 差 *ts^hraj > *tsrhae* > chā ‘差异;选择’

这是因为诸如例(180)、例(181)、例(182)的字在某个相当晚的时期才从三等韵字变成二等韵字,也就是说,它们丢失了我们记为*-j-*的中古汉语介音。我们称这个演变为 *Tsrj-* > *Tsr-* (Baxter 1992: 267—269)。可以推测,这些形式中 *-j-* 的丢失的一个重要因素,是由于卷舌音和腭化音组合的语音不和谐造成的。

我们知道这些字丢失了*-j-*,是因为这些字经常有反切材料,显示曾有带 *-j-* 的反切。举个例子,《广韵》的“生”字:

74 (183) 生:所庚切,即:*sr*(*joX*)+(*k*)*aeng*=*sraeng*,

在更早的《王仁昫刊谬补缺切韵》中,它的反切是:

(184) 生:所京反:也就是 *sr*(*joX*)+(*k*)*jaeng*=*srjaeng*

Tsrj- > *Tsr-* 的音变同时也解释了《广韵》通常被认为是不规则的 *sraeng* 读音。因为“生”上古押 *-eŋ 韵,而 *-aeng* 通常只来自上古汉语的韵部*-aŋ。不过中古汉语的 *-jaeng* 是上古韵部 *-reŋ 的规则形式,如:

(185) 驚 *kreŋ > *kjaeng* > jīng '害怕'

鳴 *m.reŋ(方言读音> *mreŋ) > *mjaeng* > míng '(鸟兽昆虫)叫'

因此,中古汉语"生"的 *-aeng* 是 *Tsrj-* > *Tsr-* 音变的一个正常结果:生 *sreŋ > *srjaeng* > *sraeng*。

另外一个违反非咽化声母演变为三等一般模式的例外是:

(186) 三 *s.rum > *sam* > sān '三'

我们预计它应按照 OC *s.rum > *srim* 演变,而非演变成中古音 MC *sam*,且我们在下例中可以看到这种规则演变:

(187) 参 *srum > *srim* > shēn '猎户星座'(由猎户座星带上的三颗星得名)

但是作为一个数词,中古汉语中"三" *s.rum 有着 *s-* 的形式,而非我们所预计的 *sr-*,很可能是受后面一个数词"四"sì < *sijH* 的影响。众所周知,"三"的中古汉语韵母 *-am* 也是不规则的,我们还未为这种不规则结果找到一个合理解释。

声母辅音咽化带来的首要影响是阻碍齿龈塞音和 *n- 的腭化,以及软腭音和边音的腭化(见下文)。另外,在上古汉语阶段以后,咽化的软腭音后退成小舌音。上文介绍过,罗杰瑞(Norman 1994: 404)提到早期佛经译音(200—400 年)中,上古汉语咽化音节中的软腭音已经变成小舌音。[7]有证据显示,在中古汉语时期,A 型软腭音仍比 B 型发音部位更靠后,公元六世纪的《切韵》和《经典释文》中 A 型和 B 型软腭音声母字的反切上字是有区别的。

虽然现代汉语方言中 A 型和 B 型软腭音声母的区别消失了,但是原始苗瑶语和原始苗语的借词仍然规则地以小舌音来反映上古汉语的 A 型软腭音。例如:

(188) 故 *kˤaʔ-s > *kuH* > gù‘旧的(不是新的)’;比较:原始苗瑶语 *qu̯oH‘旧’

空 *kʰˤoŋʔ > *khuwngX* > kǒng‘空旷的,空的,孔穴’;比较:原始苗瑶语 *qhəŋ B‘洞’

嫁 *s-kˤra-s > *kaeH* > jià‘女子出嫁;将女儿嫁出’;比较:
75 原始苗瑶语 *qu̯a C‘将女儿嫁出’

目前,因为掌握的证据有限,我们不能很有信心地确定上古汉语小舌音声母在苗瑶语中的反映形式。

有关上古汉语咽化辅音后的元音舌位下降,可参看§5.3.1关于韵母发展的讨论。

4.1.2 腭化

非咽化辅音在发展成中古汉语的过程中有腭化趋势:这种趋势的结果会使A型和B型对立加强,且可能降低了对咽化这种类型学上不常见特征的依赖。除非腭化受到元音前 *-r- 的阻碍,非咽化上古汉语声母齿龈塞音和鼻音在中古汉语中变成腭化塞擦音和鼻音:

(189) *t- > *tsy-* 真 *ti[n] > *tsyin* > zhēn‘真的,真实的’

*d- > *dzy-* 石 *dAk > *dzyek* > shí‘石头’

*n- > *ny-* 入 *n[u]p > *nyip* > rù‘进入’

*n̥- > *sy-* 身 *n̥i[ŋ] > *syin* > shēn‘身体;自身’

中古汉语 *tsy-*、*dzy-*、*ny-*、*sy-* 在语音上分别可以合理地解释成[tɕ]、[dʑ]、[ɲ]、[ɕ]。此类腭化辅音在郑玄(127—200)和应劭(140?—206)的记录中就已存在,虽然同时期的其他记载中B型音节仍然存在非腭化齿龈塞音(Coblin 1983: 55)。齿龈塞音腭化的变化,有规则地反映在罗杰瑞的原始闽语中:

（190）真 *ti[n] > *tsyin* > zhēn‘真的，真实的’，原始闽语 *tšin A
吹 *tʰo[r] > *tsyhwe* > chuī‘吹（动词）’，原始闽语 *tšhye A
春 *tʰun > *tsyhwin* > chūn‘春季’，原始闽语 *tšhiun A

越南语里的早期汉语借词中既显示了腭化形式，如例(191)，也有非腭化形式，如例(192)和例(193)：

（191）種 *k.toŋʔ > *toŋʔ > *tsyowngX* > zhǒng‘种子’；越南语 *giống*[8] [zʌwŋ B]
（192）尺 *tʰAk > *tsyhek* > chǐ‘尺（度量单位）’；越南语 *thước* [tʰɯʌk D1]‘米尺’
（193）燭 *tok > *tsyowk* > zhú‘火炬’；越南语 *đuốc* [ɗuʌk D1]‘蜡烛’

苗瑶语的汉语借词同样反映了腭化塞擦音：

（194）穿 *tʰo[n] > *tsyhwen* > chuān‘穿过’；原始苗瑶语 *chu̯en
‘穿线’ 76

但是我们偶尔也能发现更古老的齿龈塞音的形式：

（195）稱 *mə-tʰəŋ-s > *tsyhingH* > chèng‘杆秤’；原始苗瑶语 *nthju̯əŋH‘平衡’

非咽化边音也演变成中古汉语的腭化辅音（参看 §4.3.4 和 §4.3.5）：

（196）*l- > *y-*　葉 *l[a]p > *yep* > yè‘叶子’
*l̥- > *sy-*　首 *l̥uʔ > *syuwX* > shǒu‘头’

（中古汉语 *y*- 和 *sy*- 可分别合理地看成是[j]和[ɕ]。）

上古汉语鼻音前缀后的 *r- 和 *l- 合并，之后两者随着上古 *l- 演变，如腭化(参看 § 4.4.1.4 和 § 4.4.2.4)：

(197) *N.r- > *y-* 酉 *N-ruʔ > *luʔ > *yuwX* > yǒu ‘地支第十位’
*m.r- > *y-* 蝇 *m-rəŋ > *ləŋ > *ying* > yíng ‘苍蝇’

基于此，我们预计 *N.r̥- 和 *m.r̥- 会变成中古汉语的 *sy-*，但是我们没有明确的例子。

同样非咽化音 *ɢ- 变成中古汉语的 *y-*，不管后面跟着的元音是什么，如“與” *ɢ(r)aʔ-s > *yoH* > yù ‘参与’。原始闽语和苗瑶语中也有相应的发展：

(198) 羊 *ɢaŋ > *yang* > yáng ‘羊’，原始闽语 *ioŋ A，原始苗瑶语 *juŋ A ‘羊/山羊’

另外，上古汉语的非咽化软腭塞音 *k-、*g- 以及鼻音 *ŋ-、*ŋ̊- 在前元音前一般演变为中古汉语的腭化音(Pulleyblank 1962—1963：100)。这种音变被称作“第一次软腭音的腭化”。[9] 例子如下：

(199) 旨 *kijʔ > *tsyijX* > zhǐ ‘美味的’
(200) 脂 *kij > *tsyij* > zhī ‘脂肪，油脂’
(201) 視 *gijʔ > *dzyijX* > shì ‘看，看见’
(202) 腎 *Cə.[g]i[n]ʔ > *dzyinX* > shèn ‘肾脏’；比较原始闽语 *-gin B ‘肫’(Norman 2006：138)
(203) 瘈 *ke[t]-s > *tsyejH* > zhì ‘狂(指狗)’
(204) 支～枝 *ke > *tsye* > zhī ‘(树的)分枝，四肢’；原始闽语 *ki A
(205) 善 *[g]e[n]ʔ > *dzyenX* > shàn ‘好’
(206) 兒 *ŋe > *nye* > ér ‘儿童’
77 (207) 設 *ŋ̊et > *syet* > shè ‘设立’

但是，我们没有发现送气音 *k^h-腭化的例子，也没有发现带软腭音韵尾的软腭音声母字腭化的例子(参看 § 5.4)：

(208) 遣 *[k]^{h}e[n]ʔ > *khjienX* > qiǎn ‘派遣’
(209) 棄 *[k^{h}]i[t]-s > *khjijH* > qì ‘丢弃，放弃’
(210) 勁 *keŋ-s > *kjiengH* > jìng ‘强壮有力’

在例(199)—例(207)中，我们根据谐声和同族词构拟了软腭声母。比如，我们在例(205)中构拟了一个软腭声母“善”*[g]e[n]ʔ > *dzyenX* > shàn，因为《广韵》中存在一个字 *kjenX*，以“善”*[g]e[n]ʔ 作为其声符：这个字是联绵词(binome)“撍攗”*kjenX.trjenX* 的一部分，注释为“丑长皃”，从中可推测上古*krenʔ.trenʔ，腭化因介音 *-r- 而受阻。在例(207)“設”*ŋ̊et > *syet* > shè ‘设立’中，我们构拟了一个*ŋ̊-，因为名词“勢”*ŋ̊et-s > *syejH* > shì ‘形势’是从动词“設”(‘设立’)加*-s 加后缀衍生来的，而“勢”*ŋ̊et-s > *syejH* > shì ‘形势’的声符是“埶”*ŋet-s > *ngjiejH* > yì ‘种植’(白一平 2010)。[10]

在上古汉语晚期，上古汉语的*q- 和*q^{h}- 丢失了口腔的阻塞成分而分别变成*ʔ- 和*χ-。很有可能小舌音*χ- 从早些阶段的*q^{h}(ˤ)- 变成了软腭音[x]，因为它后续在相同情况下会和其他软腭音一样腭化，如：

(211) 屎 *[q^{h}]ijʔ > *xijʔ > *syijX* > shǐ ‘粪便’(参看 § 4.3.2 和 § 5.5.5.1 对该例的讨论)

虽然在前元音前唇化小舌音(labiouvulars) *q^{w}- 和 *q^{wh}- 并没有经历腭化，*ɢ^{w}- 却腭化了。*ɢ^{w}- 在非前元音以及*r- 前变为 *hj*(*w*)-：

(212) 院 *ɢ^{w}ra[n]-s > *hjwenH* > yuàn ‘院子四周的墙’
圜、圓 *ɢ^{w}<r>en > *hjwen* > yuán ‘圆的’

但是在前元音前，若不存在*r-，*ɢ^{w}- 就腭化为 *y*(*w*)-：

(213) 惟 *ɢ^{w}ij > *ywij* > wéi ‘(系词),即是’

营 *[ɢ]^{w}eŋ > *yweng* > yíng ‘划界;扎营’

参看 § 4.3.3。

在上古汉语某一个方言中,*r̥-演变成 *x*-,与来自 *q^{h}-的 *x*-合并,都在前元音前腭化。如:

(214) 爍 *r̥ewk > *xewk > *syak* > shuò ‘熔化,注入’

78 从语源上看,这个词可能与“藥”*m-r[e]wk > *yak* > yào ‘药草’有关。

许思莱(Schuessler 2010: 35)指出,软腭音的第一次腭化发生在西汉时期。他认为软腭音在 *i 前的腭化早于在 *e 前。在汉语方言中,只有闽语有较强的证据显示其最早的层次跳过了此项音变:

(215) 支~枝 *ke > *tsye* > zhī ‘(树的)分枝’,原始闽语 *ki A

指 *mə.kijʔ > *tsyijX* > zhǐ ‘手指;指向’,建瓯 /ki 6/

肾 *Cə.[g]i[n]ʔ > *dzyinX* > shèn ‘肾脏’;原始闽语 *-gin B ‘肫’;也可比较客家话(香港粉岭崇谦堂方言) /k^{h}in 1/ ‘肾脏’

因此,原始闽语肯定在第一次软腭音腭化前就分出来了。有关第一次软腭音腭化是否影响原始苗瑶语和越南语所接触的汉语方言,证据还很不充分。

但是 § 3.1.9 已经提到,不是所有和上古软腭音有关的中古汉语腭音声母都是由前元音造成的,因为一些表面上很相似的变化在非前元音字中也能观察到:

(216) 出 MC *tsyhwit* > chū ‘出去或出来’,是下面“屈”字的声符

屈 MC *khjut* > qū ‘使……屈服’

齒 MC *tsyhiX* > chǐ ‘门牙’(上古汉语元音: *ə);厦门 /k^{h}i3/,福州 /k^{h}i3/

从这些例子中，我们可以看出一个完全不同的音变过程。我们假设上古软腭音声母带有紧接的前置*t-（§4.4.4），然后*t-加软腭塞音的辅音从先简化成齿龈塞音，再和一般齿龈音一样经历腭化：

(217) 齒 *t-[k^{h}]ə(ŋ)ʔ(或*t-ŋ̊əʔ)>*t^{h}əʔ> *tsyhiX* > chǐ ‘门齿’
出 *t-k^{h}ut >*t^{h}ut > *tsyhwit* > chū ‘出去或出来’
箴 *t.[k]əm >*təm > *tsyim* > zhēn ‘针’
十 *t.[g]əp >*dəp > *dzyip* > shí ‘十’

实际上，这种音变不仅局限于软腭声母，小舌音声母中也有类似的例子：

(218) 妐 *t-qoŋ >*toŋ > *tsyowng* > zhōng ‘夫之父’
杵 *t.q^{h}aʔ >*t^{h}aʔ > *tsyhoX* > chǔ ‘杵’(“杵”的*q^{h}-构拟，参看§4.4.2.2)

唇音中也可能存在：

(219) 箒、帚 *[t.p]əʔ >*tuʔ > *tsyuwX* > zhǒu ‘扫帚’

前置辅音*t-取代非咽化辅音声母并不总产生中古汉语的腭音，当存在介音*r时，它会演变成中古汉语的卷舌声母：

(220) 赪 *t-k^{h}reŋ >*t^{h}reŋ > *trhjeng* > chēng ‘红色’；比较：
輕 *[k^{h}]eŋ > *khjieng* > qīng ‘轻的(“重”的反义)’ 79
(221) 肘 *t-[k]<r>uʔ >*truʔ > *trjuwX* > zhǒu ‘肘部’；字符中右边的部件“寸”最初是“九”字：
九 *[k]uʔ > *kjuwX* > jiǔ ‘九’，是肘部的画图(季旭昇 2010：348—349，991)
(222) 耴 *t-nrep>*trep > *trjep* > zhé ‘耳朵下垂(用于人名)’；是“踂”字的声符

踂 *n<r>ep > _nrjep_ > niè ‘不能走路’

4.1.3 卷舌化

上古汉语辅音系统中不存在卷舌声母，卷舌辅音在上古汉语音首向中古汉语的演变过程中，随着一些以 *r 为声母或介音的简化而出现。下面是一些齿龈声母后接介音 *r 的例子：

(223) 鎮 *t<r>i[n]-s > _trinH_ > zhèn ‘镇压’
鬯 *t^{h}raŋ-s > _trhjangH_ > chàng ‘香酒’
住 *dro(ʔ)-s > _drjuH_ > zhù ‘停留’
䵒 *n<r>[i]k > _nrit_ > nì ‘胶合’
杻 *n̥<r>uʔ > _trhjuwX_ > chǒu ‘手铐’
榛 *tsri[n] > _tsrin_ > zhēn ‘榛子’
差 *ts^{h}raj (> _tsrhjae?_) > _tsrhae_ > chā ‘差异，选择’
沙 *s^{ʕ}raj > _srae_ > shā ‘沙子’

前置辅音 *s 后跟辅音 *r 到了中古汉语变成卷舌擦音 _sr-_：

(224) 數 *s-roʔ > _srjuX_ > shǔ ‘计算(动词)’；又读 *s-roʔ-s > _srjuH_ > shù ‘数字(名词)’

卷舌咝音声母也可能来自上古汉语的前置辅音 *s- 和介音 *-r- 组合的辅音丛。如：

(225) 責 *s-t^{ʕ}rek > *ts^{ʕ}rek > _tsreak_ > zé ‘要求报偿；要求’
債、責 *s-t^{ʕ}rek-s > *ts^{ʕ}rek-s > _tsreaH_ > zhài ‘债务’；比较：
讁 *m-t^{ʕ}rek > *m-d^{ʕ}rek > *d^{ʕ}rek > _dreak_ > zhé ‘责备，惩罚’
(226) 揣 *s-t^{h}<r>orʔ > *ts^{h}<r>orʔ > *ts^{h}<r>ojʔ > _tsrhjweX_ > chuǎi ‘测量；估计’；声符与“喘”字相同
喘 *[t^{h}]orʔ > _tsyhwenX_ > chuǎn ‘气喘’

(227) 朔 *s-ŋrak >(*srjak*>) *sraewk* > shuò ‘月初第一天’；声符与“逆”字相同

逆 *ŋrak > *ngjaek* > nì ‘逆反’

(228) 札 *s-qˁrət > *tsreat* > zhá ‘木简，木牍’；比较：

乙 *qrət > *ʔrət > *'it* > yǐ ‘天干第二位’ 80

(229) 锄 *s-[l]<r>a > *s-d<r>a > *dzra > *dzrjo* > chú ‘锄头’；比较：

除 *[l]<r>a > *dra > *drjo* > chú ‘消除’

(230) 窗 *s-l̥ˁ<r>oŋ > *s-tʰˁ<r>oŋ > *tsʰˁroŋ > *tsrhaewng* > chuāng ‘窗户’；比较：

通 *l̥ˁoŋ > *tʰˁoŋ > *thuwng* > tōng ‘通透’

4.1.4 次生性浊化

与大多数的上古汉语构拟一样，从高本汉(1940)到董同龢(1948)开始，我们把中古音的塞音和塞擦音的三种不同发音方式——清不送气、清送气和浊音——投射到上古音。例如：

(231) *p(ˁ)- > *p-*
*pʰ(ˁ)- > *ph-*
*b(ˁ)- > *b-*

这三种不同的发音方式出现在各个发音部位，无论是咽化声母还是非咽化声母(见表 4.1)。

但是，并非所有中古音的浊塞音和塞擦音都反映上古汉语主要音节声母的浊音：根据内部构拟，我们推测中古汉语的部分浊音是次生的，反映了一个紧跟着前置鼻辅音 ***N** 或 ***m** 的清塞音或塞擦音。前置鼻辅音演变到中古，在其消失之前，会使后接的塞音或塞擦音变成浊声母。如：

(232) *N.ts^{h}- > *N.dz- > *dz*-

*m.p- > *m.b- > *b*-

具体可参看§4.4.1.1、§4.4.1.2、§4.4.2.1以及§4.4.2.2。

上述三个阶段的语音发展在苗瑶语借词中都有所反映：早期借词反映了清前置鼻化形式，如原始苗瑶语*mp-和*ntsh-；后期借词展现了浊前置鼻化形式，如原始苗瑶语*mb-和*ndz-；而再后来的借词显示了简单的浊塞音或塞擦音，如下面的例子：

(233) 濁 *[N-t^{ʕ}]rok > *N-d^{ʕ}rok > *draewk* > zhuó '污浊的'，原始苗瑶语*ɳʈɭo C '污浊的'(保留原始清辅音声母)

(234) 淨 *N-tseŋ-s > *N-dzeŋ-s > *dzjengH* > jìng '干净'，原始勉语*ndzəŋ C '干净'(反映了*N-ts- > *N-dz-)

(235) 黄 *N-k^{wʕ}aŋ > *ŋg^{wʕ}aŋ > *g^{wʕ}aŋ > *hwang* > huáng '黄色的'(衍生自：光 *k^{wʕ}aŋ > *kwang* > guāng '光明')，原始勉语*ʔg^{w}i̯əŋ A '明亮的'，反映了原始苗瑶语*ŋk^{w}j-(且可能表现了早期语义)。比较原始苗语*ɢ^{w}aŋ A '亮/光/
81 黄色的'，是一个不带鼻冠音的晚期借用。

(236) 峽 *N-k^{ʕ}rep > *N-g^{ʕ}rep > *g^{ʕ}rep > *heap* > xiá '山口，隘口'，原始苗语*Glow D '山口，隘口'(不带鼻冠音，反映了上古汉语之后的*g^{ʕ}-)

松散的前置辅音*mə-和*Nə-在苗瑶语借词中也同样以前置鼻音的形式出现，但是它们在中古汉语时期并没有起浊化作用，显然它们的前置鼻辅音与辅音声母没有直接接触。

在中古汉语阶段，次生的浊塞音和塞擦音的表现与相应的原有浊声母没有什么不同。正如原始的*ɢ^{ʕ}-和*g^{ʕ}-合并成中古汉语的 *h*，*N.q^{ʕ}-和*N.k^{ʕ}-、*m.q^{ʕ}-和*m.k^{ʕ}-的演变也是如此。而正如非咽化*ɢ-和*g-在中古汉语中分别发展成 *y*-和 *g*-，保留了对立，非咽化声母*N.q-和*m.q-演变成中古汉语 *y*-，而*N.k-和*m.k-则演变成

g-，同样保留了对立。带有鼻冠辅音的非小舌音声母的演变归纳为表 4.3。

表 4.3　带鼻冠音的非小舌阻塞音的中古汉语形式

	上古汉语	中古汉语
非咽化	*N.p-, *N.p^{h}-, *m.p-, *m.p^{h}-	*b*-
	*N.t-, *N.t^{h}-, *m.t-, *m.t^{h}-	*dzy*-
	*N.ts-, *N.ts^{h}-, *m.ts-, *m.ts^{h}-	*dz*-
	*N.k-, *N.k^{h}-, *m.k-, *m.k^{h}-	在*i 或*e 前为 *dzy*-，其他位置为 *g*-
	*N.k^{w}-, *N.k^{wh}-, *m.k^{w}-, *m.k^{wh}-	*g*(*w*)-
咽化	*N.p^{ʕ}-, *N.p^{hʕ}-, *m.p^{ʕ}-, *m.p^{hʕ}-	*b*-
	*N.t^{ʕ}-, *N.t^{hʕ}-, *m.t^{ʕ}-, *m.t^{hʕ}-	*d*-
	*N.ts^{ʕ}-, *N.ts^{hʕ}-, *m.ts^{ʕ}-, *m.ts^{hʕ}-	*dz*-
	*N.k^{ʕ}-, *N.k^{hʕ}-, *m.k^{ʕ}-, *m.k^{hʕ}-	*h*-
	*N.k^{wʕ}-, *N.k^{whʕ}-, *m.k^{wʕ}-, *m.k^{hwʕ}-	*h*(*w*)-

值得注意的是，在大部分情况下，前置辅音 ***N** 和 ***m** 带有清送气声母（如 ***N.p^{h}**- 和 ***m.p^{h}**-）和清不送气声母（如 ***N.p**- 和 ***m.p**-）的中古汉语形式一致。但是，小舌音的发展却不是这样。鼻冠音只导致不送气小舌塞音浊化：***N.q**-、***m.q**- > *ɢ-> MC *y*-（参看 § 4.4.1.1 和 § 4.4.2.1），而带有鼻冠音的送气或浊小舌音声母发展成了 MC *ng*-，如表 4.4 所示（具体可参看 § 4.4.1.2、§ 4.4.1.3、§ 4.4.2.2 以及 § 4.4.2.3）。

表 4.4　带鼻冠音的小舌音声母的中古汉语形式

	上古汉语	中古汉语
非咽化	*N.q-, *m.q-	*y*-
	*N.q^{w}-, *m.q^{w}-	在*i 或*e 前为 *y*(*w*)-，其他位置为 *hj*(*w*)-
	*N.q(^{w})^{h}-, *m.q(^{w})^{h}-	*ng*(*w*)-
	*N.ɢ(^{w})-, *m.ɢ(^{w})-	*ng*(*w*)-

续 表

	上古汉语	中古汉语
咽化	*N.q(ʷ)ˤ-, *m.q(ʷ)ˤ-	_h(w)-_
	*N.q(ʷ)ʰˤ-, *m.q(ʷ)ʰˤ-	_ng(w)-_
	*N.ɢ(ʷ)ˤ-, *m.ɢ(ʷ)ˤ-	_ng(w)-_

下面的例子表明了这些变化。

(237) 繘 *N.qʷi[t] > *ɢʷi[t] > _ywit_ > yù‘井上汲水的绳索’；又读：

繘 *C.qʷi[t] > *kʷi[t] > _kjwit_ > jú‘井上汲水的绳索’

(238) 尹 *m-qurʔ > *ɢurʔ > _ywinX_ > yǐn‘统治；统治者’；比较：

君 *C.qur > *kur > _kjun_ > jūn‘君王；统治者’（这两个字
82 在早期文献中常常可以互换，参看《古文字诂林》2.29。）

(239) 午 *m-qʰˤaʔ > *ŋˤaʔ > _nguX_ > wǔ‘违逆；交叉’；此字最初为“杵”的象形字：

杵 *t.qʰaʔ > *tʰaʔ > _tsyhoX_ > chǔ‘杵’

(240) 螘 *m-qʰəjʔ > *ŋəjʔ > _ngj+jX_ > yǐ‘蚂蚁’；其声符是：

豈 *C.qʰəjʔ > *kʰəjʔ > _khj+jX_ > qǐ‘怎么’

(241) 牙 *m-ɢˤ<r>a > *ŋˤra > _ngae_ > yá‘牙齿’；“牙”是“與”字的声符：

與 *m-q(r)aʔ > _yoX_ > yǔ‘给；为了；和’，原始闽语 *ɣo B① ‘给予’

(242) 僞 *N-ɢʷ(r)aj-s > *ŋʷ(r)aj-s > _ngjweH_ > wěi‘虚假的’；比较：

為 *ɢʷ(r)aj > _hjwe_ > wéi‘做，干，充当’

---

① 译注：据勘误表，此为“白-沙”构拟的原始闽语。白、沙两位作者现已放弃这一构拟，而采信厦门话中的/hɔ 6/是由“度”/tʰɔ 6/发生地域性演变而产生。白、沙所据参考文献为：吕晓玲.近代泉州、厦门方言给予义动词读音的演变——兼论漳州方言的给予义动词“互”[J].中国语文.2016(5).576—584。下文的例(479)、例(511)、例(684)、例(694)，均同此。

在带有 *-r- 的送气咽化音首(如 ***m.qʷʰˤr-** 和 ***N.qʷʰˤr-**)里,向鼻音发展的音变受到阻碍,这些音首演变为 ***h***-,与 *ɢʷˤr- 一样:

(243) 華 *N-qʷʰˤra > *hwae* > huá ‘开花;华丽的’;比较:
　　　華 *qʷʰˤra > *xwae* > huā ‘花(名词)’(后来写作“花”)
(244) 繣 *m-qʷʰˤrek-s > *hweaH* > huà ‘捆绑’;又读
　　　繣 *qʷʰˤrek > *xweak* > huà ‘捆绑’

4.2　比较法在汉语中的应用

以前对上古汉语辅音声母的构拟,包括我们自己的,都没有采用历史语言学传统的比较方法,而主要是用一种根据中古汉语与谐声关系所反映的信息来构拟的特殊方法。[11]我们现在的构拟吸收了前辈学者的方法,且有所创新,在上古汉语音首的构拟中系统地综合了原始闽语以及原始苗瑶语和越语早期汉语借词所体现的语音对立。我们将说明,这些独立的资料为不在中古汉语中出现的,或从谐声系列的研究中无法得到的音首对立提供了一致性的证据。由于涉及了一大段历史时期,且资料 83
相当多,这些借词形成不同的时间层次,都是中国历史演进的不同阶段遗留下来的。每个层次都是从一个具体的汉语方言借来的,而且跟那个方言有着语音对应。这样我们不妨把原始苗瑶语和越语的早期汉语借词作为上古汉语末期某种汉语方言的代表看待。[12]

通过在中古汉语、原始闽语以及苗瑶语和越语最早期借词之间建立语音对应,我们对上古汉语音首的构拟离标准的比较法更近了一步。原始闽语及原始苗瑶语、越语早期汉语借词是极为宝贵的资料,因为这些资料为我们提供了复杂音首(complex onsets)的证据,这方面中古汉语的证据以及谐声材料是既有限又难以解释的。下面几节将详细分析原始闽语、原始苗瑶语和越语早期借词中有关复杂音首差异的证据。

4.2.1　原始闽语

如上所述,基于中古音框架的传统上古音构拟有一大缺憾,即忽视了现代汉语方言的证据。高本汉推测除了闽语外,所有其他汉语方言都来源于长安方言,即隋(581—618)、唐(618—907)两代都城所在地的方言,而且他认为长安方言在中古汉语时代的书面文献中得以体现。因此,他认为中古汉语可以作为除了闽语外其他所有现代汉语方言的代表。虽然高本汉承认中古汉语不能解释闽语的音系,但他并没有用闽语的材料来构拟上古音。他并未采用可能是历史语言学最行之有效的比较法,尽管他收集了方言材料,并将现代汉语方言和域外汉语借词的语音进行比较,不过这么做的原因仅仅是为了给既有中古音框架确定音值,而中古音框架仍是来自各种韵书、《经典释文》以及韵图。相较之下,在历史比较法中,原始语框架的音位对立(不仅是音值)是在其后代语言的基础上建立的——无论能否在书面文献中得到证明。

正如我们对上古汉语的定义,它应该是闽语和中古汉语的共同祖先,因此若某些方言保留了中古汉语中没有的信息,在构拟上古音时,我们必须将其考虑在内。此外,近期研究显示,闽语并非唯一一种中古汉语系统无法解释的现代汉语方言,一个完善的上古音构拟方案应考虑所有现代汉语方言资料。当然,我们也不能忽视早期的书面文献,毕竟没有人愿意忽视古希腊语和古梵语,而仅仅从现代诸语言中
84 构拟出原始印欧语,但构拟必须基于所有后代(包括古代的和现代的)语言的音韵对应,最近几十年的汉语方言研究使这条路变得可行。

罗杰瑞的研究及其所构拟的原始闽语(始自:Norman 1973、1974a、1981)显示,闽语保留了大量中古汉语缺失的复杂性音首成分,且很难从其他证据中得以重构。这些材料并未系统地运用到上古音的构拟中,而我们的构拟将之纳入,不是只依赖中古汉语,而是包括中古汉语和闽语的对应。希望未来的方言研究将此种构拟做得更加精确、全面,并涵盖其他保留了中古汉语缺失特征的方言。下一节我们将举一些此类特征的例子。

4.2.1.1 原始闽语的塞音、塞擦音声母

基于现代闽语的对应材料,罗杰瑞(Norman 1973、1974a)为原始闽语构拟了一套复杂的辅音声母。他关于原始闽语塞音和塞擦音的构拟归纳于表 4.5。

表 4.5　罗杰瑞(Norman 1973)构拟的原始闽语的塞音和塞擦音声母

1	*p	*t	*ts	*tš	*k
2	*ph	*th	*tsh	*tšh	*kh
3	*-p	*-t	*-ts	*-tš	*-k
4	*b	*d	*dz	*dž	*g
5	*bh	*dh	*dzh	*džh	*gh
6	*-b	*-d	*-dz	*-dž	*-g

为了方便起见,我们用表格左侧一栏的数字来表示辅音种类。在大部分闽方言中,第 4 类辅音已经变成清不送气音,第 5 类辅音则是清送气音。第 3 类和第 6 类辅音被认为是“软化”的,因为在一些闽方言中,它们具有响音的或元音性的形式,如表 4.6 所示(此表仅限于双唇塞音,软化的形式以阴影标注)。然而,在石陂方言中,第 3 类和第 6 类辅音是浊音,在和平方言中,第 2 至 6 类辅音均是清送气音。[13]

表 4.6　罗杰瑞原始闽语双唇塞音在四种北部闽语中的形式(特殊的“软化”形式以阴影标注)

	原始闽语	中古汉语	建阳	建瓯	石陂	和平
1	*p	*p-*	p-	p-	p-	p-
2	*ph	*ph-*	p^h-	p^h-	p^h-	p^h-
3	*-p	*p-*	w-/∅-	p-/∅-	b-/ɦ-	p^h-
4	*b	*b-*	p-	p-	p-	p^h-
5	*bh	*b-*	p^h-	p^h-	p^h-	p^h-
6	*-b	*b-*	w-/∅-	p-/∅-	b-/ɦ-	p^h-

闽语辅音声母的类型与声调也有复杂的交织关系。在表 4.7 中,我们仅以原始闽语 *A调(对应中古汉语平声)中各种双唇塞音的音段和调型为例,展示其关联。调型以传统调类数值标在前,在方括号中标以调拱(tone contour,采用赵元任的五度标调法)。[14]

表 4.7　罗杰瑞原始闽语双唇塞音在北部闽语 *A 调中的形式

	建阳	建瓯	石陂	和平
*p　*A	p-　1[53]	p-　1[54]	p-　1[53]	p-　1[24]
*ph　*A	p^h-　1[53]	p^h-　1[54]	p^h-　1[53]	p^h-　1[24]
*-p　*A	w-/∅-　9[31]	p-/∅-　3[21ʔ]	b-/ɦ-　9[31]	p^h-　4[4ʔ]
*b　*A	p-　2[33]	p-　5[22]	p-　5[33]	p^h-　2[13]
*bh　*A	p^h-　2[33]	p^h-　5[22]	p^h-　5[33]	p^h-　7[31]
*-b　*A	w-/∅-　9[31]	p-/∅-　3[21ʔ]	b-/ɦ-　9[31]	p^h-　2[13]

原始闽语具有 6 类辅音声母，而中古汉语仅有 3 类：*p 和 *-p 都对应 MC *p-*；*ph 对应 MC *ph-*；*b，*bh 和 *-b 都对应 MC *b-*。第 3 类
85 到第 6 类对应的例子见表 4.8。

表 4.8　罗杰瑞原始闽语声母 *-p、*b、*bh、*-b 的例字

类型	例字	原始闽语	中古汉语	建阳	建瓯	石陂	和平
3	飛 fēi ‘飞翔’	*-p A	*pj+j*	ye 9	yɛ 3	ɦye 9	p^hui 4
3	崩 bēng ‘崩塌’	*-p A	*pong*	waiŋ 9	paiŋ 3	baiŋ 9	p^hen 4
4	肥 féi ‘胖’	*b A	*bj+j*	py 2	py 5	py 5	p^hi 2
4	平 píng ‘平坦’	*b A	*bjaeng*	piaŋ 2	piaŋ 5	piaŋ 5	p^hiaŋ 2
5	皮 pí ‘皮肤’	*bh A	*bje*	p^hui 2	p^hyɛ 5	p^ho 5	p^hui 7
5	篷 péng ‘遮篷、船帆’	*bh A	*buwng*	p^hoŋ 2	p^hoŋ 5	p^həŋ 5	p^huŋ 7
6	簰 pái ‘木排’	*-b A	*bea*	wai 9	pai 3	bai 9	p^hæ 2
6	瓶 píng ‘瓶’	*-b A	*beng*	waiŋ 9	paiŋ 3	baiŋ 9	p^hen 2

其他证据(尤其是域外语言的汉语借词，见下文)表明这些特征并非最近才产生，我们在构拟上古汉语音首时，需要将其考虑在内。我们的主要假设如下(以双唇塞音为例)：

1. 罗杰瑞的原始闽语 *p- 反映了上古汉语的 OC *p(ˤ)- 和 OC *C.p(ˤ)-。OC *p(ˤ)- 和 OC *C.p(ˤ)- 的区别是以越语证据

为基础进行重构的(参看 § 4.2.2.1),这种区别在中古汉语和原始闽语中都丢失了。

2. 原始闽语 *ph- 反映了上古汉语 OC *p^{h}(ˤ)-、*C.p^{h}(ˤ)- 或 *Cə.p^{h}(ˤ)-(注意原始闽语的送气声母不软化)。 86

3. 原始闽语 *b- 反映上古汉语 OC *b(ˤ)- 或其他 *N.- 后的双唇塞音。显然,紧密相连的音节前置鼻音 *N.- 在原始闽语阶段之前就已经使后接的阻塞音浊化且丢失了,因为在闽语中,上古汉语 OC *N.p(ˤ)- 和 *b(ˤ)- 有着一致的形式。

4. 原始闽语的软化塞音(第 3 类和第 6 类)来自一个松散型前置辅音后,两个元音之间的塞音或塞擦音的辅音发生弱化,比如:pMǐn *-p- < OC *Cə.p(ˤ)-,pMǐn *-b- < OC *Cə.b(ˤ)-。

5. 除了 *N.- 之外,原始闽语浊送气音(第 5 类)来自其他紧密相连的前置音节后的浊塞音或塞擦音,比如:pMǐn *bh- < OC *C.b(ˤ)-;或来自任一塞音或塞擦音前的前置辅音 *m-,比如:OC *m.p(ˤ)- 或 *m.p^{h}(ˤ)-。

我们假设大部分闽语中第 4 类(*b-)和第 5 类(*bh-)间的送气对立来自两波不同的清化(devoicing)势力的影响。在第一波势力中,原始闽语的浊阻塞音声母(包括原始浊阻塞音,如 *b-,以及紧密相连的 *N.- 后的阻塞音,如 *N.p-)变成清不送气声母。在第二波势力中,浊阻塞音声母变成清送气声母,如附近的赣语和客家方言一样。在闽语中,一个紧密相连的音节前置音保护浊阻塞音免受第一股清化势力的影响。丢失那些前置音后,剩余浊塞音和塞擦音受到第二股势力影响,变成清送气音(见表 4.9)。

表 4.9　罗杰瑞原始闽语 *b 和 *bh 的来源及发展

	平 píng '平坦'	别 bié '被分开'	雹 báo '冰雹'	被 bèi '被单'
中古汉语	*bjaeng*	*bjet*	*baewk*	*bjeX*
罗杰瑞的原始闽语	*b A	*b D	*bh D	*bh B

续 表

	平 píng '平坦'	别 bié '被分开'	雹 báo '冰雹'	被 bèi '被单'
上古汉语	*breŋ	*N-pret	*C.[b]ˤruk	*m-pʰ(r)ajʔ
*m, *N 后的浊化	—	Nb-	—	mb-
*N 的丢失：*Nb- > b	—	b-	—	—
第一次清化：b- > p- (L=阳调)	p- L	p- L	—	—
音节前置音*C、*m 的丢失	—	—	b-	b-
第二次清化：b- > pʰ-[a]	—	—	pʰ- L	pʰ- L
以上音变在厦门和福州的结果(L=阳调)	p- L	p- L	pʰ- L	pʰ- L

a：*b- 到 *pʰ- 的音变可能经过了一个 *b- > *bʱ-的阶段，此处忽略。

这种演变在藏语和嘉绒语中也有类型学上平行的例子。复辅音的部分浊阻塞音的延迟清化在藏语中有很好的记录。比如，孙天心报告过杂多(rDza.rdo)方言"经历了一次重要的分化，古藏语的浊阻塞音变作清声母，且为阳调的气嗓音，而古藏语中带有前加字(preradicals)的浊阻塞音仍保留浊音"(Sun 2003：38—39)。

在德格(Sde.dge)方言中，早期与晚期清化阻塞音根据声调区别开来(格桑居冕、格桑央京 2002)。[15] 与此相类在嘉绒语的藏语借词中，藏文的简单浊塞音是清化的，但当一个藏文浊塞音声母跟在一个前置辅音声母后时，浊音在嘉绒语中得以保留。比如藏文 *sb-* 到了嘉绒语中就变成/zw-/ < /zb-/。这表明在作为嘉绒语借词源头的藏语中，简单浊塞音清化，而浊辅音从仍保留浊音(向柏霖 2008：114)。

表 4.9 总结了四种情况下上古汉语中带有塞音和塞擦音的音首音变的顺序：普通浊音(*b-)、带紧密型前置辅音的*N 清音(*N.p-)、带紧密型前置辅音*C 的浊音(*C.b-)以及前带*m 的清音(以送气*m.pʰ- 为例)。

至于软化辅音声母，罗杰瑞(Norman 1986)注意到闽语中含有软化辅音声母的词借到苗瑶语中时往往带有前置鼻音音首，他提出闽语的软化辅音（表 4.8 中的第 3 类和第 6 类）原来带有前置鼻音，例子可见表 4.10（表 4.10 中勉语的浊塞音和塞擦音反映了原始苗瑶语带鼻冠音的塞音和塞擦音）。[16] 87

表 4.10　勉语中与原始闽语软化塞音的对应词

类型	例字	原始闽语	勉语	上古汉语
3	沸 fèi ‘沸腾’	*-p	bwei 5	*Nə.p[u][t]-s
3	早 zǎo ‘早的’	*-ts	dzyou 3	*Nə.tsˤuʔ
3	賭 dǔ ‘打赌’	*-t	dou 3	*mə.tˤaʔ
3	擔 dān ‘用肩挑’	*-t	daam 1	*mə-tˤam
3	轉 zhuǎn ‘转动’	*-t	dzwon 5	*mə-tronʔ
6	步 bù ‘脚步、迈步’	*-b	bia 6	*mə-bˤa-s
6	婦 fù ‘儿媳妇’	*-b	bwaŋ 4	*mə.bəʔ
6	字 zì ‘字母、文字’	*-dz	dzaaŋ 6	*mə-dzə(ʔ)-s
6	舌 shé ‘舌头’	*-dž	byet 6	*mə.lat

然而，我们发现苗瑶语中的前置鼻音也对应原始闽语的浊送气音（表 4.8 中的第 5 类，如 *bh-），可见表 4.11，这表明软化现象并非前置鼻音本身带来的。

表 4.11　原始闽语浊送气塞音的对应借词

类型	例字	原始闽语	原始苗瑶语	上古汉语
5	柱 zhù ‘柱子’	*dh	*ɲɟæu ‘柱子’（也可以比较原始 Kra 语 *m-tʂu A ‘柱子’）	*m-t<r>oʔ
5	秫 shú ‘黏性的小米’	*džh	*mblut ‘有黏性的’	*m.lut～ *mə.lut[a]
5	鼻 bí ‘鼻子’	*bh	*mbruiH ‘鼻子’	*m-bi[t] -s

a：此处“秫”的闽语形式反映了上古汉语应为 *m.lut，但是中古汉语的形式反映了上古汉语应为 *mə.lut（参看 § 4.5.2.4）。紧密和松散型的前置音节有时会有交替。

从语音学角度来看，我们认为用处于元音间位置的弱化来解释软化现象比用前置鼻音更加合理（这种可能性罗杰瑞也提到过）。北部闽语的软化现象与共时层面的形态音位变化类似，这样的音变影响了
88 福州话中某些复合词的介音（冯爱珍 1998）：

(245) 毛筆，福州 /mo 53/＋/pεiʔ 24/ → /mo 21 βεiʔ 24/
被告，福州 /pεi 242/＋/ko 212/ → /pεi 53 o 212/
書店，福州 /tsy 55/＋/taiŋ 212/ → /tsy 53 laiŋ 212/

在我们的系统中，带有松散型前置音节 *Cə.p(ˤ)- 或 *Cə.b(ˤ)- 的声母分别产生了原始闽语的软化音 *-p- 或 *-b-。而如 *C.b(ˤ)- 这样带有紧密型前置音节的音首（除了 *N；见表 4.9）产生了原始闽语的 *bh-，*m.p(ˤ)- 和 *m.pʰ(ˤ)- 也是如此。在任意情况下，前置辅音声母 *C.- 可能是个鼻音或其他音。例如，罗杰瑞（Norman 1986：383）引了“蟑螂”一词，见下例（246），在罗杰瑞构拟的北部闽语反映了原始闽语 *-dzɑt D（Norman 1981：60），而其他一些闽语和粤语表明带有 /k/ 的前置音节，反映了上古汉语的 *kə-dzˤ-。这个词的本字未确定。

(246) 原始闽语 *-dzɑt D ‘蟑螂’，北部闽语：建瓯 /tsuε 4/，政和 /tsuai 5/，崇安 /luai 8/；同样，邵武 /tsʰai 6/（Norman 1982：548），和平 /tʰai 4/（Norman 1995：122），镇前 /tsua 5/，建阳 /loi 8/，五夫 /luai 8/（Norman 1996：37），连墩村 /lue 8/（Norman 2002：357）.比较：福安 /sat 8/～/ka 1 sat 8/，福州 /ka 6 sak 8/，厦门 /ka 1 tsuaʔ 8/；粤语 /ka-tsat 8，kat-tsat 8/ ‘蟑螂’

一些学者尝试用闽方言向邻近方言不同历史层次的借用，来解释中古汉语辅音声母在闽语中的不同对应。比如，平田昌司（1988）认为石陂方言中的浊塞音（对应建阳方言的软化辅音声母）归因于邻近吴语的影响，因为吴语以有浊阻塞音声母为特征。罗杰瑞（Norman 2000）对软化辅音声母的这种解释做出了令人信服的反

驳。例如:“崩” bēng < MC *pong* ‘崩塌’在石陂方言中为/baiŋ 9/,其浊辅音声母不可能借自吴语,因为吴语中该字的辅音是清声母,此外,闽语中一些带软化辅音声母的词是闽语中独有的词,吴语中并不存在。 89

然而,在这些北部闽语软化辅音声母对应中古汉语和吴语浊阻塞音的词中,至少有一些一定是在上古汉语阶段以后才借进来的。例如,在对应中古汉语 *Tsij* 和 *Tsi* 的词中,石陂方言在白读层中有韵母/i/,建阳方言中有韵母/oi/,均是来自上古汉语(资料来自:秋谷裕幸 2004、**Norman** 1971),见表 4.12(建阳方言声调的下画线表示短促,冒号表示调值稍长)。文读层对应的韵母分别是/u/和/o/,参见表 4.13。

表 4.12　北部闽语白读层韵母对应中古汉语 *Tsij* 和 *Tsi*

	中古汉语	石陂	建阳
姊 zǐ ‘姐姐’	*tsijX*	tɕi 21	tsoi 21
死 sǐ ‘死亡(动词)’	*sijX*	ɕi 21	soi 21
四 sì ‘四’	*sijH*	ɕi 33	soi 32:
絲 sī ‘丝绸’	*si*	ɕi 53	soi 55

表 4.13　北部闽语文读层韵母对应中古汉语 *Tsij*

	中古汉语	石陂	建阳
資 zī ‘财产’	*tsij*	tsu 53	tso 55
私 sī ‘私人的’	*sij*	su 53	so 55
次 cì ‘次等(形容词)’	*tshijH*	$ts^{h}u$ 33	tho 32:

但是有一些例子表明软化辅音声母同时在文读层韵母中出现,在表 4.14 中以阴影标注。(罗杰瑞构拟的原始闽语中,软化音 *-dz 在石陂方言和建阳方言中的形式分别是/dz/和/l/。)

表 4.14　北部闽语带有文读韵母的软化声母

	中古汉语	石陂		建阳	
		白读	文读	白读	文读
自 zì ‘自己’	*dzijH*	tɕi 45	dzu 45	tsoi 43：	lo 43：
字 zì ‘书写汉字’	*dziH*	dʑi 45	—	loi 43：	lo 43：
瓷 cí ‘瓷器’	*dzij*	—	dzu 53	—	lo 55
慈 cí ‘充满深情的、仁慈的’	*dzi*	—	dzu 53	—	lo 33：

北部闽语软化辅音声母的另一种形式是“菩萨”púsà < MC *bu-sat* ‘菩萨’的第一个音节：石陂方言/ bu2 sa7/，和平方言/ wo2 sai7/，表面上反映了原始闽语的软化辅音 *-b。但是显然这个词在时间上不可能早于佛教引入的公元 1 世纪。北部闽语不同层次的词汇还需进一步研究。目前，当北部闽语第 6 类对应到中古汉语浊阻塞音声母，只有北部闽语外还有其他证据时，我们才能为其构拟上古汉语松散型的前置音节，因为闽语以外没有其他证据，从其他方言中借来浊阻塞
90 音实际上是一种现实的可能性。

4.2.1.2　原始闽语响音

闽语音节中音首比中古汉语更复杂的另一处表现是中古汉语有(浊)响音声母的词。在闽语中，对应于中古汉语响音声母的有两类：同时基于音段上和声调上的对立，罗杰瑞(Norman 1973)给原始闽语构拟了清响音声母 *lh-、*mh-、*nh- 等，与浊辅音声母 *l-、*m-、*n- 形成对立。类似的对立也必须出现在客家话的祖语——原始客家话的构拟中，涉及的是一些相同的词。这里为了举例方便，我们仅以原始闽语里传统平声字(原始闽语 *A 调)的 *l- 和 *lh- 在三种北部闽语(连墩村、[17]石陂、和平)和一种客家方言(梅县)中的表现为例，见表 4.15。在北部闽语中，罗杰瑞的原始闽语 *l- 变成了[l]，原始闽语 *lh- 变成了一个咝音(一般是[s])；有时 *l- 和 *lh- 也有声调上的对立。在客家方言中，罗杰瑞的 *lh- 一般有阴调调值(梅县为调 1)，这是清辅音声母音节的特征。

表 4.15　三种北部闽语、梅县(客家话)及上古汉语中的罗杰瑞原始闽语 *l 和 *lh (*A 调)

	原始闽语	中古汉语	连墩村	石陂	和平	梅县	上古汉语
犁 lí‘犁’	*l A	*lij*	lai 2	li 5	læ 2	lai 2	*[r][i]j
流 liú‘流动’	*l A	*ljuw*	lau 2	lɔ 5	liu 2	liu 2	*ru
聋 lóng‘聋’	*lh A	*luwng*	soŋ 2	səŋ 5	suŋ 7	luŋ 1	*C.rˤoŋ
鳞 lín‘鱼鳞’	*lh A	*lin*	saiŋ 2	saiŋ 5	sem 7	lin 1	*C.r[ə][n]

如表 4.15 最后一列所示,我们将罗杰瑞原始闽语浊响音构拟成上古汉语浊响音,其清响音构拟成上古汉语带有清前置辅音声母(以*C 表示)的浊响音。(注意:我们构拟的上古汉语如*l̥ (ˤ)- 的清响音,跟罗杰瑞原始闽语中的清响音*lh- 并不相同。)我们假设上古汉语*C.r- 实际上在闽语中仍为*C.r,在北部闽语中,当存在紧密型的前置清辅音时,*r 发展出了一个擦音变体,可能为[z]或[ʐ],当前置辅音失落后,该擦音发生清化变成[s],这种情形在表 4.15 所举连墩村、石陂、和平等方言中可以见到。

在越南语汉语借词的最早层次中,有一个十分相似的演变,即前置辅音*r 在*k 后变为擦音:在越南语中,上古汉语*k.r- 演变成现代越南文字上的 *s*-[ʂ],如“力”*k.rək‘力量’,越南语 *sức*[ʂɯk D1](在关系密切的 Rục 语中读作/kʰ rɨk^{7}/)。在下节中,我们将会看到,前置音节*C- 在其他语言的汉语借词中往往幸存下来。要注意 91
原始闽语的清响音,如*lh- < OC*C.r(ˤ)- 一般和原始闽语*bh- < *C.b(ˤ)- 有着一样的声调发展,表明响音前的清音*C.- 在原始闽语中得到保留。

该假设也能解释罗杰瑞(Norman 1973)描述的闽南方言中清鼻音的有趣行为。虽然罗杰瑞描述的普通鼻辅音声母*m、*n 和*ŋ 在厦门话和潮州话中往往去鼻音化变成/b/、/l/和/g/,他的清鼻音*mh、*nh 和*ŋh 却避免了此项音变。此外,清鼻音的鼻音性质向右扩散,使邻接的元音鼻化,见表 4.16。

表 4.16　闽南方言中紧密型前置辅音阻碍去鼻音化以及鼻音性质的向右扩散

	罗杰瑞原始闽语	厦门	潮州
磨 *mˤaj > *ma* > mó‘摩擦,研磨’	*m	bua 2	bua 2
南 *nˤ[ə]m > *nom* > nán‘南方’	*n	lam 2	lam 2
鹅 *ŋˤa[r] > *nga* > é‘鹅’	*ŋ	gia 2	go 2
肉 *k.nuk > *nyuwk* > ròu‘肉’	*nh	—	nēk 8
麻 *C.mˤraj > *mae* > má‘大麻’	*mh	muã 2	muã 2
艾 *C.ŋˤa[t]-s > *ngajH* > ài‘艾属植物;艾’	*ŋh	hiã 6	hiã 6

我们给出的解释是去鼻化过程*m >/b/、*n >/l/-以及*ŋ >/g/只涉及不带前置辅音的词首鼻音,而在带有前置辅音的音首中,如*C.m(ˤ)-,这种音变则受到了阻碍。我们认为前置辅音(在这里一定是非鼻音)不仅阻止了软腭打开的预备动作,且缩短了鼻辅音,导致鼻化性质向邻近的元音扩散。这与拉珈语中的情况相似,以鼻音作为第二音段的辅音丛的鼻音性质向右扩散(参看§2.5.3和§4.2.2.3)。在Michaud、Jacques和Rankin三人(2012)的研究中也可以看到类似的观点,他们举的例子来自亚洲、欧洲以及美洲的其他语言。

4.2.1.3　对应于中古汉语擦音的闽语塞擦音

闽语中也有一些塞擦音声母对应中古汉语擦音 *s*-(心)和 *sy*-(书或审三)。我们仅以中古汉语 MC *sy*- 为例。表4.17展示了中古汉语 MC *sy*- 与罗杰瑞原始闽语*tš-或*tšh-声母的对应。除了福州和厦门闽语外,我们还举了古丈瓦乡话(湖南西北部一种特殊的方言):闽方言中与中古汉语 MC *sy*- 声母相对应的是一个不送气塞擦音,瓦乡话也往往表现出一个不送气塞擦音。[18]原始闽语*tš-与中古汉语 MC *sy*-
92 的对应,根据谐声和词源学上的联系来看,反映了上古汉语声母*s.t-。相似的证据显示原始闽语*tšh-与中古汉语 MC *sy*- 和上古汉语 OC*s.t-的对应,常常表明其上古汉语为清响音声母。

表 4.17　中古汉语 *sy*-的对应塞擦音及其上古来源

	原始闽语	中古汉语	福州	厦门	古丈	上古汉语
水 shuǐ '水'	*tš	*sywijX*	tsy 3	tsui 3	tsu 3	*s.turʔ
升 shēng '升(单位)'	*tš	*sying*	tsiŋ 1	tsin 1	tsaŋ 1	*s-təŋ
書 shū '书写'	*tš	*syo*	tsy 1	tsu 1	tɕiəu 1	*s-ta
室 shì '房间'	*tš	*syit*	[seiʔ 7]	tsit 7	tɕi 7	*s.ti[t]
手 shǒu '手'	*tšh	*syuwX*	ts^{h}ieu 3	ts^{h}iu 3	ɕiəɯ 3	*n̥uʔ
首 shǒu '头'	*tšh	*syuwX*	[sieu 3]	ts^{h}iu 3	—	*l̥uʔ
試 shì '尝试'	*tšh	*syiH*	ts^{h}ei 5	ts^{h}i 5	sɪ 5	*l̥ək-s
舒 shū '慢,舒缓'	*tšh	*syo*	ts^{h}y 1	ts^{h}u 1	—	*l̥a

这些例子清楚地表明,不仅仅是闽语,至少瓦乡话也有上述几类声母的系统分别,而这些只用中古汉语的文献资料来解释是行不通的。若假设上古汉语也是这些方言的祖语,那么在构拟上古汉语时,根据比较法的原则,来自这些方言的证据也必须考虑在内。[19]

4.2.2　其他语言的早期汉语借词

虽然现在中国境内的语言及方言仍然呈现多样的面貌,但在古代,情况一定更加复杂。特别是长江以南起初讲的并非汉语,后来汉语才逐渐引入(Gernet 1990: 25—26)。考虑到该区域至今仍然存在少数民族语言,我们可以认为长江以南的区域至少存在壮侗语、苗瑶语、南亚语以及藏缅语等语族的语言与早期汉语的接触。显然,早期汉语和中国北方的非汉语也有接触,这些语言中也可能保留早期借词,可帮助我们构拟上古汉语。这里我们利用近期关于这些语言的重要研究,将重点放在苗瑶语、越语和壮侗语的汉语借词上。[20]一般来说,这些早期汉语借词确证了一个观点,即上古汉语音节中音首部分相当复杂,包括前置的辅音和前置的次要音节。

4.2.2.1　越语

费吕(Ferlus 1976,1982)的研究表明原始越语作为南亚语语支,

包括越南语、Mường 语、Thavưng 语及 Rục 语等的祖语，允许带有次
93 要元音的前置音节，这些在部分语言中得以保留，如 Rục 语。此外在越南语中，元音间的辅音（位于前置音节和主要元音之间）弱化，前置音节失落，如表 4.18 所示。[21]

表 4.18　越语对应辅音声母

Rục 语↔越南语对应	注释	Rục 语	越南语	
p- ↔ɓ-	四	po:n^{3}	*bốn*	[ɓon B1]
t- ↔ɗ-	尾巴	tuej^{2}	*đuôi*	[ɗuʌi A1]
k- ↔k-	鱼	ka:^{3}	*cá*	[ka A1]
c- ↔tɕ-	成熟的	ci:n^{3}	*chín*	[tɕin B1]
s- ↔t-	手臂；手	si:^{1}	*tay*	[tai A1]
CVp- ↔v-	石灰	kəpu:l^{1}	*vôi*	[voi A1]
CVt- ↔z-	睾丸	katá̰:l	*dái*	[zai B1]
CVk- ↔ɣ-	熊	caku:^{4}	*gấu*	[ɣʌu B1]
CVc- ↔z-	床	kəci:ŋ^{2}	*giường*	[zɯʌŋ A2]
CVs- ↔z-	蛇	pəsiɲ^{3}	*rắn*	[zan B1]

据此，越南语中浊擦音声母对应别处的塞音（或[s]）可以作为前置音节存在过的证据。若越语前置音节或越南语弱化辅音在汉语借词中出现，我们认为借来的词在作为借源的汉语里也曾存在过前置音节。汉语借词在某个越语中带有前置音节时，我们在构拟上古汉语时就要考虑到这个辅音。[22]

如上所示，闽语中保留了一些前置音节的痕迹。带紧前置音节的浊阻塞音（包括受前置辅音 *m 影响的次生浊阻塞音）变成了罗杰瑞构拟的原始闽语中的浊送气音，如 *bh-，在多数闽方言中反映为清送气音：*C.b(ˁ)- > b(ˁ)- > p^{h}-（见表 4.9）。松散的前置音节导致元音间的弱化现象，产生了罗杰瑞的原始闽语的软化辅音声母。根据闽语的证据上构拟出来的前置音节往往在越语中也出现前置音节，虽然越语似乎并不区别前置音节的松紧，见表 4.19 中的例子。

汉语"贼"在拉珈语借词中作/kjak 8/ < *gj-'强盗，土匪'，前置辅音 *k 可以得到进一步确认（参看 § 4.2.2.3 及表 4.23）。

表 4.19　上古汉语松紧前置音节在越语中的对应

	中古汉语	原始闽语	上古汉语	Rục 语	越南语
牀 chuáng‘床’	*dzrjang*	*dzh	*k.dzraŋ	kəciːŋ^{2}	*giường* [zɯʌŋ 21]
賊 zéi ‘歹徒’	*dzok*	*dzh	*k.dzˤək	kəcʌk	*giặc* [zak 32]
脰 dòu ‘颈项’	*duwH*	*-d	*kə.dˤok-s	kadɔːk	*dọc* ‘茎’[zawk 32]
步 bù ‘脚步’	*buH*	*-b	*mə-bˤa-s	—	*vã* ‘用脚行走’[vɑʔ 35]
補 bǔ ‘修补’	*puX*	*-p	*Cə-pˤaʔ	təpaː^{3}	*vá* [vɑ 35]

4.2.2.2　苗瑶语

对于苗瑶语,学界一致认为原始苗瑶语在塞音和塞擦音声母上具有三种对立的特征,即同时具备清不送气音、清送气音和浊音,这与中古汉语一致,且原始苗瑶语将其二分为带鼻冠音与否,共有六种不同的对立: *p-、*ph-、*b-、*mp-、*mph-、*mb-。这种语音类型在苗语中得到了很好的保留,但是根据 L-Thongkum(1993)的构拟,它在勉语中经历了变异。拉特利夫(Ratliff 2010)在这一点上接受了 L-Thongkum的观点(见表 4.20)。 94

表 4.20　苗瑶语塞音系列的发展(H=阴调,L=阳调)

原始苗瑶语	原始苗语	原始勉语
*p-	*p-	*p-(H)
*ph-	*ph-	*ph-(H)
*b-	*b-	*b-(L)
*mp-	*mp-	*ʔb-(H)
*mph-	*mph-	*bh-(H)
*mb-	*mb-	*mb-(L)

早期苗瑶语容易使用本族语中的鼻冠音来对应汉语借词中的前置鼻音。然而,对于我们提出的两个前置鼻辅音声母 *N 和 *m,苗瑶语并没有区分。此外,虽然拉特利夫为原始苗瑶语前置鼻辅音构拟了

松紧对立(Ratliff 2010：12,209),但这种对立与汉语中前置鼻辅音的松紧对立并不一致。比如表4.21中的例子在原始苗瑶语中都有紧的
95 前置辅音。

表4.21 汉语前置辅音鼻音与原始苗瑶语前置鼻音化

汉语	原始苗瑶语
仲 *N-truŋ-s > *drjuwngH* > zhòng ‘兄弟排名中间’ 晴 *N-tsʰeŋ > *dzjeng* > qíng ‘(天气)晴’	*ntroŋ ‘中间’ *ntshji̯əŋ ‘清楚’
鼻 *m-bi[t] -s > *bjijH* > bí ‘鼻子’ 樹 *m-toʔ-s > *dzyuH* > shù ‘树’	*mbruiH ‘鼻子’ *ntju̯əŋH ‘树’
沸 *Nə.p[u][t]-s > *pj+jH* > fèi ‘沸腾(动词)’ 早 *Nə.tsˤuʔ > *tsawX* > zǎo ‘早的’ 滑 *Nə-gˤrut > *hweat* > huá ‘滑溜’	*mpu̯æiH ‘煮沸(不及物动词)’ *ntsi̯ouX ‘早的’ *ɴɢu̯at ‘光滑/滑溜’
繰 *mə-tsˤawʔ > *tsawX* > zǎo ‘漂白;洗涤’ 稱 *mə-tʰəŋ-s > *tsyhingH* > chèng ‘杆秤’ 紵 *mə-draʔ > *drjoX* > zhù ‘苎麻,亚麻’	*ntsæwX ‘洗(手)’ *nthju̯əŋH ‘平衡(名词)’ *nduH ‘苎麻/亚麻’

和上古汉语一样,原始苗瑶语存在清浊响音的对立,但原始苗瑶语另有一套前置喉音系列：*ʔm-、*ʔn-、*ʔl-等,且这种三分的响音在其子语言原始苗语和原始勉语中以不同的语音形式保存了下来。因而,有人会预料在向汉语借词时,若借词代表的时期足够早,苗瑶语会以自己的清响音来表现上古汉语的清响音。确实对于上古汉语OC *l̥-来说是这样,因为苗瑶语中有一些例子很好地支持*hl-形式(如“梯”“大”“烫”,参看§4.3.5)。然而,像*n̥这样的清鼻音在苗瑶语中确切的例子很少。[23]更普遍的情况是原始苗瑶语的清响音,如*hm-和*hn-对应上古汉语由一个清前置辅音和一个响音组成的复辅音。这种对应是罗杰瑞(Norman 1991)发现的,例子见表4.22。

表4.22 原始苗瑶语和闽语清响音的对应

例字	苗瑶语	原始闽语	上古汉语
面 miàn < *mjienH* ‘脸’	原始勉语 *hmienA ‘脸’	*mh	*C.me[n]-s
年 nián < *nen* ‘年成;岁’	原始苗瑶语 *hɲu̯əŋH ‘年’	*nh	*C.nˤi[ŋ]
李 lǐ < *liX* ‘李子’	原始苗瑶语 *hli̯əŋX ‘李子’	*lh	*C.rəʔ

4.2.2.3　拉珈语

在 § 2.5.3 中,我们提到了关于拉珈语复辅音简化方式的观察,即把原有的、以鼻音做第二成分的复辅音,简化为只保留第一辅音并把鼻音转化到元音上(Solnit 1988, Edmondson & Yang 1988, L-Thongkum 1992)。这种做法也影响了汉语借词,我们可以据此构拟“汉语一方看不见”的前置塞音:

(247) 溺 *kə.nˁewk-s > *newH* > niào ‘尿’,拉珈语 /kjĩːw 5/

(248) 亢 *k-ŋˁaŋ > *kang* > gāng ‘举高’,拉珈语 /khãːŋ 3/

(249) 攝 *kə.n̥ep > *syep* > shè ‘捉住,抓住’,拉珈语 /khjɛ̃ːp 7/

我们在例(247)的“溺”中构拟了一个松的复声母,因其原始闽语声母是 *n,若原始闽语辅音为 *nh,我们则会构拟一个 *k.n-。在下表 4.23 中,我们看到在汉语借词中,拉珈语也简化了两个阻塞音构成的复辅音,只保留前一个。然而在汉语中,复辅音中的舌冠音得以保留,不管其实际位置如何。

表 4.23　拉珈语中辅音声母的保留

汉语	拉珈语	越南语	Rục 语	原始闽语
箴 *t.[k]əm > *tsyim* > zhēn ‘针’	them 1	*găm*	—	*tš
紙 *k.teʔ > *tsyeX* > zhǐ ‘纸’	khjei 3	*giấy*	kəcáy	*tš
賊 *k.dzˁək > *dzok* > zéi ‘歹徒’	kjak 8	*giặc*	kəcʌ́k	*dzh
牀 *k.dzraŋ > *dzrjang* > chuáng ‘床’	—	—	kəcɨːŋ	*dzh

拉珈语所揭示的前置辅音表明汉语借源中前置辅音的存在,在其他保守语言中有综合的证据,越语中的 Rục 语(Nguyễn Phú Phong et al. 1988)以及越南语中的擦音化现象尤其值得注意。汉语里,若 96
复辅音音首完全清化,拉珈语则表现出一个送气音(‘针’‘纸’);若清前置辅音后接一个浊辅音,这个前置辅音在辅音丛简化前由于同化作用而浊化,表现出一个阳调调值(如“贼” *k.dzˁək > *g.dzˁək >

*g- > / kjak 8/)。因此，拉珈语对构拟上古汉语的复杂音首提供了重要的线索。

4.2.3 从比较证据推论上古汉语音首发音方法的区别

如前面几节所述，汉语方言和早期汉语借词材料的结合可以加深我们对上古汉语音首类型的理解。总的来说，原始闽语让我们区分了简单音首、紧密型复辅音音首和松散型复辅音音首，不过有两个限制需强调：

1. 上古汉语带有前置 *N- 的塞音和塞擦音在原始闽语中被处理成简单的浊塞音或塞擦音：比如，*N.p(ˤ)- 与 *b(ˤ)- 合并。
2. 上古汉语里清的前置辅音与清辅音构成的紧密性复辅音声母无法和相应的简单音首区分开：也就是说，上古汉语 OC *t-、*C.t-、*k.t- 和 *s.t- 在原始闽语中都变成 *t-、*ts- 或 *tš-，这取决于介音 *-r- 与咽化的有无。

例如：

(250) 真 *ti[n] > *tsyin* > zhēn ‘真的，真实的’ 原始闽语 *tš-
(251) 點 *tˤemʔ > *temX* > diǎn ‘黑点’ 原始闽语 *t-
(252) 水 *s.turʔ > *sywijX* > shuǐ ‘水，河流’ 原始闽语 *tš-
(253) 債 *s-tˤrek-s > *tsreaH* > zhài ‘债务’ 原始闽语 *ts-
(254) 紙 *k.teʔ > *tsyeX* > zhǐ ‘纸’ 原始闽语 *tš-
(255) 登 *k-tˤəŋ > *tong* > dēng ‘一种祭祀用的器皿’ 原始闽语 *t-
(256) 正 *C.teŋ > *tsyeng* > zhēng ‘第一个(月)’ 原始闽语 *tš-
97 (257) 刀 *C.tˤaw > *taw* > dāo ‘刀’ 原始闽语 *t-

在表 4.24 的例子中，越南语资料清楚地显示了一种闽语未能反映的上古汉语语音差异：前者用非擦化的辅音声母 *đ*-[ɗ]和 *ch*-[c]表示上古汉语的简单音首，擦化的 *d*-和 *gi*-(今越南语合并为[z])表示紧密型音首(见表 4.24)。

表 4.24　上古汉语清阻塞音声母带紧非鼻音前置辅音与否在越南语中的区别

汉语	越南语		
隻 *tek > *tsyek* > zhī ‘单个’	*chiếc*	[tɕiʌk D1]	未擦化
點 *tˤemʔ > *temX* > diǎn ‘黑点’	*đốm*	[ɗom B1]	
責 *s-tˤrek > *tsreak* > zé ‘责备’	*dức*	[zɯk D1]	擦化
紙 *k.teʔ > *tsyeX* > zhǐ ‘纸’	*giấy*	[zʌi B1]	
正 *C.teŋ > *tsyeng* > zhēng ‘第一个(月)’	*giêng*	[ziʌŋ A1]	
刀 *C.tˤaw > *taw* > dāo ‘刀’	*dao*	[zɑu A1]	

对于上古汉语前置辅音的松紧,早期苗瑶语借词提供的证据很有限,然而一旦与中古汉语、原始闽语及越语的材料相结合,苗瑶语就可以帮助我们区分带有前置鼻辅音和未带前置鼻辅音的复辅音音首。有了闽语和越南语的材料,我们能够进一步区分上古汉语中带 *N(原始闽语中为一般浊塞音,越南语中不擦化)和带 *m(原始闽语中为送气浊塞音,越南语中擦化)的紧密型复辅音音首。运用比较语言学的证据推测上古汉语音首的基本原则归纳于下表 4.25 中,以双唇辅音声母为例(越南语中“H”表示阴调,“L”表示阳调)。

表 4.25　中古汉语、原始闽语、越南语及原始苗瑶语双唇塞辅音声母的发音方法特征,以及对应的上古汉语音首类型

中古汉语	原始闽语	越南语	原始苗瑶语带前置鼻音	原始苗瑶语不带前置鼻音
p-	*p	*b-* [ɓ] H	(无例子)	上古汉语 OC *p(ˤ)-
p-	*p	*v-* [v] H	(无例子)	上古汉语 OC *C.p(ˤ)-
p-	*-p	*v-* [v] H	上古汉语 OC *mə.p(ˤ)-	上古汉语 OC *Cə.p(ˤ)-
ph-	*ph	*ph-* [f] H	上古汉语 OC *mə.pʰ(ˤ)-	上古汉语 OC *pʰ(ˤ)-、*C.pʰ(ˤ)、*Cə.pʰ(ˤ)
b-	*b	*b-* [ɓ] L	上古汉语 OC *N.p(ˤ)-、*N.pʰ(ˤ)-、*N.b(ˤ)-	上古汉语 OC *b(ˤ)-

续　表

中古汉语	原始闽语	越南语	原始苗瑶语带前置鼻音	原始苗瑶语不带前置鼻音
b-	*bh	*v*-[v]L	上古汉语 OC*m.p(ˁ)-、*m.p^h(ˁ)-、*m.b(ˁ)-	上古汉语 OC*C.b(ˁ)-
b-	*-b	*v*-[v]L	上古汉语 OC*mə.b(ˁ)-	上古汉语 OC*Cə.b(ˁ)-

在下面几节中，我们将更具体地讨论上古汉语音首的构拟，将其分为简单音首、带紧密型前置辅音的音首、带松散型前置辅音的音首
98 及带复杂前置辅音的音首。

4.3 简单音首

简单音首是指不带前置辅音的声母。一般的发展模式见表 4.26，以双唇辅音声母为例。具体的每种简单音首类型的形式，其表格附在下面每个子小节的末尾。在这些表格中，英文破折号“—”表示我们没有明确的例子；在越南语栏下，“H”表示阴调（平声 *ngang*，问声 *hỏi*，或锐声 *sắc*）；“L”表示阳调（玄声 *huyền*，跌声 *ngã* 或重声 *nặng*）。若为括号内加注，表示这是根据我们的假设推断出的形式，但是没有实际的例子（越南语栏下 IPA[国际音标]符号仅表示越南文的简式语音转写）。在中古汉语栏，“E”和“W”分别代表东部和西部方言的可能形式。

表 4.26　上古汉语简单音首的反映形式（以双唇音为例）

上古汉语	中古汉语	原始闽语	原始苗瑶语	越南语
*p(ˁ)-	*p-*	*p	*p-	*b*-[ɓ] H
*p^h(ˁ)-	*ph-*	*ph	*ph-	*ph*-[f] H
*b(ˁ)-	*b-*	*b	*b-	*b*-[ɓ] L
*m(ˁ)-	*m-*	*m	*m-	*m*-[m] L
*m̥(ˁ)-	*xw-*(E 东部方言?)，*x-*(W 西部方言?)	*x	—	—

4.3.1 清不送气阻塞音：*p(ˁ)-类

清不送气阻塞音一般在中古汉语、闽语以及早期借词中得以保留。在中古汉语中，如果后面不接*-r-，那么非咽化的龈塞音*t-、*tʰ-和*d-(咝阻塞音*ts-、*tsʰ-、*s-或*dz-不包括在内)将分别腭化成中古汉语 MC *tsy-*、*tsyh-*和 *dzy-*(参看§4.1.2)：

(258) 隻 *tek > *tsyek* > zhī‘单个’，越南语 *chiếc* [ciʌk D1]‘车的量词’

炙 *tAk-s > *tsyaeH* > zhì‘烤，煮’，原始苗瑶语*ci C

真 *ti[n] > *tsyin* > zhēn‘真的，真实的’，原始闽语*tšin A

若后接*-r-(包括*<r>中缀)，则不管龈阻音(包括咝音)咽化与否，都变成卷舌音 *tr-*、*tsr-*等。在中古汉语中如(参看§4.1.3)：

(259) 卓 *tˁrawk > *traewk* > zhuō‘高，杰出’

著 *t<r>ak > *trjak* > zhuó‘放置’

生 *sreŋ > *srjaeng* > *sraeng* > shēng‘生育，出生；活’ 99

上古汉语的*p(ˁ)-、*tˁ-和*ts(ˁ)-分别以*p-、*t-和*ts-的形式借入原始越语，但是在越南语中，原始越语*p-和*t-分别演变成阴调的内爆音 *b-*[ɓ]和*đ-*[ɗ](Ferlus 1982)。例子如下：

(260) 斧 *p(r)aʔ > *pjuX* > fǔ‘斧头’，越南语 *búa* [ɓuʌ B1]‘斧头’

邊 *pˁe[n] > *pen* > biān‘旁边’，越南语 *bên* [ɓen A1]‘旁边，当事人’

氐 *tˁijʔ > *tejX* > dǐ‘底部’，越南语 *đáy* [ɗai B1]‘底部’

點 *tˁemʔ > *temX* > diǎn‘黑点’，越南语 *đồm* [ɗom B1]‘点’

越南语 *t- > *đ*-[ɗ]留出的空格在原始越语 *ts-(以及 *s-)变成 *t*-[t]时得到填补：

(261) 節 *tsˤik > *tset* > jié ‘竹节’；原始闽语 *ts-；越南语 *tết* [tet D1] (<原始越语 *ts-) ‘春节’
箭 *[ts]en-s > *tsjenH* > jiàn ‘箭’；越南语 *tên* [ten A1] (<原始越语 *ts-) ‘箭’

(在早期越南语借词中，像例字“箭”这样汉语去声体现为 *A 调的情况是并不罕见的。)

不管在中古汉语还是原始闽语中，清不送气小舌塞音 *q-、*qʷ-、*qˤ-及 *qʷˤ-和喉塞音 *ʔ-、*ʔʷ-、*ʔˤ-及 *ʔʷˤ-的区别已经丢失。至于原始苗瑶语和早期越语借词，我们不能从现有的材料中确定两者的区别是否丢失。可能原始台语(Proto-Tai, Pittayaporn 2009)中，*q-(等)表现为 *k、*ʔ-(等)表现为 *ʔ-，但其材料不平衡，且前者演变的明确例子很少：

(262) 鼃 *qʷˤre > *'wea* > wā ‘青蛙’，原始泰语 *krwe A ‘小青蛙’ (“鼃”又读 *m-qʷˤre > *hwea* ‘青蛙’，*m-表示动物前缀，符合小舌辅音)
臆 *ʔ(r)ək > *'ik* > yì ‘胸怀’，原始泰语 *ʔɤk D ‘胸部’
腰 *ʔew > *'jiew* > yāo ‘腰部’，原始泰语 *ʔje:w A ‘腰部’
燕 *ʔˤe[n]-s > *'enH* > yàn ‘燕子’，原始泰语 *ʔe:n B ‘燕子’
瓮 *ʔˤaŋ-s > *'angH* > àng ‘盆’，原始泰语 *ʔa:ŋ B ‘盆’
温 *ʔˤun > *'won* > wēn ‘暖和；柔和’，原始泰语 *ʔun B ‘温暖’
饜 *ʔ<r>em-s > *'jemH* > yàn ‘满意的’，原始泰语 *ʔi:m B ‘满意的’

然而，上古汉语中清不送气小舌塞音(*q-等)和喉塞音(*ʔ-等)的区别常常可以从词族的交替以及文字的声符中得到重建，除了那些
100 在 *q-和 *ʔ-合并后产生的汉字(Sagart & Baxter 2009)。当中古汉语中带有声母 *'*-的字与中古汉语软腭音同属一个词族时，我们通常假定

小舌音在非鼻音的紧密型前置辅音后变成软腭音，因此构拟一个小舌音声母：*C.q- > *k*- 等。[24] 例子如下：

(263) 影 *qraŋʔ > *'jaengX* > yǐng '阴影'
景 *C.qraŋʔ > *kjaengX* > jǐng '明亮；图景'
镜 *C.qraŋʔ-s > *kjaengH* > jìng '镜子'
(264) 翁 *qˤoŋ > *'uwng* > wēng '老人'
公 *C.qˤoŋ > *kuwng* > gōng '父亲；诸侯'

然而，中古汉语声母 *'*- 和 *k*- 的词族接触也可能反映带前缀 *k-，以上古汉语 *ʔ- 为声母的词根。在下面的例(265)中，我们的构拟与沙加尔、白一平(Sagart & Baxter 2009)不同，即以 *ʔ- 代替 *q-，因为若上古汉语主要音节为 *quj，我们认为应写成声符"貴"(这个声符也常写作标记为上古汉语的 *kuj)：

(265) 威 *ʔuj > *'jw+j* > wēi '使人敬畏的'
畏 *ʔuj-s > *'jw+jH* > wèi '害怕'
鬼 *k-ʔujʔ > *kjw+jX* > guǐ '鬼'

可以比较以"貴"为声符的软腭音或小舌音声母字：

(266) 貴 *kuj-s > *kjw+jH* > guì '有价值的；贵的'
靧 *qʰˤuj-s > *xwojH* > huì '洗脸'
遺 *[ɢ](r)uj > *ywij* > yí '留下；拒绝'

一般而言，在与软腭音或小舌音没有词族联系的字以及只出现在中古汉语声母 *'*- 的谐声系列中，我们将中古汉语声母 *'*- 构拟成 *ʔ- 而非 *q-：

(267) 一 *ʔi[t] > *'jit* > yī '一'
衣 *ʔ(r)əj > *'j+j* > yī '衣服'

因 *ʔi[n] > *ʔjin* > yīn ‘依靠’

央 *ʔaŋ > *ʔjang* > yāng ‘中央’

其他上古汉语清不送气阻塞音的例字列举见下文。

(268) 得 *tˤək > *tok* > dé ‘获得’；原始闽语 *t-；原始苗瑶语 *təuk ‘得到’[25]

(269) 酒 *tsuʔ > *tsjuwX* > jiǔ ‘酒’；原始闽语 *ts-；原始苗瑶语 *cow B

(270) 虱 *srik > *srit* > shī ‘虱子’；原始闽语 *š-（原始闽语 *sr-在 *š-和 *s-之间波动。）

(271) 沙 *sˤraj > *srae* > shā ‘沙子’；原始闽语 *s-

(272) 故 *kˤaʔ-s > *kuH* > gù ‘旧的’；原始苗瑶语 *qu̯oH ‘旧的’

(273) 金 *k(r)[ə]m > *kim* > jīn ‘金属，青铜’；原始闽语 *k-；越南语
101 *kim* [kim A1] ‘金属，针’；原始苗瑶语 *kjeəm ‘金’

(274) 贵 *kuj-s > *kjw* + *jH* > guì ‘有价值的；贵的’；原始闽语 *k-；越南语 *củi* [kui C1] ‘价格高’

(275) 芥 *kˤr[e][t]-s > *keajH* > jiè ‘芥菜’；原始闽语 *k-；越南语 *cải* [kɑi C1] ‘卷心菜’

(276) 媪 *ʔˤuʔ > *ʔawX* > ǎo ‘老妇’；原始苗瑶语 *ʔəuX ‘年长姐姐/妻子’

这些音首的对应形式见表 4.27。

表 4.27 上古汉语简单清不送气阻塞音声母的对应形式

上古汉语	中古汉语	原始闽语	越南语	原始苗瑶语
*p(ˤ)-	*p-*	*p	*b-*[ɓ] H	*p
*tˤ-	*t-*	*t	*đ-*[ɗ] H	*t
*t(ˤ)r-	*tr-*		—	*tr
*t-	*tsy-*	*tš	*ch-*[tɕ] H	*c
*ts(ˤ)-	*ts-*	*ts	*t-*[t] H	*ts

续　表

上古汉语	中古汉语	原始闽语	越南语	原始苗瑶语
*ts(ˤ)r-	*tsr-*	*ts～tš	—	—
*s(ˤ)-	*s-*	*s	*t*-[t] H	—
*s(ˤ)r-	*sr-*	*s～*š	—	—
*k(ʷ)ˤ-	*k-* *k-> *tsy-*^{F}	*k①	*c-*～*k*-[k] H②	*q
*k(ʷ)-				*kj
*q(ʷ)(ˤ)-	ʼ-	*ʔ	—	*ʔ
*ʔ(ʷ)(ˤ)-				

4.3.2　清送气阻塞音：*p^{h}(ˤ)-型

上古汉语清送气阻塞音在后来一般仍保持原来的形式，例外者如下。在中古汉语中，元音前的*-r-会阻碍腭化，且导致前面齿龈音的卷舌化，对清不送气阻塞音也是如此。若后面不接*-r-，非咽化齿塞音*t-等在中古汉语、原始闽语和苗瑶语中腭化了，但是咝音*ts-不腭化。与*k-不同，没有材料显示上古汉语*k^{h}-在前元音前发生腭化：

(277) 企　*k^{h}eʔ > *khjieX* > qǐ ‘用脚尖站’

(278) 輕　*[k^{h}]eŋ > *khjieng* > qīng ‘轻的(“重”的反义)’

送气小舌塞音*q(ʷ)^{h}(ˤ)-变成中古汉语 *x*-，大致经过像[χ]或[x]的阶段：

(279) 香　*q^{h}aŋ > *xaŋ > *xjang* > xiāng ‘芳香’

(280) 好　*q^{hˤ}uʔ > *xawʔ > *xawX* > hǎo ‘好’　102

---

①　译注：此处“*k”，原书作：k。

②　译注：此处“*c-*～*k*-[k] H”，原书作：*c-*～*k*-[k]-H。

但是当非咽化时，该擦音有规则地在前元音前腭化成中古汉语 *sy*-(包括非前元音*-a 和*-ak，我们分别记作*-A 和*-Ak，参看§5.4.1.1、§5.4.1.2)：

(281) 屎 *[q^{h}]ijʔ > *xijʔ > *syijX* > shǐ ‘粪便’；也读作：屎 *q^{h}ij > *xjij* > shǐ ‘呻吟’，未能按照规则发生腭化[26]

(282) 襫 *[q^{h}](r)Ak > *xek(?) > *syek* > shì ‘蓑衣’；其声符为：

奭 *[q^{h}](r)Ak > *syek* > shì ‘红色’，可能与下面的例字有关

赤 *[t-q^{h}](r)Ak > *tsyhek* > chì ‘红色’；比较：

赫 *q^{hʕ}rak > *xaek* > hè ‘红色，炽烈的’

罗杰瑞(1974a：32)①注意到，闽方言偶尔出现反映原始闽语*kh-和 OC*q^{h}-相对应的例子：

(283) 狶 *q^{h}əjʔ > *xj*＋*jX* > xǐ ‘猪’；建瓯、石陂、建阳 /k^{h}y 3/；政和 /k^{h}ui 3/；崇安 /k^{h}əu 3/

(284) 虎 *q^{hʕ}raʔ > *r̥^{ʕ}aʔ > *xuX* > hǔ ‘老虎’；镇前、建瓯 /k^{h}u 3/，建阳 /k^{h}o 3/

(285) 薅 *q^{hʕ}u > *xaw* > hāo ‘除草’，原始闽语*kh-：厦门 /k^{h}au 1/；其声符据说是“好”字的缩略形式：

好 *q^{hʕ}uʔ > *xawX* > hǎo ‘好’；“薅”也写作：

“茠”*q^{hʕ}u > *xaw* > hāo ‘除草’，其声符为：

“休”*q^{h}(r)u > *xjuw* > xiū ‘休息’

(286) 脅 *q^{h}<r>ep > *xjaep* > xié ‘侧面，身侧’；建阳、石陂 /k^{h}e 7/；邵武、和平、崇安 /k^{h}ie 7/，都表示‘翼’。[27]

看起来，对于*q^{h}(ˁ)r-的处理有着方言的差异性。与*q^{h}(ˁ)-相同，大部分字在 MC *x*- 中表现为：

① 译注：此处“1974a”，原书作：1973。

(287) 虩 *qʰrak > *xjaek* > xì‘害怕’

(288) 孝 *qʰˤ<r>uʔ-s > *xaewH* > xiào‘孝顺’

(289) 赫 *qʰˤrak > *xaek* > hè‘红色，炽烈的’

(290) 险 *qʰr[a]mʔ> *xjemX*① > xiǎn‘险峻的，危险的’

在少数例子中，*qʰr-演变成 MC *trh*-：

(291) 絺 *qʰrəj > *trhij* > chī‘细葛布’；比较：

　　希 *qʰəj > *xj*+*j* > xī‘稀薄，稀疏’

(292) 蓄、畜 *qʰ<r>uk > *trhjuwk* > chù‘蓄积(动词)’；比较：

　　畜 *qʰuk > *xjuwk* > xù‘养育’

　　畜 *qʰuk-s > *xjuwH* > xù‘家畜’

OC*qʰr-发展出的 *x*-和 *thr*-的交替，与清响音*l̥、*r̥、*n̥ 的 *x*-和 *th*-/*trh*-的方言交替相似(见下述§4.3.5.1)。对于后者，有些证据显示 *x*- 103
来自西部，*th*-/*trh*-来自东部。我们假设 OC*qʰr-的两个变体与此一致。

更多的上古汉语清送气阻塞音的例子如下：

(293) 蜂 *pʰ(r)oŋ > *phjowng* > fēng‘蜜蜂’；原始闽语*ph-

(294) 骗 *pʰen(ʔ)-s > *phjienH* > piàn‘愚弄，欺骗’；越南语 *phỉnh* [fiŋ C1]‘哄诱’

(295) 奉 *pʰ(r)oŋʔ > *phjowngX* > fèng‘双手捧住；呈现；接收’；原始苗瑶语*phu̯ɛŋ B‘用双手拿’

(296) 片 *pʰˤe[n]-s > *phenH* > piàn‘一半’；原始苗瑶语*phəan A‘(被子的)量词’

(297) 炭 *[tʰ]ˤa[n]-s > *thanH* > tàn‘木炭，煤炭’，原始闽语*th-

(298) 穿 *tʰo[n] > *tsyhwen* > chuān‘穿过’；原始苗瑶语*chu̯en A‘穿线’

(299) 尺 *tʰAk > *tsyhek* > chǐ‘尺(度量单位)’；越南语 *thước*

① 译注：此处“*xjemX*”，原书作：*xjaemX*。

[t^{h}ɯʌk D1]'米尺'

(300) 春 *t^{h}un > *tsyhwin* > chūn '春季';原始闽语 *tšh-

(301) 秋 *ts^{h}iw > *tshjuw* > qiū '秋天;收成';原始闽语 *tsh-

(302) 草 *[ts^{h}]ˤuʔ > *tshawX* > cǎo '粗劣,粗野',越南语 *tháu* [t^{h}au B1]'蔓生的'(注意越南语以 *th*-[t^{h}]表示 OC *ts^{h}(ˤ)-,与 *t*-[t]表示 OC *ts(ˤ)-平行。)

(303) 苦 *k^{h}ˤaʔ > *khuX* > kǔ '苦';原始闽语 *kh-;越南语 *khó* [xɔ B1]'困难,苦'

(304) 空 *k^{h}ˤoŋʔ > *khuwngX* > kǒng '空旷的,空的;孔穴';原始

104 苗瑶语 *qhəŋ B '洞'

(305) 化 *q^{wh}ˤ<r>aj-s > *xwaeH* > huà '改变';原始闽语 *x-

(306) 華(后写作"花") *q^{wh}ˤra > *xwae* > huā '花';原始闽语 *x-

送气简单音首的形式归纳于表 4.28 中(此处及下文中古汉语栏中上标的"F"表示"在前元音前")。

表 4.28 上古汉语送气简单音首的对应形式

上古汉语	中古汉语	原始闽语	越南语	原始苗瑶语
*p^{h}(ˤ)-	*ph-*	*ph	*ph*-[f] H	—
*t^{h}ˤ-	*th-*	*th	—	—
*t^{h}(ˤ)r-	*trh-*		—	—
*t^{h}-	*tsyh-*	*tšh	*th*-[t^{h}] H	—
*ts^{h}(ˤ)-	*tsh-*	*tsh	*th*-[t^{h}] H	—
*ts^{h}(ˤ)r-	*tsrh-*		—	—
*k(ʷ)^{h}ˤ-	*kh-*	*kh	*kh*-[x] H	—
*q(ʷ)^{h}ˤ-	*x-*	*x～*kh	—	—
*q(ʷ)^{h}r-	*trh*-(E), *x*-(W)		—	—
*q(ʷ)^{h}-	*x*-; *q^{h}-> *sy*-^{F}		—	—

4.3.3　浊阻塞音：*b(ˁ)-型

上古汉语的简单浊塞音和塞擦音在中古汉语、原始闽语和苗瑶语中大部分仍保留浊音。在原始闽语中，它们演变成罗杰瑞那套一般(不送气、不软化)浊塞音，如*b-、*d-等，在大部分现代闽方言中清化成不送气清塞音(Norman 1973)。越南语中，上古汉语浊塞音和塞擦音先是清化成带低调的不送气的*p-L、*t-L等，然后*p-和*t-变成内爆音[ɓ]和[ɗ](“*b*”和“*đ*”)。在中古汉语以前，非咽化齿塞音和软腭塞音在与清阻塞音相同的条件下腭化，此外齿阻塞音在*-r-前变成卷舌音。下面举一例腭化的*g-：

(307) 視　*gijʔ > *dzyijX* > shì ‘看，看见’；其使动形式为：
示　*s-gijʔ-s > *zyijH* > shì ‘显示(动词)’，在软腭声母字中作为声符，如下：
祁　*[g]rij > gij > qí ‘(地名)’

咽化对于OC*g-和*ɢ-的影响比其对应清声母的影响更为显著。中古汉语里*gˁ-和*ɢˁ-合并为一个浊擦音，即传统所说的匣母(我们记作MC *h*-)：

(308) 紅　*gˁoŋ > *huwng* > hóng ‘粉红’
(309) 后　*ɢˁ(r)oʔ > *huwX* > hòu ‘君王；王后’

此合并发生于上古汉语晚期咽化软腭音的发音部位往后移动(参看§4.1.1)，类似的现象可以在原始苗瑶语中观察到：

(310) 下　*gˁraʔ > *haeX* > xià ‘下面’；原始苗瑶语*ɢaX ‘低/矮’

与之相反，非咽化的*g-在中古汉语中仍保留*g*-形式，除非发生腭化(腭化后变成*dzy*-)：

(311) 逑 *g(r)u > *gjuw* > qiú‘聚集一起;伴侣(名词)’

(312) 其 *gə > *gi* > qí‘语气词’

105 (313) 矜 *griŋ > *gin* > qín‘长矛’

上古汉语非咽化的*ɢ-变成 MC *y*-(Sagart & Baxter 2009)和原始闽语*∅-(有关闽语形式的进一步讨论见下文)。由*ɢ-变成的 *y*-可以凭它与中古汉语的软腭音、喉塞音和 *x*- 的谐声及词族关联同其他来源的 *y*- 相区别(主要是由*l-变成的 *y*-)。这样,我们在下例中构拟了*ɢ-:

(314) 羊 *ɢaŋ > *yang* > yáng‘羊’;原始闽语*ioŋ A;原始苗瑶语*juŋ A‘羊/山羊’。

因为这是下面两个字的声符:

(315) 羌 *C.q^{h}aŋ > *khjang* > qiāng‘西方部落’
姜 *C.qaŋ > *kjang* > jiāng‘姓’[28]

相比之下,“昜”*laŋ > *yang* > yáng‘明亮的’,尽管它在中古汉语里与“羊”字同音,但与中古汉语 MC *d*-、*th*-、*sy*-、*dr*- 有谐声关联,这是上古汉语边音的常规交替,由此将“昜”构拟为*laŋ。虽然“羊”和“昜”都是常见的声符,但是在古文字材料中,它们分别用来表示互不相干的词(白于蓝 2008: 82—86,265—268),且它们各自的谐声并不重叠。

在闽语中,上古汉语非咽化的*g-,可能还有*g^{w}-,都变成原始闽语*g-:

(316) 舅 *[g](r)uʔ > *gjuwX* > jiù‘母亲的兄弟’,原始闽语*g-;越南语 *cậu*[kʌu B2]
橋 *[g](r)aw > *gjew* > qiáo‘桥梁’,原始闽语*g-;原始苗瑶语*ɟow,越南语 *cầu*[kʌu A2]

非咽化的*ɢ-和*ɢ^{w}-变成闽语*∅-:

（317）羊 *ɢaŋ > *yang* > yáng ‘羊’，原始闽语 *ioŋ A
（318）夜 *[ɢ]Ak-s > *yaeH* > yè ‘夜晚’，原始闽语 *ia C
（319）有 *[ɢ]ʷəʔ > *hjuwX* > yǒu ‘有，存在’，原始闽语 *iu B

但是咽化的 *gˤ-、*gʷˤ-、*ɢˤ-、*ɢʷˤ- 似乎变成了原始闽语的 *ɦ-：[29]

（320）旱 *[g]ˤa[r]ʔ > *hanX* > hàn ‘干，干旱’，原始闽语 *ɦan B
（321）話 *[g]ʷˤrat-s > *hwaejH* > huà ‘善言；话语’，原始闽语 *ɦua C
（322）畫～劃 *gʷˤrek > *hweak* > huà ‘画图（动词）’，原始闽语 *ɦuak D（比较：派生的名词“畫”*C-gʷˤrek-s > *hweaH* > huà ‘图画（名词）’，原始闽语 *ɣwa C，例（695），参看 § 4.4.5.3）

后面未跟 *-r- 的 *ɢ- 变成了原始闽语的 *∅-，我们为原始闽语 *z- 构拟了一个 *ɢr- 的来源。根据我们的假设，虽然声母 *r- 变成原始闽语的 *l-（参看 § 4.3.4），一旦 *r 前面有另一个声母，则这种演变就会受到阻碍，尤其是诸如 *ɢr-、*m.r- 和 *N.r- 的组合会变成原始闽语 *z-（有关 *m.r- 和 *N.r- 的讨论，参看 § 4.4.1.4 以及 § 4.4.2.4）。*ɢr- 可能的例 106
子如下：

（323）翼（*ɢʷrəp）> *ɢrəp >［方言］*ɢrək > *yik* > yì ‘翅膀’；原始闽语 *zit D

（这个字显然涉及了声母 *ɢʷ- 的异化作用，以及由 *-əp 到 *-ək 在某种方言里的语音演变，参看 § 5.7。原始闽语 *-it 通常对应 MC -*ik*。[30]）

（324）鹽 *[ɢr][o]m > *yem* > yán ‘盐’，原始闽语 *z-；这个字的声符为：
监 *[k]ˤram > *kaem* > jiān ‘查看’；比较：
鹹 *Cə.[g]ˤr[o]m > *heam* > xián ‘咸’[31]

其他从上古 OC *ɢ- 演变到中古汉语 MC *y-* 的例子有：

(325) 亦 *ɢ(r)Ak > *yek* > yì ‘也’
(326) 已 *ɢ(r)əʔ > *yiX* > yǐ ‘停止；已经’
(327) 异 *ɢ(r)ək-s > *yiH* > yì ‘不同’
(328) 欲 *ɢ(r)ok > *yowk* > yù ‘想要’
(329) 與 *ɢ(r)aʔ-s > *yoH* > yù ‘参与’

上古汉语非咽化 *ɢ^{w}- 通常演变为中古汉语 MC *hj-*，与 *ɢ- 或 *g^{w}- 不同：

(330) 王 *ɢ^{w}aŋ > *hjwang* > wáng ‘国王’
(331) 往 *ɢ^{w}aŋʔ > *hjwangX* > wǎng ‘去往’
(332) 佑 *[ɢ]^{w}əʔ-s > *hjuwH* > yòu ‘帮助’
(333) 為 *ɢ^{w}(r)aj > *hjwe* > wéi ‘做，干，充当’
(334) 于 *ɢ^{w}(r)a > *hju* > yú ‘去；在’

然而，若其后紧跟一个前元音，*ɢ^{w}- 则变成中古汉语的 *y*(*w*)-：

(335) 惟 *ɢ^{w}ij > *ywij* > wéi ‘(系词)；即是’
(336) 役 *ɢ^{w}ek > *ywek* > yì ‘战役；劳役’

这个演变因 *-r- 受阻：

(337) 帷 *ɢ^{w}rij > *hwij* > wéi ‘幕’

其他上古汉语简单浊阻塞音的例子：

(338) 縛 *bak > *bjak* > fù ‘捆绑(动词)’；越南语 *buộc* [ɓuʌk D2] ‘系住，捆绑’

(339) 平 *breŋ > *bjaeng* > píng ‘平坦(形容词)’;原始闽语 *b-;越南语 *bằng* [ɓaŋ A2]‘平的’;原始勉语 *beŋ A ‘平的’

(340) 白 *bˁrak > *baek* > bái ‘白色’;原始闽语 *b-;越南语 *bạc* [ɓɑk D2] ‘银’;原始勉语 *bæk D ‘白色’

(341) 石 *dAk > *dzyek* > shí ‘石头’;原始闽语 *džiok D 107

(342) 住 *dro(ʔ)-s > *drjuH* > zhù ‘停留’;原始闽语 *diu C;越南语 *đỗ* [ɗɔ C2] ‘停下’

(343) 餈 *dzij > *dzij* > cí ‘大米或小米糕’,原始闽语 *dz-

(344) 叢 *dzˁoŋ > *dzuwng* > cóng ‘收集;灌木丛’,原始闽语 *dz-

(345) 逑 *g(r)u > *gjuw* > qiú ‘聚集一起;伴侣(名词)’

(346) 葵 *gʷij > *gjwij* > kuí ‘锦葵’

(347) 芋 *[ɢ]ʷ(r)a-s > *hjuH* > yù ‘芋头’,原始闽语 *io C;原始苗瑶语 *wouH

(348) 院 *ɢʷra[n]-s > *hjwenH* > yuàn ‘院子四周的墙’;原始闽语 *yan C

简单浊塞音的形式归纳于表 4.29 中。

表 4.29　上古汉语简单浊塞音的对应形式

<table>
<tr><th>上古汉语</th><th>中古汉语</th><th>原始闽语</th><th>越南语</th><th>原始苗瑶语</th></tr>
<tr><td>*b(ˁ)</td><td>b-</td><td>*b</td><td>b-[ɓ] L</td><td>*b</td></tr>
<tr><td>*dˁ</td><td>d-</td><td rowspan="2">*d</td><td rowspan="2">đ-[ɗ] L</td><td>—</td></tr>
<tr><td>*d(ˁ)r</td><td>dr-</td><td>—</td></tr>
<tr><td>*d</td><td>dzy-</td><td>*dž</td><td>—</td><td>—</td></tr>
<tr><td>*dz(ˁ)</td><td>dz-</td><td rowspan="2">*dz</td><td>—</td><td>*dz</td></tr>
<tr><td>*dz(ˁ)r</td><td>dzr-</td><td>—</td><td>—</td></tr>
<tr><td>*g(ʷ)ˁ</td><td>h-</td><td>*ɦ</td><td>—</td><td>—</td></tr>
<tr><td>*g(ʷ)</td><td>g-
*g-> dzy-^{F}</td><td>*g</td><td>—</td><td>—</td></tr>
<tr><td>*ɢ(ʷ)ˁ</td><td>h-</td><td>*ɦ</td><td>—</td><td>—</td></tr>
</table>

续　表

上古汉语	中古汉语	原始闽语	越南语	原始苗瑶语
*ɢ	*y-*	*∅	—	*j
*ɢr	*y-*	*z	—	—
*ɢʷ	*hj-*, *y-*^{F}	*∅	—	*w

4.3.4　浊响音：*m(ˤ)-型

简单浊响音在以清浊为条件的声调分化中获得阳调，如越南语。在原始闽语中，它们表现为一般的响音，而非送气响音。上古汉语*n-与齿塞音在同样条件下演变为卷舌或腭化的形式，而*ŋ-与软腭塞音在同样条件下腭化。例子如下：

(349) 兒 *ŋe > *nye* > ér ‘儿童’

例(349)“孩子”不可能来自*neʔ，因为“兒”是一组谐声字的首字，
108 大部分都是*ŋˤ-形式，如下例可能来自一个相关的词根：

(350) 倪 *ŋˤe > *ngej* > ní ‘幼，弱’

中古汉语中，上古汉语*l-腭化成 *y-*，*lˤ-变成 *d-*，*l-和*lˤ-在后跟介音或中缀*r 的情况下都变成 *dr-*。我们根据谐声和假借，构拟了下面的边音：

(351) 夷 *ləj > *yij* > yí ‘平的，平静的’；在早期文献中写作
　　　尸 *l̥əj > *syij* > shī ‘尸体’（其韵母参看 § 5.5.5.1）
(352) 逃 *lˤaw > *daw* > táo ‘逃走’
(353) 除 *[l]<r>a > *drjo* > chú ‘消除’
(354) 櫂 *lˤrewk-s > *draewH* > zhào ‘桨’

(355) 大 *lˤa[t]-s > *dajH* > dà ‘大’；原始闽语 *d-；有时在传世文献中写作：

世 *l̥ap-s >*l̥at-s> *syejH* ‘世代’(高亨 1989：633—634)

越南语、苗瑶语和原始闽语中零星地保留了一些原来的边音形式：

(356) 蜕 *lot > *ywet* > yuè ‘昆虫或爬行动物的蜕皮’，越南语 *lột* [lot D2] ‘蜕皮；摆脱’

(357) 田 *lˤiŋ > *den* > tián ‘田地；捕猎’，原始苗瑶语 *ljiŋ ‘田地’

(358) 澤 *lˤrak > *draek* > zé ‘沼泽；水分’，厦门 /laʔ 8/ ‘潮湿的’

(359) 條 *lˤiw > *dew* > tiáo ‘枝条，新枝’，厦门 /liau 2/ ‘条状物’

上古汉语边音在湖南西北部的瓦乡话中得到最好的保留。瓦乡话中现代的边音通常与上古的 *lˤ-、*lˤr- 和 *lr- 对应，下面是古丈话的例子(伍云姬、沈瑞清 2010：15,24)：

(360) 地 *[l]ˤej-s > *dijH* > dì ‘地面，土地’，古丈 /li 22/

(361) 大 *lˤa[t]-s > *dajH* > dà ‘大’，古丈 /lu 22/

(362) 桃 *C.lˤaw > *daw* > táo ‘桃子’，古丈 /laɔ 13/

(363) 田 *lˤiŋ > *den* > tián ‘田地；捕猎’，古丈 /lɛ 13/

(364) 糖 *C.lˤaŋ > *dang* > táng ‘糖’，古丈 /loŋ 13/

(365) 讀 *C.lˤok > *duwk* > dú ‘读(动词)’，古丈 /luʔ 53/

(366) 遲 *l<r>ə[j] > *drij* > chí ‘慢’，古丈 /li 13/

(367) 腸 *lraŋ > *drjang* > cháng ‘肠子’，古丈 /lioŋ 13/

(368) 蟲 *C.lruŋ > *drjuwng* > chóng ‘昆虫’，古丈 /liaɔ 13/

瓦乡话和闽方言都有 *l- > *y*- 的表现，但是没有(或不总是) *lˤ- > *d*- 或 *lˤr- > *dr*-，可见 *l- > *y*- 的变化首先发生。*lˤ- > *d*- 最早的证据来自公元一世纪(Sagart 1999c：30—31)。 109

这些变化将边音从主流汉语的声母系统中去除：在中古汉语之前的某个时期，*r(ˤ)- 变成 *l*-，从而填补了这个空格。由于瓦乡话和闽方言分流于这个空格产生之前，所以它们都保留了上古汉语 OC *r 的非边音形式。瓦乡话的例子如下：

(369) 梨 *C.r[ə][j] > *lij* > lí ‘梨树，梨子’，古丈 /za 13 /
漏 *[Nə-r]ˤok-s > *luwH* > lòu ‘漏(动词)’，古丈 /za 22 /
來 *mə.rˤək > mə.rˤə > *rˤə > *loj* > lái ‘来’，古丈 /zɛ 13 /
淋 *r[ə]m > *lim* > lín ‘浇水’，古丈 /zɛ 13 /

这些形式可以与闽语作比较，上古汉语 OC *m.r-、*N.r-、*ɢr- 在原始闽语中表现为 *z-(参看 § 4.4.1.4 和 § 4.4.2.4)，在北部闽语中 *C.r- 表现为[s]，很可能是经过[z]的阶段(参看 § 4.4.5.4)。然而作为一个简单声母，*r(ˤ)- 在闽语中确实变成了边音[l]。[32]

苗瑶语中 *r(ˤ)- 保留为[r]，越南语对应带阳调的 *r*-[z]。其他上古汉语浊响音的例子有：

(370) 磨 *mˤaj > *ma* > mó ‘摩擦，研磨’；原始闽语 *m-；越南语 *mài* [mɑi A2] ‘锉，磨快’
(371) 買 *mˤrajʔ > *meaX* > mǎi ‘买’；原始闽语 *m-；原始苗瑶语 *mɛj X ‘买’[33]
(372) 馬 *mˤraʔ > *maeX* > mǎ ‘马’；原始闽语 *m-；原始苗瑶语 *mjæn B ‘马’
(373) 望 *maŋ-s > *mjangH* > wàng ‘向远处看’；原始苗瑶语 *maŋH ‘看’
(374) 難 *nˤar > *nan* > nán ‘不容易’；原始闽语 *n-；越南语 *nàn* [nɑn A2] ‘困难’
(375) 二 *ni[j] -s > *nyijH* > èr ‘二’；原始闽语 *ń-
(376) 髯 *nam > *nyem* > rán ‘胡须’，原始苗瑶语 *ɲaŋ A ‘胡须’
(377) 逆 *ŋrak > *ngjaek* > nì ‘反对’；原始闽语 *ŋ-；越南语 *ngược* [ŋɯʌk D2] ‘反对’

(378) 銀 *ŋrə[n] > *ngin* > yín ‘银’；原始闽语 *ŋ-；原始苗瑶语 *ɲʷi̯ən A ‘银’

(379) 腸 *lraŋ > *drjang* > cháng ‘肠子’；原始闽语 *d-；原始勉语 *ɢljaŋ A ‘肠’[34]

(380) 易 *lek-s > *yeH* > yì ‘容易’；原始闽语 *∅-

(381) 離 *raj-s > *ljeH* > lì ‘排斥’；越南语 *rẫy* [zʌi C2] ‘与妻子断绝关系’

(382) 簾 *rem > *ljem* > lián ‘竹帘’；越南语 *rèm* [zɛm A2] ‘门帘，竹帘’ 110

(383) 梁 *raŋ > *ljang* > liáng ‘横梁；桥’；越南语 *rường* [zɯʌŋ A2] ‘横梁，板梁’

(384) 鹵 *rˤaʔ > *luX* > lǔ ‘盐性的（特指土地）’；原始闽语 *l-

(385) 流 *ru > *ljuw* > liú ‘流动（动词）’；原始闽语 *l-；原始勉语 *ri̯əu C ‘流动’

(386) 淋 *r[ə]m > *lim* > lín ‘浇水（动词）’；原始闽语 *l-；原始勉语 *rəm A ‘浇水’

(387) 令 *riŋ-s > *ljengH* > lìng ‘下命令’

简单浊响音音首的形式归纳于表 4.30。

表 4.30　上古汉语简单浊响音的对应形式

<table>
<tr><th>上古汉语</th><th>中古汉语</th><th>原始闽语</th><th>越南语</th><th>原始苗瑶语</th></tr>
<tr><td>*m(ˤ)-</td><td>m-</td><td>*m</td><td>m-[m] L</td><td>*m-</td></tr>
<tr><td>*nˤ-</td><td>n-</td><td rowspan="2">*n</td><td rowspan="2">n-[n] L</td><td>—</td></tr>
<tr><td>*n(ˤ)r-</td><td>nr-</td><td>—</td></tr>
<tr><td>*n-</td><td>ny-</td><td>*ń</td><td>—</td><td>原始苗语 *ɲ-</td></tr>
<tr><td>*ŋ(ʷ)ˤ-</td><td>ng-</td><td rowspan="2">*ŋ</td><td rowspan="2">ng-[ŋ] L</td><td rowspan="2">*ŋ-</td></tr>
<tr><td>*ŋ-</td><td>ng-, ny-^{F}</td></tr>
</table>

续 表

上古汉语	中古汉语	原始闽语	越南语	原始苗瑶语
*lˁ-	*d-*	*d～*l	**l*-[1] L	*lj-～*d-
*l(ˁ)r-	*dr-*			*ɢ l-
*l-	*y-*	*∅		*l-
*r(ˁ)-	*l-*	*l	**r*-[z]L	原始勉语*r-

4.3.5 清响音：*m̥(ˁ)-型

中古汉语中，带有响音辅音声母的字有时与清阻塞音辅音的字有谐声和(或)词族联系。在这种情况下，我们给清阻塞音构拟上古汉语的清响音：

(388) 芴 *m̥ˁut > *xwot* > hū ‘粗心；困惑的’；比较：
勿 *mut > *mjut* > wù ‘不要’

(389) 兄 *m̥raŋ > *xjwaeng* > xiōng ‘哥哥’；比较：
孟 *mˁraŋ-s > *maengH* > mèng ‘居长者，大’

(390) 灘 *n̥ˁar > *than* > tān ‘滩’；比较：
難 *nˁar > *nan* > nán ‘不容易’

(391) 饟 *n̥aŋ > *syang* > xiǎng ‘送食物与人’；比较：
壤 *naŋʔ > *nyangX* > rǎng ‘耕种的土地’

(392) 犧 *ŋ̊(r)a[j] > *xje* > xī ‘祭祀用动物’；比较：
我 *ŋˁajʔ > *ngaX* > wǒ ‘我们，我’

(393) 湯 *l̥ˁaŋ > *thang* > tāng ‘热的液体’；比较：
111 昜 *laŋ > *yang* > yáng ‘明亮的’

(394) 體 *r̥ˁijʔ > *thejX* > tǐ ‘身体；四肢’；比较：
豊 *[r]ˁijʔ > *lejX* > lǐ ‘礼器’

(395) 寵 *r̥oŋʔ > *trhjowngX* > chǒng ‘喜欢，恩赐’；比较：
龍 *[mə]-roŋ > *ljowng* > lóng ‘龙’

我们构拟的*m̥(ˤ)-和*n̥ˤ-，高本汉分别构拟为*χm-和*t'n-，董同龢(1948)用*m̥-替代了高本汉的*χm-，李方桂(1971)进一步扩展了构拟清响音的范围。

但是，我们构拟的清响音如*m̥(ˤ)-的例字，斯塔罗斯金(Starostin 1989)和郑张尚芳(2003)则构拟了带*s-的复声母，如*sm-；梅祖麟(Mei 2012)构拟了带*s-前缀的*s-m-。不过，相关字的语义与我们为前缀*s-构拟的功能通常没有关联，而且没有内部或外部证据显示这些字在上古汉语阶段带有前缀*s-。因此，我们更倾向将它们构拟为清响音。一些上古汉语的清响音可能在原始汉藏语中表现为带*s-的复辅音，然而支持*s-的证据来自汉语之外，不能用它来构拟上古汉语。此外，强有力的证据表明上古汉语*s-辅音丛加上响音有不同的形式(参看§4.4.3.4)。沙加尔和白一平(Sagart & Baxter 2012)对这个问题做了详细的讨论。

舌冠清响音*n̥(ˤ)-、*l̥(ˤ)-和*r̥(ˤ)-的方言表现形式

如上述例子显示，舌冠清响音通常在中古汉语中有舌冠音的形式：

(396)

<table>
<tr><th>上古汉语</th><th>中古汉语</th><th>上古汉语</th><th>中古汉语</th></tr>
<tr><td rowspan="2">*n̥->
*l̥->
*r̥-></td><td>sy-</td><td rowspan="2">*n̥ˤ->
*l̥ˤ->
*r̥ˤ-></td><td rowspan="2">th-</td></tr>
<tr><td>trh-</td></tr>
</table>

但是也有证据显示这些声母有另一种演变路径，即变成擦音[x](也可能为[h])，继而变成中古汉语的 *x-*。这种演变发生在中西部方言中，而如例(396)这种舌冠音形式则可能发生于沿海区域。这就引起了像下边这样的交替情况：

(397) 漢 *n̥ˤar-s > *xanH* > Hàn ‘(江河名)’(在出土文献中也写作“灘”)

灘 *n̥ˤar > *than* > tān ‘滩’；比较：

難 *nˤar > *nan* > nán ‘不容易’

(398) 隋 *l̥oj-s > xjwieH > huì ‘碎裂的祭肉’；比較：

112 隋 *l̥ˤojʔ > thwaX > tuǒ ‘碎裂的祭肉’

我们有非常详细的材料证明“天”tiān < *then* < *l̥ˤi[n]在中古时代有一个声母为 *x*- 的方言读音：[35]

(399) 天 *l̥ˤi[n] > *then*～*xen* > tiān ‘天’

我们给“天”构拟为 *l̥ˤ-，是因为它充当下列例字的声符：

(400) 呑 *l̥ˤən > *thon* > tūn ‘呑咽’

舔 *l̥ˤ[i]mʔ > *themX* > tiǎn ‘舔’［未收录于 *GSR*］，越南语 *liếm* ［liʌm B1］（注意这里的阴调）

《后汉书》中也有证据显示“天”有声母 *x*-，因为这个字被用于译写印度的波斯语名字 *Hinduka* 的第一个音节，译写为地名“天竺”< MC *then-trjuwk*。另外，包拟古(Bodman 1954：28)指出，刘熙《释名・释天》给“天”做了两个注音：顯 xiǎn < *xenX* ‘显示、表现’、坦 tǎn < *thanX* ‘平、舒适’。在刘熙的时代，这两个字也可能分别读作 *xˤenʔ 和 *tʰˤanʔ：

(401) 顯 *qʰˤenʔ；汉代：*xˤenʔ > MC *xenX*

坦 *[tʰ]ˤa[n]ʔ；汉代：*tʰˤanʔ > MC *thanX*

这两个注音很有可能分别显示上古汉语“天”*l̥ˤi[n]的两种汉代读音 *xˤen和 *tʰˤen。《释名》的记录如下：

(402) 天，豫、司、兗、冀以舌腹言之：天，顯也，在上高顯也。青、徐以舌頭言之：天，坦也，坦然高而遠也。(郝懿行等 1989：1006)

《释名》中记录的上述区域的大致位置绘于图 4.1。有声母 *x-* 的区域在实线以西；声母 *th-* 在实线以东。这样可以看出，上古汉语 *l̥ˤ- 在沿海地区演变为中古汉语 *th-*，在更内陆的地区演变为 *x-*。

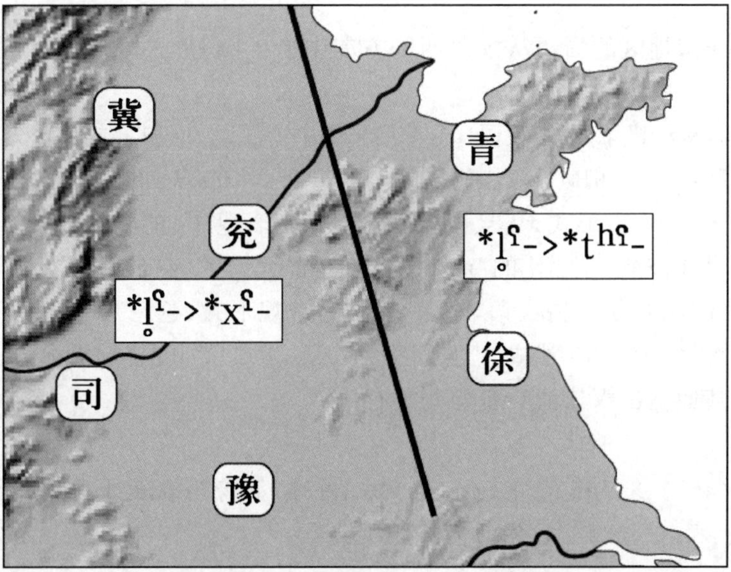

图 4.1
《释名》中“天”条目中提到的区域

蒲立本(Pulleyblank 1962—1963：117—118)指出，另外有证据显示中西部地区的“天”带有声母 *x-*，如祆 xiān < MC *xen*，用于指称索罗亚斯德教(Zoroastrian)和他们的主神阿胡拉 · 马兹达(Ahura Mazda)。根据丁爱博(Dien 1957)，这个字源于“天”字的西部读音，在佛教文本中也用于指称天神提婆(devas)。在慧琳(卒于 820 年)的 113
《一切经音义》中，“祆”字的注释如下：

(403) 祆神，上顯堅反。《考聲》云：胡謂神為天，今關中人謂天神為祆也。[36]

另一个表明“天” *l̥ˤi[n]的西部读音带有声母 *x-* 的证据来自白语。白语是云南地区藏缅语的一种，它将这个字借为/xẽ 55/。与此相类上古汉语*l̥ˤ-对应白语/x/的例子，如(白语读音引自：黄布凡1992)：

(404) 湯 *l̥ˤaŋ > *thang* > tāng‘热的液体’；白语/xã 55/

位于西南地区的白语从汉语西部方言中借了[x]形式来表现*l̥ˤ-并不稀奇。

有材料显示，上古汉语*n̥ˤ-演变出的中古汉语 *th-* 和 *x-* 的地理分布与*l̥ˤ-发展的形式相似。汉江的名字：漢 *n̥ˤar-s > *xanH* > Hàn，有来自上古汉语*n̥ˤ-的中古形式 *x-*，且这条河流经以 *x-* 表现*l̥ˤ-的中部区域。[37]

另外，对于非咽化的*n̥-和*l̥-(以及前元音前的*ŋ̊-)，原始闽语通常为*tšh-，也是上古汉语非咽化*tʰ-的常规形式，这暗示着可能存在过一种将 *n̥ˤ-、*l̥ˤ-读成[tʰˤ]，而将*n̥-、*l̥-读成[tʰ]的早期沿海方言。

114 其他上古汉语清响音的例子有：

(405) 身 *n̥i[ŋ] > *syin* > shēn‘身体；自身’；在出土文献中为下例“仁”字的声符

仁 rén < *nyin* < *niŋ

(406) 手 *n̥uʔ > *syuwX* > shǒu‘手’；原始闽语*tšhiu B

“手”字带有鼻音声母，是首先由翁有理(Unger 1995)和郑张尚芳(1995)提出的，可以解释例(407)中的词族关联：

(407) 杽 *n̥<r>uʔ > *trhjuwX* > chǒu‘镣铐，手铐’

狃 *Cə.n<r>uʔ > *nrjuwX* > niǔ‘动物足迹；爪子’(音首见下面的§4.5.5.3)

(408) 退 *n̥ˤ[u]p-s > *thwojH* > tuì‘后退(“进”的反义)’；在西汉马王堆帛书材料里带有声符“内”

内 *nˤ[u]p-s > *nwojH* > nèi‘里面’(《老子》第九章中写为“芮”；参见高明1996：261)

(409) 尸 *l̥əj > *syij* > shī‘尸体’；在甲骨文和金文中用作“夷”字的借字

夷 *ləj > *yij* > yí ‘(特指东方的)外族人’

OC *l̥- 的证据有时也可以在相关的语言中获得：

(410) 梯 *l̥ˤ[ə]j > *thej* > tī ‘楼梯’；原始苗瑶语 *hlæ A ‘桥梁’
(411) 湯 *l̥ˤaŋ > *thang* > tāng ‘热的液体’；原始苗瑶语 *hlaŋ A ‘烫伤’
(412) 蜕 *l̥ˤot-s > *thwajH* > tuì ‘昆虫或爬虫等脱下的皮’；越南语 *lốt* [lot D1] ‘蜕皮’(注意这里的阴调)

原始闽语 *l̥- 的形式为 *tšh-：

(413) 首 *l̥uʔ > *syuwX* > shǒu ‘头’，原始闽语 *tšh-：厦门 /tsʰiu 3/ ‘(用于)颂歌、赞美诗的量词’
(414) 賒 *l̥a > *syae* > shē ‘赊欠’，原始闽语 *tšh-：潮州 /tsʰia 1/
(415) 試 *l̥ək-s > *syiH* > shì ‘试验，尝试’，原始闽语 *tšh-：厦门 /tsʰi 5/

注意中古汉语时，l̥-、*n̥- 和 *s.t- 全都合并为 *sy-*，但是原始闽语通常有：*tšh- < OC *l̥-、*n̥-，与 *tš- < OC *s.t- 对立(参看 § 4.2.1.3)。

上古汉语 *r̥- 在中古汉语中的分化发展与 *qʰr- 在方言中的分化类似(参看 § 4.3.2)：一种方言中(从 *qʰr- 的分化来看，可能是“东部方言”)，咽化的 *r̥ˤ- 发展为 MC *th-*，非咽化的 *r̥- 演变为 *trh-*：

(416) 獺 *r̥ˤat > *that* > tǎ ‘水獭’
(417) 體 *r̥ˤijʔ > *thejX* > tǐ ‘身体；四肢’
(418) 瘳 *r̥iw > *trhjuw* > chōu ‘病愈’ 115
(419) 攄 *r̥a > *trhjo* > shū ‘扩大延伸’
(420) 离 *r̥aj > *trhje* > chī ‘山岳的神灵’

但在另外一种方言中，可能是西部方言，*r̥ˤ- 和 *r̥- 都表现为 _x-_。当非咽化 *r̥- 在前元音前时，我们有 *r̥- > *x- > _sy-_，如上文例(214)：

(421) 虺 *[r̥]ˤu[j] > _xwoj_ > huī ‘筋疲力尽’；与下面的“儽”字同源
儽 *[r]ˤuj-s > _lwojH_ > lèi ‘筋疲力尽’

(422) 虺 *r̥u[j]ʔ > _xjw+jX_ > huǐ ‘雷声’；与下面的“雷”字同源
雷 *C.rˤuj > _lwoj_ > léi ‘雷’

对上古汉语清响音的形式归纳，可参看下面的表 4.31。请注意，我们所说的上古汉语清响音不能与罗杰瑞(Norman 1973)为原始闽语构拟的 *mh-、*nh-、*lh- 等音相混淆。在我们的构拟中，这些原始闽语声母表现的是：有清的前置音节的上古汉语浊响音 *C.m-、*C.n-、*C.r- 等(参看 § 4.4.5.4)。[38]

表 4.31　上古汉语简单清响音的对应形式

上古汉语	中古汉语(东部层次)	中古汉语(西部层次)	原始闽语	越南语	原始苗瑶语
*m̥(ˤ)-	_x(w)-_	_x(w)-_	*x	—	—
*n̥ˤ-	_th-_	_x-_	*th	—	—
*n̥(ˤ)r-	_trh-_	_x-_	*th	—	—
*n̥-	_sy-_	_x-_	*tšh	—	—
*ŋ̊ˤ-	—	—	—	—	—
*ŋ̊-	_x-_, _sy-_ ^{F}	_x-_	*xʔ, *tšh^{F}	—	—
*l̥ˤ-	_th-_	_x-_	*th	_l-_[l] H	*hl
*l̥(ˤ)r-	_trh-_	_x-_	*th	—	—
*l̥-	_sy-_	_x_	*tšh	_th-_[tʰ] H	—
*r̥ˤ-	_th-_	_x-_	*th	—	—
*r̥-	_trh-_	_x-_, _sy-_ ^{F}	—	_th-_[tʰ] H	—

4.4　带紧密型前置辅音的音首

4.4.1　带前置辅音 *N 的音首

4.4.1.1　前置辅音 *N 加清不送气阻塞音：*N.p(ˤ)-型

我们知道，上古汉语及物/动态动词与对应的不及物/静态动词之间存在着一种形态交替。这种形态交替在中古汉语中表现为清浊阻塞音的交替：

(423) 見 *kenH*‘看见’：現 *henH*‘露面’
(424) 别 *pjet*‘分开，区分’：别 *bjet*‘被分开’ 116
(425) 敗 *paejH*‘打败’：敗 *baejH*‘遭受失败（不及物动词）’
(426) 壞 *kweajH*‘破坏，毁灭’：壞 *hweajH*‘遭到破坏’
(427) 斷 *twanX*‘切成两段’：斷 *dwanX*‘被切成两段’
(428) 折 *tsyet*‘弯曲，折断（及物动词）’：折 *dzyet*‘弯曲（不及物动词）’
(429) 屬 *tsyuwk*‘聚集，连接’：屬 *dzyuwk*‘属某一类’
(430) 夾 *keap*‘两边夹住’：狹 *heap*‘狭窄’
(431) 置 *triH* > zhì‘放置，竖起’：直 *drik* > zhí‘直的’

一些情况下，交替在带清声母的名词和静态/不及物动词的浊声母之间发生：

(432) 光 *kwang* > guāng‘光明’：黄 *hwang* > huáng‘黄色的’

在原始苗瑶语借词中，这些交替对其中的浊/不及物动词表现出鼻冠音：

(433) 狹 ***N-kˤ<r>ep** > *heap* > xiá‘狭窄’，原始苗瑶语 *NGep‘狭窄’

(434) 直 *N-t<r>ək > *drik* > zhí ‘笔直的’，原始苗语 *ndzjæw C ‘直的’[39]

(435) 黄 *N-kʷˤaŋ > *hwang* > huáng ‘黄色的’，原始闽语 *ɦ-；原始勉语 *ʔgʷi̯əŋ A < *NKʷ- ‘明亮的’[40]

在这样的例子中，我们构拟了带清声母的及物或名词词根，认为中古汉语浊声母形式是由于上古汉语的不及物/静态鼻音前缀 *N- 使后接的清塞音或塞擦音浊化而发展出来的（参看：§3.3.2.1；Sagart & Baxter 2012）。[41]我们认为，从共时层面来说，*N-是被后面音段部位同化的鼻音成分。在上面的例子中，这个汉语的前缀 *N- 在苗瑶语中表现为鼻冠音（苗瑶语鼻冠音也可体现上古汉语前缀 * m-；参看：§4.4.2、§4.5.2）。

可以推测，鼻音前缀使后接阻塞音浊化，进而脱落：如 *Np- > *Nb- > *b-（= MC *b*-）。最早的原始苗瑶语借词体现浊化前的 *Np- 阶段，如例（435）所示（pHM *NKʷ- < OC *N-kʷˤ-），而晚一点的借词体现了已浊化的 *Nb- 阶段，如例（433）所示（pHM *ɴɢ- < OC *N-kˤ-）。越南语中也有类似的现象：虽然越南语没有直接体现上古汉语 *N-，但一些上古汉语声母为 *N-p- 之类的汉语借词在越南语中有阴调，证明借来的声母是清的，如例（436），我们认为这些属于汉语借词的较早层次，而其他上古汉语声母为 *N-p- 之类的借词在越南语中读阳调，我们认为是汉语浊化以后借到越南语的，如例（437）。

(436) 庳 *N-peʔ > *bjieX* > bì ‘低，矮’，越南语 *bé* [ɓɛ B1] ‘小，
117 少’（阴调）

(437) 舊 *N-kʷəʔ-s > *gjuwH* > jiù ‘旧’，原始闽语 *g-；越南语 *cũ* [ku C2] ‘旧’（阳调）

因此，我们给上面的例（423）—例（432）构拟静态/不及物动词前缀：

(438) 现 *N-[k]ˤen-s > *Ngˤen-s > *gˤen-s > *henH* > xiàn ‘露面’

(439) 别 *N-pret > *Nbret > *bret > *bjet* > bié ‘被分开(不及物动词)’,原始闽语 *b-

(440) 败 *N-pˤra[t]-s > *Nbˤrat-s > *bˤrat-s > *baejH* > bài ‘遭受失败(不及物动词)’

(441) 坏 *N-[k]ˤ<r>ujʔ-s > *Ngˤruj-s > *gˤruj-s > *hweajH* > huài ‘遭到破坏’

(442) 斷 *N-tˤo[n]ʔ > *Ndˤonʔ > *dˤonʔ > *dwanX* > duàn ‘被切成两段’

(443) 折 *N-tet > *Ndet > *det > *dzyet* > shé ‘弯曲(不及物动词)’,原始闽语 *dž-

(444) 屬 *N-tok > *Ndok > *dok > *dzyowk* > shǔ ‘从属于’

(445) 狭 *N-kˤ<r>ep > *Ngˤrep > *gˤrep > *heap* > xiá ‘狭窄’,原始闽语 *ɦ-

(446) 直 *N-t<r>ək > *Ndrək > *drək > *drik* > zhí ‘笔直的’,原始闽语 *d-

(447) 黄 *N-kʷˤaŋ > *Ngʷˤaŋ > *gʷˤaŋ > *hwang* > huáng ‘黄色的’,原始闽语 *ɦ-

和中古汉语一样,原始闽语不能区分上古汉语简单浊塞音(如 *b-)和带有前缀 *N- 的原始清塞音(如 *N.p-)。通常当原始闽语表现上古汉语带 *N- 的塞音声母时,则该塞音属于罗杰瑞的一般浊塞音系列:*b-、*d- 等(不送气、非软化)。

(448) 别 *N-pret > *Nbret > *bret > *bjet* > bié ‘被分开’,原始闽语 *b-

(449) 重 *N-t<r>oŋʔ > *Ndroŋʔ > *droŋʔ > *drjowngX* > zhòng ‘重’,原始闽语 *d-;构拟为 *N-t-,因为与

腫 *toŋʔ > *tsyowngX* > zhǒng ‘肿胀;肿块,瘤’有词族联系

(450) 直 *N-t<r>ək > *Ndrək > *drək > *drik* > zhí ‘笔直的’,原始闽语 *d-

(451) 折 *N-tet > dzyet > shé ‘弯曲(不及物动词)’,原始闽

语 *dž-

(452) 狭 *N-kˤ<r>ep > *Ngˤrep > *gˤrep > *heap* > xiá ‘狭窄’；原始闽语 *ɦap D

(453) 黄 *N-kʷˤaŋ > *Ngʷˤaŋ > *gʷˤaŋ > *hwang* > huáng ‘黄色的’；原始闽语 *ɦuoŋ A

(454) 拳 *N-kro[n]> *gjwen* > quán ‘拳头’，原始闽语 *g-；比较
卷 *[k](r)o[n]ʔ > *kjwenX* > juǎn ‘卷(动词)’

(455) 近 *N-kərʔ > *Ngərʔ > *gərʔ > *gj + nX* > jìn ‘近’，原始闽语 *g-；比较其派生的及物动词：
近 *s-N-kərʔ-s > *s-Ngərʔ-s > *s-gərʔ-s > *gərʔ-s > *gj + nH* > jìn ‘靠近(及物动词)’；比较：越南语 *gần* [ɣʌn A2]，
118 Rục 语 /tŋkɛɲ/ (Gérard Diffloth 私下交流告知)

在例(455)中，“近”字中的清声母 *k 和前置鼻声母 *N- 在 Rục 语 /tŋkɛɲ/ ‘近’中都可以观察到。[42] 注意，越南语中擦音化的 *g*-[ɣ]也表明了前辅音的存在。Rục 语中/t/形式通常对应 OC *s- (Rục 语中没有前置声母/s/，参看：Nguyễn Phú Phong et al. 1988)。在汉语中，前置声母 *s- 在软腭声母前丢失，除非软腭声母后接一个前元音(参看 § 4.4.3.1)。

若前缀 *N- 也在清擦音前出现，而非仅在塞音和塞擦音前存在，则会显得更合理，但是我们目前没有明确的证据。在目前的系统中，上古汉语有两个清擦音：*s- 和 *sˤ-，但是我们不知道中古汉语及物/动态和不及物/静态动词之间是否存在 *s*-：*z*- 或 *s*-：*dz*- 的对立。这就提出了 *N- 并没有使后接 *s- 浊化的可能性。我们也没有明确的证据可在上古汉语喉塞音 *ʔ(ʷ)(ˤ)- 前构拟 *N-。

其他上古汉语清不送气阻塞音带有前置声母 *N-的例子：

(456) 共 *N-k(r)oŋʔ-s > *Ng(r)oŋʔ-s > *g(r)oŋʔ-s > *gjowngH* > gòng ‘一起，都’；原始闽语 *g-；比较：
廾 *k(r)oŋʔ > *kjowngX* > gǒng ‘拱手’

(457) 舊 *N-kʷəʔ-s > *Ngʷəʔ-s > *gʷəʔ-s > *gjuwH* > jiù ‘旧’；原始

闽语 *g-；越南语 *cũ*‘旧’；比较：

久 *[k]^{w}əʔ > *kjuwX* > jiǔ ‘长久’

*N- 加清不送气阻塞音的形式归纳于表 4.32。 119

表 4.32　上古汉语带前置声母 *N 的不送气阻塞音的对应形式

上古汉语	中古汉语	原始闽语	越南语	原始苗瑶语
*N.p(^{ʕ})-	*b-*	*b	*b-*[ɓ]	—
*N.t^{ʕ}-	*d-*	*d	*đ-*[ɗ]	—
*N.t(^{ʕ})r-	*dr-*	*d	*đ-*[ɗ]	*ndzj-
*N.t-	*dzy-*	*dž	—	—
*N.ts(^{ʕ})-	*dz-*	*dz	—	—
*N.ts(^{ʕ})r-	*dzr-*	—	—	—
*N.k(^{w})^{ʕ}-	*h-*	*ɦ	—	*NK-, *NG-
*N.k(^{w})-	*g-*	*g	*c-*[k]	—
*N.q(^{w})^{ʕ}-	*h-*	—	—	—
*N.q-	*y-*	—	—	—
*N.q^{w}-	*hj*, *y-*^{F}	—	—	—

4.4.1.2　前置辅音 *N 加清送气阻塞音：*N.p^{h}(^{ʕ})- 型

虽然明确的例子不多，但是我们假定有紧密连接的前缀 *N- 的清送气阻塞音与清不送气阻塞音有着相同的形式：*N.p^{h}- > OC *b-*，等等。

这是我们对沙加尔、白一平(Sagart & Baxter 2010)观点的改变之处。我们讨论的是下面这些例子，这些动词是汉语借词，在勉语中有清送气和浊声母的交替：

(458) /khɔi 1 /< *kh- ‘开(及物动词)’，借自“開” *[k]^{hʕ}əj > *khoj* > kāi ‘开(及物动词)’；比较：

/gɔi 1/<*ŋkh-'开(不及物动词)'(Downer 1973：14—16；Ratliff 2010：208)

勉语声母/g/在这里继承了一个更早期的前置鼻化清塞音*ŋkh-，暗示借来的汉语形式也有前缀*N-。因为例(458)中，中古汉语只有单一形式 *khoj* 对应勉语中的及物和不及物动词两种形式，所以在2010年的文章中，我们提出上古汉语中*N-对后接的送气塞音没有影响，于是 OC *k^h 和 *N-k^h- 合并为 MC *kh*-。

我们现在构拟一个与*N-相应的松散连接的前置辅音，记作*Nə-(参看§4.5.1)。苗瑶语不区别*N-与*Nə-，但是在中古汉语中，*Nə-中介于中间的元音*ə阻碍了鼻音对后面塞音的浊化作用。因此，我们作出如下构拟：

(459) 開 *[k]^{hʕ}əj > *khoj* > kāi '开(及物动词)'；比较：勉语 /khɔi 1/<*kh-'开(及物动词)'；

開 *Nə-[k]^{hʕ}əj > *khoj* > kāi '开(不及物动词)'；比较勉语 /gɔi 1/<*ŋkh-'开(不及物动词)'

基于这样的分析，我们认为紧密相连的前缀*N-确实能够使后接的送气塞音或塞擦音浊化，演变如下：*N-p^h- > *b*-、*N-t^h- > *d*-、*N-k^h- > *g*-，等等。具有这类音首的材料虽然有限，但确实存在：

(460) 曲 *k^h(r)ok > *khjowk* > qū '弯曲'

局 *N-k^h(r)ok > *gjowk* > jú '身体弯曲，缩'，原始闽语*g-[43]

另一例为：

(461) 晴 *N-ts^heŋ > *Ndzeŋ > *dzeŋ > *dzjeng* > qíng '(天气)放晴'；比较：原始苗瑶语*ntshjḭəŋ '清澈的'。"晴"显然与"清"字包含着同一个词根

清 *ts^{h}eŋ > *tshjeng* > qīng ‘清澈(形容词)’

*N-加送气小舌音 *q^{h}-往中古的发展跟其他送气阻塞音有所不同。正如简单声母 *q(^{w})^{h}(^{ˤ})-弱化为擦音，变成了中古汉语的 *x*-(很可能以小舌音[χ]为过渡形式)，OC *N-q^{h}(^{ˤ})(即[ɴq^{h}(^{ˤ})])大概先弱化为[ɴχ]，再变成[ɴ]，最终当软腭-小舌音的对立消失时，与 OC *ŋ(^{ˤ})-合并。这个序列可产生中古汉语 *x*- 对 *ng*- 的及物和不及物对偶 120
词，如：

(462) 嚇 *q^{hˤ}<r>ak > *xaek* > hè ‘恐吓’
愕 *N-q^{hˤ}ak(>ɴχ^{ˤ}ak)> *ngak* > è ‘惊讶’

作此种分析的外部证据有：“阿魏”(一种药用植物)一词是从吐火罗语 B 的 *aŋkwaṡ* 借入汉语的(Bailey 1946: 786; Pulleyblank 1962—1963: 99)。我们对第二个汉字的上古汉语构拟与吐火罗语的第二部分匹配：

(463) 阿 *q^{ˤ}a[j] > *ʔaj > *ʔa = MC *'a* > ē (‘斜坡，河岸’)
魏 *N-q^{h}uj-s > *N-q^{h}wəj-s > *ɴχwəj-s > *ŋwəj-s > *ngjw* + *jH* > wèi ‘高’

*N-带有清送气声母的形式归纳于表 4.33，尚属推测、暂无材料证据的形式用方括号表示。

表 4.33　上古汉语带前置辅音 *N 的清送气声母的对应形式

上古汉语	中古汉语	原始闽语	越南语	原始苗瑶语
*N.p^{h}(^{ˤ})-	[*b*-]	[*b]	[*b*- H, *b*- L]	—
*N.t^{h}(^{ˤ})-	[*d*-]	[*d]	[*đ*- H, *đ*- L]	—
*N.ts^{hˤ}-	[*dz*-]	[*dz]	[*t*- H, *t*- L]	—
*N.ts^{h}-	*dz*-	*dz	[*t*- H, *t*- L]	*ntshj-

续　表

上古汉语	中古汉语	原始闽语	越南语	原始苗瑶语
*N.kʰˤ-	[*h*-]	—	—	—
*N.kʰ-	*g*-	*g	[*c*- H, *c*- L]	*ŋkh-
*N.qʰ(ˤ)-	*ng*-	—	—	—

4.4.1.3　前置辅音 *N 加浊阻塞音：*N.b(ˤ)-型

有关*N-后接浊阻塞音的证据十分罕见。苗瑶语是我们构拟上古汉语前置鼻辅音的主要证据，在苗瑶语中我们未找到以*b、*d、*dz、*g等为声母的及物／动态动词和以*mb、*nd、*ndz、*ŋg等为声母的不及物/静态动词的对立。可能这是因为上古汉语的这些音首在苗瑶语的最早借词层形成之前就已经与简单浊阻塞音合并了(如：*N-b- > *b-)。上古带*N-前置辅音的声母到了中古音阶段能产生一个不一样的形式的、只有浊的小舌音声母*ɢ(ʷ)(ˤ)-，这类声母前的前置辅音*N-产生了MC*ng*-：

(464) 雅　*N-ɢˤraʔ > *ngaeX* > yǎ‘适当的，有教养的’；在先秦文献中，与“夏”字书写形式相同，很可能是其派生而来的：
　　　夏　*[ɢ]ˤraʔ > *haeX* > xià‘巨大的’

(465) 偽　*N-ɢʷ(r)aj-s > *ngjweH* > wěi‘虚假的’；其词根是：
　　　為　*ɢʷ(r)aj > *hjwe* > wéi‘做，干，担任’

121 “為”字含有‘变成，成为’的意思，与‘伪造’‘虚假’在语义上有关联。

4.4.1.4　前置辅音 *N 加浊响音：*N.r(ˤ)-型

现在我们不知带前置辅音*N-的浊鼻音或边音的例子。也许这样的音首存在于上古汉语中，但是在早期与跟它相应的无前缀辅音合并了。

但是，我们构拟了*N.r(ˤ)-和*m.r(ˤ)-这样的组合，来解释那些有*r(ˤ)-声母证据的例子，而中古汉语中有声母 *y*-或 *d*-——这两个语

音形式分别与边音 *l- 和 *lˤ- 有关。若我们假设在上古汉语演变到中古汉语的进程中，原始的 *r(ˤ)- 在紧密连接的鼻冠音(*N- 或 *m-)后演变为 *l(ˤ)-，这些例子便可以得到解释：

(466) *N-r- > *Nl- > *l- > MC *y*-
*N-rˤ- > *Nlˤ- > *lˤ- > MC *d*-
*m-r- > *ml- > *l- > MC *y*-
*m-rˤ- > *mlˤ- > *lˤ- > MC *d*-

然而在原始闽语中，非咽化的 *N.r- 或 *m.r- 的语音形式看起来像 *z-，而非我们预计的来自上古汉语中原始 *l- 的 *∅-。这暗示了闽语在例(466)中所示变异发生之前，即在声母仍带有 r 音的时期(*N-r-或 *m-r- 阶段)就已经从汉语的主流分化出来了。若其在声母位置，OC *r(ˤ)- 在闽方言中最终变为[l]，但是 *r 在介音或中缀位置时，就没有变为[l](参看 § 4.3.4 中关于声母 *r- 的讨论)。这里是我们构拟的一些带有 *N.r(ˤ)- 的例子，带有前置辅音 *m 的例子可见 § 4.4.2.4。

(467) 游 *[N-]ru > *Nlu > *lu > *yuw* > yóu ‘浮，游’；原始闽语 *z-；比较：流 *ru > *ljuw* > liú ‘流动(动词)’
(468) 斿 *[N.]ru > *Nlu > *lu > *yuw* > yóu ‘旌旗的垂饰’，又读作 *[r]u > *ljuw*；比较：
旒 *[r]u > *ljuw* > liú ‘帽子或旗帜的垂饰’
(469) 隤 *N-rˤuj > *N-rˤwəj > *Nlˤwəj > *lˤwəj > *dwoj* > tuí ‘筋疲力尽’；比较：
儽 *[r]ˤuj-s > *lwojH* > lèi ‘筋疲力尽’
(470) 淫 *N.r[ə]m > *Nləm > *ləm > *yim* > yín ‘过分；放荡’：
婪 *[r]ˤ[ə]m > *lom* > lán ‘贪婪’

在此假说下所观察到的形式归纳于表 4.34 中。

表 4.34　上古汉语带前置辅音 *N 的浊响音及其对应

上古汉语	中古汉语	原始闽语	越南语	原始苗瑶语
*N.m(ˁ)-	—	—	—	—
*N.n(ˁ)-	—	—	—	—
*N.ŋ(ˁ)-	—	—	—	—
*N.l(ˁ)-	—	—	—	—
*N.rˁ-	*d-*	—	—	—
*N.r-	*y-*	*z	—	—

4.4.1.5　前置辅音 *N 加清响音：*N.m̥(ˁ)-型

我们假定前置辅音 *N 在清响音前也同样存在，但还不能提供可
122 靠的例子。

4.4.2　带前置辅音 *m 的音首

上古汉语中有不少同音的 *m-前缀（参看 § 3.3.2.2），*m_{1a}-是其中一个常见的动词前缀，表示自主性动作。另外在一些例子中，我们必须构拟一个前置辅音 *m，与已知的前缀都不一样，我们将其写为"*m."，后接一个句点符号"."而非连接号"-"。

和 *N 相似，紧密连接的前置辅音 *m 使后接的阻塞音浊化。在中古汉语中，*m 和 *N 会产生相同的语音形式。比如，*N.p(ˁ)- 和 *m.p(ˁ)- 都变为 MC *b*-，送气音也是如此，*N.pʰ(ˁ)- 和 *m.pʰ(ˁ)- 都变为 MC *b*-。在苗瑶语中也是如此，前置辅音 *m- 表现出前置鼻音化，和前置辅音 *N 一样。但是在闽方言中，*N-p- 和 *m-p- 就会产生不同的形式：前者演变为原始闽语的 *b-，后者演变为 pMǐn *bh-。相似的，在越南语中，*m 和 *N 不同，*m 产生一个擦音声母，而 *N则没有。具体将在下几节中进行讨论。

4.4.2.1　前置辅音 *m 加清不送气阻塞音：*m.p(ˁ)-型

罗杰瑞给原始闽语构拟了浊送气音如 *bh-，来解释某些闽方言中

有送气对立的词，而这些词在中古汉语中有浊辅音声母，如例(471)和例(472)的对比。

(471) 舅 MC *gjuwX* > jiù‘母亲的兄弟’，pMǐn *g-：厦门 /ku 6/，建阳 /kiu 5/，石陂 /kiu 1/

臼 MC *gjuwX*> jiù‘舂米器’，pMǐn *gh-：厦门 /kʰu 6/，建阳 /kʰiu 1/，石陂 /kʰiu 1/

(472) 平 MC *bjaeng* > píng‘平坦(形容词)’，pMǐn *b-：厦门 /pĩ 2/，福州 /paŋ 2/

平 MC *bjaeng* > píng‘使之平’，pMǐn *bh-：厦门 /pʰĩ 2/，福州 /pʰaŋ 2/

罗杰瑞的解决办法是将送气对立追溯至原始闽语的浊塞音和塞擦音：比如，*g- ≠ *gh- 以及 *b-≠ *bh- (Norman1973)。 123

我们则有不完全一样的解释。正如在 § 4.2.1.1(表 4.9)中所述，我们认为厦门话和福州话这些闽方言中的情况来源于两波清化的阶段：第一波产生了清不送气音(*b > *p)，第二波产生了清送气音，如下表 4.35 中所示。

表 4.35　厦门话和福州话对上古汉语 *N.p- > /p/ (L)，*C.b- > /pʰ/ (L)和 *m.p- > /pʰ/ (L)的反映

1	上古汉语	*b-	*N.p-	*C.b-	*m.p-
2	*N 和 *m 后的浊化	—	N.b-	—	m.b-
3	Nb- > b-	—	b-	—	—
4	第一次清化：b- > p- L	p-L	p-L	—	—
5	C.b > b-，m.b- > b-	—	—	b-	b-
6	第二次清化：b- > pʰ- L	—	—	pʰ-L	pʰ-L
7	厦门、福州	p-L	p-L	pʰ-L	pʰ-L

在表 4.35 中，第一阶段是上古汉语。在第二阶段中，阻塞音在 *N- 或 *m- 后浊化。在第三阶段中，*Nb- 和原始的 *b- 合并，但是 *mb-

保持不变。在第四阶段中，第一次清化使处于词首位置(word-initial)的*b-变成不送气的*p-(阳调)，但是由于*mb-中的*b不是词的第一个音段，所以不受影响。在第五阶段，前置辅音*C和*m失落，导致*b-填补了第四阶段中清化留下的空位。第六阶段是第二波清化，产生了清送气音(阳调)，这次清化很可能与赣语、客家话以及闽语中的邵武方言产生清送气音相关。[44]第七阶段表现出厦门话或福州话中的形式。这些方言中的送气形式使罗杰瑞在原始闽语中构拟了浊送气音，如*bh-。然而我们怀疑原始闽语阶段的实际对立并非罗杰瑞构拟中的*b-≠*bh-，而是*b-≠*m.b-或*C.b-，如上述第三阶段。

下面的例子说明了上古汉语带有前置辅音*m-的清塞音的演变：

(473) 抱 *[m-p]ˤuʔ > *mbˤuʔ > *bˤuʔ > *bawX* > bào ‘抱持在怀中(自主性动词)’，原始闽语*bh-；比较：

包 *pˤ<r>u > *paew* > bāo ‘包装，捆扎’

(474) 樹 *m-toʔ > *dzyuX* > shù ‘种植；立直(自主性动词)’；比较其派生名词：

樹 *m-toʔ-s > *mdoʔ-s > *doʔ-s > *dzyuH* > shù ‘树木’，原始闽语*džh-；比较：原始苗瑶语*ntju̯əŋH ‘树木’。其词根很可能与下面各字一致：

拄 *t<r>oʔ > *trjuX* > zhǔ ‘支撑，支持’

柱 *m-t<r>oʔ > *drjuX* > zhù ‘柱子(工具名词)’，原始闽语*dh-；比较：原始苗瑶语*ɲɟæu A ‘柱子’，原始Kra语*m-tʂ̯u A ‘柱子’(Ostapirat 2000)[45]

(475) 頭 *[m-t]ˤo > *mdˤo > *dˤo > *duw* > tóu ‘头(身体部分)’，原始闽语*dh-；比较：

124 兜 *tˤo > *tuw* > dōu ‘头盔’

上古汉语的咽化声母*m.kˤ-变成罗杰瑞构拟的原始闽语中的*ɣ-，而非*gh-。但是正如罗杰瑞(Norman 1974a：28)所述，原始闽语的*ɣ-和浊送气音的声调形式有着相同的模式，这表明在某一阶段它们的发展是平行的。非咽化声母*m.k(ʷ)-变成罗杰瑞所构拟的原始闽语中的*gh-，如下例(478)所示。

(476) 蟹 *m-kˤreʔ > *mgˤreʔ > *gˤreʔ > *heaX* > xiè ‘蟹’（带有动物前缀），原始闽语 *ɣ-；比较：越南语 *cáy* [kai B1] ‘一种碱性水里的蟹，招潮蟹’，似乎表明了一个不带前缀的形式，即 OC *kˤreʔ（就我们所知，其可能性尚未证实）。

(477) 合 *m-kˤop > *hop* > hé ‘合并（自主性动词）’，原始闽语 *ɣ-；比较：越南语 *góp* [ɣɔp D1] ‘与他人合作’，*gộp*① [ɣop D2]② ‘加入，合并，合在一起’（我们怀疑越南语 *góp* 是一个早期借词，而 *gộp*③ 是一个晚期借词）。比较：

合 *kˤop > *kop* > gě ‘一起；放在一起；合在一起的’[46]

(478) 忌 *m-k(r)ək-s > *mg(r)ək-s > *g(r)ək-s > *giH* > jì ‘训诫；避免（自主性动词）’，原始闽语 *gh-：厦门 /kʰi 6/，潮州 /kʰi 6/；比较相关的形式如下：

誡 *kˤrək-s > *keajH* > jiè ‘训诫’

下面我们有 *m-q- > 中古汉语 *y-*、原始闽语 *ɣ- 的例子：

(479) 與 *m-q(r)aʔ > *yoX* > yǔ ‘给；为了，和’，厦门 /hɔ 6/ ‘给’ <原始闽语 *ɣ-④

我们上面提到过，就声调行为而言，原始闽语 *ɣ- 和浊送气声母字有着相同的模式。

罗杰瑞构拟的原始闽语中如 *bh- 的浊送气音也有其他的来源（例如 *C.b(ˤ)-型音首，参看 § 4.4.5.3）。若我们有前置鼻辅音的直接证据（多来自苗瑶语），或当我们可以从带有清声母的同源词而推断词根有清声母时（见上面的例子），我们将为构拟 *m 加一个清声母。举个例子，我

① 译注：此处“*gộp*”，原书作“*gọp*”。
② 译注：此处“[ɣop D2]”，原书作“[ɣɔp D2]”。
③ 译注：此处“*gộp*”，原书作“*gọp*”。
④ 译注：据勘误表，此为“白-沙”构拟的原始闽语。同例(241)译注。

们将“樹” shù < *dzyuH* ‘树’(原始闽语 *džh-)构拟为 *m-t-,因为原始苗瑶语 *ntju̯əŋH ‘树’以及同源词“拄” *t <r> oʔ > *trjuX* > zhǔ ‘支撑,支持(动词)’,“樹”中的 *m-前缀来自自主性动词“樹” shù < *dzyuX* < *m-toʔ ‘种植’。我们认为“樹” shù < *dzyuH* ‘树’最早用来表示种下的树,以区别于一般的树(木 *C.mˤok > *muwk* > mù ‘树,木头’)。

因为原始闽语区分上古汉语带前置辅音 *m- 的清声母和带有 *N- 的清声母,在闽语中有自主功能的 *m 和静态/不及物功能的 *N 存在
125 最小对立对:

(480) 定 *N-tˤeŋ-s > *dengH* > dìng ‘被……固定;定居(不及物动词)’(不及物化 *N-):原始闽语 *d-:建瓯 /tiã 6/ ‘平静的,安静的’,厦门 /tiã 6/ ‘稳定的,静止的’

定 *m-tˤeŋ-s > *mdˤeŋ-s > *dˤeŋ-s > *dengH* > dìng ‘使……固定,定居(及物动词)’(自主性动词 *m-),原始闽语 *dh-:建瓯 /tʰiaŋ 6/ ‘提前确定时间或日期’(李如龙、潘渭水 1998:192);厦门 /tʰiã 6/ ‘为了使自己感觉舒服一点而吃一点食物或药’,定膽 /tʰiã 6 tã 3/ ‘用某种手段以保持自己的精神’(Douglas 1899:552)

在这个例子中,清的词根声母可由下例来表明:

(481) 丁、釘 *tˤeŋ > *teng* > dīng ‘钉(名词)’

釘 *tˤeŋ-s > *tengH* > dìng ‘钉(动词)’

定 *tˤeŋ-s > *tengH* > dìng ‘烧好的(食物)’

较之一般的原始闽语的处理,两个表面上的反例为:

(482) 肚 *m-tˤaʔ > *duX* > dù ‘肚子’,原始闽语 *d-(厦门 /tɔ 6/,潮州 /tou 4/,福州 /tou 6/,建瓯 /tu 6/);比较:

肚 *tˤaʔ > *tuX* > dǔ ‘肚子,胃’

(483) 挾 *m-kˤep > *hep* > xié ‘抓住’,原始闽语 *gap D ‘搯’;原

始勉语 *ʔɟәp D < *nc- ‘用筷子取食物’；越南语 *gắp* [ɣap D1] ‘用筷子取食物，取出(从伤口中取出子弹)’；比较：

夹 *kˤ<r>ep > *keap* > jiā ‘两边夹住’

梜 *C.kˤ<r>ep > *kaep* > jiā ‘筷子’，也读作 *kˤep > *kep* ‘筷子’；[47] 比较：Maleng Kha Pong 语(费吕提供材料) /tәkap^{7}/ <原始越语 *t-kap ‘烤肉叉’；比较：

狭 *N-kˤ<r>ep > *heap* > xiá ‘狭窄’，原始闽语 *ɦap D[48]

在“肚” dù < *duX* ‘肚子’和“挟” xié < *hep* ‘抓住’两个例子中，词族内各字的清浊交替表明了前置鼻辅音的存在，以及前缀 *m- 的语义关键点，但是在这两个例子中，我们本预计出现原始闽语的声母 *dh- 和 *ɣ-而没有预计出现 *d- 和 *g-(任何情况下原始闽语的 *g- 出现在 A 型音节中都是不寻常的)。我们怀疑这些形式不是原始闽语，或不是原始闽语本土层的一部分。[49] 在任何情况下，作为表示‘肚子’的基本词，闽方言保留了上古汉语的“腹” *p(r)uk > *pjuwk* > fù，或复合词如 fùdù ‘腹肚’。

在越南语中，前置辅音 *m 加上清的不送气声母会产生擦化声母，在早期借词中是阴调的形式，在晚期借词中是阳调的形式。

带阴调的形式：

(484) 競 *m-kraŋʔ-s > *gjaengH* > jìng ‘努力；竞争’；越南语 *ganh* [ɣaiŋ A1] ‘与……竞争’ 126

带阳调的形式：

(485) 肚 *m-tˤaʔ > *duX* > dù ‘肚子’，越南语 *dạ* [zɑ B2] ‘胃，腹部’

越南语保留了“合” *m-kˤop > *hop* > hé ‘合并’的早期(阴调)和晚期(阳调)两个借词，见上例(477)。

动物前缀 *m- 可以解释下面这些例字的清浊交替：

（486）鼃 *qʷˤre > *'wea* > wā；*m-qʷˤre > *ɢʷˤre > *hwea* > wā ‘青蛙’

（487）鷽 *qˤruk > *'aewk* > xué；鷽 *m-qˤruk > ɢˤruk > *haewk* > xué ‘一种鸟’

其他有前缀 *m-的例子：

（488）尹 *m-qurʔ > *ɢurʔ > *ywinX* > yǐn ‘统治；统治者’；和下字相关

君 *C.qur > *kjun* > jūn ‘君王；统治者’（这两个词在早期文献中常以同一个字书写）

（489）均～韵～韻 *[m-qʷ]<r>i[n]-s > *hwinH* > yùn ‘和谐的，韵’；[50] 比较：

均 *C.qʷi[n] > *kjwin* > jūn ‘均匀，平等’

鈞 *C.qʷi[n] > *kjwin* > jūn ‘陶工的旋盘’

匀 *[N-q]ʷi[n] > *ywin* > yún ‘均匀’

旬 *s-N-qʷi[n] > *zwin* > xún ‘十天一周’（时地名词，参看 § 3.3.2.3和 § 4.6）

（490）載 *[m-ts]ˤəʔ-s > *dzojH* > zài ‘装载某物在交通工具上’（及物动词）；比较：

載 *[ts]ˤəʔ-s > *tsojH* > zài ‘被装载在交通工具上’

127 清不送气声母带前置辅音 *m- 的形式归纳于表 4.36 中。

表 4.36　上古汉语带前置辅音 *m- 的清不送气音及其对应

上古汉语	中古汉语	原始闽语	越南语	原始苗瑶语
*m.p(ˤ)-	*b-*	*bh	*v*-[v]	—
*m.tˤ-	*d-*	*dh	*d*-[z]	—
*m.t(ˤ)r-	*dr-*	*dh	*d*-[z]	—
*m.t-	*dzy-*	*džh	—	*ntj-，*ɲɟ-
*m.ts(ˤ)-	*dz-*	[*dzh]	—	—

续　表

上古汉语	中古汉语	原始闽语	越南语	原始苗瑶语
*m.k(ʷ)ˤ-	*h-*	*ɣ	g-[ɣ]	—
*m.k(ʷ)-	*g-*	*gh	—	—
*m.q(ʷ)ˤ-	*h-*	—	—	—
*m.q-	*y-*	*ɣ	—	—

4.4.2.2　前置辅音 *m 加清送气阻塞音：*m.pʰ(ˤ)-型

*m.pʰ(ˤ)-型音首的证据主要来自中古汉语浊送气和清送气声母之间的词族联系。比较语言学方面的证据很少，不足以建立确切的语音对应。在中古汉语中，*m-使后接的阻塞音浊化：

(491) 奉 *m-pʰ(r)oŋʔ > *b(r)oŋʔ > *bjowngX* > fèng ‘双手奉上’；比较：
奉 *pʰ(r)oŋʔ > *phjowngX* > fèng ‘双手捧住；呈现；接收’
(492) 撤 *m-tʰret > *dret > *drjet* > chè ‘撤除，拿走’；比较：
撤 *tʰret > *trhjet* > chè ‘撤除，拿走’
(493) 社 *m-tʰAʔ > *dAʔ > *dzyaeX* > shè ‘祭祀土地神’；比较：
土 *tʰˤaʔ > *thuX* > tǔ ‘土地’[51]
(494) 藏 *m-tsʰˤaŋ > *dzˤaŋ > *dzang* > cáng ‘贮藏’
倉 *tsʰˤaŋ > *tshang* > cāng ‘粮仓’
(495) 脛 *m-kʰˤeŋ-s > *gˤeŋ-s > *hengH* > jìng ‘腿，小腿’
踁 *kʰˤ<r>eŋ > *kheang* > kēng ‘胫骨’

与 *N-qʰ-型声母一样(§4.4.1.2)，我们找到了 *m-qʰ-变作中古汉语 *ng*-的证据。比如以下两字，在现代标准汉语和中古汉语中为同音字：

(496) 五 wǔ < *nguX* ‘五’

午 wǔ < *nguX* ‘地支第七位’

它们在上古汉语中通常也被构拟为同音字（高本汉：*ngo，李方桂：*ngagx），但是我们将其分别构拟为*C.ŋˤaʔ 和*[m].qʰˤaʔ。汉藏语比较有力地表明软腭鼻音在“五” wǔ < *nguX* 及其他带有该声符的字中本就存在：

(497) 五 *C.ŋˤaʔ > *nguX* > wǔ ‘五’，藏文 *lnga*，缅甸文 ŋɑ^{3}（黄布凡 1992：267），Lepcha 语 /fəŋo/（Plaisier 2007），Mizo 语（Lushai 语）*pa-nga*（Lorrain & Savidge 1898：158），原始藏缅语 *l/b-ŋa（Matisoff 2003：149）

吾 *ŋˤa > *ngu* > wú ‘我，我的’，藏文 nga，缅甸文 ŋa，拉祜语 ŋà，原始藏缅语 *ŋa ‘我’（Matisoff 2003：487）

“五”和“午”两个字常被用作声符，若它们在上古汉语中确实为同音字，我们可以期待两个字作为声符或多或少可以互相替换，但是两者互相替代的现象却较晚才出现。[52] 虽然“五”和“午”两个字最终读音相同，“午”的谐声和词族联系在上古汉语时期却没有显示出软腭鼻音词根。

我们先来看一下汉字“杵” chǔ < MC *tsyhoX* ‘杵’，正如《说文解
128 字》（《说文诂林》2545b）记载，包含“午”作为声符。“杵”字的词根声母在北部闽语中显示包含一个送气塞音：建阳 /khy 3/，石陂 /khy 3/ ‘杵’。虽然“午”最常用于表示“地支第七位”，但这只是假借的用法，而该汉字最初表示“杵” chǔ < MC *tsyhoX* ‘杵’。我们的构拟如例(498)所示。

(498) 杵 *t.qʰaʔ > *tʰaʔ > *tsyhoX* > chǔ ‘杵’（该音首参看 § 4.4.4.2），建阳 /khy 3/，石陂 /khy 3/

午 *[m].qʰˤaʔ > *nguX* > wǔ ‘地支第七位’

下述形式分别来自商代甲骨和青铜器铭文（季旭昇 2010：1021）：

(499) 午 wǔ < *nguX*‘地支第七位’的商代字形：

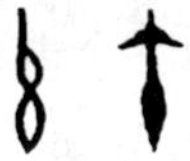

从语源学上看，“午、户、互”三个谐声系列之间有许多词族联系。见下述例(500)至例(505)，所共有的词根最可能有小舌词根声母：

(500)‘停止’

禦 *m-qʰ(r)aʔ > *ngjoX* > yù‘抵挡；阻碍；停止’

沍 *N-qˤaʔ-s > *huH* > hù‘关进，塞住’

户 *m-qˤaʔ > *huX* > hù‘停止，抑制’

(501)‘处所’

許 *qʰ(r)aʔ > *xjoX* > xǔ‘处所’

所 *s-qʰ<r>aʔ > *srjoX* > suǒ‘处所；关系代词’

處 *t.qʰaʔ > *tsyhoX* > chǔ‘在(某处)’

處 *t.qʰaʔ-s > *tsyhoH* > chù‘处所’

(502)‘伐木声’

許許～滸滸～所所 *qʰˤaʔ- qʰˤaʔ > *xuX-xuX* > hǔhǔ‘伐木声’

例(502)出现在《诗经》的“小雅”第 165 篇《小雅 · 伐木》第三章中，“伐木許許”听起来如同 *qʰˤaʔ- qʰˤaʔ。《毛诗》“伐木許許”，《经典释文》注的读音为 *xuX-xuX*(< *qʰˤaʔ- qʰˤaʔ)；《经典释文》记载的另外一些版本将其写作“滸滸” *xuX-xuX*(黄焯 1980：67)。《说文》注释的 suǒ“所”不是“处所”(其通常的解释)，而是“伐木声也”，并注出所字含有 jīn“斤”(斧)，以“户” *m-qˤaʔ > *huX* > hù‘门’作为声符，且引用了《诗经》
(165.3)中的“伐木所所”(《说文诂林》6375b)。[53] 129

这些例子都为含有声符“午”的汉字构拟小舌词根声母提供了支持。看起来 *m.qʰˤ- 和 *ŋˤ- 至少在《说文》时期(公元 100 年)就已经合并了，因为某些字含有来自 *ŋ(ˤ)- 的 *ng-* 作为 wǔ“午”的声训出现：

(503) 午：牾也。五月陰氣午逆陽，冒地而出。

> 午[*nguX*]<*[m].q^{hʕ}aʔ 的意思为“牾”[*nguH* <*ŋ^{ʕ}ak-s]‘反对’。在第五[五 *nguX* <*C.ŋ^{ʕ}aʔ]①个月，阴气逆对[逆 *ngjaek* <*ŋrak]阳气，覆盖地面而冒出来(《说文诂林》6639b)

在两者合并之后，我们才发现“午”和“五”两个字在用作声符时可以互换。比如，我们认为以下例字来自相同的词根：

(504) 禦 *m-q^{h}(r)aʔ > *ngjoX* > yù ‘抵挡；阻碍’

(505) 圉～圄 *m-q^{h}<r>aʔ > *ngjoX* > yǔ ‘监狱’

例(505)中，汉字“圄”包含声符“吾”*ŋ^{ʕ}a > *ngu* > wú，含有上古的*ŋ^{ʕ}-；我们的构拟预测这个汉字出现得较晚，因为在早期汉字中，含有*ŋ^{ʕ}-的汉字不应被用于书写含有音首*m-q^{hʕ}-的词。事实上，汉字“圉”显然比“圄”要古老。这个字经常出现在商代甲骨文中：其完整的形式表示的是一个人戴着手铐在围场中，有时候这个人的形态缩略为“口”kǒu，有时候只有手铐，对应着标准汉字“圉”(《古文字诂林》8：867)：

(506) 

但是据我们所知，反映后期*m.q^{h}-与*ŋ-合并的汉字“圄”在先秦文献中并未找到证据(《古文字诂林》6：153)。原始苗瑶语中的汉语借词也确认了前置鼻辅音和塞音词根声母的存在：

130 (507) 原始苗瑶语*ŋgluə A ‘牛栏，监狱’

和别处一样，这里的原始苗瑶语介音*-l-可能对应上古汉语的介音*r，

① 译注：勘误表删去了原书中的“[五 *nguX* <*C.ŋ^{ʕ}aʔ]”。白、沙原先把《说文解字》此处的“五”当作一个声训，勘误表中认为此说不确(Ho Dah-an 2016：209)。

虽然其声调对应是不规则的。

*m 加清送气声母的组合形式归纳于表 4.37 中。

表 4.37　带前置辅音 *m 的清送气塞音声母及其对应

上古汉语	中古汉语	原始闽语	越南语	原始苗瑶语
*m.pʰ(ˤ)-	*b-*	—	—	—
*m.tʰˤ-	*d-*	—	—	—
*m.tʰ(ˤ)r-	*dr-*	—	—	—
*m.tʰ-	*dzy-*	—	—	—
*m.tsʰ(ˤ)-	*dz-*	—	—	—
*m.kʰˤ-	[*h-*]	—	—	—
*m.kʰ-	[*g-*]	—	—	—
*m.qʰr-	*ng-*	—	—	*ŋgl-
*m.qʰ-	*ng-*	—	—	—

4.4.2.3　前置辅音 *m 加浊阻塞音：*m.b(ˤ)-型

在中古汉语中，带前置辅音 *m 的浊阻塞音和带 *N 的浊阻塞音（参看 § 4.4.1.3）有着一致的演变路径。在原始闽语中，带 *m 的浊阻塞音表现出浊送气音（包括 *ɣ-），在苗瑶语中则表现为浊的鼻冠音声母。例如：

(508) 浮 *m.b(r)u > *bjuw* > fú‘漂浮’；原始闽语 *bh-；原始勉语 *mbi̯əu A‘漂浮’

(509) 平 *m-breŋ > *bjaeng* > píng‘使之平’；原始闽语 *bh-：厦门 /pʰĩ 2/‘使像地面一样平坦’；比较：

平 *breŋ > *bjaeng* > píng‘平坦’；原始闽语 *b-：厦门 /pĩ 2/‘平的，平坦，平滑的’；原始勉语 *beŋ A‘平的’

(510) 下 *m-gˤraʔ-s > *haeH* > xià‘下降’；原始闽语 *ɣ-：厦门 /he 6/‘下降’；原始苗语 *ɴGa B‘下降’；比较：

下 *gˤraʔ > xià‘下面’，原始闽语 *ɦ-：厦门 /e 6/‘下方’，建阳 /a 5/～/ha 5/

因为闽语中是否带有*m 的浊阻塞音其演变并不一致，现代闽语保留了在中古汉语中已经合并的最小对立，如例(509)和例(510)所示。例(509)中原始勉语的形容词形式*beŋ A‘水平的’(反映了原始苗瑶语*b-；Ratliff 2010：37)，使我们更加相信，其词根声母在上古汉语中是一个普通的浊塞音。

带*m-的浊小舌音演变为中古汉语的 *ng*-，如*N.ɢ-(参看§4.4.1.3)。这在中古汉语 *ng*-<*m.ɢ- 和有小舌音来源的 *y*- 的谐声系列中也可得到体现。比如，“牙” yá < MC *ngae*‘牙齿’是早期汉字“與” yǔ < *yoX*‘给，为，和’的声符，我们将其构拟为*m-q(r)aʔ，带有一个小舌声母是因为它和“舉” *C.q(r)aʔ > *kjoX* > jǔ‘举，抬起’之间，有字形上的联系(很有可能是语源学上的联系)。早期字形的例子可见例(511)(《古文字诂林》2.573、3.230、9.672、6.349)。

(511)  = 牙 *m-ɢˤ<r>a >*ŋˤra > *ngae* > yá‘牙齿’

 = 與 *m-q(r)aʔ > *yoX* > yǔ‘给，为了，和’，原始闽语*ɣ-①

 = 舉 *C.q(r)aʔ >*k(r)aʔ > *kjoX* > jǔ‘举，抬起’

 = 邪 *sə.ɢA >*s.ɢA >*zA > *zjae* > xié‘歪斜的’；也用于表示地名：

琅邪 *[r]ˤaŋ-ɢ(r)A > *lang-yae* > Lángyá（山东境内一座
131 山的名字）

若上古汉语“牙” yá < MC *ngae*“牙齿”的声母曾经是一个软腭鼻音*ŋˤ-，yá“牙”不可能是“與”*m-q(r)aʔ > *yoX* > yǔ 的声符。因此，我们所拟“牙”*m-ɢˤ<r>a，带有身体名词前缀*m-。相比于将其构拟为一个软腭鼻音，“牙”*m-ɢˤ<r>a 中的小舌塞音同时解释了“邪”*sə.ɢA > *zjae* > xié‘歪斜的’在中古汉语中所具有的声母 *z*-：我们将展示*s-ŋ-如何演变为中古汉语的 MC *s*-(§4.4.3.4)，只有在浊阻塞音前，上古

① 译注：据勘误表，此为“白-沙”构拟的原始闽语。

汉语的前置辅音 *s 才会演变为 MC *z*-(§4.4.3.3)。

和"牙" *m-ɢˁ<r>a > *ngae* > yá '牙齿'相关的形式在东南亚语言中带有声母[ŋ]。例如,原始台语 *ŋa (Li 1977: 204),越南语 *ngà* [ŋɑ B2]以及 Bahnar 语 *ngəla*,意义都为"长牙、象牙"(Norman 1988: 19)。这些证据可以用来佐证这个汉字带有软腭鼻音声母,但我们怀疑这些词可能是在发生从 *m-ɢˁ- 到 *ŋˁ- 的演变后,才通过象牙交易从汉语借入并发生了语义窄化,而不是相反的情形。

另外的浊阻塞音前带前置声母 *m 的例子有:

(512) 鼻 *m-bi[t]-s > *bjijH* > bí '鼻子',原始闽语 *bh-;原始苗瑶语 *mbruiH '鼻子';[54] 比较:

鼻 *Cə-bi[t]-s > *bjijH* > bí '闻(及物动词)',原始闽语 *-b-(参看§4.5.5.2)

(513) 上 *m-daŋʔ > *dzyangX* > shàng '上举',原始闽语 *džh-:厦门 /tsʰiũ 6/ '(使上升),开启,如门;储存,如货物;缝上,如鞋底;使升起,如水;生产,如潮湿,白蚁等'(Douglas 1899: 88);比较:

上 *Cə.daŋʔ > *dzyangX* > shàng '上升',原始闽语 *-dž-:厦门 /tsiũ 6/ '在……之上,上方,上级的,前任的……'(Douglas 1899: 58)

(514) 毒 *m-[d]ˁuk-s (?)[55] '下毒(自主性动词)',原始闽语 *dhəu C:厦门 /tʰau 6/,福州 /tʰau 5/ '下毒';比较:

毒 *[d]ˁuk > *dowk* > dú '毒物',原始闽语 *d-

浊阻塞音前 *m 的形式归纳于表 4.38 中。

表 4.38　带前置辅音 *m 的浊塞音声母及其对应

上古汉语	中古汉语	原始闽语	越南语	原始苗瑶语
*m.b(ˁ)-	*b-*	*bh	—	*mb-
*m.dˁ-	*d-*	*dh	—	—

续　表

上古汉语	中古汉语	原始闽语	越南语	原始苗瑶语
*m.d-	*dzy-*	*džh	—	—
*m.dz(ˤ)-	(*dz-*)	—	—	—
*m.g(ʷ)ˤ-	*h-*	*ɣ	—	*NG-
*m.g(ʷ)	*g-*	*gh	—	—
*m.ɢ(ʷ)ˤ-	*ng-*	*ŋ	*ng-*[ŋ]	—

4.4.2.4　前置辅音 *m 加浊响音：*m.n(ˤ)-型

汉字异读、词族联系以及谐声系列的交替证据显示，前置音节 *m 可出现于鼻音 *n(ˤ)-和 *ŋ(ˤ)-声母之前。*m-在下列例子中用来表示动
132 物的前缀：

(515) 麛，麑 *m-ŋˤe > *mej* > mí ‘幼鹿’：词根很显然是
　　倪 *ŋˤe > *ngej* > ní ‘幼，弱’；也可以比较：
　　兒 *ŋe > *nye* > ér ‘儿童’

因为声符“爾”的关系，我们在下例之中构拟了 *m-n-：

(516) 彌 *m-nə[r]ʔ > *mjieX* > mí ‘停止(自主性动词)’；比较：
　　爾 *n[ə][r]ʔ > *nyeX* > ěr ‘你(的)’

在下例中，我们在 *l-前构拟了 *m：

(517) 塍 *m.ləŋ > *zying* > chéng ‘田埂’；比较：
　　勝 *l̥əŋ-s > *syingH* > shèng ‘克服，超过’

(518) 秫 *m.lut > *zywit* > shú ‘黏的谷子’，原始闽语 *džh-，原始苗瑶语 *mblut ‘黏性的(植物)/黏的’

例(518)中的前置 *m 在苗瑶语的 *-b-中得到支持。原始闽语中的送气声母 *džh-表明该辅音丛在原始闽语中变成了前置鼻音化的阻塞

音：*m.l- > *m^{d}l- > *md-。[56]一个相似的例子是：

(519) 墜 *m.lru[t]-s > *drwijH* > zhuì ‘坠落’；原始苗语 *mblu̯ei C ‘(叶子/水珠)掉落’

这里也是同样的，原始苗语的音节中间的 *-b- 指明了 *l 前出现了一个前置辅唇音 *m。语义上，有自主义的 *m- 前缀和这个动词看起来不大相配，因此我们将其写作‘*m.’，而非‘*m-’。这样一来，*m 可能是词根的一部分。

音首 *m.r- 进入中古汉语后的演变看起来是有方言条件的。在某种方言中，*m.r- 和 *m.rˁ- 分别演变为 *y* 和 *d*：

(520) 蠅 *m-rəŋ > *m-ləŋ > *ying* > yíng ‘苍蝇’

这个字被构拟为 *m-r-(带有表示动物的前缀)，因为其声符为：

(521) 黽 *mˁrəŋʔ > *meangX* > měng ‘蟾蜍’

例(520)“苍蝇”在原始闽语有 *z-(厦门/sin 2/)，和原始闽语 *N.r- 和 *ɢr-的形式一致[*z- 在“游”和“鹽”两个词中，可分别参看例(467)和例(324)]。原始台语 *m.leːŋ A ‘昆虫’(Pittayaporn 2009)和 Rục 语 *məlaŋ* ‘大苍蝇’(Nguyễn Phú Phong et al. 1988：20)应是发生了从 *m-r- 到 *m-l- 的演变之后才借过来的。*m.rˁ 变为中古汉语 MC *d*-的一个例子是：

(522) 眔 *m-rˁəp > *m-lˁəp > *dop* > tà ‘达到’

我们为这个字构拟了一个音首 *m-rˁ-，因为在甲骨文和早期青铜铭文中，它是由一只眼睛里滴水的图案组成的：

133

(523) 

这暗示“罘”字最初在早期上古汉语中表示‘眼泪’，即后来写作“淚”的字(季旭昇 2010：268)：

(524) 罘 *m-rˤəp > *dop* > tà ‘达到’(早期的“淚”字)
淚 *[r][ə]p-s >[方言]*rup-s > *lwijH* > lèi ‘眼泪’
泣 *k-r̥əp > *khip* > qì ‘哭泣’；注意其声符是：
立 *k.rəp > *lip* > lì ‘站立’

‘眼泪’的早期汉字选择了一个自主动词*m-rˤəp > *dop* > tà ‘达到’，这是一个语音上恰当的选择：

(525) 罘、遝 *m-rˤəp > *dop* > tà ‘达到’
隶、逮 *m.rˤəp-s > *dojH* > dài ‘达到’
及 *[m-k-]rəp > *gip* > jí ‘达到’
暨 *[m-k-]rəp-s > *gijH* > jì ‘达到’

在另一种方言中，上古汉语 OC*m.r- 和 OC*m.rˤ- 分别与*mr- 和*mˤr- 合并，变为中古汉语的 MC *m*-。如下例中：

(526) 命 *m-riŋ-s > *mriŋ-s > *mreŋ-s > *mjaengH* > mìng ‘命令(名词)’；比较：
令 *riŋ > *ljeng* > líng ‘派遣(人)’
(527) 麥 *m-rˤək > *mrˤək > *meak* > mài ‘麦子’；其声符为：
來 *mə.rˤək > *mə.rˤə > *loj* > lái ‘来’[57]

前置辅音*m 加上浊响音的形式归纳于表 4.39。

表 4.39 带有前置辅音*m 的上古汉语浊响音及其对应

上古汉语	中古汉语	原始闽语	越南语	原始苗瑶语
*m.n(ˤ)-	*m*-	—	—	—
*m.ŋ(ˤ)-	*m*-	—	—	—

续　表

上古汉语	中古汉语	原始闽语	越南语	原始苗瑶语
*m.lˤ	*y-*	—	—	—
*m.l(ˤ)r-	*dr-*	—	—	—
*m.l-	*zy-*	*džh	—	*mbl-
*m.rˤ-	*d-*～*m-*	—	—	—
*m.r-	*y-*～*m-*	*z	—	—

4.4.2.5　前置辅音 *m 加清响音：*m.r̥ (ˤ)-型

前带 *m 的清响音，我们还没有确切的例子。可能的例子是 tǎ “獭”(水獭)，它有两种中古汉语读音：*trhaet* 和 *that*：

(528) 獭 *r̥ˤat > *that* > tǎ ‘水獭’

獭 *[m-r̥]ˤat > *trhaet* > tǎ ‘水獭’；比较：原始苗语 *ntshjṳa A ‘水獭’。其声符为：

剌 *mə.rˤat > *lat* > là ‘邪恶的；辛辣的’；比较：原始苗瑶语 * mbrat ‘辛辣的’，原始台语 * m. r-(Ostapirat 2011) 134

中古汉语“水獭”的读音 MC *that* 可以被构拟为上古汉语 OC *r̥ˤat (§4.3.5)。拉特利夫(Ratliff 2010)构拟了原始苗语 *ntshjṳa A ‘水獭’，可以与汉语相关联。虽然我们通常期待上古汉语的 *-t 与原始苗语的 *D 声调对应，上古汉语 OC *-t 和原始苗瑶语的声调 A 也有平行的例子：

(529) 一 *ʔi[t] > *ʔjit* > yī ‘一’；原始苗瑶语 *ʔɨ A ‘一’

我们假定苗语的鼻冠音形式 *ntshjṳa A 对应于未被解释的中古音 MC *threat*。带或是不带前缀 *m- 是动物名称交替的一种来源，如上述例(486)和例(487)所示。因此，我们暂时将“獭”(‘水獭’)构拟为

*[m-r̥]ˤat > *trhaet* 和 *r̥ˤat > *that* > tǎ。见表 4.40。

表 4.40 带前置辅音 *m 的上古清响音及其对应

上古汉语	中古汉语	原始闽语	越南语	原始苗瑶语
*m.m̥-	—	—	—	—
*m.n̥-	—	—	—	—
*m.ŋ̊-	—	—	—	—
*m.l̥-	—	—	—	—
*m.r̥-	? *trh-*	—	—	? *ntshj

4.4.3 带有前置辅音 *s 的音首

白一平和沙加尔(Sagart & Baxter 2012)讨论了带有前置辅音 *s-的音首至中古汉语的演变,以及梅祖麟(Mei 1989,2012)与之对立的看法。

4.4.3.1 前置辅音 *s-加清不送气阻塞音:*s.p(ˤ)-型

前置辅音 *s-对不送气的塞音和塞擦音有一些影响。我们还不知道有任何前置辅音 *s-紧跟 *p-或 *pˤ-的例子。上古汉语 OC *s.t-,而非 *s.tˤ-演变为中古汉语 MC *sy*-(似乎是[ɕ]),可假定经历了一个[stɕ]的中间阶段,最终在前置辅音 *s 的影响下简化为中古汉语的硬腭擦音 *sy*-:*s.t- > *stɕ- > *ɕ- = *sy*-。因此上古汉语 OC *s.t-和有着其他来源的,如 *n̥-和 *l̥-在中古汉语中与中古汉语的 *sy*-合流,但是这种合流在原始闽语中并未发生。上古汉语 OC *s.t-变成了原始闽语的 *tš-,与原来上古汉语的 *t-合流,而上古汉语的 *n̥-和 *l̥-则变成原始闽语的 *tšh-。看起来,同样的区别在瓦乡话中得到了保留,*s.t- > [ts],而 *l̥-、*n̥- > [s](见 § 4.2.1.3的表4.17)。

有个例子表明勉语借自汉语中闽语或瓦乡话型的方言,其中的 *s.t-是一个塞擦音的形式:

(530) 識 *s-tək > *syik* > shí '认识'，原始勉语 *tsi̯ɛk D '认识 /
识别' 135

咽化的 *s.tˤ-变成了中古汉语的 *ts-*，显然是音位换位的结果，类似的，有 *s.tˤr- > MC *tsr-*。下述例子表明了配价能力增加的前缀 *s-(§3.3.2.3)：

(531) 登 *tˤəŋ > *tong* > dēng '上升'
增 *s-tˤəŋ > *tsˤəŋ > *tsong* > zēng '增加（及物动词）'
(532) 謫 *C.tˤrek > *treak* > zhé '责备'；越南语 *dức* [zɯk D1] '谴责'（前置辅音 *C 由越南语中阴调的擦化声母标明）
責 *s-tˤrek > *tsˤrek > *tsreak* > zé '要求报偿'
責，債 *s-tˤrek-s > *tsˤrek-s > *tsreaH* > zhài '债务'

虽然非咽化的 *s.t- 通常变为中古汉语的 *sy-*，也有一些例子显示中古汉语的 *ts-* 来自带有词根声母 *t- 的形式同咽化的 *s.tˤ- 一样，大概也是通过换位而来。我们尚未找到上古汉语 OC *s.t- 分化演变为中古汉语的 *sy-* 和 *ts-* 的语音条件。目前，我们只能写成 *sy-* < *s.t-和 *ts-* < *S.t- 以区分二者：

(533) 甑 *S-təŋ-s > *tsəŋ-s > *tsingH* > zèng '蒸饭的器具'（工具性名词；参看 §3.3.2.3）；比较：
烝 *təŋ > *tsying* > zhēng '蒸（及物动词）'

在我们的转写中，大写的 *S 仅表示一个前置辅音 *s 意外地得到了一个换位后的中古汉语形式，如此处的：*S-t- > *ts-*。这个 *S 并不表示上古汉语与 *s- 对立的第二个咝音。[58] 在例(533)中，前置辅音 *S- 看起来是工具性名词的前缀 *s- 。

在 *ts- 和 *tsˤ- 之前，*s- 有擦音化的作用(Mei 1989：35)，产生中古汉语的 *s-*。在例(534)和例(535)中，我们考虑到 *ts- 或 *tsˤ- 的词族联系，构拟了 *s-ts(ˤ)-：

(534) 膝 *s-tsik > *sit* > xī ‘膝盖’；比较：

節 *tsˤik > *tset* > jié ‘竹节’

(535) 搔 *s-[ts]ˤu > *saw* > sāo ‘抓挠’；比较：

叉，爪 *[ts]ˤ<r>uʔ > *tsraewX* > zhǎo ‘爪子’

*s-kˤ的规则演变应为中古汉语的 *k*-。在一些北部闽语中（偶尔出现在闽中方言中），声母[x]或[h]在少数口语词中对应于中古汉语的 *k*-(Norman 1973：229)。“教”中古汉语 MC *kaewH* > jiào 和“嫁”中古汉语 MC *kaeH* > jià ‘嫁’两个词，都可接受三个论元角色的事实，使我们怀疑增加配价能力的前缀 *s- 可能在其中发挥作用（§3.3.2.3）。据此，我们为该对应构拟了 *s.k-（*s.k 向着[x]或[h]的演变与前置辅音 *s 使后接塞音或塞擦音擦化的普遍倾向是一致的）。在保守的越语族语言，如 Rục 语中，一些相关字含有/tə/，在越南语中则有擦音化的声母（一如预期）。乍一看，这些证据似乎说明上古汉语

136 的相关字中有 *t.k-。但是，我们在越语中并未找到我们构拟的上古汉语 *t. 或 *tə. 与越语/t/或/tə/有明显对应的例子。而且，Rục 语中没有前置辅音/s/。因此，我们构拟了 *s.k-。北部闽语和越语中涉及的字有所重合，但不完全相同。

(536) 嫁 *s-kˤra-s > *kaeH* > jià ‘嫁’，建瓯 /xa 5/，和平 /ha 5/；比较：越南语 *gả*[ɣɑ C1] ‘嫁女儿’

(537) 教 *s.[k]ˤraw > *kaew* > jiāo ‘教’，建阳、连墩村、建瓯/xau 1/

教 *s.kˤraw-s > *kaewH* > jiào ‘教，教导’

(538) 肝 *s.kˤa[r] > *kan* > gān ‘肝脏’，建阳、连墩村、建瓯 /xueŋ 1/，和平 /hon 1/，永安 /hum 1/（闽中）；比较：Rục 语 /təkaːn/，越南语 *gan* [ɣɑn A1]

(539) 劍 *s.kr[a]m-s > *kjaemH* > jiàn ‘剑’；比较：Rục 语 /təkɨəm/ ‘剑’，越南语 *gươm* [ɣɯʌm A1]（用 A 调对应汉语去声）

给“劍”字构拟 *s.k- 也符合“劍”的谐声系列中包含带前置辅音 *s

字的事实，包括以下谐声字：

(540) 譣 *s.q^h[a]m > *tshjem*, *sjem* > qiān ‘伪善，奉承’，
　　　僉 *s.q^h[a]m > *tshjem* > qiān ‘全部；许多’

当非咽化的 *s.k- 紧跟一个前元音，这个软腭音腭化，和简单声母 *k- 一样（§4.1.2），导致 *s-tɕ- 的产生，与来自 *s.t- 的 *s-tɕ- 合并，进一步演变为中古汉语的 MC *sy-*：

(541) 蓍 *s-kij > *s-tɕij > *ɕij > *syij* > shī ‘蓍草（?）’；其声符为
　　　耆 *[g]rij > *gij* > qí ‘年老’
(542) 收 *s-kiw > *s-tɕiw > *ɕiw > *syuw* > shōu ‘收集，收获’；其声符为：
　　　丩 *k-riw（[方] *kriw）> *kjiw* > jiū ‘纠缠’

上古汉语 OC *s.q 演变为中古汉语的 MC *s-*，而 *s.qr 则演变为 *tsr-*：

(543) 宣 *s-q^{w}ar > *swar > *sjwen* > xuān ‘扩散（动词）’；声符相同的：
　　　垣 *[ɢ]^{w}ar > *hjwon* > yuán ‘墙’
(544) 筍 *s-q^{w}i[n]ʔ > *swinX* > sǔn ‘竹子的芽’；同声符的：
　　　絢 *q$^{wh\text{ʕ}}$i[n]-s > *xwenH* > xuàn ‘华丽的，装饰的’
(545) 楔 *s.q^{ʕ}et > *set > *set* > xiē ‘插入死人齿间的楔形木片’；比较：
　　　契 *[k^h]^{ʕ}et-s > *khejH* > qì ‘契刻文字’
(546) 濈 *s.q<r>[i]p > *tsrip* > jí ‘聚在一起’；比较：
　　　揖 *qip > *'jip* > yī ‘鞠躬（动词），致敬’[59] 137
(547) 札 *s-q^{ʕ}rət > *ts^{ʕ}rət > *tsreat* > zhá ‘木简，木牍’；其声符为：
　　　乙 *qrət > *ʔrət > *'it* > yǐ ‘天干第二位’

带有前置辅音 *s- 的上古汉语清不送气塞音和塞擦音的形式归纳于表 4.41。

表 4.41　带前置辅音 *s 的上古汉语清不送气塞音及其对应

上古汉语	中古汉语	原始闽语	越南语	原始苗瑶语
*s.p-	—	—	—	—
*s.tˤ-	*ts-*	*ts	*d*-[z]	*ts-
*s.t(ˤ)r-	*tsr-*	*ts	—	—
*s.t-	*sy-*	*tš	—	—
*s.ts-	*s-*	—	—	—
*s.kˤ-	*k-*	*k； [x]或[h](闽北)	*g*-[ɣ]	*q-；*sj-[F]
*s.k-	*k-*；*sy-*[F]	—	—	—
*s.qr-	*tsr-*	—	—	—
*s.q-	*s-*	*s	—	—

4.4.3.2　前置辅音 *s 加清送气阻塞音：*s.tʰ(ˤ)-型

*s.tʰ(ˤ)-型音首的演变和 *s.t-型是并行的。在中古汉语中，非咽化的 *s.tʰ-和 *s.t-一样，都为 *sy-*。但是在一些字中，闽语对两者有所区分，*s.t->原始闽语 *tš-和 *s.tʰ->原始闽语 *tšh-：

(548) 奢 *s.tʰA > *syae* > shē '奢侈'，原始闽语 *tšh-（厦门 /tsʰia 1/ '浪费'）；其声符是：

者 *tAʔ > *tsyaeX* > zhě '(名词化助词)'

例(548)中的声符"者" *tAʔ 表明主要声母为齿龈塞音，而非像 *l̥-或 *n̥-一样的响音。在下述例子中，我们可以在《说文解字》注释中找到些许线索：

(549) 黍 *s-t^{h}aʔ > *syoX* > shǔ ‘黍(黏的)’;《说文》中的注释为:“禾屬而黏者也。以大暑而種,故謂之黍。”(《说文诂林》3142b):一种黏性的谷物。称为黍[*s-t^{h}aʔ]是因其在大暑[*s-t^{h}aʔ]时节播种(大暑:二十四节气中的第十二个,始于7月22—24日)。

我们将“暑”构拟为*s-t^{h}aʔ > *syoX* > shǔ ‘热’。我们预期的原始闽语*tšh-在漳平方言中得以保留,如在“处暑”(第十四个节气)的说法
/ts^{h}i 3 ts^{h}i 3/中(张振兴1992:38)。而“黍”*s-t^{h}aʔ > shǔ ‘黍’,在大 138
部分闽方言中有嘶音声母(厦门/sue 3/、福州/sœ 3/),而非预料的*tšh-,也许是因为原始闽语存在的层次性问题。但是在一些官话方言中,“黍”*s-t^{h}aʔ > *syoX* > shǔ ‘黍’,“暑”*s-t^{h}aʔ > *syoX* > shǔ ‘暑热’,它们都有送气声母:合肥/tʂ^{h}u 3/,扬州/ts^{h}u 3/都是如此(北京大学2003:122)。这些不规则的形式指明了中古汉语前的底层。

客家话中的*s.t^h-有时也保留了一个送气塞擦音,我们有如下的构拟:

(550) 獸 *s.t^{h}u(ʔ)-s > *syuwH* > shòu ‘(野)兽’,在一些客家方言中(翁源、陆川、赣县、长汀等;李如龙、张双庆1992:249)读为/ts^{h}iu 5/‘野兽’。

例(550)齿龈声母的构拟得到了早期文献的文字上的支持。在郭店楚简《缁衣》中的简38上的写法是“獸”,而上海博物馆藏《缁衣》(简19)和传世文献都写作“守”(《郭店楚墓竹简》1998:20、130—131;《上海博物馆藏战国楚竹书》第1册:210),我们将“守”构拟为*s.t-:

(551) 守 *s-tuʔ > *syuwX* > shǒu ‘保持,守卫’,原始闽语*tš-:厦门/tsiu 3/‘守卫,把持’(Douglas 1899:56)

在咽化或是介音*r阻碍*t^h-的腭化时,*s-t^h-在中古汉语时期就演变为一个塞擦音:

(552) 催 *s-t^{hʕ}uj > *ts^{hʕ}uj > *tshwoj* > cuī '催促，抑制'；这个词通过增价从{推}派生的：

推 *t^{hʕ}uj > *thwoj* > tuī '推开'

(553) 揣 *s-t^{h}<r>orʔ > *ts^{h}rorʔ > *tsrhjweX* > chuǎi '测量；估计'；也读作 *t^{h}orʔ > *tsyhwenX*（同义）。

在 *ts^{h}- 前，*s- 演变为中古汉语的 *s*-，如 *s-ts-；因为原始闽语经常丢失前置辅音 *s-，所以 OC *s-ts^{h} 演变为原始闽语 *tsh，如在"星"（'星星'）一词中：

(554) 星 *s-ts^{hʕ}eŋ > *s^{ʕ}eŋ > *seng* > xīng '星星'，原始闽语 *tsh-，在 18 种闽方言中得到反映，如厦门 /ts^{h}ĩ 1/；见陈章太、李如龙(1991：8)。

我们将"星"构拟为 *s-ts^{hʕ}eŋ 以解释闽语的声母，同时也解释了"星"字用来写有'晴朗'意的{晴}词的现象：

(555) 晴 *N-ts^{h}eŋ > *dzjeng* > qíng '（天气）放晴'

这样一分析，"星"一词是通过在动词词根 *ts^{hʕ}eŋ '明亮的'前添加前缀 *s$_{2}$ 而派生的名词。下边的例子包含着与词根 *ts^{hʕ}eŋ 相关的非咽化声母的词根：

139 (556) 清 *ts^{h}eŋ > *tshjeng* > qīng '清澈'

s-k^{h}- > MC *sy*- 这种演变的一个可能的例子是下例(557)，但是很多现代方言中"翅"似乎来自一个无 *s- 的上古汉语格式：

(557) 翅 *s-k^{h}e-s > *s-tɕ^{h}e-s > *ɕe-s > *syeH* > chì '翅膀'；也许有另一种读法：

*kʰe-s > *tɕʰe-s（可预期的中古汉语为"*tsyheH*"）> chì，官话 /tʂʰɿ 5/，广州 /tʃʰi 5/；其声符为：

支 *ke > *tsye* > zhī '（树的）分枝；四肢'，原始闽语 *ki A

若没有后接介音 *r，上古汉语 OC *s.qʰ- 通常演变为中古汉语的 MC *s*-。沙加尔(Sagart 1999c：210)讨论了"寫"中古汉语 MC *sjaeX* '描绘，书写'的语义演变。这个汉字最初的意思为'倾吐'，与"卸"（'卸下'）同源，后者的声符为"午"，在 § 4.4.2.2 已有过讨论，见上面的例(498)：

(558) 寫 *s-qʰAʔ > *sAʔ > *sjaeX* > xiě '描绘'；原始勉语 *xja B '书写'

卸 *s-qʰA(ʔ)-s > *sA-s > *sjaeH* > '卸下'

午 *[m].qʰˤaʔ > *ŋˤaʔ > *nguX* > wǔ '地支第七位'

若"寫"的词根声母为 *ŋ，原始勉语中的汉语借词 *xja B '书写'将难以理解。*xja B 显然反映了上古汉语 OC *s-qʰAʔ 和中古汉语 MC *sjaeX* 之间的某个读音阶段，可能是[sχjaʔ]。在《说文》中，汉字"卸"的读音与汝南地区"寫書"的"寫"的读音相似。[60] 从中我们可知，"寫"的去声读法在汝南方言中存在。

另一种语音演变，从 *s.qʰ- 到中古汉语 MC *tsh*-，可见于一些例子中，如中古汉语读 *s*- 的一对词中的一个。比如，《广韵》的"舃"（'拖鞋，鞋'）有两种读音，该字是上述"寫"字的声符：

(559) 寫 *s-qʰAʔ > *sAʔ > *sjaeX* > xiě '描述'；原始勉语 *xja B '书写'

舃 *s.qʰAk > *sjek* > xì '拖鞋，鞋'，也读作 *tshjak*，似乎来自 *s.qʰak。

"舃"字的两个中古音，其声母和元音的区别都暗示我们面对的是一个方言性区别。

在有介音 *r 的情况下，演变也受方言差异的影响。在发生 *qʰr- > *x-* 的方言中，*s.qʰr- 演变为中古汉语的 MC *sr-*：

(560) 所 *s-qʰ<r>aʔ > *srjoX* > suǒ ‘处所；关系代词’（参看 § 4.4.2.2的讨论）

在发生 *qʰr- > *trh-* 的方言中，*s-qʰr- 发展为中古汉语的 MC *tsrh-*。例如：

(561) 扱 *s-qʰr[ə]p > *tsrhip*（《经典释文》）或 *tsrhjep* > *tsrheap* > chā ‘搜集，收集，敛取’。《经典释文》也给出了一些其他读法：*khip* < *C.qʰr[ə]p，*xip* < *qʰ(r)[ə]p，以及 *ngip* <*[m-]qʰr[ə]p（《经典释文》118，145），其声符为：
及 *[m-k-]rəp > *gip* > jí ‘达到’

140 前缀 *s 后接清送气音的对应证据参看表 4.42。

表 4.42　带辅音前缀 *s 的清送气塞音及其对应

上古汉语	中古汉语	原始闽语	越南语	原始苗瑶语
*s.pʰ-	—	—	—	—
*s.tʰˤ-	*tsh-*	—	—	—
*s.tʰ(ˤ)r-	*tsrh-*	—	—	—
*s.tʰ-	*sy-*	*tšh	—	*sj-
*s.tsʰ(ˤ)-	*s-*	*tsh	—	—
*s.kʰ-	*sy-* F	—	—	—
*s.qʰ(ˤ)r-	*sr-* ～ *tsrh-*	—	—	—
*s.qʰ(ˤ)-	*s-* ～ *tsh-*	—	—	原始勉语 *x-

4.4.3.3　前置辅音 *s 加浊阻塞音：*s.b(ˤ)-型

我们找不到明显的咽化浊塞音带前置辅音 *s 的例子。但在非咽化的浊塞音或塞擦音之前，前置辅音*s 被同化为[z]：比如*s.d- > [zd]、*s.dz- >[zdz]、*s.g- > *z.g-、*s.ɢ- >[zɢ]等，然后复声母简化为中古汉语的 MC *z*-(中古 xié 邪母)，上古音本来没有 z- 音位。*s.ɢ- 的例子包括：

(562) 祥 *s-ɢaŋ >(*zɢaŋ>) *zjang* > xiáng ‘吉祥的’；声符是：
羊 *ɢaŋ> *yang* > yáng ‘羊’
(563) 旋 *s-ɢ^{w}en-s >(*zɢ^{w}en-s >) *zjwenH* > xuàn ‘头上的发旋’；词根是：
圜，圓 *ɢ^{w}<r>en > *hjwen* > yuán ‘圆的’

元音前有介音*-r-，我们构拟的声母是*s.ɢr- > *zr*-：[61]

(564) 俟 *s-[ɢ]rəʔ > *zriX* > sì ‘等’；声符是：
矣 *qəʔ > *hiX* > yǐ ‘(句末语助词)’；[62] 俟 *s-[ɢ]rəʔ ‘等’很可能与下字有关：
已 *ɢ(r)əʔ > *yiX* > yǐ ‘停止，已经’

*s.d- 和*s.dz- 明确的例子不容易找到。*s.d- 的一个可能的例子是：

(565) 象 *s.[d]aŋʔ > *zjangX* > xiàng ‘大象’，原始闽语*dzh-，厦门 /ts^{h}iũ 6 /；原始台语*ɟa:ŋC(Pittayaporn 2009：327)，原始拉珈语*dza:ŋ C(L-Thongkum 1992：60)；原始勉语*ɣji̯ɔŋ B(声母不容易解释)，原始越语*ʔa-ɟa:ŋ。

如果我们设想，当闽语方言(如厦门话，参看 § 4.2.1.1 中的表 4.19)发生第一波浊音清化的时候，原始闽语的*s-d- 仍然还在，那么构拟形式*dzh- 便是可以解释的。由此，*d- 被保留了下来，而免于第一波清化(产生清不送气音)的发生，然后通过第二次清化变为现代的送气清音：*s-d- > *zd- > *dz- > *dzɦ- > [ts^{h}]-。 141

例(566)介绍了闽语里与此平行的例子。我们预期,复杂音首 *s-m-t-(参看 § 4.6)应该变为像 *s-d- 这样的形式:

(566) 席 *s-m-tʌk > *zjek* > xí '席子';时地名词,'放东西的地方',原始闽语 *dzh-;[63]从同个词根派生而来的还有:

著 *t<r>ak > *trjak* > zhuó '放置'

基于 § 4.4.3.1 讨论的 *s.t- > *stɕ- > *sy*-,我们可能会预想 *s.d- 和 *s-m-t- 的演变与 *s.t- 并行,即 *s.d-(或 *s-m-t-) > *zdʑ- > *zy*。但实际上,如例(566)所显示,*s-m-t- 演变为中古的 *z*-。这大概是因为在 *s-d-(或 *s-m-t-)变为 *zd- 以后,复辅音 *zd- 在齿龈音腭化之前从 *zd- 简化到 *z-,使该复辅音从此不能发生齿龈塞音的腭化。然而,这项变化一定是发生在软腭音声母的第一次腭化之后的。因为我们看到了如下的演变:

(567) 示 *s-gijʔ-s > *zgijʔ-s > *zdʑijʔ-s > *ʑijʔ-s > *zyijH* > shì '显示';是下面动词的使动形式:

視 *gijʔ > *dʑijʔ > *dzyijX* > shì '看,看见'

然而,像例(568)所见,即上文所举的例(455),如果带的是非前元音韵母,软腭音声母没有经历第一次腭化,到了中古音阶段,在软腭音前的前置辅音 *s- 就直接脱落了:

(568) 近 *s-N-kərʔ-s > *s-Ngərʔ-s > *s-gərʔ-s > *gərʔ-s > *gj + nH* > jìn '靠近(及物动词)';比较越南语 *gần* [ɣʌn A2],Rục 语 /tŋkɛɲ/。

我们也可以看到上古到中古 MC *s.b- > *dz*- 的演变,可能的演变过程是 *s.b- > *zb- > *bz- > *dz*-。商代甲骨文中,字形"自"为鼻子的形象,用来代表 bí{鼻}('鼻子')、{自}(自己,用作副词)两个语素(徐中舒 1988: 378):

(569) 

鼻 *m-bi[t]-s > *bjijH* > bí ‘鼻子’,原始闽语 *bh-;比较原始苗瑶语*mbruiH ‘鼻子’(原始苗瑶语的 *-r- 不好解释)[64]

自 *s.[b]i[t]-s > *zbit-s > *bzit-s > *dzit-s > *dzijH* > zì ‘自己’,原始闽语 *dz-(我们预测,*s-b- 会变作原始闽语的 *dzh-)

自 *s.[b]i[t]-s > *dzijH* > zì ‘跟从;自从’

因为“自”字常常用于上例的后两个语素中,声符“畀”被加到“自”下,表示鼻子的意思。[65]

(570) 鼻 *m-bi[t]-s > *bjijH* > bí ‘鼻子’;声符是:

畀 *pi[t]-s > *pjijH* > bì ‘给’

另一个声母为 *s.b- 的可能的例子是:

(571) 匠 *s.baŋ-s > *zbaŋ-s > *bzaŋ-s > *dzaŋ-s > *dzjangH* > jiàng ‘匠人’,原始闽语 *dzh-;我们推测声符应是:

匚 *paŋ > *pjang* > fāng ‘容器,箱子(《说文》)’;可能与之有联系的是:

方 *C-paŋ > *pjang* > fāng ‘方形’ 142

在商代古文字中,“匚” *paŋ > *pjang* > fāng 是如下的字形:(《古文字诂林》9:1019)

(572) 

该字形还用于以下诸例:

(573) 祊 *pˤraŋ > *paeng* > bēng ‘庙门之侧;祭于庙门之侧’

《说文》认为“匠”的语义来自“斤”(‘斧子’)和 fāng“匚”(‘容器、箱子’)两部分的复合,且表明当时(公元 100 年)其声母很可能已经是 *dz- 了。“匚”作为声符的角色已经不再被承认了(《说文诂林》5729b)。

浊塞音和塞擦音带前置辅音 *s 的对应形式可参看表 4.43。

表 4.43 上古汉语带前置辅音 *s 的浊塞音与塞擦音及其对应

上古汉语	中古汉语	原始闽语	越南语	原始苗瑶语
*s.b-	*dz-*	*dzh	—	—
*s.d-	*z-*	*dzh	—	—
*s.dz-	—	—	—	—
*s.g-	*g-*; *zy-* ^{F}	—	—	—
*s.ɢ(ʷ)-	*z-*	—	—	—
*s.ɢr-	*zr-*	—	—	—

4.4.3.4 前置辅音 *s 加浊响音：*s.m(ˤ)-型

和浊阻塞音不同,类似于 *m(ˤ)- 的浊响音到了中古汉语,并没有使前置辅音 *s- 变浊。一般来说,发展出中古汉语的咝音 *s-* 或(假如 *-r- 存在的话)*sr-*,音首的演变模式为：*s.m(ˤ)- > MC *s-*, *s.m(ˤ)r- > *sr-*, *s.r(ˤ)- > *sr-* 等。不过,*s.lr- 的演变情形不同,因为正如 *l(ˤ)r- 会变作阻塞音 dr-,可能有 *s.l(ˤ)r- > *s.lᵈr- > *sdr- > *zdr- > *dzr-*(与 *s.tr- > tsr- 和 *s.tʰr- > *tsrh-* 的演变相平行,可以参看上面的 §4.4.3.1 和 §4.4.3.2)。

*s.m(ˤ)- 的例子包括：

(574) 丧 *s-mˤaŋ > *sang* > sāng ‘丧事,埋葬’

丧 *s-mˤaŋ-s > *sangH* > sàng ‘失去;毁坏’;《说文》(《说文诂林》665a)说它的声符是：

亡 *maŋ > *mjang* > wáng ‘逃亡;消失;死亡’

“丧” *s-mˤaŋ 字的前缀 *s-派生出了一个来自动词的名词,该名词所指为与亡故有关的某个事件(参看§3.3.2.3)：‘哀悼，丧礼’<‘与亡故有关的场景’。[66]另一个例子是：

(575) 戌 *s.mi[t] > *swit* > xū ‘地支第十一位’；它是下面两个字的声符：

威 *m̥et > *xjwiet* > xuè ‘扑灭，毁坏’

滅 *[m]et > *mjiet* > miè ‘毁坏’ 143

xū“戌”字有前置辅音 *m 的附加证据是 Ahom 语(印度阿萨姆邦所用的一种侗台语)十二地支的名字。Ahom 语的“狗年”叫/mit/(对应于“戌”xū<*s.mi[t]，可参看：Coedès 1935，Li 1945)。

在原始闽语里，非咽化的 *s.l- 和 *s.n- 变成了 *tsh-，可能的演变是 *s.l- > *sl̥- > *st^h- > *ts^h-和 *s.n- > *sn̥- > *st^h- > *ts^h-：

(576) 羞 *s-nu > *su > *sjuw* > xiū ‘羞耻’；原始闽语 *tsh-：厦门/ts^{h}iu 1/，福州/ts^{h}ieu 1/；其声符与下字的声符相同：

紐 *n<r>uʔ > *nrjuwX* > niǔ ‘纽扣’

(577) 泄 *s-lat > *sat > *sjet* > xiè ‘泄漏’；原始闽语 *tsh-：厦门/ts^{h}uaʔ 7/(用于“泄屎”/ts^{h}uaʔ 7 sai 3/‘腹泻’一词)；声符是：

世 *l̥ap-s > *l̥at-s > *syejH* > shì ‘世代’，也跟下列字有谐声关系：

枼，葉 *l[a]p > *yep* > yè ‘叶子’

当音首部分包括流音 *r 时，不管它是主要声母还是介音，到中古音都变作 sr- 而不是 s-。

(578) 數 *s-roʔ > *srjuX* > shǔ ‘计算(动词)’

數 *s-roʔ-s > *srjuH* > shù ‘数字(名词)’；与之相关的有：

數 *s-rok > *sraewk* > shuò ‘屡次’；相同声符的字可比较：

縷 *[r]oʔ > *ljuX* > lǚ ‘细线’

(579) 率 *s-rut > *srwit* > shuài‘跟随，遵循’，还可以读：

率 *s-rut-s > *srwijH* > shuài‘率领(动词)；指挥官’

率 *[r]ut > *lwit* > lǜ‘规则，标准’；《经典释文》(卷 35)还记录了读音 lwijH < *[r]ut-s

(580) 使 *s-rəʔ > *sriX* > shǐ‘差遣；导致’，原始闽语 *səi B‘使用’

使 *s-rəʔ-s > *sriH* > shǐ‘使节’；来自词根 *rəʔ‘服务’，也可以见于：

吏 *[r]əʔ-s > *liH* > lì‘官吏’

在下列例子中，中古音时期的音变另有一些新的情况：

(581) 叟、叜、傁 *s-ruʔ > *srjuwX* > *suwX* > sǒu‘老人’；比较：

老 *C.rˤuʔ > *lawX* > lǎo‘年老’，原始闽语 *lh-：比较建瓯 /se 6/，建阳 /seu 5/，邵武 /sa 7/

(注意闽语“老” lǎo < OC *C.rˤuʔ‘年老的’说明了前置辅音的存在，即使其反映了一个咽化的 *rˤ- 而不是 *r- 的主要声母辅音。)至于“叟”，《广韵》只记了 *suwX* 这个音。通常说来，中古的 MC-*uw* 来自上古的 OC*-o 而不是 *-u，但是《诗经》押韵清楚地表明，该声符的字
144 押韵为 *-u，不是 *-o。[67] 而且，在《经典释文》里，以“叟”为声符的字常常读为中古音的 MC *srjuw*(上古 OC*sru 的规则性演变形式)。*suwX* 音来自两种音变，并影响了中古音时期的某些方言：(1) 中古音的介音-*j*-(且先不管音标所代表的具体语音性质为何)在 *Tsr*-声母后一般会失落(参看 §4.1.1；Baxter 1992：267—269)；(2) *Tsr*-、*Ts*-两种类型的声母合并，于是便有“叟” *s-ruʔ > *srjuwX* [ʂj-] >“*sruwX*”[ʂ-] > *suwX* [s-]。[68]

一个复杂但比较有意思的是下例(582)：

(582) 鋤，鉏 *s-[l]<r>a > *dzrjo* > chú‘锄头(名词)’；‘锄地(动词)’[69]

鋤，鉏 *s-[l]<r>a > *dzrjo* > chú‘锄地(动词)’

除 *[l]<r>a > *drjo* > chú ‘消除；排除’；[70] 可能相关的字：餘 *la > *yo* > yú ‘余下的，多余的’

通常来说，“鋤”和“鉏”的声符“且”会引导我们为 chú < *dzrjo* ‘锄头’构拟带齿音塞擦音的上古声母：

(583) 且 *[ts^h]Aʔ > *tshjaeX* > qiě ‘而且’，又读“且” *tsa > *tsjo* > jū ‘(句末语助词)’

不过，“鋤”“鉏”两个字出现得都较晚，很可能是在 *s-lr- 已经变作塞擦音以后才出现的。“鋤”不见于《说文》，而有“鉏”，解释是‘立薅所用也’(站着除草时用的东西)。就我们所知，两字都没有在先秦时期的文献中出现。[71]

通常“除” *[l]<r>a > *drjo* > chú ‘消除’表示移除某物，大部分是不如意的，比如灾祸、疾病。但当具体使用时，“除”也很自然地可以表示除去不想要的植物，正如例(584)，《左传・隐公元年》里著名的一段文字。祭仲跟庄公说，不要听从其母的话而满足他那恃宠好斗的弟弟的要求，并且用了除草打比方，来比喻他弟弟的野心。

(584)《左傳・隱公元年》：不如早為之所，無使滋蔓，蔓難圖也，蔓草猶不可除，況君之寵弟乎。

“鋤”(名词和动词)在闽语里的各种形式有助于构拟它的上古汉语形式，但情形也颇为复杂，需要做进一步的详细的研究。动词“鋤”在罗杰瑞的原始闽语里可以构拟 *dh- 声母：

(585) 原始闽语 *dhy A ‘锄(动词)’：福州 /t^hy 2/，厦门 /t^hi 2/，建阳 /hy 2/ 145

至于闽语作‘锄头’和‘锄地’讲的闽语词，罗杰瑞(Norman 1996：35)做了如下的评述：

> 这些形式虽然在字典里经常被写成“锄”字,但由于声母的不同,所以不能相联系:“锄”是中古崇母[MC *dzr-*],而在闽语里,它们应该跟定[MC *d-*]、澄[MC *dr-*]母相联系。

不过,就我们的构拟来看,原始闽语 *dhy A 和{锄} *s-[l]<r>a > dzrjo 的对应,还是有可能是规则的。该例与前置辅音 *s-在闽语里经常性失落的演变模式也是符合的。再看下面这些例子:

(586) 水 *s.turʔ > *sywijX* > shuǐ ‘水;河流’;原始闽语 *tšyi B(似乎来自上古 OC *turʔ)

书 *s-ta > *syo* > shū ‘书写’;原始闽语 *tšy A(似乎来自上古的 *ta)

星 *s-ts^{hˤ}eŋ > *seng* > xīng ‘星星’;原始闽语 *tshaŋ A(似乎来自上古的 *ts^{hˤ}eŋ)

奢 *s.t^{h}A > *syae* > shē ‘奢侈’;原始闽语 *tšhia A(似乎来自上古 *t^{h}A)

窗 *s-l̥^{ˤ}<r>oŋ > *tsrhaewng* > chuāng ‘窗户’[72];原始闽语 *t^{h}əŋ A(似乎来自上古的 *l̥^{ˤ}<r>oŋ)

从上例各字的语音演变模式来看,原始闽语的“锄”(动词)声母为 *dh-而不是塞擦音就不那么奇怪了。如果{锄}的声母来自 *s-m-l<r>a,那么原始闽语的 *dhy A 便应该是规则性演变,而表示自主的前缀 *m-符合动词{锄}的意义。名词用的“锄”,*s- 可以是派生出工具名词的 *s_2-前缀;在动词用的“锄”, s- 是增强动词的配价能力的 *s_1-。可能“除” *drjo* < *m-l<r>a 是以杂草为对象的动作,而“锄” *dzrjo* <*s-m-l<r>a 是以田或长大的农物为对象的动作。[73]

(587) 锄 *s-m-l<r>a (?) > *dzrjo* > chú ‘锄(名词或动词?)’

另一种可能是,原始闽语 *dhy A “除草”的本字是“除”而不是“锄”,不

带 *s-。在这种情况下，我们将{除}拟作 *m-l <r> a 而不是 *l <r> a。

我们给 xī“西”构拟了 *s-nˁ-：

(588) 西 *s-nˁər > *sˁər > *sej* > xī ‘西方’；以它为声符的有：

　　迺～廼 *nˁərʔ (?) > *nojX* > nǎi ‘于是’；也写成：

　　乃 *nˁəʔ > *nojX* > nǎi ‘于是’

此处关于所构拟的韵母，仍有尚未解答的问题：{西} xī < *sej* ‘西方’构拟的韵母是 *-ər（参看 § 5.5.5.4），而 nǎi{乃}‘于是’应该构拟 *-ə（参看 § 5.4.2.1），因此为什么“西”能作为写{乃}这个语素的声符，不是很清楚。再说，*nˁərʔ 演变到中古音，规则的形式应是 *nejX*，而不是 *nojX*。 146
这种韵母演变上的混乱，可能是因为副词性成分“乃”出现在非重音位置上（正如 § 5.4.2.2 将要讨论的“來”字一样）。无论如何，“迺”“乃”的早期形式都出现在商代甲骨文，用来写中古读 *nojX* 的语素{乃}（赵诚 1988：293）；“西”xī < *sej* 用作{乃} nǎi < *nojX* 的声符，故而支持 *s-nˁ- 的音首构拟。

给“西”构拟 *s-nˁ- 也可以解释为什么“西”可以作为“哂” shěn < *syinX*‘嘲笑’的声符。MC *sy-* 不能简单地解释为来自上古的 *s-，但可以规则地反映上古的 *n̥-：

(589) 西 *s-nˁər > *sˁər > *sej* > xī ‘西方’

　　哂 *n̥ərʔ > *syinX* > shěn ‘笑’

从构词法来看，西 xī < *s-nˁər 可以跟词义为“阻止”或“休息”的词联系起来，*s- 可以是从动词词根派生出时地名词的 *s- 前缀。[74]

(590) 尼 *nˁərʔ > *nejX* > ní ‘阻止（不及物动词?）’

　　尼 *nˁərʔ-s > *nejH* > ní ‘阻止，阻拦（及物动词?）’；比较：

　　柅 *n <r> [ə]rʔ > *nrijX* > nǐ ‘马车的制动工具’

　　西 *s-nˁər > *sˁər > *sej* > xī ‘（止息的地方）西方’；与下边的“棲”实为同一个词：

棲 *s-nˤər > *sej* > qī ‘鸟的巢穴’(普通话读 qī 是不规则的。)

根据《说文》的记载,中古音读 *sej* 的“棲”是西边的“西”的异文。《说文》也解释了“西”和“棲”的关联:

(591) “𢍺(=西)[*s-nˤər],鳥在巢上也,日在𢍺方而鳥𢍺,故因以為東𢍺之𢍺。凡𢍺之屬皆从𢍺。𢍺或从木妻……”(《説文詁林》5288a)。[75]

虽然在怎样分析“西”的早期字形上还有不同意见,但是把它分析成“鸟窝”还是为许多研究商代文字的学者所接受的(于省吾、姚孝遂 1996:1029—1033)。就像“西”在语源上是“止息之所”一样,与此相类东边的“東”则和移动、动身的“動”这一概念联系起来(参看:Sagart 2004)。

(592) 東 *tˤoŋ > *tuwng* > dōng ‘东方’
動 *[Cə-m-]tˤoŋʔ > *duwngX* > dòng ‘移动’,原始闽语 *-d-

我们给下面的例字构拟了声母 *s-n-:

(593) 信 *s-ni[ŋ]-s > *sinH* > xìn ‘诚信的’;这个字的声符在早期文献里有:
人 *ni[ŋ] > *nyin* > rén ‘(其他)人’
身 *n̥i[ŋ] > *syin* > shēn ‘身体;自身’
147 千 *s.n̥ˤi[ŋ] > *tshen* > qiān ‘一千’

“信” *s-ni[ŋ]-s ‘诚信的’,其词根可能是 rén“仁”(‘仁慈的’):

(594) 仁 *niŋ > *nyin* > rén ‘仁慈的’,声符是:
人 *ni[ŋ] > *nyin* > rén ‘(其他)人’;“仁”字在出土文献里

的声符有：

身 *n̥i[ŋ] > *syin* > shēn ‘身体；自身’和

千 *s.n̥ˤi[ŋ] > *tshen* > qiān ‘一千’

我们给下面的例字构拟了*s-ŋr-声母：

(595) 山 *s-ŋrar > *srean* > shān ‘山’，原始闽语*š-；它的词根与下边的“巘”相同：

巘 *ŋ(r)ar(ʔ) > *ngjenX* > yǎn ‘山’(《诗·大雅·公刘》二章与平声字押韵)

在《诗·大雅·公刘》中，“巘”*ŋ(r)ar(ʔ)是六个连续押*-ar韵的韵脚字之一，参看下文的例(1035)，其他的韵脚字很明显都是平声字。我们设想，{巘}*ŋ(r)ar(ʔ)与“山”*s-ŋrar是同源词。《毛诗》注“巘”为‘小山’。

《释名》(公元200年)是用声训来解释词义的著作。《释名》对“山”shān < *s-ŋrar的记录，支持给“山”构拟声母*s-ŋ-，同时韵尾是*-r：

(596)《释名》：山*s-ŋrar，崖[*ŋˤrar]也；産[*s-ŋrarʔ]生物也。[76]

我们给有关的字做了如下构拟：

(597) 崖、涯、厓 *ŋˤrar > *ngea* > yá ‘河岸；边界’

産 *s-ŋrarʔ > *sreanX* > chǎn ‘生育(动词)，生产’；声符是：

彦 *ŋrar-s > *ngjenH* > yàn ‘装饰品’，同声符的有：

顏 *C.ŋˤrar > *ngaen* > yán ‘脸，额头’；原始苗语*hɲen A ‘额头’

上例第一个字“崖”yá < *ngea* 明显反映了韵尾*-r与*-j的某种方言(参

看§5.5.1.4)。我们设想,相关的词根: *ŋrar,在“山”*s-ŋrar 和“巘” *ŋ(r)ar(ʔ)两个字中; *ŋˤrar,在“崖”*ŋˤrar 和“顏”*C.ŋˤrar 两个字中;其基本意义是‘斜坡、近乎垂直的面’,这样的词根义就可以用来指:山坡、河岸、额头等。

我们给例(598)构拟了 *s-ŋr-:

(598) 朔 *s-ŋrak > *srak >(*srjak* >) *sraewk* > shuò ‘(农历)每月初一’;[77] 其词根与声符:
    屰(=逆) *ŋrak > *ngjaek* > nì ‘反对’

“朔”*s-ŋrak‘(农历)每月初一’大概可以被解释成一个由动词词根“屰”(=逆)*ŋrak‘反对’派生而来的旁格名词,其词义可以分析为“月亮往另一个方向运行的时间”(亦即月亮开始变大而不是变小)。《说
148 文》的声训记录还包括:蘇 *s-ŋˤa > *su* > sū ‘复苏’:

(599) 朔[*s-ŋrak]:月一日始蘇[sū < *su* <*s-ŋˤa]也。從月屰[nì <*ngjaek* <ŋrak]聲。[78]

*s 加浊响音的其他例子有:

(600) 蘇 *s-ŋˤa > *su* > sū ‘复苏’;声符是:
    魚 *[r.ŋ]a > *ngjo* > yú ‘鱼’;蘇 *s-ŋˤa ‘复苏’可能是源于同一词根的使役形式,就像这样:
    寤 *ŋˤa-s > *nguH* > wù ‘睡醒’
    悟 *ŋˤa-s > *nguH* > wù ‘睡醒,认识到’
(601) 襄 *s-naŋ > *sjang* > xiāng ‘搬移’;词根是:
    攘 *naŋ > *nyang* > ráng ‘窃;驱赶’
(602) 錫 *s.lˤek > *sek* > xī ‘锡’;声符是:
    易 *lek > *yek* > yì ‘改变;交换’,也可读作:
    易 *lek-s > *yeH* > yì ‘容易’

带前置辅音*s的浊响音对应可参看表4.44的概括,带*r音的该类型音首的情形则另外在表4.45中单独列出。

表4.44　带前置辅音*s的浊响音(不含*r)及其对应

上古汉语	中古汉语	原始闽语	越南语	原始苗瑶语
*s.m(ˁ)-	*s-*	—	—	—
*s.nˁ-	*s-*	—	—	—
*s.n-	*s-*	*tsh	—	—
*s.lˁ-	*s-*	—	—	—
*s.l-	*s-*	*tsh	—	—
*s.ŋ(ˁ)-	*s-*	—	—	—

表4.45　带前置辅音*s的浊响音(含*r)及其对应

上古汉语	中古汉语	原始闽语	越南语	原始苗瑶语
*s.m(ˁ)r-	*sr-*	—	—	—
*s.n(ˁ)r-	*sr-*	—	—	—
*s.l(ˁ)r-	*dzr-*	*dh?	—	—
*s.ŋ(ˁ)r-	*sr-*	*š	—	—
*s.r(ˁ)-	*sr-*	*š～*s	—	—

4.4.3.5　前置辅音*s加清响音: *s.n̥-型

构拟带前置辅音*s的清响音声母是为了解释词根声母为响音且中古声母为 *tsh-* 或 *tsrh-* 的情形。我们为下面的例子构拟了*sn̥: 149

(603) 千 *s.n̥ˁi[ŋ] > *tshen* > qiān '一千';早期的写法,其声符为:
人 *ni[ŋ] > *nyin* > rén '(其他)人'

正如上面例(593)所示,在出土文献中,"千"*s.n̥ˁi[ŋ]和"身"*n̥i[ŋ]可以相互替换,以充当"信"xìn<*s-ni[ŋ]-s '诚信的'声符。

我们给“窗”构拟了声母 *s-l̥ˤ-，因为我们认为该字和“通”tōng < *thuwng* < *l̥ˤoŋ 词根相同：

(604) 窗，窻 *s-l̥ˤ<r>*oŋ* > *s-tʰˤ<r>oŋ > *tsʰˤroŋ > *tsrhaewng* > chuāng ‘窗户’；比较：

通 *l̥ˤoŋ > *tʰˤoŋ > *thuwng* > tōng ‘通透’；可能具有相同词根的字如：

聰 *s-l̥ˤoŋ > *tshuwng* > cōng ‘听觉灵敏；聪敏’

构拟“窗”～“窻”的声母为 *s-l̥ˤ-，以及我们假设的前缀 *s- 和中缀 *<r>，可以得到《说文》的支持，该书给“窻”的解释是“通孔也”(《说文诂林》3282b)。“通” *l̥ˤoŋ > *thuwng* > tōng ‘通透’的词根所代表的意思看起来应是词义的一部分，而且可以看作是声训。另外，*s- 的作用是在动词基础上派生出一个时地或工具名词。中缀 *<r>表示的意思是：房屋的多处开间。可以注意的是原始闽语读作塞音(如厦门 /tʰaŋ 1/)，和上文例(586)中的其他例字相类似。

*s.l̥- 声母的其他例子还有：

(605) 帨 *s.l̥ot-s > *s.tʰot-s > *tsʰot-s > *tshjwejH* ‘佩巾’，也读作：

帨 *l̥ot-s > *sywejH* > shuì (词义跟上字一样)

我们给下面的例子构拟了 *s.r̥-：

(606) 楚 *s.r̥ aʔ > *tsrhjoX* > chǔ ‘荆棘’；声符是：

疋 *sra > *srjo* > shū ‘脚’

有两个例子涉及咽化声母：

(607) 採 *s.r̥ˤəʔ > *tshojX* > cǎi ‘采摘，收割’；比较：

嗇 *s.rək > *srik* > sè ‘收割’；跟下面的例子是平行的：

彩 *s.r̥ˤəʔ > *tshojX* > cǎi ‘多彩的’，又：
色 *s.rək > *srik* > sè ‘颜色；面容’

这两对例子引自白一平(1983, Baxter 1992: 205)，从多个音韵层面显示了平行的交替，而且很可能需要用方言差异来解释。

带前置辅音*s-的清响音声母在相关语言中的对应可参看表 4.46 的概括。 150

表 4.46　上古汉语带前置辅音*s的清响音及其对应

上古汉语	中古汉语	原始闽语	越南语	原始苗瑶语
*s.m̥(ˤ)-	—	—	—	—
*s.n̥(ˤ)-	*tsh-*	*tsh	—	—
*s.ŋ̊-	—	—	—	—
*s.l̥(ˤ)-	*tsh-*	—	—	—
*s.l̥(ˤ)r-	*tsrh-*	*th	—	—
*s.r̥ˤ-	*tsh-*	—	—	—
*s.r̥-	*tsrh-*	—	—	—

4.4.4　带前置辅音*p、*t、*k 的音首

考虑到谐声或词源方面的联系无法用别的方式来解释，我们构拟了前置辅音*p、*t、*k。有时候我们可以认定前置*t 或*k 就是构词前缀(参看 § 3.3.2)，此外它们也可以组成词根的一部分。有时候，其他语言中的早期汉语借词或者闽语的材料能帮我们确定前置辅音是什么，或者至少能证明它确实存在。

当前置辅音*p、*t、*k 位于阻塞音声母之前，且中间没有*ə 时，这种类型的复声母会往中古汉语的方向简化。例如：

(608) 鬼 *k-ʔujʔ > *kujʔ > *kjw+jX* > guǐ ‘鬼’；跟下面的字同源：
威 *ʔuj > *'jw+j* > wēi ‘使人敬畏的’

畏 *ʔuj-s > ʔjw + jH > wèi ‘害怕，威吓’[79]

先秦时期的文献中，wēi{威}和 wèi{畏}都被写成“畏”字的字形，早期的写法以 guǐ“鬼”为声符(季旭昇 2010：746)。[80]

(609) 冠 *[k.ʔ]ˁor > *kˁor > *kwan* > guān ‘帽子’，原始闽语 *koi C ‘鸡冠，鸡冠状的东西’，如厦门 /ke 5/ ‘公鸡的鸡冠；饰头巾’(读成比较特别的去声，Norman 2006：137)；比较原始苗瑶语 *ʔwi̯ən ‘鸡冠/鸡冠状的东西’

冠 *k.ʔˁor-s > *kˁor-s > *kwanH* > guàn ‘戴帽子’

(610) 匡 *k-pʰaŋ > *kʷʰaŋ > *khjwang* > kuāng ‘方筐’(送气的 *pʰ-无法解释)；“匚”是声符，同时也是“匡”的关系词：

匚 *paŋ > *pjang* > fāng ‘容器，箱子’(见《说文》)；比较：

方 *C-paŋ > *pjang* > fāng ‘方形’，越南语 *vuông* [vuʌŋ A1]

(611) 法，灋 *[p.k]ap > *pap > *pjop* > fǎ ‘典范，法令’；其声符似乎是：

去 *[k]ʰ(r)ap-s ([方] >) *[k]ʰ(r)ak-s > *khjoH* > qù ‘离开’；也跟下面的字谐声：

盍 *m-[k]ˁap > *hap* > hé ‘茅草屋顶，覆盖(动词)’

151 蓋 *[k]ˁap-s > *kajH* > gài ‘盖(动词)；盖子’

可以注意到，这些例子里的第一个辅音为中古汉语所保留，其中例(610)“匡” kuāng < *khjwang* < *k-pʰaŋ ‘方筐’的第二个辅音以圆唇成分的方式也被保留了。来自上古 OC *k 加唇辅音且到了中古汉语变成唇化软腭音声母的例子可以参看下面的例子，比如 *k.m- 和 *k.m̥-。就 *k.m- 来说，方言的发展形式似乎在 *k.m- > *km- > *kʷ- > *kw-* 和 *k.m- > *m-* 之间有所波动。

(612) 袂 *k.mˁet ([方] >) *kmˁet > *kʷˁet > *kwet* > mèi ‘袖子’(保留前置辅音 *k；普通话的 mèi 代表了另一种读音)

袂 *k.met-s > *met-s > *mjiejH* > mèi ‘袖子’（失落前置辅音 *k）

（613）囧 *k-mraŋʔ（［方］>）*kmraŋʔ > *kʷraŋʔ > *kjwaengX* > jiǒng ‘明亮的窗户’；相关词：

明 *mraŋ > *mjaeng* > míng ‘明亮’

（614）曠 *［k-m̥］ˤaŋ-s > *kʷʰˤaŋ-s > *khwangH* > kuàng ‘空缺的，废弃的’；可能有关的词：

荒 *m̥ˤaŋ > *xwang* > huāng ‘荒地，田地生草，无人耕种’

另一个可能的例子是：

（615）闃 *［k-m̥］ˤik > *［k-m̥］ˤek > *kʷʰˤek > *khwek* > qù ‘安静’

侐 *m̥（r）ik > *xwik* > xù ‘清静，沉寂’；声符是：

血 *m̥ˤik > m̥ˤit > *xwet* > xuè ‘血液’（关于唇鼻音，参看：Sagart 1999a）

当一个音首包含两个阻塞音，在大部分情况下，两个中的一个，第一个或者第二个是个齿龈塞音或塞擦音。[81] 在这样的例子中，不管那个齿龈塞音或塞擦音在上古时期复声母中的位置如何，上古复辅音在中古汉语的表现形式通常跟上古齿龈音相对应，只不过它的清浊和送气与否是由复辅音的第二个辅音决定的。如此上古汉语 OC *t.kʰ-、*tʰ- 有相同的中古音声母，上古汉语的 *t.g- 发展到中古汉语时跟上古的 *d- 发展是一样的；上古汉语的 *k.dz- 到中古时的发展，跟上古的 *dz- 到中古时的发展结果也是一样的。越语族像 Rục 语里的证据是很重要的，这些语言保留了带前置辅音 *k 的音首，比如 *k.t-、*k.dz- 几乎没变。越南语以擦音化的形式反映了复辅音声母的第二个辅音是符合预期的。虽然拉珈语属于侗台语族的一种，它的表‘纸’‘贼’义的词跟 Rục 语一样很好地证明了软腭前置辅音。拉珈语汉语来源的字中如果第二个辅音是清音，那么其对应形式是清送气加高调；如果同样位置的辅音是浊的，那么其对应形式是读低调的不送气音。如果是清的复辅音，原始闽语表现为一般的清塞音；如果复辅音中有浊的阻塞音，则表现为浊送气音(参看表 4.47)。

表 4.47　中古汉语、越语、拉珈语、原始闽语里的上古汉语双阻塞音复声母

例字	中古汉语	Rục、Sách 语	越南语	拉珈	原始闽语	上古汉语
zhǐ 紙 ‘纸’	*tsyeX*	R. /kəcay3/	*giấy* [zʌiB1]	khjei3 <*kt-	*tš	*k.teʔ
zhǒng 種 ‘种子’	*tsyowngX*	R. /kco:ŋ 3/	*giống* [zʌwŋ B1]	—	*tš	*k.toŋʔ
dēng 鐙 ‘灯’	*tong*	S. /kə ten/	—	—	*t	*k-tˤəŋ
zéi 賊 ‘歹徒’	*dzok*	R. /kəcʌk/	*giặc* [zak D2]	kjak8 <*gdz-	*dzh	*k.dzˤək
chuáng 牀 ‘床’	*dzrjang*	R. /kəcə:ŋ2/	*giường* [zɯʌŋ A2]	—	*dzh	*k.dzraŋ
zhēn 箴 ‘针’	*tsyim*	—	*găm* [ɣamA1]	the:m1 <*tk-	*tš	*t.[k]əm

我们现在讨论每一种音首类型的具体演变。

4.4.4.1　前置辅音 *p、*t、*k 加清不送气阻塞音：*p.k(ˤ)-型

正如上文所述,在下列例子中可能有 *p.k-:

(616) 法、灋 *[p.k]ap > *pap > *pjop* > fǎ ‘典范,法令’

152 (617) 廢 *[p-k]ap-s > *pap-s > *pat-s > *pjojH* > fèi ‘废除’[82]

上面所举的例(616)和例(617)在金文里都来自更早的“灋”,例如盂鼎(参看《古文字诂林》8: 509):

(618) 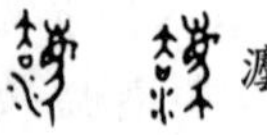 灋 *[p.k](r)ap > *pjop* > fǎ ‘典范,法令’

这两个字形之中,左上角的部分就是“去”字的最初写法:

(619) 

虽然《说文》没有说“去”是“灋”和“法”的声符(《说文诂林》4352b),但是其他所有的尝试性解释都显得牵强,而且“去”字很明确地在下列一些其他收 *-p 的字里头被作为声符使用:

(620) 胠 *[kʰ]<r>ap > *khjaep* > qū ‘腋窝;军阵的右翼’
劫 *k(r)ap > *kjaep* > jié ‘劫掠’
盍 *m-[k]ˤap > *hap* > hé ‘茅草屋顶,覆盖(动词)’
蓋 *[k]ˤap-s > *kajH* > gài ‘盖(动词);盖子’

然而,“去”字本身的主要读音难以从一个收 *-p 尾的音节有规则地发展而来:

(621) 去 qù < *khjoH* ‘离开’;还有
去 qǔ < *khjoX* ‘去除’[83]

困难在于,中古汉语的 *-joH* 韵母通常反映了上古汉语 *-ak-s、*-a-s 或者 *-aʔ-s 韵母,而中古汉语的 *-joX* 则一般来自上古的 *-aʔ。有一个可能是中古汉语的 *khjoH* 反映的是唇音韵尾无条件地变为了软腭韵尾的西部方言:*-ap-s > *-ak-s > *-joH*。从韵尾与声调的关系来看,这个有利于解释 *khjoH* 而不能解释 *khjoX*。另一种可能是“去”(‘离去’)不重读的频率可能很高,其韵尾 *-p 在非重读位置或者失去了,或者弱化为 *-ʔ,然后这个非重读的变体又被重读了,就像“來”一样:

(622) 來 *mə.rˤək > *rˤək > *rˤə > *loj* > lái ‘来’
去 *[k]ʰ(r)ap-s > *[k]ʰ(r)a-s > *khjoH* > qù ‘离开’;或者可能是
去 *[k]ʰ(r)ap-(s) > *[k]ʰ(r)aʔ > *khjoX* 153

注意“廢”(‘废除’)可以解释成‘使离开’,具有前缀*p 和与“去”有关的词根*kap:

(623) 廢 *[p-k]ap-s > *pap-s > *pat-s > *pjojH* > fèi ‘(使离开)废除’

上面已经提到以下两个*k.ʔ- 型声母的例子:

(624) 冠 *[k.ʔ]ˁor-s > *kwanH* > guàn ‘戴帽子’
(625) 鬼 *k-ʔujʔ > *kjw+jX* > guǐ ‘鬼’

至于“箴”*tsyim*,在越南语*găm* [ɣam A1]‘竹制或金属制的箴’和原始苗语*kjɔŋ A‘针’中都指出,其上古汉语音首里面应该有个*k。前缀*t- 可以从原始拉珈语(L-Thongkum 1992) *the:m 1 ‘针’中得到印证(表 4.23)。

(626) 針,箴,鍼 *t.[k]əm > *tsyim* > zhēn ‘针’,原始闽语*tš-;比较原始苗语*kjɔŋ A,越南语 *găm* [ɣam A1],原始拉珈语*the:m A,原始台语*qem A(Pittayaporn 2009: 340)

我们在这里把*t.[k]- 用方括号标出,是因为*t.q- 也是个可能的构拟:“箴”和“鍼”在谐声上都属于“咸”*[g]ˁr[ə]m > *heam* ‘皆,遍’系列,包括了软腭、小舌声母字。

“十”在商代文字中就是一个简单的垂直线,周代金文里,在线的中间普遍都有个较浓的墨点,在标准的“十”字的写法里,它最终发展为横着的一条线(《古文字诂林》2: 689—690):

(627) 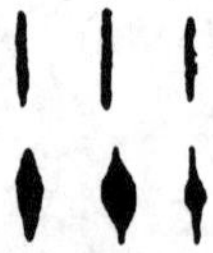
{十}在商代甲骨文中的写法
{十}在西周金文中的写法

裘锡圭(2004)认为这些字形都是象形字,代表了{針}的形状。很明显,zhēn{針}、shí{十}在发音上的相似程度足以用同一个字形来表示。因此我们构拟了:

(628) 十 *t.[g]əp > *dzyip* > shí ‘十’,原始闽语 *dž-;[84] 比较原始苗瑶语 *gjṵɛp,原始拉珈语 * dzep D (L-Thongkum 1992: 64)

因此,原本代表{針}zhēn < *[k]əm 的字符由于经常被用作一个不同的词:{十}shí < *t.[g]əp,为了消除歧义,就在原本的字形(“十”)上添加了偏旁符号(“金”)。 154

我们发现在商周古文字中还有个类似的例证,就是“肘”MC *trjuwX* > zhǒu ‘肘’和“九”MC *kjuwX* > jiǔ ‘九’的字形。用来表示“九”的字形被认为最初是表示“肘”的。部件“又”看起来代表的是手或者胳膊,可参看例(629);但很明显的弯曲指示出肘关节部位,可参看例(630)。该字被借作数词“九”的字形,因为两个词之间在发音上是相似的。后来其他部件被添加上去,以便能够更加清楚具体地表达“肘”的意义。如例(631)添加了一条线来标出手肘的位置(季旭昇 2010: 197,348,991;《古文字诂林》3.374、4.433、10.892):

(629)  {右} *[ɢ]ʷəʔ > *hjuwX* > yòu ‘右手’

{有} *[ɢ]ʷəʔ > *hjuwX* > yǒu ‘有,存在’

(630)  {肘} *t-[k]<r>uʔ > *trjuwX* > zhǒu ‘肘’

{九} *[k]uʔ > *kjuwX* > jiǔ ‘九’

(631)  {肘} *t-[k]<r>uʔ > *trjuwX* > zhǒu ‘肘’

不过,加了一条线之后,字形上跟“寸(拇指)”又很容易混同起来。“寸”的字形请看例(632),这些都是战国文字(季旭昇 2010: 235,《古文字诂林》3: 578):

(632)  寸 *[ts^{h}]^{ʕ}u[n]-s > *tshwonH* > cùn ‘拇指；寸’

字形上例(631)的‘肘部’和例(632)的‘拇指’变得混同，结果是‘肘部’的标准字形有了“肘”字的形状，右边那个部件看起来像‘拇指’，于是再加上“肉”旁来避免字形上相混。

因此，古文字学的证据使得{肘}zhǒu < ***trjuwX***、{九}jiǔ < ***kjuwX*** 在发音上的相似得以落实。但考虑到中古汉语的读音，我们必须在{肘}zhǒu < ***trjuwX*** 的读音里包含 *t 和 *r，在{九}jiǔ < ***kjuwX*** 的读音里包含 *k。所以我们的构拟如例(633)：

(633) 肘 *t-[k]< r > uʔ > ***trjuwX*** > zhǒu ‘肘部’，邵武 /tou 3 /（暗示了原始闽语的 *t-）

九 *[k]uʔ > ***kjuwX*** > jiǔ ‘九’，原始闽语 *k-

这个 *t- 在表示‘肘部’意义时，可能是不可让渡义(inalienable)的名词前缀(参看 § 3.3.2.4)。方括号表示有可能以 *k^{w} 来代替 *k，或者是：“九”有个复杂的音首，可能是 *tə.kuʔ(可比较藏文 *dgu* ‘九’)。[85]“九”和“肘”在不少藏缅语里也有相同的发音，比如在 Garo 语中都读
155 作 *sku*。[86]

词义为‘粥’的如：“粥”或“鬻”，MC *tsyuwk* > zhōu，在潮州话中读作/ kiok 7/，说明其音首为复辅音。在大部分方言里，作为前置辅音的 *t- 取代了喉音声母后部的词根声母。MC *yuwk* > yù 是“鬻”的第二个读音，意思是“养育”，它排除了软腭音，支持小舌音的构拟。由此我们假设其词根是 *quk‘养育’，在该词中，词根声母受鼻音前缀的影响变为浊音。我们构拟为：

(634) 粥～鬻 *t-quk > *tsyuwk* > zhōu ‘米粥’；原始勉语 *tju̯ok D ‘粥’

鬻 *m-quk > *yuwk* > yù ‘养育’；相关的词根是：

畜 *q^{h}uk > *xjuwk* > xù ‘养育’

“粥”字所附前缀 *t- 的语法功能目前我们还不知道。

‘箬帚’的“帚” zhǒu < *tsyuwX* 看来是“婦”MC *bjuwX* > fù 的声符。我们的设想是前置辅音 *t 取代主要音节为唇音的声母，并尝试构拟为：

(635) 帚 *[t.p]əʔ > *[t.p]uʔ > *tuʔ > *tsyuwX* > zhǒu ‘扫帚’；比较泰语：/p^hɛ:w C1/（Pittayaporn 2009）‘扫除’，原始勉语 *ʔɟæu C <原始苗瑶语 *nc- ‘扫除’[87]

婦 *mə.bəʔ > *buʔ > *bjuwX* > fù ‘妇女，妻子’，原始闽语 *-b-；比较：原始勉语 *mbu̯ɛŋ B，越南语 *vợ*[vʌ B2]<原始越语 *-bə:ʔ

*k.t- 的例子有：

(636) 種 *k.toŋʔ > *tsyowngX* > zhǒng ‘种子’，原始闽语 *tš-；比较越南语 *giống*[zʌwŋ B1]，Chứt 语 /kəco:ŋ^3/

(637) 紙 *k.teʔ > *tsyeX* > zhǐ ‘纸’，原始闽语 *tš-；比较越南语 *giấy* [zʌi B1]，Rục 语 /kəcaj^3/

带前置辅音的清不送气塞音的声母对应见表 4.48、4.49 和 4.50 的概括。 156

表 4.48　上古汉语带前置辅音 *p 的清不送气塞音及其对应

上古汉语	中古汉语	原始闽语	越南语	原始苗瑶语
*p.t(ˤ)-	—	—	—	—
*p.ts(ˤ)-	—	—	—	—
*p.k(ˤ)-	*p-*	—	—	—
*p.q(ˤ)-	—	—	—	—
*p-ʔ(ˤ)-	—	—	—	—

表 4.49 上古汉语带前置辅音 *t 的清不送气塞音及其对应

上古汉语	中古汉语	原始闽语	越南语	原始苗瑶语
*t.pˤ-	—	—	—	—
*t.p-	*tsy-*	—	—	—
*t.ts(ˤ)-	—	—	—	—
*t.kˤ-	—	—	—	—
*t.k-	*tsy-*	*tš	*g*-[ɣ]H	*k-
*t.k(ˤ)r-	*tr-*	*t	—	—
*t.qˤ-	*t-*	—	—	—
*t.q-	*tsy-*	—	—	*tj-
*t-ʔ(ˤ)-	—	—	—	—

表 4.50 上古汉语带前置辅音 *k 的清不送气塞音及其对应

上古汉语	中古汉语	原始闽语	越南语	原始苗瑶语
*k.p(ˤ)-	—	—	—	—
*k.tˤ-	—	—	—	—
*k.t-	*tsy-*	*tš	*gi*-[z]H	—
*k.ts-	—	—	—	—
*k.q(ˤ)-	—	—	—	—
*k.ʔ(ˤ)-	*k-*	*k	—	*ʔ-

4.4.4.2 前置辅音 *p、*t、*k 加清送气阻塞音：*p.tʰ(ˤ)-型

*p.tʰ(ˤ)-型音首可以参考古文字、方言、词源和谐声等材料中不同部位清送气声母的交替来构拟。

例(638)构拟 *[p.qʰ]-声母是基于谐声关系，以下三个词在语源方面也可能有关联。

(638) 烹 *[p.qʰ]ˤraŋ > *phaeng* > pēng '煮'；声符是：
亨 *qʰˤraŋ > *xaeng* > hēng '通达'；又读：
亨 *qʰaŋʔ > *xjangX* > xiǎng '祭品'

在例(639)中，我们构拟了 *t-k^h-(或者也可能是 *t-ŋ̊-)，因为虽然中古汉语是 *tsyh-*，但闽语显示了/k^h-/声母。既然后接元音是非前元音，普通的软腭音腭化音变无法解释其中古声组。与“肘”相同，*t- 可能是表示不可让渡意义的前缀(参看§3.3.2.4)。

(639) 齒 *t-[k^h]ə(ŋ)ʔ 或 *t-ŋ̊əʔ > *t^həʔ > *tsyhiX* > chǐ ‘门齿’；有些现代闽语反映了原始闽语的 *tšh-，其他则是 *kh-，如厦门、福州 /k^hi 3/。“齒”字标准字形的声符是：
止 *təʔ > *tsyiX* > zhǐ ‘脚，停止’(《古文字诂林》2：555)

宋代韵书《集韵》(丁度[1039]1985)给“齒”字记录了黄河下游的“河东”方言的又读称拯切 *tsyhingX*，暗示了例(639)可能存在韵尾 *-ŋ。 157
在 *t-[k^h]- 用方括号是因为 *t-q^h- 也是一种可能的构拟。但“河东”的-ŋ韵尾也可能另外解释为来自音首的鼻音扩展。在这种解释下，音首应该包含一个鼻辅音，比如 *t-ŋ̊-(类似于“齒”，《集韵》还记录了“耳” *C.nəʔ > *nyiX* > ěr 的河东音 *nyingX*，复杂音首 *C.n- 构成了促进鼻音右扩展的环境；参看§4.2.1.2 的讨论)。在这种解释下，“齒”该构拟为 *t-ŋ̊əʔ，而厦门、福州音/k^hi 3/应该看作非前元音之前上古汉语 *ŋ̊- 到原始闽语 *kh- 的声母演变。

在甲骨文和早期金文中，声符“止”zhǐ < *təʔ 并不是“齒”的一部分，当时“齒”是个象形字：

(640) 

在《古文字诂林》(2：555—2：256)提供的例子里，带“止”声符的“齒”字最早出现于战国时期(前 475—前 221 年)。

以“出”chū < *tsyhwit* ‘出去或出来’为声符的字在中古有见系声母或有章系声母。这种交替不可能是因为软腭塞音发生腭化，因为“出”的元音不是前的。只有上古包含着一个齿龈塞音，中古声母才可以得到解释。我们构拟“出”的词根为软腭声母加 *-ut，它与‘提取’义

相关。前置*t- 见于某些不及物动词(参看 § 3.3.2.4)。比较:

(641) 出 *t-k^{h}ut > _tsyhwit_ > chū ‘出去或出来’,原始闽语 *tšh-
掘 *[g]ut > _gjut_ > jué ‘挖土’
搰 *[g]ˤut > _hwot_ > hú ‘挖出’

“車”chē < _tsyhae_ 有个软腭音的变体 jū < _kjo_ ‘马车’(用于中国象棋)。后来以‘纺车’的引申义被借入缅甸语,读 _khya_ 3。该形式意味着发音部位是比较靠后的音首(软腭或小舌)。“車”也与“輿” _yo_ > yú 是同族词,也排除了软腭音的可能性。我们的构拟:

(642) 車 *[t.q^{h}](r)A > _tsyhae_ > chē ‘战车’;比较原始苗语 *tshjṳa A ‘纺车’,越南语 _xa_ [sɑ A1];比较:
車 *C.q(r)a > _kjo_ > jū ‘战车’
輿 *m-q(r)a > _yo_ > yú ‘车,车箱;肩扛’

上面提到的“匡、筐” kuāng < _khjwang_ 指的是四方形的容器。《诗 · 召南 · 采蘋》二章含有该例的用法:

(643)《詩 · 召南 · 采蘋》二章:于以盛之,維筐及筥。毛傳:“方
158 曰筐,圓曰筥。”

我们猜想 kuāng“匡”~“筐”跟其他表方形义的词有关系,如上文提到的例(571)。我们的构拟如下:

(644) 匡 *k-p^{h}aŋ > *k^{wh}aŋ > _khjwang_ > kuāng ‘方筐’(送气不容易解释)。来自相关的词根:
匚 *paŋ > _pjang_ > fāng ‘容器,箱子’(《说文》);与下字词根相同:
方 *C-paŋ > _pjang_ > fāng ‘方形’,越南语 _vuông_ [vuʌŋ A1]

“匡”现在的写法由“匚”*paŋ > *pjang* > fāng‘容器，箱子’充当意符，“王”*$ɢ^{w}$aŋ > *hjwang* > wáng 充当声符（西周金文实际上显示了声符“往”*$ɢ^{w}$aŋʔ，而不是“王”）。但既然“匡”和“匚”与方形容器有关，语音上又相近，我们设想它们是同族词，最初都写作“匚”（如 2001 年出版的《汉语大词典》所指出的）。“匚”*paŋ > *pjang* > fāng‘容器，箱子’与“方”*C-paŋ > *pjang* > fāng‘方形’很可能具有相同的词根。我们把{筐}kuāng < *khjwang* 的词根拟作*p^{h}aŋ，也有‘方形’的意思，*k- 前缀可能具有动词转名词的功能。复声母*k-p^{h}- 在西周时期简化为*k^{wh}-，使得“匡”与“匚”的联系变得模糊难辨，于是到了西周中期，另外促使了“往”作为声符（据季旭昇［2010：913］所提供的字形）。

“赪”chēng < *trhjeng*‘红色’的声符是软腭音声母的“巠”jīng < *keng*，但没有前置辅音*t-，中古汉语的声母就不好解释。我们的构拟如下：

（645）赪　*t-k^{h}reŋ > *trhjeng* > chēng‘红色’；可能和原始台语*ʔdl/rieŋ A（Li 1977：129，274）有关系[88]

巠　*k.$l^{ʕ}$eŋ > *keng* > jīng‘水脉（据《说文解字》）’；许多早期与之有关的字形，还包括了边音字的声符：

壬　*$l̥^{ʕ}$eŋʔ > *thengX* > tǐng，这是下面一字的早期写法：

挺　*$l̥^{ʕ}$eŋʔ > *thengX* > tǐng‘站直’

带前置辅音*p、*t 和*k 的清送气音首在相关语言的对应可参看表 4.51、表 4.52 和表 4.53 的概括。 159

表 4.51　带前置辅音*p 的清送气声母字及其对应

上古汉语	中古汉语	原始闽语	越南语	原始苗瑶语
*p.t^{h}(ˁ)-	—	—	—	—
*p.ts^{h}(ˁ)-	—	—	—	—
*p.k^{h}(ˁ)-	—	—	—	—
*p.q^{h}(ˁ)-	*ph-*	—	—	—

表 4.52　带前置辅音 *t 的清送气塞音和塞擦音声母字及其对应

上古汉语	中古汉语	原始闽语	越南语	原始苗瑶语
*t.pʰ(ˤ)-	—	—	—	—
*t.tsʰ(ˤ)-	—	—	—	—
*t.kʰˤ-	—	—	—	—
*t.kʰ(ˤ)r-	*trh-*	—	—	—
*t.kʰ-	*tsyh-*	*tšh～*kh	—	—
*t.qʰˤ-	—	—	—	—
*t.qʰ-	*tsyh-*	—	*x*-[s]	原始苗语*tshj-

表 4.53　带前置辅音 *k 的清送气塞音和塞擦音声母字及其对应

上古汉语	中古汉语	原始闽语	越南语	原始苗瑶语
*k.pʰ(ˤ)-	*kh(j)w-*	—	—	—
*k.tʰ(ˤ)-	—	—	—	—
*k.tsʰ(ˤ)-	—	—	—	—
*k.qʰ(ˤ)-	—	—	—	—

4.4.4.3　前置辅音 *p、*t、*k 加浊阻塞音：*k.dz(ˤ)-型

这类音首的三个例子已经讨论过了，分别见：例(163)的“牀”*k.dzraŋ ‘床’、表 4.23 的“贼”*k.dzˤək ‘歹徒’和例(628)的“十”*t.[g]əp‘十’。下面我们讨论另外的例子。

“椎”chuí < *drwij* ‘锤子’在原始闽语中，声母是*dh-，暗示其带有紧密型的前置辅音，这点可由越语族 Pong 语的材料得到支持。我们的构拟是：

(646) 椎 *k.druj > *drwij* > chuí ‘锤子’，原始闽语*dh-；比较 Pong 语 /ktuːj/ ‘木槌’

在上面所述的一般规律之外，我们偶尔也能发现一些反例。那就

是不论其位置如何，只要是包含齿龈音成分的音首就会变成中古的齿龈音声母。比如说，虽然从汉语借词的读音以及谐声联系来看，“氏” *k.deʔ> *dzyeX* > shì ‘姓氏’提供了齿龈音而非软腭音为主导的语音演变(比较表 4.47“紙”的读音)，但是，在马王堆帛书本《五行》(第 84 栏)中所引的《诗经》当中，同样的“氏”就用来写作句末语助词“兮” *gˤe > *hej* > xī(参见国家文物局 1980：17)：

(647)《诗・曹风・鸤鸠》(毛诗)：鸤鸠在桑，其子七兮。
马王堆帛书本《五行》里的这句诗写作：
“尸旮在桑，其子七氏。” 160

我们把帛书本的记录看成是一种方言性的变化，表明 *k.dˤeʔ 变作 *g.dˤeʔ，最后变作 *gˤe，软腭辅音“战胜”了齿龈辅音：

(648) 兮 *gˤe > *hej* > xī ‘(句末语助词)’
氏 *k.deʔ > *g.deʔ([方言]>) *geʔ，用来写{兮} *gˤe ‘句末语助词’；一般性的演变是：
氏 *k.deʔ > *g.deʔ > *deʔ > *dzyeX* > shì ‘氏族’；比较：
紙 *k.teʔ > *teʔ > *tsyeX* > zhǐ ‘纸’

中古汉语中同样性质的方言演变见例(649)：

(649) 祇 *[k.d]e > *g.de ([方言]>) *ge > *gjie* > qí ‘地神’

一般来说，我们预想的变化是在前元音的影响下，非咽化的软腭声母发生腭化，即 *ge > *dzye*。例(649)的“祇”没有发生腭化，大概是因为在西汉的时候，软腭音和元音 *e 之间，有辅音 *d 作为障碍。按照许思莱(Schuessler 2010)，在汉语史上软腭音第一次腭化的时间就在西汉。

浊阻塞音带清塞音前置辅音的声母的对应，请参看表 4.54 和表 4.55的概括。

表 4.54 上古汉语带前置辅音 *t 的浊阻塞音及其对应

上古汉语	中古汉语	原始闽语	越南语	原始苗瑶语
*t.b(ˁ)-	—	—	—	—
*t.d(ˁ)-	—	—	—	—
*t.dz(ˁ)-	—	—	—	—
*t.gˁ-	—	—	—	—
*t.g-	*dzy-*	*dž	—	*gj-①
*t.ɢ-	—	—	—	—

表 4.55 上古汉语带前置辅音 *k 的浊阻塞音及其对应

上古汉语	中古汉语	原始闽语	越南语	原始苗瑶语
*k.b(ˁ)-	—	—	—	—
*k.dˁ-	—	—	—	—
*k.d(ˁ)r-	*dr-*	*dh	—	—
*k.d-	*dzy-*(～*g-*)	—	—	—
*k.dzˁ-	*dz-*	*dzh	gi-[z]L②	
*k.dzr-	*dzr-*	*dzh	gi-[z]L③	
*k.g-	—	—	—	—
*k.ɢ-	—	—	—	—

4.4.4.4 前置辅音 *p、*t、*k 加浊响音：*p.m(ˁ)-型

就上古汉语带前置塞辅音的复声母到中古汉语的演变而言，塞音
性的前置辅音加浊响音的组合，比塞音性前置辅音加阻塞音的组合更
161 缺少可预测性。汉代中期和后期的汉语方言有了不同的演变。“聿”
yù < *ywit*、“筆”bǐ < *pit*（《说文》解释为“毛笔”（可参看上面第三章已经
提到过的引文）：

① 译注：此处“*gj-”，原书为空格。
② 译注：此处“gi-[z]L”，原书为空格。
③ 译注：此处“gi-[z]L”，原书为空格。

(650) 聿：所以書也。(聿 *[m-]rut 是用来书写的工具)
楚謂之聿，(“聿” *lut < *[m-]rut?)
吴謂之不律，(“不律” *pə[r]ut)
燕謂之弗。(“弗” *put)
……
筆：秦謂之筆。(“毛笔”[*p.[r]ut])
(《说文诂林》1271b、1273a)

另一个例子是扬雄《方言》“貔”pí < *bjij*～péi < *bij* ‘野猫的一种’(郝懿行等 1989：892)：

(651) 貔，陳楚江淮之間謂之貅(貔 [pí，MC *bjij* < *[b]ij]：在陈和楚之间以及江、淮之间叫作“貅”[lái < OC *loj* < *[r]ˤə])；北燕朝鮮之間謂之貊(在燕地北部和朝鲜，把它叫作“貊”[péi < *bij* < *[b]rə])；[89] 關西謂之狸(函谷关以西，把它叫作“狸”[MC *li* < *p.[r]ə])。

在例(651)《方言》“貔”字下，郭璞(公元 276—324 年)加了注，说当时的江南，即长江以南地区它的叫法是个双音节词：

(652) 今江南呼為貊狸(现在的江南地区把它叫作“貊狸”[MC *bij-li*]。)[90]

中古韵书包含着这样的方言读音。表示‘毛笔’义的老的和新的说法分别是“聿” *[m-]rut > *ywit* > yù 和“筆” *p.[r]ut > *prut > *pit* > bǐ。两者虽有不同的方言基础，但都有中古汉语标准音的读法。可以注意到，《说文》和郭璞给《方言》作的注表明了吴地(今江苏南部和浙江北部)方言有过松散型的复声母“不律”[*pə.[r]ut]和“貊狸”[*bij-li* < *bə.rə]。古代的陈(河南东部)和楚(湖北)，以及函谷关以西(陕西)则为紧密型的复声母，或者是失去了前置辅音。燕地(河北)看起来在单音节化的路上走得更远。这不奇怪，我们在中古汉语里还可

以看到类似以下的异读字。

（653）稟 *p.rimʔ（方言）> *primʔ > *pimX*
又读 *p.rimʔ > *p.rimʔ > *limX* > lǐn‘配给量’

（654）慹 *t-nip > *tip > *tsyip* > zhé‘感到害怕的’
又读 *t-nˤep > *nˤep > *nep*

（655）袂 *k.mˤet > *kʷˤet > *kwet*
162 又读 *k.met-s > *met-s > *mjiejH* > mèi‘袖子’

前置辅音的失落看起来是 *p.m(ˤ)- 型声母到中古汉语最普遍的发展。不过，原始闽语至少还保留了上古汉语 *k.n-、*p.r- 和 *k.r- 中清音声母的要素，因为这些音首演变为罗杰瑞清响音声母拟的 *nh-、*lh-，我们的上古音构拟是 *C.n(ˤ)-、*C.l(ˤ)-。

（656）露 *p.rˤak-s > *luH* > lù‘露水；显露’，原始闽语 *lh-；原始台语 *p.raːk‘被显露’（Pittayaporn 2009）

（657）两 *p.raŋʔ > *ljangX* > liǎng‘一对’；原始闽语 *lh-；早期的写法是“丙”的叠加：
丙 *praŋʔ > *pjaengX* > bǐng“天干第三位’（Baxter 1992：272）

（658）肉 *k.nuk > *nyuwk* > ròu‘肉’；原始闽语 * nh-；Pong /kɲuk 7 /‘肉’

上古汉语 *k.r- 通常变为中古汉语的 *l*-、原始闽语的 *lh-、越南语的 *s*-[ʂ]和原始苗瑶语 *kl-：

（659）健 *k.r[a]n-s > *ljenH* > liàn‘小鸡’，原始闽语 *lh-；原始苗瑶语 *klaːn C‘小母鸡’

（660）蓮 *k.[r]ˤe[n] > *len* > lián‘莲子’，原始闽语 *lh-；越南语 *sen* [ʂɛn A1]‘莲花’

(661) 籠 *k.rˤoŋ > *luwng* > lóng ‘笼子’,原始闽语 *lh-;越南语 *chuồng* [tɕuʌŋ A2] ‘笼子,棚,遮蔽处,栏舍,马厩,猪圈’,原始台语 *kroŋ A ‘笼子’(Li 1977: 225)

(662) 朗 *k.rˤaŋʔ> *langX* > lǎng ‘明亮’;越南语 *sáng* [ʂaŋ B1]< *kr- ‘明亮,干净’,Rục 语 /pləj kàraŋ/ ‘晴天’

(663) 籃 *k.rˤam > *lam* > lán ‘篮子’;原始闽语 *lh-;声符是:

監 *[k]ˤram > *kaem* > jiān ‘查看’

(664) 六 *kruk > *ljuwk* > liù ‘六’;原始闽语 *lh-;原始苗瑶语 *kruk

(665) 螺 *k.rˤoj > *lwa* > luó ‘螺旋形物,田螺’,原始闽语 *lh-;原始勉语 *klu̯ei A/B ‘蜗牛’

(666) 笠 *k.rəp > *lip* > lì ‘竹编的帽子’,原始闽语 *lh-;原始台语 *klɤp D ‘竹编的帽子’(Pittayaporn 2009)

(667) 卵 *k.rˤorʔ > *lwanX* > luǎn ‘蛋’;原始闽语 *lh-;原始勉语 *kləu C ‘蛋’

(668) 力 *k.rək > *lik* > lì ‘力量’,原始闽语 *lh-;越南语 *sức* [ʂɯk D1]< *kr- ‘力量’;原始苗瑶语 *-rək ‘力量’[91]

如前所说,拉珈语一般保留声母的两个辅音的头一个,如果失去的第二个辅音是个鼻音,那么鼻音性成分便扩展到元音上去:

(669) 亢 *k-ŋˤaŋ > *kang* > gāng ‘举高’;拉珈语 /khã:ŋ 3/ ‘抬起’;它的词根与下面一词相同:

卬 *ŋˤaŋ > *ngang* > áng ‘高;高举’

(670) 巠 jīng < *keng* < *k.lˤeŋ ‘水脉(《说文》)’;早期的字形,其顶部的偏旁被解释成织布机的形状,下部的偏旁代表了声符: 163

壬 *l̥ˤeŋʔ > *thengX* > tǐng ‘善’(季旭昇 2010: 836);比较:

經 *k-lˤeŋ > *keng* > jīng ‘织布机上的纵线;法则;准则’

就“法则”的义项来看,“經” *k-lˤeŋ 包括了一个前缀 *k-(其功能尚不确定),与之相关的词根音节有:

(671) 程 *l<r>eŋ > *drjeng* > chéng ‘规则，法则’

在下例中，可以构拟复辅音 *t-l-：

(672) 多 *[t.l]ˁaj > *ta* > duō ‘很多’，原始闽语 *t-；比较原始台语 *hlai A(Li 1977)或 *ʰla:j A(Pittayaporn 2009)；原始黎语(Proto-Hlai) *hlə:y(Norquest 2007：464)；同谐声的有：移 *laj > *ye* > yí ‘移动’

(673) 質 *t-lit > *tsyit* > zhì ‘本体，坚实部分’；比较：實 *mə.li[t] > *zyit* > shí ‘果实；充满’，原始闽语 *-dž-；原始台语 *m.lec D ‘谷物’(Pittayaporn 2009)

在下例中，我们构拟了复声母 *k.m-：

(674) 舞 *k.m(r)aʔ > *mjuX* > wǔ ‘跳舞’，原始闽语 *mh-(Norman 1991：211)；越南语 *múa* [muʌ B1] ‘跳舞[仪式性的，会使用扇子、剑或面纱]；挥舞，旋转，回旋’(注意这里的阴调)，Rục 语 /kumúa/ ‘跳舞’

带前置塞音的浊响音声母的对应可参看表 4.56、4.57 和 4.58 的
164 概括。

表 4.56　上古汉语带前置辅音 *p 的浊响音及其对应

上古汉语	中古汉语	原始闽语	越南语	原始苗瑶语
*p.m(ˁ)-	—	—	—	—
*p.n(ˁ)-	—	—	—	—
*p.ŋ(ˁ)-	—	—	—	—
*p.l(ˁ)-	—	—	—	—
*p.r(ˁ)-	*l-*, *p-*	*lh	—	—

表 4.57　上古汉语带前置辅音 *t 的浊响音及其对应

上古汉语	中古汉语	原始闽语	越南语	原始苗瑶语
*t.m(ˤ)-	—	—	—	—
*t.nˤ-	*t-*, *n-*	—	—	—
*t.n(ˤ)r-	*tr-*	—	—	—
*t.n-	*tsy-*	—	—	—
*t.ŋ(ˤ)-	—	—	—	—
*t.lˤ-	*t-*	*t	—	—
*t.l(ˤ)r-	—	—	—	—
*t.l-	*tsy-*	—	—	—

表 4.58　上古汉语带前置辅音 *k 的浊响音及其对应

上古汉语	中古汉语	原始闽语	越南语	原始苗瑶语
*k.m(ˤ)-	*m-*, *k-*	—	*m-*[m] H	—
*k.nˤ-	—	—	—	—
*k.n-	*ny-*	*nh	—	—
*k.ŋ(ˤ)-	*ng-*, *k-*	—	—	—
*k.l(ˤ)-	*k-*	*k	—	—
*k.r(ˤ)-	*l-*	*lh	*s-*[ʂ]	*kl-

4.4.4.5　前置辅音 *p、*t、*k 加清响音：*p.m̥(ˤ)- 型

我们推测 *p.m̥(ˤ)- 型声母里面的前置辅音会有遗存而反映为送气的塞音或塞擦音。上文已经举了两个例子，见例(614)、例(615)中的 *k-m̥(ˤ)-，下面我们讨论 *l̥- 和 *r̥- 的例子。

"喙"（"动物的嘴，气喘"）在中古汉语时期有两个读音，意义上没有分别，都见于《广韵》和《经典释文》(卷 91)：

(675) 喙 (*l̥o[rʔ]-s? >) *l̥ot-s > *xjwojH* > huì '动物的嘴；气喘'

喙 *(t-l̥o[rʔ]-s?)> *t-l̥ot-s > *tsyhwejH* > huì ‘动物的嘴；气喘’（该字可能是原始闽语 *tšhyi C‘嘴’的本字，参看下文的讨论）。声符是：

彖 *l̥ˁo[r]-s > *thwanH* > tuàn ‘奔跑的猪’

例(675)的音首和韵母都值得讨论。中古音 *xjwojH* 反映了 *l̥(ˁ)- > *x*- 从上古到中古的声母演变，我们将其视作西部方言的特点（参看 § 4.3.5 的讨论）。我们考虑到中古音是 *tsyhwejH*，所以给“喙”字构拟的上古声母是 *t-l̥-，但原始闽语的 *tšh- 应视作来自上古音 *l̥-的规则性音变，因此中古汉语可能反映了类似于闽语的上古简单声母 *l̥-的方言演变，而不是带前置辅音 *t-的声母。[92]

至于韵母，中古汉语的 -*jwojH* 和 -*jwejH*[93] 只是有规则地反映了上古汉语的 *-ot-s 或 *Cʷat-s。就 *-or 来说，我们一般预测它会变成中古汉语的 -*jwon*、-*jwen* 或 -*jwe*。罗杰瑞(Norman 1996：22)注意到了原始闽语里“喙” *tšhyi C 的韵母与中古汉语的 -*jwojH* 或 -*jwejH* 是不规则的对应，所以对原始闽语 *tšhyi C ‘嘴’跟{喙} *tsyhwejH* 是否有关系表示了怀疑。不过，原始闽语 *-yi 韵和中古汉语 -*jwe* 是有一致关系的，因此闽语的读音可能反映了上古 *l̥orʔ-s 或 *t-l̥or-s (*-r > *-j 的变化是沿海方言的一种特点，参看 § 5.5.1.4)的规则性演变。我们推测“喙”字 -*jojH* 和 -*jwejH* 的读音，可能反映了先秦时期某种方言中 *-rʔ 和(或者) *-nʔ 变为 *-t 的现象，中古音间接地反映上古汉语，而闽语是直接的反映。[94]

“訓”xùn < *xjunH* ‘训导’和“順”shùn < *zywinH* ‘跟从，服从’两个
165 字在出土文献里经常换用(白于蓝 2008：343—344)。在我们目前的系统里，只有边音声母能够在中古的 *x*- 与 *zy*- 两个声母之间游移。我们的构拟是：

(676) 訓 *l̥u[n]-s > *xjunH* > xùn ‘训导’

順 *Cə.lu[n]-s > *zywinH* > shùn ‘顺着；遵从’（音首方面的讨论参看 § 4.5.5.3)；两个字的声符“川”可解释为边音 *t.l̥-：

川 *t.l̥u[n]> *tsyhwen* > chuān ‘溪，河’（中古韵母是不规则的，我们预测的本是 *tsyhwin*）

我们给“康”kāng < _khang_ ‘平静，从容’构拟了 *k-r̥ˤ-：

（677）康 *k-r̥ˤaŋ > _khang_ > kāng ‘平静；从容’；声符是：

庚 *kˤraŋ > _kaeng_ > gēng ‘天干第七位’，与“唐”字也有谐声关系：

唐 *[N-]rˤaŋ > _dang_ > táng ‘夸张；大’（其音首的讨论参看§4.4.1.4）

商代第一个统治者的名字，传世文献中通常写作“湯” _thang_ > tāng，先秦出土文献中写作“唐”或“康”。但声符“庚” *kˤraŋ 表明上古应读作 *r(ˤ)-；然而作为声符的“昜” *laŋ 则通常表示声母为边音：

（678）昜、陽 *laŋ > _yang_ > yáng ‘明亮的’

傷 *l̥aŋ > _syang_ > shāng ‘伤’

腸 *lraŋ > _drjang_ > cháng ‘肠子’

湯 *l̥ˤaŋ > _thang_ > tāng ‘热水’

我们认为 tāng“湯”作为商王的名字相对较晚，这反映了 *r̥ˤ-、*l̥ˤ- 合并较晚（两者后来在东部方言里都变成 *tʰ-，在西北都变成 *x-，可参看§4.3.5）。

（679）康、唐 *r̥ˤaŋ > _thang_ > tāng ‘商代的开国君主’；后写作“湯”，商代建立者的名字在上古汉语中可构拟为 *l̥ˤaŋ

“泣”qì < _khip_ ‘哭泣’的声符是“立”lì < _lip_ < *k.rəp ‘站立’，表明音首部分应包括卷舌音（rhotic）成分。而且该动词看起来应该跟名词“淚” *[r][ə]p-s > _lwijH_ > lèi ‘眼泪’是有语源关系的。我们的构拟如下：

（680）泣 *k-r̥əp > *kʰrəp > _khip_ > qì ‘哭泣’；声符是：

立 *k.rəp > *rəp > _lip_ > lì ‘站立’；比较：

淚 *[r][ə]p-s（[方言]>）*rup-s > *rut-s > _lwijH_ > lèi ‘眼泪’

“考”kǎo < *khawX* ‘年长的，已故的父亲’的声符是“老”lǎo < *lawX* ‘年老’，也表明“考”的音首应包括卷舌音成分。如果该字有介音 *-r-，我们推测应该变为中古的二等韵 *-aew*。但既然现在看到的中古音是 *-aw*，可见卷舌音成分应该是主要音节的声母。同时在目前我们的框架里既然前置成分没有送气成分，那么我们必须将该字的声母
166 拟作 *r̥ˤ-，并有前置辅音 k。我们的构拟是：

(681) 考 *k-r̥ˤuʔ > *khawX* > kǎo ‘年长的；已故的父亲’，具有词根 *rˤuʔ、*ruʔ 的词有：

老 *C.rˤuʔ > *lawX* > lǎo ‘年老’；原始闽语 *lh-(如建阳 /seu 5/)

叟 *s-ruʔ > *srjuwX* > *suwX* > sǒu ‘老人’(参看 § 4.4.3.3)

*p.r̥- 的例子可能有动词“娉”pìn < *phjiengH* ‘聘问’。其声符也出现于“騁”chěng < *trhjengX* ‘(马等)疾驰’。我们的构拟是：

(682) 娉 *p.[r̥]eŋ-s > *phjiengH* > pìn ‘(为了婚姻的)聘问’

騁 *[r̥]eŋʔ > *trhjengX* > chěng ‘(马等)疾驰’

带前置辅音的清响音声母的对应，可参看表 4.59、表 4.60 和表
167 4.61的概括。

表 4.59 上古汉语带前置辅音 *p 的清响音及其对应

上古汉语	中古汉语	原始闽语	越南语	原始苗瑶语
*p.m̥(ˤ)-	—	—	—	—
*p.n̥(ˤ)-	—	—	—	—
*p.ŋ̊(ˤ)-	—	—	—	—
*p.l̥(ˤ)-	—	—	—	—
*p.r̥(ˤ)-	*ph-*	—	—	—

表 4.60　上古汉语带前置辅音 *t 的清响音及其对应

上古汉语	中古汉语	原始闽语	越南语	原始苗瑶语
*t.m̥(ˤ)-	—	—	—	—
*t.n̥(ˤ)-	—	—	—	—
*t.ŋ̊(ˤ)-	—	—	—	—
*t.l̥ˤ-	—	—	—	—
*t.l̥-	*tsyh-*	*tšh?		
*t.r̥-	—	—	—	—

表 4.61　上古汉语带前置辅音 *k 的清响音及其对应

上古汉语	中古汉语	原始闽语	越南语	原始苗瑶语
*k.m̥(ˤ)-	*kh-*	—	—	—
*k.n̥(ˤ)-	—	—	—	—
*k.ŋ̊(ˤ)-	—	—	—	—
*k.l̥(ˤ)-	—	—	—	—
*k.r̥(ˤ)-	*kh-*	—	—	—

4.4.5　带紧密型且不确定的前置辅音 *C 的音首

在有些上古音音首里,我们必须构拟一个前置辅音,但不能确定这究竟是一个什么音,因为它在目前所能考虑到的语音材料中都没有出现。

4.4.5.1　前置辅音 *C 加清不送气阻塞音：*C.p(ˤ)-型

之所以构拟像 *C.p(ˤ)- 这样的复声母,主要是考虑到越南语里与中古汉语清不送气阻塞音相对应的是读阴调、擦音化的辅音(即 *v*-[v]、*d*-[z]、*gi*-[z]、*g*-[ɣ];还包括对应 *C.s- 的 *r*-[z]),而原始闽语则显示为一般的(非软化)的清阻塞音。在此情况下,越南语排除了构拟简单声母的可能,闽语则排除了松散型音首的可能,而中古汉语的声母形式里不见浊音成分,则排除了前置辅音为 ***m-** 或 ***N-**。因此前

置辅音 *C 可被认为是清塞音或 *s。例子可参看表 4.62。

表 4.62　紧密型复声母中清阻塞音声母在越南语的擦化

汉　　语	越　南　语	原始闽语
本 *C.pˤə[n]ʔ > *pwonX* > běn ‘树干’	*vốn* [von B1] ‘资本;原来’	*p
壁 *C.pˤek > *pek* > bì ‘墙壁’	*vách* [vaik D1] ‘屋墙’	*p
板 *C.pˤranʔ > *paenX* > bǎn ‘木板’	*ván* [vɑn B1] ‘木板’	*p
刀 *C.tˤaw > *taw* > dāo ‘刀’	*dao* [zɑu A1] ‘刀’	*t
正 *C.teŋ > *tsyeng* > zhēng ‘第一个(月)’	*giêng* [ziʌŋ A1] ‘第一个月’	*tš
謫 *C.tˤrek > *treak* > zhé ‘责备’	*dức* [zɯk D1] ‘批评’	*t
井 *C.tseŋʔ > *tsjengX* > jǐng ‘井’	*giếng* [ziʌŋ B1] ‘井’	*ts
筋 *C.[k]ə[n] > *kj* + *n* > jīn ‘筋’	*gân* [ɣʌn A1] ‘神经;肌腱;筋膜;静脉’	*k

复声母 *C.q- 的情况相类似,与 *C.k- 没什么不同。我们将其归为由前置辅音 *C 引起的 *q- 到 *k- 的前化(fronting)音变。我们给中古软腭音声母 *k*- 构拟上古小舌音 *C.q- 等,根据是:与小舌音声母字有明确的词源或谐声联系,这里不需要有越南语擦音化声母的证据。

(683) 景 *C.qraŋʔ > *kjaengX* > jǐng ‘明亮,图景’(也表示‘阴影’),
　　鏡 *C.qraŋʔ-s > *kjaengH* > jìng ‘镜子’,原始闽语 *k-;越南语 *gương* [ɣɯʌŋ A1];比较
　　影 *qraŋʔ > *'jaengX* > yǐng ‘阴影’

(684) 舉 *C.q(r)aʔ > *kjoX* > jǔ ‘举,抬起’;相关的字有:
　　與 *m-q(r)aʔ > *yoX* > yǔ ‘给;为了;和’,原始闽语 *ɣ-[1](参见 § 4.4.5.3);
　　注意中古汉语的 *y*- 不能反映上古汉语的软腭声母

就固有词来说,越南语中文字上写作 *r*-[z] 同时读阴调的,是与

① 译注:据勘误表,此处为“白-沙”构拟的原始闽语。

s-[ʂ]声母字相当的擦音化形式。可比较‘蛇’: Sách 语/psiɲ/,越南语 *rắn* [zan B1];‘牙齿’: Thavưng 语 /ksaŋ/,越南语 *răng* [zaŋ A1] (Ferlus 1982: 99)。在某些早期借词中,越南语的 *r*-[z]也跟中古汉语 *s*-相对应。当中古汉语 *s*- 与越南语读阴调的 *r*- 相对应而前置辅音 *C 的性质不明确时,我们的构拟是 *C.s-: 168

(685) 譟 *C.sˤaw-s > *sawH* > zào ‘叫喊’;越南语 *rao* [zɑu A1] ‘叫喊’

(686) 燥 *C.sˤawʔ > *sawX* > zào ‘干燥’;越南语 *ráo* [zɑu B1] ‘干燥’

(687) 箱 *C.[s]aŋ > *sjang* > xiāng ‘(车)箱’;越南语 *rương* [zɯʌŋ A1] ‘箱子,行李箱’

这些例词在现代汉语方言中,如例(685)和例(686)的普通话读音中读作塞擦音声母,而不是以中古汉语的角度来看属于规则演变的擦音[s],该现象大概也支持一个紧密型的前置辅音 *C 的构拟。

上古汉语带不确定的前置辅音 *C 的清阻塞音及其对应在表 4.63 中做了概括。

表 4.63　上古汉语带不确定的前置辅音 s 的清阻塞音及其对应

上古汉语	中古汉语	原始闽语	越南语	原始苗瑶语
*C.p(ˤ)-	*p*-	*p	*v*-[v]H	—
*C.tˤ-	*t*-	*t	*d*-[z]H	—
*C.t(ˤ)r-	*tr*-	*t	*d*-[z]H	*tr-
*C.t-	*tsy*-	*tš	*gi*-[z]H	—
*C.ts(ˤ)-	*ts*-	*ts	*gi*-[z]H	—
*C.s(ˤ)-	*s*-, *ts*-	*s, *tsh	*r*-[z]H	—
*C.k(ˤ)-	*k*-	*k	*g*-[ɣ]H	*k-
*C.q(ˤ)-	*k*-	*k	*g*-[ɣ]H	—

4.4.5.2 前置辅音*C 加清送气阻塞音：*C.p^h(^{ʕ})-型

除了像*p.q^h- > *ph*-、*t.k^h- > *tsyh*-和*s.t^h- > *sy*-这样的演变例子外，有时通过前置辅音对后接主要声母的次生性影响，可以观察到上古汉语的清送气音前面会带上一个紧密型前置辅音。比如说，上古汉语*q^h-演变到中古汉语 *kh*-的前化(fronting)音变时，我们认为是紧密型前置辅音*C-引起的。如例(688)：

(688) 愆 *C.q^hra[n] > *khjen* > qiān ‘超过，犯错’；很可能跟下面的字有关系：

衍 *N-q(r)anʔ > *yenX* > yǎn ‘溢出’

(689) 乞 *C.q^hət > *khj+t* > qǐ ‘请求，乞求’：跟下面的字有相同的词根：

氣 *q^hət-s > *xj+jH* > xì ‘馈送粮食’；乞*C.q^hət 也是下面

169 “气”字的声符：

气 *C.q^həp-s > *C.q^hət-s > *k^hət-s > *khj+jH* > qì ‘(吸入的东西) 气息，空气，水汽’，原始闽语*kh-；词根是：

吸 *q^h(r)əp > *xip* > xī ‘吸入’，原始闽语*kh-

请注意“乞”*C.q^hət 用作“气”*C.q^həp-s ‘(吸入的东西) 气息，空气、水汽’的声符，只能在*C.q^həp-s 变成*C.q^hət-s 以后发生。“气”最有可能是带有前置辅音*C 的，而与动词“吸”同源，且带有动词转名词的*-s 后缀。

(690) 勸 *C.q^{wh}ar-s > *khjwonH* > quàn ‘鼓励’；其声符最终是吅(=諠，喧) *q^{wh}ar > *xjwon* > xuān ‘喧哗，叫喊’

(对这些例子中韵尾*-r 的讨论可参看 § 5.5.1.2)

带有前置辅音*C 的送气声母及其对应可参看表 4.64。

表 4.64　上古汉语带不确定的前置辅音的清送气声母字及其对应

上古汉语	中古汉语	原始闽语	越南语	原始苗瑶语
*C.p^{h}(^{ʕ})-	—	—	—	—
*C.t^{h}(^{ʕ})-	—	—	—	—
*C.ts^{h}(^{ʕ})-	—	—	—	—
*C.k^{h}(^{ʕ})-	—	—	—	—
*C.q^{h}(^{ʕ})-	*kh-*	*kh	—	—

4.4.5.3　前置辅音 *C 加浊阻塞音：*C.b(^{ʕ})-型

前置辅音 *C 加一个浊的阻塞音到了中古汉语发展为一个浊阻塞音(如 *C.b- > *b-*),在罗杰瑞构拟的原始闽语中则发展为浊送气音(如 *C.b- > *bh-)。[95] 这就是说,上古汉语的 *C.b-、*C.d-、*C.dz-、*C.g- 与 *m.p-、*m.t-、*m.ts-、*m.k- 有着相同的演变形式。要区别上述两类声母,需要排除第二个辅音受前置辅音 *m 的影响而浊化的可能性。如原始苗瑶语中一般的浊声母:

(691) 騎　*C.g(r)aj > *gje* > qí ‘跨坐;骑’;原始闽语 *gh-;原始苗瑶语 *ɟej A ‘骑’

此处我们构拟了 *C.g(r)aj 而不是 *m.k(r)aj 或 *m.g(r)aj,因为一个带有前置辅音 *m 的形式在苗瑶语里会产生鼻冠音。同样的道理还适用于例(692):

(692) 園　*C.ɢ^{w}a[n] > *hjwon* > yuán ‘园圃’;原始闽语 *ɣ-;原始苗语 *waŋ A ‘园圃’

看起来 *C.ɢ- 和 *C.g- 两种上古声母后来有相同的演变结果,中古汉语是 *g-*,原始闽语是 *gh-,如例(693): 170

(693) 芹 *C.[ɢ]ər > *gj+n* > qín ‘水芹’，原始闽语 *gh-，厦门 /k^{h}un 2/；其声符通常用来写带小舌音声母的字，如：
欣 *q^{h}ər > *xj+n* > xīn ‘喜悦’

但是，*m-q- 声母的后世形式则有所不同，到中古汉语是 *y*-，原始闽语是 *ɣ-，可参看例(694)(该例与 § 4.4.2.1 的例(479)相同，也可以参看例(511)关于“與”有小舌音声母的文字学证据)：

(694) 與 *m-q(r)aʔ > *yoX* > yǔ ‘给；为；和’(带有意愿义的 *m- 前缀)，厦门 /hɔ 6/‘给’<原始闽语 *ɣ-①；与“舉”字同词根：
舉 *C.q(r)aʔ > *kjoX* > jǔ ‘举，抬起’

词族关系提示上古汉语中词根为浊阻塞音声母时，也可以排除由声母前置辅音 *m 引起的次生性浊化，正如例(695)，词根声母应为 *g^{ʕ}-：

(695) 畫 *C-g^{wʕ}rek-s > *hweaH* > huà ‘图画(名词)’，原始闽语 *ɣua C；比较：
畫、劃 *g^{wʕ}rek > *hweak* > huà ‘画图(动词)’，原始闽语 *ɦuak D

在例(696)里，我们构拟了 *C.g-，因为原始闽语的 *ɣ- 对应一个紧密的前置辅音，而不是 *N，而且语义上也不支持 *m- 的构拟：

(696) 横 *C.g^{wʕ}raŋ > *hwaeng* > héng ‘交叉的；横向的’；原始闽语 *ɣ-

当词根起首的浊阻塞音成分缺乏具体例证时，我们用方括号表

① 译注：据勘误表，此处为“白-沙”构拟的原始闽语。

示声母的清或浊不确定，前置辅音声母为鼻音与否也不确定。如此，*C.[b]-声母的意思是既可以看成是 *m.p-，也可以看成是 *C.b-。例如：

(697) 縫 *C.[b](r)oŋ-s > *bjowngH* > fèng ‘缝’，原始闽语 *bh-

(698) 圜 *C.[d]ˤon > *dwan* > tuán ‘圆的，大量的’，原始闽语 *dh-

(699) 市 *C.[d]əʔ > *dzyiX* > shì ‘市场’，原始闽语 *džh-

(700) 蠶 *C.[dz]ˤ[ə]m > *dzom* > cán ‘蚕’，原始闽语 *dzh-

(701) 巷 *C.[g]ˤroŋ-s > *haewngH* > xiàng ‘小巷子，街道’，原始闽语 *ɣ-

前置辅音 *C 加浊阻塞音声母的对应可参看表 4.65。

表 4.65　上古汉语带不确定的前置辅音的浊塞/塞擦音及其对应

上古汉语	中古汉语	原始闽语	越南语	原始苗瑶语
*C.b(ˤ)-	*b-*	*bh	—	—
*C.dˤ-	*d-*	*dh	—	—
*C.d-	*dzy-*	*džh	—	—
*C.dz(ˤ)-	*dz-*	*dzh	—	—
*C.g(ʷ)ˤ	*h-*	*ɣ	—	—
*C.g(ʷ)-	*g-*	*gh	—	*ɟ-
*C.ɢ(ʷ)ˤ-	*h-*	*ɣ	—	—
*C.ɢ -	*g-*	*gh	—	—
*C.ɢʷ-	*h(j)-*	*ɣ	—	*w-

4.4.5.4　前置辅音 *C 加浊响音：*C.m(ˤ)-型

在浊响音声母之前带前置辅音 *C 的例子比较普遍，也比较简单：

它们反映为原始闽语和原始苗瑶语的清响音、客家话和越南语的阴调响音。然而音首 *C.lˤ-变作了中古汉语的 *d*-和原始闽语的 *dh-。就鼻音声母而言,罗杰瑞(Norman 1991)提供了大量的例子,我们采用他
171 的研究。例如:

(702) 面 *C.me[n]-s > *mjienH* > miàn ‘脸’;原始闽语 *mh-,陆丰客家话 /mian 5 / (阴调);原始勉语 *hmien A ‘脸’

(703) 米 *(C).mˤ[e]jʔ > *mejX* > mǐ ‘去皮的谷实,特指去皮的稻实’;梅县客家话 /mi 3 / (阴调);原始勉语 *hmei B ‘去了皮的稻谷’

(704) 蚊、蟁 *C.mə[r] > *mjun* > wén ‘蚊子’,原始闽语 *mh-;比较原始越语 *t.mu:l ‘蚊子’

(705) 染 *C.n[a]mʔ > *nyemX* > rǎn ‘染色’,梅县客家话 /niam 3 /;越南语 *nhuốm* [ɲuʌm B1] ‘染色’

(706) 年 *C.nˤi[ŋ] > *nen* > nián ‘年成;岁’,原始闽语 *nh-,梅县客家话 /nian 2①/;原始苗瑶语 *hɲu̯əŋH ‘年’

(707) 五 *C.ŋˤaʔ > *nguX* > wǔ ‘五’,原始闽语 *ŋh-,梅县客家话 /ŋ 3 /;原始台语(Pittayaporn 2009) *ha: C,原始拉珈语 *ʔŋɔ: C ‘五’(L-Thongkum 1992)

(708) 瓦 *C.ŋʷˤra[j]ʔ > *ngwaeX* > wǎ ‘屋瓦’;原始闽语 *ŋh-,梅县客家话 /ŋa 3 /;越南语 *ngói* [ŋɔi B1] ‘瓦’;原始苗瑶语 *ŋʷæX ‘瓦’ [96]

(709) 蟲 *C.lruŋ > *drjuwng* > chóng ‘昆虫’;原始闽语 *dh-

(710) 桃 *C.lˤaw > *daw* > táo ‘桃子’;原始闽语 *dh-,原始苗瑶语 *ɢlæw A ‘桃子’

(711) 老 *C.rˤuʔ > *lawX* > lǎo ‘年老’;原始闽语 *lh-,梅县客家话 /lau 3 / ‘老’

(712) 李 *C.rəʔ > *liX* > lǐ ‘李子’;原始闽语 *lh-;原始苗瑶语

---

① 译注:此处“/ nian 2 /”,原文作“/ nian 1 /”。

*hli̯əŋ X ‘李子’

(713) 冽　*C.r[a]t > *ljet* > liè ‘冷’；比较越南语 *rét* [zɛt D1] ‘冷’(Bodman 1980：85)

(714) 藕　*C.ŋˤ(r)oʔ > *nguwX* > ǒu ‘莲藕’；原始闽语 *ŋhəu B，梅县客家话 /ɲeu 3 /，越南语 *ngó* [ŋɔ B1]，泰语 /ŋau B2 /～/hŋau C1 / (Norman 1991：210)[97]

(715) 顏　*C.ŋˤrar > *ngaen* > yán ‘脸，额头’；原始苗语 *hɲen A ‘额头’ 172

我们认为，上古汉语的边音声母 *C.lˤ- 和 *lr- 分别经过[l^{d}]和[l^{d}r]的过渡阶段演变为中古的 M*d*- 和 *dr*-，参看表 4.66。我们将例(710)中原始苗瑶语‘桃子’的特殊声母 *ɢl-看成是该语言的说话者发汉语[l^{d}]音的尝试。与此相类“腸” *lraŋ (> l^{d}raŋ) > *drjang* > cháng‘肠子’，原始勉语为：*ɢljaŋ A ‘肠子’。

前置辅音 *C 加浊响音的表现形式请看表 4.66 的概括。

表 4.66　上古汉语带不确定的前置辅音的浊响音及其对应

上古汉语	中古汉语	原始闽语	越南语	原始苗瑶语
*C.m(ˤ)-	*m*-	*mh	*m*-[m]H	*hm-
*C.nˤ-	*n*-	*nh	—	*hn-，*hɲ-[F]
*C.n-	*ny*-	*nh	*nh*-[ɲ]H	—
*C.ŋ(ˤ)-	*ng*-	*ŋh	*ng*-[ŋ]H	*hɲ-[F]
*C.lˤ-	*d*-	*dh	—	*ɢl-
*C.l(ˤ)r-	*dr*-	*dh	—	原始勉语 *ɢlj-
*C.l-	—	—	—	—
*C.r(ˤ)-	*l*-	*lh	*r*-[z]H	*hl-，*r-

4.4.5.5　前置辅音 *C 加清响音：*C.m̥(ˤ)-型

我们没发现清响音带不确定前置辅音的例子。

4.5 带松散型前置音节的音首

上古汉语中声母以塞音为主要音节的字，同时在原始闽语里为软化声母的，说明其带有松散的前置音节。不过，正如§4.2.1.1所说，北部闽语里不是所有的软化声母字都是本地方言所固有的，有些（至少在中古汉语为浊声母的字当中）看起来是从保留浊音的方言里借来的。必须小心地把它们剔除掉，否则会影响我们对上古汉语前置辅音的构拟。有关系词存在时，我们期望越南语会表现出与北部闽语的软化声母相对的擦音化形式，尽管具体例子很少。松散型前置辅音的另一个具体反映是苗瑶语有鼻冠音，而中古汉语不读浊声母。

中古读鼻音声母，且在接触语言里带前置辅音，在闽南方言中发生去鼻音化的字，我们为它们构拟前置辅音声母（前置辅音紧密结合时，我们推测声母保留其鼻音性质，并且鼻音向右扩展至韵母。参看
173 §4.2.1.2）。

4.5.1 带前置音节 *Nə 的音首

在之前的研究里（沙加尔、白一平 2010），我们并没有构拟与 *N- 相应的松散前置音节，我们推测具有静态和不及物意义的前缀 *N- 总是牢牢地附着于后面的音节。但是现在除了 *N-，我们还考虑到苗瑶语里带鼻冠音声母而原始闽语里是清或浊的软化声母的字，必须要构拟为松散型前置音节 *Nə-：

(716) 沸 *Nə.p[u][t]-s > *pj + jH* > fèi ‘沸腾（不及物动词）’，原始闽语 *-p-，原始苗瑶语 *mpu̯æiH ‘沸腾（不及物动词）’

(717) 早 *Nə.tsˤuʔ > *tsawX* > zǎo ‘早的’；原始闽语 *-ts-，原始苗瑶语 *ntsi̯ouX ‘早的’

(718) 滑 *Nə-gˤrut > *hweat* > huá ‘滑溜’；原始闽语 *-g-，原始苗瑶语 *ɴɢu̯at ‘平滑的 / 滑溜’

这个证据表明，静态和不及物动词前有个鼻音前缀时，它并没有使得中古汉语里的清声母变浊，但却导致了闽语里软化声母的产生，这与（紧密型的）*N 有松散形式的描述相符。我们将它写作 *Nə，以强调与其他前置音节的相似。[98]

4.5.1.1　前置音节 *Nə 加清不送气阻塞音：*Nə.p(ˤ)-型

这些音首的例子在上一节例（716）、例（717）中已经讨论过，可参看表 4.67。

表 4.67　上古汉语前置音节 *Nə 的清不送气塞音及其对应

上古汉语	中古汉语	原始闽语	越南语	原始苗瑶语
*Nə.p(ˤ)-	*p-*	*-p	—	*mp-
*Nə.t(ˤ)-	—	—	—	—
*Nə.ts(ˤ)-	*ts-*	*-ts	—	*nts-
*Nə.s(ˤ)-	—	—	—	—
*Nə.k(ˤ)-	—	—	—	—
*Nə.q(ˤ)-	—	—	—	—
*Nə.ʔ(ˤ)-	—	—	—	—

4.5.1.2　前置音节 *Nə 加清送气阻塞音：*Nə.pʰ(ˤ)-型

我们构拟的 *Nə- 有助于解释中古汉语清送气声母和苗瑶语带不及物鼻冠音的例子：

（719）開　*Nə-[k]ʰˤəj > *khoj* > kāi ‘开（不及物动词）’；勉语 /goi 1/ <原始苗瑶语 *ŋkh- ‘开（花）；开（心）’ 174

（对于“開”字，我们早先的构拟是 *N-kʰˤəj；参看 § 4.4.1.2。）与及物动词相比：

（720）開　*[k]ʰˤəj > *khoj* > kāi ‘开（及物动词）’；勉语 /khoi 1/ <原始

苗瑶语 *kh- ‘开(及物动词)’

在“開”这类例子里,我们并不期待闽语的材料有何助益,理由是闽语里送气音声母不受软化的影响。在新的解决方案里,我们早先有关 *N 不使送气声母变浊的看法没有必要再坚持了。之前的讨论参看沙加尔(Sagart 2003)、沙加尔、白一平(2010)。现在我们可以用 *N- 来解释浊阻塞音声母和送气阻塞音声母之间,或者是鼻音声母 *ng-* 与清擦音声母 *x-* 之间及物性功能的交替。比如一个简单词根 *k^hok 可以出现于“曲” qū < *khjowk* < *k^h(r)ok ‘弯曲’和“局”jú < *gjowk* < *N-k^h(r)ok ‘身体弯曲、缩’。词根 *$q^{hʕ}$ak 可以同时解释“嚇” hè < *xaek* < *$q^{hʕ}$< r >ak ‘恐吓(及物)’和“愕” è < *ngak* < *N-$q^{hʕ}$ak ‘惊讶’。这样的词族交替,用 *N- 可使送气声母免于浊化的假设来解释是行不通的。其他的例子还有:

(721) 缺 *Nə-[k]^{whʕ}et > *khwet* > quē ‘破;欠缺’;原始苗瑶语 *NK^wet ‘有一个缺口’

(722) 渴 *Nə-[k]^{hʕ}at > *khat* > kě ‘口渴的’;原始苗瑶语 *NKhat ‘口渴的’

(723) 坼 *Nə-$q^{hʕ}$< r > ak > *trhaek* > chè ‘裂(不及物动词)’;勉语 /dzɛʔ 7 /< *ntsh- ‘(土地)有裂缝的’(Downer 1973);可比较不带前置辅音的形式:

拆 *$q^{hʕ}$< r >ak > *trhaek* > chāi ‘分开,拆开’,勉语 /tshɛʔ 7 /< *tsh-

送气音首前加前置音节 *Nə 在相关材料里的对应可参看表 4.68。

表 4.68 上古汉语加前置音节 *Nə的送气清塞音及其对应

上古汉语	中古汉语	原始闽语	越南语	原始苗瑶语
*Nə.p^h(ˤ)-	—	—	—	—
*Nə.t^h(ˤ)-	—	—	—	—

续　表

上古汉语	中古汉语	原始闽语	越南语	原始苗瑶语
*Nə.ts^h(^{ʕ})-	—	—	—	—
*Nə.k^h(^{ʕ})-	*kh-*	—	—	*ŋk(h)-
*Nə.q^h(^{ʕ})-	—	—	—	—
*Nə.q^h(^{ʕ})r-	*trh-*	—	—	*ntsh-

4.5.1.3　前置音节 *Nə 加浊阻塞音：*Nə.b(^{ʕ})- 型

*Nə.b(^{ʕ})- 型音节的例子很少。以下是一个具有可能性的例子：

(724) 滑　*Nə-g^{ʕ}rut > *hweat* > huá ‘滑溜’，原始闽语 *-g-；原始苗瑶语 *ɴɢu̯at ‘平滑 / 滑溜’

请参看表 4.69。 175

表 4.69　上古汉语带前置音节 *Nə 的浊塞音及其对应

上古汉语	中古汉语	原始闽语	越南语	原始苗瑶语
*Nə.b(^{ʕ})-	—	—	—	—
*Nə.d(^{ʕ})-	—	—	—	—
*Nə.dz(^{ʕ})-	—	—	—	—
*Nə.g^ʕ-	*h-*	*-g	—	*ɴɢ-
*Nə.g-	—	—	—	—
*Nə.ɢ(^{ʕ})-	—	—	—	—

4.5.1.4　前置音节 *Nə 加浊响音：*Nə.r(^{ʕ})- 型

例(725)是 *Nə.r^ʕ- 型声母可能存在的例子：

(725) 漏　*[Nə-r]^{ʕ}ok-s > *luwH* > lòu ‘漏’，原始苗语 *ŋgro C ‘漏’

原始苗语 *ŋgro C ‘漏’提供了前置鼻辅音的证据，同时也暗示了 *Nə 里的 *N 是软腭的发音部位。原始苗语 *-g- 可以看作是出现于 *ŋ、*r 之间的一个寄生性音段(parasitic segment)。其中舌音失去了前置音节，同时也没有变成中古的 *y*-，说明这个前置音节也是松散的(*N.r-①会变成中古的 *y*-)。事实上，动词是非及物的、非意愿性的，这也表明前缀应该是 *Nə 而不是 *mə。参看表 4.70。

表 4.70　上古汉语带前置音节 *Nə的浊响音及其对应

上古汉语	中古汉语	原始闽语	越南语	原始苗瑶语
*Nə.m(ˤ)-	—	—	—	—
*Nə.n(ˤ)-	—	—	—	—
*Nə.ŋ(ˤ)-	—	—	—	—
*Nə.l(ˤ)-	—	—	—	—
*Nə.r(ˤ)-	*l*-	—	—	*ŋgr-(?)

4.5.1.5　前置音节 *Nə加清响音：*Nə.r̥(ˤ)-型

我们还没发现上古汉语有清响音带前置音节 *Nə 的例子。

4.5.2　带前置音节 *mə 的音首

4.5.2.1　前置音节 *mə 加清不送气阻塞音：*mə.p(ˤ)-型

这些音节在中古汉语里是一般的清塞音，在苗瑶语里带鼻冠音，在闽语里是清的软化声母。例如：

(726) 擔 *mə-tˤam > *tam* > dān ‘用肩挑’，原始闽语 *-t-；原始苗
176 瑶语 *ntam ‘用肩挑’

(727) 菇 *mə.kˤa > *ku* > gū ‘蘑菇’，原始闽语 *-k-；原始苗瑶语 *ŋkjæu ‘蘑菇’

① 译注：此处原文作“*N.rˤ-”。

(728) 澡　*mə-tsˤawʔ > *tsawX* > zǎo ‘漂白；洗涤’；原始苗瑶语 *ntsæwX ‘洗’

(729) 粉　*mə.pənʔ > *pjunX* > fěn ‘面粉’；原始苗瑶语 *mpwə:n B ‘面粉’(王辅世、毛宗武 1995：89,664)

(730) 蔭　*mə-q < r >[u]m-s > *'imH*> yìn ‘阴暗’；原始勉语 (L-Thongkum 1993) *ʔglom C <*ŋkl- ‘遮阳’

(731) 散　*mə-sˤa[n]ʔ-s > *sanH* > sàn ‘分散(及物动词)’；比较原始勉语 *dzhan C <原始苗瑶语 *ntsh- ‘散开’，越南语 *ran* [zɑn A1] ‘散开，扩散’

在例(731)里，我们推测原始苗瑶语的塞擦音形式反映了一个增音(epenthetic)[t]：*mə-sˤ- > *ms- > *ns- > *ntsh-。[99] 也请注意，越南语[zɑn A1]是个阴调(越南语声调 A 与中古汉语去声字的对应有不少实例)。我们知道，越南语不但塞音会发生软化，而且在原始越语中带前置辅音的 *s- 声母也是如此(Ferlus 1982)。它的固有词与 *s*- 声母相对应的声母在文字上写作 *r*-[z-](参看 § 4.4.5.1 的讨论)。可以推测，勉语的前置鼻辅音和古越南语使 *s 擦音化的前置辅音是上古汉语中同一个前置音节。

前置音节 *mə 加不送气清阻塞音的声母形式可参看表 4.71。

表 4.71　上古汉语带前置音节 *mə 的清阻塞音及其对应

上古汉语	中古汉语	原始闽语	越南语	原始苗瑶语
*mə.p(ˤ)-	*p*-	—	—	*mp-
*mə.tˤ-	*t*-	*-t	—	*nt-
*mə.t-	—	—	—	—
*mə.ts(ˤ)-	*ts*-	—	—	*nts-
*mə.s(ˤ)-	—	—	—	—
*mə.k(ˤ)-	*k*-	*-k	—	*ŋkj-
*mə.qr-	—	—	—	*ŋkl-
*mə.ʔ-	—	—	—	—

4.5.2.2 前置音节 *mə 加清送气阻塞音：*mə.p^{h}(ˤ)-型

前置音节 *mə 加送气阻塞音的形式只是针对中古汉语清送气声母的构拟，在苗瑶语里是带鼻冠音的声母，而且不具有非及物的意义（否则它将引导我们构拟前置音节 *Nə 而不是 *mə），原始闽语并没有使得上古汉语的送气音声母发生软化。例如：

（732）拍 *mə-p^{hˤ}rak > *phaek* > pāi‘拍打’；原始苗瑶语 *mpjɛk
177 ‘拍’（王辅世、毛宗武 1995）

（733）唱 *mə-t^{h}aŋ-s > *tsyhangH* > chàng‘领唱’；原始苗瑶语 *ɳtʃwjɒəːŋ A‘唱’（王辅世、毛宗武 1995：252，563，只见于勉语支）

（734）稱 *mə-t^{h}əŋ-s > *tsyhingH* > chèng‘杆秤’；原始苗瑶语 *nthju̯əŋH‘平衡’

至于最后一例（734），侗台语族毛难语的/^{n}daŋ 5/‘称重’（梁敏 1980：102）确认了苗瑶语的鼻冠音成分。请注意，以上三个例子当中有两个苗瑶语的辅音是不送气的，也参看 § 4.5.2.5 的例（748），这可能反映了早期苗瑶语送气音分布的某种语音限制。请看表4.72的语音对应。

表 4.72 上古汉语带前置音节 *mə的送气阻塞音

上古汉语	中古汉语	原始闽语	越南语	原始苗瑶语
*mə.p^{h}(ˤ)-	*ph-*	—	—	*mp-
*mə.t^{hˤ}-	—	—	—	—
*mə.t^{h}-	*tsyh-*	—	—	*nthj-
*mə.ts^{h}(ˤ)-	—	—	—	—
*mə.k^{h}(ˤ)-	—	—	—	—
*mə.q^{h}(ˤ)-	—	—	—	—

4.5.2.3　前置音节 *mə 加浊阻塞音：*mə.b(ˤ)-型

带前置音节 *mə- 的浊阻塞音在中古汉语里是浊声母，在罗杰瑞构拟的原始闽语里是软化的浊声母，在苗瑶语里是带鼻冠音的浊声母，在越南语里是读阳调的擦音化声母。例如：

(735) 婦 *mə.bəʔ > *bjuwX* > fù ‘妇女，妻子’，原始闽语 *-b-；越南语 *vợ*[vʌ B2] ‘妻子’；原始勉语 *mbu̯ɛŋ B

(736) 步 *mə-bˤa-s > *buH* > bù ‘步行’，原始闽语 *-b-；越南语 *vã* [vɑ C2] ‘步行，走路’；勉语 /bia 6 /< *mb- ‘脚步’

(737) 紵 *mə-draʔ > *drjoX* > zhù ‘苎麻，亚麻’，原始闽语 *-d-；原始苗瑶语 *nduH ‘苎麻，亚麻’

(738) 字 *mə.dzə(ʔ)-s① > *dziH* > zì ‘生育，爱护；文字’，原始闽语 *-dz-；*原始勉语 *ndzaŋ C ‘词，文字’

(739) 猴 *mə-gˤ(r)o > *huw* > hóu ‘猴子’，原始闽语 *-g-

以上这些对应可以参看表 4.73。

表 4.73　上古汉语带前置音节 *mə 的浊阻塞音及其对应

上古汉语	中古汉语	原始闽语	越南语	原始苗瑶语
*mə.b(ˤ)-	*b-*	*-b	*v*-[v]L	*mb-
*mə.dˤ-	—	—	—	—
*mə.d(ˤ)r-	*dr-*	*-d	—	*nd-
*mə.dz(ˤ)-	*dz-*	*-dz	—	*ndz-
*mə.gˤ-	*h-*	*-g	—	—
*mə.g-	—	—	—	—
*mə.ɢ(ˤ)-	—	—	—	—

① 译注：据“白-沙”所附词表，此处拟音应为“*mə-dzə(ʔ)-s”。

4.5.2.4 前置音节 *mə 加浊响音：*mə.r(ˤ)- 型

鼻音声母前的上古汉语前置辅音 *mə，在中古汉语、原始闽语、苗178 瑶语和越南语里是看不到的，但在先秦文献里可以找到一些例子，如："無" *ma > *mju* > wú，此时的"無"并非用作否定词，而是动词前缀。《诗经·大雅·文王》五章中(235.5)"無念爾祖"，初看来意思好像是"不要怀念你的祖先"，但这里明显应该是"要怀念你的祖先"，《毛传》[100]和《尔雅》(3.81)[101]都有类似的注解。我们把"無" *ma 看作是表示意愿义的松散前缀 *mə。该前缀加在动词"念" *nˤim-s > *nemH* > niàn'思念'之前，表达意愿的语义，让它能够当作命令句的主要动词。

带 *mə.rˤ- 的例子是：

(740) 來 *mə.rˤək > *mə. rˤə > *loj* > lái '来'；[102]它是下字的声符
麥 *m-rˤək [方言] > *mrˤək > *meak* > mài '麦子'

当中古汉语的 *l*- 在原始闽语里是软化的 *-d-时，且谐声系列或相关语言中的汉语借词提供前置声母中带唇鼻音成分的信息时，我们为此构拟 *mə.r-。同样的，当中古汉语的 *zy*- 在原始闽语里是软化声母 *-dž-时，且声母带有唇鼻音的证据存在时，我们为此构拟 *mə.l-。下列中古來母字在上古带前置唇鼻音，其证据来源于谐声材料，对应原始闽语中的 *-d- (Norman 2005: 4)：

(741) 鯉 *mə-rəʔ > *liX* > lǐ '鲤鱼'，原始闽语 *-d-
(742) 蠣 *mə-rat-s > *ljejH* > lì '牡蛎①'，原始闽语 *-d-
(743) 埋 *m.rˤə > *meaj* > mái '埋葬'：原始闽语 *-d-，反映了另一变体"埋" *mə.rˤə
(744) 鹿 *mə-rˤok > *luwk* > lù '鹿'，原始闽语 *-d-②；比较布央语

---

① 译注：此处原书为"stinging insect"，对应的释义或为"蠆"，"白-沙"勘误表此处改为"oyster"，故释义改为"牡蛎"。

② 译注：据"白-沙"勘误表，此处为"白-沙"构拟的原始闽语。

/ma 0 lok 8/(李锦芳 1999：199)[①]

例(744)提到的布央语分布于云南、广西两省区，是侗台语的一种。

中古汉语的 *zy-* 对应到原始闽语 *-dž- 的那些字，很明显表明了上古汉语非咽化的 *l 与松散的前置辅音的结合。(语言)比较证据尤其支持下列 *mə 构拟的例子：179

(745) 舌 *mə.lat > *zyet* > shé ‘舌头’，原始闽语 *-dž-；原始苗瑶语 *mblet ‘舌头’

(746) 食 *mə-lək > *zyik* > shí ‘吃’，原始闽语 *-dž-；原始苗语 *mbljæ C ‘吃菜配米饭’

(747) 實 *mə.li[t] > *zyit* > shí ‘果实；充满’，原始闽语 *-dž-；原始台语 *m.lec D ‘谷物’(Pittayaporn 2009)

我们认为，腭化为[ʎ]后，上古汉语非咽化的 *l 在两个元音之间变成了擦音，产生了中古汉语的 *zy-*(应该读作[ʑ])。参看表 4.74。

表 4.74　上古汉语前置音节 *mə 的浊响音声母及其对应

上古汉语	中古汉语	原始闽语	越南语	原始苗瑶语
*mə.nˤ-	*n-*	—	—	—
*mə.n-	—	—	—	—
*mə.ŋ(ˤ)-	—	—	—	—
*mə.r(ˤ)-	*l-*	*-d	—	—
*mə.l-	*zy-*	*-dž	—	—

4.5.2.5　前置音节 *mə 加清响音：*mə.l̥(ˤ)-型

清响音前加 *mə 的一个可能的例子是：

① 译注：据勘误表，此处“/ma 0 lok 8/”，应改为“(郎架方言)/ma 0 lɔk 8/”。

(748) 脱 *mə-l̥ˤot > *thwat* > tuō ‘脱落’；比较原始勉语 *ʔdut (<*nt-) ‘脱落/逃脱’

在例(748)中，“脱” *mə-l̥ˤot 明显是汉语里 *l̥ˤ- > *tʰˤ- 音变发生之后才借入勉语的，但同时前置鼻辅音还在。汉语在前缀 *mə 后的送气塞音到苗瑶语里的不送气音的对应，我们在 § 4.5.2.2 作了说明。请参看表 4.75。

表 4.75　上古汉语带前置音节 *mə 的清响音及其对应

上古汉语	中古汉语	原始闽语	越南语	原始苗瑶语
*mə.m̥(ˤ)-	—	—	—	—
*mə.n̥(ˤ)-	—	—	—	—
*mə.ŋ̊(ˤ)-	—	—	—	—
*mə.r̥(ˤ)-	—	—	—	—
*mə.l̥ˤ-	*th-*	—	—	*nt-
*mə.l̥-	—	—	—	—

4.5.3　前置音节 *sə 的音首

当原始闽语中的软化声母与中古汉语带的成分相匹配时，那么可
180 以为上古汉语构拟带前置辅音 sə-的音首。

4.5.3.1　前置音节 *sə 加清阻塞音：*sə.p(ˤ)-、*sə.pʰ(ˤ)-型

我们没有比较确切的上古汉语带前置辅音 *sə 加送气或不送气塞音声母的例子。就送气塞音来说，这完全可以预料到，因为正如我们前文已经提到的，闽语并不使送气音软化。不送气清塞音方面，应该另外找解释：比如说，关于齿龈辅音，我们会期望看到原始闽语的 *-t- 或 *-tš- 反映上古的 *sə.t- 。本书认为上古 s.t- 要变成中古 *sy-*，而 s.tˤ- 变成中古的 *ts-*。如我们在 § 4.4.3.1 的注 58 中所指出的：另一种可能是，紧密型的 *s.t(ˤ)- 变为中古的 *ts-*，不管咽化与否(在这种情况下，发展到中古汉语 *ts-* 的以上古咽化声母

占优势应该看作是偶然的)，而上古的 *sə.t- 以及带前元音的 *sə.k- 变为中古 *sy-*，*sə.ts- 变为 *s-*，而且其他发音部位也发生类似的发展。第二种可能就需要假设 *sə 在闽语中的脱落早于其他松散型的前置成分，至少在北部闽语发展出软化声母之前就没有了。这个问题需要再详加研究。我们暂时采取的方案是 *s.t > *sy-*、*s.tˤ > *ts-*，看不到支持 *sə.t- > *tsy* 的证据可能是偶然的，其他发音部位的声母字情况也相类似。

4.5.3.2　前置音节 *sə 加浊阻塞音：*sə.b(ˤ)-型

我们能看到上古汉语 *sə.d- 的例子：

(749) 脣 *sə.dur > *zywin* > chún ‘嘴唇’，原始闽语 *-dž-(?)：(福州 /suŋ 2/，建瓯 /œyŋ 3/)；[103] 声符是：
辰 *[d]ər > *dzyin* > chén ‘地支第五位’

“辰”字属于齿龈塞音的谐声系列。上古汉语的简单声母 *d-理应演变为中古汉语的 *dzy-*，因此 *zy-* 显示了前置辅音的影响。类似的，原始闽语的 *-dž- 是 *dž- 的软化声母，*dž- 反映了上古汉语非咽化的 *d-：根据我们的原则，“脣”字的上古音音首应该是带松散前置辅音的 *d-。那个前置辅音的影响就是在中古汉语里将塞擦音变作擦音。我们在 § 4.4.3 看到，紧密型前置辅音 *s 后接像 *t-、*ts-、*dz-、*k-(后接前元音)和 *g-(后接前元音)的阻塞音时，其对声母的影响就是使它擦音化，如 *s.g- > *zg- > *dʑ- > *zy-*。这个演变就可以解释例(567)中，“示” *s-gijʔ-s > *zyijH* > shì ‘显示’的中古音擦音声母是怎么来的。然而，上古汉语的 *s.d-，我们主张前置辅音 *s 向主要声母 d-同化而变为 *z-*之后，复辅音[zd]在[d]腭化之前简化为 z-，这样[z]就没有机会使后接的塞擦音擦音化(参看 § 4.4.3.3)。关于“脣” *sə.d- 演变为 *zy-* 的过程，我们的设想是：*s.d- 演变为 *zd-* 之后，*sə.d- 就简化成 *s.d-，填补了之前就有的上古汉语 *s.d- 留下的空位。新的 *s.d- 变成浊的 *zd-，因为腭化音变又变作 *zdʑ-，最后再擦化为 *zy-*。

*sə.ɢ-声母的例子：

(750) 松 *sə.ɢoŋ > *zjowng* > sōng '松树'，原始闽语 *-dz-；声符是：
181 公 *C.qˤoŋ > *kuwng* > gōng '公正无私；政府，公家'[104]

可以比较上古汉语"旋" *s-ɢʷ- 到原始闽语 * dz- 的演变（参看 § 4.4.3.3）。

沙加尔、白一平（Sagart & Baxter 2009）显示"公"应有小舌音声母，因为谐声字"瓮" wèng < *'uwngH* < * qˤoŋ-s '坛子'和"頌" róng < *yowng* < *[ɢ](r)oŋ '面容'（现在写作"容"）。这里我们再次假设，本来的 *s.ɢ-变作了 *zɢ-，然后松散型的 *sə.ɢ-填补空缺，变作 *s.ɢ-，继而发生逆同化变作 *zɢ-，最后跟来自 *s-ɢ-的中古汉语 MC *z-* 合并。还有一个例子是：

(751) 邪 *sə.ɢA > *zjae* > xié '歪斜的'，原始闽语 *-dz-(Norman 1996: 34)；原始苗语（王辅世 1979）*ɢei A '邪，歪'

相关的对应可参看表 4.76 的总结。

表 4.76 上古汉语前置音节 *sə 的浊塞音及其对应

上古汉语	中古汉语	原始闽语	越南语	原始苗瑶语
*sə.b(ˤ)-	—	—	—	—
*sə.dˤ-	—	—	—	—
*sə.d-	*zy-*	*-dž	—	—
*sə.dz(ˤ)-	—	—	—	—
*sə.g(ˤ)-	—	—	—	—
*sə.ɢˤ-	—	—	—	—
*sə.ɢ-	*z-*	*-dz	—	*ɢ-

4.5.3.3 前置音节 *sə 加浊响音：*sə.l(ˤ)-型

正如上文 § 4.5.2.4 所讨论的，我们预期非咽化 *l- 前面加上松散的前置音节之后，变成中古浊的腭化擦音 *zy-*（船母）。就具体的前置音节 *sə 来说，我们假设上古汉语的 *sə.l 会变成[səʑ-]，当前置音节失去元音之后，再变成紧密型的 *sʑ-，从而变作 *zʑ-，最后成为中古汉语的 *z-*。例如：

（752）谢 *sə-lAk-s > *zjaeH* > xiè‘辞谢，放弃’，原始闽语 *-dz-（建阳 /lia 6 /）；比较越南语 *giã* [zɑ C2]‘告辞’

我们设想，当原始闽语分化出来时，前置音节还松散地前附于主要音节，于是有了软化声母 *-dz-。这个字在复声母简化之前被借入越南语，于是前置音节导致擦音化：*giã*[zɑ C2]‘告辞’。尽管看不到其他相关语言的证据，我们仍然将中古汉语的 *z*- 与上古汉语的边音声母的联系视为 *sə.l- 的证据。例如：

（753）随 *sə.loj > *zjwe* > suí‘跟随’；有相同声符的，可比较：
堕 *lˤojʔ > *dwaX* > duò‘坠落’ 182
（754）徐 *sə.la > *zjo* > xú‘慢慢地走’；声符是
余 *la > *yo* > yú‘第一人称单数代词，可能是礼貌用语’
（755）馴 *sə.lu[n] > *zwin* > xún‘温顺的；逐步的’；具有相同声符的如
顺 *Cə.lu[n]-s > *zywinH* > shùn‘跟从；服从’
訓 *l̥u[n]-s[方言>] *xun-s > *xjunH* > xùn‘训导’
（756）似 *sə.ləʔ > *ziX* > sì‘相似的’；声符是：
以 *ləʔ > *yiX* > yǐ‘拿，用’

我们还不知道前置音节 *sə 和其他响音声母相结合的具体例子，看来，这个前置音节只在后面的声母是 *l 时才能推断得来。同样地，我们也不知道 *sə 和其他清响音声母相结合的例子。表 4.77 总结了这类对应。

表 4.77　带前置音节 *sə 的浊响音及其对应

上古汉语	中古汉语	原始闽语	越南语	原始苗瑶语
*sə.m(ˤ)-	—	—	—	—
*sə.n(ˤ)-	—	—	—	—
*sə.ŋ(ˤ)-	—	—	—	—
*sə.lˤ-	—	—	—	—
*sə.l-	*z-*	*-dz	*gi*-[z]	—
*sə.r(ˤ)-	—	—	—	—

4.5.4　带前置音节 *pə、*tə、*kə 的音首

构拟带松散前置音节 *pə、*tə 和 *kə 的音首，需要两个独立的要素：一是前置音节包含具体的塞音成分，其证据来自越语、拉珈语和汉语方言；另一个是前置音节是松散型的。在带阻塞音声母的例字中，北部闽语的声母软化提供了松散前置音首的证据，除了上古汉语的送气塞音在闽语中从不软化以外（在带有响音声母的例字中，原始闽语的一般响音声母 *m-、*n- 和 *l- 等，能够反映松散的、而非紧密的前置音节，后者将产生原始闽语的 *mh-、*nh- 和 *lh- 等声母）。很少有例字能满足这种双重条件。

4.5.4.1　前置音节 *pə、*tə、*kə 加阻塞音：*kə.d(ˤ)- 型

"蟑螂"一词，是个上古汉语 *kə.dz- 和原始闽语 *-dz- 对应明显的例子，而且前置音节 *kə 的构拟得到了闽南方言、粤语的支持（参看 § 4.2.1.1 的讨论）。这里再重复一下这个例子：

(757) 原始闽语 *-dzɑt D '蟑螂'，北部闽语：建瓯 /tsuɛ 4 /，政和 /tsuai 5 /，崇安 /luai 8 /；再如邵武 /ts^{h}ai 6 /（Norman 1982：548），和平 /t^{h}ai 4 /（Norman 1995：122），镇前 /tsua 5 /，建阳 /loi 8 /，五夫 /luai 8 /（Norman 1996：37），
183 连墩村 /lue 8 /（Norman 2002：357）

比较：福安 /sat 8 /～/ka 1 sat 8 /，福州 /ka 6 sak 8 /，厦门 /ka 1 tsuaʔ 8 /；粤语 /ka-tsat 8，kat-tsat 8 /

越语提供了第二个例子："脰"dòu < *duwH* '颈项'，在原始闽语里是软化声母 *-d-，在 Rục 语里有前置软腭音/kadɔk/'颈背'（Nguyễn Phú Phong et al. 1988）。相对应的越南语里的词是 *dọc* [zɔk D2]'某种植物的肉质叶梗，刀背，管子，秤杆'，具有擦化的声母 *d*-[z]：

(758) 脰　*kə.dˤok-s > *duwH* > dòu '颈项'，原始闽语 *-d-；Rục 语 /kadɔk/ '颈背'，越南语 *dọc* [zɔk D2] '某种植物的肉质叶梗等'，原始越语 *k-ɗɔːk '颈背'

这些声母在语言间的对应参看表 4.78。

表 4.78　上古汉语带前置音节 *kə 浊阻塞音及其对应

上古汉语	中古汉语	原始闽语	越南语	原始苗瑶语
*kə.b(ˤ)-	—	—	—	—
*kə.dˤ-	*d*-	*-d	*d*-[z]L	—
*kə.d-	—	—	—	—
*kə.dz(ˤ)-	—	*-dz	—	—
*kə.g(ˤ)-	—	—	—	—
*kə.ɢ(ˤ)-	—	—	—	—

4.5.4.2　前置音节 *pə、*tə、*kə 加浊响音：*kə.l(ˤ)-型

"道"dào < *dawX* '道路'的谐声声符是"首"*l̥uʔ > *syuwX* > shǒu '头'，所以上古汉语里一定有边音声母的成分。虽然必须承认在语义上还不是很确定，罗杰瑞(Norman 1996: 36)猜测"道"从闽语表示"遠"的词演变而来，如石陂/ dɔ 5/（"遠"）。该词在闽语的声母来自原始闽语软化的 *-d-。在目前的框架下，罗杰瑞的推测暗示 *lˤ 之前有个松散的前置音节。原始苗瑶语 *kləuX'路'与此相一致。我们做了如下构拟：

(759) 道 *[kə.l]ˤuʔ > *dawX* > dào ‘道路’，原始闽语 *-dɑu B ‘远的’；原始苗瑶语 *kləuX ‘道路’

其中方括号里头表示的是闽语提供的尚待证明的证据。如果证明闽语的证据是不可靠的，苗瑶语本身的证据仍然能够指向 *kə.lˤuʔ 或 *k.lˤuʔ 的构拟。

“溺”niào < *newH* ‘尿’在原始闽语是个普通的 *n- 声母。拉珈语的金田方言和六拉方言的/kĩu B1/ (L-Thongkum 1992)，其第一个元音的鼻化色彩是对上古汉语鼻音声母的继承，同时也体现了前置辅音 *k。上古汉语的音首不能是 *k.n-，因为它会变成原始闽语的 *nh-。
184 我们做了如下构拟：

(760) 溺 *kə.nˤewk-s > *newH* > niào ‘尿’，原始闽语 *n-；拉珈语 /kĩu B1/(金田、六拉方言：L-Thongkum 1992：66)

“落”luò < *lak* ‘掉下’在原始闽语的声母是 *l- (建阳/lɔ 8/，邵武/lo 6/)，但闽南方言的材料显示，前面有个音节/ka/，比如厦门/ka-lauʔ 8/ ‘东西掉下来’(Douglas 1899：297)，汉语北方边缘平遥方言(现在归入晋方言)，也有类似的前置音节：/kʌʔ-lʌʔ/ ‘少量往下落’(侯精一 1989：200)。这种前置音节在解释谐声方面有积极的价值，因为该谐声系列的其他字的音首带软腭塞音。我们的构拟如下：

(761) 落 *kə.rˤak > *lak* > luò ‘掉下’，原始闽语 *l-，厦门 /ka-lauʔ 8/ ‘东西掉下来’ (Douglas 1899：297)；平遥 /kʌʔ-lʌʔ/ ‘少量往下落’(侯精一 1989：200；Sagart 1999c：99)。同声符的字如：

格、洛 *kˤrak > *kaek* > gé ‘往’(最早用字符“各”来表达此义的，请参看陈初生 1987：123。)也可能跟下字有关：

路 *Cə.rˤak-s > *luH* > lù ‘路’，原始闽语 *-d-[参看§4.5.5.3的例(801)]

前置音节 *kə 加浊响音声母的对应情况可看表 4.79。我们还没有明确的例子来证明前置声母位置 *pə 或 *tə 加浊响音声母的存在。

表 4.79　上古汉语带前置音节 *kə 的浊响音及其对应

上古汉语	中古汉语	原始闽语	越南语	原始苗瑶语
*kə.m(ˤ)-	—	—	—	—
*kə.nˤ-	*n-*	*n	—	—
*kə.n-	—	—	—	—
*kə.ŋ(ˤ)-	—	—	—	—
*kə.r(ˤ)-	*l-*	*l	—	—
*kə.lˤ-	*d-*	*-d	—	*kl-
*kə.l-	—	—	—	—

4.5.4.3　前置音节 *pə、*tə、*kə 加清响音：*kə.l̥(ˤ)-型

下例“摄”字在清响音声母前面可能加前置音节 kə：

(762) 攝 *kə.n̥ep > *syep* > shè ‘捉住，抓住’；比较原始台语 *ʰni:p ‘捏’(Pittayaporn 2009)；声符是：
聶 *nrep > *nrjep* > niè ‘允诺；嗫嚅’

我们根据谐声联系，给“攝” shè < *syep* < *kə.n̥ep构拟了 *n̥-(比较“躡” *nrep> *nrjep* > niè “踏”等)。但是拉珈语/khjɛ̃:p 7/显示，在鼻音声母之前可能有软腭部位的前置塞音，声母鼻音成分按规则变成了元音的鼻音性。因此我们构拟了： 185

(763) 攝 *kə.n̥ep > *syep* > shè ‘捉住，抓住’

4.5.5　带松散的、不确定的前置音节 *Cə 的音首

从构拟松散前置音节的证据中往往不能推测前置音节是哪一个，

在这种情况下我们构拟前置音节 *Cə。

4.5.5.1 前置音节 *Cə 加清不送气阻塞音：*Cə.p(ˁ)-型

*Cə.p(ˁ)-型声母在中古汉语里是不送气清塞音或是塞擦音，在原始闽语里是软化的清塞音或塞擦音。如果越南语有相对应的字，我们预计它应该是个读高域声调的擦化音声母。苗瑶语的声母应该是个不送气清音。例如(闽语材料引自：Norman 1971,1996;秋谷裕幸 2004)：

(764) 搬 *Cə.pˁan > *pan* > bān‘搬动’；原始闽语 *-p-（建阳 /voiŋ 9 /）

(765) 反 *Cə.panʔ > *pjonX* > fǎn‘相反’；原始闽语 *-p-（建阳 /vaiŋ 3 /）

(766) 發 *Cə.pat > *pjot* > fā‘发射，发出’；原始闽语 *-p-（石陂 /buai 3 /）

(767) 飛 *Cə.pə[r] > *pj+j* > fēi‘飞翔’；原始闽语 *-p-（建阳 /ye 9 /）

(768) 崩 *Cə.pˁəŋ > *pong* > bēng‘（山）崩塌’；原始闽语 *-p-（建阳 /vaiŋ 9 /）；原始苗语 *pɯŋ A‘掉下来’

(769) 戴 *Cə.tˁək-s > *tojH* > dài‘戴在头上’；原始闽语 *-t-（建阳 /lue 9 /）

(770) 單 *Cə.tˁar > *tan* > dān‘单独，简单’；原始闽语 *-t-（建阳 /lueŋ 9 /）

(771) 斲 *Cə.tˁrok > *traewk* > zhuó‘砍，切开’；原始闽语 *-t-（建阳 /lo 3 /）

(772) 簪 *Cə.tsˁ[ə]m > *tsom* > zān‘发簪’；原始闽语 *-ts-（建阳 /laŋ 9 /）

(773) 薦 *Cə.tsˁə[r]-s > *tsenH* > jiàn‘草，饲料’；原始闽语 *-ts-（建阳 /luŋ 9 /）‘草垫子’[105]

(774) 醉 *Cə.tsu[t]-s > *tswijH* > zuì‘醉（形容词）’；原始闽语 *-ts-（建阳 /ly 9 /）

(775) 膏 *Cə.kˁaw > *kaw* > gāo‘猪油’；原始闽语 *-k-（建阳

/au 9/)

(776) 狗 *Cə.kˤroʔ > *kuwX* > gǒu ‘狗’；原始闽语 *-k-（建瓯/e 3/）；原始苗瑶语 *qluwX ‘狗’

(777) 蕨 *Cə.kot > *kjwot* > jué ‘蕨菜’；原始闽语 *-k-（建阳/ue 9/）；原始勉语 *kʷjət D ‘蕨类植物’ 186

(778) 牯 *Cə.kʷˤaʔ > *kuX* > gǔ ‘公牛’；原始闽语 *-k-（建阳/o 3/）

(779) 飢 *Cə.k<r>ə[j] > *kij* > jī ‘饥饿’；原始闽语 *-k-（建阳/ue 9/）

(780) 假 *Cə.kˤraʔ > *kaeX* > jiǎ ‘借来的；假的’；原始闽语 *-k-（建阳/a 3/）；越南语 *gá* [ɣɑ B1]（*gá tiếng* ‘用别人的名字’）

“補”bǔ < *puX* 这个字，我们看到了前置辅音的性质相矛盾的材料：原始闽语中软化的 *-p-（石陂/bio 3/）说明应该是个松散的前置辅音。原始苗瑶语有 *mpjaX ‘修补’，表明上古汉语的构拟应该是 *mə-pˤaʔ。然而，Rục 语/təpa：3/ ‘修补’却指向了 *tə-pˤaʔ 或是 *sə-pˤaʔ 的构拟。我们可以在同一个词根的基础上处理为两个动词，或者是只构拟一个复杂音首 *tə-m-pˤaʔ 或 *sə-m-pˤaʔ。从目前的证据来看，这一问题还不能很好地解决。暂时简单构拟为：

(781) 補 *[Cə]-pˤaʔ > *puX* > bǔ ‘修补’，越南语 *vá* ‘修补’①

当中古汉语 MC *s*- 在越南语读为阴调的 *r*-[z]，而且当汉语现代方言也读作[s]时，我们构拟为 *Cə.s-。如：

(782) 灑 *Cə.s<r>ərʔ > *srjeX* > *sreaX* > sǎ ‘洒’；又读灑 *Cə.s<r>ərʔ-s > *srjeH* > *sreaH* > sǎ ‘洒’；越南语 *rảy* [zai C1] ‘洒’

---

① 译注：此处越南语方面的内容，据“白-沙”勘误表补。

(783) 釃 *Cə.sre > *srje* > shāi ‘滤酒’；越南语 *rây* [zʌi A1] ‘筛子，滤’

复声母*Cə.q(ˤ)在越南语里产生了声母 *g-* 或 *gh-*（都读[ɣ]）：

(784) 倚 *Cə.q(r)ajʔ > *'jeX* > yǐ ‘斜靠’，后来有了：
‘椅’ *Cə.q(r)ajʔ > *'jeX* > yǐ ‘椅子’；越南语 *ghế*[ɣe B1]

前置音节*Cə加不送气清阻塞音的可验证对应形式见表4.80。

表4.80 上古汉语带前置音节*Cə的不送气清阻塞音及其对应

上古汉语	中古汉语	原始闽语	越南语	原始苗瑶语
*Cə.p(ˤ)-	*p-*	*-p	v-[v]H①	*p-
*Cə.tˤ-	*t-*	*-t	—	—
*Cə.t(ˤ)r-	*tr-*	*-t	—	—
*Cə.t-	—	—	—	—
*Cə.ts(ˤ)-	*ts-*	*-ts	—	—
*Cə.s(ˤ)-	*s-*	—	*r-*[z]H	—
*Cə.s(ˤ)r-	*sr-*	—	*r-*[z]H	—
*Cə.k(ˤ)-	*k-*	*-k	*g(h)-*[ɣ]H	*q-, *k-
*Cə.q(ˤ)-	*'-*	—	*g(h)-*[ɣ]H	—
*Cə.ʔ(ˤ)-	—	—	—	—

187

4.5.5.2 前置音节*Cə加浊阻塞音：*Cə.b(ˤ)-型

前置音节*Cə加浊阻塞音[像*Cə.b(ˤ)-]与不加前置辅音的浊阻塞音有相同的中古汉语形式。原始闽语里，松散的前置音节会产生软化的浊声母。苗瑶语的对应形式是浊塞音。我们预料越南语应该是读低域调的擦音化的声母，但没有明确的证据来证明它。当中古汉语

① 译注：此处“v-[v]H”，原书无，据“白-沙”勘误表补。

是个浊的阻塞音声母时，必须要注意闽语与之对应的词是不是来自口语层次（参看 § 4.2.1.1）。

“鼻”字代表两个不同的读音，在闽语里有区别。一个是“鼻子” *m-bi[t]-s > *bjijH* > bí，具有身体部位前缀 *m-，到原始闽语里是规则的 *bh-（厦门/p^hĩ 6/、福州/p^hei 5/、建阳/p^hoi 6/）。另一个是及物动词“闻”，原始闽语里是软化的 *-b-（石陂/bi 6/）。我们的构拟如下：

(785) 鼻 *m-bi[t]-s > *bjijH* > bí ‘鼻子’，原始闽语 *bh-
　　　鼻 *Cə-bi[t]-s > *bjijH* > bí ‘闻（及物动词）’，原始闽语 *-b-。

动词“嘗”cháng < *dzyang* ‘品尝’和“上”shàng < *dzyangX* ‘上升’在中古汉语时期声韵相同。在闽语里（建瓯/ioŋ 4/，建阳/ioŋ 5/ ‘上’；建瓯/ioŋ 3/，建阳/ioŋ 9/ ‘尝’）都是软化声母。我们的构拟如下：

(786) 嘗 *Cə.daŋ > *dzyang* > cháng ‘品尝’，原始闽语 *-dž-

对于“上”，我们找到同个词根的三个形式：两个动词和一个名词。闽方言有以下不同的形式：‘上升’（原始闽语 *-dž-，B 调）、‘放上、使上升’（原始闽语 *džh-，B 调）、‘顶上、上面’（原始闽语 *dž-，C 调）[106]

(787) 上 *Cə-daŋʔ > *dzyangX* > shàng ‘上升’，原始闽语 *-džioŋ B（厦门 /tsiũ 6/，揭阳 /tsiõ 4/，福州 /suoŋ 6/，建瓯 /ioŋ 4/）
　　　上 *m-daŋʔ > *dzyangX* > shàng ‘上举’，原始闽语 *džhioŋ B（厦门 /ts^hiũ 6/，福州 /ts^huoŋ 6/）
　　　上 *daŋʔ-s > *dzyangH* > shàng ‘顶上，上面’，原始闽语 *džioŋ C（厦门 /tsiũ 6/，揭阳 /tsiõ 6/，建瓯 /tsioŋ 6/）

意为‘上升’的“上”在北部闽语里有软化声母，说明具有前置音节 *Cə-（辅音 C 的具体音值不好确定）；使动意义可加 *m- 来表示；名词形式似乎有词根 *daŋʔ 和名物化后缀 *-s。两个动词形式的“上”的区别在中古汉语里消失了，只在动词（*dzyangX*）、名词（*dzyangH*）之间保留了声调的分别。

我们构拟了 *Cə.ɢ- 来解释“檐”yán < *yem* 和“癢”yǎng < *yangX* 在原始闽语的 *-dž- 声母。

（788）檐 *Cə.[ɢ]am① > *yem* > yán ‘屋檐’，原始闽语 *-dž-（厦门
188 /tsĩ 2/，福州 /sieŋ 2/）

（789）癢 *Cə.ɢaŋʔ > *yangX* > yǎng ‘痒’，原始闽语 *-dž-（厦门 /tsiũ 6/，福州 /suoŋ 6/，建阳 /ioŋ 6/）；声符是

羊 *ɢaŋ > *yang* > yáng ‘羊’

我们设想，罗杰瑞给原始闽语构拟的 *-dž-（我们猜实际上应是 *Cə.dž-）来自更早的 *[j]，是上古汉语后期非咽化 *ɢ- 演变的结果，然后在元音之间被强化为 -dž-：*Cə.ɢ- > *Cə.j- > *Cə.dž-（比较拉丁语 *major* >意大利语 *maggiore*）。这种强化音变发生在华南地区，在原始闽语阶段之前，瓦乡话也属于这一区域，它的读音是/dzoŋ 3/‘痒’。

下面还有一些闽语从带前置辅音 *Cə 的浊塞音演变而来的软化声母的例子：

（790）吠 *Cə.bo[t]-s > *bjojH* > fèi ‘狗叫’；原始闽语 *-b-（石陂 /by 6/）

（791）彈 *Cə.dˤar > *dan* > tán ‘射弹丸’；原始闽语 *-d-（石陂 /duaiŋ 2/ ‘弹（琴）’）

（792）腎 *Cə.[g]i[n]ʔ > *dzyinX* > shèn ‘肾脏’，原始闽语 *-gin B ‘（鸟）的胃’，如福州 /keiŋ 6/，建阳 /iŋ 5/（Norman

---

① 译注：此处“*Cə.[ɢ]am”，原书作“*Cə.ɢam”。

2006：138)

(793) 厚 *Cə.[g]ˁ(r)oʔ > *huwX* > hòu ‘厚’；原始闽语 *-g-（建阳 /eu 5 /），原始勉语 *ɦɔuB ‘厚’

在最后一例里，方括号表示在此种环境下，难以区分咽化的软腭声母及小舌声母。

不确定的松散型的前置音节加浊阻塞音的可验证对应形式在表 4.81 里做了概括。 189

表 4.81　上古汉语带不确定的松散前置音节的浊塞音及其对应

上古汉语	中古汉语	原始闽语	越南语	原始苗瑶语
*Cə.b(ˁ)-	*b-*	*-b	—	—
*Cə.d(ˁ)-	*d-*	*-d	—	—
*Cə.d(ˁ)r-	*dr-*	*-d	—	—
*Cə.d-	*dzy-*	*-dž	—	—
*Cə.dzˁ-	*dz-*	*-dz	—	—
*Cə.dz(ˁ)r-	*dzr-*	*-dz	—	—
*Cə.gˁ-	*h-*	*-g	—	*ɦ-
*Cə.g-	*g-*	*-g	—	—
*Cə.ɢˁ-	—	—	—	—
*Cə.ɢ-	*y-*	*-dž	—	—

4.5.5.3　前置音节 *Cə 加浊响音：*Cə.l(ˁ)-型

当主要辅音是个鼻音的时候，该类型的音首难以察觉。因为原始闽语无法区分带松散前置音节的鼻音声母与简单的鼻音声母。一个可能的情况是下面的例(794)：

(794) 狃 *Cə.n<r>uʔ > *nrjuwX* > niǔ ‘动物足迹；爪子’；西部客家话 /ȵiau 1 / ‘爪子’（李如龙等 1999：124），原始勉

语 *ʔɲauB ‘爪’

构拟 *Cə.n- 的论据如下，客家话能够区分两套响音：大多数客家话的上声字第 1 调，对应于原始闽语的一般响音声母，像 *n- < OC *n-；第二套读第 3 调，对应于原始闽语的清响音，如 *nh- < *C.n-（Norman 1989）。因此如果“狃”niǔ 来自 *C.n-，即带有紧密的前置清辅音，我们能够预想到客家话读第 3 调，而不是第 1 调。但根据勉语有 *ʔɲ- 的情况来看，其上古汉语的音首应该有一个清的前置辅音。鉴于此，我们构拟了松散的前置声母 *Cə.n-。

上古汉语 OC *Cə.l(ˤ)- 和 *Cə.r(ˤ)- 在闽语里均软化，因此容易鉴别。具体的对应可参看表 4.82 的概括。

表 4.82　上古汉语带松散前置音节的边音声母及其对应

上古汉语	中古汉语	原始闽语	越南语	原始苗瑶语
*Cə.lˤ-	*d-*	*-d	—	*d-
*Cə.l(ˤ)r-	*dr-*	*-d	—	—
*Cə.l-	*zy-*	*-dž	*x*-[s-]L	—

*Cə.l(ˤ)- 的例子如下：

（795）袋 *Cə.lˤək-s > *dojH* > dài ‘袋子’；原始闽语 *-d-（建阳 /lui 6 /），原始勉语 *di C ‘袋子’

（796）夺 *Cə.lˤot > *dwat* > duó ‘强取’；原始闽语 *-d-（建阳 /lue 8 /）

（797）池 *Cə. lraj > *drje* > chí ‘水池’；原始闽语 *-d-（石陂 /di 2 /）

（798）蛇 *Cə. lAj > *zyae* > shé ‘蛇’；原始闽语 *-dž-（厦门 /tsua 2 /，福州 /sie 2 /；越南语 *xà* [sɑ A2]）

（799）船 *Cə.lo[n] > *zywen* > chuán ‘船’；原始闽语 *-dž-（石陂 /yiŋ 2 /）

（800）射 *Cə.lAk > *zyek* > shè‘以弓矢射物’；原始闽语 *-dž-（建阳 /ia 8/）

正如我们在 § 4.5.2.4 提到的，原始闽语 *-d- 的一个来源是上古汉语的 *mə.r(ˁ)-(Norman 2005)。当原始闽语的软化声母 *-d- 对应的中古汉语 MC *l*-前置音节本质不明时，我们就构拟为 *Cə-r(ˁ)-，正如此例：

（801）路 *Cə.rˁak-s > *luH* > lù‘路’；原始闽语 *-d-（建阳 /lio 6/，邵武 /tʰio 6/）；陆丰客家话 /lu 6/ 190

此处陆丰客家话的 /lu 6/‘道路’确认了音首不含清辅音（不然应该是读第 5 调）。前置音节声母应该是个鼻音，但我们无法说清楚语义上前缀 *mə 或 *Nə 哪一个更合适。

表 4.83 提供了前置音节 *Cə 在响音声母之前的可验证对应。

表 4.83　上古汉语带有不确定松散前置音节的浊响音声母及其对应

上古汉语	中古汉语	原始闽语	越南语	原始苗瑶语
*Cə.m(ˁ)-	—	—	—	—
*Cə.n(ˁ)-	—	—	—	—
*Cə.n(ˁ)r-	*nr-*	—	—	—
*Cə.ŋ(ˁ)-	—	—	—	—
*Cə.lˁ-	*d-*	*-d	—	*d-
*Cə.l(ˁ)r-	*dr-*	*-d	—	—
*Cə.l-	*zy-*	*-dž	x-[s-]L	—
*Cə.r(ˁ)-	*l-*	*-d	—	—

4.5.5.4　前置音节 *Cə 加清响音：*Cə.m̥(ˁ)-型

对于上古汉语里清响音加上不确定的前置音节的组合，我们还不知道具体的例子。

4.6 带复杂前置辅音的音首

上面几个小节大概论述了针对简单音首、紧密型和松散型复辅音音首所提出的原则，它并不能解释所有语言之间的语音对应。有时候，需要构拟复杂声母。所谓复杂音首，指的是包括两个前置辅音的声母，有时候还带一个[ə]。头一个辅音永远是个前缀，第二个可以是个词根性前置辅音。两个前置辅音都是前缀的话，可能属于不同的时间层次，最外边的前缀一定属于时间上较晚近层次。因此，它们出现的顺序并不绝对是可预测的。我们已经讨论过一些复杂前置辅音的例子(比较 § 4.4.3.3 对“席”字和 § 4.4.3.4 对动词“鋤”的讨论)。接下来我们再讨论更多的例子。

中古音“羡”*zjenH*‘羡慕、希望’的读音表明该字的上古音音首应该有个前置辅音 *s 再跟一个浊辅音，或是齿龈音，或是小舌音(*s.g- 是不可能的，因为在本书的框架里，当 *s.g- 后接非前元音时，*s- 在中古汉语里没有留下痕迹)。越南语 *ghen* [ɣɛn A1]‘妒忌的，羡慕的’(汉语去声对应越南语的 A 调，这在早期层次中有不少例子)这个读音显示，使 *s- 变作浊音的辅音，不应是齿龈音。同时，阴调显示声母应是
191 清的。为解释越南语的阴调，我们构拟如下：

(802) 羡 *s-N-qa[r]-s > *zjenH* > xiàn‘羡慕，希望’；越南语 *ghen* [ɣɛn A1]‘嫉妒的，羡慕的’

这个字是带前缀 *N 的静态动词，再加上前缀 *s- 它就变作了及物性动词。越南语声母 *gh*-[ɣ]是因为前置 *s- 而擦音化的。*N- 是看不到的：可能在越南语借用这个字的时候，声母还没有浊化，而 *N 在越南语里丢掉了。

在另外一个例子里，我们似乎看到顺序相反的 *s- 和 *N- 前缀。不及物动词“登” *tˤəŋ > *tong* > dēng‘上升’是“增” *s-tˤəŋ > *tsong* > zēng‘增加(及物动词)’的词根，此处 *s- 的功能是增加动词的配价能力。

（803）層 *N-s-tˤəŋ > *dzong* > céng ‘加倍’

“曾”由“增”通过加静态（或不及物）前缀 *N- 派生得来。可能当 *N 前缀加在音节时，辅音从 *s-tˤ- 已经换位成 *tsˤ- 了。如此，我们的构拟并非是对某个共时阶段的反映，但它仍然包括了演变为中古汉语的必要因素。

在上文 § 4.4.4.2 所举的例（645）里，我们指出“巠” jīng < *keng* ‘水脉’和“經” jīng < *keng* ‘织布机上的纵线，法则，准则’具有音首 *k.lˤ-。在同个谐声系列里，“莖” jīng < *heang* ‘茎秆’看起来在语源上跟“莛” tíng < *deng* ‘茎’是有关系的。于是我们构拟了：

（804）莖 *m-k-lˤ<r>eŋ > *heang* > jīng ‘茎秆’

头一个前缀的语法功能尚不清楚，可能植物的茎被认为是它的“身体”的一部分。

“懶” lǎn < *lanX* ‘懒惰的’在泰文里的借词 /graan 2/ 和原始苗语 *ŋglæn B ‘懒惰的’都显示了一个软腭前置辅音。后者的形式也表明了鼻冠音的存在。原始闽语有 *-d- 声母，如建阳 /lyeŋ 5/、福州 /tiaŋ 6/，显示前置辅音是松散型的，到了原始闽语时期，则变成了浊音。我们可以构拟 *N-kə.rˤ-，它演变为原始闽语的 *gə.dˤ-，罗杰瑞的 *-d-。

（805）懶 *[N-kə.]rˤanʔ > *lanX* > lǎn ‘懒惰’，原始闽语 *-d-；原始苗语 *ŋglæn B

原始苗瑶语 *ŋkjɔ:m A ‘衔在嘴里’（王辅世、毛宗武 1995）和侗台语的毛南语 /ᵑgam1/ ‘衔在嘴里’（梁敏 1980：100），都表明“含”的音首是带有鼻冠的清塞音。同时，原始闽语的声母是 *-g-（如建阳 /aŋ 9/）：声母的浊化和软化明显是不同前置辅音作用的结果。我们构拟了：

（806）含 *Cə-m-kˤ[ə]m > *hom* > hán ‘衔在嘴里’

从关系词“疏”*sra > *srjo* > shū‘分散的’来看，“粗”*tshu* > cū‘粗糙的，(头发)薄的’，乍看需要构拟 *s.r̥ˤa［平行的例子可参看例(607)］。而原始苗语*ntsha A‘粗糙的’显示 *s.r̥- 已经变成了送气塞擦音，但还有前置鼻音节：从语义来考虑，大概是前缀 ***N-** 或 ***Nə-**。我
192 们构拟如下：

(656①) 粗 ***Nə-s.r̥ˤa** > *tshu* > cū‘粗糙的，(头发)厚的’

因为我们估计上古汉语 OC ***N-s.r̥ˤa** 会演变为中古的 *dzu*。

另一个例子是：

(807) 旬 *s-**N**-qʷi[n]> *zwin* > xún‘十天一周’；比较：
　　 钧 *C.qʷi[n]> *kjwin* > jūn‘陶工的旋盘’
　　 韻 *[m-qʷ]<r>i[n]-s > *hwinH* > yùn‘和谐的；韵’[107]

词根是带有像‘圆圈、旋转’义的 *qʷi[n]：“旬”xún < *zwin*，我们需要构拟一个前缀 ***N** 来解释该字的浊声母，以及一个 *s- 前缀来解释咝音中古声母 *z-*，由此我们将其拟作 *s-**N**-qʷi[n]。

上文讨论了我们对上古音首及其发展的看法。下一章将把注意
193 力转到上古汉语的韵母上。

---

① 译注：原书如此。

第五章

上古汉语的韵母

此章主要介绍我们所构拟的上古汉语韵母，以及从上古到中古汉语乃至现代汉语方言的韵母系统的发展。我们在上古韵母构拟中所采用的材料主要是：上古时代的韵文、中古韵母的区别、汉字谐声系统（特别关注近年来出土的古文字材料）。原则上，此章应该仍依照第四章上古汉语音首构拟的体例，系统地比较上古韵母与闽语和其他方言，以及越语族、苗瑶语族、侗台语族中的早期借词之间的对应关系。从这些材料当中，我们发现了一些支持我们构拟的证据，例如关于韵尾 *-r 的构拟（参看 § 5.5.1）。不过就目前所见的现代方言和早期借词材料，并没有提供很多超出我们现有材料范围的新内容。造成这一情况的部分原因是相关方言和语言的研究仍然处于起步阶段，因而更大程度上清晰、准确地掌握这些语言材料中韵母的基本情况，将是未来研究的重中之重（见 § 6.4 中的相关讨论）。

5.1 概述：元音、韵尾和后置辅音

上古汉语的韵母最多由四个部分依次组成：主元音、韵尾、后置辅音 *-ʔ、后置辅音 *-s。其中元音是唯一必须出现的成分：

韵母＝元音（韵尾）（ʔ）（-s）

上古汉语有六个元音，见表 5.1。[1]

表 5.1 上古汉语六元音

*i	*ə	*u
*e		*o
	*a	

元音系统的构拟与白一平(Baxter 1992)基本一致,只是把*ɨ(Baxter 1992、Sagart 1999c)替换为央元音*ə。这一修改主要出于一些实用的目的:经验显示多数读者更加熟悉*ə这个符号,而[ɨ]的音标很容易与常见的前高元音[i]产生视觉混淆。

韵尾位置上可以出现半元音、鼻音、流音*-r、清塞音(见表5.2)。

表5.2　上古汉语韵尾

	1	2	3	4
元音韵尾	(*-∅)	*-j	*-w	
鼻音韵尾	*-ŋ	*-n		*-m
流音韵尾		*-r		
清辅音韵尾	*-k	*-t	*-wk	*-p

韵尾系统的构拟与白一平(Baxter 1992)基本一致,只是增加了*-r,§5.5.1中将对此详加论述。在描写韵母系统的发展时,为方便起见,没有韵尾辅音的韵母一律处理为带有零韵尾*-∅。本章的顺序
194 将根据韵母的韵尾类型(依表5.2中所列)展开。表5.2第一列见§5.4,第二列见§5.5,第三列见§5.6,第四列见§5.7。韵尾演化的一般趋势可归纳为:

开音节(带零韵尾*-∅)在中古音和现代方言中仍然以元音性成分结尾,但有时也会在音节末增生出滑音,例如:*Cˤə > *C(w)oj*, *Cˤu > *Caw*, *Cˤe > *Cej*。

韵尾*-ŋ与*-k在中古音中继续保留,但是*-iŋ与*-ik经常分别变为*-in和*-it,在*-s之前会发生*-ik-s > *-it-s > *-ij-s > *-ijH* 的变化。

*-j韵尾在大部分情况下都保持原貌,但在中古音及现代汉语大部分方言中,*a之后的*-j会脱落,例如:*Cˤaj变为MC *Ca*。

-r韵尾通常会与-n合并,不过在某些方言中,它会变为*-j(一些对音材料反映我们构拟的*-r的实际音值就是[r]——参看§5.5.1.3——但其实这个韵尾构拟为*-l似也无妨)。

-n韵尾和-t韵尾在中古音中都保持不变(除了在*-s之前*-t会脱落:*-t-s > *-js > *-jH*)。

-w韵尾一般在中古音中继续保存,而-wk到中古音时变为*-k*。

唇音韵尾*-m 和*-p 发展到中古音,在一般情况下也会保持不变,但是在历史上有一些异化音变现象：風 *prəm > *pjuwng* > fēng‘风(名词)’,熊 *C.[ɢ]^{w}(r)əm > *hjuwng* > xióng‘熊(名词)’。*-p-s 韵尾在很早阶段就已演变为*-t-s,然后进一步变为*-js>-*jH*。

不是所有的元音韵尾组合都会在构拟中体现,可能的组合情况参看表 5.3。表中结构有些许不平衡之处：*-u 可以作为一个韵母形式出现,而*-i 不可以。与此相应,*-ij 可以构成一个韵母,但是却没有*-uw 这样的韵母。[2] 韵尾*-w 和*-wk 只出现在非圆唇元音之后,不过我们也认为没有理由构拟*-əw 或者*-əwk。

表 5.3　上古汉语韵母的构拟形式

	*-∅	*-j	*-w	*-n	*-m	*-ŋ	*-r	*-t	*-p	*-k	*-wk
*i	—	-ij	-iw	-in	-im	-iŋ	-ir	-it	-ip	-ik	-iwk
*u	-u	-uj	—	-un	-um	-uŋ	-ur	-ut	-up	-uk	—
*ə	-ə	-əj	—	-ən	-əm	-əŋ	-ər	-ət	-əp	-ək	—
*e	-e	-ej	-ew	-en	-em	-eŋ	-er	-et	-ep	-ek	-ewk
*o	-o	-oj	—	-on	-om	-oŋ	-or	-ot	-op	-ok	—
*a	-a	-aj	-aw	-an	-am	-aŋ	-ar	-at	-ap	-ak	-awk

根据奥德里古尔(Haudricourt 1954a, 1954b)的理论框架,我们为中古的上声构拟了后置辅音*-ʔ,作为其发生来源(在中古汉语中,上声以音节末的-*X* 来表示)。这个后置辅音可以出现在除清塞音之外的所有韵尾之后(包括零韵尾)[3]。目前的假设认为,当喉塞音仍然存 195
在时,在喉头的闭合阶段会有使喉头拉紧的趋势,从而造成音高升高,产生音系上的差异,并最终导致了中古"上声"的出现。

根据奥德里古尔(Haudricourt 1954a, 1954b)的研究,我们也为中古去声(在中古音中以音节末的-*H* 来表示)构拟了后置辅音*-s 作为其发生来源,在上古汉语中,这个后置辅音出现在所有韵尾之后,也可以出现在后置辅音*-ʔ 之后。在上古汉语阶段相当早的时期,韵尾*-p-s 就已经演变为*-t-s,至少在《诗经》押韵里还能看到这个音变产生的影响。最后,所有出现在*-s 前的清塞音全部脱落,继而音节末尾的*-s 也弱化为[h],最终导致了音高曲拱(pitch contour)的变化差异，形成了中古的去声（见表5.4）[4]。

表5.4 上古带*-s的清塞音韵尾的演变

OC			MC
*-Vk-s	>*-Vs		>-*VH*
*-Vt-s	>*-Vts	>*-Vjs	>-*VjH*
*-Vp-s	>*-Vts	>*-Vjs	>-*VjH*
*-Vwk-s	>*-Vws		>-*VwH*

咝音韵尾*-js或许是最晚消失的，因此属于这一类来源的去声字还常用来转写印度语言中-s、-ś 或-ṣ一类韵尾的音节。比如以下的例子（引自 Bailey 1946; Pulleyblank 1962—1963; Pulleyblank 1973）：

（808）貴霜 Guìshuāng < *kjw+jH-srjang*，Kushan（早期中亚地区古国）；关键音节是：

貴 *kjw+jH* <*kuj-s

（809）罽賓 Jìbīn < *kjejH-pjin*，Kashmir（克什米尔；古印度俗语 *Kaśpir(a)，见 Pulleyblank 1973：370）：

罽 *kjejH* <*kajs <*[k](r)[a][t]-s

（810）都賴 Dūlài < *tu-lajH* 塔拉斯河（Talas，在今哈萨克斯坦和吉尔吉斯斯坦）：

196 賴 *lajH* <*rˤajs <*rˤa[t]-s

（811）波羅奈 Bōluónài < *pa-la-najH*，梵文 Vārāṇasī（古印度俗语：*Varanaz(ī)，Pulleyblank 1973：370）：

奈 *najH* <*nˤajs <*nˤa[t]-s ‘处理’

（812）毗里害波底 Pílǐhàibōdǐ < *bjij-liX-hajH-pa-tejX*，梵文 Bṛhaspati（印度神祇）：

害 *hajH* <*ɦˤajs <*N-kˤat-s

我们暂且认为所有的韵尾*-s都是某种形态后缀。复韵尾*-ʔ-s和*-s拥有同样的映射形式（reflexes），在内部构拟的基础上，某些读去声的词可以被认为是从韵尾为 *-ʔ 的词干上通过添加 *-s 后缀派生形成的，如此则可以解释以下例子：

(813) 坐 *[dz]ˤo[j] ʔ > *dzwaX* > zuò ‘就座’
坐，座 *[dz]ˤo[j]ʔ-s > *dzwaH* > zuò ‘座位（名词）’

(814) 下 *gˤraʔ > *haeX* > xià ‘下面’，厦门 /e 6/，石陂 /ɦa 5/，原始闽语 *ɦa B
下 *m-gˤraʔ-s > *haeH* > xià ‘下降’，厦门 /he 6/，原始闽语 *ɣa C

(815) 語 *ŋ(r)aʔ > *ngjoX* > yǔ ‘说话’
語 *ŋ(r)aʔ-s > *ngjoH* > yù ‘告诉’

如果接受奥德里古尔对韵尾 *-s 的构拟假设，那么高本汉为上古汉语构拟的清浊两套韵尾的做法就显得没有必要了。高本汉构拟浊塞音韵尾 *-g、*-d、*-b，是为了解释中古音的开音节和入声音节发生谐声关联和交替的现象。董同龢(1948)和李方桂(Li 1971)都是这一观点的追随者。表 5.5 中是一些具体例子：

表 5.5　高本汉、李方桂的 *-g, *-d, *-b 和 OC *-k-s, *-t-s, *-p-s 的对应

	中古音	白–沙	高本汉	李方桂[a]
覺 jué ‘睡醒’	*kaewk*	*kˤruk	*kộk	*[krəkw]
覺 jiào ‘唤醒’	*kaewH*	*kˤruk-s	*kộg	*[krəgwh]
脱 tuō ‘脱落’	*thwat*	*mə-l̥ˤot	*t’wât	*[thuat]
蜕 tuì ‘昆虫或爬虫等脱下的皮’	*thwajH*	*l̥ˤot-s	*t’wâd	*[thuadh]
盇 hé ‘茅草屋顶，覆盖（动词）’	*hap*	*m-[k]ˤap	*g’âp	*gap
蓋 gài ‘盖（动词）；盖子（名词）’	*kajH*	*[k]ˤap-s	*kâb	*kabh

a 方括号中的形式表示其构拟是根据李方桂系统得出的，但实际不见于李方桂(Li 1971)。

高本汉在韵尾的构拟上有时也走得太远，比如他为鲜与*-k 发生关联的一些字构拟了*-g 韵尾，董同龢和李方桂(1971)仍旧跟从他的构拟方案。例如：

(816) 高本汉的*-əg，不仅对应我们构拟的*-ək-s，也对应*-ə。
高本汉的*-og，不仅对应我们构拟的*-awk-s，也对应*-aw。
高本汉的*-ôg，不仅对应我们构拟的*-uk-s，也对应*-u。

具体细节详见下文§5.4至§5.7对每一韵部的单独讨论，每一小节都会有一张我们的构拟系统与其他几家上古音系统的比较对
197 照表。

5.2 六元音系统

一个恰如其分的上古汉语元音系统构拟，应该解释下列情形：

1. 在中古音和现代方言里观察到的语音分别；
2. 《诗经》和其他早期韵文中的用韵差异；
3. 先秦文字系统中的谐声分别。

此节将概括介绍六元音构拟的理据，并展示此构拟如何对一些尚未得到解释的语言现象做出正确预测。先来看一下我们的构拟如何来解释中古音的语音区别。

方便起见，我们先从《切韵》里传统上被称为“一等”和“四等”的韵开始讨论。“一等”“四等”这样的分类本是来自宋代流行的韵图，但我们通过《切韵》内部证据而得到的韵与韵图分等可相吻合：一等韵和四等韵只使用表5.6中所列声母[5]。表中最左栏中的大写字母是其右侧声母辅音的代表符号。

表5.6 一等韵和四等韵所用到的十九个声纽

P-	*p-*	*ph-*	*b-*	*m-*	
T-	*t-*	*th-*	*d-*	*n-*	*l-*

续　表

Ts-	*ts-*	*tsh-*	*dz-*	*s-*	
K-	*k-*	*kh-*			*ng-*
	'-	*x-*	*h-*		

表 5.7 是带后鼻音韵尾-ng 的一、四等韵母与声母的配合表，左侧两列分别是中古韵母的转写及其传统术语形式。表中主体的每一格代表一类中古音音节，声调不计其内：如“*Pang*”可代表旁 páng < *bang*‘旁边’，芒 máng < *mang*‘芒（刺），谷物外壳上的刺状物’，等等。 198

表 5.7　中古汉语带-*ng* 韵尾的一、四等韵母

中古韵目		*P-*	*T-*	*Ts-*	*K-*
-ang	唐一開	*Pang*	*Tang*	*Tsang*	*Kang*
-wang	唐一合	—	—	—	*Kwang*
-uwng	東一	*Puwng*	*Tuwng*	*Tsuwng*	*Kuwng*
-eng	青四開	*Peng*	*Teng*	*Tseng*	*Keng*
-weng	青四合	—	—	—	*Kweng*
-ong	登一開	*Pong*	*Tong*	*Tsong*	*Kong*
-wong	登一合	—	—	—	*Kwong*
-owng	冬一	*Powng*	*Towng*	*Tsowng*	*Kowng*

注意-*wang*、-*weng*、-*wong* 只出现在 *K*-类声母之后，这种分布特点说明在更早期阶段，这些音节结构（忽略调类）应该属于例（818）中的情况，而不是例（817）所示的样子。

$$(817)\begin{pmatrix} {}^{*}\mathrm{P} \\ {}^{*}\mathrm{T} \\ {}^{*}\mathrm{Ts} \\ {}^{*}\mathrm{K} \end{pmatrix}\text{ (w) 元音　韵尾}$$

$$(818)\ \begin{pmatrix} {}^*\mathrm{P} \\ {}^*\mathrm{T} \\ {}^*\mathrm{Ts} \\ {}^*\mathrm{K} \\ {}^*\mathrm{K^w} \end{pmatrix}\ \text{元音}\quad\text{韵尾}$$

-wang、*-weng*、*-wong* 这类韵母仅见于 *K*-类声母后的现象说明，*-w*-应当本属于声母的特征，因而在上古汉语中无需在声母韵母之间为 *-*w*-独辟出一个位置。我们根据表 5.7 中的这种偏态分布（skewed distribution）做成表 5.8 的上古声韵配合表。顶行和左栏为上古音构拟，表中主体为上古音构拟到中古的对应形式。表中每一行对应一个传统上古韵部，第二竖栏中为韵部名。

表 5.8　中古带-ng 韵尾一、四等韵的上古来源

上古音	传统韵部	*Pˤ-	*Tˤ-	*Tsˤ-	*Kˤ-	*Kʷˤ-
*-aŋ	陽	*Pang*	*Tang*	*Tsang*	*Kang*	*Kwang*
*-oŋ	東	*Puwng*	*Tuwng*	*Tsuwng*	*Kuwng*	—
*-eŋ	耕	*Peng*	*Teng*	*Tseng*	*Keng*	*Kweng*
*-əŋ	蒸	*Pong*	*Tong*	*Tsong*	*Kong*	*Kwong*
*-uŋ	冬	*Powng*	*Towng*	*Tsowng*	*Kowng*	—

表中的空格是唇化音首和圆唇元音的搭配，比如“*Kʷˤoŋ”或“*Kʷˤuŋ”这样的音节俱付阙如。这样的组合可能也存在过，不过我们目前没有证据可以支持构拟这样的形式。

根据目前的材料，至少需要五个元音 *o、*u、*a、*e、*ə 才能满足带 *-ŋ 韵尾的音节组合[6]。那么这是否也能满足中古音带-*n* 韵尾的音节组合呢？表 5.9 中是中古汉语一、四等韵母中带-*n* 韵尾的音节表，请对比上表 5.7：

表 5.9　中古汉语带 *-n* 韵尾的一、四等韵

中古韵母		*P-*	*T-*	*Ts-*	*K-*
-an	寒一開	*Pan*	*Tan*	*Tsan*	*Kan*
-wan	桓一合	—	*Twan*	*Tswan*	*Kwan*
-en	先四開	*Pen*	*Ten*	*Tsen*	*Ken*
-wen	先四合	—	—	—	*Kwen*
-on	痕一開	—	—	—	*Kon*
-won	魂一合	*Pwon*	*Twon*	*Tswon*	*Kwon*

此表中的分布情况更为微妙。中古音 *-wen* 跟表 5.7 中 *-wang*、*-weng*、*-wong* 这些韵母一样只出现在 ***K-*** 类声母后。不过，虽然中古音没有“*Twang*”或“*Tswang*”这样的音节，却有 *Twan* 和 *Tswan*。我们 199
可以回头重拾例(817)中的图式，构拟一个在主元音前可以自由出现的 *w 来解释表 5.9 的现象，这也恰恰是由高本汉最早提出的处理方法。不过雅洪托夫(Jaxontov 1960b)提出了另一种假设：*Twan*、*Tswan*、*Twon*、*Tswon* 这些音节形式中的 *-w-* 是从过去圆唇元音发展来的次生音变的结果，*Twon* 和 *Tswon* 源自上古 *Tun 和 *Tsun①。从上古到中古，圆唇元音 *o 和 *u 在锐音韵尾前(我们构拟系统中的 *-j、*-n、*-t 和 *-r，参看表 5.2 第二栏)发生了裂化音变：*Tˤon > *Twan*，*Tˤun > *Twon*。我们把雅洪托夫的假说称为“圆唇元音假设”，这是六元音系统构拟最为关键的基础之一。圆唇元音假设可以解释表 5.10(下文还将作修改)中带-n 韵尾音节的分布类型，读者可与表 5.8 相参照。

表 5.10　中古带 *-n* 韵尾一、四等韵母的上古来源(未全)

上古音	*Pˤ-	*Tˤ-	*Tsˤ-	*Kˤ-	*Kʷˤ-
*-an	*Pan*	*Tan*	*Tsan*	*Kan*	*Kwan*
*-on	*Pan*	*Twan*	*Tswan*	*Kwan*	—

① 译注：按照咽化声母假设应该是 *Tˤun 和 *Tsˤun。

续　表

上古音	*P^{ʕ}-	*T^{ʕ}-	*Ts^{ʕ}-	*K^{ʕ}-	*K^{wʕ}-
*-en	*Pen*	*Ten*	*Tsen*	*Ken*	*Kwen*
*-ən	*Pwon*	?	?	*Kon*	*Kwon*
*-un	*Pwon*	*Twon*	*Tswon*	*Kwon*	—

关于表 5.10 还有几点要说明。我们认为原本应该存在*P^{ʕ}an：*P^{ʕ}on、*K^{wʕ}an：*K^{ʕ}on、*P^{ʕ}ən：*P^{ʕ}un 和*K^{wʕ}ən：*K^{ʕ}un 的对立，但这些区别对在中古音里发生了合并，原因是因为发生了以下两个音变：(1) 圆唇元音在锐音韵尾前裂化；(2) *w 在唇音声母后不起区别作用。详细来说，*K^{ʕ}on 裂化为*K^{ʕ}wan，在语音上就与上古原来的*K^{wʕ}an(> MC *Kwan*)相合并；*K^{ʕ}un 裂化为*K^{ʕ}wən，在语音上与上古原来的*K^{wʕ}ən(> MC *Kwon*)相合并。然后，在某一阶段，*w 在唇音声母后不再起区别作用，于是*P^{ʕ}on 裂化为*P^{ʕ}wan，最终与上古原来的*P^{ʕ}an(> MC *Pan*)合并。*P^{ʕ}un 裂化为*P^{ʕ}wən，与上古原来的*P^{ʕ}ən(> MC *Pwon*)合并(如同"*K^{wʕ}oŋ"和"*K^{wʕ}uŋ"相类，也可能存在过*K^{wʕ}on 或*K^{wʕ}un 这样的音节，但据我们所知，没有理由一定要构拟这种音节形式)。

到目前为止，我们的分析完全是建立在中古音音节类型的基础之上，还未涉及上古押韵。我们所构拟的带*-ŋ 的各个韵母在上古押韵的材料里可以得到很好的支持：新构拟的韵母和传统韵部对应得严丝合缝，如表 5.11 所示。

表 5.11　上古收*-ŋ韵尾的各个韵母(不完全)与传统韵部的对照表

上古音构拟	传统韵部
*-aŋ	陽
*-oŋ	東
*-eŋ	耕
*-əŋ	蒸
*-uŋ	冬

初步看来，似乎只需要把中古-*ng* 韵尾音节声韵配合表中的五个元音搬来表 5.10 中，就可以同样满足中古-*n* 韵尾音节的分布了。但是上古带 *-n 韵尾的传统韵部与我们的构拟之间的关系比 *-ŋ 复杂得多。因为根据传统韵部的分析，中古的-*en* 可以来自
三个上古韵部：真、元、文（高本汉分别构拟了 *-ien、*-ian 和 *-iən 来 200
解释中古-*en*的来源，但是前元音假设可以提供一个不同的构拟方案，见下文的讨论）。表 5.12 中是有关例证，并附有《诗经》韵脚的序号。

表 5.12　从三个传统韵部发展来的中古音-*en* 例字

	中古音	传统韵部	《诗经》押韵
賢 xián'有才干的'	*hen*	真	《小雅・北山》(205)第二章、《大雅・行苇》(246)第三章
見 jiàn'看见'	*kenH*	元	《小雅・頍弁》(217)第三章
先 xiàn'先行'	*senH*	文	《小雅・小弁》(197)第六章

中古音-*en* 分别来自三个不同的传统韵部，而我们所构拟的三个音节形式 *-an、*-on 和 *-en 却全都对应一个传统韵部：元部。同样，我们所构拟的 *-ən 和 *-un则对应传统分部中的文部。如果我们把表 5.10 上古押韵所蕴含的各种区别结合起来，可以得到表 5.13(方便起见，横行均以数字标识；此表在下文中仍有进一步的修订)。

表 5.13　中古带-*n* 音节的来源及其对应的传统上古韵部(并未全部罗列)

	韵　母	传统韵部	*Pˤ-	*Tˤ-	*Tsˤ-	*Kˤ-	*Kʷˤ-
1	-(*w*)*an* < *-an	元	*Pan*	*Tan*	*Tsan*	*Kan*	*Kwan*
2	-(*w*)*an* < *-on		*Pan*	*Twan*	*Tswan*	*Kwan*	—
3	-(*w*)*en* < *-en		*Pen*	*Ten*	*Tsen*	*Ken*	*Kwen*
4	-(*w*)*en* < *-in	真	*Pen*	*Ten*	*Tsen*	*Ken*	*Kwen*
5	-(*w*)*en* < ?	文	—	*Ten*	*Tsen*	—	—
6	-(*w*)*on* < *-ən		*Pwon*	—	—	*Kon*	*Kwon*
7	-*won* < *-un		*Pwon*	*Twon*	*Tswon*	*Kwon*	—

现在表 5.13 里中古音-(*w*)*en* 占到了三行(第 3、4、5 行),而不再是像表 5.10 中仅有一行,这三行分别对应于上古传统韵部:元部(*-en)、真部(*-in)、文部(下文即将讨论文部的构拟)。整个表格现在有 7 行,比表 5.8 和表 5.10 多了两行。这是不是意味着我们应该构拟
201 七个元音呢?并非如此。因为第 5 行和第 6 行存在互补分布。关于源自上古文部带 *P-*,*K-* 类声母中古音-*en*,我们尚找不到可靠的例证,而带 *T-* 或 *Ts-* 类声母的-*on* 也仅有一个例子,很明显这属于例外。

在整本《广韵》中有关 *Ton* 或 *Tson* 之类的音节,只存在一个例子:

(819) 吞 tūn < *thon* '吞咽'(原始闽语:*thun A),

此字还有一个异读:

(820) 吞 tiān < *then* '(姓氏)'

为了解释以上现象,我们把表 5.13 的第 5 行和第 6 行都构拟为 *-ən,并且认为当 *ə 处于锐音音首和锐音韵尾之间时一般会发生前化。于是 *-ən 就会变成-*en*,例(820)即经历了这种规则音变:吞 *l̥ˤən > *then*。而例(819)中古音-*on* 是例外,很可能是受到拟声化的影响。需要注意的是,在普通话中"吞"的读音是 tūn,而不是"tēn"(普通话中不存在此音节),尽管后者更符合音变规则。在锐音声母之后的中古音-*on* 本身是极罕见的,不过中古音-*en* 和-*won* 在锐音声母之后有大量的异读交替,这似乎表明在某些方言中可能存在进一步的音变:*-ən > -*on* > -*won*。

还有另一个例子:

(821) 存 cún < *dzwon* '存在'

一般情况下,我们在表 5.13 的第 7 行中填上中古音-*won*,然后把它的上古音形式构拟为 *-un,但是目前有更好的证据说明正确的构拟应该是 *[dz]ˤə[n],而不是 *dzˤun。中古音-*won* 是 *-ən 不规则演变的结果。据《说文解字》,"存"从"才"得声,"才"的主元音在我们的构拟中也是 *ə:

(822) 才 cái < *dzoj* < *[dz]ˤə(《说文诂林》6607a)‘才能，才干’

此外，存 cún < *dzwon* 和“在” zài < *dzojX* 应该是一对同根词：

(823) 在 zài < *dzojX* < *[dz]ˤəʔ ‘在(介词)，在(动词)’ 202

《说文》视“才”为“在”的声符，同时也用“存”cún < *[dz]ˤə[n]来作“在”zài < *[dz]ˤəʔ 的声训：

(824) 在[*[dz]ˤəʔ]，存[*[dz]ˤə[n]]也。从土，才[*[dz]ˤə]聲。[7]（《说文诂林》6120b）

目前还不清楚上古汉语词汇中 *-əʔ 和 *-ə[n]的交替在同根词族中具体意义是什么。无论其实际情况为何，现在看起来“在”zài < *[dz]ˤəʔ 这一音节形式的类推影响，对于阻止 *-ən > *-en* 的规则音变是有作用的。现在我们看到的“存”到中古音的变化大致是：*[dz]ˤə[n] > *dzon* > *dzwon*。以“存”为声符的字一般在中古音读 *-en*，以下是上古音 *-ən 在锐音声母后发展为中古音 *-en* 的例子：

(825) 荐 *N-tsˤə[n]-s > *dzenH* > jiàn（也读为 *dzwonH*）‘草，草本植物’
栫 *[dz]ˤə[n]-s > *dzenH* > jiàn ‘用篱笆围起来’
荐 *[N-ts]ˤə[n]-s > *dzenH* > jiàn ‘两次；第二次’，其义可能与“再”有关
再 *[ts]ˤə(ʔ)-s > *tsojH* > zài ‘两次；第二次’

李方桂(1971)按照高本汉的方案，也给表 5.13 第 5 行的上古来源构拟了 *-iən 的形式——即把中古读 *-en* 的词归为上古文部。但是如果认识到第 5 行、第 6 行实际是一种互补关系后，就没有必要再去构拟 *-iən 了，它们可以直接构拟为 *-ən。采用这条假设之后，表 5.13 现在可以修改为表 5.14，所有的形式可以用六个元音来解释了。

表 5.14　中古音一、四等韵母带-*n* 音节的上古来源(修订版)

	韵	传统韵部	$^{*}P^{ʕ}$-	$^{*}T^{ʕ}$-	$^{*}Ts^{ʕ}$-	$^{*}K^{ʕ}$-	$^{*}K^{wʕ}$-
1	-(*w*)*an* <*-an	元	*Pan*	*Tan*	*Tsan*	*Kan*	*Kwan*
2	-(*w*)*an* <*-on		*Pan*	*Twan*	*Tswan*	*Kwan*	—
3	-(*w*)*en* <*-en		*Pen*	*Ten*	*Tsen*	*Ken*	*Kwen*
4	-(*w*)*en* <*-in	真	*Pen*	*Ten*	*Tsen*	*Ken*	*Kwen*
5	-(*w*)*on*～-*en* <*-ən	文	*Pwon*	*Ten*	*Tsen*	*Kon*	*Kwon*
6	-*won* <*-un		*Pwon*	*Twon*	*Tswon*	*Kwon*	—

以上的论证主要依据对中古音的音系分布结构和上古音押韵的研究,是六元音系统的基础。

5.2.1　圆唇元音假设和前元音假设

六元音构拟吸收了关于上古汉语元音的两大假设:“圆唇元音假设”已见上文讨论。此外,还有“前元音假设”,讨论详见下文。雅洪托夫(Jaxontov 1960b)提出的圆唇元音假设认为,如果在中古音音节中存在-*w*-介音与无-*w*-介音的对立(传统术语合口与开口的对立),-*w*-
203 介音只可能有两个来源:或是来自上古汉语的唇化音首(如:$^{*}k^{w}$-);或是来自在锐音韵尾前裂化的单圆唇元音,如:*-on>*-wan,或是*-un>*-wən。中古音只有 *Kweng* 和 *Kwen* 这样的音节,而没有“*Tweng*”和“*Twen*”,这是因为在上古音中只有唇化软腭音或唇化小舌音音首,如:$^{*}k^{w}(^{ʕ})$-和$^{*}q^{w}(^{ʕ})$-,而没有唇化齿音音首,如:“$^{*}t^{w}(^{ʕ})$-”。上古的圆唇元音也不可能在裂化之后变为中古的-*we*-。

与六元音构拟有关的另一个重要假设是“前元音假设”。前元音假设的主要内容是认为上古音当中没有*ia、*ie 或*iə 这样的元音组合,这些构拟曾经是高本汉和李方桂所构拟的四等韵的上古形式。根据前元音假设,中古四等韵直接来自前元音*i 和*e(如表5.14 中第 3 行、第 4 行所示),或者是来自处于锐音音首和锐音韵尾之间的*ə(如表 5.14 中的第 5 行所示)。表 5.15 是有关此构拟的三家不同方案:

表 5.15　三家构拟中，中古音-*en* 的三个上古来源

		白-沙系统	高本汉	李方桂(Li 1971)
1	来自元部的 MC -*en*： 肩 jiān <*ken* ‘肩膀(名词)’	*-e[n] *[k]ˤe[n]	*-ian *kian	*-ian *kian
2	来自真部的 MC -*en*： 眠 mián <*men* ‘睡觉’	*-*i*[*n*] **m*ˤ*i*[*n*]	*-ien *mien	*-in *min
3	来自文部的 MC -*en*： 荐 jiàn <*dzenH* ‘草，草本植物’	*-ə[n] *N-tsˤə[n]-s	*-iən *dz’iən	*-iən *dziənh

如果我们不再为上古音构拟*ia，*ie，*iə 这样的组合形式，那么下一步就是为中古四等韵(在我们的中古音标写中四等韵主元音为-*e*-，且其前不出现-*a*-，-*j*-或-*y*-)的上古来源构拟主元音*e 和*i(如表 5.15 第 1 行和第 2 行所示)，或在锐音音首和锐音韵尾之间时，可以构拟*ə，之后它会发生前化音变(如第 3 行所示)。[8]

前元音假设的其他要点还涉及 B 型音节(非咽化音节)和中古重纽问题(详细讨论参看：§ 2.1.2.3)。简而言之，在我们的系统当中(以及其他的六元音构拟方案中)，被称为“重纽四等”的音节(我们的中古音标识系统中以元音前的介音-*j*-和-*i*-来表示)在上古阶段都被构拟为带前元音：*i 或*e。在 § 5.3.2 中，我们还会详细探讨重组问题，现在我们只通过几个例子来说明一二。表 5.16 中所示是中古音中形成最小对立的三分格局，其中我们的中古音转写音节形式是 *bjonH*、*bjenH* 和 *bjienH*，试比较与高本汉和李方桂系统的异同。传统分部中，表中三字俱归入元部。

表 5.16　上古元部 B 型音节在中古音的三分格局

<table>
<tr><th></th><th></th><th>中古音</th><th>白-沙系统</th><th>高本汉</th><th>李方桂(Li 1971)</th></tr>
<tr><td>1</td><td>飯 fàn ‘煮熟的谷类食物’</td><td>bjonH　願</td><td>*bo[n]ʔ-s</td><td>*b’i̯wăn</td><td>*bjanh</td></tr>
<tr><td>2</td><td>弁 biàn ‘帽子’</td><td>bjenH　線三</td><td>*C.[b]ro[n]-s</td><td rowspan="2">*b’i̯an</td><td rowspan="2">*bjianh</td></tr>
<tr><td>3</td><td>便 biàn ‘舒适的’</td><td>bjienH　線四</td><td>*[b]e[n]-s</td></tr>
</table>

“弁” ***bjenH*** 和“便” ***bjienH*** 都属《切韵》線韵，不过归于不同的小韵，其反切不同。这两个小韵在線韵中都有同一个中古声组 *b-*，因而
204 被称为“重组”。这两个音节的对应形式几乎在所有方言中都无法区分，因此它们在中古音的具体语音区别还不甚明了。但是在宋代的韵图当中，“弁” ***bjenH***（表 5.16 第 2 行）被置于三等位置上，而“便” ***bjienH***（表 5.16 第 3 行）则出现于四等位置上，因此“弁”和“便”就被分别称为“重纽三等”和“重纽四等”[9]。因为具体的音值不清楚，所以我们的中古音标识用人为的符号来区分两种重纽音节：重纽三等的转写或者有 *-j-* 介音，或者主元音为 *-i-*；重纽四等的转写则 *-j-* 和 *-i-* 都有。

至于重纽在上古音中的性质，高本汉认为重纽完全是一种人为的分别，所以在其中古汉语和上古汉语构拟中，“弁”和“便”直接被处理为同音。李方桂承认重纽在中古有别，但其上古音系统也没有具体解释重纽的来源。他用 *ia 来作“弁”与“便”的韵母（李方桂拟作：*bjianh），与“飯” ***bjonH***（李方桂拟作：*bjanh）相区别，但他的构拟无法解释“弁”与“便”之间的区别（1971：41）。在六元音系统中，上古音主元音前的 *-r- 介音对于区分韵母来说至关重要，下文我们还将具体论述。但是究其扼要，像 ***bjonH***（第 1 行）这样的音节在上古音中必须构拟为非前元音，重纽三等音节如 ***bjenH***（第 2 行）在上古音中构拟为前元音或非前元音俱无妨，而重纽四等音节如 ***bjienH***（第 3 行）在上古音中只能构拟为前元音。

表 5.17 中是三家对前高元音音节的不同构拟，反映的是中古音 ***mjut***、***mit***、***mjit*** 的三分对立格局。高本汉的构拟仍然把“密” ***mit*** 和“蜜” ***mjit*** 处理为同音，即便韵书和韵图都已经清晰表明两者之间存在区别。和前面的例子一样，李方桂承认两者有别，但是不能通过构拟来

表 5.17　上古物部、質部三等音节（Type-B）在中古音的三分格局

		中古音	白-沙系统	高本汉	李方桂(Li 1971)
1	物 wù ‘物体’	***mjut*** 物	*C.mut	*mi̯wət	*mjət
2	密 mì ‘稠密’	***mit*** 質三	*mri[t]	*mi̯ĕt	*mjit
3	蜜 mì ‘蜂蜜’	***mjit*** 質四	*mit		*mjit (?)

解释这种差别，因此还是为这两个字构拟了相同的上古音形式，只不过在“蜜”的构拟上打了一个问号(1971：47)。我们的构拟用元音前介音(prevocalic)*-r-来区别重纽三四等：密 *mit* <*mri[t]：蜜 *mjit* < *mit。

这里需要说明的重点是，在前元音假设之下，根据中古音，重纽四等音节如“便”*bjienH* 和“蜜”*mjit* 需要构拟前元音的上古形式(分别为*e 和*i)，有关重纽构拟的具体解释将在下文述及相关韵部时再详细讨论。 205

我们的讨论从中古带-*ng* 和-*n* 韵尾的一、四等音节入手，不过现在发现由一、四等音节的上古构拟而伸发出来的六元音系统，也同样可以用于分析二等和三等音节，以及带其他不同韵尾的各种音节，详参下文。正是通过这一理路，我们相信应该为上古汉语构拟一个六元音的系统。

以上有关六元音的论述，主要还是根据中古音的声韵分布展开的。我们也确实参考了上古音的押韵材料来区分中古音-*en* 的三个不同来源(上古*-en、*-in 及特定语音环境中的*-ən)。但是把*-an、*-on 和*-en 构拟为三个不同主元音的结论，却是主要依据中古音的音系配合格局，而非以先秦韵文中归纳得出。实际上，正如表 5.14 所见，我们构拟的带*-n 韵尾的上古韵母跟传统的韵部并不是完全一一相配：传统韵部把我们构拟的*-an、*-on 和*-en 全归入元部，把*-ən 和*-un 全都归属于文部。高本汉和李方桂的构拟与传统韵部分合保持一致。为比较我们三家的异同，请参见表 5.18。[10]

表 5.18　上古收*-n 尾韵部三家构拟对照表

	中古音	白-沙系统	传统韵部	高本汉	李方桂(Li 1971)
1	*-an*	*-an	元	*-ân	*-an
2	*-wan*	*-on		*-wân	*-uan
3	*-en*	*-en		*-ian	*-ian
4	*-en*	*-in	真	*-ien	*-in
5	*-on/ -en*	*-ən	文	*-ən/ *-iən	*-ən/ *-iən
6	*-won*	*-un		*-wən	*-ən

与传统韵部不相一致,这是不是就证明六元音系统不可靠呢?诗文传统中的押韵与某个特定方言的韵母系统,并不必然是一种直截了当的一一对应关系。举例来说,八百多年来,中国的诗人无论其自身的方言背景为何,都必须依从“平水韵”(简化了的《切韵》音系)的106韵为标准来写律诗。甚至在日本,当诗人写作汉诗之时,同样必须按照汉语韵书的标准来押韵。

不过在先秦时期没有证据显示,曾经流行过规范性的韵书或者是相类似的文本。因此,一般的想法总是认为,如果没有这一类人为的限制,诗人们会觉得用自己口音里的韵母来押韵是极为自
206 然的。事实上前文简要介绍过的六元音系统,的确成功地言中上古时期的诗人能够在押韵中区分*-an、*-on、*-en这些传统上全归为元部的韵母,也能够区分*-ən和*-un这两个传统上全归为文部的韵母。

换言之,我们的元音构拟与传统韵部分析之间存在差异并不足以证明我们的构拟有误。也有可能传统韵部分析有误,而我们的构拟倒是正确的。本书§2.2中已经说明,不利用推理性的假设论证,而单纯依靠韵脚语料来归纳式地判定韵部,是一项在计算上存在极大困难的任务。弄清在上古曾经押韵但现代不再押韵的例子相对容易,反之要弄清现在可押韵而在上古却不能押韵的例子,其难度要大得多。实际上,被我们构拟为*-an、*-on、*-en的词,在现代汉语诗韵中通常都属于一个韵,因此即使它们在《诗经》里互不通押,但对一个现代读者而言,却不易分辨。这一情形与清代学者纠结《切韵》“支”“脂”“之”三韵之分合相仿佛。在清人的口音中,这三个韵都已合流,已很难知晓它们在《诗经》押韵中曾经是互相分别的。幸亏《切韵》仍然把它们区分为三个不同的韵,说明其上古来源可能不同,而事实也正是如此。[11]

与此相类似,前文在讨论*-an、*-en、*-on再分部时,对声韵配合格局的描述(对于*-ən和*-un也如此),也产生了一些假说,需要对上古汉语的韵脚语料重新做一番检视。换言之,要解决六元音构拟和传统分部之间的龃龉,不应该一味地拒斥新构拟,而应该用我们构拟的预测反过来检证上古汉语押韵,看六元音系统是否能反映出之前未被

揭示的韵部区别。白一平(Baxter 1992)采用概率统计的方法来测试进一步区分传统韵部的假设,最后证明了六元音构拟作出的预测是正确的。我们构拟的*-an、*-on、*-en在韵脚分析中的确是可以区分的,*-ən和*-un以及带其他韵尾的韵母也同样可分。[12]这些有关上古汉语押韵的事实情况,无论在传统归部分析里,还是在高本汉和李方桂根据传统归部所做的构拟当中,都是无法解释的。

5.2.2　六元音构拟对文献学研究的启示

由于中国古典文献学仍然非常重视传统的上古韵分部,我们觉得有必要指出,六元音构拟对于早期汉语文献的研究同样能产生积极的影响,构拟研究绝不应该仅仅局限在历史语言学家感兴趣的范围之内。清代研究古音分部的学者,最初并不是为了弄清先秦汉语语音系统这样的抽象命题,其旨趣是为了把古音研究作为更好地理解早期典籍的文献学工具。这一小节将通过一些具体例子来展示我们的构拟,相较于传统分部和其他既有的构拟系统,在文献研究领域具有更好的解释能力。 207

《诗经·齐风·猗嗟》(106)第三章

白一平(Baxter 1992: 387—388)已经指出,《齐风·猗嗟》(106)第三章存在文献争议。下例(826)是引自《毛诗》的文本,韵脚字都已标注了中古读音。[13]

(826)	《齊風·猗嗟》	韵脚字	(MC)
	猗嗟孌兮	孌	*ljwenX*
	清揚婉兮	婉	*'jwonX*
	舞則選兮	選	*sjwenH*
	射則貫兮	貫	*kwanH*
	四矢反兮	反	*pjonX*
	以禦亂兮	亂	*lwanH*

第五句中有一处文字上的问题。毛传未注,东汉郑玄笺曰:"反,

复也。”《经典释文》注云：

(827) 反兮：如字[*pjonX*]，復也。《韓詩》作變[*pjenH*]，變易。(《经典释文》67)

此字在不同家传的《诗经》中有不同写法：《毛诗》作“反”，《韩诗》作“变”(《韩诗》全书已散佚，引文散见于各处传注中)。高本汉在其《诗经注释》(1942—1946，14：195)中，把两种不同的理解都翻译出来了：

(828)《毛詩》：四矢反兮“The four arrows (revert =) come (one after the other) to the same place” “(all hit the center of the target)”(四支箭[一支接一支地]射到靶[中央])

《韓詩》：四矢變兮“The four arrows (change =) succeed one another”(四支箭接连而来)

两种理解在原诗中都说得通，于是高本汉总结道：“究竟哪一个版本体现了诗作的本意，令人尚难取舍。”

传统的上古音构拟对这里的疑义提不出语音上的证据来加以分辨。但是第五句的韵字如果放在六元音系统中就很明显打破了整个韵段的规则：其他韵字的主元音都是 *-o-，而“反”的主元音在我们的构拟中是 *-anʔ，这符合“反”在其他诗文中的韵例。表 5.19 中，是高本汉、李方桂、郭锡良(1986，根据王力的系统)和我们四家对《毛诗》此章
208 韵脚的构拟。[14]

表 5.19 《毛诗·齐风·猗嗟》(106)第三章韵字的四家构拟

	中古音	传统韵部	高本汉	李方桂	郭锡良	白-沙系统
1	變 *ljwenX*	元	*bli̯wan	[*bljuanx][a]	*lĭwan	*[r]onʔ
2	婉 *'jwonX*	元	*•i̯wăn	*•wjanx	*ĭwan	*[ʔ]o[n]ʔ

续　表

	中古音	传统韵部	高本汉	李方桂	郭锡良	白-沙系统
3	選 *sjwenH*	元	*si̯wan	*sjuanh	*sĭwan	*[s]o[n]ʔ-s
4	貫 *kwanH*	元	*kwân	*kwanh	*kuan	*kˤon-s
5	反 *pjonX*	元	*pi̯wăn	*pjanx	*pĭwan	*Cə.panʔ
6	亂 *lwanH*	元	*lwân	*luanh	*luan	*[r]ˤo[n]-s

a　李方桂(1971)没有提供“戀”liàn＜*ljwenX* 的上古构拟,我们通过其他字的构拟推得“*bljuanx”这个构拟形式。

在早先的三家构拟中,第五句中的韵字没有任何反常特异之处。[15] 但是在我们的构拟中,“反”的韵母是*-an,而其他字的韵母是*-o[n][16]。第五行的韵字在《韩诗》中读作“變”biàn＜*pjenH*‘变化(动词)’,其上古形式当构拟为*pro[n]-s,如此就与其他韵脚配合得严丝合缝。[17]因此正如白一平(Baxter 1992: 364—366)所指出,从音韵角度来看,《韩诗》的读法更胜一筹。

上博简《孔子诗论》的发现,进一步证实了《猗嗟》中第五句的韵字原当作{變}*pro[n]-s‘变化(动词)’(*SB* 1.13—1.41,1.121—1.168)。在《孔子诗论》第 22 简中引用了《猗嗟》第三章第五句,其中对应于{變}*pro[n]-s 的字形作:

(829) 

李家浩(1979)已指出,此字在战国文献中常用作“弁”:

(830) {弁} biàn＜*bjenH*＜*C.[b]ro[n]-s‘帽子’

这个字形也经常假借为{變}*pro[n]-s‘变化(动词)’,就目前所知,它还从来没有假借作“反”的用例。“弁”在《齐风 · 甫田》(102)第三章中即当*-o[n]-s 入韵。

六元音系统说明《猗嗟》第三章第五句的早期版本当作“四矢變

兮”,根据我们的推断,“反”fǎn < *panʔ 取代{變} *pro[n]-s 只能发生在 *-on > *-wan 的裂化音变之后(见前文 § 5.2.1)。在裂化之后,《猗嗟》第三章的所有韵字的押韵就无任何不妥了。白一平(Baxter 1992)曾预言如果我们能发现更早的《猗嗟》文本,它应当支持我们认为第三章第五句的韵字当作{變} *pro[n]-s 的论断,而不是传世文本上的{反} fǎn < *panʔ‘相反’。“上博简”的问世证明了我们的预测是正确的。

另一个相仿的例子是《老子》第三十九章的押韵韵段,参见表 5.20(此章中还包括句间韵 *-eŋ 的韵段,与此处讨论无关)。传统的韵部分部及相关早期构拟都不认为此章押韵有任何异常。所有韵脚字都归传统“月部”。但在六元音系统中,第五句以外的其他句子的韵字都可
209 以构拟为 *-at。而根据前元音假设,第五句的韵字“滅”MC *mjiet*(中古音重纽四等韵)只能够来自上古韵母 *-et(详细论证参见 § 5.2.1)。构拟形式参看表 5.21。第三十九章第五句不仅在音韵表现上是不规则的,在文献来源上也大有可疑。

表 5.20 《老子》第三十九章韵段[18]

	《老子》第三十九章	中古音	上古音
1	天 無 以 清 將 恐 裂	*ljet*	*[r]at
2	地 無 以 寧 將 恐 發	*pjot*	*Cə.pat
3	神 無 以 靈 將 恐 歇	*xjot*	*qʰat
4	谷 無 以 盈 將 恐 竭	*gjet*	*N-[k](r)at
5	萬 物 無 以 生 將 恐 滅	*mjiet*	*[m]et
6	侯 王 無 以 貴 高 將恐 蹶	*kjwot*	*kʷat

表 5.21 《老子》第三十九章韵字的诸家构拟

	中古音	传统韵部	高本汉(Karlgren 1957)	李方桂(Li 1971)	郭锡良(1986)	白-沙系统
1	裂 *ljet*	月	*li̯at	*ljat	*lĭăt	*[r]at
2	發 *pjot*	月	*pi̯wăt	*pjat	*pĭwăt	*Cə.pat

续　表

	中古音	传统韵部	高本汉(Karlgren 1957)	李方桂(Li 1971)	郭锡良(1986)	白-沙系统
3	歇 *xjot*	月	*χi̯ăt	*xjat	*xĭăt	*q^{h}at
4	竭 *gjet*	月	*g'i̯ăt	*gjat	*gĭăt	*N-[k](r)at
5	滅 *mjiet*	月	*mi̯at	*mjiat	*mĭăt	*[m]et
6	蹶 *kjwot*	月	*ki̯wăt	*kwjat	*kĭwăt	*k^{w}at

无独有偶,有其他证据也可以证明第五句是后来羼入原文的。鲍则岳(William Boltz 1984：220—224, 1985)使用了完全独立的证据材料,证明第五句是后期羼入《老子》本文的,它也不见于西汉的马王堆帛书《老子》(可惜在郭店《老子》中没有这一章)。而我们的构拟是完全依赖语音系统的结构,推断第5句的韵脚在先秦时期与此章中其他句子的押韵不相协。后来,*-at 在特定环境中(参看§5.5.2)发生了高化和前化音变,变为*-et,由于这一音变的影响,传世文本的韵文中多见*-at 与从*-at 演变而来的*-et 发生混押。随着韵例逐渐放宽,"滅"在第三十九章中的押韵也就不再被认为拗口出韵了。我们的构拟可以同时解释何以"滅"在原始文本中不能押韵,而在后期文本中又变为可以接受的韵脚。传统韵部分析及相关构拟面对此类问题则无计可施。

总的来看,六元音构拟与传统归部有龃龉不合之处,这并非六元音系统之短,而正是其长处所在。龃龉不合是由于传统归部前修未密,在对早期文本做文献学研究时还称不上完美。当然,六元音系统 210
的假设也正不断地经受着各类新出土文献的证伪挑战,不过到目前为止,它仍然是站得住脚的。

尽管以我们的标准来看,传统的上古音归部仍不够周密,但是在接下来的章节中我们还是会经常提及传统归部,因为对一部分读者而言,它们仍然是有意义的,其他的读者也可以通过掌握传统归部来阅读有关先秦的音韵和典籍的文献学研究。我们系统当中的部分归部是和传统归部完全一致的,比如我们构拟的*-e 所辖的字,基本上全部合于传统支部,类似这种情况可以"*-e＝支"来表示。但是在一部分情况下，我们构拟的韵部只是部分地与传统韵部重合，比如我们构拟的 *-en 相当于传统元部的一部分，类似这种情况我们以“ *-en ⊂元”表示，用真子集符号来提醒读者此处并非一一对应。以下 § 5.4 到 § 5.7 中将详细讨论各个韵部的构拟。

5.3 上古韵母的演变：主要进程

上古汉语阶段之后，影响韵部发展的主要因素包括：1) 音首是否咽化，2) 主元音前是否存在 *-r-介音。此外还有许多与音首、主元音和韵尾相关的同化音变和异化音变在起作用。此节我们将介绍韵母演变的大势，具体细节将在 § 5.4 到 § 5.7 中讨论。

5.3.1 咽化音首的影响

咽化音首一般会引起后接元音发生低化音变。相仿的例子在其他带咽化声母的语言中也能找到，比如阿拉伯语（Jakobson [1957]1971）和圣经希伯来文（Weingreen 1959：19）。咽化声母引起低化音变的这一特性，是我们为 A 型音节（非三等音节）构拟咽化音首的主要依据（参看 § 3.1.1）。最初元音低化并不属于语音上的区别性特征，但是在某个阶段咽化特征消失，于是元音就成为区别性对立的单位。

在上古汉语中，含高元音的非三等音节和三等音节可以自由通押，如例(831)中所示（其中存在 *-iŋ > *-in 的音变现象，这是一种规则音变，此外某些形式可能还说明有另一种音变：*-iŋ > *-eŋ，详参看 § 5.4.4）。

(831)《邶风 · 燕燕》(28)第四章韵字：

	中古音	上古音
渊‘深渊’	*'wen*	< *ʔʷˤin < *[ʔ]ʷˤi[ŋ]
身‘身体；自身’	*syin*	< *n̥in < *n̥i[ŋ]
211 人‘(其他)人’	*nyin*	< *nin < *ni[ŋ]

但在《切韵》中，“身”shēn < *n̥i[ŋ]和“人”都是真韵（MC *-in*）字，上古是不带咽化音首的，而“渊”yuān < *[ʔ]ʷˤi[ŋ]，属于先韵字（MC *-en*），上古带咽化音首。《切韵》的分韵与六世纪以来诗歌押韵的实际情形是相吻合的：“渊”yuān < *[ʔ]ʷˤi[ŋ]与“身”shēn < *n̥i[ŋ]、“人” rén < *ni[ŋ]互不通押，而是与从上古非高元音 *e 变来的“前” qián < *dzen* < *dzˤen 之类的字通押。表 5.22 中所列为相关上古韵部与中古韵的对照关系。

表 5.22　上古音 *-in 和 *-en 押韵关系的改变

<table>
<tr><th>上古音</th><th>上古韵母</th><th>传统韵部</th><th>中古韵母</th><th>《广韵》韵目</th></tr>
<tr><td rowspan="2">*Cin
Cˤin</td><td rowspan="2">-in</td><td rowspan="2">⊂真</td><td>-in</td><td>真</td></tr>
<tr><td rowspan="2">-en</td><td rowspan="2">先</td></tr>
<tr><td>*Cˤen</td><td>*-en</td><td>⊂元</td></tr>
</table>

通言之，上古同部的三等与非三等音节在《切韵》中会分属于不同的韵。咽化音首居前而引发的元音低化似乎是对这一现象的最佳解释。具体的演变步骤和发展程度在不同的方言当中或许并不一致，不过《切韵》音系中展现出来的变化大致如下所示，这一变化模式也能得到六世纪诗歌押韵材料的支持（我们省去了由唇化声母演变而来的中古合口介音 *-w-*）。

(832) *Cin　> *Cin*（真）
*Cˤin　> *Cen*（先），并入 *Cen* < *Cˤen
(833) *Cən　> *Cj+n*（欣）～*Cjun*（文）～*Cin*（真）
*Cˤən　> *Con*（痕）～*Cwon*（魂），与 *Cjon*（元）< *Can[19] 押韵
(834) *Can　> *Cjen*（仙），与 *Cjen* < *Cen 押韵
或者 > *Cjon*（元），与 *Con* 或 *Cwon* < *Cˤən 押韵
*Cˤan　> *Can*（寒）～*Cwan*（桓），不再同原来的 *Can 押韵
(835) *Cu　> *Cjuw*（尤）
*Cˤu　> *Caw*（豪），并入 *Caw* < *Cˤaw
(836) *Caw　> *Cjew*（宵），并入 *Cjew* < *Cew

　　　　*Cˤaw　> *Caw*(豪),不再与上古音 B 型音节 *Caw 押韵
(837) *Ciw　> *Cjiw*(幽)～*Cjuw*(尤)
　　　　*Cˤiw　> *Cew*(萧),并入 *Cew* <*Cˤew

在不同韵内,咽化对元音的影响略有不同,如果有其他因素共同起作用,情况会变得愈加复杂。比如低元音 *a 在软腭韵尾之前会保持低元音不变,因此 *Cjang*(陽)<*Caŋ 在中古音中会继续与 Cang (唐)<*Cˤaŋ 押韵,《广韵》将两韵列为“同用”,“平水韵”中合两韵为一。更详
212 细的讨论请参下文中个别韵母的讨论。

5.3.2 元音前 *-r-介音的影响

构拟元音前的 *-r-介音,便于解释三种有关的中古音音节特征的来源:(1) 中古音卷舌擦音与塞擦音声母(*tsr-* 、*tsrh-* 、*dzr-* 、*sr-* 、*zr-*)或卷舌塞音(*tr-*、*trh-*、*dr-*、*nr-*),详参 § 4.1.3;(2) 中古音二等音节;以及(3) 某些三等音节(包括许多重纽三等音节)。二等音节中 *-r-的构拟是由雅洪托夫(Jaxontov 1960a, 1963)提出来的(雅洪托夫原来的想法与我们的构拟有略微不同),三等音节中的 *-r-的构拟是由蒲立本(Pulleyblank 1962—1963)提出的。李方桂(Li 1971)为上述第 1 种和第 2 种情况构拟了 *-r-,但是他没有把这个构拟延伸到三等音节中去。所有的六元音构拟方案[包括斯塔罗斯金(Starostin 1989)、白一平(Baxter 1992)、郑张尚芳(2003),以及本书的新构拟]都为上述三种情况构拟了 *-r-。[20] 为第 2 种和第 3 种音韵现象构拟 *-r-,包含了一个基本的假设,即元音前的 *-r- 介音或可影响后接元音的音质。虽然 *-r-在舌尖辅音之后以卷舌的特征得以保留,但在 *K-类和 *P-类声母后则俱已消失,某些由 *-r-引起的伴随性元音音变后来逐渐形成了音位对立。我们接下来将分别论述咽化音节和非咽化音节的特征和演变。

5.3.2.1 带元音前 *-r-介音的咽化(A 型)音节(“二等韵”)

在非三等音节中,元音前的 *-r-介音似乎具有使非圆唇元音前化

的功能，同时也能够引发其他一些音韵特征，从而最终形成了我们转写为*-ae-*和*-ea-*(可能分别代表中古音的[æ]和[ɛ])的中古音二等韵母的元音。通常的演化结果是*a 变为*-ae-*，而上古非低不圆唇元音则变为*-ea-*，如表 5.23 所示。

表 5.23　咽化音节 *-r-之后不圆唇元音的演化

上古音	中古音	例字
*CˤriC>		皆 *kˤrij> *keaj* > jiē '都' 脈 *C.mˤ<r>[i] k> *meak* > mài '血脉'
*CˤrəC>	*CeaC*	革 *kˤrək> *keak* > gé '皮革，皮' 儕 *[dz]ˤ<r>əj> *dzreaj* > chái '类，同类'
*CˤreC>		狹 *N-kˤ<r>ep> *heap* > xiá '狭窄' 察 *[tsʰ]ˤret> *tsrheat* > chá '检查'
*CˤraC>	*CaeC*	馬 *mˤraʔ> *maeX* > mǎ '马' 沙 *sˤraj> *srae* > shā '沙子'

中古二等音节相对于其他音节的区别性特征究竟是什么，目前还不完全清楚。这一问题的答案在不同的中古方言里很可能会不一致。蒲立本根据一些汉语中的印度语言对音材料(Pulleyblank 1984: 191—193)，把我们的*-ae-*和*-ea-*构拟为早期中古汉语(EMC)的卷舌元音[aʳ]和[ɛʳ]。这也是一个相当合理的假设，蒲立本的卷舌元音原来是受*-r-的影响变化而来的。不过对此现在还没有直接证据。

表 5.23 中只是基本变化的大势，不过中古音的*-ae-*并非全都来自上古音*a，*-ea-*也不是全都来自上古非低元音。例如，OC *Kʷˤren 就 213
没有按照一般规律变为 MC "*Kwean*"，押韵、谐声和词族证据都显示它最终变为了 MC *Kwaen* (Baxter 1992: 382—383)。以下略举一例：[21]

(838) 環 *C.ɢʷˤ<r>en> *hwaen* > huán '圆环'

(839) 圜，圓 *ɢʷ<r>en> *hjwen* > yuán '圆的'

(840) 還 *s-ɢʷen> *zjwen* > xuán '回转，旋转'

(841) 翾 *qʷʰen> *xjwien* > xuān '飞翔'(重纽四等韵，只可能来

自 *-en）

与此相类，如果假定 MC *-ea*-均无例外地由非低元音而来，我们可能就得尝试把“殺”shā <MC *sreat*‘杀死’构拟为“*sˤret”。可实际上，“殺”的上古形式应当是 B 型音节 *s <r> at，根据一般规则它会变为中古音 *srjet*[22]，但是在中古汉语诸多方言中，带 *Tsr*-声母的 B 型音节在其演化中似乎都失去了介音-*j*-：*s <r> at > *srjet* > *sreat*。宋代韵图已反映出这种变化，带卷舌声母的音节都被安置在二等的位置上。三等位置上不出现 *Tsr*-类声母，这就是为什么“殺”会跟“八”*pˤr[e]t > *peat* > bā 同样出现在二等位置上。此外还有“山”shān < *srean* 也是从 B 型音节的 *a 变来的，跟 A 型音节的 *e 无关：山 shān < *srean* < *srjen* < *s-ŋran < *s-ŋrar。[23] 如果不认识到这些例子要构拟 *a，就会导致看不清楚上古音中前元音 *-en、*-et、*-ew 与非前元音 *-an、*-at 和 *-aw 分韵的界线。

上文所讨论的例子当中，元音前 *-r-介音引起后接元音音质的变化，并最终使得元音产生音系上的区别对立。但在此变化过程中，它对圆唇元音似乎没产生任何影响。例如，传统侯部字（我们构拟为 *-o）里没有二等字。此外，除了带卷舌声母的音节外，我们也无法仅凭中古音内部证据来区分 *Cˤo 和 *Cˤro，我们只能在少数一些例子中，利用其他的证据为侯部构拟出 *-r-。比如，在含有 *e / o 交替的联绵词中通常会两个都是带 *-r-的音节，或者两个都不是：

(842) 輾轉 zhǎnzhuǎn < *trjenX-trjwenX* < *tren?-tron?‘卧不安席貌’[《周南·关雎》(1)第二章，《陈风·泽陂》(145)第三章]

(843) 間關 jiānguān < *kean-kwaen* < *kˤre[n]-kˤro[n]‘轮辖发出的声音’[《小雅·车辖》(218)首章]

(844) 契闊 qièkuò < *khet-khwat* < *kʰˤet-kʰˤot‘勤勉的’[《邶风·击鼓》(31)第四章]

(845) 斯須 sīxū < *sje-sju* < *se-so‘片刻’(《礼记·祭义》)

据此，我们可以推测在联绵词“邂逅”中，因“邂”字本属二等字，带*-r-，故两个音节可能都带有*-r-，即便“逅”的中古音 *huwH* 本身可能来自上古*gˁo-s，或*gˁro-s：

(846) 邂逅 xièhòu < *heaH-huwH* < *gˁre-s-gˁro-s ‘无忧无虑的’
[《郑风·野有蔓草》(94)第一章和第二章，《唐风·
绸缪》(118)第二章] 214

与此相类，狗 gǒu < *kuwX* 在原始苗瑶语构拟中显示元音前有一个*-l-，这可能是来自汉语借词中的*-r-。因此，尽管“狗”的中古音 *kuwX* 并没有很清晰地反映出有*-r-，我们还是把它的上古音构拟为*Cə.kˁroʔ。[24]

(847) 狗 *Cə.kˁroʔ > *kuwX* > gǒu ‘狗’；参看原始苗瑶语*qluwX，原始勉语*klo B(L-Thongkum 1993：188)

通常，在钝音音首之后是很难区分*Cˁro 和*Cˁo 的。[25] 但在带钝音韵尾的音节里，如*Cˁroŋ 和*Cˁrok，它们的中古对应形式却可以同*Cˁoŋ和*Cˁok 的对应形式相区分，这可能是由于*o 在*-ŋ 和*-k 前会裂化为类似[aw]的读音，这种音变在零韵尾条件下不会发生。

(848) 江 *kˁroŋ > *kˁrawŋ > *kaewng* > jiāng ‘(扬子)江’；参见原始 Monic 语*kroːŋ ‘大河’(Diffloth 1984：132)

(849) 邦 *pˁroŋ > *pˁrawŋ > *paewng* > bāng ‘国’

(850) 角 *C.[k]ˁrok > *kˁrawk > *kaewk* > jiǎo ‘兽角，角落’

(851) 剥 *[p]ˁrok > *pˁrawk > *paewk* > bō ‘切割，剥皮’

在其他例子中也可以看到，当原本的圆唇元音裂化为一个不圆唇元音，*-r-就会对此不圆唇元音发生作用。以下例子中，主元音的裂化反映了在咽化声母之后元音的低化：

(852) 降 *m-kˤru[ŋ] > *m-kˤrawŋ > *haewng* > xiáng ‘降伏’
(853) 學 *m-kˤruk > *m-kˤrawk > *haewk* > xué ‘学习；模仿’
(854) 爪 *[ts]ˤ<r>uʔ > *[ts]ˤrawʔ > *tsraewX* > zhǎo ‘爪子’
(855) 卯 *mˤruʔ > *mˤrawʔ > *maewX* > mǎo ‘地支的第四位’
(856) 壞 *N-[k]ˤ<r>ujʔ-s > *gˤrwəj-s > *hweajH* > huài ‘被毁坏’
(857) 滑 *Nə-gˤrut > *Nə-gˤrwət > *hweat* > huá ‘滑溜’；原始苗瑶语 *ɴɢu̯at ‘光滑/滑溜’
(858) 蠻 *mˤro[n] > *mˤrwan > *mˤran > *maen* > mán ‘(我国古代)南方的民族’
(859) 踝 *m-kˤ<r>o[r]ʔ > *m-kˤ<r>wajʔ > *hwaeX* > huái① ‘脚脖子’

5.3.2.2 非咽化(B型)音节中的元音前 *-r-介音

我们可以从中古汉语的文献材料中看到，在非咽化音节里，元音前 *-r- 也经常会影响后接元音，不过由于我们尚缺乏中古汉语及其方言实际语音的知识，这种影响所造成之后果的具体细节仍然不能完全确定。当上古的非前化不圆唇元音 *ə 和 *a 在中古音中开始前化时，这种变化一般都是由于前接的 *-r-造成的，如例(860)至例(863)中所举的例子：

(860) 卬 *[k.ŋ]ˤaŋ > *ngang* > áng ‘高，高举’
215 迎 *ŋraŋ > *ngjaeng* > yíng ‘迎接’
(861) 卻 *[k]ʰak > *khjak* > què ‘推辞，拒绝’
綌 *[k]ʰrak > *khjaek* > xì ‘粗葛布’
(862) 分 *pə[n] > *pjun* > fēn ‘划分’
貧 *[b]rə[n] > *bin* > pín ‘贫穷’
(863) 馮 *[Cə.b]əŋ > *bjuwng* > píng ‘冯(姓)’

① 译注：此处的“huái”，原书作“huà”。

馮，憑 *[b]rəŋ > *bing* > píng ‘依靠’

不过 *-r-也同样会影响本来就是前元音的音节，因为我们看到同样含前元音的音节带 *-r-和不带 *-r-的中古对应形式之间也存在对立，如例(864)至例(869)的例子：

(864) 名 *C.meŋ > *mjieng* > míng ‘名字’
鳴 *m.reŋ [方言] > *mreŋ > *mjaeng* > míng ‘叫(鸟兽昆虫)’

(865) 營 *[ɢ]ʷeŋ > *yweng* > yíng ‘划界，扎营’
榮 *[N-qʷ]reŋ > *hjwaeng* > róng ‘光荣，荣誉’

(866) 卑 *pe > *pjie* > bēi ‘低下，谦逊’
碑 *pre > *pje* > bēi ‘石碑’

(867) 蜜 *mit > *mjit* > mì ‘蜂蜜’
密 *mri[t] > *mit* > mì ‘稠密’

(868) 匀 *[N-q]ʷi[n] > *ywin* > yún ‘均匀’
筠 *[ɢ]ʷri[n] > *hwin* > yún ‘竹皮’

(869) 脂 *kij > *tsyij* > zhī ‘脂肪，油脂’
耆 *[g]rij > *gij* > qí ‘年老’

在上引每一对例子中，我们无论是从谐声还是从分部角度来看，两个字在上古音中都具有一样的主元音，但是到了中古音里，它们明显具有不同的韵母。例(864)和例(865)中所有的字都属于《切韵》不同的韵。例(866)至例(868)当中的例子在《切韵》中同韵，但却注为不同反切，亦即皆属于重纽，我们已在上文讨论过。[26] 而且，这几对字在宋代韵图中都可以系统地加以区分：例(866)到例(868)中的第一个字都在韵图四等位置上，而第二字都在三等位置上。例(869)中的声符显示这两个字原来都应该有软腭声母，不过对“脂” *kij > *tsyij* 来说，上古的 *k-已经在前元音 *i 之前腭化为中古汉语的 *tsy-*，而在“耆” *[g]rij > *gij* 当中，腭化被 *-r-所阻(此例中的两字都在韵图三等位置上，因为

tsy-及其他腭化声母只能出现在三等位置上）。

要从语音上给这些分别做出解释是相当困难的，因为在现代方言中几乎找不到有关这些分别的任何语音上的线索，而且文献当中所作出的区别，也很可能是综合了两种或更多方言的结果。但可以肯定的一点是，这种分别在一些汉语方言中是确实存在的。我们也可以认为无论这种区别的语音实质为何，它们都是由上古音元音前的*-r-介音
216 引起的。例如，在我们构拟的带有元音前*-r-介音的音节经常与中古音声母 _l_-<*r(ˤ)-或者其他*-r-的证据发生谐声关系，如例(870)至例(874)所示：

(870) 京 *[k]raŋ > _kjaeng_ > jīng ‘山；京城’
　　涼 *C.raŋ > _ljang_ > liáng ‘冷’；参考：书面藏文 _grang-ba_ ‘冷，凉’

(871) 變 *pro[n] -s > _pjenH_ > biàn ‘变化（动词）’
　　䜌 *mə.rˤo[n] > _lwan_ > luán ‘马饰上的铃’；参考：泰语 bruan A ‘马饰上的铃’(Bodman 1980：74)

(872) 丙 *praŋʔ > _pjaengX_ > bǐng ‘天干第三位’
　　兩 *p.raŋʔ > _ljangX_ > liǎng ‘一对’。早期文字写法为两个“丙”字相合。

(873) 冰 *p.rəŋ > *prəŋ > _ping_ > bīng ‘冰’（代表一种发生*p.r-> *pr-音变的方言；参看§4.4.4.4）
　　凌 *p.rəŋ > _ling_ > líng ‘冰’[27]

(874) 命 *m-riŋ-s ([方言] > *mreŋ-s) > _mjaengH_ > mìng ‘命令（名词）’
　　令 *riŋ-s([方言] > *reŋ-s) > _ljengH_ > lìng ‘下命令’。注意：先秦文字中，“命”与“令”在字形上无明显区别。[28]

用构拟元音前介音*-r-来解释上述对立的方法，有时也被简化为一种规则，即应该给所有的三等重纽音节都构拟一个上古*-r-，但是这一认识过于浮泛了。OC *-r-和三等重纽之间的关系绝不是

如此直截了当的：我们应该给部分重纽三等音节构拟一个*-r-，而不是全体。例(875)和例(876)反映了早期中古音音节*CaC/*CraC或*CəC/*CrəC之间的对立，这里的对立是可以用*-r-来解释的。[29]

	上古音	中古音	例字
(875)	*Paŋ	*Pjang*（陽）	昉 *paŋʔ > *pjangX* > fǎng ‘适巧，正在’
	*Praŋ	*Pjaeng*（庚三）	丙 bǐng < *pjaengX* < *praŋʔ ‘天干第三位’
(876)	*Pə[n]	*Pjun*（文）	分 *pə[n] > *pjun* > fēn ‘划分’
	*Prə[n]	*Pin*（真三）	貧 *[b]rə[n] > *bin* > pín ‘贫穷’

不过，确实也存在一些明显的*Cra(C)与*Ca(C)或者*Crə(C)与*Cə(C)合并的例子。在这种情况下，带*-r-和不带*-r-的音节形式到了中古音阶段也就不存在对立区别了。除非另有其他的证据，否则我们无法知道这些中古音形式是否应该构拟*-r-。遇到这种情况，我们会使用*-(r)-以示谨慎，表示在元音之前或许曾经有一个*-r-。带括号 217
的*-(r)-并不意味着有证据可以肯定*-r-的存在，仅仅代表我们所知暂付阙如。以下是一些例子：

	上古音	中古音	例　字
(877)	*Paj *Praj	*Pje*（支三）	靡 *m(r)ajʔ > *mjeX* > mǐ ‘倒伏’
(878)	*Paw *Praw	*Pjew*（宵三）	表 *p(r)awʔ > *pjewX* > biǎo ‘外面’

(879)	*Kə *Krə	*Ki*(之)	基 *k(r)ə > *ki* > jī '基础(名词)'
(880)	*Kək *Krək	*Kik*(職)	亟 *k(r)ək > *kik* > jí '急迫'

在下文中还会看到这种情况，届时我们还会详加讨论。

5.3.3 同化与异化

韵母的发展还受到各种同化、异化音变的影响。譬如在*Kʷ(r)u这种音节环境中，元音*u受到声母唇化的影响会被异化为*ə。

(881) 軌 *kʷruʔ > *kʷrəʔ > *kwijX* > guǐ '车辙'

押韵和谐声系联都可以证明例(881)中"轨"的主元音应当是*u，但是在中古音音节所反映出来的，其上古元音倒像是*ə。[30]

唇音韵尾*-m和*-p在唇音声母或唇化声母之后也常会异化为[ŋ]和[k]。

(882) 熊 *C.[ɢ]ʷ(r)əm > *C.ɢʷəŋ > *hjuwng* > xióng '熊(名词)'；参厦门 /him 2/

反之，同化的例子有：在没有*-r-介音干扰的情况下，元音*ə在(非咽化)的*P-和*Kʷ-声母之后会受其同化影响而发生圆唇化音变，变成*u(> MC -*juw*)。

(883) 有 *[ɢ]ʷəʔ > *ɢ(ʷ)uʔ > *hjuwX* > yǒu '有，存在'

最后，*ə和*a处于音声母和锐音韵尾中间时，会规则地发生前化音变，*ə 在咽化声母之后也发生前化音变。

(884) 先 *sˤər > *sˤən > *sˤin > *sen* > xiān ‘时间或次序在前’[31]

(885) 墠 *[d]anʔ > *denʔ > *dzyenX* > shàn ‘高台’

在下文单独韵部的讨论当中，我们还将对此类异化音变详加论述。

本章的余下部分将详细说明我们所构拟的上古各韵部，以及在各类语音条件下它们是如何分化为中古音的各个对应韵母的。我们不时也会举出一些零星的闽语和其他方言中的韵母对应形式作为参证。但要彻底厘清上古韵部在闽语里的发展变化，仍有许多未尽的工作需要我们着手来做。 218

表 5.24　根据韵尾类型区分的各节内容

章节号	韵尾类型
5.4	后韵尾：*-∅、*-k、*-ŋ
5.5	锐音韵尾：*-j、*-t、*-n、*-r
5.6	韵尾：*-w 和 *-wk
5.7	唇音韵尾：*-p 和 *-m

如表 5.24 所示，上古各韵部根据韵尾类型进行区分。在每一节中，具有相同主元音的韵部会被集中讨论。例如，在 §5.4 节中，§5.4.1 将讨论带口腔后部的韵尾 *-∅、*-k 和 *-ŋ 的主元音为 *a 的各韵部；§5.4.2将讨论带后韵尾、主元音为 *ə 的各韵部，诸如此类。为了表述方便起见，我们将以表格形式来展现主要的信息内容，随附总的问题和一些特殊现象的讨论。

5.4　带后韵尾（*-∅、*-k、*-ŋ）的韵母

前文已提及，在软腭韵尾 *-k 和 *-ŋ 之前，元音有低化或保持低舌位的趋势。然而开音节（带零韵尾）中并无此趋势。绝大多数元音的变化皆如预期，除了原来本为 *-ik 和 *-iŋ 的韵部表现出一些其他的变

化方式，这很可能是由方言差异造成的。（见§5.4.4）

我们的韵部构拟中区分 *-V-s、*-Vʔ-s 和 *-Vk-s 这些不同的形式。其他的构拟系统中并不都对此作出区分，比如我们构拟的 *-ə-s、*-əʔ-s 和 *-ək-s 在高本汉的系统当中只是一个 *-əg，在李方桂的系统中只是一个 *-əgh。

5.4.1 带后韵尾的 *a

在这一章中，我们为上古音中每一类主元音和韵尾组合形式列出表 5.25，当中给出其传统韵部名称、中古读音及诸家的构拟等信息。[32] 表中暂只列出不带 *-r-介音的 A 型（带咽化声母）音节为代表。A 型音节，亦即是传统音韵学术语称为一等（见表内）和四等的韵母[33]，其发展变化较为简单，便于我们比较不同构拟系统间的异同。

表 5.25　上古汉语带后韵尾的 *a（A 型音节）：诸家构拟一览表

		1	2	3	4
1	白-沙系统	*-a	*-ak	*-ak-s	*-aŋ
2	上古韵部	＝ 魚	＝ 鐸		＝ 陽
3	中古音	*-u* 模	*-ak* 鐸	*-uH* 暮	*-ang* 唐
4	高本汉(Karlgren 1957)	*-o	*-âk	*-âg	*-âng
5	董同龢(1948)	*-âg	*-âk	*-âg	*-âng
6	王力(1958)	*-ɑ	*-ăk	*-āk	*-ɑŋ
7	李方桂(Li 1971)	*-ag	*-ak	*-agh	*-ang
8	蒲立本(Pulleyblank 1977—1978)	*-áɣ	*-ák	*-áks	*-áŋ
9	斯塔罗斯金(Starostin 1989)	*-ā	*-āk	*-āks	*-āŋ
10	白一平(Baxter 1992)	*-a	*-ak	*-aks	*-ang
11	郑张尚芳(2003)	*-aa	*-aag	*-aags	*-aaŋ

像表 5.25 之类的表里，第一栏是我们构拟为零韵尾或元音韵尾的韵母（在表 5.25 中是 *-a），第二栏为其对应的入声韵母，即带清塞音韵尾（在表 5.25 中是 *-ak）的韵母，第三栏（*-ak-s）是入声音节加上 *-s 后缀之后的

韵母形式,第四栏则是对应的带鼻音韵尾的韵母(在表5.25中是*-aŋ)。 219

韵母*-aʔ、*-a-s 和*-aʔ-s 的变化皆同于第一栏,所不同者仅为调类而已。我们将*-ak 和*-ak-s 在表中分列开来,以便展示各家构拟中对*-ak-s 的不同处理方式。例(886)至例(888)中,比较了我们与高本汉、王力和李方桂对于此项构拟的不同之处。

		中古音	B-S	高本汉	王力	李方桂
(886)	a 呼 hū‘叫唤,喊叫’	*xu*	*q^{hʕ}a	*χo	*xɑ	*xag
	b 呼 hù‘叫唤,喊叫’	*xuH*	*q^{hʕ}a-s	*χo	*xɑ	*xagh
(887)	a 吐 tǔ‘吐出,吐’	*thuX*	*t^{hʕ}aʔ	*t’o	*t’ɑ	*thagx
	b 吐 tù‘呕吐’	*thuH*	*t^{hʕ}aʔ-s	*t’o	*t’ɑ	*thagh
(888)	a 度 duó ‘测量(动词)’	*dak*	*d^{ʕ}ak	*d’âk	*dǎk	*dak
	b 度 dù ‘尺度(名词)’	*duH*	*[d]^{ʕ}ak-s	*d’âg	*dāk	*dagh

例(886b)、例(887b)和例(888b)的韵母,其中古音形式相同(*-uH*)。在李方桂的构拟中,它们的上古音形式也相同:*-agh。但是在高本汉、王力和我们的构拟当中,*-ak-s[见例(888b)]、*-a-s[见例(886b)]与*-aʔ-s[见例(887b)]是相互有别的。不过无论是高本汉、王力还是李方桂都没有把*-a-s[见例(886b)]同*-aʔ-s[见例(887b)]区分开来。例(886b)、例(887b)和例(888b)中三个不同的上古韵母构拟,单从中古音出发是看不出分别的,我们是借助谐声分析,并参考以上诸例中(a)和(b)形成的词族关联,才将它们构拟为不同形式的。

在处理传统韵部的归字时,诸家之间同样也存在着差异:我们构拟为*-ak 和*-ak-s 的字,王力归入传统的入声鐸部(将表 5.25 中的第三栏和第二栏放在一起),而其他各家会把我们构拟的*-ak-s 归为传 220
统的阴声魚部(将第三栏并入第一栏中)。我们采纳王力的归部。

表 5.25 第二行中"= 魚"表示我们构拟的*-a 对应传统的魚部(请参看之前段落中王力的解释)。以此类推,我们系统中的*-ak 和*-ak-s

对应传统的鐸部(根据王力所采用的传统分析),而我们的 *-aŋ(包含 *-aŋʔ、*-aŋ-s 和 *-aŋʔ-s 等形式)对应传统的陽部。在以后出现的表格当中我们有时会使用数学符号“⊂”(真子集)来代替等号“=”:例如下文表 5.55 中 *-an,我们会写作“⊂元”,表示传统的元部并不完全对应我们构拟的 *-an,它还应该涵括 *-en 与 *-on。[34]

表 5.25 第三行中,我们在每一栏里都给出了上古韵部在中古音里的对应形式,并注明了相应的《广韵》韵母的名称。有些读者可能更习惯于传统《广韵》里的韵母名称,而不喜欢用字母来拼写。不熟悉《广韵》韵母的读者,为了能阅读使用传统音韵学术语的文献,应该学习将这些术语与我们的构拟内容相互串联起来。从第 4 行到第 11 行,我们给出的是八种上古音系统的相应构拟,供读者比较。

5.4.1.1 *-a(=传统的魚部)

下面讨论具体的上古韵时,我们用像表 5.27 之类的表格来单独详细归纳韵的具体变化,表中列出的内容包括带各种不同类型辅音声母、含 *-r-介音的 A 型音节和 B 型音节等。表中使用大写字母来代表具有相似变化轨迹的同类型声母。表 5.26 具体说明了每种大写字母
221 所代表的上古音单辅音声母。

表 5.26 上古音单辅音声母对应字母一览表

*Kˤ	软腭塞音、小舌塞音、喉塞音	*kˤ *kʰˤ *gˤ *ŋˤ *ŋ̊ˤ; *qˤ *qʰˤ *ɢˤ; *ʔˤ
*K		*k *kʰ *g *ŋ *ŋ̊; *q *qʰ *ɢ; *ʔ
*Kʷˤ	唇化腭塞音、唇化小舌塞音、唇化喉塞音	*kʷˤ *kʷʰˤ *gʷˤ *ŋʷˤ *ŋ̊ʷˤ; *qʷˤ *qʷʰˤ *ɢʷˤ; *ʔʷˤ
*Kʷ		*kʷ *kʷʰ *gʷ *ŋʷ *ŋ̊ʷ; *qʷ *qʷʰ *ɢʷ; *ʔʷ
*Pˤ	双唇音	*pˤ *pʰˤ *bˤ *mˤ *m̥ˤ
*P		*p *pʰ *b *m *m̥
*Tˤ	齿音、流音	*tˤ *tʰˤ *dˤ *nˤ *n̥ˤ; *lˤ *l̥ˤ *rˤ *r̥ˤ
*T		*t *tʰ *d *n *n̥; *l *l̥ *r *r̥
*Tsˤ	咝音	*tsˤ *tsʰˤ *dzˤ *sˤ
*Ts		*ts *tsʰ *dz *s

大写字母共区分了十种上古音声母：五种是咽化的，五种是非咽化的。在不需要特别指出发音部位时，我们会使用 *Cˤ-和 *C-来分别代表咽化或非咽化的声母。在中古音系统里，我们也同样会使用 *C*-来表示任意声母辅音。

表 5.27 中给出了 *-a 和 *-ra 在不同类型上古声母之后的中古音对应形式。例如在第一行中，*Cu* 是 *Cˤa 的对应形式，这表示：*-a(不包括 *-ra)在任何咽化声母之后都会变 MC *-u*。接下去的两行里，*Kʷˤra的中古对应形式是 *Kwae*，*Cˤra 的中古对应形式就是 *Cae*，这表示 *-ra 在咽化的唇化声母(*Kʷˤ-)之后变为 MC *-wae*，而在其他的咽化声母(*Cˤ-)之后则变为 MC *-ae*(换言之，首列类似 *Kʷˤra 这样具有特殊变化的音节，其后再补叙 *Cˤ-或 *C-所代表的音节类)。中古声母的代表字母的用法可参看表 2.3。MC *C-*的具体指代声母可以通过第四章中已提到的原则推断出来。

表的最右一栏是反映有关音变的一些例子。像“苦 *kʰˤaʔ > *khuX* > kǔ ‘苦’即代表 *Cˤa > *Cu* 的演变。

类似于表 5.27 的一系列表格都是关于单辅音声母之后上古韵母的演变。复辅音声母之后的韵母演变一般可以通过单辅音声母的类比推知。比如，*m-kˤ-后来变为了 *gˤ-，其演变轨迹基本与“ *Kˤ-”所代表的单辅音声母一致。当一个音节前成分对声母主要辅音的发音部位发生影响时，其导致的变化就会与表格中的归纳不尽一致。例如下面这个例子：

(889) 宣　*s-qʷar > *sjwen* > xuān ‘扩散(动词)’

主要的声母辅音 *qʷ-本应归于代表字母 *Kʷ-一类，但由于 *s-qʷ-变为了 *sw-，在音变发展的某一阶段，这里的声母就融入到 *Ts-的演变模式里去了。

在我们的构拟系统中存在某些音节类型是没有对应的可靠例证的，或者暂无例证可被清楚无误地归入此类型。遇到这种情况，会在表下专门出注说明。还有一些上古音音节类型在表中会给出多个可能结果，我们认为这种情况可能是由于方言混杂，或是尚不明确的某些语音条件造成的,我们会在表后加以说明。例如,*Ta 类型中的一些音节会变为 MC *Tsyo*,而另一些会变为 MC *Tsyae*。我们现阶段还难以完满地解释这一分歧,因此当中古音的演化结果为 MC *Tsyae* 时,我们不再采用 *Ta,而是专设了 *TA 这种写法来表示其上古来源。

如有需要进一步解释的音变现象,我们会在示例左侧以方括号标
222 示数字,并在表下出注说明。以下请看表 5.27:

表 5.27 *-a 到中古音的对应形式

上古音	中古音	注释	例字
*Cˤa	*Cu*	[1]	苦 *kʰˤaʔ > *khuX* > kǔ ‘苦’ 孤 *kʷˤa > *ku* > gū ‘孤儿’ 土 *tʰˤaʔ > *thuX* > tǔ ‘土地’
*Kʷˤra	*Kwae*		瓜 *kʷˤra > *kwae* > guā ‘瓜,葫芦’
*Cˤra	*Cae*		家 *kˤra > *kae* > jiā ‘家庭’ 豝 *pˤra > *pae* > bā ‘母猪,猪’ 柤 *tsˤra > *tsrae* > zhā ‘一种酸果’
*P(r)a	*Pju*	[2][3]	無 *ma > *mju* > wú ‘没有’ 膚 *pra > *pju* > fū ‘皮肤’
*Kʷ(r)a	*Kju*		娱 *ŋʷ(r)a > *ngju* > yú ‘欢乐’
*C(r)A	*Cjae*	[4]	邪 *[ɢ](r)A > *yae* > yé ‘(疑问助词)’
*TA	*Tsyae*		者 *tAʔ > *tsyaeX* > zhě ‘(名词化助词)’
*TsA	*Tsjae*		且 *[tsʰ]Aʔ > *tshjaeX* > qiě ‘而且’
*C(r)a	*Cjo*	[2]	語 *ŋ(r)aʔ > *ngjoX* > yǔ ‘说话’ 筥 *[k]raʔ > *kjoX* > jǔ ‘圆形的竹器’ 豬 *tra > *trjo* > zhū ‘猪’ 初 *[ts]ʰra > *tsrhjo* > chū ‘开始’

表 5.27 附注:

[1] *Kʷˤa 和 *Kˤa 在中古音中都变为 MC *Ku*,单从中古音本身的证据来,两者是无法区分的。不过通过字形和词族关联的分析,我们还是可以构拟出 *Kʷˤa。例如:孤 *kʷˤa > *ku* > gū ‘孤儿’的唇化声母的构拟是依据其声符而来的:瓜 *kʷˤra > *kwae* > guā ‘瓜,葫芦’。

[2] 带钝音声母的 B 型音节中，单从中古音的证据是无法分别 *Ca和 *Cra 的：*Ka 和 *Kra 都变为中古的 *Kjo*，*Pa 和 *Pra 都变为 *Pju*，*K^{w}a 和 *K^{w}ra 都变为 *Kju*。只有通过字形和词族方面的证据，我们才有信心为这些音节构拟出 *-r-。例如：筥 jǔ < *kjoX* < *[k]raʔ‘圆形的竹器’的声符是吕 *[r]aʔ > *ljoX* > lǚ‘脊椎；律管’。

[3] 韵母 *-a 和 *-ra 在 *K-之后变为中古的 MC *-jo*，但是在 *K^{w}- 或 *P-之后会变为*-ju*，从而与 *K(r)o 和 *P(r)o 合并。在绝大多数现代方言中，中古音*-jo* 和*-ju* 的分别均无迹可寻，但在闽语和南部吴语还有遗存(罗常培 1931；董同龢 1960：1041；周祖谟 [1943]1966；Mei 2001)。比如，罗杰瑞构拟的原始闽语韵母 *-y 当是由上古的 OC *C(r)a 演化而来，而原始闽语韵母 *-io 则是来自上古的 OC *K^{w}(r)a和 *P(r)a，如表 5.28 所示。

表 5.28　*C(r)a、*K^{w}(r)a 和 *P(r)a 在闽语中的对应形式

	上古音 *C(r)a	中古音 *-jo* (魚)	原始闽语 *-y	厦门 -u、-i	揭阳 -ɯ
鋸 jù‘锯子’	*k(r)a-s	*kjoH*	*ky C	ku 5	kɯ 5
箸 zhù‘筷子’	*[d]<r>ak-s	*drjoH*	*dy C	ti 6	tɯ 6
書 shū‘书写’	*s-ta	*syo*	*tsy A‘书本’	tsu 1	tsɯ 1
	*K^{w}(r)a, *P(r)a	*-ju* (虞)	*-io	-ɔ	-ou
雨 yǔ‘雨水’	*C.ɢ^{w}(r)aʔ	*hjuX*	*ɣio B	hɔ 6	hou 4
芋 yù‘芋头’	*[ɢ]^{w}(r)a-s	*hjuH*	*io C	ɔ 6	ou 6
斧 fǔ‘斧头’	*p(r)aʔ	*pjuX*	*pio B	pɔ 3	pou 3

[4] 除中古的 MC *-jo* 和*-ju* 以外，上古的 OC *-a 还有第三种中古对应形式*-jae*，我们对此尚未予以解释，以下有一些对比例子：

(890) 煮 zhǔ < *tsyoX* (= *tsy-*+*-joX*)[35]‘煮，烧’
　　渚 zhǔ < *tsyoX*(= *tsy-*+*-joX*)‘水中小块陆地’
　　赭 zhě < *tsyaeX*(= *tsy-*+*-jaeX*)‘红土；红色颜料’

223 者 zhě < *tsyaeX*（= *tsy-* + *-jaeX*）‘（名物化助词）’

上例中的四个字都从“者”得声，因此在上古音中其主元音皆应一致。这些字的中古音声母皆为 *tsy-*，一般可认为是从 OC *t- 演化而来的，因此这四个字的上古音似乎都应构拟为 *taʔ。但是为何在中古音里这些字会分别变为 *tsyoX* 和 *tsyaeX* 这两种不同的对应？目前我们尚无满意的答案。这种现象只限于带中古声母 *Tsy*-和 *Ts*-两类音节。上古音的声母既然远较中古音的情况复杂，而我们的构拟还是不完全的，所以确定不同中古对应形式的条件，可能来自上古声母的差别。例如，MC *tsyaeX* 可能是由 *C.taʔ 变化而来，声母前的前置辅音会阻止后面的元音遵循正常的音变而变为 MC -*jo*。但是目前我们的处理方法只是直接把中古音-*jo* 和-*jae* 的上古音直接记成 OC *-a 和“*-A”的区别。*A 并非第七个上古汉语的元音，它只是一个特别的处理方式，表示“这是 OC *-a 的一种特殊情况，由于目前不明的原因，它会变为 MC -*jae* 而不是 MC -*jo*。”[36] 没有证据显示 *-A 与一般的 *-a 在押韵行为上有任何不同。[37]

其他 MC -*jae* <OC *-a（以 *-A 来代表）的例子还有：

(891) 車 *[t.q^{h}](r)A > *tsyhae* > chē ‘战车’；[38] 参照：
車 *C.q(r)a > *kjo* > jū ‘战车’
輿 *m-q(r)a > *ɢ(r)a > *yo* > yú ‘车，车箱，肩扛’

(892) 社 *m-t^{h}Aʔ > *dzyaeX* > shè ‘祭祀土地神’；参照：
土 *t^{hˤ}aʔ > *thuX* >[39] tǔ ‘土地’

(893) 奢 *s.t^{h}A > *syae* > shē ‘奢侈’（参照：厦门 /ts^{h}ia 1/，福州 /ts^{h}ia 1/）

(894) 寫 *s-q^{h}Aʔ > *sjaeX* > xiě ‘描绘’

(895) 遮 *tA > *tsyae* > zhē[40] ‘遮盖’

5.4.1.2 *-ak(-s)（= 传统的鐸部）

*-ak 在不同声母条件之后的中古对应形式见表 5.29 中的归纳。

*-ak-s 的对应形式同于表 5.27 的 *-a(去声)。 224

表 5.29　上古音 *-ak 的中古对应形式

上古音	中古音	注释	例字
*K^{wʕ}ak	*Kwak*		郭 *k^{wʕ}ak > *kwak* > guō ‘外城’
*C^{ʕ}ak	*Cak*		恶 *ʔ^{ʕ}ak > *'ak* > è ‘不好,丑陋’ 度 *[d]^{ʕ}ak > *dak* > duó ‘测量(动词)’
*K^{wʕ}rak	*Kwaek*～ *Kweak*	[1]	擭 *q^{wʕ}rak > *'waek* > wò ‘捕获(动词)’ 獲 *m-q^{wʕ}rak > *hweak* > huò ‘捕猎(动词)’
*C^{ʕ}rak	*Caek*		客 *k^{hʕ}rak > *khaek* > kè ‘宾客’ 百 *p^{ʕ}rak > *paek* > bǎi ‘百’ 宅 *m-t^{ʕ}<r>ak > *draek* > zhái ‘住宅’
*K^{w}(r)ak	*Kjwak*	[2]	矍 *C.q^{w}(r)ak > *kjwak* > jué ‘急视’
*Cak	*Cjak*	[2] [3]	却 *[k]^{h}ak > *khjak* > què ‘推辞,拒绝’ 縛 *bak > *bjak* > fù ‘捆绑(动词)’ 若 *nak > *nyak* > ruò ‘允诺’
*Prak	*Pjaek*		碧 *prak > *pjaek* > bì ‘淡蓝色’
*Krak	*Kjaek*		逆 *ŋrak > *ngjaek* > nì ‘反对’
*Trak	*Trjak*	[3]	著 *t<r>ak > *trjak* > zhuó ‘放置’
*Tsrak	*Tsrjak*～ *Tsraewk*	[3] [4]	斮 *[ts]rak > *tsrjak* > zhuó ‘砍掉’ 朔 *s-ŋrak > (*srjak* >) *sraewk* > shuò ‘月初第一天’
*TAk	*Tsyek*	[5]	石 *dAk > *dzyek* > shí ‘石头’
*TsAk	*Tsjek*		昔 *[s]Ak > *sjek* > xī ‘从前’

表 5.29 附注:

[1] *K^{wʕ}rak 的对应形式或为 MC *Kweak* 而非一般所料的 *Kwaek*,很有可能古代韵书并未忠实地对两类音节进行区分:

(896) 擭 *q^{wʕ}rak > *'waek* > wò ‘捕获(动词)’,然而其同根词有:
獲 *m-q^{wʕ}rak > *hweak* > huò ‘捕猎(动词)’

[2] 尽管 *-a 和 *-ra 在 B 型音节的钝音声母之后会发展出相同的对

应形式，但*-ak 和*-rak 却分别有不同的中古对应：*-jak* 和-*jaek*。当声母为钝音时，*Crak 和*C^{ʕ}rak(> *Caek*)的对应形式都见于《切韵》同一个韵中。不过我们没有与*K^{w}rak 相关的例证，它很可能与*K^{w}ak 合并了。

[3] 在钝音声母之后，*-r-会使后接元音前化，在锐音声母之后，*-r-会使声母卷舌化，但是中古的韵母应为-*jak*，而非-*jaek*。

[4] *-ak(传统鐸部)也会发展出类似 *Tsraewk* 这样的中古音节形式，这一般被认为是从上古而来的不规则音变。但是这些音节很明显是由中古时期发生的 *Tsrj*-> *Tsr*-的音变结果。这种类型的不规则现象很有可能都是方言接触造成的。

(897) 朔 *s-ŋrak > *srak > *srjak* > *sraewk* > shuò ‘月初第一天’；其声符为
屰＝逆 *ŋrak > *ngjaek* > nì ‘反对’

[5] 和*-a 相类，*-ak 和*-ak-s 在锐音声母后有不同的音变方向(详下文)，其原因未明。我们把变作 MC *Cjak* 的音节形式记作*Cak，
225 变作 MC *Cjek* 的记作*CAk。此处的*A，如在上一小节中已申明的，并不代表是第七个上古元音。*-Ak 仅表示是“*-ak 的一种特殊情况，因不明原因，会变为 MC -*jek*”，同理见后文的*-Ak-s。有证据显示这种特殊变化与方言变异有关：闽方言中上古为*-Ak 的字在原始闽语中的形式为*-iok，与上古形式为*-ak 的字一致。显然，在齿音和硬腭音声母之后产生的*-ak > MC -*jek* 的音变，是在中古汉语书面文献所记录的方言中发生的一种创新音变，而闽语并未参与其中：

(898) 尺 *t^{h}Ak > *tsyhek* > chǐ ‘尺(度量单位)’，原始闽语 *tšhiok D：厦门 /ts^{h}ioʔ 7 /，福州 /ts^{h}uoʔ 7 /

(899) 石 *dAk > *dzyek* > shí ‘石头’，原始闽语 *džiok D：厦门 /tsioʔ 8 /，福州 /suoʔ 8 /

(900) 螫 *[l̥]Ak > *syek* > shì ‘刺(动词)’，原始闽语 *tšhiok D：厦门 /ts^{h}ioʔ 7 /

(901) 炙 *tAk > *tsyek* > zhì ‘烤，煮’，原始闽语 *tšiok D：建阳 /tsio 7 /（Norman 1971：203）

(902) 释 *l̥Ak > *syek* > shì ‘淘米’，原始闽语 *tšhiok D：厦门 /tsʰioʔ 7 /（厦门大学 1982：712）

(903) 射 *Cə.lAk > *zyek* > shè ‘以弓矢射物’；原始闽语 *-džiok D，福州 /suoʔ 8 /

(904) 借 *[ts]Ak > *tsjek* > jiè ‘借出，借入’，原始闽语 *tsiok D：厦门 /tsioʔ 7 /，福州 /tsuoʔ 7 /

(905) 席 *s-m-tAk > *zjek* > xí ‘席子’，原始闽语 *dzhiok D：厦门 /tsʰioʔ 8 /

我们把一部分字构拟为 *-ak-s（而不是 *-a-s），原因是这些字与上古形式为 *-ak 的字都有直接的语源或字形上的联系，下面是一些例子：

(906) 恶 *ʔˁak > *'ak* > è ‘不好，丑陋’
　　　恶 *ʔˁak-s > *'uH* > wù ‘厌恶（动词）’

(907) 度 *[d]ˁak > *dak* > duó ‘测量（动词）’
　　　度 *[d]ˁak-s > *duH* > dù ‘尺度（名词）’

(908) 莫 *mˁak > *mak* > mò ‘否定代词’
　　　墓 *C.mˁak-s > *muH* > mù ‘坟墓’

(909) 射 *Cə.lAk > *zyek* > shè ‘以弓矢射物’
　　　射 *Cə.lAk-s > *zyaeH* > shè ‘射；射手’

(910) 借 *[ts]Ak > *tsjek* > jiè ‘借出，借入’
　　　借 *[ts]Ak-s > *tsjaeH* > jiè ‘借出，借入’

(911) 夕 *s-ɢAk > *zjek* > xī ‘傍晚，夜’
　　　夜 *ɢAk-s > *yaeH* > yè ‘夜晚’

例(909)到例(911)这几个例子，我们用 *-Ak-s 来代替 *-ak-s，因为其中古音对应的是 *-jaeH* 而非 *-joH*。

*-a-s 和 *-ak-s 的合并至晚在《诗经》一些篇章的押韵里就已经出 226
现了[见《邶风 · 柏舟》(25)第二章]。

5.4.1.3 *-aŋ(＝传统的陽部)

-aŋ 的中古音对应形式和-ak 大致相仿，只是无需构拟特殊形式“*-Aŋ”，见表 5.30。

表 5.30 *-aŋ的中古音对应形式

上古音	中古音	注释	例 字
*Kʷˤaŋ	*Kwang*		廣 *kʷˤaŋʔ > *kwangX* > guǎng ‘宽’
*Cˤaŋ	*Cang*		剛 *kˤaŋ > *kang* > gāng ‘硬，强’ 旁 *[b]ˤaŋ > *bang* > páng ‘旁边；广泛’ 湯 *l̥ˤaŋ > *thang* > tāng ‘热水’
*Kˤʷraŋ	*Kwaeng*		觥 *[k]ʷˤraŋ > *kwaeng* > gōng ‘酒器’
*Cˤraŋ	*Caeng*		更 *kˤraŋ > *kaeng* > gēng ‘改变(动词)’ 彭 *C.[b]ˤraŋ > *baeng* > péng ‘彭(地名)’ 瞠 *tʰˤraŋ > *trhaeng* > chēng ‘注视’
*Kʷaŋ	*Kjwang*		王 *ɢʷaŋ > *hjwang* > wáng ‘国王’
*Caŋ	*Cjang*		强 *N-kaŋ > *gjang* > qiáng ‘强大’ 方 *C-paŋ > *pjang* > fāng ‘方形’ 上 *Cə-daŋʔ > *dzyangX* > shàng ‘上升’
*Kʷraŋ	*Kjwaeng*		永 *[ɢ]ʷraŋʔ > *hjwaengX* > yǒng ‘(时间上的)久远’
*Praŋ	*Pjaeng*		丙 *praŋʔ > *pjaengX* > bǐng ‘天干第三位’
*Kraŋ	*Kjaeng*		京 *[k]raŋ > *kjaeng* > jīng ‘山；国都’
*Traŋ	*Trjang*	[1]	張 *C.traŋ > *trjang* > zhāng ‘开弓’
*Tsraŋ	*Tsrjang*		牀 *k.dzraŋ > *dzrjang* > chuáng ‘床’

表 5.30 附注：

[1] 和*-rak 的情况相似，钝音声母后的*-r-会使*-aŋ 的主元音前化(例如*Kraŋ > *Kjaeng*)，但锐音声母之后，*-r-对元音没有影响，它直接使声母发生卷舌化：*Traŋ > *Trjang*、*Tsraŋ > *Tsrjang*。

我们在一些同义或近义词里发现*-a 和*-aŋ 的语音交替。比如

“亡”的构拟是：

(912) 亡 *maŋ > *mjang* > wáng ‘逃亡；消失；死亡’

“亡”在甲骨文和其他早期文献中的主要用法并不是后世常见的“消失”的意思，而是用作否定词“無”：

(913) 無 *ma > *mju* > wú ‘没有’

这一现象大概说明“亡”*maŋ 和“無”*ma 是有词源上的联系的。蒲立本(1962—1963：232—233)还指出过其他相关的交替例子：

(914) 于 *ɢʷ(r)a > *hju* > yú ‘去，在’
往 *ɢʷaŋʔ > *hjwangX* > wǎng ‘去往’ 227

尚不能确定这里的*-ŋ 是不是上古汉语里的一个能产性后缀，不过它可能反映了更早期的原始汉藏语的面貌。在孟加拉和印度东北部有一种藏缅语叫加罗语，它有一个后缀-*ang*/aŋ/‘离开’，可以加在位移动词之后用以表示从说话者逐渐远离的位移动作：

(915) *mal-ang-a* ‘爬走’，来自 *mal-a* ‘爬’
kat-ang-a ‘跑开’，来自 *kat-a* ‘跑’
jro-ang-a ‘游走’
i·-ang-a ‘去’，参照 *i·-ba-a* ‘来’(Burling 2004：144)

5.4.2　带后韵尾的*ə

表 5.31 比较了我们和其他几家上古音系统所构拟的*-ə、*-ək(-s)和*-əŋ。

-ə、-ək(-s)和*-əŋ 在非咽化的双唇音或唇化的声母之后皆受其

同化的影响使元音发生圆唇化，这是此类上古韵部的特征之一。但是*-r-阻碍同化的发生，咽化声母也令同化失效。例如：

(916) 有 *[ɢ]ʷəʔ > *hjuwX* > yǒu ‘有，存在’
洧 *[ɢ]ʷrəʔ > *hwijX* > wěi ‘洧川’
(917) 福 *pək > *pjuwk* > fú ‘福气’
逼 *prək > *pik* > bī ‘催促，逼迫’
(918) 伏 *[b]ək-s > *bjuwH* > fú ‘孵卵’
備 *[b]rək-s > *bijH* > bèi ‘完备（形容词）’
(919) 弓 *kʷəŋ > *kjuwng* > gōng ‘弓箭’

*Kʷrəŋ > *Kwing* 也是一种具有可能性的演变，但是目前暂时找不到相关的例子。

表 5.31　带后韵尾的 OC *ə（A 型音节）诸家构拟比较表

白-沙系统		*-ə	*-ək	*-ək-s	*-əŋ
传统韵部		＝之	＝职		＝蒸
中古音	*K-, *T(s)-	*-oj* 咍	*-ok* 德	*-ojH* 代	*-ong* 登
	*P-	*-woj* 灰	*-ok* 德	*-wojH* 隊	*-ong* 登
	*Kw-	*-woj* 灰	*-wok* 德	*-wojH* 隊	*-wong* 登
高本汉(Karlgren 1957)		*-əg	*-ək	*-əg	*-əng
董同龢(1948)		*-ə̂g	*-ə̂k	*-ə̂g	*-ə̂ng
王力(1958)		*-ə	*-ək	*-ə̄k	*-əŋ
李方桂(Li 1971)		*-əg	*-ək	*-əgh	*-əng
蒲立本(Pulleyblank 1977—1978)		*-ə́ɣ	*-ə́k	*-ə́ks	*-ə́ŋ
斯塔罗斯金(Starostin 1989)		*-ə̄	*-ə̄k	*-ə̄ks	*-ə̄ŋ
白一平(Baxter 1992)		*-ɨ	*-ɨk	*-ɨks	*-ɨng
郑张尚芳(2003)		*-ɯɯ	*-ɯɯg	*-ɯɯgs	*-ɯɯŋ①

① 译注：“郑张尚芳(2003)”这一行，原书作：“*-əə”“*-əəg”“-əəgs”“*-əəŋ”。

228

除了例(916)至例(918)所示的音节类型外，在中古音的证据范围内是无法侦测到非咽化钝音声母之后是否有*-r-。

5.4.2.1　*-ə(＝传统的之部)

*-ə 的中古对应形式如表 5.32 所示：

表 5.32　*-ə的中古对应形式一览表

上古音	中古音	注释	例字
*Kʷˤə	*Kwoj*	[1]	賄 *qʷʰˤəʔ > *xwojX* > huì ‘财物，值钱的’
*Pˤə	*Pwoj*	[1]	梅 *C.mˤə > *mwoj* > méi ‘梅树’
*Cˤə	*Coj*	[1]	改 *C.qˤəʔ > *kojX* > gǎi ‘改变(动词)’ 乃 *nˤəʔ > *nojX* > nǎi ‘于是’
*Kʷˤrə	*Kweaj*		怪 *[k]ʷˤrə-s > *kweajH* > guài ‘离奇的’
*Cˤrə	*Ceaj*		駭 *[g]ˤrəʔ > *heajX* > hài ‘受惊’ 霾 *mˤrə > *meaj* > mái ‘阴霾’ 豺 *[dz]ˤrə > *dzreaj* > chái ‘猛兽’
*Kʷə	*Kjuw*	[2]	臼 *C.[g]ʷəʔ > *gjuwX* > jiù ‘舂米器’
*Pə	*Pjuw*	[2]	不 *pə > *pjuw* > bù ‘不’
*Kʷrə	*Kwij*	[2]	龜 *[k]ʷrə > *kwij* > guī ‘龟’
*Prə	*Pij*	[2]	鄙 *prəʔ > *pijX* > bǐ ‘边境小邑’
*C(r)ə	*Ci*	[3]	基 *k(r)ə > *ki* > jī ‘基础(名词)’ 止 *təʔ > *tsyiX* > zhǐ ‘脚；停止’ 治 *lrə-s > *driH* > zhì ‘治理，安排’ 緇 *[ts]rə > *tsri* > zī ‘黑色’

表 5.32 附注：

[1] MC *Koj* 也是由*Kˤəj 演化而来的；*Kwoj* 也能由*Kʷˤəj 或*Kˤuj 演化而来，*Pwoj* 也可由*Pˤəj 或*Pˤuj 变来。但是由于*-əj 在锐音声母后发生前化音变，*Toj* 和 *Tsoj* 只来自*Tˤə 和*Tsˤə。

[2] *ə 在非咽化的*Kʷ-和*P-之后因同化而圆唇化，从而变为 MC -*juw*，但是介音*-r-会阻止同化：*Kʷrə > *Kwij*、*Prə > *Pij*。注意这些对应形式都归为《切韵》的脂韵(-*ij*)。《切韵》的之韵(-*i*)没有合

口,也没有带唇音声母的音节。

[3] 前文已提到,*Kə 和 *Krə(之部)仅依靠中古音的证据是无法区分的。

5.4.2.2　*-ək(-s)(=传统的职部)

-ək 的中古对应形式如表 5.33 所示。-ək-s 的中古音对应仅同于
229 表5.32的 *-ə(去声)。

表 5.33　*-ək 的中古对应形式

上古音	中古音	注释	例字
*Kʷˤək	*Kwok*		或 *[ɢ]ʷˤək > *hwok* > huò ‘有的;或许’
*Cˤək	*Cok*		刻 *[kʰ]ˤək > *khok* > kè ‘割,雕刻’ 北 *pˤək > *pok* > běi ‘北方’ 塞 *[s]ˤək > *sok* > sè ‘塞住,阻碍(动词)’
*Kʷˤrək	*Kweak*		聝 *C.qʷˤ<r>ək > *kweak* > guó ‘割获左耳’
*Cˤrək	*Ceak*		革 *kˤrək > *keak* > gé ‘皮革,皮’ 麦 *m-rˤək (方言>) *mrˤək > *meak* > mài ‘麦子’
*Kʷək	*Kjuwk*	[1]	囿 *[ɢ]ʷək > *hjuwk* > yòu ‘园囿,花园’
*Pək	*Pjuwk*	[1]	福 *pək > *pjuwk* > fú ‘福气’
*Kʷrək	*Kwik*	[1]	域 *[ɢ]ʷrək > *hwik* > yù ‘疆界’
*Prək	*Pik*	[1]	逼 *prək > *pik* > bī ‘催促,逼迫’
*C(r)ək	*Cik*	[2]	憶 *ʔ(r)ək > *'ik* > yì ‘记忆’ 棘 *krək > *kik* > jí ‘荆棘’ 式 *l̥ək > *syik* > shì ‘典范’ 直 *N-t<r>ək > *drik* > zhí ‘笔直的’

表 5.33 附注:

[1] 非咽化的唇音或唇化声母跟 *-ə 和 *-əŋ 一样导致后接元音 *ə 圆唇化,但是这种圆唇效果会被 *-r-所阻碍,也不会在 A 型音节中发生影响。

[2] 同 *Kə / *Krə 和 *Kəŋ / *Krəŋ(见下表 5.34)一样,我们也无法单依据中古音角度把 *Kək(-s)同 *Krək(-s)区分开。但是基于其他

的证据仍然可以在一些字里构拟出*-r-：

(920) 棘 *krək > *kik* > jí ‘荆棘’；《韩诗》(《经典释文》79)和马王堆《老子(甲)》中的异文作：

杒 *krək > *kik* > jí ‘荆棘’(高明 1996：381)，此字声符是

力 *k.rək > *lik* > lì ‘力量’；原始闽语*lhət D：厦门 /lat 8/，建瓯 /sɛ 6/，石陂 /se 1/

借由词源和字形上的与*-ək 的关联，我们把以下的例子构拟成*-ək-s(不采用*-ə-s)：

(921) 北 *pˁək > *pok* > běi ‘北面’(背后的方向；“北”的早期字形为两人相背之形)

背 *pˁək-s > *pwojH* > bèi ‘背脊’

(922) 憶 *ʔ(r)ək > *'ik* > yì ‘记忆’

意 *ʔ(r)ək-s > *'iH* > yì ‘思想(名词)’

(923) 食 *mə-lək > *zyik* > shí ‘吃’

食～飤～飼[41] *s-m-lək-s > *ziH* > sì ‘喂养(动词)’

常用词“來”lái ‘来’表现出的不规则变化，可能是由于在非重读形式里失落了末尾的*-k，而这个非重读形式后又变为重音形式：

(924) 來 *mə.rˁək > mə.rˁə > *rˁə > *loj* > lái ‘来’ 230

“来”在《诗经》中作为*-ək 的韵脚字出现于《小雅 · 出车》(168)首章、《小雅 · 大东》(203)第四章、《大雅 · 灵台》(242)第二章和《大雅 · 常武》(263)第六章中，但是在《邶风 · 终风》(30)第二章、《邶风 · 雄雉》(33)第三章、《王风 · 君子于役》(66)首章和《郑风 · 子衿》(91)第二章中又与*-ə 押韵(一般认为《大雅》和《小雅》的年代比《国风》要早)。因此我们才假设原来韵母尾部的*-k 在非重音的位置上脱落，后来没有*-k 的新形式变为了重音形式，替换了原来的形

式。详细论证可参白一平(Baxter 1992：325—332)(类似的演化过程也出现在中古英语中：中性代词 *hit* 的/h/在非重音的情况脱落，*hit* 变为了现代英语的 *it*)。

5.4.2.3　*-əŋ(＝传统的蒸部)

表 5.34 是*-əŋ 的中古对应形式。

表 5.34　*-əŋ的中古对应形式

上古音	中古音	注释	例字
*Kʷˁəŋ	*Kwong*		弘 *[ɢ]ʷˁəŋ > *hwong* > hóng ‘巨大’
*Cˁəŋ	*Cong*		恆 *[g]ˁəŋ > *hong* > héng ‘永恒’ 崩 *Cə.pˁəŋ > *pong* > bēng ‘崩塌’ 登 *tˁəŋ > *tong* > dēng ‘上升’ 增 *s-tˁəŋ > *tsong* > zēng ‘增加’
*Kʷˁrəŋ	*Kweang*		宏 *[g]ʷˁ<r>əŋ > *hweang* > hóng ‘响亮的；大’
*Cˁrəŋ	*Ceang*		繃 *pˁrəŋ > *peang* > bēng ‘包扎’ 橙 *[d]ˁrəŋ > *dreang* > chéng ‘柑橘’
*Kʷəŋ	*Kjuwng*	[1]	弓 *kʷəŋ > *kjuwng* > gōng ‘弓箭’
*Pəŋ	*Pjuwng*		馮 *[Cə.b]əŋ > *bjuwng* > féng ‘冯(姓)’
*Kʷrəŋ	*Kwing?*		[无明确例证]
*Prəŋ	*Ping*		憑 *[b]rəŋ > *bing* > píng ‘依靠’
*C(r)əŋ	*Cing*	[2]	兢 *k(r)əŋ > *king* > jīng ‘小心’ 升 *s-təŋ > *sying* > shēng ‘登’ 澄 *[d]rəŋ > *dring* > chéng ‘清澈，洁净’

表 5.34 附注：

[1] 与此系列中的其他构拟韵母一样，*Kʷəŋ > *Kjuwng* 和 *Pəŋ > *Pjuwng* 发生元音的圆唇化，但圆唇效果被*-r-阻碍，也不会在 A 型音节内发生。像 *Kwing* < *Kʷrəŋ 的音节暂无明确例证。

[2] 与此系列中的其他构拟韵母一样，无法仅从中古音的证据中把*Kəŋ 同*Krəŋ 区分开。

5.4.3　带后韵尾的 *e

上古韵母 *-e、*-ek(-s)和 *-eŋ 的演变相对来说是比较直观明了的。在先前的诸家构拟中,从这些韵部演变而来的某些三等韵被认为是不规则的演化结果,但现在在六元音构拟中通过构拟元音前的 *-r-就可以解释这些疑难现象。以下是一些例子:

(925) 卑 *pe > *pjie* > bēi ‘低下,谦逊’(重纽四等)

碑 *pre > *pje* > bēi ‘石碑’(重纽三等) 231

(926) 名 *C.meŋ > *mjieng* > míng ‘名字’(重纽四等)

鳴 *m.reŋ ([方言]) > *mreŋ > *mjaeng* > míng ‘叫(鸟或动物)’(重纽三等)

(927) 屐 *Cə.[g]rek > *gjaek* > jī ‘木屐’(重纽三等)

*-r-是根据我们对于整个音系结构的总体假设推导出来的,不过也有一些直接证据可以确定其存在。例如,暹罗语中的/kreːŋ A1/‘害怕’,很明显就是借自汉语“驚” jīng(Manomaivibool 1975: 168):

(928) 驚 *kreŋ > *kjaeng* > jīng ‘害怕’

表 5.35 是我们与其他构拟系统的比较。

表 5.35　OC 带后韵尾的 *e 诸家构拟一览表(A 型音节)

白-沙系统	*-e	*-ek	*-ek-s	*-eŋ
传统韵部	= 支 Zhī	= 錫 Xī		= 耕 Gēng
中古韵母	*-ej* 齊	*-ek* 錫	*-ejH* 霽	*-eng* 青
高本汉(Karlgren 1957)	*-ieg	*-iek	*-ieg	*-ieng
董同龢(1948)	*-ieg	*-iek	*-ieg	*-ieng
王力(1958)	*-e	*-ěk	*-ēk	*-eŋ

续　表

李方桂(Li 1971)	*-ig	*-ik	*-igh	*-ing
蒲立本(Pulleyblank 1977—1978)	*-áj	*-ác	*-ács	*-áɲ
斯塔罗斯金(Starostin 1989)	*-ē	*-ēk	*-ēks	*-ēŋ
白一平(Baxter 1992)	*-e	*-ek	*-eks	*-eng
郑张尚芳(2003)	*-ee	*-eeg	*-eegs	*-eeŋ

5.4.3.1　*-e(⊂传统的支部)

232　表 5.36 是 *-e[42] 的中古对应形式。

表 5.36　*-e 的中古对应形式

上古音	中古音	注释	例字
*Kʷˤe	*Kwej*		圭 *[k]ʷˤe > *kwej* > guī ‘玉版’
*Cˤe	*Cej*		雞 *kˤe > *kej* > jī ‘禽，鸡肉’ 髀 *m-pˤeʔ > *bejX* > bì ‘髀骨’ 嗁，啼 *C.lˤe > *dej* > tí ‘哭，嚎’
*Kʷˤre	*Kwea*		卦 *[k]ʷˤre-s > *kweaH* > guà ‘用筮草预言的办法’
*Cˤre	*Cea*		街 *[k]ˤre > *kea* > jiē ‘十字路口’ 稗 *C.[b]ˤre-s > *beaH* > bài ‘似谷之草’
*Ke	*Tsye*～*Kjie*	[1]	支 *ke > *tsye* > zhī ‘(树的)分枝，四肢’
*Kre	*Kje*		技 *[g]reʔ > *gjeX* > jì ‘技艺’
*Kʷe	*Kjwie*		窺 *kʷʰe > *khjwie* > kuī ‘窥探，侦探(动词)’
*Kʷre	*Kjwe*		[无明确例证]
*Pe	*Pjie*		卑 *pe > *pjie* > bēi ‘低下，谦逊’
*Pre	*Pje*		碑 *pre > *pje* > bēi ‘石碑’
*Tsre	*Tsrje*～*Tsrea*	[2]	纚 *sreʔ > *srjeX*～*sreaX* > xǐ ‘束发带’
*C(r)e	*Cje*		是 *[d]eʔ > *dzyeX* > shì ‘此’ 知 *tre > *trje* > zhī ‘知道’ 斯 *[s]e > *sje* > sī ‘劈开(动词)’

表 5.36 附注：

［1］在§4.1.2 中我们已经提过，非咽化的软腭音在元音*i 和*e 之前，如果没有*-r-进行干扰的话，很容易发生腭化，不过腭化的确切的条件仍待确证。

［2］在中古音中本来是 *Tsrje* 的音节在某些方言中会变为 *Tsrea*，两者皆见于《经典释文》。例如：《仪礼·士冠礼》“緇纚”一条，《经典释文》注曰：

（929）緇纚：山買反［*sr*（*ean*）＋（*m*）*eaX*＝*sreaX*］，旧读：山綺反［*sr*（*ean*）＋（*kh*）*jeX*＝*srjeX*］（《经典释文》143）。

5.4.3.2　*-ek(-s)(⊂传统的錫部)

表 5.37 所示是*-ek 的中古对应形式，*-ek-s[43] 的对应形式仅同于表 5.36 的*-e(去声)。

表 5.37　*-ek 的中古对应形式

上古音	中古音	注释	例字
*Kʷˤek	*Kwek*		鶪 *kʷˤek > *kwek* > jú ‘伯劳鸟’
*Cˤek	*Cek*		鷁 *m-ɢˤek > *ngek* > yì ‘水鸟名’ 壁 *C.pˤek > *pek* > bì ‘墙壁’ 剔 *l̥ˤek > *thek* > tī ‘割肉’
*Kʷˤrek	*Kweak*		畫 *gʷˤrek > *hweak* > huà ‘画(动词)’
*Cˤrek	*Ceak*		隔 *[k]ˤrek > *keak* > gé ‘阻隔，分离(动词)’ 擘 *pˤrek > *peak* > bò ‘分开，劈开’ 摘 *tˤrek > *treak* > zhāi ‘摘取(动词)’ 責 *s-tˤrek > *tsreak* > zé ‘责备’
*Kek	*Kjiek*	［1］	益（*q[i]k >）*qek > *'jiek* > yì ‘增加’
*Krek	*Kjaek*		屐 *Cə.[g]rek > *gjaek* > jī ‘木屐’
*Kʷek	*Kjwiek*		［无明确例证］
*Kʷrek	*Kjwaek*		［无明确例证］

续 表

上古音	中古音	注释	例字
*Pek	*Pjiek*		辟 *[N]-pek > *bjiek* > bì '法令、法则，合法的'
*Prek	*Pjaek*		[无明确例证]
*Tsrek	*Tsrjek*～*Tsreak?*	[2]	[无明确例证]
*C(r)ek	*Cjek*		易 *lek > *yek* > yì '改变；交换' 刺 *[ts^{h}]ek > *tshjek* > cì '刺穿，戳' 蹢躅 *[d]rek-[d]rok > *drjek-drjowk* > zhízhú '踱步'

表 5.37 附注：

[1] 软腭音在*-ek(或*-eŋ)之前腭化的例子尚未发现。

[2] 由于中古音声母的变化 *Tsrj-* > *Tsr-*，很难准确地将咽化的*Ts^{ʕ}rek(-s)同非咽化的*Tsrek(-s)相区分。从*Tsrjek 的构拟形式出发，我们设想应该有 *Tsrjaek* > *Tsraek* 的演化(见下一小节)，这可以类比以下的例子：

233 (930) 生 *sreŋ > *srjaeng* > *sraeng* > shēng '生育，出生；活'

但实际上，《广韵》中带 *Tsr-* 类声母(庄组)的 *-jaek* 或 *-aek* 这类音节，要么是来自上古的*-ak，要么就是未见于先秦文献记录的。

借由与*-ek 在词源或字形上的关联，我们选择把一些字构拟成*-ek-s，而不是*-e-s。

(931) 易 *lek > *yek* > yì '改变；交换'
易 *lek-s > *yeH* > yì '容易'
剔 *l̥^{ʕ}ek-s > *thejH* > tì '割除'
(932) 畫 *g^{wʕ}rek > *hweak* > huà '画(动词)'，原始闽语 *ɦuak D
畫 *C-g^{wʕ}rek-s > *hweaH* > huà '图画(名词)'，原始闽语 *ɣua C
(933) 刺 *[ts^{h}]ek > *tshjek* > cì '刺穿，戳'

刺 *[tsʰ]ek-s > *tshjeH* > cì ‘尖端，刺’

(934) 責 *s-tˤrek > *tsreak* > zé ‘要債’

債 *s-tˤrek-s > *tsreaH* > zhài ‘債务’

5.4.3.3　*-eŋ(⊂传统的耕部)

-eŋ[44]跟-e 和*-ek(-s)两者大体上是相似的。*-eŋ 和*-en 有一些交替现象，似乎说明在某些上古方言中*-eŋ 已与*-en 合并，正如*-iŋ 合并于*-in、*-ik 合并于*-it(见下文 § 5.4.4)。比如说，“平”字我们构拟为*-eŋ：

(935) 平 *breŋ > *bjaeng* > píng ‘平坦(形容词)’

《尚书 · 洪范》和《小雅 · 采菽》(222)第四章中有“平平”一词，《经典释文》将其音注为 *bjien-bjien*，对应 OC *ben-ben(《经典释文》47，86)。

又如，《老子》今传本第二十六章有“榮觀”一词，义为“皇宫”。“榮觀”一词我们构拟为：

(936) 榮觀 róngguàn < *hjwaeng-kwanH* < *[N-qʷ]reŋ-*C.qʷˤar-s

但是在马王堆《老子》甲、乙本中，“榮觀”都写作“環官”：

(937) 環官 huánguān < *hwaen-kwan* < *C.ɢʷˤ<r>en-*kʷˤa[n]

“環”的上古韵部是*-en 而非*-eŋ(高明 1996：356)。帛书何以作如此通假，原因尚不得确知。不过在上古音中，至少这两个字的主元音是一样的：榮 róng < *hjwaeng* < *[N-qʷ]reŋ，環 huán < *hwaen* < *C.ɢʷˤ<r>en。

传统的解释认为“平” *breŋ 又读为 *bjien* < *ben 是一个“异读”现象。《老子》不同版本间的异文“榮” *[N-qʷ]reŋ 和“環” *C.ɢʷˤren 的通

假在传统术语中又被称为“耕元旁转”，即认为是传统阳声韵部耕
部（李方桂构拟为 *-ing）和元部（李方桂 *-an）的通转异读。“耕元
234 旁转”这样的说法至多只是对此现象的一种描述，而不是解释。我
们通过语音构拟有可能解释为什么会发生这样的“旁转”（在某种
上古方言发生了 *-eŋ > *-en 的音变，或者在特定的《老子》文本
中，*-en 在后续音节的 *k-之前可能会与 *-eŋ 发生混同）。再者，传
统的解释对这种交替的归纳太过泛化：并非所有元部字都会发生
与耕部的旁转，旁转只发生在元部下被构拟为 *-en 的那一部分
字上。

表 5.38 所示是 *-eŋ 的中古对应形式。

表 5.38　*-eŋ的中古对应形式

上古音	中古音	注释	例字
*Kʷˤeŋ	*Kweng*		坰 *kʷˤeŋ > *kweng* > jiōng ‘远离国都的区域’
*Cˤeŋ	*Ceng*		經 *k-lˤeŋ > *keng* > jīng ‘准则；法则’
			銘 *mˤeŋ > *meng* > míng ‘铭文’
			頂 *tˤeŋʔ > *tengX* > dǐng ‘头顶’
*Kʷˤreŋ	*Kweang*		峥嵘 *[dz]ˤreŋ-[ɢ]ʷˤreŋ > *dzreang-hweang* > zhēngróng ‘高耸，险峻’
*Cˤreŋ	*Ceang*		耕 *kˤ<r>eŋ > *keang* > gēng ‘耕地（动词）’ 迸 *pˤreŋ-s > *peangH* > bèng ‘驱赶’
*Keŋ	*Kjieng*	[1] [2]	輕 *[kʰ]eŋ > *khjieng* > qīng ‘轻的（“重”的反义）’
*Kreŋ	*Kjaeng*	[2]	驚 *kreŋ > *kjaeng* > jīng ‘害怕’
*Kʷeŋ	*Kjwieng*	[2]	頃 *[k]ʷʰeŋʔ > *khjwiengX* > qǐng ‘少时，片刻’
*Kʷreŋ	*Kjwaeng*	[2]	榮 *[N-qʷ]reŋ > *hjwaeng* > róng ‘光荣，荣誉’
*Peŋ	*Pjieng*	[2]	名 *C.meŋ > *mjieng* > míng ‘名字’
*Preŋ	*Pjaeng*	[2]	平 *breŋ > *bjaeng* > píng ‘平坦（形容词）’
*Tsreŋ	*Tsrjaeng*～*Tsraeng*	[3]	生 *sreŋ > *srjaeng* > *sraeng* > shēng ‘生育，出生，活’

续　表

上古音	中古音	注释	例字
*C(r)eŋ	*Cjeng*		正 *teŋ-s > *tsyengH* > zhèng ‘正确的，改正’(形容词，动词)
			清 *ts^{h}eŋ > *tshjeng* > qīng ‘清澈(形容词)’
			貞 *treŋ > *trjeng* > zhēn ‘占卜(动词)’

表 5.38 附注：

［1］注意：非咽化的软腭音声母在*-eŋ之前不会腭化，没有*Keŋ > “*Tsyeng*”这样的音变现象。

［2］在非咽化的钝音声母之后，有-*jieng*(《广韵》清韵，韵图中见于四等位置上)和-*jaeng*(《广韵》庚韵，韵图中见于三等位置上)的区分。我们为后者构拟了*-r-来解释这种区别产生的原因。这导致了-*jaeng*会有两个上古来源：一个来自*-aŋ，另一个来自*-eŋ，比如下面这个最小对比对：

(938) 京 *[k]raŋ > *kjaeng* > jīng ‘山；国都’用作“凉”的声符，凉 *C.raŋ > *ljang* > liáng ‘冷’

驚 *kreŋ > *kjaeng* > jīng ‘害怕’；参照：暹罗语 /kre:ŋ A1/ ‘害怕’(Manovaibimool 1975：168)。

在大多数早期的上古音构拟中，从*-eŋ 而来的 MC -*jaeng* 都未得到很好的解释，被认为是不规则变化。 235

［3］“生”shēng < *sraeng* 一般也被认为是一种不规则的变化，但是读 *sraeng*(《广韵》所更切 *sr*(*joX*)+(*k*)*aeng* = *sraeng*)反映的是在中古音时期发生的 *Tsrj*-到 *Tsr*-的音变现象。实际上在较早的王仁昫《刊谬补缺切韵》中，“生”的反切还是所京反 *srjaeng*(*sr*(*joX*)+(*k*)*jaeng* = *srjaeng*)，说明音变当时还没有发生。

5.4.4　带后韵尾的*i

我们认为没有理由来为上古音构拟一个零韵尾的“*-i”韵母，相对来说*-ij可能更合理。也有其他的构拟系统不采取*-ij,而采用*-i构拟(如郑张尚芳 2003: 159—168)。但是如果构拟*-ij,有一些语音变化是比较容易描写的。

不过,我们还是构拟了带后韵尾的*-ik(-s)和*-iŋ。这两个韵母最主要的变化就是*-ik(-s)和*-iŋ分别会与*-it(-s)和*-in,或者与*-ek(-s)和*-eŋ发生合并。一般来说,*-ik(-s)和*-iŋ可以通过其同时与*-it(s)或*-in,以及和*-ek(-s)或*-eŋ发生关联而得以确认。此外,在B型音节中有时也有*-ik > *-ik*、*-iŋ > *-ing* 的变化,这表示在上古还存在第三种类型的方言,在这种方言里前两种的合并音变都没有发生过。[45]大多数的其他构拟系统都把我们构拟的*-ik(-s)和*-iŋ当作*-it(-s)和*-in(传统質部或真部),或是*-ek(s)和*-eŋ(传统錫部和耕部)来构拟,他们主要是根据相关字的中古读音,但是没有解释何以这些字会与"*-it(-s)、*-in"和"*-ek(s)、*-eŋ"两方同时发生联系,也没有对MC *-ik*、*-ing* 这些中古音中的异常读音作出合理解释。表5.39是我们与其他构拟系统的比较。

表 5.39　OC 带后韵尾的*i(A 型音节)诸家构拟一览表

白-沙系统	*-ik	*-ik-s	*-iŋ
传统韵部	⊂質 Zhì～⊂錫 Xī		⊂真 Zhēn～⊂耕 Gēng
中古音	*-et* 屑～*-ek* 錫	*-ejH* 霽	*-en* 先～*-eng* 青
高本汉(Karlgren 1957)	*-iet～*-iek	*-ied～*-ieg	*-ien～*-ieng
董同龢(1948)	*-iet～*-iek	*-ied～*-ieg	*-ien～*-ieng
王力(1958)	*-ĕt～*-ĕk	*-ēt～*-ēk	*-en～*-eŋ
李方桂(Li 1971)	*-it～*-ik	*-idh～*-igh	*-in～*-ing
蒲立本(Pulleyblank 1977—1978)	*-əc～*-ác	*-əcs～*-ács	*-əɲ～*-áɲ
斯塔罗斯金(Starostin 1989)	*-īk	*-īks	*-īŋ
白一平(Baxter 1992)	*-ik	*-iks	*-iŋ
郑张尚芳(2003)	*-iig	*-iigs	*-iiŋ?

§5.2 中已经提过我们可以用*i 之外的五个元音，包括中古汉语带软腭音韵尾的阳声韵，我们把表 5.8 重新放在此处，作为表 5.40。 236

表 5.40　中古带-*ng* 韵尾的一、四等韵的上古来源

上古音	传统韵部	*Pˤ-	*Tˤ-	*Tsˤ-	*Kˤ-	*Kʷˤ-
*-aŋ	陽	*Pang*	*Tang*	*Tsang*	*Kang*	*Kwang*
*-oŋ	東	*Puwng*	*Tuwng*	*Tsuwng*	*Kuwng*	—
*-eŋ	耕	*Peng*	*Teng*	*Tseng*	*Keng*	*Kweng*
*-əŋ	蒸	*Pong*	*Tong*	*Tsong*	*Kong*	*Kwong*
*-uŋ	冬	*Powng*	*Towng*	*Tsowng*	*Kowng*	—

不过当我们把视线投向中古带-*n* 韵尾的音节之后，第六个元音*i 在构拟中的地位就得以显现了。*-iŋ 和*-ik 的缺失好像是系统里的缺位。

但是，我们有足够的证据来证实上古*-iŋ 和*-ik 的存在。我们是通过相关字同时与"*-in、*-it"和"*-eŋ、*-ek"发生关联从而构拟出*-iŋ 和*-ik 的，其中还有部分字在中古音中有不规则的对应形式：-*ing* 和 -*ik*（这些形式一般是从上古*-əŋ 和*-ək 变化来的）。

高本汉曾经举过三个例子，这三个字在中古的读音是收-*ng* 尾的，但是在《诗经》的押韵里却是同*-in 相押。高本汉在《汉文典》中指出"命"*mjaengH*（*GSR* 762a）在《诗经》中多次与*-in 通押，[46] 他还指出"令"（*GSR* 823a）也有类似的押韵行为。[47] 我们为这两个字构拟了如下形式，并且认为它们的反常押韵主要是由于方言接触混杂造成的，这种混杂可能是发生在上古音内部，也可能是出于中古音的音读传统：

(939) 命 *m-riŋ-s[48]（[方言]）> *mriŋ-s > *mreŋ-s > *mjaengH* > mìng '命令'（名词）；在其他的方言中*m-riŋ-s > *mrin-s（参见本章注释 46）

(940) 令 *riŋ > *reŋ > *ljeng* > líng '下命令'；在其他方言中*riŋ > *rin（参见本章注释 46）

另一个众所周知的例子“矜”jīn < _king_ ‘怜悯’与前两者稍有不同：从上古押韵来看它应该是*-in，但它的中古音读-_ing_。我们的构拟是：

(941) 矜 *k-riŋ > _king_ > jīn ‘怜悯（动词）’；又义为‘自夸’

“矜”的中古读音 _king_ 似乎有点不合规则：如果这里是*-iŋ 变成了*-in，那么在中古音里我们应该看到此字读 _kin_；[49] 要是*-iŋ 变成*-eŋ，那么中古音就应该是 _kjaeng_。大多数的构拟系统认为 MC -_ing_ 在上古音的唯一来源是*-əŋ。我们从中古音的资料来看，*-iŋ 在非咽化音节里至少应该有三种不同的变化方式。

(942) *Ciŋ > *-in > -_in_ 　　此方言中*-iŋ > *-in
*Ciŋ > *-eŋ > -_jeng_ 　　此方言中*-iŋ > *-eŋ
237 *Ciŋ > -_ing_ 　　此方言保存*-iŋ

“令”lìng，在《广韵》中找不到显现*-iŋ 的保守读法的蛛丝马迹，不过《经典释文》里“自公令之”的“令”音注为 _lingH_（《齐风·东方未明》(100)第二章；《经典释文》66）。

古文字的证据也支持把“矜”jīn ‘怜悯（动词）’构拟为*-iŋ。《说文》云：

(943) 矜：矛柄也。从矛、今聲。今[jīn < _kim_ < *[k]r[ə]m ‘现在’]。（《说文解字》6395b）

今 jīn < _kim_ < *[k]r[ə]m ‘现在’为声符的说法不可信，因为“今”的韵尾 -_m_ 与矜 jīn < _king_ 的韵尾 -_ng_ 对不上。段玉裁指出“矜”字本来的声符不是“今”，而是“令”líng < *riŋ（段玉裁[1815]1981：719—720），这个说法同时支持我们构拟的主元音*i 和元音前的*r 介音：矜 jīn < _king_ < *k-riŋ（*k-r-> _k_-的演变见 § 4.4.4.4）。近来的出土文献也确证了段玉裁的说法。“矜”见于传世本《老子》第三十章中：

(944) 果而勿矜

我们很幸运地在马王堆帛书《老子》(西汉早期)和郭店简本《老子》里都发现了这句话。马王堆《老子》甲乙本此字都写作“矜”(以“令”为声符,而非“今”)。在郭店简本中(郭店 3,第 7 简)“矜”的字形左侧为“矛”,右作“命”:

(945) 

以上三个字都从“令”*riŋ 得声,它们在上古音中都是与*-in 押韵,但到了中古音当中,却有软腭音韵尾。

我们认为意为‘自夸’的{矜}*k-riŋ 实际上与“命”*m-riŋ-s 是同根词,也许它本来也与“专横跋扈”或者“想要差使、命令别人”之类的意思相关。此外,{矜}*k-riŋ 意为“怜悯”,这个词或许与“怜”相关联(字形上可能是古今字):

(946) 憐 *rˤiŋ > *rˤin > *len* > lián ‘喜爱;可怜’[“憐”字所见甚晚,《古文字诂林》(8:1065)中所收最早的例子来自秦代刻石]

究竟何时应该构拟*-in、*-it,何时应该构拟*-iŋ、*-ik,不是容易轻断的问题。许多字音从音变发展的角度看似乎是来自上古*-in 或*-it 的,甚至其中古读音中根本就不带软腭音韵尾,但实际上很可能应当来自*-iŋ 或*-ik,请看下面的例子:

(947) 仁 *niŋ > *nyin* > rén ‘仁慈的’
佞 *nˤiŋ-s > *nengH* > nìng ‘聪明’ 238

因为“佞”*nˤiŋ-s 的声符是“仁”,所以我们也为{仁}*niŋ 构拟了软腭音

韵尾。在郭店出土的《老子》(郭店 9,第 3 简)和其他一些文本当中我们发现“仁”也写作:

(948) 

此字形为上“身”下“心”组成,“身”字是声符。古文字中“仁”有时也用“千”作为声符来代替“身”(《忠信之道》,郭店 45,第 8 简):

(949) 

根据这些字形,我们现在可以确定“身”shēn < *syin* 的上古音声母是清鼻音 *n̥-:[50]

(950) 身 *n̥i[ŋ] > *syin* > shēn ‘身体;自身’

{千} qiān < *tshen* 的早期字形也是由“人”字上加一横笔而成的(季旭昇 2010: 154);“二千”的意思还可以通过再多加一横来体现:

(951) 

我们把这两个字构拟为

(952) 千 *s.n̥ˤi[ŋ] > *tshen* > qiān ‘一千’

(953) 人 *ni[ŋ] > *nyin* > rén ‘(其他)人’

此外,在古文字中“千”*s.n̥ˤi[ŋ]或“人”*ni[ŋ]都可以作{年}nián < *nen* 的声符,“年”我们构拟为:

(954) 年 *C.nˤi[ŋ] > *nen* > nián ‘年成；岁’

我们把“身”“千”和“人”都构拟为 *-iŋ，这是基于它们与{仁} rén 之间各种直接或间接的联系，但是在中古音里，这几个字没有一个继续保留软腭音的韵尾。目前很难确定到底哪些字应该构拟 *-iŋ，哪些应该构拟 *-in。例(948)和例(949)中的字形或许是来自一个 *-iŋ 和 *-in 早已合并为一的方言；因此“身”虽然被用作{仁} *niŋ 的声符，但并不必然可以得出“身”的韵母是 *-iŋ 而不是 *-in 的结论。

我们还发现一些与以上情况相类似的中古音对应形式，反映出 *-it 和 *-ek 之间的纠葛，偶尔其中还混杂几个中古为 *-ik* 的例子。MC *-ik* 一般应是 *-ək 的中古对应，这些字一般总是和 MC *-ok* 之间存在谐声关系，而与中古音 *-it* 或 *-et* 发生关联的 *-ik* 可以被构拟成 *-ik：

(955) 即 *[ts]ik > *tsik* > jí ‘走到’

節 *tsˤik > *tsˤit > *tset* > jié ‘关节’

榔 *[ts]rik > *[ts]rit > *tsrit* > zhì ‘梳篦的总称’

膝 *s-tsik > *s-tsit > *sit* > xī ‘膝盖’（与節 *tsˤik ‘关节’有语源关系） 239

(956) 蝨 *srik > *srit* ~ *srik* > shī ‘虱子’；参原始藏缅语 *s-r(y)ik ‘蝨子’（Matisoff 2003：153）。玄应《一切经音义》卷十七中“蝨”音注为 *srik*。（周法高 1962：791）[51]

(957) 抑 *[ʔ](r)ik > *'ik* > yì ‘触痛，压抑’

印 *[ʔ]iŋ-s > *[ʔ]in-s > *'jinH* > yìn ‘图章’

懿 *[ʔ]<r>ik-s > *'ijH* > yì ‘抑制’；此处声符也常用于韵母为 MC *-it* 和 *-et* 的字中。

例(957)诸字韵尾位置上 *-k 和 *-ŋ 的交替尚未得到解释，不过这些词在语义上是存在联系的。古文字学家认为“抑”和“印”本来都是从一个字形分化出来的，最早的字形写作一只手（“爪”或是“又”）悬于跪坐人形之上(陈剑,个人交流;季旭昇 2010：736)：

(958) 

韵尾位置上塞音和鼻音的交替是未来研究中的一个重要问题。(参看§6.3:“已知的问题”)

沙加尔(Sagart 1999a)把血 xiě～xuè＜*xwet*‘血液’也构拟成*-ik：

(959) 血 *m̥ˤik > *xwet* > xiě～xuè‘血液’

通过这个构拟,一系列明显存在语源和字形关联的*-it 和*-ek,以及 MC -*ik* 就被串联起来,使我们最终决定把它们都构拟成*-ik。参看下例：

(960) 脈 *C.mˤ<r>[i]k > *meak* > mài‘血脉’

(961) 洫～淢 *m̥(r)ik > *xwik* > xù‘水道;护城河’。暂不清楚哪一种写法更为古老,不过这不影响洫 *xwik* 可以证明“血”*m̥ˤik应当构拟为*-ik,即使不去管声母部分的*m̥ˤ-构拟也没关系。

侐 *m̥(r)ik > *xwik* > xù‘清静,沉寂’;又读作 侐 *m̥ik-s > *m̥it-s > *xjwijH* > xù

相关的例子又如常用字“日”rì＜*nyit*‘太阳;白日’。有两个相互独立的证据可以证明此字不应为*-it,而应当构拟为*-ik。首先,“日”字是汨 mì＜*mek* 的声符,湖南一条河的名称(汨水与罗水相汇成汨罗江,据说此为屈原[约前 340—前 278]自沉之地)。“汨”字显然是由“水”和“日”组成的合体字。今本《说文》里说“日”为“冥”míng＜*meng* 省形,如此则“冥”才是此字的声符(《说文诂林》4864b),但《说文》此说不可信。我们认为“日”才更有可能是声符(《古文字诂林》9：38)。根据我们的构拟，“日”作“汨”的声符这个看似有些奇怪的事实能够得到解释：汨 mì < *mek* < *m.nˁik ‘汨罗’（见 § 4.4.2.4 小节），日 *C.nik > *C.nit > *nyit* > rì ‘太阳；白日’[*C. 用以解释在某些闽语和客家方言点里的阴调现象，参看罗杰瑞（Norman 1991：211）及本书 § 4.4.5.4]。由于 *-ik > *-it 是个 240
在方言中得到很好验证的音变现象，因此在我们的构拟里“日” nì < *nyit* 音节末的 *-t* 是能够得到妥善解释的，但如果我们把“日”nì < *nyit* 构拟为 *-it 的话，汨 mì < *mek* 音节末的 *-k* 就完全无法解释了。

另一个支持“日” rì < *nyit* ‘太阳；白日’的上古音带 *-k 尾的证据是“日”也作为“暱”字（也作“昵”）nì < *nrit* ‘近，亲密’的声符被使用，而其语义可能与“衵” *nik > *nyit* > rì ‘妇女内衣’相关。我们为这两组字都构拟了 *-k 尾：*n < r > ik 和 *nik。《经典释文》把《论语》注中出现的一个“昵”字读作 *nrik*（《经典释文》350）。“暱” nì < *nrit* 的声符“匿” nì < *nrik* ‘藏’也是收 *-k 的。“日”很可能就是“暱”和“昵”原来的声符，把“日”当成两字义符的说法（《说文诂林》2938a）是十分牵强的。

5.4.5　带后韵尾的 *o

表 5.41 是我们构拟的 *-o、*-ok(-s) 和 *-oŋ 与其他构拟系统之间的比较。

表 5.41　带后韵尾的 OC *o（A 型音节）诸家构拟一览表

白-沙系统	*-o	*-ok	*-ok-s	*-oŋ
传统韵部	＝ 侯 Hóu	＝ 屋 Wū		＝ 東 Dōng
中古音	*-uw* 侯	*-uwk* 屋	*-uwH* 候	*-uwng* 東
高本汉（Karlgren 1957）	*-u	*-uk	*-ug	*-ung
董同龢（1948）	*-ûg	*-ûk	*-ûg	*-ûng
王力（1958）	*-o	*-ǒk	*-ōk	*-oŋ
李方桂（Li 1971）	*-ug	*-uk	*-ugh	*-ung
蒲立本（Pulleyblank 1977—1978）	*-áw	*-ák^{w}	*-ák^{w}s	*-áŋ^{w}

续　表

斯塔罗斯金(Starostin 1989)	*-ō	*-ōk	*-ōks	*-ōŋ
白一平(Baxter 1992)	*-o	*-ok	*-oks	*-ong
郑张尚芳(2003)	*-oo	*-oog	*-oogs	*-ooŋ

这几个韵母的特别之处在于与一般的音系格局不同,在某些情况下 *-r- 在这几个韵部的中古音对应形式里没有任何踪迹。换言之,在其他上古韵部的中古音对应中出现的二等韵,在 *-o 的中古音对应中不存在。在中古音的证据范围内,我们无法将 *Kˤro 同 *Kˤo(两者俱变为 *Kuw*)、或 *Kroŋ 同 *Koŋ(两者俱变为 *Kjowng*)区分开来。在 A 型音节里, *o 在软腭音韵尾前就发生复元音化,而这时 *-r-造成的中古音对应形式的差别就体现在 *Kˤok > *Kuwk* 和 Kˤrok(> *Kˤrawk)> *Kaewk* 的不同上。这里的规则似乎可以归纳为:当后接元音在 *-r-脱落时是一个圆唇元音, *-r-对韵母不产生影响。如果由于复元音化使后接元音变为非圆唇元音,那么 *-r-仍然会发挥作用。这也就可以解释(例如) *Pra 和 *Pa 为什么会有同样的对应形式(参看 § 5.4.1.1):在 *-r- 脱落之前,此类
241 音节里的 *a 应该已经变为圆唇元音[ɔ]、[o]或[u]之类了。

5.4.5.1　*-o(=传统的侯部)

*-o 的中古对应形式已归总为表 5.42。

表 5.42　*-o 的中古对应形式

上古音	中古音	注释	例字
*Kˤ(r)o	*Kuw*	[1]	口 *kʰˤ(r)oʔ > *khuwX* > kǒu ‘嘴’ 邂逅 *[g]ˤre-s-[g]ˤro-s > *heaH-huwH* > xièhòu ‘无忧无虑的’
*Pˤ(r)o	*Puw*		剖 *pʰˤ(r)oʔ > *phuwX* > pōu ‘分开,破开’
*Cˤo	*Cuw*		斗 *tˤoʔ > *tuwX* > dǒu ‘量器名;杓’ 走 *[ts]ˤoʔ > *tsuwX* > zǒu ‘跑’

续　表

上古音	中古音	注释	例字
*Tˤro	*Trjuw*?	[2]	[无明确例证]
*Tsˤro	*Tsrjuw*		縐 *[ts]ˤro-s > *tsrjuwH* > zhòu ‘皱纹’
*C(r)o	*Cju*	[1]	隅 *ŋ(r)o > *ngju* > yú ‘角,角落’ 屨 *k-ro-s > *kjuH* > jù ‘便鞋,鞋’ 毋 *mo > *mju* > wú [a]‘不要’ 朱 *to > *tsyu* > zhū ‘红色’ 誅 *tro > *trju* > zhū ‘处罚;杀’ 取 *tsʰoʔ > *tshjuX* > qǔ ‘拿取’ 數 *s-roʔ > *srjuX* > shǔ ‘计算(动词)’

a　传世文本中的“毋” wú < *mo ‘不要’也常写作“無” wú,但在早期文本中,“無”字只是用来代表{無}wú < *mju* < *ma ‘没有’。这说明在非咽化的唇音声母之后,*-a 和 *-o 在汉代发生了合并,两者在这种语音条件下都变成了中古音的 *-ju*。

表 5.42 附注:

[1] 上文已经提过,A 型音节里的 *-r-似乎对 *-o 的中古音对应形式不发生影响(除了在后来产生卷舌音声母的语音环境里),大多数情况我们只能依赖其他证据来构拟 *-r-。比如,在具备 *e 和 *o 交替的联绵词里,两个音节除了元音之外大体相同。所以在下面的例子里,我们可以从第一个音节推导出第二个音节也有 *-r-:

(962) 邂逅 *[g]ˤre-s-[g]ˤro-s > *heaH-huwH* > xièhòu ‘无忧无虑的’

下面这个例子里,根据声符可以构拟 *-r-:

(963) 屨～鞻 *k-ro-s > *kjuH* > jù ‘便鞋,鞋’; 其声符为
婁 *[r]o > *lju* > lǘ ‘曳,拖(动词)’①

[2] 在 *Tsˤro(或许也包括 *Tˤro,尽管此类型还缺少明显的例子)这一类音节里,*-r-促使了中古对应形式中卷舌音声母的出现,不过 *-o在 A 型音节里仍然按照预期变为 MC *-uw*;《切韵》把“*Tsruw*”这类

① 译注:此处“lǘ”,原书作“lóu”。

音节都处理为与 *Tsrjuw* 相合并。例如：

(964) 縐 *[ts]ˤro-s > *tsrjuwH* > zhòu ‘皱纹’

(965) 驟 *N-tsˤroʔ-s > *dzrjuwH* > zhòu ‘快跑’

这些都是 A 型音节，试与 B 型音节比较：

(966) 數 *s-roʔ > *srjuX* > shǔ ‘计算(动词)’

242 (967) 芻 *[tsʰ]ro > *tsrhju* > chú ‘作燃料或饲料用的草’

此前的构拟都无法解释例(964)和例(965)这样的情况，只是简单归为不规则现象。

5.4.5.2 *-ok(-s)(＝传统的屋部)

-ok 的中古音对应形式皆见表 5.43 的归纳。-ok-s 的对应形式同表 5.42 中的 *-o-s(去声)。

表 5.43 *-ok 的中古对应形式一览

上古音	中古音	注释	例字
*Cˤok	*Cuwk*		穀 *[k]ˤok > *kuwk* > gǔ ‘谷物’ 卜 *pˤok > *puwk* > bǔ ‘占卜(动词)’ 鹿 *mə-rˤok > *luwk* > lù ‘鹿’ 族 *[dz]ˤok > *dzuwk* > zú ‘氏族’
*Cˤrok	*Caewk*	[1]	角 *C.[k]ˤrok > *kaewk* > jiǎo ‘兽角，角落’ 剥 *[p]ˤrok > *paewk* > bō ‘切割，剥皮’ 啄 *mə-tˤ<r>ok > *traewk* > zhuó ‘啄食’
*Tsrok	*Tsrjowk*～ *Tsraewk*	[2]	數 *s-rok > *sraewk* > shuò ‘屡次’
*C(r)ok	*Cjowk*	[3]	曲 *kʰ(r)ok > *khjowk* > qū ‘弯曲’ 幞 *[b](r)ok > *bjowk* > fú ‘头巾《说文》’ 屬 *N-tok > *dzyowk* > shǔ ‘属某一类’ 躑躅 *[d]rek-[d]rok > *drjek-drjowk* > zhí zhú ‘踱步’ 足 *[ts]ok > *tsjowk* > zú ‘脚’

表 5.43 附注：

［1］相比于 *-o，在 A 型音节中，*-ok 前的 *-r-（在 *-oŋ 前亦然，见下文）产生了一个特别的中古音对应形式，这大概是因为经过了一个复元音化的音变过程：

(968) 剥 *[p]ˤrok > *pˤrawk > *paewk* > bō ‘切割，剥皮’；试比较同声符字：
　　禄 *(p.)rˤok > *luwk* > lù ‘福’

［2］由于中古音发生了 *Tsrj-* > *Tsr-* 的音变，现在无法可靠地把 *Tsˤrok 同 *Tsrok 区分开。以下例子在语源上具有明显的联系，但是我们目前还不能说明“數”shuò < *sraewk* 的形态意义：

(969) 數 *s-roʔ > *srjuX* > shǔ ‘计算（动词）’
　　數 *s-roʔ-s > *srjuH* > shù ‘数字（名词）’
　　數 *s-rok > *sraewk* > shuò ‘屡次’

［3］在 B 型音节中，*Krok 和 *Prok 还无法仅从中古音的证据将 *Kok 和 *Pok 区分开，我们常常就把这些形式记作 *K(r)ok 或 *P(r)ok。关于这里的 *-r-，有时也有一些直接证据：

(970) 獄 *[ŋ]rok > *ngjowk* > yù ‘审讯；牢狱’；参照：克木语 (Khmu) /grɔːk/ ‘猪栏，畜栏；监狱’。[52]

根据语源和字形上与 *-ok 的关联，我们为一些字构拟了 *-ok-s
（而非 *-o-s）： 243

(971) 殼 *[kʰ]ˤrok > *khaewk* > què ‘空壳，空心的’
　　穀 *[k]ˤok > *kuwk* > gǔ ‘谷物’
　　彀 *[k]ˤ(r)ok-s > *[k]ˤ(r)o-s > *kuwH* > gòu ‘张满弓弩’

(972) 卜 *pˤok > *puwk* > bǔ ‘占卜(动词)’

仆 *pʰˤ(r)ok-s > *pʰˤ(r)o-s > *phuwH* > pū ‘跌倒’

(973) 足 *[ts]ok > *tsjowk* > zú ‘足够’

足 *[ts]ok-s > *tsjuH* > jù ‘增补’

(974) 脰 *kə.dˤok-s > *duwH* > dòu ‘颈项’;参见:Rục /kadɔ́k/ ‘项’(Nguyễn Phú Phong 等 1988);又参见:越南语 *dọc* [zawk D2] ‘某种植物的肉质茎干,管身’:原始越语 *k-ɗɔːk ‘颈背’(Ferlus 2009a:293)。在这里,或许当初 *-k-s 就是被当作[k]借入原始越语的,或许借出的来源里这个词就是一个没有 *-s 后缀的形式。

(975) 啄 *mə-tˤ<r>ok > *traewk* > zhuó ‘啄食’;原始苗瑶语 *ɳtʃʊk ‘啄食’(王辅世、毛宗武 1995)

咮 *tˤ<r>ok-s > *trjuwH* > zhòu ‘鸟喙’

5.4.5.3 *-oŋ(=传统的東部)

表 5.44 中归纳的是 *-oŋ 的中古对应形式。

表 5.44 *-oŋ的中古对应形式一览

上古音	中古音	注释	例字
*Cˤoŋ	*Cuwng*		工 *kˤoŋ > *kuwng* > gōng ‘工作’ 琫 *pˤoŋʔ > *puwngX* > běng ‘佩刀鞘口上的装饰’ 東 *tˤoŋʔ > *tˤoŋ > *tuwng* > dōng ‘东方’[a] 聰 *s-l̥ˤoŋ > *tshuwng* > cōng ‘听觉灵敏;聪明’
*Cˤroŋ	*Caewng*	[1]	江 *kˤroŋ > *kaewng* > jiāng ‘(扬子)江’ 邦 *pˤroŋ > *paewng* > bāng ‘国’ 幢 *[d]ˤroŋ > *draewng* > chuáng ‘一种旗帜’
*Tsroŋ	(? *Tsrjowng* >) *Tsraewng*		雙 *[s]roŋ > *sraewng* > shuāng ‘一对’ [和 *Tsˤroŋ > *Tsraewng*? 无差别]

续　表

上古音	中古音	注释	例字
*C(r)oŋ	*Cjowng*	[2]	恐 *k^{h}(r)oŋʔ > *khjowngX* > kǒng ‘惧怕’ 龔，恭 *k < r > oŋ > *kjowng* > gōng ‘恭敬’ 蜂 *p^{h}(r)oŋ > *phjowng* > fēng ‘蜜蜂’ 鐘 *toŋ > *tsyowng* > zhōng ‘钟’ 重 *[m]-troŋ > *drjowng* > chóng ‘重复；双重’ 從 *[dz]oŋ > *dzjowng* > cóng ‘跟随’

a　有关“東”从原来的 *tˤoŋʔ（词根义：‘移动’）转换为 *tˤoŋ‘东方’，参看沙加尔（Sagart 2004：74—76）。

表 5.44 附注：

[1] 就像 *-ok 一样，*-oŋ 和 *-roŋ 在咽化声母后产生不同的中古对应形式，这可能是由于复元音化造成的：

(976) 工 *kˤoŋ > *kuwng* > gōng ‘工作’

江 *kˤroŋ > *kˤrawŋ > *kaewng* > jiāng ‘（扬子）江’ 244

[2] 在非咽化的钝音声母后，*-roŋ 和 *-oŋ 无法仅从中古音本身进行区分：

(977) 恭～龏～龔 *k < r > oŋ > *kjowng* > gōng ‘恭敬’；*-r-是基于其早期文献中的以下声符：

龍 *[mə]-roŋ > *ljowng* > lóng ‘龙’

“共”作为构件出现在{恭}不同的早期字形里，其构形像双手执器皿状（季旭昇 2010：176）：

(978) 

我们构拟：

(979) 共 *N-k(r)oŋʔ-s > *gjowngH* > gòng '一起，都'

5.4.6 带后韵尾的 *u

表 5.45 中是我们所构拟的 *-u、*-uk(-s)和 *-uŋ 与其他诸家构拟的比较。

表 5.45 带后韵尾的 OC *u(A 型音节)诸家构拟一览表

白-沙系统	*-u	*-uk	*-uk-s	*-uŋ
传统韵部	⊂幽	⊂覺		= 冬
中古音	*-aw* 豪	*-owk* 沃	*-awH* 号	*-owng* 冬
高本汉(Karlgren 1957)	*-ôg	*-ôk	*-ôg	*-ông
董同龢(1948)	*-ôg	*-ôk	*-ôg	*-ông
王力(1958)	*-əu	*-ə̆uk	*-ə̄uk	*-əuŋ
李方桂(Li 1971)	*-əgw	*-əkw	*-əgwh	*-əngw
蒲立本(Pulleyblank 1977—1978)	*-ə́w	*-ə́k^w	*-ə́k^ws	*-ə́$ŋ^w$
斯塔罗斯金(Starostin 1989)	*-ū	*-ūk	*-ūks	*-ūŋ
白一平(Baxter 1992)	*-u	*-uk	*-uks	*-ung
郑张尚芳(2003)	*-uu	*-uug	*-uugs	*-uuŋ

在 A 型音节中，*-u、*-uk(-s)，*-uŋ 可能受咽化声母使元音低化的影响而发生双音节化，在中古不再与对应的 B 型音节中的对应形式相通押。在此组的 B 型音节中，钝音声母后的 *-r-单从中古音的材料本身是看不出来的。如果我们假定当其对应的主元音在 *-r-脱落时还是一个圆唇元音，就可以解释为什么韵母没有受到 *-r-的影响。

类似于 *Cˁ(r)u 和 *Cˁ(r)aw 这些音节之间的差别(中古音中已合

并为 *Caw* 或 *Caew*）保留的时间相当长，在苗瑶语和白语的早期借词中，这些差别仍得以反映，例(980)中是我们所发现的一组对应关系，其中的白语来自剑川方言：

(980)

上古音	原始苗瑶	白语	中古音
*Cˤu	*-əu	/-u/	*-aw*
*Cˤaw	*-æw	/-a/	*-aw* 245

其他例子(Ratliff 2010；Starostin 1995)：

(981) OC *Cˤu：

道 *[kə.l]ˤuʔ > *dawX* > dào ‘道路’，原始苗瑶语 *kləuX，白语 /thu 1/

稻 *[l]ˤuʔ > *dawX* > dào ‘稻谷，稻田’，原始苗瑶语 *mbləu

媪 *ʔˤuʔ > *'awX* > ǎo ‘老妇’，原始苗瑶语 *ʔəuX ‘姐姐，妻子’

草 *[tsʰ]ˤuʔ > *tshawX* > cǎo ‘草，植物’，白语 /chu 1/

好 *qʰˤuʔ > *xawX* > hǎo ‘好’，白语 /xu 1/

(982) OC *Cˤaw：

桃 *C.lˤaw > *daw* > táo ‘桃子’，原始苗瑶语 *ɢlæw A，白语 /ta 7/ ‘桃子’

號 *[C.g]ˤaw > *haw* > háo ‘大声喊叫’，原始苗瑶语 *Gæw A ‘叫出/唱’

澡 *mə-tsˤawʔ > *tsawX* > zǎo ‘漂白；洗涤’，原始苗瑶语 *ntsæwX ‘洗’

毛 *C.mˤaw > *maw* > máo ‘毛发’，白语 /ma 7/

刀 *C.tˤaw > *taw* > dāo ‘刀’，白语 /tā 4/

通过苗瑶语和白语的借词材料中所反映出的上古音 *Cˤu 和 *Cˤaw 分立的现象，我们能够大致推算出这批借词借入这些语言的时间。根据丁邦新(Ting 1975：238)的诗歌韵部研究，上古音的 *Cˤu 和

*Cˤaw在东汉时期(25—220)仍然是划然不混的,直到魏晋时期(220—420)才开始合流。据此我们可以大致判断,苗瑶语和白语中的汉语借词是在约第三世纪中叶从汉语借入的。当然,这个时间是基于书面文献中诗赋押韵的总体趋势推算的,在不同的实际口语方言中,上古韵部分合的情况应该会存在参差,因此只是一个粗略的估计。

*mu、*muk(-s)、*muŋ的中古对应在不同的中古音资料来源里有不尽一致的形式:有时按照一般规律是 *mjuw*、*mjuwk*、*mjuwng*,有时我们还会发现 *muw*、*muwk*、*muwng* 这样的形式。一般 *muw*、*muwk*、*muwng* 分别应该是 *mˤo、*mˤok、*mˤoŋ 的对应形式。但有的时候,中古音的-*j*-(按照我们的转写形式)在 *mjuw*、*mjuwk*、*mjuwng* 这些音节中脱落,这在汉语古音中是一种常见但并非普遍的音变现象。这很类似于中古音里 *Tsrj*-和 *Tsr*-的参差互出的现象。

以下两个例子在《广韵》中都读作 *mjuw*:

(983) 矛 *m(r)u > *mjuw* > máo ‘长矛’

(984) 谋 *mə > *mjuw* > móu ‘计划(动词)’

在《经典释文》中,这两字的读法却并不一致:“矛”字有多个不同的音注,有些直音“音谋[móu < *mjuw*]”(《经典释文》62),有一些注为“亡侯
246 反[*m*(*jang*)+(*h*)*uw* = *muw*]”(《经典释文》64)。《诗经》中“矛”的韵母无疑当属*-u (《秦风 · 无衣》(133)首章,《小雅 · 节南山》(191)第八章)。本来按照规律我们应该看到*m(r)u > *mjuw*,但是在一些不同的中古音记录中,“矛”进一步变化为 *muw*。与之相类的,中古音 *muwk* 和 *muwng* 是来自上古音*muk 和*muŋ 的,而不是来自*mˤok 和*mˤoŋ 的。

5.4.6.1 *-u(⊂传统的幽部)

*-u[53] 的中古对应形式皆归纳见表 5.46:

表 5.46　*-u 的中古对应形式一览表

上古音	中古音	注释	例字
*Cˤu	Caw	[1]	鼛 *[k]ˤu > kaw > gāo ‘大鼓’ 寶 *pˤuʔ > pawX > bǎo ‘珍贵之物’ 道 *[kə.l]ˤuʔ > dawX > dào ‘道路’ 早 *Nə.tsˤuʔ > tsawX > zǎo ‘早的’
*Cˤru	Caew		巧 *[kʰ]ˤruʔ > khaewX > qiǎo ‘灵巧’ 包 *pˤ<r>u > paew > bāo ‘包装，捆扎’ 爪 *[ts]ˤ<r>uʔ > tsraewX > zhǎo ‘爪子’
*Kʷu	Kjuw?	[2]	九 *[k]uʔ > kjuwX > jiǔ ‘九’
*Kʷru	Kwij		軌 *kʷruʔ > *kʷrəʔ > kwijX > guǐ ‘车辙’ 頄 *[g]ʷru > *gʷrə > gwij > kuí ‘颧骨，脸上的骨头’ 簋 *kʷruʔ > *kʷrəʔ > kwijX > guǐ ‘礼器’
*m(r)u	mjuw～muw	[3]	矛 *m(r)u > mjuw > máo ‘长矛’ 貿 *mru-s > mjuwH > muwH > mào ‘交易’
*Tsru	Tsrjuw～Tsuw	[4]	搜 *sru > srjuw > sōu ‘搜索’ 瘦 *sru-s > srjuwH > shòu ‘瘦削(形容词)’ 叟、叜、傁 *s-ruʔ > suwX > sǒu ‘老人’
*C(r)u	Cjuw	[5]	韭 *s.[k](r)uʔ > kjuwX > jiǔ ‘韭菜’ 阜 *[b](r)uʔ > bjuwX > fù ‘大土堆’ 酒 *tsuʔ > tsjuwX > jiǔ ‘酒’ 肘 *t-[k]<r>uʔ > trjuwX > zhǒu ‘肘部’

表 5.46 附注：

[1] 在 A 型音节中，咽化声母的低化作用会导致复元音化，从而使 *-u、*-ru 的中古音对应形式分别与 *-aw、*-raw 的中古音对应形式合并。例如：*Kˤu > _Kaw_，与从 *Kˤaw 来的对应形式合并；*Tsˤru > *Tsˤraw > _Tsraew_，与从 *Tsˤraw① 来的对应形式合并。

[2] 此韵部下中古音 _-juw_ 和 _-wij_ 的对立一直是一个未解之谜。我们参鉴李方桂(Li 1971：31—32)的处理方法，认为这种对立的产生可能是由于唇化声母在 *Kʷu 和 *Kʷru 这样的音节类型中使圆唇元音发生了异化音变：

① 译注：此处的“Tsˤraw”，原书作“Tsraw”。

(985) *K^{w}u > *K^{w}ə(与原来的 *K^{w}ə 合并)

247 *K^{w}ru > *K^{w}rə(与原来的 *K^{w}rə 合并)

经过音变之后产生的音节类型,其后的发展皆与原来的 *K^{w}ə 和 *K^{w}rə 相同(见表 5.32 及 § 5.4.2.1 的讨论):晚起的同化音变使得 *K^{w}ə(包括原先来自 *K^{w}u 的 *K^{w}ə)的元音圆唇化,于是就得到中古音形式 *Kjuw*(和 *Ku的对应形式一致)。但是这个同化受阻于 *-r-,因此 *K^{w}rə < *K^{w}ru会得到中古音形式 *Kwij*,与来自 *K^{w}rə 的形式一致。[54]

(986) 九 *[k]uʔ[55] > *kjuwX* > jiǔ ‘九’

(987) 軌 *k^{w}ruʔ > *k^{w}rəʔ > *kwijX* > guǐ ‘车辙’

(988) 頄 *[g]^{w}ru > *g^{w}rə > *gwij* > kuí ‘颧骨,脸上的骨头’

(989) 簋 *k^{w}ruʔ > *kwijX* > guǐ ‘礼器’

从 *-u 和 *-ə 到中古音的音变大势见表 5.47 所示。

表 5.47 从 *-u、*-ə 到中古 *Kjuw*、*Kwij* 的音变

上古韵母	传统韵部	例字	上古音	异化 *K^w(r)u > *K^w(r)ə①	同化 *K^{w}ə > *Ku②	中古音
*-u	幽	(九 ‘九’?)	*k^{w}uʔ	> *k^{w}əʔ	> *kuʔ	*kjuwX*
		軌 ‘车辙’	*k^{w}ruʔ	> *k^{w}rəʔ	—	*kwijX*
*-ə	之	久 ‘长久’	*[k]^{w}əʔ	—	> *kuʔ	*kjuwX*
		龜 ‘乌龟’	*[k]^{w}rə	—	—	*kwij*

[3] 前文已提过,*m(r)u 在中古音里常会产生 *muw* 这样的对应形式,而不是如一般规则变作 *mjuw*:

(990) 貿 *mru-s > *mjuwH* > *muwH* > mào ‘交易(动词)’

(991) 牡 *m(r)uʔ > *mjuwX* > *muwX* > mǔ ‘雄性动物’(《广韵》

① 译注:此处的“*K^w(r)u > *K^w(r)ə”,原书作“*K^w(r)u > K^w(r)ə”。

② 译注:此处的“*K^{w}ə > *Ku”,原书作“*K^{w}ə > Ku”。

中不存在“*mjuwX*”这样的音节）

[4]“叟”MC *suw* 这样的对应形式是经由两次音变而形成的，这些音变在中古音材料中还能够被观察到：*Tsrj-* > *Tsr-*，此外还有精 *Ts-*、莊 *Tsr-*两组声母的早期合并。见上文例(581)的相关讨论。

[5] 在非咽化的 *K-和 *P-之后，我们无法单独从中古对应形式来区分 *-u 和 *-ru，但是通过语源或字形证据，我们有时仍然可以把某些字构拟为 *-ru：

(992) 貿 *mru-s > *mjuwH* > *muwH* > mào ‘交易’；参见其同声符字：
卯 *mˤruʔ > *maewX* > mǎo ‘地支第四位’
劉 *mə-ru > *ljuw* > liú ‘杀（又为姓）’

5.4.6.2　*-uk(-s)（⊂传统的覺部）

-uk 的中古音对应形式归纳见表 5.48 所示。-uk-s[56] 的中古对应同于表 5.46 中的 *-u-s(去声)。 248

表 5.48　*-uk 的中古对应形式一览

上古音	中古音	注释	例字
*Cˤuk	*Cowk*		告 *kˤuk > *kowk* > gào ‘宣告，告诉’ 毒 *[d]ˤuk > *dowk* > dú ‘毒物（名词）’ 裻 *[t]ˤuk > *towk* > dú ‘衣背的中缝’ （又 *[s]ˤuk > *sowk*）
*Cˤruk	*Caewk*		覺 *kˤruk > *kaewk* > jué ‘觉悟’ 雹 *C.[b]ˤruk > *baewk* > báo ‘冰雹’
*C(r)uk	*Cjuwk*	[1]	畜 *qʰuk > *xjuwk* > xù ‘养育’ 畜 *qʰ<r>uk > *trhjuwk* > chù ‘蓄积（动词）’[a] 復 *m-p(r)uk > *bjuwk* > fù ‘回复’ 睦 *mr[uk] > *mjuwk* > mù ‘和睦’（晚起字？） 祝 *[t]uk > *tsyuwk* > zhù ‘祈祷，祝诵’ 宿 *[s]uk > *sjuwk* > sù ‘过夜’ 縮 *[s]ruk > *srjuwk* > suō ‘收缩’

a　声母 *qʰr- > *trh*-的变化，请见上文 § 4.3.2。

表 5.48 附注：

[1] 我们的构拟一般无法区别在(非咽化的) *K 和 *P 之后的 *-ruk 和 *-uk。像 *Pruk 这样的音节形式，我们可以提供一个可能的例子是：

(993) 睦 “? *mruk” > *mjuwk* > mù ‘和睦’；参见同声符字：
陸 *[r]uk > *ljuwk* > lù ‘陆地(与水相对)’

通过声符，我们可以为“睦”mù 构拟出 *-r-介音。但是“睦”本身是一个晚起字，在《古文字诂林》中，这个字没有来自先秦材料的例子(《古文字诂林》3.815)。不过我们认为“睦”与“穆”mù 可能本为一词，而“穆”是一个可以确证是来自早期材料的字，在我们的构拟中它的上古韵母是 *-iwk。“睦”可能反映了在此类声母环境中 *-iwk 和 *-uk 的合并(两者最终都变为中古音-*juwk*)：

(994) 穆 *mriwk > *mjuwk* > mù ‘和谐’

我们把“穆”mù 构拟为 *-iwk 是因为在它在《周颂 · 雝》(282)首章中与“肅”押韵：

(995) 肅 *siwk > *sjuwk* > sù ‘庄重，严肃’

我们根据与 *-uk 在语源或字形上的联系来构拟 *-uk-s(而非 *-u-s)：

(996) 復 *m-p(r)uk > *bjuwk* > fù ‘回复’
復 *[N]-pruk-s > *bjuwH* > fù ‘又’
(997) 祝 *[t]uk > *tsyuwk* > zhù ‘祈祷，祝颂’
祝 *[t]uk-s > *tsyuwH* > zhòu ‘诅咒’
(998) 宿 *[s]uk > *sjuwk* > sù ‘过夜’
宿 *[s]uk-s > *sjuwH* > xiù ‘星宿’
(999) 覺 *kˤruk > *kaewk* > jué ‘睡醒’
249 覺 *kˤruk-s > *kaewH* > jiào ‘唤醒’

(1000) 畜 *q^{h}uk > *xjuwk* > xù ‘养育’

畜 *q^{h}uk-s > *xjuwH* > xù ‘家畜’

蓄、畜 *q^{h}<r>uk > *trhjuwk* > chù ‘蓄积’

畜 *q^{h}<r>uk-s > *trhjuwH* > chù ‘驯养的动物’

5.4.6.3　*-uŋ(=传统的冬部)

*-uŋ 的中古音对应形式皆见表 5.49 的归纳。有关 *-uŋ 的确凿例证相当罕见，*-uŋ 同 *-um 之间也纠葛难分。

表 5.49　*-uŋ的中古对应形式一览表

上古音	中古音	注释	例字
*C^{ʕ}uŋ	*Cowng*	[1]	冬 *t^{ʕ}uŋ > *towng* > dōng ‘冬天’ 宗 *[ts]^{ʕ}uŋ > *tsowng* > zōng ‘宗庙’
*C^{ʕ}ruŋ	*Caewng*	[2]	降 *m-k^{ʕ}ru[ŋ] > *haewng* > xiáng ‘降伏’
*C(r)uŋ	*Cjuwng*		宫 *k(r)uŋ > *kjuwng* > gōng ‘住宅’ 終 *tuŋ > *tsyuwng* > zhōng ‘末尾’ 中 *truŋ > *trjuwng* > zhōng ‘中心’ 嵩 *[s]uŋ > *sjuwng* > sōng ‘高’ 崇 *[dz]<r>uŋ > *dzrjuwng* > chóng ‘擢升，尊崇’

表 5.49 附注：

[1] 在上古音范围内很难找到令人信服的带咽化钝音声母的 *-uŋ 或 *-ruŋ 的例证。我们一般把中古音-*owng* 视为 *C^{ʕ}uŋ 的对应形式，但一些中古为-*owng* 的字明显具有其他上古来源。《广韵》中“攻”‘攻击’有 *kuwng*、*kowng* 两读(王仁昫《刊谬补缺切韵》中也是两读)，其声符“工”‘工作’明显在上古是 *-oŋ，“攻”gōng 自身在《诗经》里也同 *-oŋ押韵(《小雅 · 车攻》首章)：

(1001) 攻 *k^{ʕ}oŋ > *kuwng* > gōng ‘进攻’

工 *k^{ʕ}oŋ > *kuwng* > gōng ‘工作’

[2] 有些貌似为 *-uŋ 的形式可能是通过异化音变从更早期的 *-um变化而来的，比如：

(1002) 降～夅 *m-kˤru[ŋ] > *haewng* >‘降伏’

例(1002)在《诗经》中和*-uŋ韵母字押韵，见《召南·草虫》(14)首章、《小雅·出车》(168)第五章、《大雅·旱麓》(239)第二章以及《大雅·凫鹥》(248)第四章。但是以“夅” xiáng为声符的字中，有以*-m收尾的，比如“贛”字即从“夅”得声：

(1003) 贛 *[k]ʰˤomʔ① > *khomX* > kǎn ‘(隆隆声？)’[57]

关于此字及相关字形的讨论，可参看陈剑(2007)。

其实，王力的系统中，《诗经》及更早期时，冬(本书构拟：*-uŋ)、侵(本书构拟：*-əm、*-im、*-um)被合并为一个韵部，王力认为两部的分化是后来才出现的。在这一问题上，我们有不同的看法：根据本书的六元音构拟系统，我们最基本的假设是六个元音多半能出现在所有的韵尾之前，因此我们不认为*-uŋ这样的韵母形式会在上古音中付之阙
250 如。*-um异化为*-uŋ的情况确实是有可能存在的(见下文§5.7)，但像*-uŋ>*-um的同化音变的可能性也应被考虑在内。对于解释缺乏*-uŋ的相关例子的现象，同化音变同样可备一说。

5.5 带锐音韵尾(*-j、*-t、*-n、*-r)的韵母

带锐音韵尾的韵母有许多共同的特征：例如，在这种语音环境中圆唇元音发生复元音化。通过文献押韵的分析可知，复元音化的音变可能起自战国后期。表5.50是对此类复元音化音变的归纳。

表5.50 圆唇元音在锐音韵尾前的复元音化

	*u	*o
*-j	*-uj > *-wəj	*-oj > *-waj
*-t	*-ut > *-wət	*-ot > *-wat
*-n	*-un > *-wən	*-on > *-wan
*-r	*-ur > *-wər	*-or > *-war

① 译注：此处的“*[k]ʰˤomʔ”，原书作“*[k]ʰomʔ”。

在复元音化音变发生之后，还能观察到另一个音变：在复元音化的音节中，唇音声母后的*-w-就不再起区别性作用。有关这一变化的语音实质我们尚不完全明白，但我们认为表 5.51 或多或少可以反映出这一音变的基本面貌（“*-T”代表所有的锐音韵尾）：

表 5.51　*-w-在唇音声母后的中和作用

上古音	中古音
*PˤuT > *PˤwəT *PˤəT > *PˤwəT	> *PwoT*
*PuT > *PwəT *PəT > *PwəT	> *PjuT*
*PˤoT > *PˤwaT > *PˤaT *PˤaT	> *PaT*
*PoT > *PwaT > *PaT *PaT	> *PjoT*

在《诗经》和《老子》的押韵韵例中，圆唇元音和非圆唇元音的对立是很清楚地保留在那儿的，在这些文献证据中我们看不到复元音化的影子。以下是一组圆唇元音后带锐音韵尾的韵例：

(1004)《大雅·云汉》(258)第五章：

川 chuān < *tsyhwen* ‘溪，河’　　< *t.l̥u[n]

焚 fén < *bjun* ‘燃烧（动词）’　　< *[b]u[n]

熏 xūn < *xjun* ‘用烟熏；蒸汽；气味’　　< *qʰu[n]

聞 wén < *mjun* ‘听见（动词）’　　< *mu[n]

遯 dùn < *dwonH* ‘退隐’　　< *lˤu[n]ʔ-s　251

(1005)《老子》第二十九章：

隨 suí < *zjwe* ‘跟随’　　< *sə.loj

吹 chuī < *tsyhwe* ‘吹’　　< *tʰo[r]

羸 léi < *ljwe* ‘瘦弱；虚弱’　　< *[r]o[j]

隳 huī < *xjwie* ‘毁坏’　　< *l̥oj

但是在一些稍晚的文献当中，的确存在*-oT 和*-aT、*-uT 和*-əT 通押的例子，这说明当时复元音化已经发生。例如在《楚辞·九章》中，原来的圆唇元音韵母可以和非圆唇元音韵母通押：

(1006)《惜诵》：變 biàn < *pjenH* ‘变化’ *pr(w)an-s < *pro[n]-s
遠 yuǎn < *hjwonX* ‘远’ *C.ɢʷanʔ
《怀沙》：類 lèi < *lwijH* ‘等级’ *rwət-s < *[r]u[t]-s
愛 ài < *'ojH* ‘喜爱；吝惜’ *qˤət-s < *[q]ˤəp-s
《橘颂》：摶 tuán < *dwan* ‘球形；弄成球形’ *dˤwan < *[d]ˤon
爛 làn < *lanH* ‘煮到松软’ *[r]ˤan-s

对这个复元音化音变的确切年代和方言性质，仍有待于进一步研究。

5.5.1 *-r 韵尾

白一平(Baxter 1992)为一些音节构拟了*-j 和*-n 两个对立的音位，现在我们采纳斯塔罗斯金(Starostin 1989)的构拟方案，为这些音节再构拟第三个韵尾*-r。这样我们的上古音系统中就构成了一个韵尾三项对立：*-j≠*-n≠*-r。根据斯塔罗斯金的说法，我们假设*-r 韵尾在不同方言中应该有不同的处理方式：OC*-r 通常会变作 MC -*n*，不过也有部分字的*-r 变成了 MC -*j*（或零韵尾-∅，中间经历了*-j 的阶段，例如：MC -*a* < *-aj < *-ar，又如 MC -*wa* < *-waj < *-war < *-or）。一些早期借词的例子反映出原始越语用*-l 来对应上古汉语的*-r。在§5.1 中，我们已经论述过用*-l 代替*-r 来构拟第三个韵尾也未尝不可。

5.5.1.1 *-ən、*-əj、*-ər 诸韵母

为了解释*r-韵尾的假设，由传统上归文部和微部的字入手会相对方便一些。文部字到了中古音中都是带-*n* 韵尾的，因此上古文部字以
252 前多半也构拟为带*-n 韵尾。传统微部字的构拟一直以来争议更大。主元音为*ə 的基本 A 型音节的构拟请见表 5.52 的归纳（传统文部和微部也包括主元音构拟为*u 的字，见§5.5.7 的讨论，此处暂且不论）。

表 5.52　MC *-on* <文、*-oj* <微两部早期诸家构拟一览

	⊂文	⊂微
中古音	*-on* 痕	*-oj* 咍
高本汉(Karlgren 1957)	*-ən	*-ər
董同龢(1948)	*-ən①	*-əd②
王力(1958)	*-ən	*-əi
蒲立本(Pulleyblank 1962—1963)	*-ən	*-əδ(=[əð])
李方桂(Li 1971)	*-ən	*-əd
蒲立本(Pulleyblank 1977—1978)	*-ə́n	*-ə́l
白一平(Baxter 1992)	*-ɨn	*-ɨj
郑张尚芳(2003)	*-ɯɯn	*-ɯɯl

上古微部的韵尾在诸家构拟中互不一致(*-r、*-d、*-δ[=ð]、*-l,以及*-i 和*-j),但在中古音或现代汉语方言中相关字音除了[i]以外,却不再有其他的韵尾形式,这多少会有点奇怪。高本汉之所以构拟*-r 韵尾是为了解释传统微、文两部之间纷杂的交往现象。例如,在《诗经》中有两部互相通押的现象:

(1007)《小雅·沔水》(183)首章、第二章:

水 shuǐ ‘水’< *sywijX*　　(微 Wēi)

隼 sǔn ‘鹰’< *swinX*　　(文 Wén)

以及这个韵例:

(1008)《小雅·庭燎》(182)第三章

晨 chén ‘早晨’< *zyin*[58]　　(文 Wén)

煇 huī ‘灿烂’< *xjw*+*j*　　(微 Wēi)

旂 qí ‘旗帜’< *gj*+*j*　　(微 Wēi)

---

① 译注:此处“*-ən”原书作“*-ən”。

② 译注:此处“*-əd”原书作“*-əd”。

此外，还有很多使用同声符的字两见于微部或文部：

(1009) 軍 jūn ‘军队；驻扎’ < *kjun*（文 Wén），以“軍”作为声符：
輝 huī ‘灿烂’ < *xjw+j*（微 Wēi）

(1010) 斤 jīn ‘斧头；斤斤’ < *kj+n*（文 Wén），以“斤”作为声符：
旂 qí ‘旗帜’ < *gj+j*（微 Wēi）

清代学者已注意到此类鼻音韵尾和元音韵尾之间的关系，传统的术语
253 把这种现象称作“阴阳对转”，意为阴声韵和阳声韵的交替。微部传统上被视作“阴声”（收元音尾），文部是“阳声”（收鼻音尾）。“对转”则是指相联系韵部之间的交替现象。“阴阳对转”只是对此类现象加以描述的较笼统的说法，并不能真正解释产生这种现象的根本原因。

高本汉对“阴阳对转”的解释是，微部的韵尾“一定是某种舌音”，“在听感上应该更加接近于-*n*”，而不是*-t 和*-d（舌音塞音韵尾已经被高本汉用在其他韵部的构拟中了），“因而才能允许与［谐声］收-*n* 的字偶或通押”。据此，高本汉才构拟了*-r 来解决问题，尽管在现代汉语方言和中古音材料里都找不到有关*-r 的直接证据（1954：300—301）。其他学者在高本汉的*-r 之外还构拟了*-d、*-ð 或*-l，但构拟的理由基本上都是一致的。

斯塔罗斯金认为高本汉的处理方法过分笼统：并非所有的微部字都和文部字发生关系，反之亦然。因此，传统上发生“阴阳对转”的这一批字恰恰形成了微文两部之外的第三类韵部，可构拟为*-ər。大致上看，前引的押韵和谐声上的通转现象在上古音中都不算是不规则现象，反常的应该是中古音和现代方言中的对应形式，这些形式都受到了方言接触混同的影响。最常见的*-r 的对应形式是［n］，但是在先秦材料中我们就可以发现方言中*-r 变为［j］的证据。

我们确信斯塔罗斯金的看法是正确的，而且现在我们还可以确定*-r 变作*-j 的地理范围。我们至少可以肯定在汉代，这一方言区域应该位于今山东半岛及邻近地区（见下文 § 5.5.1.4）。表 5.53 归纳了相关字在不同构拟系统的处理。与其他构拟两个韵尾的系统不同，我
254 们的系统现在已采纳斯塔罗斯金的说法，构拟了三个不同的韵尾。

表 5.53　OC *-ən、*-ər、*-əj 与诸家构拟比较

	1 巾 jīn '方巾'	2 斤 jīn '斧头'	3 旂 qí '旗帜'	4 幾 jǐ '多少'
中古音	*kin*	*kj+n*	*gj+j*	*kj+jX*
传统韵部	文	[文?]	[微?]	微
高本汉	*ki̯ɛn	*ki̯ən	*g'i̯ər	*ki̯ər
李方桂	*kjiən	*kjən	*gjəd	*kjədx
白一平(Baxter 1992)	*krjɨn	*kjɨn	*gjɨj	*kjɨjʔ
郑张尚芳(2003)	*krɯn	*kɯn	*gɯl	*kɯlʔ
斯塔罗斯金(Starostin 1989)	*krən	*kər	*gər	*kəjʔ
白-沙系统	*krən	*[k]ər	*C.[ɢ]ər	*kəjʔ

*-ər 类字组成了一个新的韵部，传统韵部中都没有把它单独划分 255
出来。凡是(在相当早期)带下列声符的字，我们确信它们都可以被构拟为 *-ər：

(1011) 辰 *[d]ər > *dzyin* > chén '地支第五位'
(1012) 斤 *[k]ər > *kj+n* > jīn '斧头；斤斤'
(1013) 軍 *[k]ʷər > *kjun* > jūn '军队；驻扎'
(1014) 先 *sˤər > *sen* > xiān '时间或次序在前'
(1015) 西 *s-nˤər > *sej* > xī '西方'

押韵的证据，除了上文已提到的《小雅·庭燎》(182)第三章，我们还发现以下的韵例也可以归入 *-ər：

(1016)《小雅·采菽》(222)第二章和《鲁颂·泮水》(299)首章：
　　芹 *C.[ɢ]ər > *gj+n* > qín '水芹'
　　旂 *C.[ɢ]ər > *gj+j* > qí '旗帜'
(1017)《周南·螽斯》(5)首章：
　　詵 *srər > *srin* > shēn '众多貌'

振 *tər > *tsyin* > zhēn ‘数量众多；威严貌’

《诗经》当中 *-ər 和 *-əj、*-ən 分韵并非偶然，《左传・僖公五年》中有一长段韵段可以支持我们在《诗经》中观察到的分韵现象。《左传》的文本时代较晚，其中的 *-ur 已经复元音化为 *-wər 了，不过 *-r 韵尾的构拟仍然是不受影响的。

(1018)《左传・僖公五年》

辰 *[d]ər > *dzyin* > chén ‘地支的第五位’

振 *tər > *tsyin* > zhēn ‘数量众多；威严貌’

旂 *C.[ɢ]ər > *gj+j* > qí ‘旗；旗帜’

賁 *pˤur > *pˤwər > *pwon* > bēn ‘烈性的，勇敢的’（又读：*bjun*，*pj+j*，*pjeH*）

焞 *tʰˤur > *tʰˤwər > *thwon* > tūn ‘光明’（又读：*thwoj*，*dzywin*）

軍 *[k]ʷər > *kjun* > jūn ‘军队；驻扎’

奔 *pˤur > *pˤwər > *pwon* > bēn ‘奔跑（动词）’

有些在早期借入到其他语言中的上古带 *-r 尾的字，它们的借词形式里有时也不像中古汉语一样带-*n*，这可能是由于当时作为借出一方的汉语当中 *-r 已经变成了 *-j，也可能是借入方的语言中本身就没有[r]。比如地支名“辰”chén < *[d]ər ‘地支的第五位’，李方桂（Li 1945：336）所引用的台语的形式：Ahom shi、Lü si^1、Dioi chi^2。[59] 克木语（一种主要于老挝境内使用的孟-高棉语言）中“辰”是 /sí i/（Damrong & Lindell 1994：104）。如果借出时本来是带韵尾[n]的，那在借入方则不太会不借用这个[n]。

256 **5.5.1.2 *-an、*-aj、*-ar 诸韵母**

传统的歌部和元部也存在同类的现象，押韵和谐声中两部多有交互，大部分构拟系统还是依从传统见解把它们构拟成两个上古韵，我们则依从斯塔罗斯金的意见，把这两个传统韵部构拟成三个韵：

-an、-ar 和 *-aj。表 5.54 中是一些相关的例子，并附上各家构拟。

表 5.54　*-an、*-ar、*-aj 诸家构拟一览

	1	2	3	4
	反 fǎn ‘相反’	燔 fán ‘烧’	番番 bō bō ‘勇武貌’	歌 gē ‘歌唱、歌曲’
中古音	*pjonX*	*bjon*	*Pa*	*ka*
传统韵部	元 Yuán	[元 Yuán?]	[歌 Gē?]	歌 Gē
高本汉(Karlgren 1957)	*pi̯wǎn	*b'i̯wǎn	*pwâr	*kâ
李方桂(Li 1971)	*pjanx	*pjan	*par	*kar
白一平(Baxter 1992)	*pjanʔ	*bjan	*paj	*kaj
郑张尚芳(2003)	*panʔ	*ban	*paal	*kaal
斯塔罗斯金(Starostin 1989)	*panʔ	*bar	*pār	*kāj
白-沙系统	*Cə.panʔ	*[b]ar	*pˤar	*[k]ˤaj

高本汉在处理这一组韵部时，采用了与文部、微部构拟略微不同的方法：文、微两部他只构拟了两类韵母：*-ən 文部，*-ər 微部；但是元部和歌部的构拟，他摒弃了传统分为两部的处理，构拟了三类韵，*-ân、*-âr、*-â。如果一个字上古归元部，且在中古音中带-*n* 韵尾，高本汉就将这类字一直拟作 *-ân。*-âr 是用来构拟那些与中古带-*n* 尾字发生联系的传统归歌部的字的，而 *-â 则是给其他未反映此种联系的歌部字的。粗言之，高本汉的 *-ân 对应于我们系统中的 *-an，也对应具有与 *-an 相同中古形式的 *-ar；他的 *-âr 则对应我们所构拟的具有与 *-aj 相同中古对应的 *-ar；他的 *-â 对应我们的 *-aj。

这里我们需要对 *-aj 的构拟稍作评论：尽管这里的韵尾有时也被构拟成 *-r 或 *-l(如表 5.54 中所示)，但是在一部分现代方言或域外译音中有相当多的一批字都读作[ai]，或相似的读法，没有一种语言材料中显示出与-*n* 韵尾的特别联系，因此对于这批字，合理的构拟形式应该是 *-aj。咽化音节 *-aj 的中古对应形式是-*a*，*-j 韵尾没有留下任何痕迹。这很可能是单元音化音变的结果：*-aj >[æ]>[a]，在中古文献材料和大多数现代方言中看来都是如此[60]。但是有一些现代方言没有受到这一音变的影响，上古音*-aj类音节一直保留了[i]韵尾，在其他一些语言的早期汉语借词中也能发现相同的[i]韵尾：

(1019) 我 *ŋˤajʔ > *ngaX* > wǒ ‘我们，我’，厦门 /gua 3/，福州 /ŋuai 3/，原始闽语*ŋuɑi B（这些方言中阴调的读法暂不明其来源，见 Norman 1973：232）

(1020) 籮 *C.rˤaj > *la* > luó ‘篮子，筐（名词）’，厦门 /lua 2/，福州 /lai 2/，建阳 /sue 2/，原始闽语*lhɑi A（罗杰瑞 [Norman] 2005：3）

(1021) 破 *pʰˤaj-s > *phaH* > pò ‘破坏（动词）’，厦门 /pʰua 5/，福州 /pʰuai 5/，原始闽语*phuɑi C；参越南语 *phải* [fɑi C1] ‘不小心碰到或摔倒在物体上’，*phải tàu* [fɑi C1 tau A2] ‘船破’（Rhodes 1651：*tàu* =‘船’[61]）。

(1022) 餓 *ŋˤaj-s > *ngaH* > è ‘饥饿’，温州 /ŋai 6/

(1023) 磨 *mˤaj > *ma* > mó ‘摩擦，研磨’，厦门 /bua 2/，福州 /muai 2/，邵武 /mai 2/，原始闽语*muɑi A；参越南语 *mài* [mɑi 2] ‘锉，磨，使锋利’，朝鲜语 *may* ‘磨（名词）’

(1024) 麻 *C.mˤraj > *mae* > má ‘大麻’，厦门 /mua 2/，福州 /muai 2/，邵武 /mai 7/，原始闽语*mhuɑi A

(1025) 寄 *C.[k](r)aj-s > *kjeH* > jì ‘委托’，厦门 /kia 5/，福州 /kie 5/，原始闽语*kiɑi C；参越南语 *gửi* [ɣɯi C1]～*gởi* [ɣʌi C1] ‘委托，寄’

(1026) 蛇 *Cə.lAj > *zyae* > shé ‘蛇’，厦门 /tsua 2/，福州 /sie 2/，原始闽语*-džiɑi A

以上这些歌部字构拟为*-aj应该是没有问题的，不过就像文微二部里发现的对转的现象，也有一大批字在元歌二部之间摇摆不定，这部分字我们认为应当构拟为*-ar。以下押韵的韵段反映了两个韵部之间的交互关系，为方便读者，我们标注了传统韵部的名称。

(1027)《小雅·桑扈》(215)第三章

翰 hàn ‘支撑，支持’< _hanH_～_han_　（元）

憲 xiàn ‘模范’< _xjonH_　（元）

難 nán ‘不容易’< _nan_　（元）

那 nuó ‘多’< _na_　（歌）

(1028)《大雅·崧高》(259)第七章

番番 bōbō ‘勇武貌’< _pa_[62]　（歌）

嘽嘽 tāntān ‘众多’< _than_　（元）

翰 hàn ‘支持’< _hanH_～_han_　（元）

憲 xiàn ‘模范’< _xjonH_　（元）

谐声字里也能反映元部和歌部的交互，凡出现交互现象的谐声系列也应当构拟为 *-ar：

(1029) 番番 *pˤar-pˤar > *pˤaj-pˤaj > _pa-pa_ > bōbō ‘勇武貌’
燔 *[b]ar > *ban > _bjon_ > fán ‘烧，烤’
藩，蕃 *par > *pan > _pjon_ > fān ‘篱，屏障，栅栏’ 257

(1030) 單 *Cə.tˤar > *Cə.tˤan > _tan_ > dān ‘单独，简单’，厦门 /tuã 1/，石陂 /duaiŋ 2/，原始闽语 *-tuɑn A
鼉 *[d]ˤar > *dˤaj > _da_ > tuó，‘扬子鳄’；又读 *[d]ˤar > *dˤan > _dan_
觶 *tar > *taj > _tsye_ > zhī ‘酒器’

(1031) 難 *nˤar > *nˤan > _nan_ > nán ‘不容易’
儺 *nˤar > *nˤaj > _na_ > nuó ‘驱恶鬼，逐邪恶’

(1032) 宣 *s-qʷar > *s-qʷan > _sjwen_ > xuān ‘扩散(动词)’
烜、晅 *qʷʰarʔ > *qʷʰanʔ > _xjwonX_ > xuǎn ‘晒干’；又读作
烜 *qʷʰarʔ > *qʷʰajʔ > _xjweX_ > huǐ ‘光明’
垣 *[ɢ]ʷar > *[ɢ]ʷan > _hjwon_ > yuán ‘墙’
桓 *[ɢ]ʷˤar > *[ɢ]ˤʷan > _hwan_ > huán ‘柱子；威武’

例(1032)的谐声字“亘” xuān < _sjwen_ < *swar < *s-[q]ʷar 也见于

公元二世纪末在洛阳活动的僧人支娄迦谶（"月支人？Lokakṣema"；见 Zürcher 2007：35）的译经中，用来对译印度语（梵文）*ābhāsvara*（'华丽的，一种神格'）里的音节 *svar*（Coblin 1983：244，#68）：

(1033) 阿 會 亘 *ʔa-hwajH-sjwen* <（汉代） *ʔˁa-ɦˁwajs-swar[63]
'ābhāsvara'

*-ar 类的字有一种很强的作为独立韵辙的倾向性，前引《诗经》中的《桑扈》(215)、《崧高》(259)二诗之外，还见于以下的韵例：

(1034)《小雅·小弁》(197)第八章
山 *s-ŋrar > *srean* > shān[64] '山'
泉 *s-N-ɢʷar > *dzjwen* > quán '泉水，源泉'
垣 *[ɢ]ʷar > *hjwon* > yuán '墙'

(1035)《大雅·公刘》(250)第二章
原 *N-ɢʷar > *ngjwon* > yuán '泉，源；起源'
繁 *[b]ar > *bjon* > fán '富庶，众多'
宣 *s-qʷar > *sjwen* > xuān '扩散'
歎 *n̥ˁar > *than* > tān '叹息'
巘 *ŋ(r)ar(ʔ) > *ngjonX* ～ *ngjenX* > yǎn '山巅'
原 *N-ɢʷar > *ngjwon* > yuán '泉，源；起源'

(1036)《大雅·板》(254)第七章
藩 *par > *pjon* > fān '篱，屏障，栅栏'
垣 *[ɢ]ʷar > *hjwon* > yuán '墙'
翰 *m-kˁar-s > *hanH* > hàn '支撑，支持'

(1037)《大雅·崧高》(259)第一章
翰 *m-kˁar-s > *hanH* > hàn '支撑，支持'
蕃 *par > *pjon* > fān '篱，屏障，栅栏'
258 宣 *s-qʷar > *sjwen* > xuān '扩散(动词)'

早期文字的字形中也把*-ar 同*-an 区分开来。比如声符“番”代表的是*P(ˤ)ar 一型的音节。与之相对的，“反”的谐声系列则是代表*P(ˤ)an，“單”代表*T(ˤ)ar，与之相对的是“旦”，代表着*T(ˤ)an。后来的字形标准中这种区别逐渐变得越来越模糊，这或许是由于*-r 变作*-n 的音变影响，更宽泛地讲，是音变导致了谐声的标准不再那么严格。因而，在传世文献中我们可以看到*T(ˤ)an 一类的音节是用“單”这个声符来写的。比如在《大雅 · 板》首章的这个韵段里：

(1038)《大雅 · 板》(254)首章：

板 *pˤranʔ > *paenX* > bǎn ‘反常’
癉 *tˤanʔ > *tanX* > dǎn ‘病，劳苦’
然 *[n]a[n]> *nyen* > rán ‘如此，这样(副词，词尾)’
遠 *C.ɢʷanʔ > *hjwonX* > yuǎn ‘远’
痯，管 *kʷˤa[n]ʔ > *kwanX* > guǎn ‘疲惫，无助的’
亶 *tˤanʔ > *tanX* > dǎn ‘真诚的，真正的’
遠 *C.ɢʷanʔ > *hjwonX* > yuǎn ‘远’
諫 *kˤranʔ(-s)> *kaenH* > jiàn[65] ‘规劝’

-an 的构拟对此韵段中的大部分字看来都很合理，但根据“癉”dǎn ‘病、劳苦’字的声符“單”，好像应该构拟为-arʔ。郭店出土的《礼记 · 缁衣》(第七简)有《板》此章目前确知最早的引文，竹简对应毛诗中“癉”MC tanX > dǎn 的字形写作：

(1039) 

也就是，左侧为“手”，右侧为“旦”，隶定为“担”字。以“旦”为声符，这就和整个韵段*-anʔ 完全和谐一致了(*GD* 17，129)。传世文本的《缁衣》里，此字写作“疸”，以“亶‘真诚的’”为声符，而“亶”又以“旦”‘黎明’为声符。《经典释文》中注《板》此章时，也引用了一个《诗经》的版本将“癉”写作“疸”(《经典释文》95)。因此传世本《毛诗》的字形可能是反映了晚期音变的现象，不能够直接用来构拟上古音。

*-r 的构拟同样可以得到《诗经》以外其他文献中押韵材料的支持，譬如《周易 · 贲》中有如下韵段：

(1040) 皤 *[b]ˤar > *ba* > pó ‘白，白发的’
259 翰 *[g]ˤar > *hanH* > hàn ‘(马之)白’

又如宋玉(公元前 3 世纪)所作《楚辞 · 九辩》中的韵段：

(1041) 漧 *[k]ˤar > *kan* > gān ‘干’
歎 *n̥ˤar > *than* > tān ‘叹息’

*o 和 *u 之后的 *-r 也有许多相对可靠的材料可予以证明(见 § 5.5.4.4 和 § 5.5.7.4)。

5.5.1.3 对音材料中的 *-r

*-r 的构拟在用汉语记录外族词汇及专名的对音材料中也可获得支持，我们可以看到带 *-r 韵尾的汉字会被用来对应外族语言的[r]：

單于 chányú < ***dzyen-hju*** <(**汉代**) ***dar-ɦwa ‘匈奴最高统治者’ (< *[d]ar + *ɢʷ(r)a)**

《史记》中称匈奴最高统治者为“单于”：

(1042) 單于 chányú[66] < MC *dzyen-hju* ‘匈奴最高统治者’

这个词的两个音节其上古音构拟分别是：

(1043) 單 chán < *dzyen* < *[d]ar
(1044) 于 yú < *hju* < *ɢʷ(r)a ‘去；在’

我们无须假定在“于”中有 *-r-介音，*ɢ^{w}-在汉代可能已经变为了[ɦw]，所以在汉代“单于”可以依理构拟为：

(1045) 單于 chányú <MC *dzyen-hju* <(汉代) *dar-ɦwa

这个读音相合于书面蒙古文的 ***daruɣa*** ‘统治者’(此词又借入了波斯语：***dārūġa*** ‘统治者’，参看：Doerfer(1963—1975)，1.319—1.323)。当然这并不说明匈奴人一定是蒙古人的祖先，因为词汇的借用是十分常见的，对蒙古语来说有借用的可能性，对匈奴语亦然，借用可能是由彼及此，也有可能是反方向，或者也有可能来自第三方。

驩潛 Huānqián <***xwan-dzjem*** < **$^{*}x^{ʕ}$war-dz[e]m ‘Khwārazm’ (< $^{*}q^{whʕ}$ar + dz[o]m)**

Khwārazm(又作 Chorasmia)是位于阿姆河下游河谷的绿洲区域，今天分属于土库曼斯坦和乌兹别克斯坦，离咸海(今已大部蒸发)不远处。伯希和(Pelliot 1938)专门讨论过汉语中有关这个地名的写法。最早提到此地的汉语文献是《史记·大宛列传》(1982：3137)，司马迁称其为大宛(Ferghana)，西方的一个小国，其地名被写作“驩潛”：

(1046) 驩潛 Huānqián < *xwan-dzjem* 260

在公元前 500 年左右古代波斯的记录中已经提到了这个地名，古波斯语写作 *Huwārazmiš*(Mackenzie 1983)。

“驩”字的声符表明其上古应带 *-r 韵尾：

(1047) 驩(=歡=懽) $^{*}q^{whʕ}$ar(> $^{*}x^{ʕ}$war) > *xwan* > huān ‘快乐’

声符“雚”(=鸛) *C.$q^{wʕ}$ar-s > *kwanH* > guàn ‘鹭’，本身又是从“吅”得声：

(1048) 吅 $^{*}q^{wh}$ar > *xjwon* > xuān ‘喧哗，叫喊’

表示这个意思的词又被写作"讙、諠、喧",注意后两个字的声符:

(1049) **宣** *s-qʷar > *sjwen* > xuān '**扩散(动词)**'

我们已经说明过"宣"在上古的韵母应该是*-ar。到了西汉时期*qʷʰˤar很可能已经变为了*xˤwar。地名中第二字的读音当作:

(1050) **潛** *[dz][o]m > *dzjem* > qián '**潜在水底**'

MC *dzjem* 可以是 OC *[dz]am、*[dz]em、*[dz]om 的对应形式。如果 MC *-jem* 的谐声系列中出现 MC *-om* 的字,我们一般会把这批 MC *-jem* 构拟为*-[o]m①(参看 § 5.7)。不过在西汉恐怕这个带圆唇元音的韵母已经变作*dzem,因此司马迁当时记录的"驩潛"可能应该读为*xˤwar-dzem。

韓 Hán <***han*** <*[g]ˤar **(朝鲜半岛国名)=日语** ***Kara***

地名"韓"Hán <*han* <*[g]ˤar,除了代表战国七雄之一的韩国以外,还在《三国志》(成书于 297 年)[67]中代称朝鲜半岛的国名,这个地方在古日语中被称作 Kara。"韩"及与之字形相关的一批字都有可靠证据可以说明它们的上古韵母是*-ar。《说文解字》中给出了"韓"字更早的字形"韓",并且指出其中的声符是"倝"。

(1051) **韓,井垣、从韋、取其帀也、倝聲**

韓[*[g]ˤar] '**井垣**' [**垣***[ɢ]ʷar]。**从韋**[=**圍**]、**取其帀也**、**倝**[gàn <*kanH* <*[k]ˤar-s '**日出**']**聲**(*SWGL* 2347b)

释义中"井垣"大概代表{榦}hán <*han* <*[g]ˤar"井上垣栏"的意思。②

---

① 译注:此处的"*-[om]",原书作"*[om]"。

② 译注:此处的"hán <*han* <*[g]ˤar",原书作"gàn <*kanH* <*[k]ˤar-s"。

“垣”的构拟也是*-ar，此处还可能是用作音训。有大量证据表明从“轨”得声的字应该被构拟为*-ar。[68]

鲜卑 Xiānbēi < ***sjen.pjie*** < ***s[a]r.pe** ‘***Särbi**’

西汉早期，东胡是活动于匈奴东方之地的非汉民族。到了公元前一世纪左右，东胡中分出了两大支裔：鲜卑和乌桓。[69]根据蒲立本 261
(**Pulleyblank** 1983：452—454)的说法，汉语对应的族名可分别被释作“*Särbi”和“Avar”。我们先来讨论“鲜卑”这个词。

“*Särbi”这个族名没有直接的证据说明应该这么读，不过这个名字后来又被写作“室韦”Shìwéi <MC *syit.hjw+j*。伯希和解释这一译名时认为，汉代时期外族语言中的-r 在中古音中可以-*n* 来表示，并且之后还常用中古音的-*t* 来对写，因而在这个例子中所对应的外族语第一音节的韵尾应作*-r。伯希和将“鲜卑”构拟为：*Serbi、*Širbi 或*Širvi(1934：35，注 3)。

还有其他材料可以用来证明“鲜”带*-r 尾。“鲜”字出现在《诗经》的押韵中：

(1052)《邶风·新台》(43)首章：

　　泚 *[ts^h]e(j)ʔ > *tshjeX* > cǐ ‘清澈’

　　瀰 *m.nerʔ > *mjieX* > mǐ ‘水满貌’

　　鲜 *[s][a]r > *sjen* > xiān ‘新鲜；善’

这一韵段在语音上有很多让人颇费思量之处，由于中古带-*n* 与不带-*n* 的形式在此混押，说明中古带-*n* 的“鲜”*sjen* 字上古当构拟为*-r。[70]

《说文诂林》(*SWGL* 5188a)中有下一个以“鲜”*sjen* 为声符的字，按照《广韵》有两个读音：

(1053) 霹 *s[e]r > *s[e]j > *sje* > sī ‘小雨’

　　霹 *$s^ʕ$[e]r-s > *$s^ʕ$en-s > *senH* > xiàn ‘夹雨雪珠’(常写

作“霰”)

东汉经师郑玄曾称在齐鲁之间[我们认为东汉时期在此区域内已完成*-r>*-j 的音变。参见：柯蔚蓝(Coblin 1983：202),例(95)]“鲜”xiān<*sjen* 可读如“斯”sī<*sje*<*[s]‘此’。①

鳥桓 (～鳥丸) Wūhuán～Wūwán<***ʹu-hwan*<西汉 *ʔˤa-ɦˤwar ‘Avars’ (<鳥 *qˤa+桓 *[ɢ]ʷˤar)**

乌桓是东胡的南部支裔。蒲立本注意到“乌桓”可能是域外对音*Awar,并且论证了这一民族即是后来在第四、五世纪时出现在今阿富汗境内的嚈哒王国的同一支民族,在突厥人占领该区域后,这一民族一直西迁至欧洲。在拜占庭和欧洲文献中,他们被称为 Avares 或Ἄβαροι(希腊字母 beta 在当时的发音接近于[v])。[71] 由于在中国和西方两方面的文献中都提到该民族的已婚妇女佩戴一种以黄金珠玉编缀的特殊头
262 饰,故其身份进一步得到确认(Pulleyblank 1983：452—454)。

敦煌 Dūnhuáng<***twon-hwang*<*tˤur-ɦˤwaŋ(<*tˤur+*[ɢ]ʷˤaŋ)**

据说,这个位于丝绸之路上的著名边陲城镇的汉语名字是由早期粟特语(Sogdian)名字转化而来的。粟特语是一种在该地区长期被使用的伊朗语支的重要语言。粟特文字起源于阿拉米字母(Aramaic alphabet),书写中只记录辅音字母,“敦煌”在粟特文中写作 *drw''n*(上加撇号用来标示字母 aleph,代表元音[a]),希腊语中这个地名又写作Θροανα(Pulleyblank 1962—1963：228)。我们也有很多证据可以为“敦”来构拟*-r 韵尾,“敦”字本来就是兼具中古音-*n* 和-*j* 两读,我们已经指出这种交替现象是源自上古的*-r 韵尾：

① 译注：原书“We will see below (section 5.5.1.4) that”这句陈述有误。此处据勘误表改。

(1054) 敦 *tˤur > *twon* > dūn ‘坚实，宽厚’

敦 *tˤur > *twoj* > duī ‘治理，指导’

以前的解释认为，使用中古音的-*n* 来对其他语言中的[r]是因为当时的汉语中缺少韵末的[r]，而 OC *-n 从听感上最为近似，或许更为合理的解释是有一个特殊的类似于[r]的读音(Pelliot 1934，Pulleyblank 1962—1963)。但是我们已经看到各种独立证据都支持斯塔罗斯金的假设，以上论及的有关例子都应该为之构拟一个 *-r 韵尾，几无疑义。根据这些例子，综合各类证据，*-r 韵尾构拟的可信度是相当强的。

不过有时我们也必须承认，究竟如何准确界定 *-r 韵尾涉及的字的范围仍属不易。有许多带中古音-*n* 的字与带 *-r 尾的字在押韵或谐声上只有一两处相关，这很可能就是不规则现象，或反映某种方言中 *-r 同 *-n 的合并。比如，“安”ān < *'an* ‘安静’似乎很适合被构拟为带 *-r，因为《史记 · 大宛列传》里最早提到的“安息”Ānxī(西域的一个伊朗语族国家)，其对音透露出一些特别的信息。

(1055) 安息 Ānxī < *'an-sik* < *[ʔ]ˤa[n]-sək

“安息”的译名当来自 Aršaka = Arsaces(帕提亚语 *'ršk*)，即建立于约公元前 247 年的帕提亚阿萨息斯王朝的开国君主(Bivar 2000：98)。如果把这里的“安”构拟为带 *-r 尾，那么就意味着一大批常用字都可以被构拟成带 *-r 的形式，但我们还缺少直接的证据来证明这些字有这个韵尾(包括用作状语的“焉”yān < *hjen* 和“然”rán < *nyen*)。

此外，“安”在稍晚的《后汉书 · 西域传》中用来转写罗马皇帝马可 · 奥勒留(Marcus Aurelius Antoninus 121—180)的名字，此处的转写却是带-*n* 的：

(1056) 安敦 Āndūn < *'an-twon*

不可否认，“安敦”的转写较之“安息”要晚上几个世纪，很可能在某一时期或某一方言当中 *-r 已经变为了-n，例如“敦”字原来应为 *-r 尾，

但是却用来对应拉丁文-*ton*-的"敦"：敦 *tˁur > *tˁun > *twon* > dūn
263 '坚实,宽厚'。然而伯希和发现"安息"之名是从粟特语进入汉语的，而且有材料显示粟特语有用-nš-代替-rš-的倾向(Pellion 1938：146,注1,引自 Émile Benveniste),因此"安"在汉语中就可能从来都是带*-n。据此,我们在构拟*-r 时采取了略为保守的态度,即只有在不同证据、多个例子支持的条件下,才构拟*-r。像"安"ān <*ʔan* 这样的例子,我们把它构拟为*[ʔ]ˁa[n],方括号表示我们不确定此处应该构拟*-n 还是*-r。[72]

5.5.1.4 山东半岛及邻近地区发生的*-r > *-j 音变

斯塔罗斯金认为*-r 在正常情况下应变为中古音-*n*,而*-r 变为*-j 只局限于部分方言中,但仅就我们所知,他没有特别指出哪些方言会发生这种音变。把不规则现象归咎于方言混杂是需要谨慎的,因为这种解释可能把还没有被真正解决的问题轻易地打发掉了。但斯塔罗斯金的*-r 假设,事实上的确能够帮助我们搞清楚早期注经的经师们提到的一些方言差别。

郑玄注中的齐方言

例(1057)中见于《礼记 · 中庸》,朱熹(1130—1200)后将此篇选入《四书》,说的是武王克商而有天下(古人也以商的首都"殷"来指称商代)：

(1057) 壹戎衣而有天下。

此句的意思尚存争论。"戎衣"一词通常意为'甲胄',所以全句通常可以理解为理雅各(James Legge)所翻译的：

"He once buckled on his armor, and got possession of the kingdom."但是曾为"三礼"作注的郑玄把"衣"看作是"殷"的误字,即意为"商代",郑玄注曰：

264 (1058) 衣 [*ʔ(r)əj]讀如殷[*ʔər]、聲之誤也、齊人言殷、聲如衣郑玄的意见是认为“殷”被误读作“衣”乃是齐人方音所致。无论郑玄之说正确与否，我们至少可以信从郑玄对当时方言现象的描述，因为后来另一位东汉经师高诱也有同样的说法（见下文）。不过郑玄的意思还不是百分之百的明白，我们尚不清楚是否齐人仅在此一个字上会犯错，还是齐地方言的音系有问题。传统分部把“衣”yī < *'j+j* 归入微部，“殷”yīn < *'j+n* 归入文部。郑玄的说法，是不是指出齐方言中微文两部是不分的？

经我们改善的音系构拟令我们能更加准确地来理解郑玄的原意。以下是我们对两个字的构拟：

(1059) 衣 *ʔ(r)əj > *'j+j* > yī ‘衣服’（《广韵》中没有音节 *'ij* 和 *'j+j* 的分别，因此我们不确定这里没有 *-r-）
殷 *ʔər > *'j+n* > yīn ‘（朝代名）’

郑玄所指出的齐地方言特征说明在此区域内的口语中，上古汉语的 *-r 韵尾已经变为了 *-j。关于齐地及相邻区域内出现此类“讹误”的说法习见于诸种注疏，每一条这样的记录，都是一条可以证明在相关字中应当构拟 *-r 韵尾的独立证据。

关于“殷” *ʔər 的韵例，如《邶风·北门》(40)首章，《小雅·正月》(192)第十二章，《大雅·桑柔》(257)第四章，和以“殷”为声符的谐声系列，当然还可能有不同的解释。其他的一些相关字也许构拟为 *-ər 或 *-ən 两可。尽管 *-ər 在《诗经》中押韵明显是独成一类的，但是在某些诗当中已经反映了 *-r > *-n 的音变，因此有些字很难单独利用押韵的证据来构拟其上古形式。不过基于我们的假设，在当时山东地区的方言里发生的是 *-r 变为 *-j 的音变，而不是 *-n 变为 *-j，因此郑玄注中透露的信息清楚表明“殷”的上古韵母当为 *-ər。

高诱注中的“殷” Yīn < *ʔər

东汉经师高诱（约 205—212）在注《吕氏春秋》时也提到“殷”字的

特殊读法：

（1060）**今兖州人謂殷[*ʔər]氏皆曰衣Yī [*ʔ(r)əj]**（许维遹 2009：
265 356）。

兖州是汉代的十三州之一，其地理位置在今天山东西南部和河南东部。

如湻注中的"桓"huán <*[ɢ]ʷˤar'柱子'

《汉书·酷吏传·尹赏》中提到"桓表"（桓 huán < *hwan* < *[ɢ]ʷˤar）一词，指的是邮亭之外标识物。唐代颜师古[581—645，《切韵》编著者颜之推（531—591）之孙]《汉书注》中引了公元三世纪时学者如湻的注：

（1061）**舊亭傳於四角面百步築土四方，上有屋，屋上有柱出，高丈餘，有大板貫柱四出，名曰桓**[*hwan* <*ɦˤwar<*[ɢ]ʷˤar]**表。……陳宋之俗言桓聲如和**[hé < *hwa* < *ɦˤwaj< *[ɢ]ˤoj]，**今猶謂之和表。**

"桓"huán <*[ɢ]ʷˤar 的谐声系列可以说明此字当构拟作*-ar（见例（1032））。"和"字的上古音韵母原当作*-oj（在《郑风·萚兮》（85）首章中与"吹"*tʰo[r]> *tsyhwe* > chuī'吹（动词）'通押），到了汉代，其韵母可能已经复元音化为*-waj，而小舌浊塞音声母*ɢˤ-也可能已经擦化为类似[ɦˤ]。如湻注的要点是明确提到了陈宋间的方言把"桓"*ɦˤwar（或*ɦˤwan< *ɦˤwar）读作了"和"*ɦˤwaj。

陈、宋皆为春秋时古国，略相当于今天山东以南和以西的相邻地区。另一条反映陈地方言中*-r 变为*-j 的证据见于《诗经·陈风》，传统上认为《诗经》中这一部分的诗歌都是从陈地采风而来的：

（1062）**《陈风·东门之枌》（137）第二章**

差 *[ts^h]raj > *tsrhea* > chāi ‘差异；选择’
原 *N-ɢ^{w}ar > *ngjwon* > yuán ‘高原（名词）’（此处用作专名）
麻 *C.mˤraj > *mae* > má ‘大麻’
婆娑 *[b]ˤa[j].[s]ˤa[j] > *ba.sa* > pósuō ‘闲散自得，舞貌’ 266

我们有可靠的证据把“原”构拟为*-ar 韵，但上述其他韵字却并非如此，我们把它们构拟为*-aj：《陈风》这个韵段反映的是一个已经发生了*-ar 变作*-aj 音变的方言。

《释名》中的“癣”*[s]arʔ > *sjenX* > xuǎn ‘癣’

刘熙的《释名》约成书于公元 200 年，这是一部利用声训来释义的语源词典。声训是利用音义都相近的词汇来解释词义的方法，这种方法在许多早期文献中已见使用。许多声训是基于想象，并不反映真正的语源。但是刘熙有时会对发音进行详细的训释，因而留给我们宝贵的信息。譬如，在讨论疾病名称时，他举出一个词条：

(1063) 癬[*[s]arʔ]，徙[*[s]ajʔ]也，浸淫移徙處日廣也，故青徐謂癬如徙也（郝懿行等 1989：1101）。

相关文字的构拟为：

(1064) 癣 *[s]arʔ > *sjenX* > xuǎn ‘癣’
(1065) 徙 *[s]ajʔ > *sjeX* > xǐ ‘移开’

刘熙这个声训的意思是说，“癣”*[s]arʔ 和“徙”*[s]ajʔ 之所以音近，是因为癣症常会在皮肤上扩散如迁徙。

不过真正让我们感兴趣的是刘熙说“青”“徐”两地把“癣”*[s]arʔ 读成“徙”*[s]ajʔ，这表明在那些方言中*-r 已经变作了*-j。“青”即青州位于今山东北部，“徐”——徐州位于今山东以南一直到长江边的广大地区。

图 5.1 中的地图中标出了我们已知的韵尾 *-r 变为 *-j 的大致地理范围，它包括了山东半岛及其略向西、向南延展出去的邻近地区。

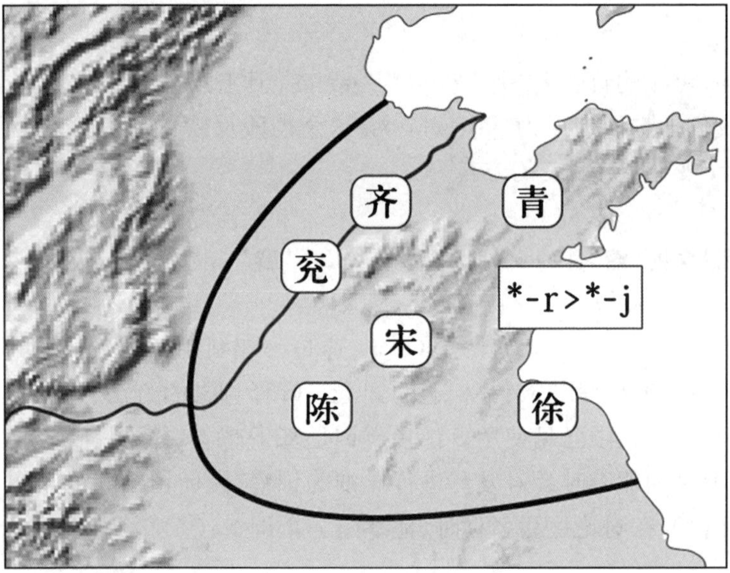

图 5.1

发生 *-*r* > *-*j* 音变的方言地理范围

最后我们还想举一个山东地名，它清晰地反映了在这一地区所发生的 *-r 变为 *-j 的音变：沂 Yí < *ngj* + *j*，"沂"既是山东境内的一座山名，也是一条河流的名字。在 § 5.5.1.1，我们已经讨论过"斤"作为声符，其韵母应当是 *-ər。因此"沂"的构拟形式应当是：

267 (1066) 沂 *[ŋ]ər > *[ŋ]əj > *ngj* + *j* > Yí '（山东的山名及河流名）'

5.5.2 带锐音韵尾的 *a

表 5.55 比较了我们构拟的 *-aj、*-at(-s)、*-an 和 *-ar 及其他诸家构拟。

表 5.55　上古音 A 型音节中带锐音韵尾的 *a 诸家构拟一览表

白-沙系统	*-aj	*-at	*-at-s	*-an	*-ar
传统韵部	⊂歌 Gē	⊂月 Yuè		⊂元 Yuán	⊂元 Yuán～⊂歌 Gē
中古音 *K-、*T(s)-	*-a* 歌	*-at* 曷	*-ajH* 泰	*-an* 寒	*-an* 寒～*-a* 歌
中古音 *P-	*-a* 戈	*-at* 末	*-ajH* 泰	*-an* 桓	*-an* 桓～*-a* 戈
中古音 *Kʷ-	*-wa* 戈	*-wat* 末	*-wajH* 泰	*-wan* 桓	*-wan* 桓～*-wa* 戈
高本汉(Karlgren 1957)	*-â	*-ât	*-âd	*-ân	(*-ân～*-âr)
董同龢(1948)	*-â	*-ât	*-âd①	*-ân	—
王力(1958)	*-a	*-ăt	*-āt	*-an	—
李方桂(Li 1971)	*-ar	*-at	*-adh	*-an	—
蒲立本(Pulleyblank 1977—1978)	*-ál	*-át	*-áts	*-án	—
斯塔罗斯金(Starostin 1989)	*-āj	*-āt	*-āts	*-ān	*-ār
白一平(Baxter 1992)	*-aj	*-at	*-ats	*-an	—
郑张尚芳(2003)	*-aal	*-aad	*-aads	*-aan	—

之前已经提到,在中古音和大多数现代汉语方言中都发生了 *-aj 脱落了[j]的创新型音变,其音变过程可能是如: *Cˤaj > *Cæ > MC *Ca*、*Caj > *Ce > MC *Cje*。不过在原始闽语和一些零星的东南方言里,*-j 得以保留。从 *-oj 而来的 *-waj 里的 *-j 韵尾也同样脱落消失了。 268

5.5.2.1　*-aj(⊂传统的歌部)

*-aj[73] 的中古音对应形式见表 5.56 的归纳:

表 5.56　*-aj 的中古对应形式一览表

上古音	中古音	注释	例字
*Kʷˤaj	*Kwa*		訛 *m-qʷʰˤaj > *ngwa* > é ‘改变;行动’
*Cˤaj	*Ca*		歌 *[k]ˤaj > *ka* > gē ‘歌唱,歌曲’ 波 *pˤaj > *pa* > bō ‘波浪(名词)’ 他 *l̥ˤaj > *tha* > tā ‘其他’

---

① 译注:此处的“-âd”,原书作“âd”。

续 表

上古音	中古音	注释	例字
*K^{wʕ}raj	*Kwae*		化 *q^{whʕ}<r>aj-s > *xwaeH* > huà ‘改变’
*P^{ʕ}raj	*Pae*～*Pea*	[1]	麻 *C.m^{ʕ}raj > *mae* > má ‘大麻’ 買 *m^{ʕ}rajʔ > *meaX* > mǎi ‘买’
*C^{ʕ}raj	*Cae*	[2]	加 *k^{ʕ}raj > *kae* > jiā ‘增加’ 差 *ts^{h}raj > *tsrhae* > chā ‘差异;选择’
*K(r)aj	*Kje*		奇 *N-k(r)aj > *gje* > qí ‘奇怪’
*P(r)aj	*Pje*	[3]	皮 *m-[p](r)aj > *bje* > pí ‘兽皮’
*K^{w}(r)aj	*Kjwe*		為 *ɢ^{w}(r)aj > *hjwe* > wéi ‘做,干’
*Taj	*Tsye*		施 *l̥aj > *sye* > shī ‘给予,施舍’
*TAj	*Tsyae*	[4]	蛇 *Cə.lAj > *zyae* > shé ‘蛇’ 也 *lAjʔ > *yaeX* > yě ‘(句末助词)’
*Tsaj	*Tsje*		徙 *[s]ajʔ > *sjeX* > xǐ ‘移开’
*TsAj	*Tsjae*	[4]	嗟 *tsAj > *tsjae* > jiē ‘叹息声;唉’
*Traj	*Trje*		馳 *[l]raj > *drje* > chí ‘奔驰’
*Tsraj	*Tsrje* > *Tsrea*①	[2]	參差 *[ts^{h} r][u]m-ts^{h}raj > *tsrhim-tsrhje* > cēncī ‘不齐貌’

表 5.56 附注:

[1] 在平声和去声中有 *P^{ʕ}raj > *Pae* 的音变,但在上声当中我们暂无可靠的例子,上声中的规则变化与平声去声略有不同: *P^{ʕ}rajʔ > *PeaX*,譬如以下的例子(下文附注[3]还有更深入的讨论):

(1067) 罷 *[b]^{ʕ}rajʔ > *beaX* > bà ‘阻止,停止’

(1068) 買 *m^{ʕ}rajʔ > *meaX* > mǎi ‘买’

例(1067)和例(1068)中文字的上部都是“网”。《说文解字》将此二字释为会意字,解释得颇为牵强(*SWGL* 3392b, 2769a)。我们怀疑“网”在这里实际用作声符,其所代表的不是{網} wǎng < *mjangX* < *maŋʔ,

① 译注: 此处的“*Tsrje* > *Tsrea*”,原书作“*Tsrje* > *Trea*”。

而是{羅} luó < *la* < *rˤaj ‘一种(带把?)的网’。因此，尽管中古音 MC -*eaX*的对应形式一般都构拟为 *Cˤreʔ，我们还是把以上这些字构拟成 *-*aj*。这一构拟因“罷” *[b]ˤrajʔ > *beaX* > bà 可作为“羆”的声符而得到了进一步的支持：

(1069) 羆 *praj > *pje* > pí ‘棕白色的熊’ 269

从《小雅·斯干》(189)第六章、第七章和《大雅·韩奕》(261)第六章的押韵可以看出“羆”的韵母当为 *-aj(与“罷”的构拟理由一致，我们把“羆”也构拟成 *praj，而不是 *paj，这两个形式都可以得到中古音对应形式-*je*，详见下文)。

[2] 我们暂无十足把握来区分 *Tsˤraj 和 *Tsraj。从一般的音变模式来看，我们会预测如下音变结果：*Tsˤraj > *Tsrae*、*Tsraj > *Tsrje* > *Tsrea*。但是我们所掌握的资料里可能存在严重的方言混杂现象，譬如“差”在《广韵》中有四个读音：*tsrhje*、*tsrhae*、*tsrhea*、*tsrheaj*。[74]

[3] 在非咽化的钝音声母(*K-、*Kʷ-、*P-)之后，*-aj 和 *-raj 具有同样的中古对应，如果没有其他证据的话，很难区分两者。但我们为“羈”构拟了 *-r-：

(1070) 羈 *kraj > *kje* > jī ‘马笼头，韁绳’

这是因为“羈”应该和例(1067)至例(1069)一样，其上部字形“网”与{羅} luó < *la* < *rˤaj 相关，与{網} wǎng < *mjangX* < *maŋʔ ‘网’无关。“羅”作为声符，其构拟形式是：

(1071) 羅 *rˤaj > *la* > luó ‘一种(带把?)的网，捕鸟网’

[4] 与 *-a 和 *-ak 的情况相似，我们发现在非咽化的锐音声母之后 *-aj 同时有-*je* 和-*jae* 两种对应形式。我们猜测其中可以掺杂某个方言的特征，我们用 *-Aj 来表示“因未知原因在中古音中对应为 MC -*jae*而不是 MC -*je* 的 *-aj”：

(1072) 哆 *[t-l̥]ajʔ > *tsyheX* > chǐ ‘大’；又读：哆 *[t-l̥]Ajʔ > *tsyhaeX* > chǐ ‘大’

(1073) 蛇 *Cə.lAj > *zyae* > shé ‘蛇’；又读 *ye*，委蛇 *q(r)oj.laj > *'jwe.ye* > wēiyí ‘顺从，殷勤’

(1074) 嗟 *tsAj > *tsjae* > jiē ‘叹息声，唉’

传统韵部分析的歌部同时包含*-aj 和*-oj，但是圆唇元音假设预断两个韵母应该是可以分开的。某些音节类型，如 MC *Ka*、*Kje*、*Ta*、*Tsye*，只可能来自*-aj。而像 *Twa* 或 *Tsywe* 这样的音节形式，只可能来自*-oj：

(1075) 拖 *l̥ˤaj > *tha* > tuō ‘曳引，拉’；原始闽语 *thɑi A
椭 *l̥ˤojʔ > *thwaX* > tuǒ ‘椭圆’

但也有一些模棱两可的中古音音节类型：

(1076) *Kwa* 可能来自 *Kʷˤaj 或 *Kˤoj
Kjwe 可能来自 *Kʷ(r)aj 或 *K(r)oj

要解决这些有问题的例子，我们仍需一一检视它们在押韵、字形和词源上的种种联系。譬如，我们确信可以为“和”hé < hwa 构拟*-oj，为
270 “過”guō < *kwa* 构拟*-aj。这两个字的构拟在押韵上的证据如下：

(1077) 和 *[ɢ]ˤoj > *hwa* > hé ‘和谐’：在《郑风 · 萚兮》(85)首章中跟
吹 *tʰo[r]> *tsyhwe* > chuī ‘吹(动词)’押韵；又在《老子》第二章中与“随”押韵：
随 *sə.loj > *zjwe* > suí ‘跟随’

(1078) 過 *kʷˤaj > *kwa* > guō ‘经过’；在《召南 · 江有汜》(22)第三章中跟
沱 *lˤaj > *da* > tuó ‘流’和

歌 *[k]ˤaj > *ka* > gē ‘歌唱，歌曲’押韵；又在《卫风·考槃》(56)第二章跟下列的字押韵：

阿 *qˤa[j] > *'a* > ē ‘斜坡，河岸’

薖 *kʷʰˤaj > *khwa* > kē ‘恢宏’

歌 *[k]ˤaj > *ka* > gē ‘歌唱，歌曲’

其余可能存在的模棱两可的归部问题可以借由词源和字形证据加以解决。在接下来的论述部分里，我们还会提供相关的例证。不过除了韵尾 *-r 的问题以外，韵母的构拟与白一平(Baxter 1992：367—564)相差不远，有关 *-aj 和 *-oj 分别的详细论证在白一平(Baxter 1992)中展开，此处不再赘述。

5.5.2.2　*-at(-s)(⊂传统的月部)

-at 的中古对应形式皆见表 5.57 的归纳，-at-s 的对应形式[75]请见表 5.58。

表 5.57　*-at 的中古对应形式一览表

上古音	中古音	注释	例字
*Kʷˤat	*Kwat*		活 *[g]ʷˤat > *hwat* > huó ‘生存’
*Cˤat	*Cat*		割 *Cə-kˤat > *kat* > gē ‘用刀截断；毁坏’ 撥 *pˤat > *pat* > bō ‘分拨’ 達 *[l]ˤat > *dat* > dá ‘到达’
*Kʷˤrat	*Kwaet*		刖 *[ŋ]ʷˤ<r>at > *ngwaet* > yuè ‘断足’
*Cˤrat	*Caet*		獭 *[m-r̥]ˤat > *tʰrat > *trhaet* > tǎ ‘水獭’ 舝 *[g]ˤrat > *haet* > xiá ‘车舝’
*Kat	*Kjot*		歇 *qʰat > *xjot* > xiē ‘停止，休息’
*Krat	*Kjet*		傑 *N-[k]<r>at > *gjet* > jié ‘特出的，英雄’
*Kʷat	*Kjwot*		月 *[ŋ]ʷat > *ngjwot* > yuè ‘月亮，月份’
*Kʷrat	*Kjwet*		[无明确例证]
*Pat	*Pjot*		發 *Cə.pat > *pjot* > fā ‘发射，发出’

续 表

上古音	中古音	注释	例字
*Prat	_Pjet_		[无明确例证]
*Tat	_Tsyet_		舌 *mə.lat > _zyet_ > shé ‘舌头’
*Trat	_Trjet_		[无明确例证]
*Tsat	_Tsjet_		泄 *s-lat > *sat > _sjet_ > xiè ‘泄漏’
*Tsrat	_Tsrjet_ > _Tsreat_	[1]	殺 *s<r>at > _srjet_ > _sreat_ > shā ‘杀死’

表 5.57 附注:

271 [1] “殺”原属 B 型音节,经历了 _Tsrj-_> _Tsr-_的音变,见 § 4.1.1。

表 5.58 OC *-at-s 的中古对应形式一览表

上古音	中古音	注释	例字
*Kʷˤat-s	_KwajH_		外 *[ŋ]ʷˤa[t]-s > _ngwajH_ > wài ‘外面’
*Cˤat-s	_CajH_		害 *N-kˤat-s > _hajH_ > hài ‘损害,伤害’
*Kʷˤrat-s	_KwaejH_		話 *[g]ʷˤrat-s > _hwaejH_ > huà ‘善言;话语’
*Cˤrat-s	_CaejH_		犗 *[k]ˤ<r>at-s > _kaejH_ > jiè ‘阉割过的牛’
*Kat-s	_KjojH_		刈 *ŋa[t]-s > _ngjojH_ > yì ‘割草,割’
*Krat-s	_KjejH_		劓 *ŋ<r>[a][t]-s > _ngjejH_ > yì ‘割鼻’
*Kʷat-s	_KjwojH_		穢 *qʷat-s >'_jwojH_ > huì ‘杂草;污垢’
*Kʷrat-s	_KjwejH_		[无明确例证]
*Pat-s	_PjojH_	[1]	廢 *pat-s > _pjojH_ > fèi ‘大’
*Prat-s	_PjejH_		[无明确例证]
*Tat-s	_TsyejH_		泄 *lat-s > _yejH_ > xiè ‘泄漏’
*Trat-s	_TrjejH_		滯 *[d]r[a][t]-s > _drjejH_ > zhì ‘阻塞’
*Tsat-s	_TsjejH_		[无明确例证]
*Tsrat-s	_TsrjejH_ > _TsreajH_	[2]	殺 *s<r>at-s > _srjejH_ > _sreajH_ > shài ‘降低’

表 5.58 附注：

[1] "廢"字所代表的{廢} fèi < *pjojH*，在早期的文献当中，常写作"灋"＝法 *[p.k]ap > *pjop* > fǎ，这说明"廢"原初应当是 *[p]ap-s，而不是 *pat-s，尽管它后来的字形写作从"發" *Cə.pat > *pjot* > fā 得声，这反映了从 *-p-s 到 *-t-s 的音变。不过表示"大"义的"廢"字，我们把它构拟为 *pat-s，因为表示此义的"廢"字见于《小雅 · 四月》(204)第四章的韵段中，《经典释文》将其音注为 *pjojH* 和 *pjot*（《经典释文》83）。

[2] "殺"的中古音：shài < *sreajH* < *srjejH* 和 shā < *sreat* < *srjet* 一样，都反映了 *Tsrj-* > *Tsr-*的音变。

在一般情况下，*-t-s 的中古对应就和 *-j-s 的中古对应合并。不过，由于 *-aj 的韵尾脱落，*-at-s 的对应形式保持与 *-aj-s 的对应形式的分立。从 *-at-s 到 *-aj-s 的音变显然应是发生在 *-aj 的韵尾 *-j 脱落之后，请参看以下的例子：

(1079) 賀 *m-kˤaj-s > *haH* > hè '祝贺'

　　　害 *N-kˤat-s > *hajH* > hài '被伤害(不及物动词)；伤害(名词)'

(1080) 餓 *ŋˤaj-s > *ngaH* > è '饥饿'

　　　艾 *C.ŋˤa[t]-s > *ngajH* > ài '艾属植物'，原始闽语 *ŋh-。

这一音变的发生，导致《切韵》韵母-*ajH*、-*aejH*、-*jejH* 和-*jojH* 只有去声，没有其他的-*jH* 型的韵母可以与它们合并。

但闽语当中的 *-aj 没有丢失韵尾，因此 *-aj 和 *-at-s 在闽语里合并为原始闽语的 *-ɑi：

(1081) 帶 *C.tˤa[t]-s > *tajH* > dài '腰带，带子'；原始闽语 *tɑi C '腰带'：福州 /tai 5 /，厦门 /tua 5 / 272

　　　籮 *C.rˤaj > *la* > luó '篮子，筐(名词)'；原始闽语 *lhɑi A '篮子'，福州 /lai 2 /，厦门 /lua 2 /。

我们构拟的*-at(-s)、*-ot(-s)和*-et(-s)在传统韵部分析中都归于月部,三者之间押韵上的区别在白一平(Baxter 1992)当中已经清楚地揭示出来了。某些中古音音节,类如 *Kat*、*Tat*、*Kjot*,只能够对应*-at(-s),但是其他音节则表现出两可的个性。例如 MC *pjot*,既可以是*pat 的对应形式,也可以是*pot 的对应形式。实际上,有一个近似最小对比对:

(1082) 發 *Cə.pat > *pjot* > fā '发射;发出'
　　　 髮 *pot > *pjot* > fà '根;头发'

本来从文字上来看,这是两个不同的声符:"發"为*Pat 一型的声符,而"犮"为*Pot 一型的声符;传世文献当中,两者一定程度上有所相混,[76] 但是押韵的证据可以清晰地展示两者的分别。"發"fā < *Cə.pat 总是只与*-at 一型的词押韵,如出现在《齐风·东方之日》(99)第二章、《桧风·匪风》(149)首章、《豳风·七月》(154)首章、《小雅·蓼莪》(202)第五章、《小雅·四月》(204)第三章、《大雅·烝民》(260)第三章和《商颂·长发》(304)第二章中。[77] 而"髮"*pot 和其他以"犮"为声符的字总是反复与*-ot 押韵:

(1083) 髮 *pot > *pjot* > fà '根;[78] 头发'(《小雅·都人士》(225)第二章中全与*-ot 相押)
　　　 拔 *bˤ<r>ot > *beat* > bá '拔出'(《老子》第五十四章中全与*-ot 相押)
　　　 拔 *bˤot-s > *bajH* > bèi '除削(如在森林里)拔除(一些树木)'(《大雅·绵》[237]第八章、《大雅·皇矣》[241]第三章中全与*-ot-s 相押)

关于区分*-et(-s)和*-at(-s)的例子,请见 § 5.5.3.2。

5.5.2.3　*-an(⊂传统的元部)

*-an[79] 的中古对应形式皆见表 5.59 的归纳。

表 5.59　*-an 的中古对应形式一览表

上古音	中古音	例字
*K^{wʕ}an	*Kwan*	官 *k^{wʕ}a[n]> *kwan* > guān '官府'
*C^{ʕ}an	*Can*	寒 *Cə.[g]^{ʕ}a[n]> *han* > hán '寒冷' 半 *p^{ʕ}an-s> *panH* > bàn '一半' 旦 *t^{ʕ}an-s> *tanH* > dàn '黎明'
*K^{wʕ}ran	*Kwaen*	倌 *k^{wʕ}ra[n]-s> *kwaenH* > guān '雇工,男仆'
*C^{ʕ}ran	*Caen*	姦 *[k]^{ʕ}ran> *kaen* > jiān '邪恶' 板 *C.p^{ʕ}ranʔ> *paenX* > bǎn '木板' 潸 *[s]^{ʕ}ra[n]> *sraen* > shān '泪流'
*Kan	*Kjon*	建 *[k]a[n]-s> *kjonH* > jiàn '建立,树立'
*Kran	*Kjen*	件 *[g]r[a][n]ʔ> *gjenX* > jiàn '件'
*K^{w}an	*Kjwon*	園 *C.ɢ^{w}a[n]> *hjwon* > yuán '园圃'
*K^{w}ran	*Kjwen*	院 *ɢ^{w}ra[n]-s> *hjwenH* > yuàn '院子四周的墙'
*Pan	*Pjon*	反 *Cə.panʔ> *pjonX* > fǎn '相反(动词)'
*Pran	*Pjen*	俛 *mr[a][n]ʔ> *mjenX* > miǎn '低头'
*Tan	*Tsyen*	羴～羶 *s.tan> *syen* > shān '羊臊气'
*Tran	*Trjen*	襢 *tra[n]ʔ> *trjenX* > zhàn '忍受'
*Tsan	*Tsjen*	濺 *[ts][a][n]-s> *tsjenH* > jiàn '水迸射'
*Tsran	*Tsrjen* > *Tsrean*	孱 *[dz]r[a][n]> *dzrjen* > *dzrean* > chán '胆怯的'

虽然我们有一些明确的例子可以证明部分 MC -*n* 来自 *-r,但是寻找 MC -*n* 来自 *-n 却常苦于缺少直接证据。因而有不少字的韵尾是我们采用 *-[n]写法的。如果一个字不出现在韵脚里,那么确定其主元音也就不那么容易,遇到这种情况时,我们把主元音写作 *[a]。不过 *-an、*-on、*-en 之间的分别已经得到押韵和谐声证据的支持,参看白一平(Baxter 1992: 370—389)。

5.5.2.4 方言所见 *-ar > *-an(⊂传统的元部)或 *-aj(⊂传统的歌部)

§5.5.1 中已经提过，一般情况下 *-ar 会同原生的 *-an 合并，但在某些方言里(看来是山东半岛及相邻地区的方言)它倒会和 *-aj 合并，因此 *-ar 的中古对应形式有时同于表 5.56 中的情况，有时却同于表
273 5.59中的情况。有关 *-ar 的一些例字请见 §5.5.1.2。

5.5.3 带锐音韵尾的 *e

有关我们所构拟的锐音韵尾之前的 *e 与此前诸家构拟系统的比较请参见表 5.60。

表 5.60 A 型音节中带锐音韵尾的 OC *e 诸家构拟一览表

白-沙系统	*-ej	*-et	*-et-s	*-en	*-er
传统韵部	⊂支 Zhī?	⊂月 Yuè		⊂元 Yuán	⊂元 Yuán～⊂支 Zhī?
中古音	*-ej* 齊	*-et* 屑	*-ejH* 霽	*-en* 先	*-en* 先～*ej* 齊
高本汉(Karlgren 1957)	—	*-iat	*-iad	*-ian	—
董同龢(1948)	—	*-iät	*-iäd	*-iän	
王力(1958)	—	*-iăt	*-iāt	*-ian	—
李方桂(Li 1971)	—	*-iat	*-iadh	*-ian	—
蒲立本(Pulleyblank 1977—1978)	—	*-^{j}át	*-^{j}áts	*-^{j}án	
斯塔罗斯金(Starostin 1989)	—	*-ēt	*-ēts	*-ēn	—
白一平(Baxter 1992)	*-ej	*-et	*-ets	*-en	—
郑张尚芳(2003)	—	*-eed	*-eeds	*-een	—

*-eT 一型音节的变化进程彼此之间大抵相似，都符合前元音假设
274 的基本预测。不过韵母 *-ej 的情况尚有不明之处。

5.5.3.1 *-ej：> *-e(⊂传统的支部)?

我们暂且把某些同时显示出 *-ij 和 *-e 特点的字构拟为 *-ej。以

下是一些相关例子：

(1084) 米 *(C).mˁ[e]jʔ > *mejX* > mǐ '去皮的谷实'以之为声符的字：

敉 *me[j]ʔ > *mjieX* > mǐ '达到'(中古音的对应形式跟 *meʔ 一样)

迷 *mˁij > *mej* > mí '迷路'(在《小雅·节南山》(191)第三章里和《大雅·板》(254)第五章里似与 *-ij 押韵)

不过{敉} mǐ < *mjieX* 还有其他不同的写法，因而相关的情况可能会更加复杂。

5.5.3.2　*-et(-s)(⊂传统的月部)

-et 的中古音对应形式皆见表 5.61 的归纳，-et-s 的中古音对应形式[80]见表 5.62。

表 5.61　*-et 的中古对应形式一览表

上古音	中古音	注释	例字
*Kʷˁet	*Kwet*		缺 *Nə-[k]ʷʰˁet > *khwet* > quē '破；欠缺'
*Kʷˁret	*Kwaet?*	[1]	[无明确例证]
*Cˁet	*Cet*		鍥 *kʰˁet > *khet* > qiè '用刀刻；镰刀一类的农具' 竊 *[tsʰ]ˁet > *tshet* > qiè '盗取'
*Cˁret	*Ceat*		八 *pˁr[e]t > *peat* > bā '八' 察 *[tsʰ]ˁret > *tsrheat* > chá '检查'
*Ket	*Tsyet*(～*Kjiet?*)	[2]	設 *ŋ̊et > *xet > *syet* > shè '设立'
*Kret	*Kjet*		闑 *ŋr[e]t > *ngjet* > niè '门橛'
*Kʷet	*Kjwiet*		威 *m̥et > *xwet > *xjwiet* > xuè '扑灭，毁坏'
*Kʷret	*Kjwet*		[无明确例证]

续　表

上古音	中古音	注释	例字
*Pet	*Pjiet*		滅 *[m]et > *mjiet* > miè ‘毁坏’
*Pret	*Pjet*		别 *N-pret > *bjet* > bié ‘被分开(不及物动词)’
*Tet	*Tsyet*		折 *N-tet > *dzyet* > shé ‘弯曲(不及物动词)’
*Tret	*Trjet*		撤 *t^{h}ret > *trhjet* > chè ‘撤除,拿走’
*Tset	*Tsjet*		褻 *s-ŋet > *set > *sjet* > xiè ‘贴身之衣’
*Tsret	*Tsrjet* > *Tsreat*		[无法与 *Ts^{ʕ}ret 清晰地区分开]

表 5.61 附注：

[1] 虽然在咽化声母之后,*r 之后的*e 一般会变为 MC *-ea-*,但是我们在下文会看到*K^{wʕ}ren 的规则对应形式是 *Kwaen*,而非 *Kwean*。我们可以预测*K^{wʕ}ret 的变化会和*K^{wʕ}ren 相仿,但是目前尚无已知的可靠例证。OC *K^{wʕ}ret-s 变为 *KwaejH*,而非 *KweajH*(表 5.62)。

[2] 設*ŋ̊et > *xet > *syet* > shè ‘设立’的构拟,请参看白一平(Baxter 2010)。“設”是动词,在添加*-s 后缀后就派生出名词“勢”*ŋ̊et-s> *xet-s > *syejH* > shì ‘形势、情势’。*Ket 发生软腭音腭化的条件
275 目前尚不清楚。

表 5.62　*-et-s 的中古对应形式一览表

上古音	中古音	注释	例字
*K^{wʕ}et-s	*KwejH*		慧 *[ɢ]^{wʕ}e[t]-s > *hwejH* > huì ‘聪明’
*K^{wʕ}ret-s	*KwaejH*	[1]	夬 *[k]^{wʕ}ret-s > *kwaejH* > guài ‘分开,决口’
*C^{ʕ}et-s	*CejH*		契 *[k^h]^{ʕ}et-s > *khejH* > qì ‘契刻文字’ 折,杕 *[d]^{ʕ}et-s > *dejH* > dì ‘孤零独立(特指树木)’[a]
*C^{ʕ}ret-s	*CeajH*		界 *k^{ʕ}r[e][t]-s > *keajH* > jiè ‘边界’

续　表

上古音	中古音	注释	例字
*Ket-s	*TsyejH*～*KjiejH*	[2]	瘈 *ke[t]-s＞*tsyejH*＞zhì‘狂(指狗)’ 藝 *ŋet-s＞*ngjiejH*＞yì‘种植,技艺,才能’ 勢 *ŋ̊et-s＞*xet-s＞*syejH*＞shì‘形势,情势’
*Kret-s	*KjejH*		[无明确例证]
*Kʷet-s	*KjwiejH*		[无明确例证]
*Kʷret-s	*KjwejH*		[无明确例证]
*Pet-s	*PjiejH*		蔽 *pe[t]-s＞*pjiejH*＞bì‘覆盖(动词)’
*Pret-s	*PjejH*		[无明确例证]
*Tet-s	*TsyejH*		噬 *[d]e[t]-s＞*dzyejH*＞shì‘咬(动词)’
*Tret-s	*TrjejH*		[无明确例证]
*Tset-s	*TsjejH*		祭 *[ts]et-s＞*tsjejH*＞jì‘祭献’
*Tsret-s	*TsrjejH*＞*TsreajH*	[3]	瘵 *[ts](ˤ)re[t]-s＞*tsreajH*＞zhài‘受伤害;痛苦’

a　我们怀疑“杕”dì <MC *dejH* 是一个相当晚起的字形。早期同谐声声符的字一般都有相同的主元音,但是{杕}的主元音肯定是前元音 *e,因为其中古音韵母是-*ejH*,而“杕”的声符“大”*lˤa[t]-s＞*dajH*＞dà‘大’的主元音只能是 *a。此外,“杕杜”dìdù＜*dejH-duX*‘单株梨树’(高本汉)一词看似双声联绵词,《诗经》当中以之为名的有两首诗[《唐风·杕杜》(119)和《小雅·杕杜》(169)];此外还有《唐风·有杕之杜》(123)。在这几首诗中,“有杕之杜”一句都被重复了两次。声符“大”*lˤa[t]-s 当带边音声母,而“杜”的声符“土”*tʰˤaʔ 则有龈音声母。因而“大”似乎无论从声或是韵两方面都配不上谐声的标准。上博简《孔子诗论》的第 18 简和第 20 简里,{杕杜}写作“折杜”(*SB* 1.30, 1.32, 1.147—149),而“折”*tet＞*tsyet*＞zhé‘弯曲、折断(及物动词)’在声音上比声符“大”更加切合“杕”*[d]ˤet-s 的上古读音,不会造成上古音系谐声的龃龉。

表 5.62 附注:

[1] 由于 *Kˤren 的中古对应是 *Kean*(见下文 § 5.5.3.3),根据类比本来会有以下的变化方向: *Kʷˤren＞“*Kwean*,” *Kʷˤret＞“*Kweat*”, *Kʷˤret-s＞“*KweajH*”。但事实上,我们看到的是: *Kʷˤren＞*Kwaen*, *Kʷˤret-s＞*KwaejH*(关于 *Kʷˤret 暂无例证)。譬如:

(1085) 夬 *[k]ʷˤret-s＞*kwaejH*＞guài‘分开,决口’

“夬”作声符的字有好几个在中古音里是*-wet* 韵母，这些字在上古都必须构拟为 *-et：

缺 *Nə-[k]ʷʰˤet > *khwet* > quē ‘破；欠缺’
决 *[k]ʷˤet > *kwet* > jué ‘打开；决定’
訣 *[k]ʷˤet > *kwet* > jué ‘临别之语’

[2] 软腭音在 *Ket-s 一类的音节中腭化的条件暂不清楚：譬如会期待“藝” *ŋet-s > yì 应当腭化为中古音的“*nyejH*”，然而现在我们看到的是 *ngjiejH*（事实上《广韵》中根本没有“*nyejH*”这样的音节形式）。但像“勢” *ŋ̊et-s > *xet-s > *syejH* > shì ‘形势、情势’这样的腭化形式也
276 确实存在。

[3] MC *TsreajH* 既可以是 *Tsˤret-s 的对应，也可以是 *Tsret-s 的对应。

中古韵母*-jiej*、*-jej*、*-jwej* 只有去声，因为这些音节都只来自上古的 *-t-s。如果确实存在 *-ej 韵的话，它可能在 *-et-s 变为 *-ej-s 之前就失落了韵尾而同 *-e 合并了（即如 *-at-s 没有和原生的 *-aj-s 合并一样）。

有一些中古音韵母毫无疑义当归于上古的 *-et(-s)。传统归为月部的字，我们必须将其构拟为 *-et(-s) 来解释四等韵母*-et*、*-wet*、*-ejH*、*-wejH* 和四等重纽韵母*-jiet*、*-jwiet*、*-jiejH*、*-jwiejH*（最后一个韵母未被实际观察到）的来源。如果不能只根据中古音判断应该构拟哪个元音，通常我们也可以通过押韵和谐声的关联构拟出 *-et。譬如，一个月部字如果与 *-it(-s) 押韵的话，它就可以被构拟成 *-et(-s)，因为这两个前元音有时允许互相通押，但是像 *i 和 *a 之间就不存在通押关系。关于单独划分出 *-et(-s) 韵母的详细论证已见于白一平（Baxter 1992：394—413）。此处可以再补充一个 *-et(-s) 的早期韵例，这个韵例未收于白一平（Baxter 1992），因为它并非来自《诗经》：

(1086)《国语·越语》

蔽 *pe[t]-s > *pjiejH* > bì ‘覆盖（动词）’
察 *[tsʰ]ˤret > *tsrheat* > chá ‘检查’

藝 *ŋet-s > *ngjiejH* > yì‘种植，技艺，才能’

5.5.3.3　*-en(⊂传统的元部)

*-en[81]的中古对应形式皆见表 5.63 的归纳： 277

表 5.63　*-en 的中古对应形式一览表

上古音	中古音	注释	例字
*Kʷˤen	*Kwen*		犬 *[k]ʷʰˤ[e][n]ʔ > *khwenX* > quǎn‘狗’
*Kʷˤren	*Kwaen*	[1]	環 *C.ɢʷˤ<r>en > *hwaen* > huán‘圆环’
*Cˤen	*Cen*		肩 *[k]ˤe[n]> *ken* > jiān‘肩膀(名词)’ 邊 *pˤe[n]> *pen* > biān‘旁边’ 前 *dzˤen～*m-dzˤen > *dzen* > qián‘前面’
*Cˤren	*Cean*		間 *kˤre[n]> *kean* > jiān‘介于两者的空间’ 辦 *[b]ˤren-s > *beanH* > bàn‘治理，处理’
*Ken	*Tsyen*～ *Kjien*		善 *[g]e[n]ʔ > *dzyenX* > shàn‘好’ 遣 *[k]ʰe[n]ʔ > *khjienX* > qiǎn‘派遣’
*Kren	*Kjen*		[无明确例证]
*Kʷen	*Kjwien*		絹 *[k]ʷen-s > *kjwienH* > juàn‘丝绸织物’
*Kʷren	*Kjwen*		圜 *ɢʷ<r>en > *hjwen* > yuán‘圆的’
*Pen	*Pjien*		鞭 *pe[n]> *pjien* > biān‘鞭子’
*Pren	*Pjen*		辨 *[b]renʔ > *bjenX* > biàn‘辨别’
*Ten	*Tsyen*		[无明确例证]
*Tren	*Trjen*		展 *trenʔ > *trjenX* > zhǎn‘伸展，展开’
*Tsen	*Tsjen*		箭 *[ts]en-s > *tsjenH* > jiàn‘箭’
*Tsren	*Tsrjen* > *Tsrean*?		[无明确例证]

表 5.63 附注：

[1] §5.5.3.2 中已提过，*Kʷˤren 变为 MC *Kwaen*，而不是如一般所预测的按照*Kˤren > *Kean* 的类比变为“*Kwean*”。

在 §5.4.3.3 中我们也提到，*-iŋ 一般均已并入*-in，因此我们也偶

尔会遇到 *-eŋ 和 *-en 合并，或者是被混淆在一起的例子，比如在《老子》第二十六章中出现的情况，在传世文本中我们看到如下的词：

(1087) 榮觀 *[N-q^{w}]reŋ *C.q^{wʕ}ar-s > *hjwaeng kwanH* > róng guàn；可释为“皇居”或“高墙和望楼”等。

此词在马王堆《老子》中作：

(1088) 環官 *C.ɢ^{wʕ}<r>en *k^{wʕ}a[n]> *hwaen kwan* > huán guān（其义未明；高明 1996：356）

无论原始文本的性质如何，我们看到 *-eŋ 和 *-en 产生了相混的现象，这可能是受到后一音节声母辅音的同化作用影响（MC *k*-< *k^{ʕ}；*C.q^{wʕ} 在汉代可能已经变为 *k^{wʕ}-）。

5.5.3.4 *-er > *-en（⊂传统的元部）或 *-ej（> *-e，⊂传统的支部？）

根据其所代表的基础方言，*-er 的中古音对应形式可以与 *-en 的对应相一致（如表 5.63），也可以与 *-ej 的对应形式一致，不过这种情况下也会大体与 *-e 的对应没有分别（如表 5.36）。斯塔罗斯金认为 *-r 韵尾在上古的前元音之后并不存在，他强调在前汉语阶段（pre-Chinese）*-er 已经变为 *-en（1989：341）。但是基于我们在其他韵母中确定 *-r 韵尾的同样标准（OC *-j 和 *-n 中古音对应形式之间的交替现象），以下的例子大概可以构拟 *-er：

(1089) 枅 *[k]^{ʕ}er > *ken*～*kej* > jiān‘柱顶的横木’
(1090) 扁 *p^{ʕ}e[r]ʔ > *penX* > biǎn‘平而且薄’

斯塔罗斯金把“扁” biǎn 同米佐语（Mizo）[旧称卢舍依语（Lushai）]的“pēr”‘平而且薄’相关联，以此假设 *-r 在上古汉语阶段已经在前元音之后变为了 *-n。但是在《尚书》中有“善諞言”一词，见于《秦誓》，这个词又见于新近公布的《孔子诗论》（*SB* 1.20，1.136），写作“善諀言”。

“諞”写作“諀”,这两个字的中古音读作：

(1091) 諞 pián < *bjien*‘巧言善辩’,又音 biàn < *bjienX*(《广韵》)；《经典释文》音注为 MC *beanX*、*phjien*、*pjienX*、*phjienH*(《经典释文》52)；所有这些读音看似都像唇塞音声母后加 *-en < *-erʔ 而来

諀 pǐ‘诽谤’,MC *phjieX*,如同来自 *p^{h}eʔ(? < *p^{h}ejʔ < *p^{h}erʔ)

因此“扁”‘平而且薄’的正确构拟形式最终应该是 *pˁerʔ。

还有另一个从“扁”的字或许可以构拟成 *-er：

(1092) 蹁躚 *bˁe[r]-sˁe[r]> *ben-sen* > piánxiān‘步履艰难(《说文解字》)’ 278

声符“䙴”qiān < *tshjen* 也许带有 *-r。[82] 最后还有一个例子：

(1093) 臡 *nˁer > *nej* > ní‘腌制的带骨的肉’

看起来其上古音像是 *e,但此字以“难”为声符,说明它原本应带有 *-r：

(1094) 難 *nˁar > *nan* > nán‘不容易’

5.5.4 带有锐音韵尾的 *o

在锐音韵尾前,*o 裂化为 *wa。从押韵材料来看,这一音变可能发生于战国晚期。在中古音材料所反映的方言材料看,从 *-oj 而来的 *-waj 丢失了韵尾 *-j。我们构拟的 *-oj 与早前各家构拟的对比见表 5.64。

表 5.64　上古 A 型音节中带锐音韵尾的 *o 诸家构拟一览表

白-沙系统		*-oj	*-ot	*-ot-s	*-on	*-or
上古韵部		⊂歌 Gē	⊂月 Yuè		⊂元 Yuán	⊂元 Yuán～⊂歌 Gē
中古音	*K- *T(s)-	*-wa* 戈	*-wat* 末	*-wajH* 泰	*-wan* 桓	*-wan* 桓～*-wa* 戈①
	*P-	*-a* 戈	*-at* 末	*-ajH* 泰	*-an* 桓	-an 桓～*a* 戈
高本汉(Karlgren 1957)		*-wâ	*-wât	*-wâd	*-wân	(*-wân～*-wâr)?
董同龢(1948)		*-wâ	*-wât	*-wâd	*-wân	—
王力(1958)		*-ua	*-uăt	*-uāt	*-uan	—
李方桂(Li 1971)		*-uar	*-uat	*-uadh	*-uan	—
蒲立本(Pulleyblank 1977—1978)		*-ʷál	*-ʷát	*-ʷáts	*-ʷán	—
斯塔罗斯金(Starostin 1989)		*-ōj	*-ōt	*-ōts	*-ōn	*-ōr
白一平(Baxter 1992)		*-oj	*-ot	*-ots	*-on	—
郑张尚芳(2003)		*-ool	*-ood	*-oods	*-oon	—

5.5.4.1　*-oj(⊂传统的歌部)

*-oj[83] 的中古对应形式皆见表 5.65 的归纳：

表 5.65　*-oj 的中古对应形式

上古音	中古音	注释	例字
*Pˤoj > *Pˤwaj	*Pa*	[1]	[无明确例证]
*Pˤroj > *Pˤrwaj	*Pae*		[无明确例证]
*Cˤoj > *Cˤwaj	*Cwa*	[2]	禾 *[ɢ]ˤoj > *hwa* > hé ‘正在生长的谷物’ 螺 *k.rˤoj > *lwa* > luó ‘螺旋形物，田螺’(原始闽语 *lhoi A) 椭 *l̥ˤojʔ > *thwaX* > tuǒ ‘椭圆’ 坐 *[dz]ˤo[j]ʔ > *dzwaX* > zuò ‘就座’
*Cˤroj > *Cˤrwaj	*Cwae*		蜗 *k.rˤoj(方言 > *kˤroj) > *kwae* > wō ‘蜗牛’ 髽 *[ts]ˤroj > *tsrwae* > zhuā ‘古代妇人的丧髻’

① 译注：此处“*-wa*”，原书作“*wa*”。

续　表

上古音	中古音	注释	例字
*K(r)oj	*Kjwe*	[3]	詭 *[k](r)ojʔ > *kjweX* > guǐ ‘不正常’
*P(r)oj	*Pje*		[无明确例证]
*Toj	*Tsywe*		吹 *tʰo[r]> *tʰoj > *tsyhwe* > chuī ‘吹’
*Troj	*Trjwe*		錘 *m-t<r>oj > *drjwe* > chuí ‘榔头’
*Tsoj	*Tsjwe*		髓 *s-lojʔ > *sojʔ > *sjweX* > suǐ ‘骨髓’
*Tsroj	*Tsrjwe*		衰 *[tsʰ]roj > *tsrhjwe* > cuī ‘递减’

279

表 5.65 附注：

[1] 通过与 *-on 和 *-ot 的类比，我们推想在唇音声母之后可以构拟一个 *-oj：*-oj 会复元音化为 *-waj，同时 *-w-在唇音声母后也会失去原有的区别性特征。于是 *Pˤoj > *Pˤwaj > *Pˤaj > *Pa*，会与原生的 *Pˤaj相合并。不过我们暂时没有为这些音节形式找到可靠的例证。

[2] 通过两个例子：螺 *k.rˤoj > *lwa* > luó、蝸 *k.rˤoj([方言]> *kˤroj)> *kwae* > wō ‘蜗牛’，我们假设这两个从同一语源分化而来的词在不同的方言中经历了不同的音变过程：一般情况下 *k.rˤ-的前置辅音会脱落而变为 MC *l*-，但在某些方言中 *k.rˤ-会与 *kˤr-合并（见 § 4.4.4.4）。

[3] 在西部地区发生 *l̥-> *x-音变的方言里，会有特殊的变化：即使上古元音原来就是一个圆唇的后元音，*l̥oj 在中古音材料里还是被处理为一个四等重纽音节：

(1095) 隓 *l̥oj > *xjwie* > huī ‘毁坏’
　　　隋 *l̥oj-s > *xjwieH* > huì ‘碎裂的祭肉’

*-oj 作为独立于 *-aj 的韵母已见于白一平（Baxter 1992：413—422）的论证。此处补充一个《诗经》之外的韵例，是白一平（Baxter 1992）未曾提到过的：

(1096)《尚書·益稷》:
元首叢脞哉,
股肱惰哉,
萬事墮哉。

韵脚字的构拟如下:

(1097) 脞 *tsʰˤojʔ > *tshwaX* > cuǒ‘琐碎’
惰 *lˤojʔ > *dwaX* > duò‘懒惰’
墮 *l̥oj > *xjwie* > huī‘损毁’

5.5.4.2 *-ot(-s)(⊂传统的月部)

-ot 的中古对应形式比如表 5.66 所示;-ot-s[84] 的对应形式别见于表 5.67。

表 5.66 *-ot 的中古对应一览表

上古音	中古音	例字
*Pˤot > *Pˤwat	*Pat*	胈 *pˤot > *pat* > bá‘人体细毛;草根’
*Pˤrot > *Pˤrwat	*Peat*	拔 *bˤ<r>ot > *beat* > bá‘拔出’
280 *Cˤot	*Cwat*	契闊 *kʰˤet-kʰˤot > *khet-khwat* > qièkuò‘勤勉的’ 脱 *mə-l̥ˤot > *thwat* > tuō‘脱落’ 撮 *[tsʰ]ˤot > *tshwat* > cuō‘用手指抓取;一撮’
*Cˤrot	*Cwaet*	錣 *tˤrot > *trwaet* > chuò‘马鞭端的针刺’
*Kot	*Kjwot*	蕨 *Cə.kot > *kjwot* > jué‘(可食用的)蕨类植物’
*Krot	*Kjwet*	[无明确例证]
*Pot	*Pjot*	髮 *pot > *pjot* > fà‘头发’
*Prot	*Pjet*	[无明确例证]
*Tot	*Tsywet*①	説 *l̥ot > *sywet* > shuō‘说,解释’

① 译注:此处“*Tsywet*”,原书作“*Tywet*”。

续　表

上古音	中古音	例字
*Trot	*Trjwet*	綴 *trot > *trjwet* > chuò ‘缝补’
*Tsot	*Tsjwet*	絶 *[dz]ot > *dzjwet* > jué ‘断绝’
*Tsrot	*Tsrjwet* > *Tsrweat*	茁 *s-[k]rot > *tsrot > *tsrjwet* > *tsrweat* > zhuó ‘抽芽’

表 5.67　*-ot-s 的中古对应一览表

上古音	中古音	注释	例字
*Pˤot-s > *Pˤwat-s	*PajH*		拔 *bˤot-s > *bajH* > bèi ‘除削(如在森林里拔除一些树木)’
*Pˤrot-s > *Pˤrwat-s	*PeajH*		拜 *C.pˤro[t]-s > *peajH* > bài ‘鞠躬;屈膝’
*Cˤot-s	*CwajH*		蜕 *l̥ˤot-s > *thwajH* > tuì ‘昆虫或爬虫等脱下的皮’ 最 *[ts]ˤot-s > *tswajH* > zuì ‘聚集;极其’
*Cˤrot-s	*CwaejH*	[1]	嘬 *[tsʰ](ˤ)ro[t]-s > *tsrhwaejH* > chuài ‘叮咬,吃’
*Kot-s	*KjwojH*		[无明确例证]
*Krot-s	*KjwejH*		撅 *k(r)[o][t]-s > *kjwejH* > guì ‘揭起(衣服)’
*Pot-s	*PjojH*		吠 *Cə.bo[t]-s > *bjojH* > fèi ‘狗叫’
*Prot-s	*PjejH*		[无明确例证]
*Tot-s	*TsywejH*		說 *l̥ot-s > *sywejH* > shuì ‘规劝’
*Trot-s	*TrjwejH*		叕 *trot-s > *trjwejH* > zhuó ‘缝线;针脚(名词?)’
*Tsot-s	*TsjwejH*		脆 *[tsʰ]o[t]-s > *tshjwejH* > cuì ‘易断易碎’
*Tsrot-s	*TsrjwejH* > *TsrweajH*	[1]	嘬 *[tsʰ](ˤ)ro[t]-s > *tsrhweajH* > chuài ‘叮咬,吃’

表 5.66、5.67 附注：

[1] 从一般音变模式来看，MC *TsrwaejH* 应该来自咽化的 *Tsˤrot-s，而 MC *TsrweajH* 来自非咽化的 *Tsrot-s。但实际上我们不认为各类韵书能够可靠地区分韵母-*waejH* 和-*weajH*。

-ot(-s)在音变上的表现符合我们构拟系统的预期。请看《老子》五十四章中的一个-ot(-s)韵段，这个例子在白一平(Baxter 1992)当中未曾讨论过：

(1098)《老子》五十四章：

拔 *bˁ<r>ot > *beat* > bá ‘拔出’
脱 *mə-l̥ˁot > *thwat* > tuō ‘脱落’
輟 *trot > *trjwet* > chuò ‘中止，停止’

5.5.4.3 *-on(⊂传统的元部)

281 *-on[85]的中古对应形式皆见表5.68的归纳：

表5.68 *-on的中古对应形式

上古音	中古音	注释	例字
*Pˁon > *Pˁwan	*Pan*		滿 *mˁ[o][n]ʔ > *manX* > mǎn ‘充满’
*Pˁron > *Pˁrwan	*Paen*		蠻 *mˁro[n] > *maen* > mán ‘(我国古代)南方的民族’
*Cˁon	*Cwan*		筦，管 *[k]ˁo[n]ʔ > *kwanX* > guǎn ‘笛’ 斷 *N-tˁo[n]ʔ > *dwanX* > duàn ‘被切成两段’ 竄 *[tsʰ]ˁo[n]-s > *tshwanH* > cuàn ‘隐藏；逃避’
*Cˁron	*Cwaen*		患 *[g]ˁro[n]-s > *hwaenH* > huàn ‘祸患，危难’
*Kon	*Kjwon*		壎 *qʰo[n] > *xjwon* > xūn ‘陶制乐器’
*Kron	*Kjwen*		卷 *[k](r)o[n]ʔ > *kjwenX* > juǎn ‘卷(动词)’[a]
*Pon > *Pwan	*Pjon*		飯 *bo[n]ʔ-s > *bjonH* > fàn ‘煮熟的谷类食物’
*Pron	*Pjen*		變 *pro[n]-s > *pjenH* > biàn ‘变化’
*Ton	*Tsywen*		專 *ton > *tsywen* > zhuān ‘专一的’

续　表

上古音	中古音	注释	例字
*Tron	*Trjwen*		傳 *m-tron > *drjwen* > chuán ‘传授’；又 *N-tron-s > *drjwenH* > zhuàn ‘已传的记载’
*Tson	*Tsjwen*		全 *[dz]o[n] > *dzjwen* > quán ‘完整(形容词)’
*Tsron	*Tsrjwen* > *Tsrwaen*	[1]	孿 *[s.r]on-s > *srwenH* > *srwaenH* > luán ‘孪生子’

a　不过“卷”juǎn <*kjwenX* 也可能来自 *-orʔ，这就可以解释邵武方言的例子/kuai 3/‘卷起来’。

表 5.68 附注：

[1]“孿”‘孪生子’的读音 *srwaenH* 可能源于 *Tsrj-* > *Tsr-*的音变：“孿”*[s.r]on-s > *srjwenH* > *srwaenH*（普通话“luán”可能是基于同声符字的影响，比如鑾 *[m]ə.rˁon > *lwan* > luán ‘马饰上的铃’）。

§5.2.2 中已提过，把 *-on 当成一个独立的韵部的构拟有助于解决出现在《齐风·猗嗟》(106)第三章中的一个文本问题(见表5.19)。

5.5.4.4　方言所见的 *-or > *-on(⊂传统的元部)或 *-oj(⊂传统的歌部)

根据方言的不同，*-or 的中古音对应形式在有些方言里会同于 *-on(表 5.68)，而在另一些方言里会同于 *-oj(表 5.65)。因此但凡一个字兼有 *-n 和 *-j 两类对应的，或者以这类字为声符的同一谐声系列，我们一律构拟为 *-or。例如：

(1099) 果 *[k]ˁo[r]ʔ > *kˁwarʔ > *kˁwajʔ > *kwaX* > guǒ ‘水果；结果’

祼 *[k]ˁor(ʔ)-s > *kˁwar-s > *kˁwan-s > *kwanH* > guàn ‘祭祀时倒出祭酒’

輠 *[g]ˁorʔ > *gˁwarʔ > *gˁwanʔ > *hwanX* > huàn ‘转(指车轮)’；又音

輠 *[g]ˁ<r>orʔ > *gˁrwarʔ > *gˁrwajʔ > *hwaeX* > huà ‘转(指车轮)’

踝 *m-kˤ<r>o[r]ʔ > *gˤrwarʔ > *gˤrwajʔ > *hwaeX* > huái①
282 ‘脚脖子’

(1100) 卵 *k.rˤorʔ > *k.rˤwarʔ > *rˤwanʔ > *lwan* ‘蛋’；又音：
卵 *k.rˤorʔ > *k.rˤwarʔ > *rˤwajʔ > *lwaX* > luǒ ‘蛋’；参原始闽语 *lhon B；但建瓯 /lua 3/ ‘蛋’，来源不明（北京大学 2003：264）。

(1101) 算 *[s]ˤorʔ-s > *sˤwarʔ-s > *sˤwanʔ-s > *swanH* > suàn ‘计数，计数的竹签’；参日语 *soroban* ‘算盘’

(1102) 端 *tˤor > *tˤwar > *tˤwan > *twan* > duān ‘尖端（名词）’
輲 *[d]or > *dwar > *dwan > *dzywen* > chuán ‘有实心轮子的车子’
瑞 *[d]or-s > *dwar-s > *dwaj-s > *dzyweH* > ruì ‘玉板’
喘 *[tʰ]orʔ > *tʰwarʔ > *tʰwanʔ > *tsyhwenX* > chuǎn ‘气喘’

(1103) 短 *tˤorʔ > *tˤwarʔ > *tˤwanʔ > *twanX* > duǎn ‘不长’；参原始闽语 *toi B ‘不长’：福州 /tøi 3/，厦门 /te 3/。

在浙江南部的处衢方言中（曹志耘等 2000，秋谷裕幸 2003），*-r 一般会变为-*n*，但 OC *-or 在原始处衢中的对应为 *-oi 的已经发现了三例，包括已讨论过的例“短”这个字，参见表 5.69。

表 5.69 处衢方言中于 *-oi 一类相同的 *-or 的对应形式

		原始处衢（秋谷裕幸 2003）
酸	*[s]ˤor > *swan* > suān ‘酸味’	*soi 1
短	*tˤorʔ > *twanX* > duǎn ‘不长’	*toi 1
鑽	*[ts]ˤor > *tswan* > zuān ‘打洞，钻研’	*tsoi 1

5.5.5 带锐音韵尾的 *ə

只有带锐音韵尾 *ə 的诸韵才在中古音当中同时有一等韵母和四

① 译注：此处的“huái”，原书作“huà”。

等韵母的对应形式，这是 *ə 处于锐音声母和锐音韵尾之间时的规则前化音变造成的。

(1104) 恩 *ʔˤə[n] > *ʔon* > ēn ‘仁慈，善意的行为’
　　　荐 *N-tsˤə[n]-s > *dzenH* > jiàn ‘草，草本植物’

不过，这些韵部在方言中的变化可能会各有不同，我们发现了一个例子（“吞”）显示在锐音声母后发生了 *ən > MC *-on* 的音变，而且还有其他一些例子显示 OC *-ən 或 *-ər 的对应形式会发生 *-ən > *-won* 的音变（具体讨论见 § 5.5.1.1）：

(1105) 吞 *l̥ˤən > *thon* > tūn ‘吞咽’，原始闽语 *thun A（普通话中又读 tūn，这个读音一般都是来自 MC *thwon*）。

“吞” thon 是《广韵》里唯一一个在锐音声母之后读 *-on* 的字，这一反常或许与该词的拟声特质有关。《广韵》也收录了“吞”作姓氏时的又音 *then*（译注：他前切），其所反映的是从上古 *l̥ˤən 而来的规则音变的结果。

(1106) 薦 *Cə.tsˤə[r]-s > *tsenH* > jiàn ‘草，饲料’；原始闽语 *-tsun C ‘稻草床垫’，[86] 可能与“荐”从同一词根而来：
　　　荐 *N-tsˤə[n]-s > *dzenH* > jiàn ‘草，草本植物’ 283
(1107) 存 *[dz]ˤə[n] > *dzwon* > cún ‘存在’，可能的同根词：
　　　在 *[dz]ˤəʔ > *dzojX* > zài ‘在（介词），在（动词）’

“存” *dzwon* 之类的 MC *-won* 韵母一般都是 *-un 或 *-ur 的对应形式，而证明其主元音为 *ə 的进一步证据来自《郑风 · 出其东门》首章的韵例：

(1108)《郑风 · 出其东门》(93) 首章韵例：

門 *mˤə[r] > *mwon* > mén ‘门，户’
雲 *[ɢ]ʷə[n] > *hjun* > yún ‘天上的云’
雲 *[ɢ]ʷə[n] > *hjun* > yún ‘天上的云’
存 *[dz]ˤə[n] > *dzwon* > cún ‘存在’
巾 *krən > *kin* > jīn ‘方巾’
員 *[ɢ]ʷə[n] > *hjun* > yún ‘（助词）’

我们所构拟的带锐音韵尾的 *ə 与之前各家构拟的比较请见表 5.70 的归纳。

表 5.70　A 型音节中带锐音韵尾的 OC *ə 诸家构拟一览表

白-沙系统		*-əj	*-ət	*-ət-s	*-ən	*-ər
传统韵部		⊂微 Wēi	⊂物 Wù		⊂文 Wén	⊂文 Wén～⊂微 Wēi
中古音	*K-	*-oj* 咍	*-ot* 没	*-ojH* 代	*-on* 痕	*-on* 痕～*-oj* 咍
	*P- *Kʷ-	*-woj* 灰	*-wot* 没	*-wojH* 隊	*-won* 魂	*-won* 魂～*-woj* 灰
	*T(s)-	*-ej* 齊	*-et* 屑	*-ejH* 霽	*-en* 先	*-en* 先～*-ej* 齊
高本汉(Karlgren 1957)	*K *P- *Kʷ-	*-ər	*-ət	*-əd	*-ən	—
	*T(s)-	*-iər	*-iət	*-iəd	*-iən	—
董同龢(1948)	*K *P- *Kʷ-	*-ə̂d	*-ə̂t	*-ə̂d	*-ə̂n	
	*T(s)-	*-iəd	*-iət	*-iəd	*-iən	
王力(1958)	*K *P- *Kʷ-	*-əi	*-ə̆t	*-ə̄t	*-ən	—
	*T(s)-	*-iəi	*-iə̆t	*-iə̄t	*-iən	—
李方桂(Li 1971)	*K- *P *Kʷ	*-əd	*-ət	*-ədh①	*-ən	—
	*T(s)-	*-iəd	*-iət	*-iədh②	*-iən	—

① 译注：此处的“*-ədh”，原书作“*-əd(h)”。
② 译注：此处“-iədh”，原书作“*-iəd(h)”。

续　表

蒲立本(Pulleyblank 1977—1978)	*K- *P- *Kʷ	*-ə́l	*-ə́t	*-ə́ls	*-ə́n	—①
	*T(s)-	*-ʲə́l	*-ʲə́t	*-ʲə́ts	*-ʲə́n	—②
斯塔罗斯金(Starostin 1989)		*-ə̄j	*-ə̄t	*-ə̄ts	*-ə̄n	*-ə̄r
白一平(Baxter 1992)		*-ɨj	*-ɨt	*-ɨts③	*-ɨn	—
郑张尚芳(2003)		*-ɯɯl	*-ɯɯd	*-ɯɯds	*-ɯɯn	—

5.5.5.1　*-əj(⊂传统的微部)

*-əj[87]的中古对应形式皆见表 5.71 和 5.72 的归纳。为方便起见，我们把钝音声母和锐音声母分置于两表。

表 5.71　钝音声母后*-əj 的中古对应一览表

上古音	中古音	例字
*Kˤəj	*Koj*	哀 *ʔˤəj > *'oj* > āi '怜悯;悲哀'
*Kˤrəj	*Keaj*	喈 *kˤrəj > *keaj* > jiē '寒冷'
*Kʷˤəj	*Kwoj*	回 *[ɢ]ʷˤəj > *hwoj* > huí '回转'
*Kʷˤrəj	*Kweaj*	乖 *kʷˤrəj > *kweaj* > guāi '背离;混乱'
*Pˤəj	*Pwoj*	枚 *mˤəj > *mwoj* > méi '树干,树枝'
*Pˤrəj	*Peaj*	排 *[b]ˤrəj > *beaj* > pái '推'
*Kəj	*Kj+j*	衣 *ʔ(r)əj > *'j+j* > yī '衣服'
*Krəj	*Kij*	机 *krəjʔ > *kijX* > jī '小桌子,凳子'
*Kʷəj	*Kjw+j*	歸 *[k]ʷəj > *kjw+j* > guī '返回'
*Kʷrəj	*Kwij*	[无明确例证]
*Pəj	*Pj+j*	非 *pəj > *pj+j* > fēi '不是'
*Prəj	*Pij*	悲 *prəj > *pij* > bēi '悲伤'

① 译注:"蒲立本(Pulleyblank 1977—1978)"此两行,据勘误表改。
② 译注:同上。
③ 译注:此处"*-ɨts",原书作"*-ɨt-s"。

表 5.72　锐音声母后 *-əj 的中古对应一览表

上古音	中古音	例字
*Tˤəj	_Tej_	弟 *lˤəjʔ > _dejX_ > dì ‘弟弟’
*Tˤrəj	_Treaj_	[无明确例证]
*Tsˤəj	_Tsej_	隮 *[ts]ˤəj > _tsej_ > jī ‘登’ 妻 *[tsʰ]ˤəj > _tshej_ > qī ‘配偶，妻子’
*Tsˤrəj	_Tsreaj_	齋 *tsˤr[ə]j > _tsreaj_ > zhāi ‘洗心涤虑’
*Təj	_Tsyij_	夷 *ləj > _yij_ > yí ‘平的，平静’ 尸 *l̥əj > _syij_ > shī ‘尸体’
*Trəj	_Trij_	遲 *l<r>ə[j] > _drij_ > chí ‘慢’
*Tsəj	_Tsij_	私 *[s]əj > _sij_ > sī ‘私人的’
*Tsrəj	_Tsrij_	[无明确例证]

主流传统分部的一个严重问题——同时这也是先前多家构拟系统中存在的问题——在于表 5.72 中所列的音节都一致归于传统的脂部(对应我们构拟的 *-ij)，但是通过检视《诗经》韵脚就能够清楚揭示，其实这些音节中部分当属微部。用一个例子来加以说明：“遲” *l<r>ə[j]>_drij_ > chí ‘慢’，在《王力古汉语字典》(2000)中此字归于脂部。在《诗经》，“遲”共出现于八个韵段中[《邶风 · 谷风》(35)第二章、《陈风 · 衡门》(138)首章、《豳风 · 七月》(154)第二章、《小雅 · 四牡》(162)首章、《小雅 · 采薇》(167)第六章、《小雅 · 出车》(168)第六
284 章、《小雅 · 楚茨》(209)第五章、《鲁颂 · 閟宫》(300)首章]。这些韵段中(除了一个例外)都至少包含一些《王力古汉语词典》归作微部的字，在半数这些韵段中(《谷风》《七月》《四牡》《閟宫》)除了“遲”以外，其余的韵脚字都是微部字。唯一的例外是《衡门》首章当中“遲”与《王力古汉语词典》认为脂部字的“飢”‘饥饿’押韵。但是把“飢”‘饥饿’字归入脂部也是错误的：“飢”‘饥饿’字明显与“饑”‘饥荒’是紧密相连的，而“饑”的归部各家无一例外地都归于微部：

(1109) 饑 *kə[j]> _kj+j_ > jī ‘饥荒’

　　　飢 *Cə.k <r>ə[j]> *kij* > jī ‘饥饿’

只要把“遲”和“飢”恰当地构拟成 *-əj(或更加可靠地写作 *-ə[j][88]),那么所有八个含有“遲”字的韵段就全无例外了。

以下的两个字我们认为也不应该是 *-ij,而必须构拟成 *-əj:

(1110) 尸 *l̥əj > *syij* > shī ‘尸体’

　　　夷 *ləj > *yij* > yí ‘平的;平静’;又‘外族人’

押韵材料已清楚表明“夷”当归于 *-əj[89],而且早期文字是用“尸”的字形来代表“夷”:甲骨文中{夷}意为‘外族人’(或许是某个特定外族的名称),其字形有如下几种形体(季旭昇 2010:695): 285

(1111) 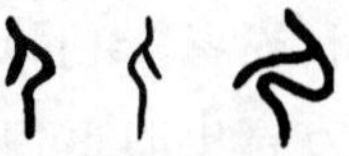

这些字形所像看来是侧面屈膝人形。在甲骨文中,这个字形与“人”‘人’字极难分辨开来(季旭昇 2010:651):[90]

(1112) 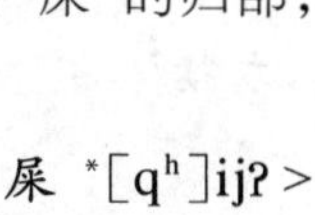

高本汉认为“尸”是“屎”‘粪便’的声符(*GSR* 561),而“屎”字一般归为脂部(*-ij;对“屎”的归部,我们表示同意):

(1113) 屎 *[q^h]ijʔ > *xijʔ > *syijX* > shǐ ‘粪便’;又音 *xjij*<*[q^h]ij (腭化不规则地失效)‘呻吟’

白一平(Baxter 1992:787)根据高本汉的说法也把“屎”和“尸”都构拟为 *-ij。

但是“屎”‘粪便’的早期字形明显是一个象形字，因此声符在这里根本无从谈起(《古文字诂林》1：551)——尤其是此字的字形分析可与“尿”并举齐观(季旭昇 2010：705)：

(1114)  (屎 *[qʰ]ijʔ > *syijX* > shǐ ‘粪便’)

(1115)  (尿 *kə.nˁewk-s > *newH* > niào ‘尿’)

根据这些早期文献上的材料，我们现在应该把“尸”的构拟改正为 *l̥əj，以此来解释在早期文字中它可以代表{夷} yí < *yij* < *ləj ‘外族人’的现象。[91]

《诗经》当中的确存在 *-i[j]和 *-ə[j]的不规则混押，但是目前表5.72中的字(除了“齋” *tsˁr[ə]j > *tsreaj* > zhāi ‘洗心涤虑’以外，它未被用作韵脚字)都可以被放心地构拟为 *-əj(或者 *-ə[j])。正确划分 *-əj 和 *-ij 这两个韵部对于古代文献研究、方言史的重构以及汉语和亲属语言间的比较至关重要。[92]

5.5.5.2 *-ət(-s)(⊂传统的物部)

钝音声母之后 *-ət[93] 的中古对应形式皆见表 5.73 的归纳。*-ət-s 的
286 中古对应同于 *-əj-s，如表 5.71 和表 5.72 所示，但仅有去声。锐音声母后带 *-ət(-s)的例子很难找见，因而我们未列另表。仅有的相对可靠的例子如下：

(1116) 饕餮 *[tʰ]ˁaw-tʰˁət > *thaw-thet* > tāotiè ‘贪食者’
札 *s-qˁrət > *tsreat* > zhá ‘木简，木牍’

表 5.73 钝音声母后 *-ət 的中古对应形式一览表

上古音	中古音	例字
*Kˁət	*Kot*	齕 *m-[q]ˁət > *hot* > hé ‘咬(动词)’
*Kˁrət	*Keat*	軋 *qˁrət > *'eat* > yà ‘碾碎’

续　表

上古音	中古音	例字
*K^{wˤ}ət	*Kwot*	［无明确例证］
*K^{wˤ}rət	*Kweat*	［无明确例证］
*P^{ˤ}ət	*Pwot*	［无明确例证］
*P^{ˤ}rət	*Peat*	［无明确例证］
*Kət	*Kj+t*	乞 *C.q^{h}ət > *khj+t* > qǐ ‘乞求，请求’
*Krət	*Kit*	乙 *qrət >*'it* > yǐ ‘天干第二位’
*K^{w}ət	*Kjut*	［无明确例证］
*K^{w}rət	*Kwit*	汩 *[ɢ^w]rət > *hwit* > yù ‘水流；疾行’
*Pət	*Pjut*	茀 *p[ə]t > *pjut* > fú ‘把稠密的草除去’
*Prət	*Pit*	［无明确例证］

我们根据与 *-ət 类字在字形和词源上的关联来构拟 *-ət-s。有不少谐声偏旁只用于去声字中，这些字的对应形式也同 *-ət-s 相一致。我们为符合这些情况的例子构拟了 *-ət-s，而不是 *-əj-s，这样便于解释这些谐声偏旁何以不会用于平声字和上声字。有一些字看似来自 *-ət-s，但实际却是从更早的 *əp-s 变化而来，这些字见下文 § 5.7 的讨论。

(1117) 乞 *C.q^{h}ət > *khj+t* > qǐ ‘乞求，请求’

　　　　訖 *q^{h}ə[t]-s > *xj+jH* > qì ‘终止，休止’

(1118) 未 *m[ə]t-s > *mj+jH* > wèi ‘还没有’；‘地支第八位’。借入克木语 Khmu 作 /mòt/（Damrong & Lindell 1994：104）

　　　　妹 *C. m^{ˤ}ə[t]-s > *mwojH* > mèi ‘妹妹’；原始闽语 *mhye C.

(1119) 胃 *[ɢ]^{w}ə[t]-s > *hjw+jH* > wèi ‘胃脏’

　　　　謂 *[ɢ]^{w}ə[t]-s > *hjw+jH* > wèi ‘说；告诉，称作’

5.5.5.3 *-ən(⊂传统的文部)

钝音声母后的*-ən[94]其中古对应形式皆见表5.74的归纳，锐音声母之后的对应形式另见表5.75。同其他带中古音-*n*韵尾的韵一样，虽然我们有时有材料可以证明这个-*n*来自早期的*-r，但反之要证明这个-*n*不是来自*r却很不容易，因此我们时常把构拟形式写作*-ə[n]。

表 5.74 钝音声母后*-ən 的中古对应形式一览表

上古音	中古音	例字
*Kˤən	*Kon*	根 *[k]ˤə[n]> *kon* > gēn ‘植物根，植物茎干’
*Kˤrən	*Kean*	限 *[g]ˤrə[n]ʔ> *heanX* > xiàn ‘阻隔，界限’
*Kʷˤən	*Kwon*	魂 *[m.]qʷˤə[n]> *hwon* > hún ‘灵魂’
*Kʷˤrən	*Kwean*	鰥 *[k]ʷˤrə[n]> *kwean* > guān ‘鳏夫’
*Pˤən	*Pwon*	門 *mˤə[r]>*mˤən> *mwon* > mén ‘门，户’
*Pˤrən	*Pean*	[无明确例证]
*Kən	*Kj+n*	筋 *C.[k]ə[n]> *kj+n* > jīn ‘腱’
*Krən	*Kin*	銀 *ŋrə[n]> *ngin* > yín ‘银’
*Kʷən	*Kjun*	雲 *[ɢ]ʷə[n]> *hjun* > yún ‘天上的云’
*Kʷrən	*Kwin*	隕 *[ɢ]ʷrə[n]ʔ> *hwinX* > yǔn ‘坠落’
*Pən	*Pjun*	分 *pə[n]> *pjun* > fēn ‘划分’
*Prən	*Pin*	貧 *[b]rə[n]> *bin* > pín ‘贫穷’

表 5.75 锐音声母后*-ən 的中古对应形式一览表

上古音	中古音	例字
*Tˤən	*Ten*	殄 *[d]ˤə[n]ʔ> *denX* > tiǎn ‘停止；消除’
*Tˤrən	*Trean*	[无明确例证]
*Tsˤən	*Tsen*	荐 *N-tsˤə[n]-s> *dzenH* > jiàn ‘草，草本植物’ 存 *[dz]ˤə[n]> *dzwon* > cún ‘存在’(不规则韵母形式)

续　表

上古音	中古音	例字
*Tsˤrən	*Tsrean*	[无明确例证]
*Tən	*Tsyin*	刃 *nə[n]-s > *nyinH* > rèn ‘刀口’
*Trən	*Trin*	塵 *[d]rə[n] > *drin* > chén ‘尘土’
*Tsən	*Tsin*	[无明确例证]
*Tsrən	*Tsrin*	[无明确例证]

与前文中 *-əj 的情形不同，传统韵部分析中所见的文部各类音节与表 5.75 中所列出的音节基本相同。不过一个基本的分歧是，287 传统韵部分析把 *-ən 和 *-un 全都置于一个单一的文部当中，但实际上，*-ən 和 *-un 在押韵上的区别是非常显著的：唯一一处相混的地方见于《大雅・凫鹥》(248)第五章(Baxter 1992：425—431)。

5.5.5.4　方言所见的 *-ər > *-ən(⊂传统的文部)或 > *-əj(⊂传统的微部)

与其他主元音的 *-r 一样，我们也把兼有 *-ən 和 *-əj 两类中古音对应形式的谐声系统构拟成 *-ər。详细的讨论和解释见 § 5.5.1.1。

5.5.6　带锐音韵尾的 *i

我们所构拟的 *-ij、*-it(-s)、*-in、*-ir 与早前其他诸家构拟的比较皆见表 5.76。

表 5.76　A 型音节中带锐音韵尾的 OC *i 诸家构拟一览表

白-沙系统	*-ij	*-it	*-it-s	*-in	*-ir
传统韵部	⊂脂 Zhī	⊂質 Zhì		⊂真 Zhēn	⊂真 Zhēn～⊂脂 Zhī
中古音	*-ej* 齊	*-et* 屑	*-ejH* 霽	*-en* 先	*-en* 先～*ej* 齊

续　表

高本汉(Karlgren 1957)	*-iər	*-iet	*-ied	*-ien	—
董同龢(1948)	*-ied	*-iet	*-ied	*-ien	—
王力(1958)	*-ei	*-ĕt	*-ēt	*-en	—
李方桂(Li 1971)	*-id	*-it	*-idh	*-in	—
蒲立本(Pulleyblank 1977—1978)	*-ə́j	*-ə́c	*-ə́cs	*-ə́ɲ	—
斯塔罗斯金(Starostin 1989)	*-īj	*-īt	*-īts	*-īn	—
白一平(Baxter 1992)	*-ij	*-it	*-its	*-in	—
郑张尚芳(2003)	*-iil①	*-iid	*-iids	*-iin	—

这些韵部大部分都没有争议,除以下两个问题:(1)我们把传统上归为質部和真部②的一部分字,分别从原来的*-it、*-in形式改拟为
288 *-ik、*-iŋ;(2)我们猜测同时还存在着*-ir,它的对应形式里有时会与*-in相一致,有时会与*-ij一致。§5.4.4中已讨论过第一个问题,第二个问题将在§5.5.6.4中再行讨论。

5.5.6.1　*-ij(⊂传统的脂部)

*-ij[95]的中古对应形式皆见表5.77的归纳。

表5.77　*-ij的中古对应形式一览表

上古音	中古音	注释	例字
*K^{wˤ}ij	*Kwej*		睽 *k^{whˤ}ij > *khwej* > kuí ‘乖离,不平常’
*K^{wˤ}rij	*Kweaj*		淮 *[ɢ]^{wˤ}rij > *hweaj* > huái ‘(水名)’
*C^{ˤ}ij	*Cej*		稽 *[k^{h}]^{ˤ}ijʔ > *khejX* > qǐ ‘稽首’ 禮 *[r]^{ˤ}ijʔ > *lejX* > lǐ ‘行为规范,礼节’ 韲 *[ts]^{ˤ}ij > *tsej* > jī ‘腌制’
*C^{ˤ}rij	*Ceaj*	[1]	階 *k^{ˤ}rij > *keaj* > jiē ‘台阶,楼梯’

---

① 译注:此处“*-iil”,原书作“*-ii”。
② 译注:此处“質部和真部”,原书作“真部”。

续　表

上古音	中古音	注释	例字
*Kij	*Tsyij*～*Kjij*	[2]	旨 *kijʔ > *tsyijX* > zhǐ ‘美味的’ 伊 *ʔij > *'jij* > yī ‘此’
*Krij	*Kij*		耆 *[g]rij > *gij* > qí ‘年老’
*K^{w}ij	*Kjwij*		癸 *k^{w}ijʔ > *kjwijX* > guǐ ‘天干末位’ 維 *ɢ^{w}ij > *ywij* > wéi ‘系物的大绳’
*K^{w}rij	*Kwij*		帷 *ɢ^{w}rij > *hwij* > wéi ‘幕帐’ 戣 *[g]^{w}rij > *gwij* > kuí ‘一种矛’
*Pij	*Pjij*		比 *C.pijʔ > *pjijX* > bǐ ‘比较’
*Prij	*Pij*		麋 *mr[i]j > *mij* > mí ‘麋鹿’
*Tij	*Tsyij*		砥 *tijʔ > *tsyijX* > zhǐ ‘磨刀石’
*Trij	*Trij*		坻 *[d]rij > *drij* > chí ‘水中高地’
*Tsij	*Tsij*		死 *sijʔ > *sijX* > sǐ ‘死亡(动词)’
*Tsrij	*Tsrij*		師 *srij > *srij* > shī ‘军队’

表 5.77 附注：

[1] 从押韵来看，“皆”jiē < *keaj* ‘都’、“偕”xié < *keaj* ‘同’、“階”jiē < *keaj* ‘台阶，楼梯’均属 *-ij，而“喈”jiē < *keaj* 和“湝”jiē < *heaj*（均意为“寒冷”）却为 *-əj。这可能是因为“喈”和“湝”都是后起字，《古文字诂林》中给出的字形例子没有一个早于《说文》(《古文字诂林》2.84，2.142)，而在其造字之时谐声的标准已不再那么严格。 289

[2] 如没有介音 *-r- 的抑阻作用，在 *-ij 之前的软腭音会发生腭化。带 *-r- 的音节其中古音对应形式为重纽三等韵 *-ij*（软腭音腭化的讨论见 § 4.1.2）。*-r- 存在与否决定了在中古音里的对应是重纽三等韵 *-ij*（如“耆” *[g]rij > *gij* > qí ‘年老’），还是重纽四等韵 *-jij*（如“比” *C.pijʔ > *pjijX* > bǐ ‘比较’）。

5.5.6.2　*-it(-s)(⊂传统的質部)

-it 的中古音对应形式见表 5.78 的归纳。-it-s[96] 的对应和 *-ij-s 相同，见表 5.77，但只有去声。

表 5.78　*-it 的中古对应形式一览表

上古音	中古音	注释	例字
*Kʷˤit	*Kwet*		穴 *[ɢ]ʷˤi[t] > *hwet* > xué ‘山洞,洞穴’
*Kʷˤrit	*Kweat*		[无明确例证]
*Cˤit	*Cet*		結 *kˤi[t] > *ket* > jié ‘打结(动词)’ 苾 *[b]ˤi[t] > *bet* > bì ‘芳香’ 切 *[tsʰ]ˤi[t] > *tshet* > qiè ‘切割;急切’
*Cˤrit	*Ceat*		黠 *[g]ˤri[t] > *heat* > xiá ‘狡猾’
*Kit	*Tsyit?* ～ *Kjit*	[1]	一 *ʔi[t] > *'jit* > yī ‘一’ 吉 *C.qi[t] > *kjit* > jí ‘吉利’
*Krit	*Kit*		佶 *[g]ri[t] > *git* > jí ‘(马)健壮’
*Kʷit	*Kjwit*		繘 *C.qʷi[t] > *kjwit* > jú ‘井上汲水的绳子’
*Kʷrit	*Kwit*		[无明确例证]
*Pit	*Pjit*	[2]	必 *pi[t] > *pjit* > bì ‘必定’ 蜜 *mit > *mjit* > mì ‘蜂蜜’
*Prit	*Pit*		密 *mri[t] > *mit* > mì ‘稠密’
*Tit	*Tsyit*		質 *t-lit > *tsyit* > zhì ‘本体,坚实部分’ 實 *mə.li[t] > *zyit* > shí ‘果实;充满’
*Trit	*Trit*		窒 *[t]ri[t] > *trit* > zhì ‘填塞(动词)’
*Tsit	*Tsit*		疾 *[dz]i[t] > *dzit* > jí ‘疾病’
*Tsrit	*Tsrit*		蟋蟀 *srit-srut > *srit-srwit* > xīshuài ‘蟋蟀’

表 5.78 附注：

[1] 我们认为理论上应该存在*Kit > *Tsyit* 的可能性,但是手头暂无例证。我们也无法解释为何“吉”*C.qi[t]> *kjit* > jí ‘吉祥’的声母在早期没有发生腭化(这很可能与“吉”的软腭音声母 *k*-是由带前缀的小舌音声母*C.q-变化而来有关)。

[2] 请注意在这个韵部中有重纽三四等的对立：

蜜 *mit > *mjit* > mì **‘蜂蜜’**

290 密 *mri[t]> *mit* > mì **‘稠密’**

有时候我们有可靠的证据来支持 *-ik 的构拟，以取代传统的 *-it；有时候虽然没有直接证据，但也不意味着 *-it 的构拟是唯一的选择，这种情况我们经常采取 *-i[t](-s)的写法。

某些字的中古音对应形式与 *-ij-s 相一致，但在词源和字形上又与上古为 *-it 的字紧密相关，我们将这些字都构拟为 *-it-s：

(1120) 結 *kˤi[t] > *ket* > jié ‘打结（动词）’
　　　髻 *kˤi[t]-s > *kejH* > jì ‘挽红结之，发髻’
(1121) 室 *s.ti[t] > *syit* > shì ‘房间；屋子’
　　　至 *ti[t]-s > *tsyijH* > zhì ‘到达’
　　　致 *t<r>i[t]-s > *trijH* > zhì ‘（使……来）：传送’

5.5.6.3　*-in(⊂传统的真部)

*-in[97] 的中古对应形式皆见表 5.79 的概括。

表 5.79　*-in 的中古对应形式一览表

上古音	中古音	注释	例字
*Kʷˤin	*Kwen*		玄 *[ɢ]ʷˤi[n] > *hwen* > xuán ‘深色’
*Kʷˤrin	*Kwean*		[无明确例证]
*Cˤin	*Cen*		賢 *[g]ˤi[n] > *hen* > xián ‘有才干的’ 眠 *mˤi[n] > *men* > mián ‘闭眼；睡觉’ 天 *l̥ˤi[n] > *then* > tiān ‘天’
*Cˤrin	*Cean*		[无明确例证]
*Kin	*Tsyin*～*Kjin*		腎 *Cə.[g]i[n]ʔ > *dzyinX* > shèn ‘肾’ 因 *ʔi[n] > *'jin* > yīn ‘依靠’
*Krin	*Kin*		駰 *ʔ<r>i[n] > *'in* > yīn ‘灰白色马’
*Kʷin	*Kjwin*	[1]	均 *C.qʷi[n] > *kjwin* > jūn ‘均匀，平等’
*Kʷrin	*Kwin*		筠 *[ɢ]ʷri[n] > *hwin* > yún ‘竹皮’
*Pin	*Pjin*		賓 *pi[n] > *pjin* > bīn ‘客人’
*Prin	*Pin*		[无明确例证]

续 表

上古音	中古音	注释	例字
*Tin	*Tsyin*		真 *ti[n]> *tsyin* > zhēn ‘真的，真实的’
*Trin	*Trin*		陳 *lri[n]> *drin* > chén ‘排列’
*Tsin	*Tsin*		親 *[ts^{h}]i[n]> *tshin* > qīn ‘亲近；父母’
*Tsrin	*Tsrin*		蓁 *[ts]ri[n]> *tsrin* > zhēn ‘茂盛貌’

表 5.79 附注：

[1] *-ij 和 *-it(-s)中的情况一样，取决于 *-r-出现与否，中古音对应形式或为重纽四等-*j*(*w*)*in*，或为重纽三等-(*w*)*in*：

(1122) 匀 *[N-q]^{w}i[n]> *ywin* > yún ‘均匀’
　　　 筠 *[ɢ]^{w}ri[n]> *hwin* > yún ‘竹皮’

此处须注意，介音 *-r-会抑阻 *ɢ^{w}-的腭化，使其在中古时变为 *hj*-，而不
291 是 *y*-。

5.5.6.4 方言所见的-ir > *-in(⊂传统的真部)或 *-ij(⊂传统的脂部)

根据与其他韵部的类比，我们认为这里应同样存在 *-ir，它的中古对应形式有时会表现如来自 *-in，有时会表现如来自 *-ij。这样的例子目前我们只找到：

(1123) 牝 *[b]irʔ > *binʔ > *bjinX* > pìn ‘雌性禽兽’；又读牝 *[b]irʔ > *bijʔ > *bjijX*

在《老子》第六章中“牝”和 *-ijʔ 相通押：

(1124)《老子》第六章：

谷神不死　　死 *sijʔ > *sijX* > sǐ ‘死亡(动词)’
是謂玄牝　　牝 *[b]irʔ > *bijʔ > *bjijX* ‘雌性的’

《经典释文》的音注云：

(1125)‘玄牝：频忍反[b(jin)+(ny)inX=bjinX]、舊云扶比反[b(ju)+(p)jijX = bjijX]、簡文[98] 扶緊反[b(ju)+ (k)jinX=bjinX]’(《经典释文》356)

因此如果韵尾*-r 的构拟是正确的，且《老子》此章著录的时代与地域能够被确定下来的话，我们就又多了一条材料来证明*-r 变为*-j 的上古方言地域范围。

5.5.7　带锐音韵尾的*u

表 5.80 中展示了我们所构拟的*-uj、*-ut(s)、*-un 和*-ur 与早先其他诸家构拟的对比： 292

表 5.80　A 型音节中带锐音韵尾的 OC *u 诸家构拟一览表

白-沙系统	*-uj	*-ut	*-ut-s	*-un	*-ur
传统韵部	⊂微 Wēi	⊂物 Wù		⊂文 Wén	⊂文 Wén～⊂微 Wēi
中古音	*-woj* 灰	*-wot* 没	*-wojH* 隊	*-won* 魂	*-won* 魂～*woj* 灰
高本汉(Karglren 1957)	*-wər	*-wət	*-wəd	*-wən	—
董同龢(1948)	*-wə̂d	*-wə̂t	*-wə̂d	*-wə̂n	—
王力(1958)	*-uəiʔ	*-uə̆tʔ	*-uə̄tʔ	*-uən	—
李方桂(Li 1971)	*-əd	*-ət	*-ədh	*-ən	—
蒲立本(Pulleyblank 1977—1978)	*-ʷə́l	*-ʷə́t	*-ʷə́ts	*-ʷə́n	—
斯塔罗斯金(Starostin 1989)	*-ūj	*-ūt	*-ūts	*-ūn	*-ūr
白一平(Baxter 1992)	*-uj	*-ut	*-uts	*-un	—
郑张尚芳(2003)	*-uul	*-uud	*-uuds	*-uun	—

293 圆唇元音 *u 在锐音韵尾之前很容易会发生裂化：*u > *wə，我们已看到 *o 也有相似的变化：*o > *wa。这个音变发生的时代大约在战国晚期，我们所根据的材料是前文例(1006)中所引的《楚辞·九章》。

5.5.7.1 *-uj(⊂传统的微部)

*-uj[99] 的中古对应形式皆见表 5.81 的归纳。

表 5.81 *-uj 中古对应形式一览表

上古音	中古音	注释	例字
*Cˤuj	*Cwoj*		塊 *[kʰ]ˤuj-s > *khwojH* > kuài '土块；团' 推 *tʰˤuj > *thwoj* > tuī '推开' 罪 *[dz]ˤujʔ > *dzwojX* > zuì '罪行，犯法'
*Pˤruj	*Peaj*	[1]	[无明确例证]
*Cˤruj	*Cweaj*		塊 *[kʰ]ˤ<r>uj-s > *kʰ<r>wəj-s > *khweajH* > kuài '土块，团' 懷 *[g]ˤruj > *gˤrwəj > *hweaj* > huái '胸怀；环抱'
*Kuj	*Kjw+j*		威 *ʔuj > *ʔwəj > *'jw+j* > wēi '使人敬畏的'
*Kruj	*Kwij*		匱 *[g]ruj-s > *grwəj-s > *gwijH* > guì '箱子(名词)'
*Puj	*Pj+j*	[1]	[无明确例证]
*Pruj	*Pij*		[无明确例证]
*Tuj	*Tsywij*		誰 *[d]uj > *dwəj > *dzywij* > shuí '什么人'
*Truj	*Trwij*		追 *truj > *trwəj > *trwij* > zhuī '追赶'
*Tsuj	*Tswij*		綏 *s.nuj > *s.nwəj > *swəj > *swij* > suí '安慰'
*Tsruj	*Tsrwij*		衰 *sruj > *srwəj > *srwij* > shuāi '缩减，衰退'

表 5.81 附注：

[1] 我们似乎没有找到唇音声母(或唇化声母)之后 *-uj 的有关例子，如果这种音节类型早先确实存在的话，它们后来的消失也许可以用 *u 在相应语音环境中的异化来解释。

5.5.7.2 *-ut(-s)(⊂传统的物部)

-ut 的中古音对应形式皆如表 5.82 所归纳。-ut-s[100] 的对应形式

与表 5.81 中的 *-uj-s 相一致，但仅有去声。

我们把中古汉语对应形式同为 *-uj-s，但是又与 *-ut 一类字具有语源或字形联系的一批字，构拟为 *-ut-s。

(1126) 出 *t-kʰut > *tʰut > *tsyhwit* > chū ‘出去或出来’
出 *t-kʰut-s > *tʰut-s > *tsyhwijH* > chuì ‘拿出或摆出’
(1127) 率 *s-rut > *srwit* > shuài ‘跟随，遵循’
帥 *s-rut-s > *srwijH* > shuài ‘(军队的)统帅’
(1128) 卒 *[ts]ut > *tswit* > zú ‘结束，死’
碎 *[s-tsʰ]ˤu[t]-s > *swojH* > suì ‘破碎’
醉 *Cə.tsu[t]-s > *tswijH* > zuì ‘醉(形容词)’

表 5.82　*-ut 的中古对应形式

上古音	中古音	例字
*Cˤut	*Cwot*	骨 *kˤut > *kwot* > gǔ ‘骨头’ 没 *mˤut > *mwot* > mò ‘潜水，毁灭，死’ 卒 *[ts]ˤut > *tswot* > zú ‘士兵’
*Pˤrut	*Peat*	[无明确例证]
*Cˤrut	*Cweat*	滑 *Nə-gˤrut > *hweat* > huá ‘滑溜’
*Kut	*Kjut*	屈 *[kʰ]ut > *khjut* > qū ‘使……屈服’
*Krut	*Kwit*	[无明确例证]
*Put	*Pjut*	勿 *mut > *mjut* > wù ‘不要’
*Prut	*Pit*	筆 *p.[r]ut ([方言]> *prut) > *pit* > bǐ ‘书写的笔’
*Tut	*Tsywit*	出 *t-kʰut > *tʰut > *tsyhwit* > chū ‘出去或出来’
*Trut	*Trwit*	黜 *t.kʰ<r>ut > *tʰrut > *trhwit* > chù ‘驱逐’
*Tsut	*Tswit*	卒 *[ts]ut > *tswit* > zú ‘结束，死’
*Tsrut	*Tsrwit*	率 *s-rut > *srwit* > shuài ‘跟随，遵循’

5.5.7.3　*-un(⊂传统的文部)

*-un[101] 的中古对应形式皆见表 5.83 的归纳。

前文已经提过，尽管传统韵部分析把 *-ən 和 *-un 全都归于文部一部，但这两个韵部在押韵上仍是可以划然而分的，参见白一平(Baxter 1992：429—434)。

表 5.83　*-un 的中古对应形式一览表

上古音	中古音	例　　　字
*Cˤun	*Cwon*	温 *ʔˤun > *'won* > wēn '暖和；柔和' 屯 *[d]ˤun > *dwon* > tún '储存' 尊 *[ts]ˤu[n] > *tswon* > zūn '尊敬(动词)'
*Pˤrun	*Pean*	[无明确例证]
*Cˤrun	*Cwean*	綸 *k.rˤu[n] ([方言]> *kˤrun) > *kwean* > guān '头巾，海藻'
*Kun	*Kjun*	慍 *ʔun-s > *'junH* > yùn '怨恨，愤怒'
*Krun	*Kwin*	菌 *[g]runʔ > *gwinX* > jùn '蘑菇'
*Pun	*Pjun*	聞 *mu[n]> *mjun* > wén '听见(动词)'
*Prun	*Pin*	緡 *m-ru[n] ([方言]> *mrun) > *min* > mín '缠绕'
*Tun	*Tsywin*	春 *tʰun > *tsyhwin* > chūn '春季' 綸 *k.ru[n] > *lwin* > lún '纬线，搓绳'
*Trun	*Trwin*	輴 *l̥ru[n] > *trhwin* > chūn '出殡车'
*Tsun	*Tswin*	遵 *[ts]u[n] > *tswin* > zūn '沿着(一条路)'
*Tsrun	*Tsrwin*	[无明确例证]

5.5.7.4　方言所见的 *-ur：> *-un(⊂传统的文部)或 *-uj(⊂传统的微部)

与其他带 *-r 的韵部一样，我们把具有 *-un 和 *-uj 之间相交涉的
294 字，以及同这些字互相通押的字都构拟为 *-ur：

(1129) 敦 *tˤur > *tˤun > *twon* > dūn '坚实，宽厚'

敦 *tˤur > *tˤuj > *twoj* > duī '治理，指导'

(此字又用于"敦煌"地名的对音，在粟特文的地名中含有 *-r，见 § 5.5.1.3)

(1130) 隼 *[s]urʔ > *[s]unʔ > *swinX* > sǔn‘老鹰，猎鹰’
準 *turʔ > *tunʔ > *tsywinX* > zhǔn‘水平’
水 *s.turʔ > *s.tujʔ > *sywijX* > shuǐ‘水；河流’，原始闽语 *tšyi B

(1131) 奔 *pˤur > *pˤun > *pwon* > bēn‘奔跑(动词)’；在《鄘风·鹑之奔奔》(49)第二章和《王风·大车》(73)第二、四章中与 *-ur 相通押；《鹑之奔奔》首章也可能是一个支持韵例：
賁 *[b]ur > *bˤun > *bjun* > fén‘大’
賁 *por-s > *pwar-s > *pwaj-s > *paj-s > *pjeH* > bì‘贲卦(卦名)’

5.6　带 *-w 和 *-wk 韵尾的韵母

我们在三个上古音元音之后构拟 *-w 韵尾和 *-wk 韵尾：*a、*e、*i。也许在其他元音之后也会有这两个韵尾，但是目前没有任何证据可以确定这些韵的存在。带 *-wk 韵尾的韵母在很多方面与带 *-w 韵尾的韵母基本一致，*-wk 也可以被看作是一个带有唇化色彩的软腭音韵尾 *-kʷ。可同时表示 *-w、*-wk 两个韵尾的谐声偏旁也并不罕见，譬如：

(1132) 肅 *siwk > *sjuwk* > sù‘庄重，严肃’
簫 *sˤiw > *sew* > xiāo‘排箫’

(1133) 宵 *[s]ew > *sjew* > xiāo‘夜晚’
削 *[s]ewk > *sjak* > xiāo‘用刀刮，削’

但是在谐声系统中，带元音韵尾的音节与带塞音韵尾的音节互不相混的情况更为常见一些。*-w 和 *-wk 之间的交互或许只是反映出 *-wk 是一种相对少见的韵尾，所以能代表这类韵尾的谐声偏旁相应更少(见§3.4)。须注意的是，上古音没有与 *-wk 相对应的圆唇鼻音韵尾“*-wŋ”。

5.6.1　带 *-w 和 *-wk(-s)韵尾的 *a

我们所构拟的 *-aw、*-awk 与早先各家构拟的比较，请见表 5.84。

表 5.84　A 型音节中带 *-w、*-wk 韵尾的 OC *a 诸家构拟一览表

白-沙系统	*-aw	*-awk	*-awk-s
传统韵部	⊂宵 Xiāo	⊂藥 Yào	
中古音	*-aw* 豪	*-ak* 鐸～*-owk* 沃～*-uwk* 屋	*-awH* 号
高本汉(Karlgren 1957)	*-og	*-ok	*-og
董同龢(1948)	*-ɔ̂g	*-ɔ̂k	*-ɔ̂g
王力(1958)	*-au	*-ǎuk	*-āuk
李方桂(Li 1971)	*-agw	*-akw	*-agwh
蒲立本(Pulleyblank 1977—1978)	*-áʁ	*-áq	*-áqs
斯塔罗斯金(Starostin 1989)	*-āw	*-ākʷ	*-ākʷs
白一平(Baxter 1992)	*-aw	*-awk	*-awks
郑张尚芳(2003)	*-aaw	*-aawɢ	*-aawɢs

5.6.1.1　*-aw(⊂传统的宵部)

295　　*-aw[102] 的中古对应形式皆见表 5.85 的归纳。

表 5.85　OC *-aw 的中古音对应形式一览表

上古音	中古音	注释	例字
*Cˤaw	*Caw*		高 *Cə.[k]ˤaw > *kaw* > gāo '高,高大' 毛 *C.mˤaw > *maw* > máo '毛发' 刀 *C.tˤaw > *taw* > dāo '刀'
*Cˤraw	*Caew*	[1]	交 *[k]ˤraw > *kaew* > jiāo '交叉' 貓 *C.mˤraw > *maew* > māo '猫' 巢 *[dz]ˤraw > *dzraew* > cháo '鸟窠'
*K(r)aw	*Kjew*	[2]	橋 *[g](r)aw > *gjew* > qiáo '桥梁'
*P(r)aw	*Pjew*		表 *p(r)awʔ > *pjewX* > biǎo '外面'
*Kʷ(r)aw	*Kjew*	[3]	鴟鴞 *tʰij.[ɢ]ʷ(r)aw > *tsyhij .hjew* > chīxiāo '猫头鹰'

续　表

上古音	中古音	注释	例字
*Tsraw	*Tsrjew* > *Tsraew*	[1]	[和 *Tsˤraw 无别]
其他:			
*C(r)aw	*Cjew*		沼 *tawʔ > *tsyewX* > zhǎo '池塘' 朝 *m-t<r>aw > *drjew* > cháo '朝会'

表 5.85 附注:

[1]《广韵》中没有"*Tsrjew*"这类的音节形式。由于 MC"*-j-*"在 *Tsr-*声母之后易脱落,因此 B 型音节中 *Tsraw 在先变为 *Tsrjew* 之后,又变为 *Tsraew*,最终导致的结果就是我们无从分辨原来的 *Tsˤraw 和 *Tsraw。

[2] 在带钝音声母的 B 型音节中,*-aw 和 *-raw 看来发生了合并,因此单从中古音的读音很难分辨 *-r-存在与否。

[3] 为了解释"鸱鸮"chīxiāo < *tsyhij.hjew*'猫头鹰'中的第二音节 *hjew*,我们得假设上古汉语中有 *Kʷ(r)aw 一类的音节。中古音声母 *hj*-一般都只能是 *[ɢ]ʷ-的对应形式,*[ɢ]ʷ-的唇化成分受到韵尾 *-w的异化作用影响脱落。其他如 *Kʷ(ˤ)-带 *-aw 这样的组合也有可能存在,但是我们暂时没有例证。 296

5.6.1.2　*-awk(-s)(⊂传统的藥部)

-awk 的中古对应形式皆见表 5.86 的概括。-awk-s[103] 的对应形式与表 5.85 中 *-aw-s 的对应形式一致,但仅有去声。

表 5.86　OC *-awk 的中古对应形式一览表

上古音	中古音	注释	例字
*Cˤawk	*Cak* ~*Cowk* ~*Cuwk*	[1]	鹤 *[g]ˤawk > *hak* > hè '鹤' 隺 *[g]ˤawk > *howk* > hè '高' 襮 *pˤawk > *powk*~*pak* > bó '绣花的衣领' 暴 *m-pˤawk > *buwk* > pù '暴晒'

续　表

上古音	中古音	注释	例字
*Tsˤrawk	*Tsraewk*?	[2]	[无明确例证]
其他:			
*Cˤrawk	*Caewk*		樂 *[ŋ]ˤrawk > *ngaewk* > yuè ‘音乐’ 卓 *tˤrawk > *traewk* > zhuō ‘高;杰出’
*Tsrawk	*Tsrjak* > *Tsraewk?*	[2]	[无明确例证]
其他:			
*C(r)awk	*Cjak*	[3]	虐 *[ŋ](r)awk > *ngjak* > nüè ‘残暴’ 綽 *tʰawk > *tsyhak* > chuò ‘宽缓,从容’

表 5.86 附注:

[1] *Cˤawk 的对应形式非常不规则,它在不同方言中一定存在很大的差别。大多数情况下我们看到的对应形式是 *Cak* 和 *Cowk*,少数情况下会是 *Cuwk*。

[2] 通过与其他上古音韵母的类比,我们可以推断存在 *Tsˤrawk > *Tsraewk* 和 *Tsrawk > *Tsrjak* > *Tsraewk* 的音变过程,但是暂无可靠例证。

[3] 在带其他类型声母的 B 型音节中,*C(r)awk > *Cjak*。在带钝音声母的音节中,无法判断 *-r-是否存在。

*-awk-s(而不是 *-aw-s)的构拟可以用来解释与 *-awk 一类字在词源和字形的关联:

(1134) 樂 *[r]ˤawk > *lak* > lè ‘喜悦;喜欢’
　　樂 *[ŋ]ˤrawk > *ngaewk* > yuè ‘音乐’
　　樂 *[ŋ]ˤrawk-s > *ngaewH* > yào ‘使快乐’

(1135) 暴 *m-pˤawk > *buwk* > pù ‘暴晒’
　　暴 *[b]ˤawk-s > *bawH* > bào ‘凶暴的’

(1136) 卓 *tˤrawk > *traewk* > zhuō ‘高;杰出’

罩 *tˁrawk-s > *traewH* > zhào ‘捕鱼的罩篮’

5.6.2 带 *-w 和 *-wk(-s)韵尾的 *e

我们所构拟的 *-ew 和 *-ewk(-s)与早先各家构拟之间的比较请见表 5.87。 297

表 5.87 A 型音节中带 *-w 和 *-wk(-s)韵尾的 OC *e 诸家构拟一览表

白-沙系统	*-ew	*-ewk	*-ewk-s
传统韵部	⊂宵 Xiāo	⊂藥 Yào	
中古音	*-ew* 蕭	*-ek* 錫	*-ewH* 嘯
高本汉(Karlgren 1957)	*-iog	*-iok	*-iog
董同龢(1948)	*-iɔg	*-iɔk	*-iɔg
王力(1958)	*-iau	*-iăuk	*-iāuk
李方桂(Li 1971)	*-iagw	*-iakw	*-iagwh
蒲立本(Pulleyblank 1977—1978)	*-ʲáʁ	*-ʲáq	*-ʲáqs
斯塔罗斯金(Starostin 1989)	*-ēw	*-ēkʷ	*-ēkʷs
白一平(Baxter 1992)	*-ew	*-ewk	*-ewks
郑张尚芳(2003)	*-eew	*-eewɢ	*-eewɢs

5.6.2.1 *-ew(⊂传统的宵部)

*-ew[104]的中古对应形式皆见表 5.88 的归纳。

表 5.88 OC *-ew 的中古对应形式一览表

上古音	中古音	注释	例字
*Cˁew	*Cew*		堯 *[ŋ]ˁew > *ngew* > yáo ‘高’ 摽 *pʰˁew > *phew* > piāo ‘击落’ 挑 *lˁewʔ > *dewX* > tiǎo ‘挑起事端’
*Cˁrew	*Caew*	[1]	磽 *[C.q]ʰˁrew > *khaew* > qiāo ‘多石之地’ 摽 *pʰˁrew > *phaew* > pāo ‘击倒’ 筲 *[s](ˁ)rew > *sraew* > shāo ‘竹器’

续 表

上古音	中古音	注释	例字
*Kew	*Tsyew*～*Kjiew*	[2]	燒 *[ŋ̊]ew > *xew > *syew* > shāo ‘火烧’ 腰 *ʔew > *'jiew* > yāo ‘腰部’
*Pew	*Pjiew*		瓢 *(Cə.)[b]ew > *bjiew* > piáo ‘葫芦’
*Krew	*Kjew*	[3]	[无明确例证]
*Prew	*Pjew*		[无明确例证]
*Tsrew	*Tsrjew* > *Tsraew*	[1]	稍 *[s](ˁ)rew-s > *sraewH* > shào ‘稍微’
其他:			
*C(r)ew	*Cjew*		趙 *[d]rewʔ > *drjewX* > zhào ‘(姓氏)’ 宵 *[s]ew > *sjew* > xiāo ‘夜晚’

表 5.88 附注:

[1] 一般而言,*Tsˁrew 和 *Tsrew 两类音节是无法分辨的,因为存在如下形式的音变 *Tsrj-* > *Tsr-*: *Tsrew > *Tsrjew* > *Tsraew*。《经典释文》有一处记录了“稍” shào ‘俸禄’的两个异读: *sraewH*,还有一个是旧读 *srjewH*。

(1137)《经典释文·周礼》

稍、所教反[*sr*(*joX*)+(*k*)*aewH* = *sraewH*]、舊踈詔反[*sr*(*jo*)+ *tsyewH*(=(*tsy-*)+*-jewH*)=
298 *srjewH*](《经典释文》135)

[2] 从 *Kew 和 *Pew 我们会得到重纽四等韵 *Kjiew* 和 *Pjiew*——而软腭音声母之后的对应形式则不太规则,比如我们有时会看到声母腭化: 燒 *[ŋ̊]ew > *xew > *syew* > shāo ‘火烧’。但是喉塞音却没有发生腭化: 腰 *ʔew > *'jiew* > yāo ‘腰部’。

[3] 我们预期 *Krew 和 *Prew 会变为中古重纽三等音节“*Kjew*”和“*Pjew*”,但是我们暂无可靠的例子。

5.6.2.2　*-ewk(-s)(⊂传统的藥部)

-ewk 的中古对应形式皆见表 5.89 的归纳。-ewk-s[105] 的对应形式与表 5.88 的 *-ew-s 相同,仅有去声。

表 5.89　OC *-ewk 的中古对应形式一览表

上古音	中古音	注释	例字
*Cˤewk	*Cek*	[1]	激 *[k]ˤewk > *kek* > jī ‘(水)受阻’ 翟 *lˤewk > *dek* > dí ‘野鸡’ 溺 *nˤewk > *nek* > nì ‘淹没在水中’
*Cˤrewk	*Caewk*		葯 *[q]ˤrewk > *'aewk* > yào ‘草药’ 濯 *lˤrewk > *draewk* > zhuó ‘洗涤’
*Tsrewk	*Tsrjak* > *Tsraewk*	[2]	[和 *Tsˤrewk 无别]
其他:			
*C(r)ewk	*Cjak*	[3]	約 *[q](r)ewk > *'jak* > yuē ‘缠束(动词),约定’ 籥 *lewk > *yak* > yuè ‘竹笛;钥匙;竹管’ 削 *[s]ewk > *sjak* > xiāo ‘用刀刮,削’

表 5.89 附注:

[1] 在 *Cˤewk 这一类音节中,*-ewk 韵尾中的圆唇成分脱落,进而变为中古音 *-ek*,最终与原来的 *Cˤek 和 *Cˤiwk 合并。

[2] *Tsˤrewk 和 *Tsrewk 的中古对应形式看来已经完全合并,因而从中古音本身是无法加以分别的。

[3] *-ewk 在 B 型音节中变为 *-jak*,从中古音材料无法确知钝音声母之后是否存在元音前的 *-r-。

根据与 *-ewk 在词源和字形上的关联,我们构拟出 *-ewk-s(而不是 *-ew-s),以下是一些例子:

(1138) 激 *[k]ˤewk > *kek* > jī ‘(水)受阻’
　　　 竅 *[k]ʰˤewk-s > *khewH* > qiào ‘孔,隙’

(1139) 約 *[q](r)ewk > ′*jak* > yuē ‘捆绑(动词),约定’
約 *[q]ewk-s > ′*jiewH* > yào ‘契约,盟约(名词)’

例(1139)中有中古重纽四等韵,这明确告诉我们它所对应的上古主元音应该是*e。

(1140) 溺 *nˤewk > *nek* > nì ‘淹没在水中’
299 溺,尿 *kə.nˤewk-s > *newH* > niào ‘尿’
(1141) 翟 *lˤewk > *dek* > dí ‘野鸡’
曜 *lewk-s > *yewH* > yào ‘发光’
濯 *lˤrewk > *draewk* > zhuó ‘洗涤’
濯 *lˤrewk-s > *draewH* > zhào ‘洗衣服’
(1142) 削 *[s]ewk > *sjak* > xiāo ‘用刀刮,削’
削 *[s]ewk-s > *sjewH* > xiào ‘刮掉,削皮’
削 *[sˤ]rewk-s > *sraewH* > shào ‘京畿’

5.6.3 带*-w、*-wk(-s)韵尾的*i

我们所构拟的*-iw、*-iwk(-s)与早先各家构拟之间的比较请见表5.90。

表 5.90 A 型音节中带*-w 和*-wk(-s)韵尾的 OC *i 诸家构拟一览表

白-沙系统	*-iw	*-iwk	*-iwk-s
传统韵部	⊂幽	⊂覺	
中古音	*-ew* 蕭	*-ek* 錫	*-ewH* 嘯
高本汉(Karglren 1957)	*-iôg	*-iôk	*-iôk
董同龢(1948)	*-iog	*-iok	*-iog
王力(1958)	*-iəu	*-iə̆uk	*-iə̄uk
李方桂(Li 1971)	*-iəgw	*-iəkw	*-iəgwh
蒲立本(Pulleyblank 1977—1978)	*-ʲə́w	*-ʲə́kʷ	*-ʲə́kʷs

续　表

斯塔罗斯金(Starostin 1989)	*-īw	*-īkʷ	*-īkʷs
白一平(Baxter 1992)	*-iw	*-iwk	*-iwks
郑张尚芳(2003)	*-iiw	*-iiwG	*-iiwGs

5.6.3.1　*-iw(⊂传统的幽部)

*-iw[106]的中古对应形式皆见表 5.91 的归纳。 300

表 5.91　OC *-iw 的中古对应形式一览表

上古音	中古音	注释	例字
*Cˤiw	*Cew*		條 *[l]ˤiw > *dew* > tiáo '整理' 簫 *sˤiw > *sew* > xiāo '排簫'
*Cˤriw	*Caew*		膠 *[k]ˤriw > *kaew* > jiāo '黏胶' 啁 *tˤriw > *traew* > zhāo '鸟叫声,嘈杂声'
*Kjiw	*Tsyuw*～*Kjiw*		收 *s-kiw > *syuw* > shōu '收集;收获'
*K(r)iw	*Kjiw*	[1]	幽 *[ʔ](r)iw > *'jiw* > yōu '幽暗,隐退'
*P(r)iw	*Pjiw*		髟 *p(r)iw > *pjiw* > biāo '长发' 謬 *m-riw-s > *mjiwH* > miù '谎言,谬误'
其他:			
*C(r)iw	*Cjuw*	[2]	周 *tiw > *tsyuw* > zhōu '环绕;遍及' 秋 *tsʰiw > *tshjuw* > qiū '秋天;收成' 綢 *[d]riw > *drjuw* > chóu '缠绕' 愁 *[dz]riw > *dzrjuw* > chóu '忧虑' 修 *s-liw > *sjuw* > xiū '装饰'

表 5.91 附注:

[1] OC *-iw(在非咽化的声母之后)是中古幽韵-*jiw* 的来源,而幽韵除了极少数例外,只有钝音声母字。虽然从上古来源看幽韵是从 B 型音节发展而来,但其表现却近似于重纽四等,在韵图上也被安置于四等的格子里(这也是我们的中古音标记系统同时使用-*j*-和-*i*-,而将其标写为-*jiw* 的原因)。在一般的音变规则下,凡一个上古韵部中出现重纽四

等韵，相应地一定也会有一个带*-r-介音的重纽三等韵。不过字形上的证据表明钝音声母后的*-riw 也会产生出重纽四等韵-*jiw*：

(1143) 翏 *[r]iw-s > *ljuwH* > liù ‘高飞（不见于汉代之前的文献）’；以之为声符的字有
谬 *m-riw-s > *mjiwH* > miù ‘谎言，谬误’
樛 *k-riw >（[方言]>*kriw）> *kjiw* > jiū ‘纠结（动词）’

[2] 锐音声母之后的 B 型音节*-iw 的对应形式按照一般规则是-*juw*，比如“秋”*ts^hiw > *tshjuw* > qiū ‘秋天；收成’，这似乎表明在某一阶段发生过*-iw >-*juw* 的音变。但是在中古音阶段有部分方言很可能没有经历这一音变，因此还会在锐音声母后也保留独特的“-*iw*”韵母。《广韵》中现有的少数几个-*jiw* 韵中的锐音声母字可能是来自某个特殊的方言，《经典释文》中也有一些类似的音注（比如：鏐 liú < *ljuw* <*[r]iw ‘纯金’注为“*ljiw*”音，《经典释文》85）。《切韵》时代或稍早时期诗文韵部的研究可能会帮助我们从地理上确定这一方言特征。

5.6.3.2 *-iwk(-s)(⊂传统的覺部)

-iwk[107]的中古对应形式皆见表 5.92 的归纳。-iwk-s 的对应与表 5.91 中的*-iw-s 一致，但仅有去声。

表 5.92 OC *-iwk 的中古对应形式一览表

上古音	中古音	注释	例字
*$C^ʕ$iwk	*Cek*	[1]	滌 *$l^ʕ$iwk > *dek* > dí ‘洗涤，清扫’ 戚 *s.$t^{hʕ}$iwk > *tshek* > qī ‘亲属’
*$C^ʕ$riwk	*Caewk?*	[2]	[无明确例证]
*C(r)iwk	*Cjuwk*	[3]	穆 *mriwk > *mjuwk* > mù ‘和谐’ 叔 *s-tiwk > *syuwk* > shū ‘兄弟排行次序第三’ 肅 *siwk > *sjuwk* > sù ‘庄重，严肃’ 逐 *[l]riwk > *drjuwk* > zhú ‘追赶’

表 5.92 附注：

[1] 在 *Cˤiwk 这一类型音节中，*-iwk 与 *-ewk 一类音节一样，其韵尾的圆唇成分脱落，从而与 *-ek 合并。

[2] 根据与其他韵部之间的类比，我们认为有 *Cˤriwk > *Caewk* 的音变发生，但是暂时未找到明确的证据。 301

[3] MC *-jiw* 没有与之对应的入声形式"*-jiwk*"。在 B 型音节中，*-iwk 和 *-uk 合并，进而变为 *-juwk*。

根据与 *-iwk 在词源和字形上的关联，我们构拟出 *-iwk-s（而非 *-iw-s）的形式。但在此韵部中，同一个谐声偏旁有时会同时用于 *-iw 和 *-iwk，因此字形的证据并不是决定性的，所以我们常把构拟形式写作 *-iw(k)-s：

(1144) 肅 *siwk > *sjuwk* > sù '庄重，严肃'
嘯 *sˤiw(k)-s > *sewH* > xiào '悲哭'
繡 *[s]iw(k)-s > *sjuwH* > xiù '绣花'

5.7　带唇音韵尾（*-p 或 *-m）的韵母

在早期汉语的词汇中，收唇音韵尾的字与收软腭音、齿音韵尾的字相比，数量要少得多。根据我们词汇数据库粗略统计，（中古音）收唇音韵尾 *-p* 或 *-m* 的字占 8%，收软腭音韵尾 *-k* 或 *-ng* 的字占 24%，收齿音韵尾 *-t* 或 *-n* 的大约占 23%。[108]收唇音韵尾的字数量少，见于韵段中的韵脚字数量相对就少，相关的谐声系列的字也少，这给我们的研究带来了诸多不便。

我们借用英语单词 orange 来认识一下寻找合适的韵脚字究竟有哪些难点。英语中没有一个词能和 orange 押韵，这似乎已经是老生常谈了，但一定要找的话，的确还能找到一个生僻词：sporange，这是一个生物学术语，与之同义的词还有 sporangium'贮存孢子的容器，孢子囊或孢子荚'。[109] Orange 本身是一个见诸日常的常用词，使用频率极高，但作为韵脚字使用却只有相当低的出现机会，几乎为零。除非正好 sporange

这个词能嵌合上下文的情境，不然诗人要么置一般押韵标准于不顾，要么就暂且把 orange 这个词剔除出韵脚的行列。即便我们绞尽脑汁再找出几个能和 orange 押韵的词，让 orange 当韵字的概率可以略微升高一点，但与 orange 在日常交流中出现的概率相比，它当韵脚的频率仍是微不足道的。同理，如果有人想用像汉字之类的文字来写英语，想找到一个能代表 orange 的声旁，也会遇到同样的麻烦。

现在我们把目光回注到上古音中收唇音韵尾的字身上：《诗经》中收唇音韵尾字的韵段非常少见，而收唇音韵尾字的谐声偏旁与其他音节类型的谐声偏旁相比，因不得已而放宽标准的现象却更加常见。比方说，一个收唇音韵尾的谐声偏旁同时代表以 *-p 和 *-m 为韵尾的字也不是罕见的。

总之，与唇音韵尾相关的押韵和谐声现象与其他类型的音节相比显得缺少严整的规则，由于押韵和谐声又是上古韵母构拟的两大主要佐证，因此在构拟收唇音韵尾字的上古元音时，材料证据上的欠缺也使我们的构拟颇费斟酌，我们将不时使用方括号来表示我们对所构拟
302 元音的不确定性。

不过，我们有理由相信上古音中六个元音原来都应该能带唇音韵尾。传统韵部只分出了两个收 *-p 的韵部：葉部和緝部，还有两个收 *-m 的韵部：談部和侵部。这几个韵部的主元音一般都分别构拟成 *a 和 *ə，如表 5.93 和表 5.94 所示。

表 5.93　A 型音节中收唇音韵尾的 OC *a 诸家构拟一览表

白-沙系统	*-ap	*-ap-s(> *-at-s)	*-am
传统韵部	⊂葉 Yè		⊂談 Tán
中古音	*-ap* 盍	*-ajH* 泰	*-am* 談
高本汉(Karlgren 1957)	*-âp	*-âb	*-âm
董同龢(1948)	*-âp	*-âb	*-âm
王力(1958)	*-ăp	*-āp	*-am
李方桂(Li 1971)	*-ap	*-abh	*-am
蒲立本(Pulleyblank 1977—1978)	*-áp	*-áps	*-ám

续　表

斯塔罗斯金(Starostin 1989)	*-āp	*-āps	*-ām
白一平(Baxter 1992)	*-ap	*-aps	*-am
郑张尚芳(2003)	*-aab	*-aabs	*-aam

表 5.94　A 型音节中收唇音韵尾的 OC *ə诸家构拟一览表

白-沙系统	*-əp	*-əp-s(>*-ət-s)	*-əm
传统韵部	⊂緝 Qī		⊂侵 Qīn
中古音	*-op* 合	*-ojH* 代	*-om* 覃
高本汉(Karlgren 1957)	*-əp	*-əb?	*-əm
董同龢(1948)	*-ə̂p	*-ə̂b	*-ə̂m
王力(1958)	*-ə̆p	[*-əp]?	*-əm
李方桂(Li 1971)	*-əp	*-əbh	*-əm
蒲立本(Pulleyblank 1977—1978)	*-ə́p	*-ə́ps	*-ə́m
斯塔罗斯金(Starostin 1989)	*-ə̄p	*-ə̄ps	*-ə̄m
白一平(Baxter 1992)	*-ɨp	*-ɨps	*-ɨm
郑张尚芳(2003)	*-əəb	*-əəbs	*-əəm

六元音假设要求我们还要在唇音韵尾*-p、*-m之前构拟前元音*e和*i。根据前元音假设,中古音的四等韵和重纽四等韵只能够来自上古前元音的韵部。[110] 中古音里有六个这种收唇音韵尾的韵母:*-ep*、*-em*、*-jiep*、*-jiem*、*-jip*、*-jim*。此外,传统韵部分析认为 MC *-em* 和 *-ep* 分别都有两个上古来源:MC *-em* 来自談部和侵部,MC *-ep* 来自葉部和緝部,见表 5.95。 303

表 5.95　MC -em、-ep 的上古来源

中古音	传统韵部	高本汉、李方桂	白-沙系统
-em 添	談 Tán	*-iam	*-em
	侵 Qīn	*-iəm	*-im

续 表

中古音	传统韵部	高本汉、李方桂	白-沙系统
-ep 帖	葉 Yè	*-iap	*-ep
	緝 Qī	*-iəp	*-ip

在我们的系统中不允许出现*-ia-或*-iə-的复合元音，我们用收唇音韵尾的*e 和*i 的构拟来解释例如以下这些例子：

(1145) 協 *[ɢ]ˤep > *hep* > xié ‘融洽’（葉部）
(1146) 埶 *[t]ˤip > *tep* > dié ‘（四川地名）’（緝部）
(1147) 厭 *ʔep > *'jiep* > yā ‘压（动词）’（葉部）
(1148) 挹 *qip > *'jip* > yì ‘压抑’（緝部）
(1149) 點 *tˤemʔ > *temX* > diǎn ‘黑点’（談部）
(1150) 念 *nˤim-s > *nemH* > niàn ‘思念’（侵部）
(1151) 猒 *ʔem-s > *'jiemH* > yàn ‘满足’（談部）
(1152) 愔 *[q]im > *'jim* > yīn ‘温和，平和’（侵部）

我们所构拟的*-ep、*-em、*-ip、*-im 与其他各家构拟的比较见表 5.96 和表 5.97。

表 5.96 A 型音节中带唇音韵尾的 OC *e 诸家构拟一览表

白-沙系统	*-ep	*-ep-s(>*-et-s)	*-em
传统韵部	⊂葉		⊂談
中古音	*-ep* 帖	*-ejH* 霽	*-em* 添
高本汉(Karlgren 1957)	*-iap	*-iab	*-iam
董同龢(1948)	*-iɐp	*-iɐb	*-iɐm
王力(1958)	*-iăp	*-iāp	*-iam
李方桂(Li 1971)	*-iap	*-iabh	*-iam
蒲立本(Pulleyblank 1977—1978)	*-ʲáp	*-ʲáps	*-ʲám
斯塔罗斯金(Starostin 1989)	*-ēp	*-ēps	*-ēm

续　表

白一平(Baxter 1992)	*-ep	*-eps	*-em
郑张尚芳(2003)	*-eeb	*-eebs	*-eem

表 5.97　A 型音节中带唇音韵尾的 OC *i 诸家构拟一览表

白-沙系统	*-ip	*-ip-s(> *-it-s)	*-im
传统韵部	⊂緝		⊂侵
中古音	*-ep* 帖	*-ejH* 霽	*-em* 添
高本汉(Karlgren 1957)	*-iəp	*-iəb	*-iəm
董同龢(1948)	*-iəp	*-iəb	*-iəm
王力(1958)	*-iə̆p	*-iə̄p	*-iəm
李方桂(Li 1971)	*-iəp	*-iəbh	*-iəm
蒲立本(Pulleyblank 1977—1978)	*-^{j}ə́p	*-^{j}ə́ps	*-^{j}ə́m
斯塔罗斯金(Starostin 1989)	*-īp	*-īps	*-īm
白一平(Baxter 1992)	*-ip	*-ips	*-im
郑张尚芳(2003)	*-iib	*-iibs	*-iim

在表 5.96 和表 5.97 中可以看到，我们所构拟的 *-ep、*-em、*-ip、*-im 以前一直习惯上被构拟成完全符合传统韵部押韵要求的形式：因此高本汉和李方桂都把这些韵母构拟成 *-iap、*-iam、*-iəp、*-iəm，如此好像就可以同 *-ap、*-am、*-əp、*-əm 分别押韵了。

在实际分析《诗经》的韵脚时，要把前元音和非前元音在唇音韵尾前区分开是相当困难的：根据六元音系统所推断出的带其他韵尾的音节形式在白一平(Baxter 1992)中都已经基本明确了其各自在押韵上的区分，然而收唇音韵尾字所组成的韵段数量实在太少，因而难以形成具有统计意义的显著性结果，而在有限的一些收唇音字韵段当中，又存在着明显的不规则现象。到目前为止，我们还没有找到所构 304
拟为 *-ep 的韵段，而 *-em 也仅见于一个韵段里，其中的第二个韵脚要不要构拟 *-em 是不清楚的。[111]

但《诗经》里面可以找到两个确定无疑能构拟成 *-im 的韵例：

(1153)《小雅·四牡》(162)第五章：

駸 *[tsʰ]r[i]m > *tsrhim* > qīn ‘飞跑’（又音 MC *tshim*，此读音反映出中古时代有 *tsr-* > *ts-*、*tsrh-* > *tsh-*等音变的方言）

諗 *n̥imʔ > *syimX* > shěn ‘规谏’

(1154)《小雅·斯干》(189)第六章：

簟 *[l]ˤimʔ > *demX* > diàn ‘竹席’

寢 *[tsʰ]imʔ > *tshimX* > qǐn ‘睡觉’

例(1153)中，我们根据声符“念” niàn < *nˤim-s 来构拟“諗”：*n̥imʔ；例(1154)中的“簟”diàn < *demX* 必须要构拟为 *-imʔ 才能解释它在中古音中四等韵的读法：*-em*。声符“㝷”如我们在两个韵段中所见似乎是对应 *-im 的。

OC 韵母 *-ip 也有类似的例子：

(1155)《周南·螽斯》(5)第三章：

揖 *s.qrip > *tsrip*，（[方言]）*tsip* > jí ‘聚积’（又音 *qip > *'jip* > yī ‘鞠躬（动词），致敬’，此处显示主元音为 *i）

蛰 *[d]rip > *drip* > zhé ‘冬眠；丛生’

“揖” jí < *tsip* 有四等重纽的异读 *'jip*，这个异读对应的上古音形式只能是 *-ip，“蛰” zhé < *drip* 的构拟也是 *-ip，因为与之同声符的有读中古四等的：

(1156) 埶 *[t]ˤ[i]m-s > *temH* > diàn ‘下陷’，又读：

305 埶 *[t]ˤip > *tep* > dié ‘（四川地名）’

这样我们已经确定了带唇音韵尾的四个上古元音，那么剩下的圆唇元音 *o、*u 又如何呢？我们有一些间接的但相当可靠的证据可以说明,这两个元音也是能够出现在唇音韵尾之前的。董同龢(1948:108—112)曾辨识出几个谐声系列,其中所含的一等韵对应形式是 *-op*、*-om*,这与我们构拟的 *-əp、*-əm 相一致,其中的三等对应形式 *-jep*、*-jaep*、*-jop*、*-jem* 与我们构拟的 *-ap、*-am 也相一致。董同龢将这些谐声系列中的字都归入传统的葉部和談部(这两个韵部分别对应我们系统中的 *-ap、*-ep 和 *-am、*-em),却为它们拟了一个全新的元音 *ɐ。董氏的 *-ɐp、*-ɐm 大致上就相当于我们的 *-op、*-om。[112]

从带 *-p-s 韵尾的字的音变发展中,我们常常可以发现一些线索能够确定其前接主元音的音质。比如,我们的构拟系统可以推断 *-op-s的音变发展,如例(1157)所示:

(1157) *Cˤop-s > *Cˤot-s > *Cˤwat-s > *CwajH*
*Cop-s > *Cot-s > *Cwat-s > *CjwejH*

当中古音韵母为 *-wajH* 或 *-jwejH* 的字看起来都来自同一个带 *-p 韵尾的词根时,我们会把这两个韵母所对应的上古音形式构拟为 *-op-s,并把相关的不带后缀的词根形式构拟为 *-op。比如下例:

(1158) 臿 *[tsʰ]<r>op > *tsrheap* > chā '古农具'
桑 *[tsʰ]<r>op-s > *tsrhjwejH* > cuì '用杵槌捣'

至于 *-up 和 *-um,一般情况下它们与 *-əp 和 *-əm 发生合并,因此很难确定哪些字真正属于 *-up 和 *-um。同理,我们要借用韵尾 *-op-s 的思路,利用收 *-p-s 的韵母形式来指引我们确定圆唇的主元音。根据构拟系统的原则,我们推断 *-up-s 会发生例(1159)中的变化:

(1159) *Cˤup-s > *Cˤut-s > *Cˤwət-s > *CwojH*
*Cup-s > *Cut-s > *Cwət-s > *Cjw+jH* 或 *CwijH*

当这些中古韵母字与收 *-p 的字发生关联时,我们就把这些字构拟成 *-up-s,而其词根形式则是 *-up。例如:

(1160) 集 *[dz][u]p > *dzip* > jí ‘聚集，会集’
　　　 萃 *[dz][u]p-s > *dzwijH* > cuì ‘聚集，群’

另一条可以用来确定唇音韵尾前主元音的线索是，在上古汉语的某一种方言当中，唇音韵尾 *-p 和 *-m 会无条件地变为 *-k 和 *-ŋ。相应的部分证据是我们发现在一些韵段中的韵脚字：收软腭韵尾的字和收唇音韵尾的字可以通押，由于收软腭韵尾的字很容易确定其主元音，通过这些字，我们就可以确定同一韵段中收唇音韵尾的字到底带什么样的主元音。《诗经》当中有不少韵段中都反映出上述的方言特征，比如《秦风・小戎》中有两个相关类型的韵段：

(1161)《秦风・小戎》(128)第二章：
　　　 中 *truŋ > *trjuwng* > zhōng ‘中心’
306 　 驂 *m-sˤrum > *tshom* > cān ‘三匹马一组’
(1162)《秦风・小戎》(128)第三章：
　　　 膺 *[q](r)əŋ > *'ing* > yīng ‘胸’
　　　 弓 *kʷəŋ > *kjuwng* > gōng ‘弓箭(名词)’
　　　 縢 *lˤəŋ > *dong* > téng ‘带子’
　　　 興 *qʰ(r)əŋ > *xing* > xīng ‘升高，起’
　　　 音 *[q](r)əm > *'im* > yīn ‘声音，音调’

我们把“驂” cān < *tshom* 构拟为 *-um，因为这个字在第二章中与 *-uŋ 通押；我们把“音” yīn < *'im* 构拟为 *əm，因为它在第三章中与 *-əŋ 通押。

我们怀疑这种无条件的韵尾音变是一种西部地区方言的特征，《秦风・小戎》就采自西周故地的秦国。此外至少还有一处文献证据明确地谈及这种方言特征——《切韵》编者之一颜之推在《颜氏家训》中说：

窮訪蜀土，呼粒[MC *lip* ‘米粒，粒状物’]為逼[MC *pik* ‘强迫’]，時莫之解。吾云："《三蒼》《説文》，此字白下為匕［即：皀］，皆訓粒，《通俗文》音方力反［*p*(*jang*)＋(*l*)*ik*＝*pik*］。"衆皆歡悟。[113]

"蜀"指的就是今天的四川。

颜之推所称训'粒'的"皀"字在《广韵》里有三个读音：*pip*、*pik*、*kip*。[114]如果我们假设'粒' lì < *lip* 字最初的音节形式是 *p.rəp 的话，我们就可以解释"皀"字的读音了。在颜之推访问的蜀地方言里，韵尾 *-p似乎应该变为了 *-k：*p.rəp > *p.rək，同时前音节成分仍然得以保留：*p.rək > *prək，最后变为中古音 *pik*。"皀"的另一个中古读音 *kip* 对应自 *k.rəp——这可能是一个带不同前置音节成分的变体，或者也可能是异化音变的结果 *p.rəp > *k.rəp，无论是哪一种可能，在保留了前音节成分的方言里，音变的过程应该是：*k.rəp > *krəp > MC *kip*。最后 MC"粒" *lip* 这个读音里前置音节成分脱落，这反映的是中古音中很常见的变化：*k.rəp > *rəp > *lip*。不过"粒"的声符"立" lì < *lip* < *k.rəp '站立(动词)'似乎说明"粒"字的前音节成分应该是 *k.-。不论上古音里这个前音节成分究竟是什么音，我们必须得采用带前音节成分的构拟 *C.rəp，如此才能解释东南方言中"粒"字的一些特殊读法：邵武读/sən 7/(李如龙、张双庆 1992：87)可能是原始闽语 *lhəp D的规则对应形式，客家话里"粒"字带阴调类的/l/ (梅县/lɛp 7/)，粤语亦然(广州/nɐp 7/～/lɐp 7/)。这些读音可能都是 *k.rəp 的对应形式(即"粒"字)，或者也可能是对应最初的 *p.rəp。 307

不过由于可以被明确构拟出来的相关字音较少，我们将先讨论所有带高元音的韵母，然后再来处理其他非高元音的韵母。收 *-p 的高元音韵母的中古音对应形式皆见表 5.98 的归纳。

我们把与 *-əp、*-up、*-ip 之间存在词源或字形交互的字分别构拟为 *-əp-s、*-up-s、*-ip-s。由于 *-p-s 在早期就已变为了 *-t-s，这些带后缀的韵母应该具有和 *-ət-s、*-ut-s、*-it-s 这类韵母一致的对应形式。由于 *-p-s 和 *-t-s 具有一样的对应形式，因此一大批收 *-p-s 的字以前没有被辨识，所以早前的构拟中也都将它们处理为 *-t-s(高本汉 *-d，李方桂 *-dh)。

（1163） *-əp-s > *-ət-s > *-əj-s

*-up-s > *-ut-s > *-wət-s > *-wəj-s

*-ip-s > *-it-s > *-ij-s

表 5.98　收 *-p 韵尾高元音韵母的中古对应形式一览表

上古音	中古音	注释	例字
*Cˁəp	*Cop*	[1]	罛,遝 *m-rˁəp > *dop* > tà ‘达到,和’
*Cˁup		[2]	納 *nˁ[u]p > *nop* > nà ‘引入或使进入’
*Cˁip	*Cep*		墊 *[t]ˁip > *tep* > dié ‘(四川地名)’
*Cˁrəp	*Ceap*		[符合理论预设,但无明确例证]
*Cˁrup			
*Cˁrip			
*Kip	*Kjip*	[3]	揖 *qip > *'jip* > yī ‘鞠躬(动词),致敬’(所有例字均为中古影母)
*Pip	*Pjip*?		[符合理论预设,但无明确例证]
*Kwəp	*Kjuwk*?	[4]	[符合理论预设,但无明确例证]
*P(r)əp	*Pjuwk*?		[符合理论预设,但无明确例证]
其他:			
*C(r)əp	*Cip*	[1]	吸 *qʰ(r)əp > *xip* > xī ‘吸入’
*C(r)up		[2]	入 *n[u]p > *nyip* > rù ‘进入’
*C(r)ip		[5]	執 *[t]ip > *tsyip* > zhí ‘拿着’

表 5.98 附注:

[1] 通过比对带 *-s 后缀的同族词的元音形式,我们为“罛,遝”构拟了 *ə: *m-rˁəp > *dop* > tà:

（1164） 罛,遝 *m-rˁəp > *dop* > tà ‘达到;和’

逮 *m-rˁəp-s > *m-rˁət-s > *dojH* > dài ‘达到’;又音 *dejH*[115]

及 *[m-k-]rəp > *gip* > jí ‘达到’

暨 *[m-k-]rəp-s > *m-krət-s > *gijH* > jì ‘达到’(高本汉:

*g'i̯ɛd）

我们把例(1165)中整个词族也构拟为*-əp(-s)。

(1165) 吸 *q^{h}(r)əp > *xip* > xī '吸入'
　　　愾 *q^{h}əp-s > *xj* + *jH* > kài '叹气；愤怒'
　　　氣 *C.q^{h}əp-s > *khj* + *jH* > qì '云气' 308

这些词在义训上基本相同，即便这里面反映出来的形态意义我们还不完全清楚，但丝毫不影响我们确认这批词之间的音义关系。《经典释文》一再注明"逮"*m.$r^{ʕ}$əp-s 的异读 *dejH*(如《经典释文》97，《诗经·大雅·桑柔》(257)第六章)，"逮"的异读可以解释为不同方言中不同类型音变导致的结果。如果上古音节形式为*m.$r^{ʕ}$ət-s，*ə 处在锐音声母和锐音韵尾之间，易发生前化，于是就生成了 *dejH* 的形式。而 *dojH* 这个读音则反映的是某一个未发生元音前化音变的方言，或者也可能是*-ət-s 前化之后才发生*-əp-s > *-ət-s 的音变，因而*-əp-s 没有受到前化的任何影响。

[2] 通过比对带*-s 后缀的同族词的元音形式，我们为"納"*$n^{ʕ}$[u]p > *nop* > nà '引入或使进入'和"入"*n[u]p > *nyip* > rù 进入构拟了圆唇的主元音*u[116]：

(1166) 入 *n[u]p > *nyip* > rù '进入'
　　　納 *$n^{ʕ}$[u]p > *nop* > nà '引入或使进入'
　　　内 *$n^{ʕ}$[u]p-s > *$n^{ʕ}$ut-s > *$n^{ʕ}$wət-s > *$n^{ʕ}$wəj-s > *nwojH* > nèi '里面'
　　　退 *$n̥^{ʕ}$[u]p-s > *-ut-s > *-wət-s > *-wəj-s > *thwojH* > tuì '后退("进"的反义)'(高本汉：*t'wəd)

还有两组韵母可构拟为*-[u]p(-s)的同族词：

(1167) 雜 *[dz]^{ʕ}[u]p > *dzop* > zá '混杂'

集 *[dz][u]p > *dzip* > jí ‘聚集，会集’

萃 *[dz][u]p-s > *dzwijH* > cuì ‘聚集，群’

(1168) 答 *[t]ˤ[u]p > *top* > dá ‘回答’

對 *[t]ˤ[u]p-s > *tˤut-s > *tˤwət-s > *tˤwəj-s > *twojH* > duì ‘应答’

[3] 由于一些我们尚未充分了解的原因，中古四等重纽韵母-*jip*、-*jim*、-*jiep*、-*jiem* 只和ʹ-(影母)相配。与这些韵母相配的软腭音声母可能因为腭化音变消失，例如 *Kip* > *Tsyip* 等，不过我们还缺少可靠的例证来证明。此外，这些四等重纽韵母完全不出现在唇音声母之后。

[4] 通过与“熊”*C.[ɢ]ʷ(r)əm > *hjuwng* > xióng ‘熊’和“凬”*prəm > *pjuwng* > fēng ‘风’这些例子的类比，我们推断“*Kjuwk*”和“*Pjuwk*”这样的韵母形式有时可能来自*-up，但是我们暂时还找不到例证。

[5] 我们把“執”*[t]ip > *tsyip* > zhí ‘拿着’的主元音构拟为*i，因为其声符又出现在四等字“墊”*[t]ˤip > *tep* > dié ‘(四川地名)’之中(见前文)，读去声的派生形式其音变发展与*-it-s 相类。最后，“蟄”*[d]rip > *drip* > zhé ‘冬眠；从生’作为*-ip 的韵脚出现在《周南 · 螽斯》(5)第三章当中(见例(1155))。

309 *-əm、*-um、*-im 的中古音对应形式皆见表 5.99 的归纳。

表 5.99 收*-m 尾的上古高元音韵母的中古对应形式一览表

上古音	中古音	注释	例字
*Cˤəm	*Com*		南 *nˤ[ə]m > *nom* > nán ‘南方’
*Cˤum		[1]	暗 *qˤum-s > *ʹomH* > àn ‘黑暗’
*Cˤim	*Cem*	[2]	簟 *[l]ˤimʔ > *demX* > diàn ‘竹席’
*Cˤrəm	*Ceam*		減 *kˤr[ə]mʔ > *keamX* > jiǎn ‘减少’
*Cˤrum			[无明确例证]
*Cˤrim			[无明确例证]

续　表

上古音	中古音	注释	例字
*Kim	*Kjim*	[3]	愔 *[q]im > *'jim* > yīn ‘温和，平和’
*Pim	*Pjim*?		[无明确例证]
*Kʷəm	*Kjuwng*	[4]	熊 *C.[ɢ]ʷ(r)əm > *hjuwng* > xióng ‘熊（名词）’
*P(r)əm	*Pjuwng*		風 *prəm > *pjuwng* > fēng ‘风（名词）’
其他：			
*C(r)əm	*Cim*	[1]	音 *[q](r)əm > *'im* > yīn ‘声音，音调’
*C(r)um			陰 *q(r)um > *'im* > yīn ‘阴暗’
*C(r)im		[2]	諗 *n̥imʔ > *syimX* > shěn ‘规谏’

表 5.99 附注：

[1] 我们把“音” *[q](r)əm > *'im* > yīn ‘声音，音调’的主元音构拟为 *ə，因为在《秦风·小戎》(128)第三章中它与 *-əŋ 类字押韵（见例(1162)）。但是在中古音中与“音”同音的“陰”却应构拟为带主元音 *-u：*q(r)um > *'im* > yīn ‘阴暗’，因为在《豳风·七月》(154)第八章中它与 *-uŋ类字押韵：

(1169) 沖沖 *[d]ruŋ-[d]ruŋ > *drjuwng-drjuwng* > chōng chōng ‘凿冰的声音’

陰 *q(r)um > *'im* > yīn ‘阴暗’

用“音” yīn < *[q](r)əm 作声符的“暗”，我们把它的韵母也构拟为 *-um：“暗” *qˤum-s > *'omH* > àn ‘光线不足’。因为“暗”很可能与“陰” *q(r)um 阴暗之间存在词源关系。《古文字诂林》所集的“暗”字没有见于汉代以前的例子，因此作为一个晚起字，“暗”已经无法体现出上古 *-əm 和 *-um 的语音区别了。

[2] 上文例(1154)曾经提到过，“簟” *[l]ˤimʔ > *demX* > diàn ‘竹席’构拟为 *-im 就可以说明其中古韵母 *-em* 的来源；“簟”在《小雅·斯干》(189)第六章中与“寢” *[tsʰ]imʔ > *tshimX* > qǐn ‘睡觉’押韵，与“寢”

同声符的字见例(1153):“駸”*[tsʰ]r[i]m > *tsrhim* > qīn ‘飞跑’,又和声符为“念”*nˁim-s > *nemH* > niàn ‘思念’的字通押。

[3] 和韵母-*jip* <*-ip 一样,中古韵母-*jim* <*-im 只拼中古影母。

[4] “熊”和“風”传统都归入侵部,我们现在把这两字的韵母构拟为*-əm。我们认为*-əm 的主元音在唇音声母或唇化声母之后会圆唇化,从而变为*-um,而后*-m 又因异化音变为*-ŋ。从“風”*prəm > *pjuwng* > fēng ‘风’的谐声字形关联可以推断,在主元音前应当有过*-r-,当*-r-消失的时候,主元音已经圆唇化,因而*-r-在韵
310 母当中没有留下痕迹(与最早的*-ruŋ 的形式一样,见 § 5.4.6.3)。

上古音收*-p 的非高元音韵母的中古音对应形式见表 5.100 的归纳。

表 5.100 收*-p 尾的上古非高元音的中古对应形式一览表

上古音	中古音	注释	例字
*Cˁap	*Cap*	[1]	盍 *m-[k]ˁap > *hap* > hé ‘茅草屋顶,覆盖(动词)’
*Cˁep	*Cep*		挾 *m-kˁep > *hep* > xié ‘抓住’
*Cˁop	*Cop*	[2]	合 *m-kˁop > *hop* > hé ‘合并’
*Cˁrap	*Caep*	[1]	甲 *[k]ˁr[a]p > *kaep* > jiǎ ‘天干的第一位’
*Cˁrep	*Ceap*		狹 *N-kˁ<r>ep > *heap* > xiá ‘狭窄’
*Cˁrop		[2]	洽 *N-kˁ<r>[o]p > *heap* > qià ‘协调’
*K(r)ap	*Kjaep*	[3]	劫 *k(r)ap > *kjaep* > jié ‘劫掠’
*K(r)op			跲 *[k](r)op > *kjaep* > jiá ‘绊跌’
*K(r)ep			脅 *qʰ<r>ep > *xjaep* > xié ‘侧面身体的两侧’
*Kep	*Kjiep*	[4]	厭 *ʔep > *'jiep* > yā ‘压(动词)’
*Kʷrap	*Kjep*	[5]	燁 *[ɢ]ʷ(r)[a]p > *hjep* > yè ‘照耀,闪光’
*P(r)ap	*Pjop*	[6]	法 *[p.k]ap > *pjop* > fǎ ‘典范,法令’
*P(r)op		[7]	乏 *[b](r)[o]p > *bjop* > fá ‘缺少(动词)’
*Pep	*Pjiep*?		[无例证]
*Prep	*Pjep*?		[无例证]

续 表

上古音	中古音	注释	例字
*Tsrap	*Tsrjep* > *Tsreap*～*Tsraep?*		[无明确例证]
*Tsrop		[8]	臿 *[tsʰ]<r>op > *tsrheap* > chā ‘古农具’
*Tsrep			[无明确例证]
其他:			
*C(r)ap	*Cjep*		獵 *r[a]p > *ljep* > liè ‘追猎’
*C(r)ep		[9]	攝 *kə.nep > *syep* > shè ‘捉住,抓住’
*C(r)op			[除以上“臿”以外,无明确例证]

表 5.100 附注:

[1] 一般情况下,中古汉语-*ap* 是 *Cˤap 的对应形式,而-*aep* 是 *Cˤrap的对应形式。我们把下列例子构拟为 *ap(s):

(1170) 盍 *m-[k]ˤap > *hap* > hé ‘茅草屋顶,覆盖(动词)’
蓋 *[k]ˤap-s > *kajH* > gài ‘盖(动词);盖子(名词)’

(1171) 接 *[ts][a]p > *tsjep* > jiē ‘连接’
際 *[ts][a]p-s > *tsjejH* > jì ‘相连’

虽然“祭” *[ts]et-s > *tsjejH* > jì ‘祭献’的韵母是 *-et-s,“察” *[tsʰ]ˤret > *tsrheat* > chá ‘检查’的韵母也可能是 *-et,但同声符的字“際”是一个晚起字,因此“際”的声符不能够反映早期的元音和韵尾(《古文字诂林》10.840 中未见此字在汉前文献中的用例)。 311

[2] 我们根据“合”hé < *hop* 的去声派生形式“會”huì < *hwajH* 和其他同族词,把“合”的主元音构拟为 *o:

(1172) 合 *m-kˤop > *hop* > hé ‘合并’
洽 *N-kˤ<r>[o]p > *heap* > qià ‘协调’
會 *m-kˤop-s > *hwajH* > huì ‘相会,开会’
會 *kˤop-s > *kwajH* > kuài ‘计算(动词、名词)’

襘 *kˤop-s > *kwajH* > guì ‘衣领或腰带的两头交叉处’

[3] MC *-jop* 一般只出现在 *P*-类声母之后，而*-jaep* 只出现在 *K*-类声母之后。因为它们有几个可能的上古音来源，所以很难确定它们的上古音主元音。

[4] 与其他类似的收唇音韵尾的音节一样，中古重纽四等韵母 *-jiep*只出现在影母之后。

[5] 当收唇音韵尾的韵母带唇化声母时，唇化声母会因与韵尾的冲突发生异化而失落唇化特征，因而很难知道上古音中哪些字有这一类声母。但是只有把“爗”构拟为 *[ɢ]ʷ(r)[a]p > *hjep* > yè ‘照耀闪光’，才能够解释何以其中古声母是云母 *hj*-(喻三＝云)。MC *hj*-一般只出现于合口音节中(例如，在我们的标写系统里云母带-*w*-)。在“爗”的读音里，-*w*-已因异化消失。

[6] “去”在很早的字形材料中就被用作“灋～法”的声符，这是一个争讼已久的问题。一些问题至今仍未解决，而我们对这个问题的看法是：(1) “去”最早曾用于 *Kap 一类的音节中表声[劫 *k(r)ap > *kjaep* > jié ‘抢夺’]；(2) “灋～法”所代表的音节有一个唇音的音节前成分：法 *[p.k]ap > *pjop* > fǎ ‘典范、法令’；(3) “去” qù < *khjoH* 这个读音可能是与发生了韵尾 *-p > *-k 音变(*[k]ʰ(r)ap-s> *-ak-s > *-a-s > *khjoH*)的西部方言有关。或者另一种可能是，MC *-jo* 源于词汇轻读变体的重新重音化，从而使韵尾塞音弱化乃至消失，这种变化又见于“來”字的 *-k 韵尾消失：“來” *mə.rˤək > *rˤək> *rˤə(非重读形式)> *loj* > lái ‘来’(参看 Baxter 1992：330 以及本书 § 5.4.2.2)。而中古读音 *khjoX*，则可能是从 *[kʰ](r)ap > *kʰaʔ(轻读形式)演化而来的。(4){廢} *[p-k]ap-s > *-at-s > *pjojH* > fèi ‘废除’(早期文献中写作“灋”)可能与词根形式“去” *[k]ʰ(r)ap-s > *khjoH* > qù ‘离开’有关系。

[7] “乏” *[b](r)[o]p > *bjop* > fá “缺少”(动词)和“去”这两个声符是划然不同的，这也许说明“乏”的韵母应该是 *-op 而不是 *ap。下面这个读 *-oŋ(*-om 在方言中变为 *-oŋ)也可以佐证“乏”一类字的主元音在上古应该是 *o。

(1173) 覂 *p(r)omʔ([方言]>) *p(r)oŋʔ > *pjowngX* > fěng ‘倾覆(此字不见于汉前)’

颜师古《汉书》注里有一次把“泛”注读“覂”音，并且说字本作“覂”，义为“覆也”。 312

[8] 之前提到过，我们根据与“臿”音义相联的去声形式-*jwejH*，把“臿” *[ts^h]<r>op > *tsrheap* > chā ‘杵槌’的韵母构拟为 *-op：

(1174) 臿 *[ts^h]<r>op > *tsrheap* > chā ‘古农具’
桑 *[ts^h]<r>op-s > *tsrhjwejH* > cuì ‘用杵槌捣’

[9] 用“聶”niè < *nrjep* ～ shè < *syep* 为声符的字上古韵母为 *-ep，这一谐声系列中所有字的中古读音都一致对应 *-ep。此外，{慑} *[t.n][e]p > *tsyep* > zhé ‘恐惧’还可以写作从“執” *[t]ip > *tsyip* > zhí ‘抓住’得声，同样也符合前元音的构拟。虽然“同声必同部”在大多数情况下的确如此，但也难免例外。比如此处 *i 和 *e 都可以见于同一声符上。但是必须指出，*i 与其他元音之间的这种交替现象是极为罕见的。

收 *-m 尾的上古非高元音韵母的中古音对应形式皆见表 5.101 的归纳。

表 5.101　收 *-m 尾的上古非高元音韵母的中古对应形式一览表

上古音	中古音	注释	例字
*Cˤam	*Cam*		籃 *k.rˤam > *lam* > lán ‘篮子’，原始闽语 *lhɑmA
*Cˤem	*Cem*		兼 *[k]ˤem > *kem* > jiān ‘兼有；同时’
*Cˤom	*Com*	[1]	贛 *[k]ˤom(ʔ)-s > *komH* > gàn ‘赣(河流名)’
*Cˤram	*Caem*		監 *[k]ˤram > *kaem* > jiān ‘查看’

续 表

上古音	中古音	注释	例字
*Cˤrem	*Ceam*		歉 *kʰˤremʔ-s > *kheamH* > qiàn ‘谦虚’
*Cˤrom		[2]	陷 *[ɢ]ˤromʔ-s > *heamH* > xiàn ‘落入陷阱’
*K(r)am	*Kjaem*		嚴 *ŋ(r)am > *ngjaem* > yán ‘威严,庄严’
*K(r)om	*Kjom*	[2]	欠 *[k]ʰ(r)om-s > *khjomH* > qiàn ‘呵欠’
*Kem	*Kjiem*	[3]	厭 *ʔem >‘*jiem* > yān ‘满足的’
*Krem	*Kjem*	[4]	鉗 *C.[g]<r>[e]m > *gjem* > qián ‘钳子’
*P(r)am	*Pjom*		[无可靠例证]
*P(r)om		[5]	范 *[m-pʰ](r)omʔ > *bjomX* > fàn ‘蜜蜂’
*Pem	*Pjiem?*	[3]	[无可靠例证]
*Prem	*Pjem?*		貶 *pr[e]mʔ > *pjemX* > biǎn ‘削弱’
*Kw(r)am	*Kjem*	[6]	炎 *[ɢ]ʷ(r)am > *hjem* > yán ‘燃烧,烧得旺的’
*C(r)am	*Cjem*		檐 *Cə.[ɢ]am > *yem* > yán ‘屋檐’①
*C(r)em		[7]	占 *tem > *tsyem* > zhān ‘占卜’
*C(r)om		[2]	淹 *ʔ(r)om >'*jem* > yān ‘浸泡,淹没’

表 5.101 附注：

[1] 根据“赣”gàn < *komH* 与 *-oŋ 的交互现象,我们为其构拟了 *-om,它与鼻音韵尾的交互可能反映出某种已将唇音韵尾变为软腭音韵尾的方言特色：

(1175) 贛 *[k]ˤom-s > *komH* > gàn ‘江西赣江’

(1176) 贛～貢 *[k]ˤom-s > *[k]ˤoŋ-s > *kuwngH* > gòng ‘贡品；进献’

“贛～貢”现在的字形当中都含有声符“工” gōng < *kuwng* < *kˤoŋ ‘官

① 译注：此处“*Cə.[ɢ]am”,原书作“*Cə.Gam”。

员'，但是这个声符却是由于晚近字形的混淆而导致的误释。"赣"最早的字形由"章"（即"璋"'古瑞玉名'之初文）和"丮"（像人双臂前伸）组成，如下所示（出自西周青铜器庚嬴鼎）[117]： 313

(1177) 

陈剑（2007）详细地讨论了这个字的形体发展过程，后来的字形起初添加了声符"欠"*[k]^{h}(r)om-s > *khjomH* > qiàn '打呵欠'，而"工" gōng < *kuwng* < *kˤoŋ '官员'是最后被加上去的，其出现时代相当晚近。西周朝廷的"朝贡"（～"赣"）之礼可能与"赣～貢"读作 *kuwngH* < *[k]ˤoŋ-s有关，因为*-ŋ 替换更早期的*-m 反映的正是西部方言的特征。而保留了*-m 韵尾的"赣"*[k]ˤom-s > *komH* > gàn，用作江西省的河流名称，可能表明那里正是保留了*-om 的方言区域。

[2]"欠" qiàn < *khjomH* '打呵欠'、"臽" xiàn < *heamH* '小坑'、"奄" yǎn < *'jemX* '遮盖'都属于董同龢所构拟的*-ɐm 类的谐声系列，因为这系列中的字两见于中古韵母-*om* 和-*jem*（参前文讨论，以及董同龢 1948：108，109）。例（1178）中所举的词可能属于同一族：

(1178) 欠 *[k]^{h}(r)om-s > *khjomH* > qiàn '打呵欠'
坎 *[k]^{h}ˤomʔ > *khomX* > kǎn '坑'
臽 *[ɢ]ˤromʔ-s > *heamH* > xiàn '小坑'
陷 *[ɢ]ˤromʔ-s > *heamH* > xiàn '落入陷阱'

[3] 除了少数有问题的例子以外，重纽四等韵母-*jiem* 基本只拼影母，这与其他收唇音韵尾的重纽四等韵的声韵配合格局是一样的。

[4]"钳"qián < *gjem* 的声符虽然是"甘"*[k]ˤ[a]m > *kam* > gān '甜'，但"钳"的韵母却可能是*-em，它可能与"挟"*m-kˤep > *hep* > xié '抓住'及其他一些词在历史上有词族关系：

(1179) 挟 *m-kˤep > *hep* > xié ‘抓住’
　　　夹 *kˤ<r>ep > *keap* > jiā ‘两边夹住’
　　　挟 *s-kˤep > *tsep* > xié ‘抓住’
　　　狭 *N-kˤ<r>ep > *heap* > xiá ‘狭窄’

[5] “范” *[m-pʰ](r)omʔ > *bjomX* > fàn ‘蜜蜂’可能是“蜂” *pʰ(r)oŋ > *phjowng* > fēng ‘蜜蜂’的某种方言变体。

[6] 只有给“炎” *[ɢ]ʷ(r)am > *hjem* > yán ‘燃烧、炽热的’构拟小舌音声母*[ɢ]ʷ-，才能解释其中古声母 *hj*-的来源。须注意“炎”为“熊” *C.[ɢ]ʷ(r)əm > *hjuwng* > xióng ‘熊’之声符，小舌声母*[ɢ]ʷ-才能较好地解释*-m > *-ŋ 的异化音变。“炎”有*[ɢ]ʷ(r)am 和 *C.[ɢ]ʷ(r)əm 两种构拟形式，两者的主元音是不同的，但在此韵部当中能够准确表音的声符实属凤毛麟角，选择“炎”作声符也是不得已而
314 求其次。

[7] 声符“占” zhān < *tem 是分辨韵母属*-em 还是*-ep 的可靠指针：

(1180) 占 *tem > *tsyem* > zhān ‘占卜’
　　　點 *tˤemʔ > *temX* > diǎn ‘黑点’
　　　苫 *s.tem > *syem* > shān ‘茅草屋顶’
　　　怗 *[tʰ]ˤep > *thep* > tiē ‘使服从，安宁’

315 我们对于上古汉语韵母的讨论就到此为止。

第六章

结　论

6.1 上古汉语是怎样的一种语言

要讨论上古汉语是怎样的一种语言，如果不考虑提出这个问题的历史背景，会是一件很幼稚的事。几个世纪以来，欧洲的知识界对中国本身以及汉语的本质都很感兴趣。中国的某些制度有几千年连续的历史，这使一些欧洲的观察家得出这样的结论，即中国和他们自己所在的欧洲完全不同，中国很少变化。黑格尔(Hegel)在他的《历史哲学》(*Philosophy of History*)中，出于看来是相当抽象的理由，认为中国和印度都处"在世界历史的局外"：

> 历史必须从中华帝国说起，因为根据史书的记载，中国实在是最古老的国家；它的原则又具有那一种实体性，所以它既然是最古的，同时又是最新的帝国。中国很早就已经进展到了它今日的情状；但是因为它客观的存在和主观运动之间仍然缺少一种对峙，所以无从发生任何变化，一种终古如此的固定的东西代替了一种真正的历史的东西。中国和印度可以说还在世界历史的局外，而只是预期着、等待着若干因素的结合，然后才能够得到活泼生动的进步。(Hegel 1899：116)[①]

人们经常说汉语是连续使用时间最长的人类语言。当然，如果我们说的是口语，这多半只是个术语的问题：我们用不同的名称来称呼吠陀梵语和印地语，虽然它们的关系与上古汉语和现代普通话的关系差不多。但是如果就文字系统而言，那么汉字可能是最古老的连续使

① 译注：对"原则"一词的强调，为原文所有。中译参考王造时所译《历史哲学》，1956年三联书店版第160—161页。

用的文字,至少在公元前十三世纪就已经存在了(因此比腓尼基字母要早);而且早期欧洲的观察家也没有理由去相信,在此之前的两三千年中,它有什么大的变化。考虑到一般人都不区分书面语和口语的差别,很容易就得出这样的结论:上古汉语和现代汉语一样,只不过古
316 老一点而已。

十九世纪欧洲关于语言差异的本质的观点也影响了对早期汉语的看法。十九世纪现代语言学开始兴起时,当时人们普遍假设人类语言分为结构根本不同的少数几种类型,就像当时最流行的比较解剖学,根据动物内在的结构把它们分为脊椎门、软体门、节肢门、辐射对称门(参见 Baxter 2002 关于这一联系的讨论)。语言的分类也尝试用类似的方法,集中在语素怎样联结在一起形成更高一级的表达方式上。虽然当时也有许多竞争方案,但是奥古斯特·威廉·施莱格尔(August William von Schlegel, 1818: 14)将语言分为三类:(1) 没有语法的(如汉语);(2) 词缀机械地附加到词根上,没有变化的;(3) 有屈折变化的,其中语言的元素是"有机地"组合起来,经过内部的变化,而不只是机械地组合在一起。印欧语言被认为属于第三类,当然(不出意料地)被认为是最高级的语言。不同的语族被认为是有不同的语言结构类型(就像不同门类的动物有不同的内在结构一样),而且这些语言结构经常是和使用这些语言的民族国家或"种族"的特定精神状态相对应。

此外,十九世纪人们还普遍相信地球才几千年的历史,所以可能语言也是相当晚近才发展起来的,而且可能在不同"种族"有不同的发展。也有人尝试去估计特定语言在进化上的发展程度,而汉语,不管它有其他什么长处,总是被认为结构原始,接近于人类语言的最早阶段的状态。因为人们认为汉语是单音节结构的,而单音节结构是最早的人类语言的特征,所以就认为汉语历史上应该很少变化。这样,威廉·德怀特·惠特尼(William Dwight Whitney)在 1867 年还说(带着好奇的黑格尔的回响)[①]:

部分汉语文献几乎或者完全和印欧语文献一样古老,而且汉

① 以下由本书译者翻译。

> 语……在某些方面比其他任何人类语言在结构上都要更原始。但是，汉语最初是，而且一直以来都是，一种几乎没有历史的孤立的语言。（Whitney 1867：233—234）
>
> 一种语言，汉语……从来没有从它原始的单音节阶段向前进步。它的词汇甚至到今天还是简单的词根音节，很像印欧语的词根，没有形式变化，本身没有词性，词汇的词性只是组合成句子后才出现的……而这样一种贫乏的、蹩脚的语言却数千年来满足了一个有高度教养和文学素养的民族的所有需求。（Whitney 1867：257）
>
> 要解释这么简单的一种语言的结构和历史，我们没有什么需要多说的——一种语言可以说没有语法结构，没有词形变化，没有词性，它在四千年的历史中变化很少，还没有大多数语言在四百年里的变化多，或者说别的语言一百年里的变化。（Whitney 1867：334） 317

现在我们很少听到这样清楚明白地表达出来的观点，但是我们依然会碰到有人说汉语是和欧洲语言彻底不同的一种语言，以某种方式与“东”“西”方的思想差异紧密地联系在一起。

虽然在汉学界我们依然可以感受到这些十九世纪的观念，但是在语言学界，情况已经发生了变化。现代语言学家一般认为，人类的语言能力是一种人类的生物性的适应能力，在种群之间没有很大的差别。我们现在知道不同的形态模式，以前被用来划分语言的根本不同的类型标准，是可以随着时间发生翻天覆地的变化的，甚至是在同一个语族内部。

因此，除了人类语言共有的属性，一个语族的分支语言，在具有共同的祖语之外，不一定有什么相同的东西，而且类型的相似性不再是语族关系的证据。这样就没有什么印欧语或汉藏语结构了。[1]汉藏语族，以前认为有声调和“孤立性”结构特征，包括声调语言和非声调语言，而且有的语言有丰富的词形变化，有的没有。印欧语中也有声调语言，而且英语本身已经失去了大部分的词形屈折变化，在形态结构上越来越向着现代汉语那样的方向变化。所以我们没有理由假设任何古代语言与它后来的现代语言在类型上一定相似。

此外，现在我们相信人类语言作为一种生物性的适应能力至少有好几万年的历史，不是如十九世纪所普遍相信的那样是一个近期的文化发明。所以没有理由去相信我们构拟的古代语言在本质上与现代语言不同，或者在结构上更原始，或者影响古代语言的那些变化会与影响现代语言的变化有重大的不同。

鉴于上述这些考虑，我们怎样来描述上古汉语的特征呢？一开始，我们可以说，上古汉语几乎没有任何一项我们通常认为的典型的汉语特征。

上古汉语没有声调。声调是在上古汉语时期结束以后发展起来的，当某些辅音失去而伴随音高(pitch)差异变得具有区别作用：词尾喉塞音的消失产生了上声，词尾-[h](来自更早的*-s)的消失产生了去声。事实上，有一些方言中辅音元素[ʔ]和[h]还保存着[如山西孝义，参看沙加尔(Sagart 1999b：132)和郭建荣(1989)]。

上古汉语不是单音节的。在很多例子中，现代方言和早期借词的证据，都要求我们构拟词头的次要音节。我们必须构拟紧密附着的前
318 置辅音来解释下面的例子(例 1181)：

(1181) 牀 *k.dzraŋ > *dzrjang* > chuáng ‘床’，原始闽语 *dzh-；原始越语 * k-ɟəːŋ ‘床’，Chứt [Sách，Rục] /kəcɨːŋ^{2}/，Maleng [Brô] /kacɨ̀əŋ/；Maleng [Kha Pong] kəcɨːŋ^{2}，越南语 *giường* [zɯʌŋ A2]

我们构拟松散附着的前置音节来解释闽语和越南语中都有的元音之间的弱化，如例(1182)：

(1182) 脰 *kə.dˤok-s > *duwH* > dòu ‘颈项’，原始闽语 *-d-；原始越语 * k-ɗɔːk ‘颈背’，Rục kadɔ́k，越南语 *dọc* [zɔk D2] ‘植物的茎或梗’

在一些例子中，前置音节成分可能是在上古汉语或者更早的一个语言阶段中共时的前缀，但是我们没有理由怀疑在一些例子中它可能是词根的一部分。对存在这样复杂的起首辅音群的一个可能解释是，

它们可能是通过缩减原来完整的双音节词中的第一个音节而形成的。在摩洛哥阿拉伯语中可以发现这样一个例子。双音节动词的原始形式失去了第一个元音，产生了复杂的辅音群(Harrell 1966)：

(1183)	现代标准阿拉伯语	摩洛哥阿拉伯语
	jabal ‘山’	žbəl
	katab ‘他写过’	ktəb
	namir ‘虎’	nmər
	taqīl ‘重’	tqil
	baʕid ‘距离’	bʕid

我们构拟的上古汉语的词不像现代汉语，反倒像现代高棉语的固有词汇(不包括多音节的借词)：都有单音节和次要前置音节的词，有相当多的派生性形态变化(当然，这并不是说汉语和高棉语在起源上是有关联的，前面已有论述，此处不再赘述)。

6.2　上古汉语的方言差别

上古汉语时期，估计有相当大的方言多元性。我们已经在确认上古汉语方言特征以及找到它们的具体地理位置上有了一些进展：

1. 方言中韵尾*-r 变成*-j，在山东半岛及其邻近地区(参看§5.5.1.4)。这一发展在处衢方言和闽方言中还能看到一些迹象，一些以[i]为韵尾的词对应中古音的-*n*。 319

2. 在沿海地区辅音*l̥(ˤ)-和*n̥(ˤ)-变成[tʰ]，但在更西边的地区则变成了[x]或[h]；辅音*r̥(ˤ)-也有类似的分流发展(参看§4.3.5)。

3. 对于前置音节的处理，各个方言有很大的不同。闽方言似乎反映了其中的一种：前置辅音阻塞音在阻塞辅音之前消失：

(1184) 書 *s-ta > *syo* > shū ‘书写’；原始闽语*tšy A(似乎来自 OC *ta)

在闽语和客家话中，阻塞音前置辅音在响音辅音之前会产生不同的对应形式，而在中古汉语代表方言的书面材料和大多数的现代方言中，这样的阻塞音前置辅音消失了(参看：§4.4.4.4)。

(1185) 鹵 *rˤaʔ > *luX* > lǔ ‘盐性的(特指土地)’，原始闽语 *l-，梅县(客家) /lu 1/

老 *C.rˤuʔ > *lawX* > lǎo ‘年老’，原始闽语 *lh-，梅县 /lau 3/

丰富的早期故训材料和中古汉语书面材料可能包含更多的线索，可以进一步修正我们关于早期方言差别的假设。

6.3 已知的问题

我们相信，有了比以前更广泛的证据，在构拟一个更充分的上古汉语方面会有所进展。然而我们也知道还存在尚未解决的问题。这里只概述其中的一些问题，并提出我们认为在今后的研究中解决这些问题的可能方案。

6.3.1 *-a 对 *-A，*-ak 对 *-Ak，*-aj 对 *-Aj

上古汉语 *-a、*-aj 和 *-ak 在中古汉语对应形式中，我们还没法解释其中的一些差异：在锐音辅音后，从 *-a 我们有时有 *-jo*，有时是 *-jae* (§5.4.1.1)；从 *-ak，我们有时有 *-jak*，有时是 *-jek* (§5.4.1.2)；从 *-aj 我们有时有 *-je*，有时是 *-jae* (§5.5.2.1)。我们用临时的标记来表示这些差别，但是这只是发现了问题，而没有解决。在 *-a 的例子中，我们有这样的对立：

(1186) *-a > *-jo*：諸 *ta > *tsyo* > zhū ‘很多’

*-A > *-jae*：者 *tAʔ > *tsyaeX* > zhě ‘(名词化助词)’

在 *-ak 的例子中，我们有这样的对立：

(1187) *-ak > -*jak*：斫 *tak > *tsyak* > zhuó‘砍’
*-Ak > -*jek*：尺 *t^hAk > *tsyhek* > chǐ‘尺(度量单位)’ 320

在 *-aj 的例子中,我们有这样的对立：

(1188) *-aj > -*je*：　移 *laj > *ye* > yí‘移动’
*-Aj > -*jae*：　哆 *[t-l̥]Ajʔ > *tsyhaeX* > chǐ‘大’(也读作 *[t-l̥]ajʔ > *tsyheX* > chǐ‘大’)

这可能与方言差异或者韵律有关,另外还可能是韵母的演变受到前置辅音的影响。目前需强调的是我们的 *A 不是第七个元音,它只是明确的临时标记,表示没有解决的问题。

6.3.2　*s-对 *S-

与上面情形类似,在少数例子中,前置辅音 *s 似乎和紧接的塞音换位形成一个塞擦音,而我们预测是一个不同的对应形式。在这样的例子中,我们用大写字母 *S-作为临时标记来表示这种不规则变化：

(1189) 甑 *S-təŋ-s > *tsingH* > zèng‘蒸饭的器具’,原始苗瑶语 pHM *tsjɛŋH,很可能与下面的词来自同一词根：
烝 *təŋ > *tsying* > zhēng‘(水蒸气)升起;蒸(及物动词)’

通常的对应形式是 *s.t- > *sy*-：

(1190) 羶 *s.tan > *syen* > shān‘羊肉的气味’;声符是
亶 *tˤanʔ > *tanX* > dǎn‘真诚,真实地’

在这些例子中,我们也不能解释这些差异。可能事实上有两种前置辅音 *s-,或者 *s.C-和 *sə.C-的差别在起作用。

6.3.3 还没法解释的音系学上的缺环

有一些词和音节我们找不到证据来构拟,但是可能应该存在。例如,我们没有在清塞音或鼻音前构拟*sə.。关于这些下落不明的结构的假设可能帮助我们解决其他问题(例如上面谈到的*s.-对*S.-的问题)。

6.3.4 *-s 后缀功能未知

我们暂时假设所有后置辅音*-s是形态上的后缀,而且我们为这样的后缀构拟了几个有足够的证据支持的功能,包括:(1) 从动词派生名词;(2) 从静态动词或形容词派生外向动词;(3) 从名词派生动词(参看§3.3.2.7)。但是,还有许多附着*-s的例子没有得到解释。很可能一些上古汉语原有的形态变化在读写传统中变得不清楚了,所以我们不能总依靠中古汉语的材料来告诉我们哪些形式有*-s,哪些没
321 有。但是,这个问题值得进一步研究。

6.4 未来研究的方向

更一般地说,我们在第二章所概括的每一种证据都需要进一步和更细致地研究。这不但针对传统的三巨头,即中古汉语、上古音韵部和文字证据是如此,而且对以前忽视的材料,如新的古文字发现、现代方言和其他语言中的早期汉语借词,更是如此。

虽然已经有很多对中古汉语书面材料的研究,但研究时我们到底要解决什么样的问题,并不总是很清楚。《切韵》系统不是一种单一性的方言,这一认识目前已经得到公认。那么更有用的研究是去彻底地调查我们材料中的方言多元性,并且尝试与我们从现代方言的直接研究中得到的结果联系起来。我们修订后的构拟提出了一些值得研究的问题,例如韵尾*-r的不同对应形式的地理分布,和对前置辅音的不同处理的地理分布。

迄今为止,上古汉语韵部的研究主要集中在《诗经》。它是早期韵文最大的一部总集,但是早期文献中其他的散布的韵文段落也值得研究。利用上古汉语时期音变和方言差别的假设,我们可能可以依据它们韵部的特征,更精确地确定文本的时空来源——或者可以修订和改正我们的假设。

虽然原则上我们希望用先秦文字的证据来构拟上古汉语,而不是后来的标准文字,但是随着早期文献的数量持续增加,要充分利用它们来作语言重构需要更多的人力和物力。这里我们试图指出需要的研究种类,但还有更多的工作要做。我们相信,与现在被广泛使用的传统音韵学的方法相比,我们的构拟是更有效的古文字研究的工具,但还需要更多的研究来证明这一点,来检验或修正我们的假设。

特别是,如果我们能更精确地知道先秦文字变化的时空轨迹,那将会是很有用的。我们提出了具体的上古汉语期间的音变假设,并且认为这些音变可以解释文字上的变化——例如{聞}的声符中以"門"替"昏"的变化(参看 § 3.4)。检验和优化这个假设的方法之一就是系统地调查何时何地出现这些词的新写法,这可以弄清楚先秦时期语言变化的时空序列;反过来,也可以根据内在证据来帮助确定特定文本产生的时代与地域。 322

我们相信我们已经展示了在上古汉语构拟中利用现代方言材料的必要性,而不仅仅是以《切韵》音系为代表的中古汉语。现在闽方言有比以前更好的记录,即便我们依赖罗杰瑞的构拟,但为了更充分地利用方言所提供的证据,还需要对这些方言的历史进一步作出更细致的研究。例如,没有一个充分的上古汉语构拟可以忽视闽北方言中的声母软化现象,但是一些对应中古浊声母的软化声母的确看上去是次生的(参看 § 4.2.1.1)。为了更恰当地区分这些方言中词汇的历史层次,需要更多的工作来构拟原始闽语的声母和韵母。同时,为了构拟上古汉语的词汇,光知道原始闽语中有这样那样的差别是不够的,我们还需要构拟尽可能多的单词来阐明这些差别。

我们现在清楚了,不只是闽方言,还有客家、瓦乡和浙江南部的处衢方言保存了中古汉语所没有的一些特征,可能还有其他方言可以加到这个单子里来。所有这些都应该从历史的角度来彻底研究。

最后,我们还需要了解更多其他语言中的早期汉语借词,以及汉语中可能来自其他语言的借词。关于侗台语、越语族和苗瑶语历史的重要工作正在进行,将来它们可以使我们的构拟得到改良。

上面提到的这些证据很大程度上就是引发了我们在新构拟中的主要创新,这些创新大多涉及一个更复杂的前置音节系统。除了增加韵尾*-r和具体单词拟音的修订外,从白一平(Baxter 1992)以来韵部的构拟相当稳定。相反,在许多例子中,我们关于前置音节的假设是基于尚不完善的材料及分析,我们坚信取得了进展,并且预期随着将来的研究,这部分的构拟可能需要修正。如我们在前面主张的那样(参看§1.2.1),语言构拟是一个持续的过程,我们的构拟是进一步研究的基础,而不是最终的结果。

6.5 广泛比较视角下的上古汉语

我们在构拟上古汉语时,尽量不把我们的推论建立在藏缅语族的事实之上。这不是因为我们认为它们和汉语没有关系——我们还是接受汉藏语系是一个有意义的分类——但是作为一个方法论的选择,如果汉语族和藏缅语族是汉藏语系的两大主要分支,如有些人相信的那样,那么构拟祖语最好是完全建立在独立的上古汉语和原始藏缅语
323 的基础之上。

我们的新构拟有时把上古汉语词汇带到更接近于现存的藏缅语的形式:如"苍蝇",我们现在的蝇*m-rəŋ(参看§4.4.2.4)比以前的任何构拟都更接近书面藏语 *sbrang*(可能<*s-mrang)。但有时我们的构拟的确也使上古汉语词汇与现存的藏缅语构拟相差更远:如"水",我们是*s.turʔ,词尾*-r看上去导致上古汉语不同于原始藏缅语的*twij'水'(Benedict 1972),原始汉藏语的*tujH'水'(Peiros & Starostin 1996: 2.146)。然而,这也的确使得语音的对应更加规则。例如川*t.l̥u[n]> *tsyhwen* > chuān'河流',最后的辅音放在方括号里,因为我们不清楚上古汉语是*-n或*-r。假设韵尾是*-r,这一形式中的主要音节可以和本尼迪克(Benedict, Paul K.)的原始藏缅语拟

音*lwi(y)‘流,河’比较,有相同的韵母对应:原始藏缅语(PTB)*-wij:OC *-ur,和‘水’相似。同样的,‘蛋’,本尼迪克的原始藏缅语*twiy,早期汉语表达‘蛋’一词的主要形式是:卵 *k.rˤorʔ > *lwanX* > luǎn,与藏缅语词没有关系。但在汉语南方方言的俗语中“蛋”,也用来指‘睾丸’:广东话/tʃ^{h}œn 1/,客家话/tʃ^{h}un 1/ ‘鸟蛋,爬行动物的蛋;鱼卵’。这些形式可以从 OC *t^{h}u[n]演变来([n]不能确定是*r 或*n)。如果我们再假设上古汉语的韵尾是*-r,那么这个词就和原始藏缅语的*twij相合,和‘河流’与‘水’一样,都有相同的韵部对应。

表 6.1　PTB *-wij(本尼迪克)和 OC *-ur(白-沙系统)的对应

	PTB *-wij(本尼迪克)	OC *-ur(白-沙系统)
水	*twij	*s.turʔ
蛋、卵	*twij	*t^{h}u[n](<*-urʔ)
川、河流	*lwi(j)	*t.l̥u[n](<*-urʔ)

表 6.1 中的资料显示原始汉藏语词汇以某种带 r 的音结尾,它在原始藏缅语中变成以[j]结尾。“水”和“蛋”两个词在一些藏缅语中有不同的声调:如 Boro /^{2}dōy/ ‘水,河’相对于/^{1}dōy/ ‘蛋’(Bhattacharya 1977: 280, 288), Mizo(卢舍依语)/tui 35/ ‘水’相对于/tui 55/ ‘蛋’(Matisoff 2003: 195)。现存原始藏缅语的构拟中没有考虑的部分声调差异,可能源于上古汉语继承下来的喉塞音的有无差别。比较表 6.2 中汉语和原始博多-加罗语(Proto-Bodo-Garo)的形式(引自: Joseph and Burling 2006)。原始博多-加罗语(Proto-Bodo-Garo)声调 tone 2 来自词尾-ʔ,根据 Joseph 和 Burling(2006: 101),它仍然出现在加罗语。

很多比较性的问题还没有答案:如上古汉语‘水’和‘河流’中的*s.和*t. 是什么?为什么汉语中‘河流’的声母*l̥-是清音?为什么汉语中‘水’的首位塞音不送气,但是在‘蛋’中确是送气的?我们希望藏缅语构拟的进展将最终给我们一些回答,我们也不排斥这一区域的汉藏语和其他语族的比较会给我们更多的答案。 324

表 6.2 OC *-ʔ 和原始博多-加罗语声调 2 的对应

上古汉语	原始博多-加罗语(Joseph & Burling)
以 *ləʔ > *yiX* > yǐ ‘拿,用’	*la 2 ‘拿,用’
负 *[b]əʔ > *bjuwX* > fù ‘背负’	*ba 2 ‘背小孩’

虽然我们避免使用汉语以外的资料来检验关于上古汉语的假设,但是对其他相关语言的进一步认识可以最终帮助我们更好地理解上古汉语。原始日耳曼语的一个例子可以作为一个平行的例证。一些原始日耳曼语词根有 *s 和 *z 的替换(遗存在英语里的例子如 *was* 对 *were* 或者 *lose* 对(*for*)*lorn*,这里的/r/来自更早的 *z)或者 *þ 和 *đ的替换(遗存在英语里的例子如 *seethe* 和它的旧的过去分词 *sodden*)。这些替换可以在原始日耳曼语中得到构拟,但是要理解它们的起源,我们必须在印欧语族更广的范围内看其他相关的语言。我们发现它们是由于原始印欧语重音位置的不同造成的(这一规则称为维尔纳定律)。这一更广泛的视角不一定改变我们对原始日耳曼语的构拟,但是它使我们对它有一个更好的理解。同样,我们预计,在弄清楚汉藏语族的历史之前,上古汉语的某些现象可能不会被充分理解。当我们从更广泛的比较的语境来看汉藏语族中令人很困惑的现象时,视野可能会变得更清楚。

总之,我们希望除了对汉语史本身的问题作新的解释之外,我们的构拟也将有助于弄清楚汉藏语族历史的某些方面,尤其是它可以帮助寻找早期汉藏语的创新。我们相信,这对解决汉藏语族结构至关重
325 要,也是成功构拟原始语言的先决条件。

附录：构拟词表

本表收录见于本书的所有上古汉语单词的构拟。更完整的、及时更新的构拟词表见网站：http://ocbaxtersagart.lsait.lsa.umich.edu/。本表中的单词以现代汉语读音为序，其后是我们对中古音的标音。现代汉语的读音以《汉语大词典》为据，和依据中古汉语推测的读音不一定相合。词条释义只是为了辨别词义的方便，而不是对上古汉语中该单词词义确定性的重构。

哀 āi　*ʼoj* < *ʔˤəj ‘怜悯；悲哀’：285

艾 ài　*ngajH* < *C.ŋˤa[t]-s ‘艾属植物’：92，272

安 ān　*ʼan* < *[ʔ]ˤa[n] ‘安静’：263—264；也见于 Ānxī < *ʼan.sik*

安息 Ānxī　*ʼan.sik* < W. Hàn *[ʔ]ˤa[n].sək ‘Ānxī：‘西域的一个伊朗语族国家’（from Aršaka = Arsaces, founder of the Arsacid dynasty）；263—264；也见于 ān < *ʼan* ‘安静’

暗 àn　*ʼomH* < *qˤum-s ‘光线不足’：310

卬 áng　*ngang* < *[k.ŋ]ˤaŋ ‘高；高举’：57，163，215

醠 àng　*ʼangH* < *ʔˤaŋ-s ‘盆；臃肿’：100

媪 ǎo　*ʼawX* < *ʔˤuʔ ‘老妇’：102，246

豝 bā　*pae* < *pˤra ‘母猪，猪’：51，223

八 bā　*peat* < *pˤr[e]t ‘八’：214，275

拔 bá　*beat* < *bˤ<r>ot ‘拔出’：280，281，400n78；也见于 bèi < *bajH*

胈 bá　*pat* < *pˤot ‘人体细毛；草根’：280

罷 bà　*beaX* < *[b]ˤrajʔ ‘阻止，停止’：269

白 bái　*baek* < *bˤrak ‘白色’：17，65，72，108

琫 běng *puwngX* < *pˤoŋʔ‘佩刀鞘口上的装饰’：244

迸 bèng *peangH* < *pˤreŋ-s‘驱赶’：235

逼 bī *pik* < *prək‘催促，逼迫’：228，230

鼻 bí *bjijH* < *Cə-bi[t]-s‘闻(及物动词)’：132，188

鼻 bí *bjijH* < *m-bi[t]-s‘鼻子’：89，95，132，142，188，393n4

鄙 bǐ *pijX* < *prəʔ‘边境小邑’：229

筆 bǐ *pit* < *p.[r]ut（[方言]*p.r->*pr-）‘书写的笔’：42，43，89，162，294

彼 bǐ *pjeX* < *pajʔ‘那’：65

比 bǐ *pjijX* < *C.pijʔ‘比较’：289，290

髀 bì *bejX* < *m-pˤeʔ‘髀骨’：55，232；也见于 bì < *pjieX*

髀 bì *pjieX* < *peʔ‘髀骨，臀骨’：55；也见于 bì < *bejX*

苾 bì *bet* < *[b]ˤi[t]‘芳香’：290

辟 bì *bjiek* < *[N]-pek‘法令，法则；合法的’：233

庳 bì *bjieX* < *N-peʔ‘低，矮’：117

壁 bì *pek* < *C.pˤek‘墙壁’：168，233

碧 bì *pjaek* < *prak‘淡蓝色’：225

賁 bì *pjeH* < *por-s‘华丽的(卦名)’：259，295；也见于 bēn < *pwon*，fén < *bjun*

蔽 bì *pjiejH* < *pe[t]-s‘覆盖(动词)’：276，277

畀 bì *pjijH* < *pi[t]-s‘给’：142，390n65

必 bì *pjit* < *pi[t]‘必定’：290

邊 biān *pen* < *pˤe[n]‘旁边’：100，277

鞭 biān *pjien* < *pe[n]‘鞭子’：277，388n52

扁 biǎn *penX* < *pˤe[r]ʔ‘平而且薄’：278

貶 biǎn *pjemX* < *pr[e]mʔ‘削弱’：313，403n111

弁 biàn *bjenH* < *C.[b]ro[n]-s‘帽子’：204—205，209

辨 biàn *bjenX* < *[b]renʔ‘辨别’：277

便 biàn *bjienH* < *[b]e[n]-s‘舒适的’：204—205

諞 biàn *bjienX* < *[m-pʰ]e[r]ʔ‘巧言善辩’：278；也见于 pián < *bjien*

變 biàn *pjenH* < *pro[n]-s‘变化(动词)’：208—209，217，252，282，394n13，395n17

髟 biāo *pjiw* < *p(r)iw‘长发’：300

表 biǎo *pjewX* < *p(r)awʔ‘外面’：218，296

別 bié *bjet* < *N-pret‘被分开’：88，116—117，118，275；也见于 bié < *pjet*

別 bié *pjet* < *pret‘分为两半’：116；也见于 bié < *bjet*

賓 bīn *pjin* < *pi[n]‘客人’：196，291

扱 chā　*tsrheap* < *tsrhjep* < *s-q^{h}r[ə]p‘搜集，收集’：140；《经典释文》也给出了一些其他的读法：*tsrhip*，*khip*，*xip*，and *ngip*（*JDSW* 118，145）

臿 chā　*tsrheap* < *[ts^{h}]<r>op‘古农具’：306，311，313

察 chá　*tsrheat* < *[ts^{h}]^{ʕ}ret‘检查’：213，275，277，311，392n94

拆 chāi　*trhaek* < *q^{hʕ}<r>ak‘分开，拆开’（[方言] *q^{hʕ}r- > *r̥^{ʕ}- > *trh-*）：175

差 chāi　*tsrhea* < *[ts^{h}]raj‘差异；选择’：74，80，266，269，270；也见于 chā < *tsrhae*，参差 cēncī < *tsrhim.tsrhje*

豺 chái　*dzreaj* < *[dz]^{ʕ}rə‘猛兽’：229

儕 chái　*dzreaj* < *[dz]^{ʕ}<r>əj‘类，同类’：58，213

孱 chán　*dzrean* < *dzjren* < *[dz]r[a][n]‘胆怯的’：274

單于 chányú　*dzyen.hju* < W. Hàn *dar.ɦ^{w}a（< OC *[d]ar ＋ *ɢ^{w}(r)a）‘匈奴的首领’：260，399n66；也见于單 dān < *tan*，于 yú < *hju*

產 chǎn　*sreanX* < *s-ŋrarʔ‘生育（动词），生产’：18，148，391n76

腸 cháng　*drjang* < *lraŋ‘肠子’：109，110，166，173

嘗 cháng　*dzyang* < *Cə.daŋ‘品尝’：53，188

鬯 chàng　*trhjangH* < *t^{h}raŋ-s‘香酒’：80

唱 chàng　*tsyhangH* < *mə-t^{h}aŋ-s‘领唱’：178

朝 cháo　*drjew* < *m-t<r>aw‘朝会’：55，296；也见于 zhāo < *trjew*

巢 cháo　*dzraew* < *[dz]^{ʕ}raw‘鸟窠’：296

車 chē　*tsyhae* < *[t.q^{h}](r)A‘战车’：158，224；也见于 jū < *kjo*

撤 chè　*drjet* < *m-t^{h}ret‘撤除，拿走’：128；也见于 chè < *trhjet*

坼 chè　*trhaek* < *Nə-q^{hʕ}<r>ak‘裂（不及物动词）’（[方言] *q^{hʕ}r- > *r̥^{ʕ}- > *trh-*）：175

撤 chè　*trhjet* < *t^{h}ret‘撤除，拿走’：128，275；也见于 chè < *drjet*

塵 chén　*drin* < *[d]rə[n]‘尘土’：288

晨 chén　*zyin* < *sə-[d]ər‘天蝎星座里的部分；早晨’：253，399n58

陳 chén　*drin* < *lri[n]‘排列’：291

辰 chén　*dzyin* < *[d]ər‘地支第五位’：181，255

瞠 chēng　*trhaeng* < *t^{hʕ}raŋ‘注视’：227

赬 chēng　*trhjeng* < *t-k^{h}reŋ‘红色’：79，159

稱 chēng　*tsyhing* < *t^{h}əŋ‘称重；称量；称呼’：55；也见于 chèng < *tsyhingH*

橙 chéng　*dreang* < *[d]^{ʕ}rəŋ‘柑橘树（《说文》）’：231

澄 chéng　*dring* < *[d]rəŋ‘清澈，洁净’：231

程 chéng　*drjeng* < *l<r>eŋ‘规则，法则’：164

處 chǔ　*tsyhoX* < *t.q^{h}aʔ‘在(某处)’: 129, 138;也见于 chù < *tsyhoH*

畜 chù　*trhjuwH* < *q^h<r>uk-s‘驯养的动物’: 250;也见于 chù < *trhjuwk*, xù < *xjuwk*, xù < *xjuwH*

畜 chù　*trhjuwk* < *q^h<r>uk‘蓄积’: 103, 249, 250;也见于 chù < *trhjuwH*, xù < *xjuwk*, xù < *xjuwH*

黜 chù　*trhwit* < *t.k^h<r>ut‘驱逐’: 294

處 chù　*tsyhoH* < *t.q^{h}aʔ-s‘处所’: 129;也见于 chǔ < *tsyhoX*

揣 chuǎi　*tsrhjweX* < *s-t^h<r>orʔ‘测量,估计’: 80, 139

嘬 chuài　*tsrhwaejH* < *[ts^h](ˤ)ro[t]-s‘叮咬,吃’;也见于 chuài < *tsrhweajH*: 281

嘬 chuài　*tsrhweajH* < *[ts^h](ˤ)ro[t]-s‘叮咬,吃’;也见于 chuài < *tsrhwaejH*: 281

穿 chuān　*tsyhwen* < *t^{h}o[n]‘穿过’: 76, 104

川 chuān　*tsyhwen* < *t.l̥u[n] (*-jwen* is irregular; we would expect *-win*) ‘溪、河’: 53, 166, 251, 324

傳 chuán　*drjwen* < *m-tron‘传授’: 282;也见于 zhuàn < *drjwenH*

輲 chuán　*dzywen* < *[d]or‘有实心轮子的车子’: 283

船 chuán　*zywen* < *Cə.lo[n]‘船’: 190

喘 chuǎn　*tsyhwenX* < *[t^h]orʔ‘气喘’: 80, 283

窗 chuāng　*tsrhaewng* < *s-l̥ˤ<r>oŋ‘窗户’: 56, 81, 146, 150

窻 chuāng　*tsrhaewng* < *s-l̥ˤ<r>oŋ‘窗户’: 150

幢 chuáng　*draewng* < *[d]ˤroŋ‘一种旗帜’: 244

牀 chuáng　*dzrjang* < *k.dzraŋ‘床’: 37, 71, 95, 97, 153, 160, 227, 319

吹 chuī　*tsyhwe* < *t^{h}o[r]‘吹’: 76, 252, 266, 271, 279

錘 chuí　*drjwe* < *m-t<r>oj‘榔头’: 279

椎 chuí　*drwij* < *k.druj‘锤子’: 160

出 chuì　*tsyhwijH* < *t-k^{h}ut-s‘拿出或摆出’: 293;也见于 chū < *tsyhwit*

輴 chūn　*trhwin* < *l̥ru[n]‘出殡车’: 294

春 chūn　*tsyhwin* < *t^{h}un‘春季’: 76, 104, 294

脣 chún　*zywin* < *sə.dur‘嘴唇’: 181

綴 chuò　*trjwet* < *trot‘缝补’: 281

輟 chuò　*trjwet* < *trot‘中止,停止’: 281

錣 chuò　*trwaet* < *tˤrot‘马鞭端的针刺’: 281

綽 chuò　*tsyhak* < *t^{h}awk‘宽缓,从容’: 297

差 cī　*tsrhje*, see 参差 cēncī < *tsrhim.tsrhje*;也见于 chā < *tsrhae*, chāi < *tsrhea*

慈 cí　*dzi* < *[N-ts]ə‘充满深情的,仁慈的’: 90

餈 cí　*dzij* < *dzij‘大米或小米糕’: 108

德 dé　*tok* < *tˤək‘德行’：10—11，380n4，385n25

登 dēng　*tong* < *k-tˤəŋ‘一种祭祀用的器皿’：97

登 dēng　*tong* < *tˤəŋ‘上升’：59，136，192，231

鐙 dēng　*tong* < *k-tˤəŋ‘灯’：153

翟 dí　*dek* < *lˤewk‘野鸡’：299，300

滌 dí　*dek* < *lˤiwk‘洗涤，清扫’：301

氐 dǐ　*tejX* < *tˤijʔ‘底部’：100

底 dǐ　*tejX* < *tˤijʔ‘底部；滞，塞’：197

折 dì　*dejH* < *[d]ˤet-s‘孤零独立（特指树木）’：276；也见于 shé < *dzyet*，zhé < *tsyet*

杕 dì　*dejH* < *[d]ˤet-s‘孤零独立（特指树木）’：276

弟 dì　*dejX* < *lˤəjʔ‘弟弟’：285

地 dì　*dijH* < *[l]ˤej-s‘地面，土地’：109

驒騱 diānxí　*ten.hej* < *tˤer.gˤe‘一种野马（匈奴的坐骑）’：66

點 diǎn　*temX* < *tˤemʔ‘黑点’：72，97，98，100，304，315，403n111

玷 diàn　*temX* < *tˤemʔ‘黑点’：403n111

簟 diàn　*demX* < *[l]ˤimʔ‘竹席’：305，310

墊 diàn　*temH* < *[t]ˤ[i]m-s‘下陷’：305；也见于 dié < *tep*

墊 dié　*tep* < *[t]ˤip‘（四川地名）（汉之前没有例证）’：304，305，308，309；也见于 diàn < *temH*

釘 dīng　*teng* < *tˤeŋ‘钉（名词）’：126；也见于 dìng < *tengH*

頂 dǐng　*tengX* < *tˤeŋʔ‘头顶’：235

鼎 dǐng　*tengX* < *tˤeŋʔ‘鼎’：43

定 dìng　*dengH* < *m-tˤeŋ-s‘使……固定、定居（及物动词）’：126；也见于 dìng < *dengH*‘被……固定’，dìng < *tengH*

定 dìng　*dengH* < *N-tˤeŋ-s‘被……固定，定居（不及物动词）’：126，也见于 dìng < *dengH*‘使……固定、定居（及物动词）’，dìng < *tengH*

定 dìng　*tengH* < *tˤeŋ-s‘烧好的（食物）’：126；也见于 dìng <*dengH*

釘 dìng　*tengH* < *tˤeŋ-s‘钉（动词）’：126；也见于 dīng < *teng*

冬 dōng　*towng* < *tˤuŋ‘冬天’：250

東 dōng　*tuwng* < *tˤoŋ（< *tˤoŋʔ ?）‘东方’：9—10，147，244，390n74

動 dòng　*duwngX* < *[Cə-m-]tˤoŋʔ‘移动’：147，390n74

兜 dōu　*tuw* < *tˤo‘头盔’：55，124

斗 dǒu　*tuwX* < *tˤoʔ‘量器名；杓’：71，242

脰 dòu　*duwH* < *kə.dˤok-s‘颈项’：95，184，244，319

毒 dú　*dowk* < *[d]ˤuk‘毒物’；也见于闽方言 *m-[d]ˤuk-s‘下毒’：

諤 è　*ngak* < *ŋˤak'直言'：56

阿會亘 ēhuìxuān　*'a.hwajH.sjwen* < E. Hàn *ʔˤa-ɦˤwajs-swar (< OC *qˤaj + *m-kˤop-s + *s-[q]ʷar)< Sanskrit *ābhāsvara*'闪光'：258；也见于阿 ē <*'a*，會 huì < *hwajH*，亘 xuān < *sjwen*

恩 ēn　*'on* < *ʔˤə[n]'仁慈，善意的行为'：283

兒 ér　*nye* < *ŋe'儿童'：77，108，133

而 ér　*nyi* < *nə'和，但是'：53，72—73

耳 ěr　*nyiX* < *C.nəʔ'耳朵'：158

爾 ěr　*nyeX* < *n[ə][r]ʔ'你(的)'：133

二 èr　*nyijH* < *ni[j]-s'二'：110

發 fā　*pjot* < *Cə.pat'发射，发出'：186，210，271，272，273，391n82

乏 fá　*bjop* < *[b](r)[o]p'缺少'：311，312

法 fǎ　*pjop* < *[p.k]ap'典范，法律'：151，152—153，272，311，312

灋 fǎ　*pjop* < *[p.k]ap'典范，法律'：151，152—153，272，311，312

髮 fà　*pjot* < *pot'根，头发'：273，281，400n78

番 fān　*phjon* < *pʰar'回，次'：259，399n62；也见于 bōbō < *pa-pa*

蕃 fān　*pjon* < *par'篱，屏障，栅栏'：257，258

藩 fān　*pjon* < *par'篱，屏障，栅栏'：257，258

燔 fán　*bjon* < *[b]ar'烧，烤'：256，257

繁 fán　*bjon* < *[b]ar'富庶，众多'：258

反 fǎn　*pjonX* < *Cə.panʔ'相反'：186，208—209，256，259，274，394n13，394n15，394n16

范 fàn　*bjomX* < *[m-pʰ](r)omʔ'蜜蜂'：313，314

飯 fàn　*bjonH* < *bo[n]ʔ-s'煮熟的谷类食物'：205，282

匚 fāng　*pjang* < *paŋ'容器，箱子(《说文》)'：142—143，151，159

方 fāng　*pjang* < *C-paŋ'方形'：57，142—143，151，158—159，227

昉 fǎng　*pjangX* < *paŋʔ'适巧，正在'：217

非 fēi　*pj+j* < *pəj'不是'：285

飛 fēi　*pj+j* < *Cə.pə[r] ([方言]*-r >*-j)'飞翔'：86，186

肥 féi　*bj+j* < *[b][ə]r'胖'：86

吠 fèi　*bjojH* < *Cə.bo[t]-s'狗叫'：189，281

沸 fèi　*pj+jH* < *Nə.p[u][t]-s'沸腾'：88，95，174

廢 fèi　*pjojH* < *pat-s'大'：272

廢 fèi　*pjojH* < *[p-k]ap-s'废除'：152—153，154，272，312，391n82

分 fēn　*pjun* < *pə[n]'划分'：216，217，288

焚 fén　*bjun* < *[b]u[n]'燃烧'：251

賁 fén　*bjun* < *[b]ur'大'：295；也见于 bēn < *pwon*，bì < *pjeH*

粉 fěn　*pjunX* < *mə.pənʔ'面粉'：177

高 gāo　*kaw* < *Cə.[k]ˤaw‘高,高大’: 296
鼛 gāo　*kaw* < *[k]ˤu‘大鼓’: 247
告 gào　*kowk* < *kˤuk‘宣告,告诉’: 249
歌 gē　*ka* < *[k]ˤaj‘歌唱,歌曲’: 256, 269, 271
割 gē　*kat* < *Cə-kˤat‘用刀截断;毁坏’: 271
各 gé　*kaek* < *kˤrak‘往’: 185
格 gé　*kaek* < *kˤrak‘往’: 185
隔 gé　*keak* < *[k]ˤrek‘阻隔,分离’: 233
革 gé　*keak* < *kˤrək‘皮革,皮’: 213, 230
合 gě　*kop* < *kˤop‘一起;放在一起;合在一起的’: 125, 388n46;也见于 hé < *hop*
根 gēn　*kon* < *[k]ˤə[n]‘植物根,植物茎干’: 288
庚 gēng　*kaeng* < *kˤraŋ‘天干第七位’: 166
更 gēng　*kaeng* < *kˤraŋ‘改变’: 43, 227
耕 gēng　*keang* < *kˤ<r>eŋ‘耕地’: 235
公 gōng　*kuwng* < *C.qˤoŋ‘公正无私;政府,公家’: 66, 181
公 gōng　*kuwng* < *C.qˤoŋ‘父亲;诸侯’: 28—29, 31, 101, 182, 383n7, 385n24
宫 gōng　*kjuwng* < *k(r)uŋ‘住宅;宫殿;音阶名’: 250
工 gōng　*kuwng* < *kˤoŋ‘官员’: 66, 313—314
工 gōng　*kuwng* < *kˤoŋ‘工作’: 28, 244, 250
攻 gōng　*kuwng* < *kˤoŋ‘进攻’: 250
龏 gōng　*kjowng* < *k<r>oŋ‘恭敬’: 244, 245
恭 gōng　*kjowng* < *k<r>oŋ‘恭敬’: 244, 245
龔 gōng　*kjowng* < *k<r>oŋ‘恭敬’: 244, 245
弓 gōng　*kjuwng* < *kʷəŋ‘弓箭’: 228, 231, 307
觥 gōng　*kwaeng* < *[k]ʷˤraŋ‘酒器’: 227
廾 gǒng　*kjowngX* < *k(r)oŋʔ‘拱手’: 119
共 gòng　*gjowngH* < *N-k(r)oŋʔ-s‘一起,都’: 119, 245
貢 gòng　*kuwngH* < *[k]ˤoŋ-s < *[k]ˤom-s‘贡品’: 313—314, 403n117
贛 gòng　*kuwngH* < *[k]ˤoŋ-s < *[k]ˤom-s‘贡品’: 313—314, 403n117
狗 gǒu　*kuwX* < *Cə.kˤroʔ‘狗’: 186, 215
彀 gòu　*kuwH* < *[k]ˤ(r)ok-s‘张满弓弩’: 244
孤 gū　*ku* < *kʷˤa‘孤儿’: 223
菇 gū　*ku* < *mə.kˤa‘蘑菇’: 177
穀 gǔ　*kuwk* < *[k]ˤok‘谷物’: 243, 244
牯 gǔ　*kuX* < *Cə.kʷˤaʔ‘公牛’: 187

骨 gǔ　*kwot* < *kˤut‘骨头’: 294
故 gù　*kuH* < *kˤaʔ-s‘旧的’: 75, 101
瓜 guā　*kwae* < *kʷˤra‘瓜,葫芦’: 223
卦 guà　*kweaH* < *[k]ʷˤre-s‘用筮草预言的办法’: 232
乖 guāi　*kweaj* < *kʷˤrəj‘背离;混乱’: 285
夬 guài　*kwaejH* < *[k]ʷˤret-s‘分开,决口’: 276
怪 guài　*kweajH* < *[k]ʷˤrə-s‘离奇的’: 229
關 guān　*kwaen* < *[k]ˤro[n]‘门闩’: 214;也见于間關 jiānguān < *kean.kwaen*
倌 guān　*kwaenH* < *kʷˤra[n]-s‘雇工,男仆’: 274
冠 guān　*kwan* < *[k.ʔ]ˤor‘帽子’: 58, 151;也见于 guàn < *kwanH*
官 guān　*kwan* < *kʷˤa[n]‘官府’: 234, 274, 278
鰥 guān　*kwean* < *[k]ʷˤrə[n]‘鳏夫’: 288
綸 guān　*kwean* < *k.rˤu[n] ([方言] *k.rˤ-> *kˤr-)‘头巾;海藻’: 294;也见于 lún < *lwin*
痯 guǎn　*kwanX* < *kʷˤa[n]ʔ‘疲惫,无助的’: 259
管 guǎn　*kwanX* < *kʷˤa[n]ʔ‘疲惫,无助的’: 259;也见于 guǎn < *kwanX*‘管子;笛’
管 guǎn　*kwanX* < *[k]ˤo[n]ʔ‘管子;笛’: 282;也见于 guǎn < *kwanX*‘疲惫、无助的’
筦 guǎn　*kwanX* < *[k]ˤo[n]ʔ‘管子;笛’: 282
冠 guàn　*kwanH* < *k.ʔˤor-s‘戴帽子’: 58, 151, 154;也见于 guān < *kwan*
祼 guàn　*kwanH* < *[k]ˤor(ʔ)-s‘祭祀时倒出祭酒’: 282
貫 guàn　*kwanH* < *kˤon-s‘从中心穿过’: 208—209, 395n16
觀 guàn　*kwanH* < *C.qʷˤar-s‘观察楼’: 234, 278;也见于榮觀 róngguàn < *hjwaeng.kwanH*
鸛 guàn　*kwanH* < *C.qʷˤar-s‘鹭’: 261
光 guāng　*kwang* < *kʷˤaŋ‘光明’: 81, 117
廣 guǎng　*kwangX* < *kʷˤaŋʔ‘宽’: 227
歸 guī　*kjw+j* < *[k]ʷəj‘返回’: 285, 391n80, 401n91
圭 guī　*kwej* < *[k]ʷˤe‘玉版’: 232
龜 guī　*kwij* < *[k]ʷrə‘龟’: 229, 248, 398n54
詭 guǐ　*kjweX* < *[k](r)ojʔ‘不正常’: 279
癸 guǐ　*kjwijX* < *kʷijʔ‘天干末尾’: 289
鬼 guǐ　*kjw+jX* < *k-ʔujʔ‘鬼’: 101, 151, 154, 391n80
簋 guǐ　*kwijX* < *kʷruʔ‘礼器’: 247, 248, 398n54
軌 guǐ　*kwijX* < *kʷruʔ‘车辙’: 218, 247, 248, 397n30, 398n54

匱 guì　*gwijH* < *[g]ruj-s‘箱子’：293

撅 guì　*kjwejH* < *k(r)[o][t]-s‘揭起(衣服)’：281

貴 guì　*kjw + jH* < *kuj-s‘有价值的；贵的’：101，102，196，391n79

襘 guì　*kwajH* < *kˤop-s‘衣领或腰带两头的交叉处’：312

郭 guō　*kwak* < *kʷˤak‘外城’：225

馘 guó　*kweak* < *C.qʷˤ<r>ək‘割获左耳’：230

果 guǒ　*kwaX* < *[k]ˤo[r]ʔ‘水果；结果’：282

過 guò　*kwaH* < *kʷˤaj-s‘经过’：271

害 hài　*hajH* < *N-kˤat-s‘被伤害；伤害’：197，272

駭 hài　*heajX* < *[g]ˤrəʔ‘受惊’：229

寒 hán　*han* < *Cə.[g]ˤa[n]‘寒冷’：274

韓 hán　*han* < *[g]ˤar‘三国时期朝鲜半岛的国家’：261

含 hán　*hom* < *Cə-m-kˤ[ə]m‘衔在嘴里’：192

翰 hàn　*hanH* < *[g]ˤar (rhymes as *-ar, but MC implies *[g]ˤar -s) ‘(马之)白’：259；也见于 hàn < *hanH*‘支撑，支持’

翰 hàn　*hanH* < *m-kˤar-s‘支撑，支持’：257，258；也见于 hàn < *hanH* ‘(马之)白’

旱 hàn　*hanX* < *[g]ˤa[r]ʔ‘干，干旱’：106

漢 hàn　*xanH* < *n̥ˤar-s (W［方言］*n̥- > *x*-, *-r >-*n*)‘(江河名)’：112，114，387n37

茠 hāo　*xaw* < *qʰˤu‘除草’：103

薅 hāo　*xaw* < *qʰˤu‘除草’：103，390n71

號 háo　*haw* < *[C.g]ˤaw‘大声喊叫’：246

好 hǎo　*xawX* < *qʰˤuʔ‘好’：59，102，103，246；也见于 hào < *xawH*

好 hào　*xawH* < *qʰˤuʔ-s‘爱、喜好(动词)’：59；也见于 hǎo < *xawX*

盍 hé　*hap* < *m-[k]ˤap‘茅草屋顶，覆盖’：151，153，197，311

合 hé　*hop* < *m-kˤop‘合并’：125，127，311，312；也见于 gě < *kop*

齕 hé　*hot* < *m-[q]ˤət‘咬’：287

和 hé　*hwa* < *[ɢ]ˤoj‘和谐’：266，270，271

禾 hé　*hwa* < *[ɢ]ˤoj‘正在生成的谷物’：279

賀 hè　*haH* < *m-kˤaj-s‘祝贺’：272

鶴 hè　*hak* < *[g]ˤawk‘鹤’：297

褐 hè　*hat* < *[ɢ]ˤat‘粗布’：44

隺 hè　*howk* < *[g]ˤawk‘高’：297

嚇 hè　*xaek* < *qʰˤ<r>ak‘恐吓’：121，175

赫 hè　*xaek* < *qʰˤrak‘红色，炽烈的’：103

黑 hēi　*xok* < *m̥ˤək (［方言］*m̥ˤ- > *x*-)‘黑色’：42

亨 hēng　*xaeng* < *qʰˤraŋ‘通达’：157；也见于 xiǎng < *xjangX*

恆 héng　_hong_ < *[g]ˤəŋ‘永恒’：231

横 héng　_hwaeng_ < *C.gʷˤraŋ‘交叉的；横向的’：171

紅 hóng　_huwng_ < *gˤoŋ‘粉红’：105

宏 hóng　_hweang_ < *[g]ʷˤ<r>əŋ‘响亮的；大’：231

弘 hóng　_hwong_ < *[ɢ]ʷˤəŋ‘巨大’：231

猴 hóu　_huw_ < *mə-gˤ(r)o‘猴子’：178

侯 hóu　_huw_ < *[g]ˤ(r)o‘诸侯’：242

厚 hòu　_huwX_ < *Cə.[g]ˤ(r)oʔ‘厚’：189

后 hòu　_huwX_ < *ɢˤ(r)oʔ‘君王；王后’：105

逅 hòu　_huwH_, see 邂逅 xièhòu < _heaH.huwH_

呼 hū　_xu_ < *qʰˤa‘叫唤，喊叫’：220；也见于 hù < _xuH_

芴 hū　_xwot_ < *m̥ˤut‘粗心；困惑的’：111

搰 hú　_hwot_ < *[g]ˤut‘挖出’：158

虎 hǔ　_xuX_ < *qʰˤraʔ (W [方言] *qˤʰr- > r̥ˤ- > _x_-)‘老虎’：103

滸滸 hǔhǔ　_xuX.xuX_ < *qʰˤaʔ.qʰˤaʔ‘伐木声’，也写作所所：129；也见于許許 hǔhǔ < _xuX.xuX_

許許 hǔhǔ　_xuX.xuX_ < *qʰˤaʔ.qʰˤaʔ‘伐木声（《小雅 · 伐木》）’，也写作所所：129；也见于許 xǔ < _xjoX_，滸滸 hǔhǔ < _xuX.xuX_

沍 hù　_huH_ < *N-qˤaʔ-s‘关进，塞住’：129

户 hù　_huX_ < *m-qˤaʔ‘门’：129

户 hù　_huX_ < *m-qˤaʔ‘停止，抑制’：129

呼 hù　_xuH_ < *qʰˤa-s‘叫唤，喊叫’：220；也见于 hū < _xu_

花 huā　_xwae_ < *qʷʰˤra‘花’：7, 83, 105, 379n5

華 huā　_xwae_ < *qʷʰˤra‘花’(now written “花”)：7, 83, 105, 379n5；也见于 huá < _hwae_

華 huá　_hwae_ < *N-qʷʰˤra‘开花；华丽的’：7, 83；也见于 huā < _xwae_

滑 huá　_hweat_ < *Nə-gˤrut‘滑溜’：95, 174, 175, 215, 294

話 huà　_hwaejH_ < *[g]ʷˤrat-s‘善言；话语’：106, 272

輠 huà　_hwaeX_ < *[g]ˤ<r>oʔ ([方言] *-r > *-j)‘转(指车轮)’：282；也见于 huàn < _hwanX_

踝 huà　_hwaeX_ < *m-kˤ<r>o[r]ʔ‘脚脖子’：215, 282

畫 huà　_hweaH_ < *C-gʷˤrek-s‘图画’：106, 171, 234；也见于 huà < _hweak_

繣 huà　_hweaH_ < *m-qʷʰˤrek-s‘捆绑’：83；也见于 huà < _xweak_

畫 huà　_hweak_ < *gʷˤrek‘画图’：106, 171, 233, 234；也见于 huà < _hweaH_

劃 huà　_hweak_ < *gʷˤrek‘画图’：106, 171

繣 huà　_xweak_ < *qʷʰˤrek‘捆绑’：83；也见于 huà < _hweaH_‘捆绑’

化 huà　_xwaeH_ < *qʷʰˤ<r>aj-s‘改变’：105, 269, 379n5

淮 huái　_hweaj_ < *[ɢ]ʷˤrij‘(水名)’：289

懷 huái　hweaj < *[g]ˤruj‘胸怀;环抱’：293

壞 huài　kweajH < *[k]ˤ<r>ujʔ-s‘破坏,毁灭’：117;也见于壞 huài < hweajH

壞 huài　hweajH < *N-[k]ˤ<r>ujʔ-s‘遭到破坏’：117, 118, 215;也见于壞 huài < kweajH

讙 huān　xjwon < *qʷʰar‘喧叫,喊叫’：261

懽 huān　xwan < *qʷʰˤar‘高兴;令人高兴的’：261

驩潛 Huānqián　xwan.dzjem < W. Hàn *xˤwar-dz[e]m (< OC *qʷʰˤar + *dz[o]m)‘花剌子模’(中亚国家)：260—261;也见于潛 qián < dzjem

環 huán　hwaen < *C.ɢʷˤ<r>en‘圆环’：214, 234, 277, 278

還 huán　hwaen < *[ɢ]ʷˤ<r>en‘旋转,回转’：67;也见于 xuán < zjwen.

睘 huán　hwaen < *[ɢ]ʷˤ<r>en‘旋转,回转’：67

桓 huán　hwan < *[ɢ]ʷˤar‘柱子;威武’：258, 266;也见于烏桓 Wūhuán < 'u.hwan

患 huàn　hwaenH < *[g]ˤro[n]-s‘祸患;危难’：282

輠 huàn　hwanX < *[g]ˤorʔ‘转(指车轮)’：282;也见于 huà < hwaeX

荒 huāng　xwang < *m̥ˤaŋ‘荒地;田地生草,无人耕种’：152

煌 huáng　hwang, see 敦煌 Dūnhuáng < twon.hwang

黃 huáng　hwang < *N-kʷˤaŋ‘黄色的’：81, 117, 118

墮 huī　xjwie < *l̥oj (W[方言]*l̥-> x-)‘损毁’：280;也见于 duò < dwaX

煇 huī　xjw+j < *qʷʰər‘灿烂’：253

虺 huī　xwoj < *[r̥]ˤu[j] (W[方言]*r̥-> x-)‘精疲力尽’：116;也见于 huǐ < xjw+jX

回 huí　hwoj < *[ɢ]ʷˤəj‘回转’：285

烜 huǐ　xjweX < *qʷʰarʔ ([方言]*-r > *-j)‘光明’：258

虺 huǐ　xjw+jX < *r̥u[j]ʔ (W[方言]*r̥-> x-)‘雷声’：116;也见于 huī < xwoj

會 huì　hwajH < *m-kˤop-s‘相会;开会’：312, 399n63;也见于 kuài < kwajH, 阿會亘 ēhuìxuān < 'a.hwajH.sjwen

慧 huì　hwejH < *[ɢ]ʷˤe[t]-s‘聪明’：276

穢 huì　'jwojH < *qʷat-s‘杂草,污垢’：272

喙 huì　tsyhwejH < *t-l̥o[rʔ]-s‘动物的嘴;气喘’：33, 57, 165, 393n103;也见于 huì < xjwojH

隋 huì　xjwieH < *l̥oj-s (W[方言]*l̥-> x-)‘碎裂的祭肉’：112, 280;也见于 tuǒ < thwaX

喙 huì　xjwojH < *l̥o[rʔ]-s (W[方言]*l̥-> x-)‘动物的嘴;气喘’：57,

165;也见于 huì < tsyhwejH

靧 huì　xwojH < *qʰˤuj-s‘洗脸’: 101

賄 huì　xwojX < *qʷʰˤəʔ‘财物,值钱的’: 44, 229

昏 hūn　xwon < *m̥ˤu[n]‘黄昏,昏暗’: 63, 64, 322

魂 hún　hwon < *[m.]qʷˤə[n]‘灵魂’: 288

活 huó　hwat < *[g]ʷˤat‘生存’: 271

獲 huò　hweak < *m-qʷˤrak‘捕猎’: 225

或 huò　hwok < *[ɢ]ʷˤək‘有的;或许’: 39—40, 230

屐 jī　gjaek < *Cə.[g]rek‘木屐’: 232, 233

雞 jī　kej < *kˤe‘鸡,鸡肉’: 232

枅 jī　kej < *[k]ˤer‘柱顶的横土’: 278;也见于 jiān < ken

激 jī　kek < *[k]ˤewk‘(水)受阻’: 299

基 jī　ki < *k(r)ə‘基础’: 218, 229

飢 jī　kij < *Cə.k<r>ə[j]‘饥饿’: 187, 285

机 jī　kijX < *krəjʔ‘小桌子,凳子’: 285

羈 jī　kje < *kraj‘马笼头,韁绳’: 270

奇 jī　kje < *[k](r)aj‘单数’: 8, 379n7;也见于 qí < gje

饑 jī　kj+j < *kə[j]‘饥荒’: 285

隮 jī　tsej < *[ts]ˤəj‘登’: 285

韲 jī　tsej < *[ts]ˤij‘腌制’: 289

集 jí　dzip < *[dz][u]p‘聚集;会集’: 306, 309

疾 jí　dzit < *[dz]i[t]‘疾病’: 290

及 jí　gip < *[m-k-]rəp‘达到’: 134, 140, 308

佶 jí　git < *[g]ri[t]‘健壮,(马)健壮’: 290

亟 jí　kik < *k(r)ək‘急迫’: 218

棘 jí　kik < *krək‘荆棘’: 230

朸 jí　kik < *krək‘荆棘’: 230

吉 jí　kjit < *C.qi[t] (*C.q- > *k-, 未经历腭化)‘吉利’: 290

即 jí　tsik < *[ts]ik‘走到’: 239

揖 jí　tsip < *s.qrip ([方言]tsr- > ts-)‘聚积’: 137, 305, 389n59;也见于 yī < ʼjip

濈 jí　tsrip < *s.q<r>[i]p‘聚在一起’: 137, 389n59

己 jǐ　kiX < *k(r)əʔ‘天干第六位’: 30—31, 382n17

幾 jǐ　kj+jX < *kəjʔ‘少,多少’: 254

忌 jì　giH < *m-k(r)ək-s‘训诫;避免’: 125

暨 jì　gijH < *[m-k-]rəp-s‘达到’: 134, 308

技 jì　gjeX < *[g]reʔ‘技艺’: 232

髻 jì　kejH < *kˤi[t]-s‘头髻,发髻’: 58, 291

寄 jì　*kjeH* < *C.[k](r)aj-s‘委托’：257

罽 jì　*kjejH* < *[k](r)[a][t]-s‘一种羊毛织品’：196

際 jì　*tsjejH* < *[ts][a]p-s‘相连’：311

祭 jì　*tsjejH* < *[ts]et-s‘祭献’：276，311

家 jiā　*kae* < *kˁra‘家庭’：223，399n60

加 jiā　*kae* < *kˁraj‘增加’：269，399n60

梜 jiā　*kaep* < *C.kˁ<r>ep‘筷子’（MC-*aep* 是不规则的；我们本期望是-*eap*）：126；也见于 jiā < *kep*

夾 jiā　*keap* < *kˁ<r>ep‘两边夹住’：58，117，126，314

梜 jiā　*kep* < *kˁep‘筷子’（*JDSW* 164）：126；也见于 jiā < *kaep*

跲 jiá　*kjaep* < *[k](r)op‘绊跌’：311

甲 jiǎ　*kaep* < *[k]ˁr[a]p‘天干的第一位’：311

假 jiǎ　*kaeX* < *Cə.kˁraʔ‘借来的，假的’：187

嫁 jià　*kaeH* < *s-kˁra-s‘将女儿嫁出’：75，136—137

監 jiān　*kaem* < *[k]ˁram‘察看’：107，163，313

姦 jiān　*kaen* < *[k]ˁran‘邪恶’：274

間 jiān　*kean* < *kˁre[n]‘介于两者的中间’：277；也见于間關 jiānguān < *kean.kwaen*

兼 jiān　*kem* < *[k]ˁem‘兼有，同时’：313

肩 jiān　*ken* < *[k]ˁe[n]‘肩膀’：204，277

枅 jiān　*ken* < *[k]ˁer‘柱顶的横木’：278；也见于 jī < *kej*

間關 jiānguān　*kean.kwaen* < *kˁre[n].kˁro[n]‘轮辖发出的声音《小雅·车辖》’：214

減 jiǎn　*keamX* < *kˁr[ə]mʔ‘减少’：310

繭 jiǎn　*kenX* < *kˁ[e][n]ʔ‘茧’：71

搴搌 jiǎnzhǎn　*kjenX.trjenX* < *krenʔ.trenʔ‘丑长皃’：78

栫 jiàn　*dzenH* < *[dz]ˁə[n]-s‘用篱笆围起来’：203

荐 jiàn　*dzenH* < *N-tsˁə[n]-s‘草，草本植物；两次’：203，204，283，288

件 jiàn　*gjenX* < *[g]r[a][n]ʔ‘件’：274

諫 jiàn　*kaenH* < *kˁranʔ-s ～ *kˁranʔ‘归劝’：259，399n65

見 jiàn　*kenH* < *[k]ˁen-s‘看见’：54，55，58，116，201；也见于 xiàn < *henH*‘出现’，xiàn < *henH*‘使……看见’

劍 jiàn　*kjaemH* < *s.kr[a]m-s‘剑’：137

建 jiàn　*kjonH* < *[k]a[n]-s‘建立，树立’：274

薦 jiàn　*tsenH* < *Cə.tsˁə[r]-s‘草，草木植物’：186，283，393n105，401n86

濺 jiàn　*tsjenH* < *[ts][a][n]-s‘水迸射’：274

238；也见于 jīn < *king*'怜悯'，qín < *gin*

矜 jīn　*king* < *k-riŋ（[方言] *k-r- > *kr-，*-iŋ >-*ing*）'怜悯'：237，238；也见于 jīn < *king*'boastful'，qín < *gin*

筋 jīn　*kj+n* < *C.[k]ə[n]'腱'：168，288

斤 jīn　*kj+n* < *[k]ər'斧头，斤斤'：253，254，255，267

近 jìn　*gj+nH* < *s-N-kərʔ-s'靠近'：54，118—119，142，387n42；也见于 jìn < *gj+nX*

近 jìn　*gj+nX* < *N-kərʔ'近'：118；也见于 jìn < *gj+nH*

莖 jīng　*heang* < *m-k-lˤ<r>eŋ'茎秆'：192

經 jīng　*keng* < *k-lˤeŋ'织布机上的线；法则；准则'：164，192，235

巠 jīng　*keng* < *k.lˤeŋ'水脉（《说文》）'：159，163—164，192

兢 jīng　*king* < *k(r)əŋ'小心'：231

京 jīng　*kjaeng* < *[k]raŋ'山；国都'：43，217，227，235

驚 jīng　*kjaeng* < *kreŋ'害怕'：75，232，235

晶 jīng　*tsjeng* < *tseŋ'明亮，透明'：55

精 jīng　*tsjeng* < *tseŋ'精米；纯'：55

景 jǐng　*kjaengX* < *C.qraŋʔ'明亮；图景'：28，45，101，168

井 jǐng　*tsjengX* < *C.tseŋʔ'井'：168

淨 jìng　*dzjengH* < *m-tseŋ-s'洗净'；*N-tseŋ-s '干净'：55，81

競 jìng　*gjaengH* < *m-kraŋʔ-s ～ C-kraŋʔ-s'努力；竞争'：126

脛 jìng　*hengH* < *m-kʰˤeŋ-s'腿，小腿'：58，128

鏡 jìng　*kjaengH* < *C.qraŋʔ-s'镜子'：101，168，385n24

勁 jìng　*kjiengH* < *keŋ-s（no palatalization before *-eŋ?）'强壮有力'：78

坰 jiōng　*kweng* < *kʷˤeŋ'远离国都的区域'：235

囧 jiǒng　*kjwaengX* < *k-mraŋʔ（[方言] *k.mr- > *kʷr-）'明亮的窗户'：57，152

丩 jiū　*kjiw* < *k-riw（[方言] *k-r- > *kr-）'纠缠'：137

樛 jiū　*kjiw* < *k-riw（[方言] *k-r- > *kr-）'纠结'：301

摎 jiū　*kjiw* < *k-riw（[方言] *k-r- > *kr-）'绞死，缠绕'：57

久 jiǔ　*kjuwX* < *[k]ʷəʔ'长久'：119，248

九 jiǔ　*kjuwX* < *[k]uʔ'九'：31—32，80，155，247，248，397n30，398n55

韭 jiǔ　*kjuwX* < *s.[k](r)uʔ'韭菜'：247

酒 jiǔ　*tsjuwX* < *tsuʔ'酒'：101，247

舊 jiù　*gjuwH* < *N-kʷəʔ-s'旧'：118，119

臼 jiù　*gjuwX* < *C.[g]ʷəʔ'舂米器'：123，229

舅 jiù *gjuwX* < *[g](r)uʔ‘母亲的兄弟’：106，123

車 jū *kjo* < *C.q(r)a‘战车’：158，224；也见于 chē < *tsyhae*

且 jū *tsjo* < *tsa‘[句末语气词]’：145；也见于 qiě < *tshjaeX*

局 jú *gjowk* < *N-k^{h}(r)ok‘身体弯曲，缩’：120，175

繘 jú *kjwit* < *C.q^{w}i[t]‘井上汲水的绳子’：82，290；也见于yù <*ywit*

鶪 jú *kwek* < *k^{wʕ}ek‘伯劳鸟’：233

舉 jǔ *kjoX* < *C.q(r)aʔ‘举，抬起’：131，168，171

筥 jǔ *kjoX* < *[k]raʔ‘圆形的竹器’：158，223

枸 jǔ *kjuX* < *[k](r)oʔ‘(一种树)’：381n11

矩 jǔ *kjuX* < *[k]^{w}(r)aʔ‘木工角尺’：381n11

鋸 jù *kjoH* < *k(r)a-s‘锯子’：224

屨 jù *kjuH* < *k-ro-s‘便鞋，鞋’：242

鞻 jù *kjuH* < *k-ro-s‘便鞋，鞋’：242

足 jù *tsjuH* < *[ts]ok-s‘增补’：244；也见于 zú < *tsjowk*

卷 juǎn *kjwenX* < *[k](r)o[n]ʔ‘卷’：118，282

絹 juàn *kjwienH* < *[k]^{w}en-s‘丝绸织物’：277

絕 jué *dzjwet* < *[dz]ot‘断绝’：281

掘 jué *gjut* < *[g]ut‘挖土’：158

覺 jué *kaewk* < *k^{ʕ}ruk‘睡醒’：197，249；也见于 jiào < *kaewH*

矍 jué *kjwak* < *C.q^{w}(r)ak‘急视’：225

蕨 jué *kjwot* < *Cə.kot‘蕨菜(可食用)’：186，281

蹶 jué *kjwot* < *k^{w}at‘颠仆，倒’：210

訣 jué *kwet* < *[k]^{wʕ}et‘临别之语’：276

決 jué *kwet* < *[k]^{wʕ}et‘打开；决定’：276

君 jūn *kjun* < *C.qur‘君王；统治者’：82，127

軍 jūn *kjun* < *[k]^{w}ər‘军队，驻扎’：253，255

均 jūn *kjwin* < *C.q^{w}i[n]‘均匀，平等’：127，291，388n50

鈞 jūn *kjwin* < *C.q^{w}i[n]‘陶工的旋盘’：127，193，388n50

菌 jùn *gwinX* < *[g]runʔ‘蘑菇’：294

開 kāi *khoj* < *[k]^{hʕ}əj‘开(及物动词)’：120，175；也见于 kāi < *khoj* ‘开(不及物动词)’

開 kāi *khoj* < *Nə-[k]^{hʕ}əj‘开(不及物动词)’：120，174—175；也见于 kāi <*khoj*‘开(及物动词)’

愾 kài *xj*＋*jH* < *q^{h}əp-s‘叹气；愤怒’：308

坎 kǎn *khomX* < *[k]^{hʕ}omʔ‘坑’：314，399n57

轗 kǎn *khomX* < *[k]^{h}omʔ‘(隆隆声？)’：250，399n57

康 kāng *khang* < *k-r̥^{ʕ}aŋ‘平静；从容’：166；也见于 tāng < *thang*

考 kǎo *khawX* < *k-r̥^{ʕ}uʔ‘年长的；已故的父亲’：166，167

薖 kē　*khwa* < *kʷʰˤaj‘恢宏’：271

渴 kě　*khat* < *Nə-[k]ʰˤat‘口渴的’：175

刻 kè　*khok* < *[kʰ]ˤək‘割，雕刻’：230

客 kè　*khaek* < *kʰˤrak‘宾客’：225

牼 kēng　*heang* < *m-kʰˤ<r>eŋ‘胫骨’：58；也见于 kēng < *kheang*

牼 kēng　*kheang* < *kʰˤ<r>eŋ‘胫骨’：58，128；也见于 kēng < *heang*

空 kōng　*khuwng* < *kʰˤoŋ‘空旷的，空的；孔穴’：66；也见于 kǒng < *khuwngX*

空 kǒng　*khuwngX* < *kʰˤoŋʔ‘空旷的，空的；孔穴’：75，104；也见于 kōng < *khuwng*

恐 kǒng　*khjowngX* < *kʰ(r)oŋʔ‘惧怕’：244

口 kǒu　*khuwX* < *kʰˤ(r)oʔ‘嘴’：33，242

苦 kǔ　*khuX* < *kʰˤaʔ‘苦’：104，222，223

塊 kuài　*khweajH* < *[kʰ]ˤ<r>uj-s‘土块；团’：293；也见于 kuài < *khwojH*

塊 kuài　*khwojH* < *[kʰ]ˤuj-s‘土块；团’：293；也见于 kuài < *khweajH*

會 kuài　*kwajH* < *kˤop-s‘计算(动词，名词)’：312；也见于 huì < *hwajH*，阿會亘 ēhuìxuān < *'a.hwajH.sjwen*

匡 kuāng　*khjwang* < *k-pʰaŋ‘方筐’：57，151，152，158—159

筐 kuāng　*khjwang* < *k-pʰaŋ‘方筐’：158—159

曠 kuàng　*khwangH* < *[k-m̥]ˤaŋ-s‘空缺的；废弃的’：152

窺 kuī　*khjwie* < *kʷʰe‘窥探，侦探’：232

葵 kuí　*gjwij* < *gʷij‘锦葵’：108，401n91

戣 kuí　*gwij* < *[g]ʷrij‘一种矛’：289

頄 kuí　*gwij* < *[g]ʷru‘颧骨，脸上的骨头’：247，248

睽 kuí　*khwej* < *kʷʰˤij‘乖离，不平常’：289

闊 kuò　*khwat*, see 契闊 qièkuò < *khet.khwat*

剌 là　*lat* < *mə.rˤat (～ *C.rˤat?)‘邪恶的，辛辣的’：134

來 lái　*loj* < *mə.rˤək (> *rˤə)‘来’：39—40，110，134，147，153，179，230—231，312，392n102

貍 lái　*loj* < *[r]ˤə‘野猫的一种’(“陈楚江淮之间谓之‘貍’”)：162

賴 lài　*lajH* < *rˤa[t]-s‘依靠’：196

籃 lán　*lam* < *k.rˤam‘篮子’：163，313

藍 lán　*lam* < *[N-k.]rˤam‘靛青’：54

婪 lán　*lom* < *[r]ˤ[ə]m‘贪婪’：122

懶 lǎn　*lanX* < *[N-kə.]rˤanʔ‘懒惰’：54，192

琅邪 Lángyá　*lang.yae* < *[r]ˤaŋ.ɢ(r)A‘山东境内一座山的名字’：131；也见于邪 xié < *zjae*，yé < *yae*

廪 lǐn　_limX_ < *p.rimʔ‘配给量’：162；也见于 bǐng < _pimX_

凌 líng　_ling_ < *p.rəŋ‘冰’：217；也见于 bīng < _ping_

令 líng　_ljeng_ < *riŋ‘派遣(人)’：134，237—238，398n47，398n48；也见于 lìng < _ljengH_

令 lìng　_ljengH_ < *riŋ-s‘下命令’：111，217，237—238，398n47，398n48；也见于 líng < _ljeng_

劉 liú　_ljuw_ < *mə-ru‘杀；姓名’：248

旒 liú　_ljuw_ < *[r]u‘旗帜或帽子上的垂饰’：248

流 liú　_ljuw_ < *ru‘流动’：91，111，122

鏐 liú　_ljuw_ < *[r]iw‘纯金’(《经典释文》中也有一些类似的音注 MC “_ljiw_”)：301

六 liù　_ljuwk_ < *k.ruk‘六’：163

翏 liù　_ljuwH_ < *[r]iw-s‘空飞(不见于汉代之前的文献)’：301

龍 lóng　_ljowng_ < *[mə]-roŋ‘龙’：112，245

聾 lóng　_luwng_ < *C.rˤoŋ‘聋’：91

籠 lóng　_luwng_ < *k.rˤoŋ‘笼子’：163

婁 lóu　_lju_ < *[r]o‘曳，拖’：242

漏 lòu　_luwH_ < *[Nə-r]ˤok-s‘漏’：110，176

鹵 lǔ　_luX_ < *rˤaʔ‘盐性的(特指土地)’：111，320

魯 lǔ　_luX_ < *r.ŋˤaʔ ([方言]>*r.ŋˤ->*rˤ-> _l_-)‘(地名)’：52

陸 lù　_ljuwk_ < *[r]uk‘陆地(与“水”相对)’：249

路 lù　_luH_ < *Cə.rˤak-s‘路’：33，185，190

露 lù　_luH_ < *p.rˤak-s‘露水；显露’：163

鹿 lù　_luwk_ < *mə-rˤok‘鹿’：56，179，243

祿 lù　_luwk_ < *(p.)rˤok‘福’：243

鑾 luán　_lwan_ < *mə.rˤo[n]‘马饰上的铃’：217，395n17

鸞 luán　_lwan_ < *[m]ə.rˤon‘马饰上的铃’：282

孿 luán　_srjwenH_ < *[s.r]on-s‘孪生子’：282；也见于 luán < _srwaenH_

孿 luán　_srwaenH_ < *[s.r]on-s (MC _srj_-> _sr_-)‘孪生子’：282；也见于 luán < _srjwenH_

卵 luǎn　_lwaX_ < *k.rˤorʔ‘蛋’：163，283，324；也见于 luǎn < _lwanX_

卵 luǎn　_lwanX_ < *k.rˤorʔ‘蛋’：163，283，324；也见于 luǎn < _lwaX_

亂 luàn　_lwanH_ < *[r]ˤo[n]-s‘无秩序，反叛’：208，209，395n16，395n17

綸 lún　_lwin_ < *k.ru[n]‘纬绳；搓绳’：294；也见于 guān < _kwean_

捋 luō　_lwat_ < *[r]ˤot‘采，摘’：21

籮 luó　_la_ < *C.rˤaj‘篮子，筐’：257，273

羅 luó　_la_ < *rˤaj‘一种(带把?)的网，捕鸟的网’：269，270

靡 mǐ *mjeX* < *m(r)ajʔ‘倒伏’：218

敉 mǐ *mjieX* < *me[j]ʔ‘达到’：275

瀰 mǐ *mjieX* < *m.nerʔ‘水满貌’：262，400n70

汨 mì *mek* < *m.nˁik‘(一条河的名字)’：240—241

密 mì *mit* < *mri[t]‘稠密’：205，216，290

蜜 mì *mjit* < *mit‘蜂蜜’：205—206，216，290

眠 mián *men* < *mˁi[n]‘闭眼，睡觉’：204，291

俛 miǎn *mjenX* < *mr[a][n]ʔ‘低头’：274

勉 miǎn *mjenX* < *mr[o][r]ʔ‘尽力’：397n29

面 miàn *mjienH* < *C.me[n]-s‘脸’：96，172

滅 miè *mjiet* < *[m]et‘毁坏’：143，210，275

緡 mín *min* < *m-ru[n] ([方言]*m-r->*mr-)‘缠绕’：294

銘 míng *meng* < *mˁeŋ‘铭文’：69—70，235

明 míng *mjaeng* < *mraŋ‘明亮’：57，152

鳴 míng *mjaeng* < *m.reŋ‘叫(鸟或动物)’：75，216，232

名 míng *mjieng* < *C.meŋ‘名字’：69—70，216，232，235

命 mìng *mjaengH* < *m-riŋ-s ([方言]*m-r->*mr-)‘命令’：134，217，237，238，396n28，398n46，398n48

謬 miù *mjiwH* < *m-riw-s ([方言]*m-r->*mr-)‘谎言，谬误<“扭曲事实”’：57，300，301

磨 mó *ma* < *mˁaj‘摩擦，研磨’：58，92，110，257；也见于 mò < *maH*

磨 mò *maH* < *mˁaj-s‘磨石’：58；也见于 mó < *ma*

莫 mò *mak* < *mˁak‘否定代词’：226

墨 mò *mok* < *C.mˁək‘墨水’：42

沒 mò *mwot* < *mˁut‘潜水、毁灭、死’：294

謀 móu *mjuw* < *mə‘计划(动词)’：246

牡 mǔ *muwX* < *m(r)uʔ‘雄性动物’：248，397n30

穆 mù *mjuwk* < *mriwk‘和谐’：249，301

睦 mù *mjuwk* < *mriwk‘和睦’：249

墓 mù *muH* < *C.mˁak-s‘坟墓’：226

木 mù *muwk* < *C.mˁok‘树，木头’：125

納 nà *nop* < *nˁ[u]p‘引入或使引入’：58，308，309

乃 nǎi *nojX* < *nˁəʔ‘于是’：72—73，146，147，229

迺 nǎi *nojX* < *nˁərʔ‘于是’：146

奈 nài *najH* < *nˁa[t]-s‘处理’：197

難 nán *nan* < *nˁar‘不容易’：66，110，111，112，257，258，279

南 nán *nom* < *nˁ[ə]m‘南方’：92，310

內 nèi *nwojH* < *nˁ[u]p-s‘里面’：58，115，309

摽 pāo	*phaew* < *p^{hʕ}rew‘击倒’：298；也见于 piāo < *phew*
袍 páo	*baw* < *m.[p]^{ʕ}u‘长袍’：55
貔 péi	*bij* < *[b]rə‘野猫的一种(《方言》“北燕朝鲜之間謂之貔”)’：162，391n89，392n90；也见于貔狸 péilí < *bij.li*
貔狸 péilí	*bij.li* < *bə.rə ～ *phij.li* < *p^{h}ə.rə‘野猫的一种(郭璞注：“今江南呼爲貔狸”)’：162，392n90；也见于貔 péi < *bij*，狸 lí < *li*
亨 pēng	*phaeng* < *[p.q^{h}]^{ʕ}raŋ‘煮’：157
彭 péng	*baeng* < *C.[b]^{ʕ}raŋ‘(地名)’：227
篷 péng	*buwng* < *C.b^{ʕ}oŋ‘遮篷，船帆’：86
丕 pī	*phij* < *p^{h}rə‘大’：392n89
疲 pí	*bje* < *[b](r)aj‘疲劳，衰竭’：65
皮 pí	*bje* < *m-[p](r)aj‘兽皮’：65，86，269，393n103
毗 pí	*bjij* < *[b]ij‘辅助，自夸’：197，401n91
貔 pí	*bjij* < *[b]ij‘野猫的一种’：162
羆 pí	*pje* < *praj‘棕白色的熊’：269—270
諀 pǐ	*phjieX* < *p^{h}e[r]ʔ‘诽谤’：278
諞 pián	*bjien* < *[m-p^{h}]e[r]‘巧言善辩’：278；也见于 biàn < *bjienX*
平平 piánpián	*bjien-bjien* < *[b]en-[b]en‘治理有序的样子’：234
蹁躚 piánxiān	*ben.sen* < *b^{ʕ}e[r].s^{ʕ}e[r]‘步履艰难(《说文》)’：278
片 piàn	*phenH* < *p^{hʕ}e[n]-s‘一半，部分’：104
騙 piàn	*phjienH* < *phen(ʔ)-s‘愚弄，欺骗’：104
摽 piāo	*phew* < *p^{hʕ}ew‘击落’：298；也见于 pāo < *phaew*
瓢 piáo	*bjiew* < *(Cə.)[b]ew‘葫芦’：298
貧 pín	*bin* < *[b]rə[n]‘贫穷’：216，217，288
品 pǐn	*phimX* < *p^{h}r[ə]mʔ‘类、级’：42
牝 pìn	*bjijX* < *[b]irʔ([方言]*-r > *-j)‘雌性禽兽’：292；也见于 pìn < *bjinX*
牝 pìn	*bjinX* < *[b]irʔ‘雌性禽兽’：292；也见于 pìn < *bjijX*
娉 pìn	*phjiengH* < *p.[r̥]eŋ-s‘(为了婚姻的)聘问’：167
瓶 píng	*beng* < *[b]^{ʕ}eŋ‘瓶’：86
馮 píng	*bing* < *[b]rəŋ‘依靠’：216
憑 píng	*bing* < *[b]rəŋ‘依靠’：216，231
平 píng	*bjaeng* < *breŋ‘平坦’：86，88，107，123，131，234，235
平 píng	*bjaeng* < *m-breŋ‘使之平’：123，131
婆 pó	*ba*，参见婆娑 pósuō < *ba.sa*
皤 pó	*ba* < *[b]^{ʕ}ar‘白、白发的’：259
婆娑 pósuō	*ba.sa* < *[b]^{ʕ}a[j].[s]^{ʕ}a[j]‘闲散自得，舞貌’：266
破 pò	*phaH* < *p^{hʕ}aj-s‘破坏’：65，257

遣 qiǎn　*khjienX* < *[k]^{h}e[n]ʔ‘派遣’：78，277

歉 qiàn　*kheamH* < *k^{hˤ}remʔ-s‘不足，谦虚’：313

欠 qiàn　*khjomH* < *[k]^{h}(r)om-s‘打哈欠’：313，314

羌 qiāng　*khjang* < *C.q^{h}aŋ‘西方部落’：106，385n28

强 qiáng　*gjang* < *N-kaŋ‘强大’：227

磽 qiāo　*khaew* < *[C.q]^{hˤ}rew‘多石之地’：298

橋 qiáo　*gjew* < *[g](r)aw‘桥梁’：106，296

巧 qiǎo　*khaewX* < *[k^{h}]^{ˤ}ruʔ‘灵巧’：247

竅 qiào　*khewH* < *[k]^{hˤ}ewk-s‘孔，隙’：299

且 qiě　*tshjaeX* < *[ts^{h}]Aʔ‘而且’：145，223；也见于 jū < *tsjo*

鍥 qiè　*khet* < *k^{hˤ}et‘用刀刻；镰刀一类的农具’：275

竊 qiè　*tshet* < *[ts^{h}]^{ˤ}et‘盗取’：275

切 qiè　*tshet* < *[ts^{h}]^{ˤ}i[t]‘切割；急切’：290

契闊 qièkuò　*khet.khwat* < *k^{hˤ}et.[k]^{hˤ}ot‘勤勉的《诗经·击鼓》’：214，280；也见于 qì < *khejH*

親 qīn　*tshin* < *[ts^{h}]i[n]‘亲近；父母’：291

駸 qīn　*tsrhim* < *[ts^{h}]r[i]m，也见于 MC *tshim*（MC *tsrh-* > *tsh-*）‘飞跑（Máo 162.5）’：305，310

矜 qín　*gin* < *griŋ‘长矛’：105，238，398n49；也见于 jīn < *king*

芹 qín　*gj+n* < *C.[ɢ]ər‘水芹’：171，255

寢 qǐn　*tshimX* < *[ts^{h}]imʔ‘睡觉’：305，310

輕 qīng　*khjieng* < *[k^{h}]eŋ‘轻的（“重”的反义）’：79，102，235

清 qīng　*tshjeng* < *ts^{h}eŋ‘清澈’：120，139，235

晴 qíng　*dzjeng* < *N-ts^{h}eŋ‘（天气）放晴’：95，120，139

頃 qǐng　*khjwiengX* < *[k]^{wh}eŋʔ‘少时、片刻’：235

秋 qiū　*tshjuw* < *ts^{h}iw‘秋天；收成’：104，300，301，389n63

逑 qiú　*gjuw* < *g(r)u‘聚集一起；伴侣’：105，108

胠 qū　*khjaep* < *[k^{h}]<r>ap‘腋窝；军阵的右翼’：153

曲 qū　*khjowk* < *k^{h}(r)ok‘弯曲’：120，175，243，387n43

屈 qū　*khjut* < *[k^{h}]ut‘弯曲，使……屈服’：79，294，387n43

取 qǔ　*tshjuX* < *ts^{h}oʔ‘拿取’：242

去 qù　*khjoH* < *[k]^{h}(r)ap-s‘离开’：151，153—154，312，391n83

闃 qù　*khwek* < *[k-m̥]^{ˤ}ik（[方言]*-ik > *-ek）‘安静’：152

全 quán　*dzjwen* < *[dz]o[n]‘完整（形容词）’：282

泉 quán　*dzjwen* < *s-N-ɢ^{w}ar（we would expect *z-*）‘泉，源泉’：258

拳 quán　*gjwen* < *N-kro[n]‘拳头（<握拳的头）’：118

犬 quǎn　*khwenX* < *[k]^{whˤ}[e][n]ʔ‘狗’：277

勸 quàn　*khjwonH* < *C.q^{wh}ar-s‘鼓励’：170

喪 sāng　*sang* < *s-mˤaŋ‘丧事，埋葬’：56，143，390n66；也见于 sàng < *sangH*

喪 sàng　*sangH* < *s-mˤaŋ-s‘失去；毁坏’：143；也见于 sāng < *sang*

搔 sāo　*saw* < *s-[ts]ˤu‘抓挠’：136

塞 sè　*sok* < *[s]ˤək‘塞住，阻’：230

色 sè　*srik* < *s.rək‘颜色；面容’：150

嗇 sè　*srik* < *s.rək‘收割’：150

沙 shā　*srae* < *sˤraj‘沙子’：80，101，213

殺 shā　*sreat* < *s<r>at‘杀死’：74，214，271，272，395n22，396n23；也见于 shài < *sreajH*

釃 shāi　*srje* < *Cə.sre‘滤酒’：187

殺 shài　*sreajH* < *s<r>at-s‘降低’：272，395n22，396n22；也见于 shā < *sreat*

潸 shān　*sraen* < *[s]ˤra[n]‘泪流’：274

山 shān　*srean* < *s-ŋrar‘山’：148，214，258，395n23，399n64

苫 shān　*syem* < *s.tem‘茅草屋顶’：315，401n86

羴 shān　*syen* < *s.tan‘羊膻气’：274

羶 shān　*syen* < *s.tan‘羊膻气’：274，321

墠 shàn　*dzyenX* < *[d]anʔ‘高台’：218；也见于 tán < *dan*

善 shàn　*dzyenX* < *[g]e[n]ʔ‘好’：77，78，277

傷 shāng　*syang* < *l̥aŋ‘伤’：166

商 shāng　*syang* < *s-taŋ‘估量；商业；交易’：56

上 shàng　*dzyangH* < *daŋʔ-s‘顶上，上面’：188；也见于 shàng < *dzyangX*‘上升’，shàng < *dzyangX*‘上举’

上 shàng　*dzyangX* < *Cə-daŋʔ‘上升’：132，188，227；也见于 shàng < *dzyangX*‘上举’，shàng < *dzyangH*

上 shàng　*dzyangX* < *m-daŋʔ‘上举’：132，188；也见于 shàng < *dzyangX*‘上升’，shàng < *dzyangH*

餉 shàng　*syangH* < *n̥aŋ(ʔ)-s‘送饭；食物’：385n23

筲 shāo　*sraew* < *[s](ˤ)rew‘竹器’：298

燒 shāo　*syew* < *[ŋ̊]ew‘火烧’：298，299

稍 shào　*sraewH* < *[s](ˤ)rew-s‘稍微；粮食’：298，395n23

削 shào　*sraewH* < *[sˤ]rewk-s‘京畿’：300；也见于 xiāo < *sjak* and xiào < *sjewH*

賒 shē　*syae* < *l̥A‘赊欠’：115

奢 shē　*syae* < *s.tʰA‘奢侈’：138，146，224

折 shé　*dzyet* < *N-tet‘弯曲（不及物动词）’：54，117，118，275；也见

于 dì < *dejH*，zhé < *tsyet*
蛇 shé　*zyae* < *Cə.lAj'蛇'：190，257，269，270；也见于委蛇 weīyí < *'jwe.ye*
舌 shé　*zyet* < *mə.lat'舌头'：53，88，180，271
社 shè　*dzyaeX* < *m-tʰAʔ'祭祀土地神'：128，224，388n51
攝 shè　*syep* < *kə.n̥ep'捉住，抓住'：96，185—186，311
設 shè　*syet* < *ŋ̊et'设立'：29—30，77，78，275
射 shè　*zyaeH* < *Cə.lAk-s'射；射手'：226；also shè < *zyek*
射 shè　*zyek* < *Cə.lAk'以弓矢射物'：190，226；也见于 shè < *zyaeH*
參 shēn　*srim* < *srum'猎户星座'（由猎户座星带上的三颗星得名）'：75；也见于参差 cēncī < *tsrhim.tsrhje*
詵 shēn　*srin* < *srər'众多貌'：255
身 shēn　*syin* < *n̥i[ŋ]'身体；自身'：76，115，147，148，150，211，212，239，398n50
諗 shěn　*syimX* < *n̥imʔ'规谏'：305，310
哂 shěn　*syinX* < *n̥ərʔ'笑'：147
腎 shèn　*dzyinX* < *Cə.[g]i[n]ʔ'肾脏'：77，79，189，291
生 shēng　*sraeng* < *srjaeng* < *sreŋ'生育，出生；活'：74—75，99，233，235，236，381n9
升 shēng　*sying* < *s-təŋ'升'：56，61，93，231
勝 shèng　*syingH* < *l̥əŋ-s'克服；超过'：133
師 shī　*srij* < *srij'军队'：289，401n91
蝨 shī　*srit* < *srik'虱子'：74，101，240，398n51
施 shī　*sye* < *l̥aj'给予，施舍'：269
尸 shī　*syij* < *l̥əj'尸体'：109，115，285—286，385n26，401n91
蓍 shī　*syij* < *s-kij'蓍草（?）'：137
石 shí　*dzyek* < *dAk'石头'：76，107，225，226
十 shí　*dzyip* < *t.[g]əp'十'：79，154，160
識 shí　*syik* < *s-tək'认识'：135
食 shí　*zyik* < *mə-lək'吃'：180，230；也见于 sì < *ziH*
實 shí　*zyit* < *mə.li[t]'果实；充满'：7，164，180，290
使 shǐ　*sriH* < *s-rəʔ-s'使节'：144；也见于 shǐ < *sriX*
使 shǐ　*sriX* < *s-rəʔ'差遣；导致'：144；也见于 shǐ < *sriH*
屎 shǐ　*syijX* < *[qʰ]ijʔ'粪便'：78，103，286，385n26；也见于 xī < *xjij*
噬 shì　*dzyejH* < *[d]e[t]-s'咬'：276
是 shì　*dzyeX* < *[d]eʔ'此'：232
氏 shì　*dzyeX* < *k.deʔ'氏族'：160—161
視 shì　*dzyijX* < *gijʔ'看，看见'：56，77，105，142

市 shì *dzyiX* < *C.[d]əʔ‘市场’：171

世 shì *syejH* < *l̥ap-s‘世代’：109, 144

勢 shì *syejH* < *ŋ̊et-s‘形势，情势’：29—30, 78, 275, 276

螫 shì *syek* < *[l̥]Ak‘刺(动词)’：226

釋 shì *syek* < *l̥Ak‘淘米’：226

奭 shì *syek* < *[qʰ](r)Ak‘红色’：103

襫 shì *syek* < *[qʰ](r)Ak‘蓑衣’：103

試 shì *syiH* < *l̥ək-s‘试验，尝试’：93, 115

式 shì *syik* < *l̥ək‘典范’：230

室 shì *syit* < *s.ti[t]‘房间；屋子’：93, 291

示 shì *zyijH* < *s-gijʔ-s‘显示’：56, 105, 142, 181

收 shōu *syuw* < *s-kiw‘收集；收获’：137, 300

首 shǒu *syuwX* < *l̥uʔ‘头’：77, 93, 115, 184

手 shǒu *syuwX* < *n̥uʔ‘手’：93, 115

守 shǒu *syuwX* < *s-tuʔ‘保持，守卫’：139

授 shòu *dzyuwH* < *[d]uʔ-s‘给予，授予’：59

受 shòu *dzyuwX* < *[d]uʔ‘接受’：59

瘦 shòu *srjuwH* < *sru-s‘瘦削’：247

獸 shòu *syuwH* < *s.tʰu(ʔ)-s‘(野)兽’：139

疏 shū *srjo* < *sra‘分散的’：192

疋 shū *srjo* < *sra‘脚’：150

舒 shū *syo* < *l̥a‘慢，舒缓’：93

書 shū *syo* < *s-ta‘书写’：29, 93, 146, 224, 320

輸 shū *syu* < *l̥o‘运输；失败’：29

叔 shū *syuwk* < *s-tiwk‘兄弟排行次序第三’：301

攄 shū *trhjo* < *r̥a‘扩大延伸’：116

秫 shú *zywit* < *m.lut ～ *mə.lut‘黏的小米’：89, 133, 389n56

署 shǔ *dzyoH* < *m-taʔ-s‘任命，官职’：61

屬 shǔ *dzyowk* < *N-tok‘属某一类’：117, 118, 243；也见于 zhǔ < *tsyowk*

數 shǔ *srjuX* < *s-roʔ‘计算(动词)’：80, 144, 242, 243；也见于 shù < *srjuH*, shuò < *sraewk*

黍 shǔ *syoX* < *s-tʰaʔ‘黍(黏的)’：138—139

暑 shǔ *syoX* < *s-tʰaʔ‘暑热’：138—139

樹 shù *dzyuH* < *m-toʔ-s‘树’：95, 124, 125；也见于 shù < *dzyuX*

樹 shù *dzyuX* < *m-toʔ‘种植；立直’：124, 125；也见于 shù < *dzyuH*

數 shù *srjuH* < *s-roʔ-s‘数字’：80, 144, 243；也见于 shǔ < *srjuX*, shuò < *sraewk*

搜 sōu	srjuw < *sru‘搜索’: 247, 390n67
叟 sǒu	suwX < *s-ruʔ ([方言]MC srj-> sr-> s-)‘老人’: 144—145, 167, 247, 248, 389n59
叜 sǒu	suwX < *s-ruʔ ([方言]MC srj-> sr-> s-)‘老人’: 144, 247
傁 sǒu	suwX < *s-ruʔ ([方言]MC srj-> sr-> s-)‘老人’: 144, 247
穌 sū	su < *s-ŋˤa‘复苏’: 148—149, 391n78
肅 sù	sjuwk < *siwk‘庄重,严肃’: 249, 295, 301, 302
宿 sù	sjuwk < *[s]uk‘过夜’: 249;也见于 xiù < sjuwH
愬 sù	suH < *s-ŋˤak-s‘诉说,诽谤’: 56
算 suàn	swanH < *[s]ˤorʔ-s‘计数,计数的竹签’: 283
綏 suí	swij < *s.nuj‘安慰’: 293
隨 suí	zjwe < *sə.loj‘跟随’: 182, 252, 271
髓 suǐ	sjweX < *s-lojʔ‘骨髓’: 279
碎 suì	swojH < *[s-tsʰ]ˤu[t]-s‘破碎’: 293
筍 sǔn	swinX < *s-qʷi[n]ʔ‘竹子的芽’: 137
隼 sǔn	swinX < *[s]urʔ‘老鹰,猎鹰’: 253, 295
娑 suō	sa,参见婆娑 pósuō < ba.sa
縮 suō	srjuwk < *[s]ruk‘收缩’: 249
所 suǒ	srjoX < *s-qʰ<r>aʔ‘住所;关系代词’: 129, 140;也见于滸滸 hǔhǔ < xuX.xuX, 許許 hǔhǔ < xuX.xuX
他 tā	tha < *l̥ˤaj (E. [方言] *l̥ˤ-> th-)‘其他’: 269
獺 tǎ	that < *r̥ˤat‘水獭’: 115, 134, 135;也见于 tǎ < trhaet
獺 tǎ	trhaet < *[m-r̥]ˤat‘水獭’: 134, 135;也见于 tǎ < that
遝 tà	dop < *m-rˤəp‘达到;和’: 134, 308
眔 tà	dop < *m-rˤəp‘达到;和’: 133, 134, 308
灘 tān	than < *n̥ˤar (E [方言] *n̥ˤ-> th-)‘滩’: 111, 112
歎 tān	than < *n̥ˤar‘叹息’: 258, 260
嘽嘽 tāntān	than-than < *tʰˤar-tʰˤar‘众多’: 257
覃 tán	dom < *N.rˤ[o]m‘延长,伸展’: 386n31
彈 tán	dan < *Cə.dˤar‘射弹丸’: 189
壇 tán	dan < *[d]ˤan‘祭坛’: 25;也见于 shàn < dzyenX
坦 tǎn	thanX < *[tʰ]ˤa[n]ʔ‘平,舒适’: 113
炭 tàn	thanH < *[tʰ]ˤa[n]-s‘木炭,煤炭’: 104
湯 tāng	thang < *l̥ˤaŋ‘热水’: 111, 114, 115, 166;也见于 tāng < thang‘商代第一个统治者的名字’
湯 tāng	thang < late OC *l̥ˤaŋ‘商代第一个统治者的名字’,早期: *r̥ˤaŋ: 166;也见于 tāng < thang‘热水’
康 tāng	thang < *r̥ˤaŋ‘商代统治者的名字’: 166;也见于 kāng < khang

蜕 tuì　*thwajH* < *l̥ˁot-s‘昆虫或爬虫等脱下的皮’: 115, 197, 281;也见于 yuè < *ywet*

退 tuì　*thwojH* < *n̥ˁ[u]p-s‘后退(“进”的反义)’: 115, 309

吞 tūn　*thon* < *l̥ˁən‘吞咽’: 113, 202, 283;也见于 tiān < *then*

焞 tūn　*thwon* < *tʰˁur‘光明’: 255

屯 tún　*dwon* < *[d]ˁun‘储存’: 294

拖 tuō　*tha* < *l̥ˁaj‘曳引,拉’: 270

脱 tuō　*thwat* < *mə-l̥ˁot‘脱落’: 180, 197, 280, 281

沱 tuó　*da* < *lˁaj‘流’: 271

鼉 tuó　*da* ~ *dan* < *[d]ˁar‘扬子鳄’: 258

隋 tuǒ　*thwaX* < *l̥ˁojʔ‘碎裂的祭肉’: 112;也见于 huì < *xjwieH*

椭 tuǒ　*thwaX* < *l̥ˁojʔ‘椭圆’: 270, 279

污 wā　*'wae* < *qʷˁra‘不净,污秽’: 44

鼃 wā　*'wae* < *qʷˁre (MC *-ae* for *-ea*)‘青蛙’: 55, 100, 127;也见于 wā < *'wea*, wā < *hwae*, wā < *hwea*

鼃 wā　*'wea* < *qʷˁre‘青蛙’: 55, 100, 127;也见于 wā < *'wae*, wā < *hwae*, wā < *hwea*

鼃 wā　*hwae* < *m-qʷˁre (MC-*ae* for-*ea*)‘青蛙’: 55, 100, 127;也见于 wā < *'wae*, wā < *'wea*, wā < *hwea*

鼃 wā　*hwea* < *m-qʷˁre‘青蛙’: 55, 100, 127;也见于 wā < *'wae*, wā < *'wea*, wā < *hwae*

瓦 wǎ　*ngwaeX* < *C.ŋʷˁra[j]ʔ‘屋瓦’: 42, 172

外 wài　*ngwajH* < *[ŋ]ʷˁa[t]-s‘外面’: 272

丸 wán　*hwan* < *[ɢ]ʷˁar‘弹丸;球’: 400n69;也见于烏桓 Wūhuán < *'u.hwan*

晚 wǎn　*mjonX* < *m[o][r]ʔ‘迟’: 397n29

婉 wǎn　*'jwonX* < *[ʔ]o[n]ʔ‘美丽’: 208—209, 395n16

王 wáng　*hjwang* < *ɢʷaŋ‘国王’: 59, 107, 159, 227;也见于 wàng < *hjwangH*

亡 wáng　*mjang* < *maŋ‘逃亡;消失;死亡’: 56, 143, 227, 390n66

往 wǎng　*hjwangX* < *ɢʷaŋʔ‘去往’: 107, 159, 227

網 wǎng　*mjangX* < *maŋʔ‘网’: 269, 270

王 wàng　*hjwangH* < *ɢʷaŋ-s‘称王’: 59;也见于 wáng < *hjwang*

望 wàng　*mjangH* < *maŋ-s‘向远处看’: 110

威 wēi　*'jw+j* < *ʔuj‘使人敬畏的’: 101, 151, 293

微 wēi　*mj+j* < *məj‘微小’: 284

委蛇 wēiyí　*'jwe.ye* < *q(r)oj.laj‘顺从,殷勤’: 270;也见于蛇 shé < *zyae*

為 wéi　*hjwe* < *ɢʷ(r)aj‘做,干,充当’: 83, 107, 121, 269

wǔ < *nguX*‘地支第七位’

勿 wù *mjut* < *mut‘不要’：111, 294

物 wù *mjut* < *C.mut‘物体’：205

悟 wù *nguH* < *ŋˤak-s‘违逆；反对’：130

悟 wù *nguH* < *ŋˤa-s‘睡醒，认识到’：149

寤 wù *nguH* < *ŋˤa-s‘睡醒’：149

恶 wù *'uH* < *ʔˤak-s‘厌恶’：59, 226；也见于 è < *'ak*

兮 xī *hej* < *gˤe‘（语末语气词）’：160—161

西 xī *sej* < *s-nˤər‘西方’：146—147, 255, 390n74, 401n82

錫 xī *sek* < *s-lˤek‘锡’：149

息 xī *sik* < *sək‘呼吸’：263；也见于安息 Ānxī < *'an.sik*

膝 xī *sit* < *s-tsik‘膝盖’：136, 239

昔 xī *sjek* < *[s]Ak‘从前’：225

吸 xī *xip* < *qʰ(r)əp‘吸入’：170, 308

犧 xī *xje* < *ŋ̊(r)a[j]‘祭祀用动物’：111

屎 xī *xjij* < *[qʰ]ij（[方言]未腭化）‘呻吟’：103, 286, 401n91；也见于 shǐ < *syijX*

希 xī *xj+j* < *qʰəj‘稀薄，稀疏’：103

夕 xī *zjek* < *s-ɢAk‘傍晚，夜’：64, 226

蟋蟀 xīshuài *srit.srwit* < *srit.srut‘蟋蟀’：290

騱 xí *hej*, see 驒騱 diānxí < *ten.hej*

席 xí *zjek* < *s-m-tAk‘席子’：61, 142, 226, 389

洗 xǐ *sejX* < *[s]ˤərʔ‘洗涤’：57

徙 xǐ *sjeX* < *[s]ajʔ‘移开’：267, 269

灑 xǐ *srjeH* < *srərʔ-s‘洒’：57, 187；也见于 xǐ < *srjeX*, sǎ < *sreaX*, sǎ < *sreaH*

灑 xǐ *srjeX* < *srərʔ‘洒’：187, 396n23；也见于 xǐ < *srjeX*, sǎ < *sreaX*, sǎ < *sreaH*

纚 xǐ *srjeX* < *sreʔ‘束发带’：232, 233；也见于 sǎ < *sreaX*

狶 xǐ *xj+jX* < *qʰəjʔ‘猪’：103

綌 xì *khjaek* < *[k]ʰrak‘粗葛布’：216

舄 xì *sjek* < *s.qʰAk‘拖鞋，鞋’：140, 397n40

舄 xì *tshjak* < *s.qʰak（[方言]*s.qʰ- > *tsh-*, *-ak > *-jak*）‘拖鞋，鞋’：140

虩 xì *xjaek* < *qʰrak‘害怕’：103

氣 xì *xj+jH* < *qʰət-s‘馈送食物’：169；也见于 qì < *khj+jH*

舝 xiá *haet* < *[g]ˤrat‘车辖’：271

狹 xiá *heap* < *N-kˤ<r>ep‘狭窄’：117, 118, 126, 213, 311, 314,

降 xiáng haewng < *m-kˤru[ŋ] (? < *-[u]m)‘降伏’: 215, 250
祥 xiáng zjang < *s.ɢaŋ‘吉祥’: 141
饟 xiǎng syang < *n̥aŋ‘送食物于人’: 111
享 xiǎng xjangX < *qʰaŋʔ‘祭品’: 157;也见于 hēng < xaeng
巷 xiàng haewngH < *C.[g]ˤroŋ-s‘小巷子,街道’: 171
象 xiàng zjangX < *s.[d]aŋʔ‘大象’: 141
鴞 xiāo hjew, see 鴟鴞 chīxiāo < tsyhij.hjew
簫 xiāo sew < *sˤiw‘排箫’: 295, 300
削 xiāo sjak < *[s]ewk‘用刀刮、削’: 295, 299, 300;也见于 xiào < sjewH and shào < sraewH
宵 xiāo sjew < *[s]ew‘夜晚’: 295, 298
斅 xiào haewH < *m-kˤruk-s‘教’: 59
嘯 xiào sewH < *sˤiw(k)-s‘悲哭’: 302
削 xiào sjewH < *[s]ewk-s‘刮掉;削皮’: 300;也见于 xiāo < sjak and shào < sraewH
孝 xiào xaewH < *qʰˤ<r>uʔ-s‘孝顺’: 103
楔 xiē set < *s.qˤet‘插入死人齿间的楔形木片’: 137
歇 xiē xjot < *qʰat‘停止,休息’: 44, 210, 271
協 xié hep < *[ɢ]ˤep‘融洽’: 304
挾 xié hep < *m-kˤep‘抓住’: 58, 126, 311, 314;也见于 xié < tsep
挾 xié tsep < *S-kˤep‘抓住’: 314;也见于 xié < hep
擷 xié het < *m-[k]ˤi[t]‘把衣服下摆掖在腰间’: 21
脅 xié xjaep < *qʰ<r>ep‘侧面,身体两侧’: 103, 311
邪 xié zjae < *sə.ɢA‘歪邪的’: 131, 132, 182;也见于 yé < yae, 琅邪 Lángyá < lang.yae
寫 xiě sjaeX < *s-qʰAʔ‘描绘’: 140, 224
蟹 xiè heaX < *m-kˤreʔ‘蟹’: 125
卸 xiè sjaeH < *s-qʰA(ʔ)-s‘卸下’: 140
褻 xiè sjet < *s-ŋet‘贴身之衣’: 275
泄 xiè sjet < *s-lat‘泄漏’: 144, 271;也见 yejH < *lat-s‘泄漏’: 272
謝 xiè zjaeH < *sə-lAk-s‘辞谢,放弃’: 71, 182
邂逅 xièhòu heaH.huwH < *[g]ˤre-s.[g]ˤro-s‘无忧无虑的(《唐风·绸缪》)’: 214, 242
欣 xīn xj+n < *qʰər‘喜悦’: 171
囟 xìn sinH < *[s]ə[r]-s‘囟门’: 401n82
信 xìn sinH < *s-ni[ŋ]-s‘诚信的’: 147—148, 150
星 xīng seng < *s-tsʰˤeŋ‘星星’: 139, 146
興 xīng xing < *qʰ(r)əŋ‘升高,起’: 307

鷽 xué　*'aewk* < qˤruk‘(一种鸟)’：56, 127；也见于 xué < *haewk*

鷽 xué　*haewk* < *m-qˤruk‘(一种鸟)’：56, 127；也见于 xué < *'aewk*

穴 xué　*hwet* < *[ɢ]ʷˤi[t]‘山洞，洞穴’：290

烕 xuè　*xjwiet* < *m̥et‘扑灭，毁坏’：143, 275

血 xuè　*xwet* < *m̥ˤik‘血液’：152, 240

熏 xūn　*xjun* < *qʰu[n]‘用火烟熏炙；蒸汽，气味’：251, 395n16

壎 xūn　*xjwon* < *qʰo[n]‘陶制乐器’：282, 395n16

馴 xún　*zwin* < *sə.lu[n]‘温顺的；逐步的’：183

旬 xún　*zwin* < *s-N-qʷi[n]‘十天一周’：127, 193

訓 xùn　*xjunH* < *l̥u[n]-s (W [方言] *l̥-> *x*-)‘训导’：165—166, 183

厭 yā　*'jiep* < *ʔep‘压’：304, 311；也见于 yān < *'jiem*

牙 yá　*ngae* < *m-ɢˤ<r>a‘牙齿’：83, 131—132

涯 yá　*ngea* < *ŋˤrar‘河岸；边界’：51, 148

崖 yá　*ngea* < *ŋˤrar‘河岸；边界’：148, 391n76

厓 yá　*ngea* < *ŋˤrar‘河岸；边界’：148

邪 yá　*yae*，参见琅邪 Lángyá < *lang.yae*；也见于 xié < *zjae*

雅 yǎ　*ngaeX* < *N-ɢˤraʔ‘适当的，有教养的’：121

軋 yà　*'eat* < *qˤrət‘碾碎’：287

淹 yān　*'jem* < *ʔ(r)om‘浸泡，淹没’：313

厭 yān　*'jiem* < *ʔem‘满足的’：58, 313；也见于 yā < *'jiep*

焉 yān　*hjen* < *[ʔ]a[n]‘(第三人称处所代词)’：263, 389n62；也见于 yān < *'jen*

焉 yān　*'jen* < *ʔa[n]‘怎么’：389n62；也见于 yān < *hjen*

炎 yán　*hjem* < *[ɢ]ʷ(r)am‘燃烧、烧得旺的’：313, 314, 386n30, 389n62

顏 yán　*ngaen* < *C.ŋˤrar‘脸，额头’：148, 172

嚴 yán　*ngjaem* < *ŋ(r)am‘威严，庄严’：313

檐 yán　*yem* < *Cə.ɢam‘屋檐’：188, 313

鹽 yán　*yem* < *[ɢr][o]m‘盐’：107, 386n31

巘 yǎn　*ngjenX* < *ŋ(r)ar(ʔ)‘山；山巅’：148, 258；也见于 yǎn < *ngjonX*

巘 yǎn　*ngjonX* < *ŋ(r)ar(ʔ)‘山；山巅’：148, 258；也见于 yǎn < *ngjenX*

衍 yǎn　*yenX* < *N-q(r)anʔ‘溢出’：169

燕 yàn　*'enH* < *ʔˤe[n]-s‘燕子’：100

饜 yàn　*'jemH* < *ʔ<r>em-s‘满意的’：58, 100

猒 yàn　*'jiemH* < *ʔem-s‘满足’：304

彥 yàn　*ngjenH* < *ŋrar-s‘装饰品’：148

倚 yǐ　*'jeX* < *Cə.q(r)ajʔ‘斜靠’：187
蛾 yǐ　*ngj + jX* < *m-qʰəjʔ‘蚂蚁’：83
已 yǐ　*yiX* < *ɢ(r)əʔ‘停止；已经’：27，31，107，141，386n30
以 yǐ　*yiX* < *ləʔ‘拿，用’：27，56，183，325
意 yì　*'iH* < *ʔ(r)ək-s‘思想’：230
懿 yì　*'ijH* < *[ʔ]<r>ik-s‘抑制’：240
抑 yì　*'ik* < *[ʔ](r)ik‘触痛，压抑’：240
臆 yì　*'ik* < *ʔ(r)ək‘胸怀’：100
憶 yì　*'ik* < *ʔ(r)ək‘记忆’：230
縊 yì　*'jieH* < *q[i]k-s‘勒死’：58
益 yì　*'jiek* < *q[i]k（[方言]*-ik > *-ek）‘增加’：233
衣 yì　*'j + jH* < *ʔ(r)əj-s‘穿衣服’：59；也见于 yī < *'j + j*
挹 yì　*'jip* < *qip‘压抑’：304
鷁 yì　*ngek* < *m-ɢˤek‘水鸟名’：233
義 yì　*ngjeH* < *ŋ(r)aj-s‘义务；正义’：65—66
劓 yì　*ngjejH* < *ŋ<r>[a][t]-s‘割鼻’：272
藝 yì　*ngjiejH* < *ŋet-s（[方言]：未腭化?）‘种植，技艺，才能’：276，277
埶 yì　*ngjiejH* < *ŋet-s（[方言]：未腭化?）‘种植’：29—30，78，384n10
刈 yì　*ngjojH* < *ŋa[t]-s‘割草，割’：272
易 yì　*yeH* < *lek-s‘容易’：110，149，234；也见于 yì < *yek*
亦 yì　*yek* < *ɢ(r)Ak‘也’：27，107
譯 yì　*yek* < *lAk‘翻译’：27
易 yì　*yek* < *lek‘改变，交换’：51，149，233，234；也见于 yì < *yeH*
异 yì　*yiH* < *ɢ(r)ək-s‘不同’：107，386n30
翼 yì　*yik* < *ɢʷrəp（[方言]*-p > *-k）‘翅膀’：107，386n30
翌 yì　*yik* < *ɢʷrəp（[方言]*-p > *-k）‘下一天’：386n30
翊 yì　*yik* < *ɢʷrəp（[方言]*-p > *-k）‘下一天’：386n30
役 yì　*ywek* < *ɢʷek‘战役；劳役’：107
音 yīn　*'im* < *[q](r)əm‘声音，音调’：307，310
陰 yīn　*'im* < *q(r)um‘阴暗’：310
駰 yīn　*'in* < *ʔ<r>i[n]‘灰白色马’：291
愔 yīn　*'jim* < *[q]im‘温和，平和’：304，310
因 yīn　*'jin* < *ʔi[n]‘依靠’：101，291
殷 yīn　*'j + n* < *ʔər‘（朝代名）’：264—265
銀 yín　*ngin* < *ŋrə[n]‘银’：110，288
淫 yín　*yim* < *N.r[ə]m‘过分；放大’：122

語 yù *ngjoH* < *ŋ(r)aʔ-s‘告诉’：197；也见于 yǔ < *ngjoX*

獄 yù *ngjowk* < *[ŋ]rok‘审讯，牢狱’：243

禦 yù *ngjoX* < *m-qʰ(r)aʔ‘抵挡，阻碍，停止’：129，130，388n52

御 yù *ngjoX* < *m-qʰ(r)aʔ‘抵挡，反抗’：388n52

馭 yù *ngjoH* < *[ŋ](r)a-s‘驾驶’：388n52

與 yù *yoH* < *ɢ(r)aʔ-s‘参与’：77，107；也见于 yǔ < *yoX*

欲 yù *yowk* < *ɢ(r)ok‘想要’：107

昱 yù *yuwk* < *ɢʷrəp‘下一天’（[方言] *-əp > *-up > *-uk）：386n30

煜 yù *yuwk* < *ɢʷrəp‘发光，闪光’：386n30

鬻 yù *yuwk* < *m-quk‘养育’：61，156；也见于 zhōu < *tsyuwk*

聿 yù *ywit* < *[m-]rut‘用来书写的工具（东汉《说文解字》“楚谓之聿”）’：43，162

繘 yù *ywit* < *N.qʷi[t]‘井上汲水的绳索’：82；也见于 jú < *kjwit*

淵 yuān *'wen* < *[ʔ]ʷˤi[ŋ]‘深渊’：211—212

圜 yuán *hjwen* < *ɢʷ<r>en‘圆的’：78，141，214，277，389n62，395n21

圓 yuán *hjwen* < *ɢʷ<r>en‘圆的’：78，141，214，389n62，395n21

園 yuán *hjwon* < *C.ɢʷa[n]‘园圃’：170，274

垣 yuán *hjwon* < *[ɢ]ʷar‘墙’：137，258，261

原 yuán *ngjwon* < *N-ɢʷar‘泉，源；起源’：258

原 yuán *ngjwon* < *N-ɢʷar‘高原’：266

遠 yuǎn *hjwonX* < *C.ɢʷanʔ‘远’：67，252，259，394n16，395n21

院 yuàn *hjwenH* < *ɢʷra[n]-s‘院子四周的墙’：78，108，274

約 yuē *'jak* < *[q](r)ewk‘缠束；约定’：299；也见于 yào < *'jiewH*

樂 yuè *ngaewk* < *[ŋ]ˤrawk‘音乐’：297；也见于 lè < *lak*，yào < *ngaewH*

月 yuè *ngjwot* < *[ŋ]ʷat‘月亮；月份’：64，271

刖 yuè *ngwaet* < *[ŋ]ʷˤ<r>at‘断足’：271

籥 yuè *yak* < *lewk‘竹笛；钥匙；竹管’：299

蜕 yuè *ywet* < *lot‘昆虫或爬虫的蜕皮’：109；也见于 tuì < *thwajH*

雲 yún *hjun* < *[ɢ]ʷə[n]‘天上的云’：284，288

員 yún *hjun* < *[ɢ]ʷə[n]‘（助词）’：38—40，284，382n26

云 yún *hjun* < *[ɢ]ʷə[r]‘说’：38—40，382n25，382n27，389n62

筠 yún *hwin* < *[ɢ]ʷri[n]‘竹皮’：216，291

匀 yún *ywin* < *[N-q]ʷi[n]‘均匀’：127，216，291，388n50

隕 yǔn *hwinX* < *[ɢ]ʷrə[n]ʔ‘坠落’：288

韻 yùn *hwinH* < *[m-qʷ]<r>i[n]-s‘和谐的；韵’：127，193，388n50，393n107

愠 yùn　ˈ*junH* < *ʔun-s‘怨恨，愤怒’：294

雜 zá　*dzop* < *[dz]ˁ[u]p‘混杂’：309

載 zài　*dzojH* < *[m-ts]ˁəʔ-s‘装载某物在交通工具上(及物动词)’：127；也见于 zài < *tsojH*

在 zài　*dzojX* < *[dz]ˁəʔ‘在’：202—203，284，394n7

載 zài　*tsojH* < *[ts]ˁəʔ-s‘装载某物在交通工具上’：127；也见于 zài < *dzojH*

再 zài　*tsojH* < *[ts]ˁə(ʔ)-s‘两次；第二次’：203

簪 zān　*tsom* < *Cə.tsˁ[ə]m‘发簪’：186

繰 zǎo　*tsawX* < *mə-tsˁawʔ‘漂白；洗涤’：95，177，246

早 zǎo　*tsawX* < *Nə.tsˁuʔ‘早的’：88，95，174，247

譟 zào　*sawH* < *C.sˁaw-s‘叫喊’：169

燥 zào　*sawX* < *C.sˁawʔ‘干燥’：169

澤 zé　*draek* < *lˁrak‘沼泽；水分’：109

責 zé　*tsreak* < *s-tˁrek‘要求报偿’：80，98，136，233，234；也见于 zhài < *tsreaH*

賊 zéi　*dzok* < *k.dzˁək‘歹徒’：37，95，97，153，160

增 zēng　*tsong* < *s-tˁəŋ‘增加’：59，136，192，231

甑 zèng　*tsingH* < *S-təŋ-s‘蒸饭的器具’：61，136，321

柤 zhā　*tsrae* < *tsˁra‘一种酸果’：223

札 zhá　*tsreat* < *s-qˁrət‘木简；木牍’：80，138，287

摘 zhāi　*treak* < *tˁrek‘摘取’：233

齋 zhāi　*tsreaj* < *tsˁr[ə]j‘洗心涤虑’：285，286

宅 zhái　*draek* < *m-tˁ<r>ak‘住宅’：225

責 zhài　*tsreaH* < *s-tˁrek-s‘债务’：80，136；也见于 zé < *tsreak*

債 zhài　*tsreaH* < *s-tˁrek-s‘债务’：80，97，136，234

瘵 zhài　*tsreajH* < *[ts](ˁ)re[t]-s‘受伤害；痛苦’：276

占 zhān　*tsyem* < *tem‘占卜’：313，315

展 zhǎn　*trjenX* < *trenʔ‘伸展；展开’：277

搌 zhǎn　*trjenX*，参见 jiǎnzhǎn < *kjenX.trjenX*

輾轉 zhǎnzhuǎn　*trjenX.trjwenX* < *tre[n]ʔ.tro[n]ʔ‘卧不安席貌(《陈风·泽陂》(145)第三章)’：214

襢 zhàn　*trjenX* < *tra[n]ʔ‘忍受’：274

張 zhāng　*trjang* < *C.traŋ‘开弓’：227

啁 zhāo　*traew* < *tˁriw‘鸟叫声，嘈杂声’：300

朝 zhāo　*trjew* < *t<r>aw‘早上’：55；也见于 cháo < *drjew*

爪 zhǎo　*tsraewX* < *[ts]ˁ<r>uʔ‘爪子’：136，215，247

叉 zhǎo　*tsraewX* < *[ts]ˁ<r>uʔ‘爪子’：136

沼 zhǎo _tsyewX_ < *tawʔ‘池塘’: 296

濯 zhào _draewH_ < *lˁrewk-s‘洗衣服’: 300; 也见于 zhuó < _draewk_

櫂 zhào _draewH_ < *lˁrewk-s‘桨’: 109

趙 zhào _drjewX_ < *[d]rewʔ‘(姓氏)’: 298

罩 zhào _traewH_ < *tˁrawk-s‘捕鱼的罩篮’: 297

遮 zhē _tsyae_ < *tA‘遮盖’: 224

謫 zhé _dreak_ < *m-tˁrek‘责备, 惩罚’: 80; 也见于 zhé < _treak_

蟄 zhé _drip_ < *[d]rip‘冬眠, 丛生’: 305, 309

慹 zhé _nep_ < *t-nˁ[i]p‘害怕’: 57, 162; 也见于 zhí < _tsyep_

輒 zhé _tep_ < *t-nˁep‘瘫痪, 不能动’: 57

謫 zhé _treak_ < *C.tˁrek‘责备’: 136, 168; 也见于 zhé < _dreak_

耴 zhé _trjep_ < *t-nrep‘耳朵下垂(用于人名)’: 80

慴 zhé _tsyep_ < *t-nep‘恐惧’: 313

折 zhé _tsyet_ < *tet‘弯曲; 折断’: 54, 117, 276; 也见于 dì < _dejH_, shé < _dzyet_

者 zhě _tsyaeX_ < *tAʔ‘(名词化助词)’: 138, 223, 224, 320, 397n36

赭 zhě _tsyaeX_ < *tAʔ‘红土; 红色颜料’: 223

貞 zhēn _trjeng_ < *treŋ‘占卜’: 235

蓁 zhēn _tsrin_ < *[ts]ri[n]‘茂盛貌’: 291

榛 zhēn _tsrin_ < *tsri[n]‘榛子’: 80

鍼 zhēn _tsyim_ < *t.[k]əm‘针’: 154

針 zhēn _tsyim_ < *t.[k]əm‘针’: 154

箴 zhēn _tsyim_ < *t.[k]əm‘针’: 37, 71, 79, 97, 153, 154

振 zhēn _tsyin_ < *tər‘数量众多; 威严貌’: 255

真 zhēn _tsyin_ < *ti[n]‘真的, 真实的’: 76, 97, 99, 291

鎮 zhèn _trinH_ < *t<r>i[n]-s‘镇压’: 80

正 zhēng _tsyeng_ < *C.teŋ‘第一个(月)’: 97, 98, 168; 也见于 zhèng < _tsyengH_

烝 zhēng _tsying_ < *təŋ‘(水蒸汽)升起; 蒸’: 56, 60, 136, 321

崢嶸 zhēngróng _dzreang.hweang_ < *[dz]ˁreŋ.[ɢ]ʷˁreŋ‘高耸、险峻’: 235

整 zhěng _tsyengX_ < *teŋʔ‘安排; 整齐’: 43

正 zhèng _tsyengH_ < *teŋ-s‘正确的; 改正’: 235; 也见于 zhēng < _tsyeng_

知 zhī _trje_ < *tre‘知道’: 232

枝 zhī _tsye_ < *ke‘(树的)分枝’: 77, 79

支 zhī _tsye_ < *ke‘(树的)分枝, 四肢’: 77, 79, 140, 232

觶 zhī _tsye_ < *tar‘酒器’: 258

隻 zhī _tsyek_ < *tek‘单个’: 98, 99

之 zhī _tsyi_ < *tə‘(第三人称宾语代词, 定语助词)’: 53

驟 zhòu　*dzrjuwH* < *N-tsˤroʔ-s‘快跑’：242

咮 zhòu　*trjuwH* < *tˤ<r>ok-s‘鸟喙’：244，396n25

縐 zhòu　*tsrjuwH* < *[ts]ˤro-s‘皱纹’：242，396n25

祝 zhòu　*tsyuwH* < *[t]uk-s‘诅咒’：249；也见于 zhù < *tsyuwk*

豬 zhū　*trjo* < *tra‘猪’：223

株 zhū　*trju* < *tro‘树根，茎’：396n25

誅 zhū　*trju* < *tro‘处罚；杀’：396n25

諸 zhū　*tsyo* < *ta‘很多’：320

朱 zhū　*tsyu* < *to‘红色’：242

躅 zhú　*drjowk*，见躑躅 zhízhú < *drjek.drjowk*

逐 zhú　*drjuwk* < *[l]riwk‘追赶’：301

燭 zhú　*tsyowk* < *tok‘火炬’：76

拄 zhǔ　*trjuX* < *t<r>oʔ‘支撑，支持’：55，124，125

屬 zhǔ　*tsyowk* < *tok‘聚集，连接’：117；也见于 shǔ < *dzyowk*

煮 zhǔ　*tsyoX* < *[t]aʔ‘煮，烧’：29，223

渚 zhǔ　*tsyoX* < *taʔ‘水中小块陆地’：223，397n36

箸 zhù　*drjoH* < *[d]<r>ak-s‘筷子’：224

紵 zhù　*drjoX* < *mə.draʔ‘苎麻；亚麻’：95，178

住 zhù　*drjuH* < *dro(ʔ)-s‘停留’：80，108

柱 zhù　*drjuX* < *m-t<r>oʔ‘柱子’：55，89，124

著 zhù　*trjoH* < *t<r>ak-s‘放置（名词）；显露’：61；也见于 zhuó < *trjak*

祝 zhù　*tsyuwk* < *[t]uk‘祈祷，祝颂’：249；也见于 zhòu < *tsyuwH*

髽 zhuā　*tsrwae* < *[ts]ˤroj‘古代妇人的丧髻’：279

專 zhuān　*tsywen* < *ton‘专一的’：282

轉 zhuǎn　*trjwenX* < *mə-tronʔ‘转动，运’：88

轉 zhuǎn　*trjwenX*，见輾轉 zhǎnzhuǎn < *trjenX.trjwenX*

傳 zhuàn　*drjwenH* < *N-tron-s‘已传的记载’：282；也见于 chuán < *drjwen*

追 zhuī　*trwij* < *truj‘追赶’：293

墜 zhuì　*drwijH* < *m.lru[t]-s‘坠落’：133

準 zhǔn　*tsywinX* < *turʔ‘水平’：295

卓 zhuō　*traewk* < *tˤrawk‘高；杰出’：99，297

濯 zhuó　*draewk* < *lˤrewk‘洗涤’：299，300；也见于 zhào < *draewH*

濁 zhuó　*draewk* < *[N-tˤ]rok‘污浊的’：81

斲 zhuó　*traewk* < *Cə.tˤrok‘砍，切开’：186

啄 zhuó　*traewk* < *mə-tˤ<r>ok‘啄食’：243，244

著 zhuó　*trjak* < *t<r>ak‘放置’：61，99，142，225；也见于 zhù <

注　释

第　一　章

1. 虽然拼音文字相对来说反映语音比较直接,但是在某种意义上,拉丁语、希腊 379
语、梵语也是需要构拟的。使用任何书面文字来记录都要以重构该文字符号
所代表的语言意义为前提,这甚至在拼音文字中也不总是显而易见的。

2. 我们采用许家平(Ostapirat 2000)提出的“**Kra-Dai**”来替代传统术语“**Tai-
Kadai**”,因为对于懂泰语的人来说,“**Tai-Kadai**”是一个听起来很滑稽的词,意 379
为“台语什么的”(**Montatip Krishnamra** 告知)。

3. 为了表达清楚,我们用“文本”(**text**)指表现为一个或多个物质形态的写本中
的一个语言学实体,而“写本”(**document**)指承载一个文本的实物。因此,《诗 379
经》是一个先秦的文本,而在现存的先秦写本中只有一部分被保留下来。

4. 高本汉后来也的确出版了一部稍加改正的《汉文典(修订本)》(*Grammata
serica Recensa*,以下缩略为 GSR),主要是回应赵元任(Chao 1941)的批评,但 379
是并没有实质性的改变。

5. 化(huà <*xwaeH* < *q^{wh}ˤ<r>aj-s ‘改变’)作为華[huā <*xwae* < *q^{w}hˤra ‘花(名 379
词)’]的声符,反映了汉代在带咽化声母的音节中 OC *-raj 和 *-ra 的合流。
这表明汉代形成的标准文字有时反映的是汉代的音系,而不是上古汉语音
系。参看 § 2.3 的讨论。请注意,我们写作“化 huà <*xwaeH*”,好像普通话的
huà 是直接从中古音的 *xwaeH* 发展而来的,严格说来,普通话或其他任何形
式的汉语口语都不可能从我们这里所说的中古音直接而来。因为如上所述,
我们不认为中古书面材料中的语音信息能准确地代表一种单一的方言。在
大多数的例子中,普通话的语音形式可以从中古汉语形式中推导出来,但就
是这样的趋势也有许多例外。由于我们的讨论主要集中在上古汉语,而不是
普通话或中古汉语,为了方便和一致性,我们在现代普通话后面继续用“<”符
号,甚至在中古音并没有预示普通话的对应形式时(这是经常发生的)也这样
处理。

6. 参考原始台语 ***m.lec D**‘谷物’(**Pittayaporn** 2009),李方桂的构拟 ***ml/ ret D**
(**Li** 1977: 93, 269)。注意:上古音的韵尾可以是 ***-t** 或 ***-k**,我们写作 379
***mə.li**[**t**],用方括号包围 ***t** 来标示这个不确定性。

7. 对于我们的初步构拟，有些使用者觉得像奇 jī < *[k](r)aj 这样的构拟太麻
379 烦、太混乱，希望有一套更简单、更便于使用的符号标写。在我们看来，虽然看
380 上去我们的符号标记稍微笨拙，但是它的好处是相对忠实地表达了我们的构拟
形式中不同成分的可信度。同时它也提醒我们，我们的知识必然是不完备的。
但是，对于有些使用者，如果出于某些合适的目的或在合适的场合，可以用一个
简化版：(1) 可以去掉所有的括号和里面的成分；(2) 忽略方括号。“奇”jī 的简
化版符号标记就是 *kaj。但是，对于严肃的语文学研究或者是比较研究，我们
还是建议用完整版，虽然不是很方便，但是那样更实际，更可靠。

8. 依此例，除非是在英文出版物中以他们的罗马拼音名字而著称的作者，我们
380 以姓在前、名在后的方式写中国和日本的人名。

第　二　章

1. 主要的例外是，有时韵图中字音的位置可以帮助我们弄清楚，在别处发现的
380 模糊不清的反切(关于反切，看本章的讨论)。

2. 《广韵》平声又分为“上平”和“下平”，只是为了方便，因为平声的字最多。这和
380 后来声调分为“阴平”和“阳平”没有关系。

3. 陈澧(1810—1882)在《切韵考》([1842]1995)中，最早运用系联反切字的方法
380 来建立中古音的音类，后来高本汉运用同样的方法来重构他的“Ancient
Chinese”(即我们所称的中古音)。

4. 需要解释一下我们使用的音标：我们用 McCune-Reischauer 罗马拼音法标示韩国语，并用国际音标标音；用 Hepburn 式罗马拼音标示日语。越南语以标准的国语(Quốc Ngữ)拼写，并以国际音标标音。越南语的声母đ-(国际音标[ɗ])是越南语中[t]>[ɗ]音变的结果，参见 Ferlus(1992：115)。按赵元任的数字系统表示声调：5 表示最高，1 最低。越南语我们按照惯例以字母和数字表示调类：我们常引用的，来自汉语的早期借词中，A、B、C、D 一般分别对应中古汉语的平、上、去、入，但是越南语的 A 调有时也对应中古汉语的去声。字母后面的数字 1 和 2 分别代表声调的上部音域(即阴调)和下部音域(即阳调)。(汉越语层的词汇是在唐代时系统地借来，其中的 B 和 C 调类正好倒过来，所以 B 调对应中古汉语去声，C 调上声。)“德”和“得”，中古音都是 *tok*，但在朝鲜汉字音和汉越语中分别有不同的读音，可能是因为它们是在不同的时间从汉语借来的。

380 5. 除非特别说明，中古音的形式都是根据《广韵》(余迺永 2000)。

6. 除非特别说明，中文古籍文献都引自网上的“汉籍电子文献资料库”(台北“中
380 研院”2013)。

7. 罗杰瑞和柯蔚南(Norman、Coblin 1995)批评中国历史语言研究过度依赖中
380 古书面材料的倾向。如果是讨论方言学，我们完全同意他们的批评：中古音

既不能用来代替现代方言中所发现的信息，也不能作为一个合适的架构来研
究现代方言史。方言史研究的是方言之间的关系，而不是每一处方言与中古
音系之间的关系。而对于上古汉语构拟而言，中古音材料虽然本身也不足 380
够，但提供了其他任何地方都找不到的重要证据。

8. 我们在"卷舌"和"腭化"上加引号，因为选用这样的术语是表示一种特定的语
音学解释或构拟，这或许对某一些地方的中古汉语是对的，但并不是所有地 381
方的中古汉语都一样（例如，南方方言似乎不区分 MC *tr*-和 *t*-，参见：
Pulleyblank 1984：168）。但像"二等韵"这样的类别，完全可以用分布的方式
来界定，不需要用中古汉语特定的语音学解释或韵图。在我们的转写系统
中，"卷舌"声母用-*r*-，"腭化"声母用-*y*-。如果有需要，这些记号可以很容易
地转用其他的语音学解释。

9. 这条原则只有一个重要例外，即一些以 *Tsr*-为声母的三等韵字在中古汉语时
期转变为二等韵，如"生"(MC *srjaeng*)字在王仁昫本《刊谬补缺切韵》是三等
韵，但是后来的是二等韵(MC *sraeng*)。从上古汉语的角度来看，这些字是 B 381
型音节，尽管它们是二等韵字。参看 § 4.1.1 的讨论。

10.《广韵》和《切韵》的韵目与安排稍有不同，但习惯上用《广韵》韵目。但是，在某
些方面，我们的标音系统更接近《切韵》的安排，而不是《广韵》。例如，《广韵》 381
把"波"'波浪'归在戈韵，就好像"波"有-*wa*，但是王仁昫本《刊谬补缺切韵》只
有歌韵，对应《广韵》的歌和戈韵，"波"的反切也表明它的中古音是 MC *pa*，而
不是"*pwa*"，所以我们对"波"的标音是根据《切韵》的 *pa*，而不是《广韵》的
"*pwa*"。

11. 部分合流的条件是，在上古汉语非咽化的唇音或唇音化声母之后，OC *-a 与
*-o 合流：斧 fǔ < *p(r)aʔ'斧头'与府 fǔ < *p(r)oʔ'库藏'合并，成为中古音 381
MC *pjuX*；矩 jǔ < *[k]^{w}(r)aʔ'木工角尺'与枸 jǔ < *[k](r)oʔ'(一种树)'合
并，成为中古音的 MC *kjuX*；参看 § 5.4.1.1。

12. 计算的公式是：如果一个韵部有 n 个字，那么有 $2^{n-1}-n-1$ 种方式来把它们
分成两组(假定每组至少应该有两个字)。 381

13. 白一平(Baxter 1992：97—128)讨论了决定一组韵例是否可以支持一个假设
的标准。两部韵字的相对使用频率以及押韵的长短两方面的因素都得考虑。 381

14. 如果"瓮"wèng < *qˤoŋ-s '坛子'的基本意义是'容器'，那和"容"róng <
*[ɢ](r)oŋ'容纳'可能在词源上有联系。"容"也可以构拟为 *N-q(r)oŋ，至少 381
可作为不及物动词。

15. 高本汉只是简单地把中古音 MC *sy*-放置到上古音，构拟成 *śi̯at。白一平
(Baxter 1992：786)构拟为"*h(l)jet"，作为一种默认的假设，用我们现在的标 381
音就等于 *l̥et 或 *q^{h}et。郑张尚芳(2003：458)构拟为 *hljed。

16. 左边的例子来自郭店简《缁衣》第 17 号简(*GD* 18)；右边的例子来自上博简 381

《孔子诗论》第 10 号简(*SB* 1：22)。

17.“己”的字形来自郭店简《语丛三》第 5 号简(*GD* 97)和《竞建内之》第 2 号简
382 (*SB* 5：19)；“巳”的字形来自郭店简《缁衣》第 20 号简(*GD* 18)和《孔子诗论》
第 5 号简(*SB* 1：17)。

18. *<r>表示我们认为*-r-是一个中缀。这个中缀经常出现在表示有一个以上成
382 组的事物的词。参看§3.3.2.6。

19. 闽语的‘田地’经常被认为是塍 chéng<*zying*‘田埂’,但是罗杰瑞指出这个词
382 源可能应该是“層”céng<*dzong*‘层次,分层’,“这样称呼是因为(福建的)多
数田地是梯田”(Norman 1996：31)。我们同意罗杰瑞的观点：这个闽语词的
原始闽语 pMǐn *dzhən A,基于永安/$\mathrm{ts^h}$ĩ 2/和盖竹/$\mathrm{ts^h}$ẽ 2/(Norman 1981：
58;邓享璋 2007：370),这两种闽中方言都区分 pMǐn *dzh-和*džh-。闽方言
声母*dzh-和韵母*-ən 更接近“層”MC *dzong* 而不是塍 MC *zying*。

382 20. 也有相当一部分早期借词的亚层次显示越南语的 *ngang-huyền*(A)与汉语去
声对应。

21. 第一章的注 2 中提到我们用“侗台语(Kra-Dai)”这个名称,而不用“Tai-
382 Kadai”(台-卡岱或卡岱),是采用了许家平(Ostapirat 2000)的建议。

382 22. 李方桂(Li 1977)的原始台语声母*hm-相当于张高峰(Pittayaporn)的*q.m-。

382 23. 慎到(即慎子)的著作,只保留在这样的引文中。具体参看 Thompson(1979)。
这一段见于《荀子》第十二章《非十二子》。

24. 能 néng 的中古音 *nong* 中的鼻音韵尾可能是次生的：在《诗经·小雅·宾之
382 初筵》和《诗经·大雅·桑柔》中它的韵脚可能是*-əʔ。

25. 虽然由于押韵的证据,我们暂时构拟“云”的上古音带韵尾*-r(《诗经·小雅·
382 正月》和《诗经·小雅·何人斯》),但是杨倞引用慎到的版本时,*-r 早已经变
成[n]了。

382 26. 在别的语境中“員”的现代汉语也读作 yuán<MC *hjwen*,现在已经是更常见
的读音。

27. 这些包括《后汉书·冯衍传》中“云命”替代“有命”,见吴昌莹(1873/1956)。
382 两例“云补”替代“有补”。“补”至少有一个鼻音前缀的读音,如原始苗瑶语
pHM *mpjaX‘补、补丁’(见§4.5.5.1)。这两例出自范晔(398—446)的《后汉
书》中,都是代表东汉时期(25—220)的文献。这些解释见杨树达(1954,转引
自俞敏 1992：68)和清代学者吴昌莹(转引自俞敏 1992：67)。

第 三 章

382 1. 有一个例外,如第二章注 9 已经说明的,中古汉语时期发生一个音变：一些声
母是 *Tsr*-的三等字变为二等,从上古汉语的角度来看,那是 B 型音节。

2.“闽北”,我们指陈章太和李如龙(1991)界定的“闽北”方言,即建阳、建瓯和其

他方言，它们的声母有系统的“软化”对立，不见于其他闽方言。旧的术语中， 382
闽方言分为以福州为代表的“闽北”和以厦门为代表的“闽南”。新的术语分 383
为五组：在沿海，福州为闽东区，厦门仍然为闽南区，它们之间的是莆仙区（包括莆田和仙游）。在内陆的是闽北和闽中区。具体参见陈章太和李如龙（1991）。

3. 白一平（Baxter 1992）用大写字母来标记显然没法预测的软腭音的腭化。 383

4. 白一平（Baxter 1992）用“带杠的 i”*ɨ 来代表这个元音，这个标音法不但大家
一般都不熟悉，而且容易和一般的*i 相混淆。斯塔罗斯金（Starostin 1989）用 383
*ə 表示这个元音，我们现在也这么做。郑张尚芳（2003 以及别处）把这个元音写作*ɯ。

5. 塞音音节出现在北非的柏柏语（Berber language, Dell and Elmedlaoui 1985） 383
以及其他语言中。

6. 我们用*S-而不是*s-来标示声母的不规则演变：据*s-təŋ 我们预期的中古音 383
应该是 *sying*，就像例（148）那样。关于这个标音，参看§4.4.3.1。

7. “容”字本来不是如《说文》所说的“宀”加“谷”，而是“穴”加“公”，偏旁“厶”和“口” 383
经常可以互换（何琳仪 1998：410）。高本汉没有认识到这一点，把“容”作为一个独立的声符（*GSR* 1187a）。《说文》也有一个{容}的“古文”字形，是“宀”加“公”（《说文诂林》3236a）。参见：沙加尔、白一平（Sagart & Baxter 2009）。

第 四 章

1. 郑张尚芳引用了独龙语（ISO 639－3，代码 duu）的例子，斯塔罗斯金引用了
Mizo（即卢舍依语，ISO 639－3，代码 lus）的例子。这些语言与汉语 A/B 型音 383
节的对应可能是有根据的。但即使是如此，未必意味着上古汉语这两类音节的区分就是元音的长短。可以参看本书§2.7 对藏缅语作为构拟上古汉语证据的讨论。

2. 不过，本书的符号转写与罗杰瑞不同：他在声母辅音之前加撇号来表示咽化，
我们则用国际音标[ˤ]（Unicode 码为 02E4，是“上标符转面喉塞音”）来标写声
母的最后一个成分，但在介音*-r-之前（如果有的话），如表 4.2 最后一行所示。 383

3. 关于阿拉伯口语里咽化辅音对后接元音的声学影响，报道最多的是 F1 的上 383
升与 F2 的下降（Shar、Ingram 2010 和该文的参考文献）。F1 的上升表示元音舌位下降。

4. 雅各布森（Jakobson）认为，从音系的角度来看，阿拉伯语的小舌音 q-和 ḥ-[ħ] 383
是咽化的软腭音（Jakobson 1957/1971：515—518）。到了汉代，来自上古汉语的小舌音就消失了。参看§4.3。

5. 这段引自《春秋公羊传》。在流传下来的《春秋》文本里，文字没什么差别，除了 383
“顷熊”写作“敬嬴”。

6. 周祖谟认为“内”代表洪音，“外”代表细音，这两个术语一般分别指 A 型和 B
383 型音节。周氏也举例说明了“急气”和“缓气”表达的含义跟“内”和“外”大多
相同。

384 7. 因为该演变发生在上古小舌音声母变作中古的不同喉音声母之后，因此来自上古小舌音的声母和来自上古咽化软腭音的声母并没有合并。例如 *q-在 *kˤ-变作[q]之前已经变作[ʔ]了。

8. 在亚历山大·德·罗德的词典(Alexandre de Rhodes 1651)的正字法当中，现
384 代越南文由此发展而来，写作 *gi*-(现在的河内发音是[z])声母，按照葡萄牙语
的拼写习惯，很可能早期是个浊的前腭擦音，*gi*-中的字母 *g*-并不代表任何的
软腭音。

9. 第二次软腭音的腭化较晚近，见于诸多现代汉语方言，包括北京话。如：金
384 MC *kim* > jīn[tɕin 1]‘金色的’，缺 MC *khwet* > quē[tɕʰyɛ 1]‘残缺，有缺陷
的’。该问题不属于此处的讨论范围。

10. 在例字“埶” *ŋet-s > *ngjiejH* > yì ‘种植’当中，*ŋ-没有腭化为 *ny*-，倒是预料之
384 外的。不过值得注意的是，《广韵》没有“*nyejH*”这样预期会出现的音节。

384 11. 当然，在传统的方法之外，还有其他一些尝试。可参看下面的注 19。

384 12. 越南语里的早期汉语借词(很可能在原始越语分化之前就已经借入了)不应该跟来自汉语的汉越语读音层次相混淆，后者是在唐代(618—907)时进入越南语的，它跟上古汉语的构拟没有直接关系。如果不做另外说明，我们所举的越南语例子，都不会是来自汉越语这个层次。

13. 此处及下文中，建阳的材料来自罗杰瑞(Norman 1971，1973，1974a，1981，
384 1982，1986，1991，1996)；建瓯的材料来自罗杰瑞(Norman 1973，1981，1986，
1996)；石陂的材料来自罗杰瑞(Norman 2000)和秋谷裕幸(2004)；和平的材
料来自罗杰瑞(Norman 1995)。

384 14. 建瓯的第 3 调与和平的第 4 调都伴有喉部的后缩，本书认为这表明应具有[ʔ]。

384 15. 感谢齐卡佳(Katia Chirkova)提供关于藏语方言复声母清化方面有价值的信息。

384 16. 若不特别注明，此处及下文中，原始苗瑶语、原始苗语、原始勉语的构拟均引自玛莎·拉特利夫(Ratliff 2010)。

384 17. 连墩村的材料引自罗杰瑞(Norman 2002)，梅县的材料引自罗杰瑞(Norman 1989)和北京大学(2003)。

384 18. 福州的材料引自冯爱珍(1998)，厦门的材料引自杜嘉德(Douglas 1899)，瓦乡话的材料引自伍云姬、沈瑞清(2010)。福州话的读音，放在方括号内的，表示跟规则的对应不同，可能是读书音。

19. 据我们所知，尝试把这类语音差异有系统地包含在上古汉语音系中的学者仅

有本尼迪克(Benedict 1976,1987)和斯塔罗斯金(Starostin 1989)。本尼迪克 384
(Benedict 1987：46)提出,罗杰瑞构拟的原始闽语的*-k-和*-g-来自原始汉语的*s-k-和*s-g-,并认为原始闽语的*gh-来自"原始汉语"的*g-,原始闽语的*g-来自原始汉语的*C+g-。斯塔罗斯金(Starostin 1989)将罗杰瑞构拟的原始闽语声母系统的一部分推至上古汉语,比如把罗杰瑞的原始闽语*b-和*bh-同样看作上古汉语的声母。把罗杰瑞的清响音也推至上古汉语(1989：59—65)。斯塔罗斯金并没有将软化辅音纳入考虑的范围。在中古的 *sy-* 与上古的*t-有接触的地方,斯塔罗斯金(Starostin 1989：159—160)把中古的 *sy-* 视为 *tsy-* 的变体,并认为后者是上古*t-的正常对应。蒲立本(Pulleyblank 1973)认为罗杰瑞构拟的原始闽语的浊送气反映上古汉语带前缀*ɦ-的清送气声母,如上古的*ɦp^{h}-演变到罗杰瑞的原始闽语的*bh-,但他没有提供更进一步的证据与论点。

20. 关于壮侗语,可以参看许家平(Ostapirat 2000)和张高峰(Pittayaporn 2009)。 385
关于苗瑶语,可以参看拉特利夫(Ratliff 2010)。关于南亚语,尤其是越语族或越芒(Viet-Muong)语族,可参看费吕(Ferlus 1982,1996,1997)。

21. 前置音节成分与越南语擦音化有关的这一假设,由奥德里古尔(Haudricourt 385
1965)首次提出,他把这种现象归因于前缀 r-。又由费吕(Ferlus 1976)和汤普森(Thompson 1976)两位差不多同时加以推阐。

22. 感谢(Michel Ferlus)就此问题的有用的讨论,以及在获取越语材料时给予的 385
广泛的帮助。如无特别说明,除越南语外的越语支语言的例子都由费吕提供。

23. 不巧的是,上古汉语的清鼻音例子只有很少的一部分被借入了苗瑶语。一个 385
上古的*n̥-对应于苗瑶语*nh-可能的例子是"餉"*n̥aŋ(ʔ)-s > *syangH* > shàng '提供食物,食物';比较原始苗瑶语*hnrəaŋH '米饭',但是语义上没有直接关系。

24. 在白一平、沙加尔(Sagart、Baxter 2009)一文中,我们提出从小舌音到中古汉 385
语软腭音的变化,其条件是松散的前置音节。但是根据诸如"镜" *kjaengH* > jìng '镜子'之类的例子,这个看法应该被修正。"镜"具有声母*q-,证据是相关的词有"影"*qraŋʔ > *'jaengX* > yǐng '阴影'。越南语 *gương* [zɯʌŋ A1] '镜子'的擦音化声母说明"镜"在上古汉语时期有前置辅音(参看 § 4.2.2.1)。但如果"镜"来自上古的*Cə.qraŋ-s,我们预计它会变成原始闽语的软化声母*-k-。事实上原始闽语"镜"的声母是*k-,正如建阳的/kiaŋ5/、建瓯的/kiaŋ5/(原始闽语的*-k-在建瓯应该要变作零声母,建阳也可能会如此)。然而,原始闽语的*k可以来自上古汉语*C.q。因此,将"镜"构拟为*C.q-：*C.qraŋʔ-s > *kjaengH*,是唯一同时符合所有有关事实的构拟。与此相类似,公*C.qˤoŋ >

kuwng > gōng ‘父亲;诸侯’、价 *C.qˤ<r>aʔ-s > *kaeH* > jià ‘价钱’、改 *C.qˤəʔ > *kojX* > gǎi ‘改变(动词)’等例基于谐声或语源方面的考虑,为其构拟了小舌音声母,以及带紧密型前置辅音的复辅音声母。因为这些例子在原始闽语里的演变是 *k-,而不是软化声母 *-k-。

385　25. 越南语*được*[ɗɯʌk D2]‘获得、得到’带有预料中的声母,但声调是不好解释的阳调。韵母也是不容易解释的:在早期借词中,越南语*-ươc*[ɯʌk]看起来对应于上古汉语的 *-ak(就像 *thước* [tʰɯʌk D1]‘公尺’来自汉语的“尺” *tʰAk > *tsyhek* >chǐ ‘尺(度量单位)’)。再如“德” *tˤək > *tok* > dé ‘德行’(就我们所知道的,上古汉语时期“德”与“得” *tˤək > *tok* > dé ‘获得’同音),越南语是*đức*[ɗɯk D1],其读音符合对应规则。

385　26. 与高本汉(GSR 561)的说法相反,“尸” *l̥əj > *syij* > shī ‘尸体’并不是“屎” *[qʰ]ijʔ > *xijʔ > *syijX* > shǐ ‘粪便’的声符,参看 § 5.5.5.1。

385　27. 此处的比较及支持材料来自罗杰瑞(Norman 2006: 136)。

385　28. 高本汉把“羊”“羌”“姜”置于三个不同的谐声系列(GSR 732,712,711),但是《说文》中后两字都是以“羊”为声符的(《说文诂林》1571b、5521a)。

385　29. 在罗杰瑞的构拟方案中,原始闽语的声母 *∅-和 *ɦ-不容易相互区分,这个事实使情况变得略显复杂。根据罗杰瑞的看法,它们在音段上的表现是相同的,除了建阳有时候将来自 *ɦ-的字读/h/而不是零声母。区分它们的唯一方法,就是来自 *∅-的字应该和 *m-这样的浊响音字具有相同的声调,而来自 *ɦ-的则应该和 *-b-这样的软化声母字具有相同的声调。不过,据罗杰瑞(Norman 1974a),只有建阳方言能够清楚地分别这两类字的声调行为,即带 *∅-或者 *m-声母的 *A 调音节字应为第 2 调,而带 *ɦ-或 *-b-声母的字应为第 9 调。而且,在福州、厦门、建阳、永安等四个方言中,带 *∅-声母又属 *B 调的字有时候变作第 3 调,而 *ɦ-声母字则不会(Norman 1974a: 29—32)。关于闽语的问题,需要进一步进行研究才能解决(参看 § 6.4)。

386　30. {翼}‘翅膀’的构拟因为谐声关系比较例外,且有关材料可能来自不同方言的缘故,变得尤为复杂。能够最好地解释各种证据的构拟似乎应该是 *ɢʷrəp。该字的小舌音声母的构拟可以从其声符“异” *ɢ(r)ək-s > *yiH* > yì ‘不同’得到支持,“異”也可以写作“异”(虽然据我们所知,这种写法在先秦文献中并没有),声符为“已” *ɢ(r)əʔ > *yiX* > yǐ ‘停止;已经’(早期文字中,它跟“巳” *s-[ɢ]əʔ > *ziX* > sì ‘地支第六位’没有分别)。不过‘翅膀’也写作“翌”,以“立” *k.rəp > *lip* > lì ‘站立’为声符,支持韵母元音之前 *-r-的构拟,也意味着中古音的*-k* 尾来自上古音最初的 *-p 尾。而且,在甲骨文中,‘翅膀’的字形常被用于{昱}yù < *yuwk* ‘下一天’(日可以加,也可以不加),{昱}后来写作“翊”“翌”(赵诚 1988: 230—231)。“昱”,中古音 *yuwk* ‘下一天’有规律地反映了更早期的读音 *ɢ(r)uk,但其声符“立”再一次表明应有介音 *-r-,以及中古的*-k* 尾

来自更早的*-p。请注意,在古文字中,字形“立”不仅用作{立}lì < *lip* < *k.rəp ‘站立(动词)’,也用于{位}wèi < *hwijH* ‘地位,位置’,其唯一可行的上古音构拟似应为*ɢʷrəp-s(考虑到中古的读音,以及声符为“立”)。现在我们设想{位}wèi < *hwijH* “地位,位置”在语源上与{立}lì < *lip* < *k.rəp ‘站立(动词)’是有关系的,但我们不知道任何可以将中古音的 *lip* 和 *hwijH* 联系起来的有规则的形态构词学的过程。相反地,我们推测,“位” *[ɢ]ʷrəp-s > *hwijH* > wèi ‘地位,位置’是某个类似于*ɢʷəʔ-rəp-s 读音的缩略,其第一个音节*ɢʷəʔ 可能是“有”yǒu < *hjuwX* < *[ɢ]ʷəʔ(通常表示“有,存在”),第二个音节是{立}lì < *lip* < *k.rəp > *lip* ‘站立(动词)’。(“有”yǒu 作为前缀的语法功能不是很清楚,但它可以在“有商 yǒu Shāng”表示商朝的表达中出现。)

如果我们构拟{翼}yì < *yik* ‘翅膀’ *ɢʷrəp,那么 § 5.7 提出的韵尾从唇音到软腭音的方言性演变,同时伴随比较自然的同化和异化演变,便能够产生中古音的以下形式:{翼} *ɢʷrəp > *ɢrəp > *ɢrək > *yik* ‘翅膀’,{昱} *ɢʷrəp > *ɢʷrup > *ɢrup > *ɢruk > *yuwk* ‘下一天’。注意“昱”也是“煜” *ɢʷrəp > *yuwk* > yù ‘发光,闪光’的声符,“煜”《广韵》又读 *hip*。根据这种思路,中古音 *hip* 应该是上古*ɢʷrəp 规则性演变的结果。(为了解释此处中古的 *h*-,有必要构拟声母*ɢʷ-,正如“炎” *[ɢ]ʷ(r)am > *hjem* > yán ‘燃烧,烧得旺的’和“熊” *C.[ɢ]ʷ(r)əm > *hjuwng* > xióng ‘熊’所示;“熊”字读音的发展虽然与“昱” *ɢʷrəp > *yuwk* > yù ‘下一天’相类似,但是不完全相同。)在最早的历史文献中,声符“立”(表示{立}或者{位}语素)没有用来表示“翅膀”,也没有表示“下一天”的意思;很可能要等到*ɢʷəʔ-rəp-s ‘地位,位置’已经缩减成*ɢʷrəp-s之后,它作为*[ɢ]ʷrəp的声符才合适。

31. 虽然“鹽”字支持*-r-的构拟,但该字出现较晚,已有的证据表明最早见于睡虎 386
地秦简。“{鹽}”在早期文字中的字形像“覃” *N.rˤ[o]m > *dom* > tán ‘延长,伸展’(季旭昇 2010: 867),所以我们的假设是,它最初的元音可能是*o。

32. 上古汉语的*r(ˤ)-因此对应于罗杰瑞构拟的原始闽语的*l-。但是,有可能这 386
一平行的对应形式是闽语支分流出去以后再受中原地区音变(*r- > l-)扩散影响的结果。

33. 关于“買” *mˤrajʔ > *meaX* > mǎi ‘买’中韵母*-aj 的构拟,可参看 § 5.5.2.1。 386

34. 勉语支大部分方言中的这个词有软腭-边音复声母,例如 Mun 语/klaːŋ 2/(览 387
金方言),但这不一定反映的是上古音时代的软腭声母:它可能表明某个汉语方言作为借语形式的、类似于[dl]的声母,其来源是上古*lr-。比较云南省河口瑶族自治县楔子乡的勉语方言/tlaŋ 2/(王辅世、毛宗武 1995: 349)。类似的情况,还可以比较原始苗瑶语的*ɢlæw 代表了汉语“桃” *C.lˤaw > *daw* > táo ‘桃子’,楔子勉语读/tlau 2/。

35. 蒲立本(Pulleyblank 1962—1963: 117—118)最早指出*l̥(ˤ)- > *x*-从上古到中 387

古的演变是一种方言性的演变,他的拟音*θ对应于我们的*l̥(ˁ)-。

387 36. 这段材料引自丁爱博(Dien 1957: 285)。此处提到的《考声》指的是《考声切韵》,是唐代张戬所著的一部韵书,释慧琳经常提到。

387 37. 将"漢"*n̥ˁar-s> *xanH* 的韵尾*-r 读为-*n* 也是中西部方言的特点,在沿海方言中,*-r 变为*-j,参看§5.5.1。

387 38. 斯塔罗斯金(Starostin 1989)的上古汉语*mh-、*nh-等原来是罗杰瑞(Norman 1973)原始闽语的*mh-,*nh-等。这大概也是为什么在我们构拟*m̥、*n̥ 的词里,斯塔罗斯金选择构拟*sm-、*sn-等的理由之一。

387 39. 原始苗语的*C 调是原始苗瑶语带韵尾*-k (属*D 调)的规则演变的结果,参看 Downer(1967: 590)和拉特利夫(Ratliff 2010: 31)。

387 40. 在拉特利夫(Ratliff 2010: 86—106)的构拟中,原始勉语的喉塞化浊塞音反映了更早期的鼻冠清塞音,由此原始勉语的*ʔgʷ-<原始苗瑶语*ŋkʷ-或*ɴqʷ-。音标"*NKʷ-"的含义是声母可能是*ŋkʷ-也可能是*ɴqʷ-,具体是哪个还没有足够的证据说明。

387 41. 把这些带浊辅音声母的对字处理为不及物动词词根,并由于使动式*s-前缀的影响而发生清化(Mei 2012),并不是可行的解决办法。我们将在§4.4.3.3 中指出,*s-受后接的阻塞音的清浊而同化(Sagart、Baxter 2012)。

387 42. Rục 语的/tŋkɛɲ/明显反映了汉语"近"的去声 *gj*+*nH* 一读,因为越南语与之相对应的形式 *gần* '接近的'是读玄声(A2)调。在进入越南语的早期汉借词层之一中,汉语的去声字读平声(A1)调和玄声(A2)调。

387 43. 拉特利夫(Ratliff 2010: 87 注)比较了原始苗语*ŋkhuw D'卷曲的'和汉语"曲"*kʰ(r)ok >*khjowk*> qū'弯曲'。但正如她所指出的,苗语*ŋkhuw D'卷曲的'一词的声调指向了原始苗瑶语带*-p 或*-t,而不是*-k 韵尾。可能原始苗瑶语代表的是从"屈"qū <*khjut* <*[kʰ]ut'弯曲,使……屈服'衍生的形式,或是*Nə-[kʰ]ut(将变作中古音的 *khjut*),或是没有在中古汉语的书面材料中反映(就我们所知道的)的不及物形式*N-[kʰ]ut> *gjut*'弯曲'。

387 44. 表 4.35 所描述的语音演变是关于厦门话中那些来自上古带非咽化的*b(或*b-<*N.p-)声母的字。在闽语的其他方言中,声调的演变是有所不同的。比如,福州话具有罗杰瑞所拟的浊送气声母的 C 调(去声)字(如*bh-<上古*m.p-)按理读第 5 调(阴去),不是第 6 调(阳去)(Norman 1974a)。而且,就有些发音部位的辅音来说,咽化与非咽化声母的音段表现在原始闽语中是不同的。例如,上古的*m.k-变作罗杰瑞所拟原始闽语的*gh-,但上古*m.kˁ-变成了他拟的原始闽语的*ɣ-,请参看例(476)、例(477)和例(478)。请注意,罗杰瑞的原始闽语的*b-、*bh-和*-b-型声母(和他的软化声母*-p-)到邵武话(Norman 1974b, 1982)及邻近的和平话(Norman 1995)都变成了清送气音。这意味着这些方言都未曾发生第一波清化演变(表 4.35 的阶段四),而只有第

二波清化(阶段六)。

45. 原始 Kra 语与原始苗瑶语的 *A 调类字一般和汉语的平声字对应。该例中表现出的不一致对应,我们还无法做出解释。 388

46.《经典释文》在多处提供了中古“合”读为 *kop* 的用例,如“合卺”héjǐn < *kop-kj*＋*nX*‘喝交杯酒’,此据《礼记·昏义》(《经典释文》217)的描述,为婚礼仪式的一部分。 388

47.《广韵》的读音 *kaep* 是不规则的,我们预想应该是 *keap*。读音 *kep* 来自《经典释文》(卷 164)。 388

48. xiá“狭”在原始闽语中另一个可能的构拟是 *ap D,带零声母 *∅-。正如之前所提到的,罗杰瑞所拟的 *ɦ 和 *∅经常难以区别,尤其是一些代表性方言失落了相关的形式时。 388

49. 原始闽语在时代上可能与早期中古汉语有重叠的部分,前者可能包含了早期中古汉语的借词。我们曾经指出过一个明显的例子显示出上古 *l-到原始闽语中的层次性(参看§4.3.4)。 388

50.“韻”yùn 的标准的传统汉字是“韻”,其《广韵》读音是 *hjunH*。如果我们单纯依靠此种证据,我们由此将会构拟上古音 *ɢʷə[n]-s。但更早的《切韵》残卷提供的读音却是 *hwinH*。“韻”是个后起字,语素{韻}更早写作“均”,它导致上古音应拟作 *[m-qʷ]<r>i[n]-s,现在又写作简化的“韵”。*[m-qʷ]<r>i[n]-s 的构拟具有语源学的意义,它将语素{韻}与‘平均’或‘循环’等意义的词根联系起来[其他的形式可参看例(489)],带有表示重复义的中缀 *<r>,以及可以解释为派生出工具名词的前缀 *m-(参看§3.3.2.2):“可以用来制造和谐或平均的事物”(我们还不知道先秦文献中是否有表明‘韵’意义的确切的例子)。季旭昇(2010:741)把“匀”最初的字形解释为“鈞”*C.qʷi[n]> *kjwin* > jūn‘陶工的旋盘’字的初文,后者陶工的旋盘。 388

51. 在白一平(Baxter 1992:755,793)中,“土”tǔ < *thuX* < *tʰˤaʔ 被错误地构拟为一个边音 *hl-(目前我们的构拟是 *l̥ˤ-)。正如沙加尔(Sagart 1993b:256)所指出,中古的 *dzy-*,如“社”shè < *dzyaeX* 表明上古应是齿龈音声母,而非边音声母。 388

52. 我们所知道的该例最早出现于郭店楚简《五行》(公元前 4 世纪晚期)用“語”yǔ < *ngjoX* < *ŋ(r)aʔ(通常表示‘说话’)来表示被广泛引用的《诗·大雅·烝民》五章的“御”yù < *ngjoX* < *m-qʰ(r)aʔ,出现于“不畏彊禦”(他不畏惧强权与反对势力)一句(郭店第 33 简,150 页)。传世文献中这个字一般写作“御”*m-[qʰ](r)aʔ > *ngjoX* > yù(‘抵挡;反抗’,和‘压迫的’有关)。从传世文献的语境及该文句来看,‘压迫的’(我们将它拟作小舌音)是其本义。如果这个分析正确,那么郭店《五行》简用 yǔ“語”这个写法表示‘被压迫的’暗示着音变 *m-qʰ- > *ŋ- 在公元前 4 世纪后期的楚地已经发生。 388

然而，白于蓝(2008：104—105)引到的其他几个“五”“午”相交涉的例子，似乎是错误的。比如，有时候被分析为从“午”从“又”的字形，据李家浩(2004)的说法，实际上是{鞭}*pe[n]> *pjien* > biān ‘鞭子’的早期写法，而它在上海博物馆藏的战国楚简《民之父母》简 9 中是作{辨}*[b]renʔ > *bjenX* > biàn“辨别，分类”的声符(《上博》2.25，2.168)，同时也是{驭}*[ŋ](r)a-s> *ngjoH* > yù ‘驾驶’(公元前 5 世纪晚期的曾侯乙墓所见竹简中，有时将其写作“五”，用作声符)的早期字形的意符。虽然{驭}yù < *[ŋ](r)a-s ‘驾驶’经常在传世文献中被写成“御”yù < *m-[qʰ](r)aʔ，yù{御}‘抵挡’和 yù{驭}‘驾驭’在早期文献中是互不混淆的，而且似乎也互不相关(戴家祥 1995，引自《古文字诂林》2.525—526)。

389 53. 高本汉(Karlgren 1942—1946，#1872)也给出了用于表示“数量”意义的“所”写作“許”*qʰ(r)aʔ > *xjoX* > xǔ 的例子，进一步支持了“午”*[m].qʰˤaʔ > *nguX* 和小舌音之间的联系。

389 54. 原始苗瑶语的*r 不好解释。中古汉语的重纽四等字的韵母-*jij* 通常表示其并不具有元音前的介音*-r-。

389 55. 该形式的构拟基于闽语。中古的书面文献中并没有与*m-[d]ˤuk-s 相对应的读音。如果有，我们预料它的中古音应该是“*dawH*”。然而，原始闽语的*-əu 总是对应中古汉语的 -*uw*，而不是 -*aw*。

389 56. “秫”shú 的中古音 *zywit* 反映了另一个读音变体*mə.lut。可参看 § 4.5.2.4 的论述。

389 57. “來”字韵尾*-k 的不规则失落(可能是由于非重读变体又变重读形式造成的)。参看白一平(Baxter 1992：330)和本书 § 5.4.2.2。

389 58. 有一种可能是我们构拟的演变为中古 *sy*-的*s.t-实际上是*sə.t-，而演变为中古的 *ts*-的*S.t-，在上古实际上是*s.t-。另一个可能是方言差异的结果。这里就像我们用大写的*A 表示某个带*a 的目前不好解释的形式一样。这个*A 不能被视为第七个元音(参看 § 5.4.1.1、§ 5.4.1.2 和 § 5.5.2.1)。

389 59. 关于“揖”字，高本汉为其构拟了中古音 *tsip* 和 *tsrip*(意为“聚积，聚众”)，与“濈”*s.q<r>[i]p> *tsrip* > jí ‘挤聚在一起’实为同一个词。《广韵》所见“揖”字唯一的中古音是'*jip*。高氏给“揖”拟的 *tsip* 和 *tsrip* 两个读音完全是根据《经典释文》第五卷对《诗·周南·螽斯》“螽斯羽，揖揖兮”里，“揖”字读子入、侧立两切。我们认为 *tsrip* 是其有规则的读音，而 *tsip* 很可能代表了中古 *tsr*-、*tsrh*-等与 *ts*-、*tsh*-等合并的方言(正如“叟”*s-ruʔ > *srjuwX* > *suwX* > sǒu ‘老人’)。参看注 68 中类似的例子。

389 60. “卸”字：“读若汝南人写书之写。”(《说文诂林》4026a)

389 61. 中古音 *zr*-声母在传统音韵学不被承认，因为《广韵》中不能将它和 *dzr*-区分开。事实上，*dzr*-≠*zr*-与 *dz*-≠*z*-、*dzy*-≠zy-的平行关系首先是 1940 年代后期从北京故宫博物院藏王仁昫《切韵》残卷的反切中找到的。参看白一平(Baxter 1992：39,56—57)。

62. "矣"yǐ < *hiX* 的中古音声母(传统的名称是喻三,即云母)很少见,除了见于圆唇元音或半元音之前(如"云"*[ɢ]ʷə[r]> *hjun* > yún '说',或者"圜"～"圆"*ɢʷ<r>en> *hjwen* > yuán '圆的')。因为该声母在上古通常来自*ɢʷ-。该音变模式的另一个例外是处所代词"焉"*[ʔ]a[n]> *hjen* > yān,它是一个类似于yǐ"矣"的句末助词：当 yān "焉"出现于句首,它读作带喉塞音声母的*ʔa[n]>*'jen* > yān '怎样'。在这类情况下,我们猜想中古音的 *h*(*j*)-声母是上古非重读音节位置的声母*q-或*ʔ-的演变结果。(中古 *h*(*j*)-没有跟圆唇元音或半元音相结合的情况,是异化作用的结果,很可能由上古最初的*ɢʷ-,变作了[ɦʷ],例如"炎"*[ɢ]ʷ(r)am>*ɦʷ(r)am>*ɦ(r)am> *hjem* > yán '燃烧,烧得旺的'。参看§5.7。) 389

63. 罗杰瑞(Norman 1986：381)根据闽中方言包括"席"字在内的声母为/š/的例子,为"席"字构拟了原始闽语*džh-而非*dzh-。这个声母/š/似乎是后来产生的,比如沙县盖竹方言的"秋"*tsʰiw> *tshjuw* > qiū 读/tʃʰiu 1/,原始闽语*tshiu A(Norman 1974a：32,1981：41;邓享璋 2007：362)。 389

64. 中古音 *bjijH* 可能反映了早期的去声形式*-j-s、*-t-s 或者*-p-s,但除了东南地区,现代汉语方言的韵尾形式应该跟入声*-t 有关(这类读音应该对应中古音的"*bjit*"),排除了*-j-s 的可能性。 390

65. "鼻"的字形由 zì"自"和"畀"组成,见于商代甲骨文,但很明显是用作地名,而不是{鼻}bí'鼻子'(裘锡圭 1992：95—96)。 390

66. 梅祖麟(Mei 2012：8)对商代甲骨文中 wáng"亡"是否作为 sāng"喪"字的声符提出了怀疑。根据于省吾(1979：75—77)的研究,{喪}被写作"桑"*[s]ˁaŋ> *sang* > sāng '桑树',并没有出现"亡"*maŋ 这个字形。虽然这点不错,但西周金文中"亡"确实作为{喪}字形的一部分了(于省吾将其"亡"看成是"喪"的声符)。事实上,"亡"*maŋ 充当声符在《上海博物馆藏战国楚竹书》材料中得到了进一步的证实,sāng{喪}"丧事,埋葬"在"丧服"(孝衣)一词中出现,左边写作 dǎi "歹"(坏的),右边写作 máng "芒",中古 *mang* < *mˁaŋ'谷物上的芒'。dǎi "歹"明显是形符,而"芒"*mˁaŋ 只能被看成是表音成分(《上海博物馆藏战国楚竹书》第 4 册：183)。请注意,"芒"*mˁaŋ 是跟"喪"一样是典型的 A 型音节字。详细参看沙加尔、白一平(Sagart & Baxter 2012)。 390

67. sōusōu"叟叟"('湿透的')在《诗·大雅·生民》七章中和*-u 韵字押韵;sōu"搜"字(该字的意思还有争议)在《诗·鲁颂·泮水》七章也押*-u 韵。 390

68. 中古声母 *Tsr*-和 *Ts*-的合并在《经典释文》所录的反切又音中有所体现,许多现代汉语方言也有所反映。例如,虽然中古的 *tsy*-、*tsr*-在普通话里都读[tʂ], 390

但是其他方言，如赣、客家、部分湘语，还有部分官话方言与中古音 *tsr*-有规则地对应的声母都是［ts］，即便是这些方言将中古音 *tsy*-反映为翘舌音［tʂ］(Sagart 1993a：133—134；Coblin 2011：38—65)。

390 69. 我们用方括号把辅音 *l 包围起来，如“鋤、鉏” *s-[l]<r>a 和“除” *[l]<r>a，以表示对主要音节的声母具体为何还不确定。它可以是 *l 或者是某个更复杂的音，比如，*s-m-l<r>a 和 *m-l<r>a 也是可能的。此处 *m-的典型语法意义是表示自主的动作行为(参看下面对闽语的讨论)。

390 70. 如果真如我们所猜想的，*[l]<r>a 中的 *-r-是中缀，那么它表示一个以上的东西被除去，或者移除这一动作具有分布式的意义。早期文献中出现的“除”chú 经常就有这种情形。

390 71.《说文解字》的释义(《说文诂林》6289a)使用了“薅” *qʰˤu > *xaw* > hāo ‘除草’这个词(它出现于闽语的口语层中，如厦门/kʰau 1/)。段玉裁对《说文》的释义做的补充性解释是“古薅艸坐為之，其器槈［nòu］，其柄短”(古时候除草是坐着进行的，所用的工具叫作“槈”nòu［< *nuwH* < *nˤok-s］。它有一个短柄。参见：段玉裁 1815/1981：707)。

390 72. 关于“窗”的构拟，参看 § 4.4.3.5 的讨论。

390 73. 有些北部闽语显示出{鋤}‘锄头’有软化声母：镇前/ty 9/、五夫/ly 9/(Norman 1996：34)、石陂/dy 2/(秋谷裕幸 2004：81，秋谷裕幸的第 2 调对应于罗杰瑞的第 9 调)，暗示了原始闽语的读音是 *-dy A。这跟厦门的/ti 2/‘锄头’是一致的。原始闽语的 *-dy A 会是上古汉语 *Cə.l<r>a 或 *Cə-m-l<r>a 的规则性反映(参看 § 3.1.4)。但是，当北部闽语的软化声母与中古的浊阻塞音对应时，闽语的软化声母有时候是次生性的(见表 4.14)，所以还需要做进一步的研究。

390 74. 因为我们不把 *-ʔ 看作是上古音时代的后缀，那么“西” *s-nˤər 的词根 *nˤər 与“尼” *nˤərʔ > *nejX* > ní ‘阻止’的词根虽然是有关联的，但在共时平面并不完全相同。有趣的是，“東” *tˤoŋ > *tuwng* > dōng ‘东方的’和“動” *[Cə-m-]tˤoŋʔ > *duwngX* > dòng ‘移动’是与“西、栖”类似的错配(mismatch)。参看沙加尔(Sagart 2004)。

391 75. 关于“妻”qī < *tshej* ‘妻子’字形的解释还有争议，但无论如何，它似乎不是形声字，它的声母很难做出很确切的构拟：有个可能是 *s.l̥ˤ-(见 Sagart 1999c：173)。根据季旭昇(2010：865)，“棲”(中古音 *sej*)最早写作“鸟巢”的记录见于睡虎地秦简，因此它很可能是从秦国引进的晚起字。

391 76.“山崖也，産生物也。”(郝懿行等 1989：1015)①

① 译注：此处“(郝懿行等 1989：1015)”，勘误表修订为“(《释名》，引自黄焯：《经典释文汇校》，北京：中华书局，2006：789)”。

77. 中古音*-aewk* 与上古音*-ak 的不寻常对应,一般被视为是不规则的,它是由 *Tsrj-*＞*Tsr-*的演变造成的,并且影响到中古汉语的某些方言变体,参看§4.1.1、§5.4.1.2。 391

78. “朔:月一日始苏[*su*＜*s.ŋˤa]也。从月、屰声。”(《说文诂林》2995a)。 391

79. 中古音*'jw*＋*j* 和*'jw*＋*jH* 也可能来自上古*q-声母,但这样的话,期待的声符应该是“贵”*kuj-s＞*kjw*＋*jH*＞guì ‘有价值的;贵的’。因为“贵”似乎是上古音*-uj 结合软腭或小舌声母的正常声符。 391

80. 感谢来国龙提出的有用的讨论。我们把以“歸”guī＜*kjw*＋*j*＜*[k]ʷəj ‘返回(动词)’来解释“鬼”guǐ＜*kjw*＋*jX*＜*k-ʔujʔ ‘鬼’看作是俗词源,很可能在汉代或稍晚,*-uj 到*-wəj 的双元音化才可以出现(见§5.5.7)。从语义的观点来看,这种联系不是不可能,但因为这两个字在上古音时期属于不同的韵部(歸*-əj、鬼*-uj),所以它们不大可能有同一个来源。据我们所知,这则声训最早出现于《说文解字》(《说文诂林》4058a)和材料大部分不早于公元3世纪的《列子》(Barrett 1993:299—301;Graham 1960—1961)。 391

81. 我们没找到任何关于带前置辅音*p、*t、*k,且主要声母为*s(ˤ)-的例子,如*k.s(ˤ)-、*p.s(ˤ)-、*t.s(ˤ)-。同样我们也没找到两个齿龈阻塞音同现的复声母的例子,如*t-t、*t-d、*t-dz。 391

82. “發”*Cə.pat＞*pjot*＞fā ‘发射,发出’,其同声符的“廢”反映了从*-p-s 到*-t-s 的演变。先秦文献中没有“廢”这个字。 391

83. 虽然“去”的读音 qǔ＜*khjoX* 在现代汉语词典里没有记载,但它在《广韵》里是有的,在《经典释文》中也常常出现。 391

84. 上古的*t.g-在罗杰瑞构拟的原始闽语中按理应该是*džh-。我们设想*dž-应该是从某个非闽语的方言中借来的。 391

85. 像*tə.kuʔ 这样的形式通常应演变为闽语中的软化声母,到北部闽语(如建阳、建瓯)则变成零声母,但建瓯有/kiu 3/‘九’,跟上古*tə.kuʔ 到闽语的演变规律不相一致,除非“九”与“十”都不属于闽语的固有层。 391

86. 汉藏语“九”和“肘”的相似性可能跟从一数到十时利用手和胳膊有关。“九”有时候会跟手肘联系起来,新几内亚的 Papuan 语族语言,就有这种情况(Rule 1993;Franklin 2001)。如 Foe 语,“九”和“肘”是同一个词。 391

87. 原始勉语*ʔɟæu C＜原始苗瑶语*nc-表明“帚”*[t.p]əʔ‘笤帚’带有鼻音前缀,同时调类也有所变化。 391

88. 张高峰(Pittayaporn 2009:160)给原始台语构拟了*C̊.dwiːŋ,并且说*-w-是“推测性”的。 391

89. “貔”的中古音 *bij* 来自《集韵》(丁度[1039]1985),暗示了上古音是*brə。郭璞《方言》注说,这个字的音跟“丕”pī＜*phij*＜*pʰrə‘大’差不多,但我们猜想这里可能有文本的错误,它实际应该是地名“邳”(中古音 *bij*,有时写作 pī“丕”), 391

《集韵》里“邳”和“貔”是同音字。

392 90. 正如之前的注释中提到的，“貔”的中古音 *bij* 按演变规则来说应来自上古的 *brə。但我们认为，此处郭璞给“貔狸”注的江南音，应该被解读为双音节的 *bə.rə，而不是“*brə.rə”。

392 91. 拉特利夫在对最后一个词的构拟中加了连字符，表示原始苗瑶语有一个松散的前置辅音声母的存在。我们预测的是 *kl-，而非拉特利夫的 *-r。我们还不知道为何会发生不规则演变。

392 92. 直到 2007 年，原始闽语中“嘴”的声母是 *tsh-还是 *tšh-，仍然不清楚。罗杰瑞所用的闽中永安方言可以区分出这两个发音部位的证据，是另外一个表示“嘴”的词(即/tse 3/，有规则地来自“觜”*[ts]ojʔ > *tsjweX* > zuǐ ‘鸟喙’，也是官话和其他方言中口语词“嘴”的来源)。不过邓享璋(2007：363)指出，另一个是闽中方言盖竹话/tʃʰyi 5/‘满嘴’，它和原始闽语的 *tšh-是对应的。

392 93. § 2.1.2.3 提到，在我们的中古音拟音方案里，中古 *tsyhwejH* 是记 *tsyh*-声母加-*jwejH* 韵的正常写法(-*j*-介音在带-*y*-的声母后删略)。

392 94. 如果 *-rʔ 和(或者) *-nʔ 在楚地变成了 *-t，那么就可以解释，为何在郭店楚简《五行》简 46 中，{浅} *[tsʰ]e[n]ʔ > *tshjenX* > qiǎn ‘浅’，可以写成一个“水”加“察”*[tsʰ]ˤret，也可见于马王堆帛书本(参看裘锡圭的注，《郭店楚墓竹简》154 页，注 63)。

392 95. 前面提到原始闽语的 *ɣ-在罗杰瑞的系统中表现与浊送气音相同。

392 96. 我们料想在原始苗瑶语中应该是 *hŋʷ-，但拉特利夫(Ratliff 2010：30)的系统里面没有这个声母。

392 97. 关于“藕”ǒu < *C.ŋˤ(r)oʔ‘莲藕’，北京大学(2003)所提供的梅县方言的文读音是/ŋɛu 3/，口语音是/ŋɛu 1/。但可能应该反过来，根据罗杰瑞(Norman 1989：334—335)的描述，我们料想与原始闽语 *ŋh-对应的应该变成第 3 调，而跟原始闽语 *ŋ-对应的应该变成第 1 调，前者更应该是口语音。

392 98. 前置声母 *Nə 在语音上如何表现，目前还不清楚。作为松散型的前置辅音，它可能含有央元音。原始苗瑶语的材料表明了鼻音成分存在，但到底是元音带鼻化还是个鼻辅音，并不清楚。如果是鼻辅音，那它的发音部位也不能确定。下例(725)可能表明 *Nə 在语音上是[ŋə]①。

392 99. 我们把原始苗瑶语声母的送气成分当作是起初的擦音声母演变的副产品，但因为缺乏平行的例子，所以很难证实。

392 100. “無念，念也。”

392 101. “勿念，勿忘也。”(郝懿行等 1989：146)《尔雅》是约公元前三世纪训诂材料的

① 译注：此处“[ŋə]”原书作“[ŋ]”。

集合。

102. 动词“來”在《诗经》中有时(可能是早期的)与 *-ək 押韵(如《诗经》203.4, 242.1,263.6),但有时也与 *-ə 押韵。我们的解释是这个常用动词有一个异体在非重音位置时就丢掉了韵尾 *-k。和 *-ə 押韵表示这个不重读的音节变为重读(就像现代英语中 *it* 来自中古英语和上古英语的 *hit*)。参看白一平(Baxter 1992: 337—338)和本书 § 5.4.2.2.。 392

103. 厦门/tun 2/、潮州/tuŋ 2/‘嘴唇’也可能反映原始闽语的 *d-。上古音的 *d-在 B 型音节中未能发生腭化,其原因无法解释。建瓯话中带软化声母的形式/œyŋ 3/是不是口语音,不好断定。建瓯话“嘴唇”的口语音是/ts^{h}y 5 p^{h}yɛ 6/‘嘴皮’,李如龙、潘渭水(1998: 35)将其解释成“喙皮”。原始闽语是 * tšhyi C bhye A。 392

104. 从木从公的字形在公元前 4 世纪后期的《鄂君启舟节》里作为地名出现过,参看:《古文字诂林》5.811—5.812。 393

105. 我们认为建阳话的形式与“薦”字对应;罗杰瑞(Norman 1996: 26)将其与 shān“苫”‘茅草屋顶’比较。可参看 § 5.5.5 中对例(1106)的讨论。 393

106. 语料来自杜嘉德(Douglas 1899)、罗杰瑞(Norman 1996)、蔡俊明(1976)和冯爱珍(1998)。 393

107. 关于“韻”*[m-q^{w}]<r>i[n]-s 的构拟,可参看 § 4.4.2.1 的例(489)和注 50。 393

第 五 章

1. 要确定六元音系统的发明优先权是一件颇为困难的工作,而且这也许并不具有太重要的意义。白一平的老师包拟古在 20 世纪 70 年代早期已经开始着手六元音系统的构拟,但当时有的问题还没有解决。白一平(Baxter 1977)就其构拟中的某些问题也提出过自己的解决方案。白一平、斯塔罗斯金、郑张尚芳三位学者在二十世纪七十年代“冷战”“文化大革命”和中苏敌对等社会大环境隔绝声气的环境下,各自独立地完成了六元音的构拟。他们的工作都受到李方桂的构拟系统(Li 1971)和雅洪托夫“圆唇元音假设”的深刻影响。白一平和郑张尚芳于 1982 年在北京首次会面,白一平和斯塔罗斯金的第一次会面是 1987 年在安娜堡(Ann Arbor, Michigan),此时斯塔罗斯金已经完成了全部手稿(Starostin 1989),之前他们也曾经保持过短暂的通信。三位学者对彼此高度相似的构拟系统深感意外。 393

2. 这样的安排没有什么特别的深意,但是历观从上古汉语到中古汉语的音变,“*-ij”这样的形式比起“*-i”来更容易解释音变的具体方向。不过至于 *-u,则不必去考虑这些问题。 393

3. 白一平(Baxter 1992: 182—183)认为在清塞音韵尾后可以出现 *-ʔ,以此解释中古音中出现的上声字与收 *-k 尾的入声字之间的异读交替现象。但本书不 393

再采用这一构拟。

393 4. 这里只是说明了从上古到中古音的主要变化，但在不同的方言里这种变化的结果可能会有所不同。某些方言，在清塞音韵尾还没脱落以前，可能会直接丢失 *-s 尾。(这种变化很可能也是发生于 *-p-s 变为 *-t-s 之后。)普通话"鼻"bí 的读音很可能是跟这种直接脱落 *-s 尾的音变有关。"鼻"的古音是去声(*bjijH*)，某些南方方言还保留去声的读法，但普通话的读音却为一个中古入声字，类似于 *bjit* 这样的读音。

5. 这些辅音声母就是黄侃(1886—1935)所谓的"古声十九纽"。黄侃根据这些声母在中古音系里的分布格局认为它们是最为基本的声母，参看王力(1985：348—351)。

393 6. 虽然对我们来说，五个元音加上韵尾 *-ŋ 是目前所讨论的音节类型中最自然的分配方式，但还可以通过增加不同类型的韵尾(或者声母)来达到减少元音数量的目的。比如，如果我们额外再构拟 *-ŋʷ 和 *-ɲ，我们就可以把元音数量减少到只有两个(*a 和 *ə)，*-oŋ 可以改写作 *-aŋʷ，*-uŋ 可以改写作 *-əŋʷ，*-eŋ 可以改写作 *-aɲ。这实际上就是蒲立本(Pulleyblank 1977—1978)所采取的办法，他的构拟系统最终就只有两个元音 *a 和 *ə。蒲立本的构拟虽然从类型上看并非异想天开，但我们觉得除非有特别的理由必须构拟一个很小的元音系统，否则并没有必要这样做。此外，为了解释我们的构拟中，收 *-n 尾的韵母中所观察到的韵脚分别现象，蒲立本必须为自己的二元音系统的韵尾再添加唇化的 *-nʷ 和腭化的 *-nʲ。这样就需要构拟"*-anʷ"(相当于我们的 *-on)，"*-anʲ"(相当于我们的 *-en)，诸如此类。在收 *-t，*-m，*-p 尾的音节中，也会如此。

394 7. 小徐本《说文》(参看：Boltz 1993：435—436)有"此與坐同意"一句，意谓"在"中的"土"和"坐"中的"土"作用一样，都是用来表示处所和地点的。

394 8. 附带一提，把 *ia 和 *iə 从元音系统中移除出去，就能解释高本汉和李方桂系统中的许多空白。两家构拟都有"*Kian"一类音节，但却没有"*Kiang"一类的音节，对此缺位两家都没有解释。六元音系统把高、李的 *Kian 改作 *Kˤen > *Ken*，与软腭韵尾的 *Kˤeŋ > *Keng* 相类，如此就不会有空白缺位了。

394 9. 英文称"division-III"和"division-IV"，中文术语是"重纽三等""重纽四等"。

394 10. 表格的内容做了一定程度的简化，以突出诸家构拟之间最为重要的区别。实际上，表中每一行中所列的构拟形式并不总是一对一地对应。比如，MC *Tan* 的上古构拟形式在白-沙、高本汉和李方桂系统中分别为 *Tan、*Tân 和 *Tan，与表中第一行对应一致。但是 MC *Pan* 在白-沙系统中有两个上古来源：*Pˤan、*Pˤon，高本汉的构拟是 *Pwân，李方桂的构拟是 *Pan。MC *Kwan* 在白-沙系统里来自 *Kʷˤan 或 *Kˤon，高本汉的构拟是 *Kwân，李方桂的构拟是 *Kwan。

394 11. 实际上上古韵部并不总是更紧密地对应《切韵》的韵类。比如，上古之部所含的字就不止于《切韵》的之韵，其中还有一部分是中古的脂韵字。

12. 详细讨论请参见白一平(Baxter 1992)。在少数的押韵现象里(带唇音韵尾的 394
韵部),韵字数量太少,难以形成具有统计意义的结果,但是我们没有理由认为这些收唇音韵尾字的音节是来自汉语中跟其余部分不同的元音系统。

13. 高本汉(Karlgren 1950: 68—69)对此诗的英译:"Lo! how handsome, the 394
clear forehead how beautiful; / when dancing he is in counting [i.e., "perfectly follows the rhythm of the music"]; / when shooting he pierces (the target); / his four arrows succeed one another in a regular sequence, / so as to prevent (disorder:) violation of the rules."高氏英译的第五句采用了改"反"为"變"的读法,不过他也提供了《毛诗》版本中此句的译文:"his four arrows (revert =) all come (one after the other) to the same place."

14. 此处暂不列出蒲立本系统(Pulleyblank 1977—1978)的构拟,因为蒲立本并没 394
有提供全部汉字的构拟。不过此诗韵脚字,包括有问题的第五行的韵脚,在蒲立本的系统里都是 *-an 韵母。

15. 奇怪的是,"反"作为一个上声字,在这里却都和去声字通押。不过,虽然在《诗 394
经》中押韵倾向于用中古音的同调类字,但例外并不罕见,类似这首诗中的声调错配即属一例。

16.《诗经》中含"反"的韵段并不全都是严整规则的。"反"字与"遠"yuǎn < 394
hjwonX < *C.ɢ^{w}anʔ '远'通押两次,而"遠"本身又与只能被构拟为 *-a[n]的字反复通押(《郑风·东门之墠》(89)首章,《豳风·伐柯》(158)第二章,《小雅·伐木》(165)第五章,《小雅·杕杜》(169)第三章,《小雅·角弓》(223)第二章,《大雅·板》(254)首章)。"變" *ljwenX*,"选" *sjwenH*,"乱" *lwanH* 这些字的中古韵母都来自上古的 *-o[n]。"婉"*'jwonX* 在《郑风·野有蔓草》(94)首章、《齐风·甫田》(102)第三章、《曹风·候人》(151)第四章中都与 *-o[n]通押,"贯" *kwanH* 在《小雅·何人斯》(199)第七章里与"壎"xūn < *xjwon* < *q^{h}o[n] '陶制乐器'通押,而"壎"字的声符"熏"的上古主元音是圆唇元音(熏 xūn < *xjun* < *q^{h}u[n]'用火烟熏炙;气味')。

17. "變" *pro[n]-s 不见于《诗经》其他韵段中,不过同一声符又见于第一行中的 395
"孌"liàn < *ljwenX* < *[r]onʔ '美丽的'之中,而从"鑾"luán < *lwan* < *mə.rˁo[n]'马饰上的铃'之字总是与 *-o[n]一类字通押(《邶风·静女》(42)第二章,《齐风·甫田》(102)第三章,《桧风·素冠》(147)首章,《曹风·候人》(151)第四章及《大雅·韩奕》(261)第六章)。最后值得一提的是,"變": *pro[n]-s '变(动词)'可能在词源上与"亂"luàn < *lwanH* < *[r]ˁo[n]-s '无秩序,反叛'相关。

18. 英译(据刘殿爵(D.C. Lau 1963)酌改):"Without what makes it clear, heaven 395
might split; / without what makes it settled, earth might fly away; / without what makes them spiritually active, the spirits might come to rest; / without

what fills them, the valleys might dry up; / without what gives them life, the myriad beings might be annihilated; / without what makes them noble and high, dukes and kings might fall."

395 19. 传统诗韵里,《切韵》的元韵(-jon,-jwon)与痕韵(-on)、魂韵(-won)①相押,这是我们把这三韵的中古音都转写为"-on"的基本依据。虽然这三个韵在《切韵》里是互相独立的,但是它们被先后编次在一起,这可能显示它们在某些方言中是可以通押的,后来官韵的确也把这三个韵标为"同用",并组成了律诗押韵标准"平水韵"的"十三元"。但是在大多数方言里,MC -j(w)on(元)是与-j(w)en(仙)和-(w)en(先)押韵,其读音可能近似[ien]或[yen]。为了不出韵,诗人们要么需要翻检韵书,要么就得死记哪些在他们口音里读[ien]和[yen]的字是属于《切韵》元韵字,哪些是属于仙、先两韵。由于这种混淆不便,"平水韵"中的元韵还有一个"该死十三元"的俗称。参看王力(1988: 128)。

395 20. 当前构拟系统中与 *r 有关的创新之处包括:带前置辅音的 *r-声母,还有 *-r 韵尾。参看 § 4.4, § 4.5 和 § 5.5.1。

395 21. 早期文字字形里, *ɢ^{w}en(如:"圜,圆" yuán < hjwen < *ɢ^{w}<r>en'圆的')和 *ɢ^{w}an(如:遠 yuǎn < hjwonX < *C.ɢ^{w}anʔ'远')都使用同一个声符,参见裘锡圭(1985)。后来,在原声符上有上加"目"形的字形被用来作 *ɢ^{w}en 的声符,而不带"目"形的则代表 *ɢ^{w}an。

395 22. 虽然在中古音材料中并没有明确记有 srjet 的读音,但是《经典释文》中反复为去声字"殺" shài < *s<r>at-s '降低'出注 sreajH 和 srjejH(有时 srjejH 被称为旧读),通过这一现象我们还是可以推断出 srjet 读音的存在。"殺"的入声读音一般不出反切,而径注为"如字"。"所列反"[sr(joX)+(l)jet = srjet]的注音在书中也有所见(pp.74,214,366),但很可能是"所例反"之误[sr(joX)+(l)jejH = srjejH]。

395 23. 虽然"山"在《广韵》中只有一个读音 srean,但是《经典释文》在《尔雅》中还给出了一个异读: srjen(JDSW 422)。《经典释文》里"稍" shào < sraewH '稍微'也有一个旧音异读: srjewH(JDSW 135)。"杀"的去声一读: shài < sreajH < srjejH < *s<r>at-s '减少'在《经典释文》中出现过多次,有时注为"旧音 srjejH"(一例见 JDSW 122)。"灑" sǎ < *Cə.s<r>ərʔ 注为 sreaX,也同样注"旧音" srjeX(JDSW 270,《广韵》中有三读: sreaX, sraeX, srjejX)。诸如此类。郑张尚芳的构拟没有解释 Tsrj-> Tsr-的音变,他把"山" shān < srean '山'构拟为"*sreen"(2003: 455),对应于我们构拟的"*sˤren"。但是郑张的构拟与《诗经》的押韵有冲突,如在《小雅・斯干》(181)首章、《小雅・小弁》(197)第八章和《商颂・殷武》(305)第六章中,其他韵脚字的主元音都不是前元音。

① 译注:此处"魂韵(-won)"原书作"桓(-won)"。

(我们把“山”构拟为 shān <*srean* < *s-ŋrar,其韵母部分为 *-ar 而不是 *-an;请参见 § 5.5.1.2.)。郑张尚芳把“殺”shā <*sreat*‘杀死’同样构拟为前元音:“*sreed”,对应于我们的“*sˤret”。斯塔罗斯金把“山”shān <*srean* 构拟为 *srān(1989: 576),此拟音在《诗经》押韵里并无大碍,但到中古音 *srean* 的音变就显得不很规则。我们未找到斯氏对“殺”的拟音。

24. 如果此处的 *-r-是表集合概念或复数的中缀 *<r>的话,那么或许的确存在着 396
带 *<r>和不带 *<r>的形式: *Cə.[k]ˤoʔ 和 *Cə.kˤ<r>oʔ。这两个形式都会得到同一个中古音读音 *kuwX*。前置音节 *Cə.可以解释北部闽语中软化声母的来源:如建瓯/e 3/,建阳/heu 3/。见 § 4.5.5.1。

25. 在类似 *Tˤro、*Tsˤro 这样带锐音声母的音节里,*-r-会导致中古音里卷舌声母 396
的生成,而 *-o 在 A 型音节中会按规则变为中古音-*uw*。最后生成的中古音形式“*Truw*”“*Tsruw*”在《切韵》当中会被当成 *Trjuw*、*Tsrjuw* 一类音节对待。如此,本来的 A 型音节 *Tsˤro 看上去仿佛与 B 型音节的 *Tsru 发生过合并。(中古音标写中的“-*j*-”在这种音节里可能是人为的。考虑到“-*j*-”易在 *Tsr*-类声母后脱落,像 *tsrjuw* 这样的音节可能在实际语音上更像是[tʂɨuw]。因此,这可能就是[tʂuw]与[tʂɨuw]的合并。)例如:“咮”*tˤ<r>ok-s> *trjuwH* > zhòu‘鸟喙’,“绉”*[ts]ˤro-s> *tsrjuwH* > zhòu‘皱纹’,两个字都来自 A 型音节,比较 B 型音节的“株”*tro> *trju* > zhū‘树根,茎’,“芻”*[tsʰ]ro> *tsrhju* > chú‘草料’。这两个字都经历了 B 型音节的规则变化: *-o>-*ju*;参看 § 5.4.5.1。

26. 中古音 *ywin* 和 *hwin* 的声母在传统的“三十六字母”中同属“喻”母。在 396
§ 2.1.2.2中已经提过,在现代音韵学术语以及我们的标写系统里,这两个是不同的声母,它们在《切韵》的反切上字中明显分作两类。MC *y*-被称为“喻四”或“以母”,三等(B 型音节)中的 MC *h*-被称为“喻三”或“云母”。

27. “凝”*[ŋ](r)əŋ> *nging* > níng‘凝冻’可能与之相关,但其构形意义尚不明了。 396
《经典释文》给《尔雅》的注释中(*JDSW* 417)提到本字一作“冰”,而另一本字作“凝”。

28. 在某些先秦文献里,“命”有时会好像因词性(名/动)的不同而被写作不同字 396
形。例如,在《孔子诗论》第七简(*SB* 3.19)中,{命}共出现六次,其中四次字形中有下加二横,而另两处则没有。无下加二横的两次用例都明显是动词的用法,而下加二横的用例则都是名词。参看林素清(2003)。

29. 根据我们的假设,我们会期待存在 *Kan> MC *Kjon* 和 *Kran> MC *Kjen* 这样 396
的对立形式,但实际上,虽然 MC-*jon* and -*jen* 分属《切韵》中不同的韵目,但要在软腭音和喉音声母后发现这两个韵的最小对立实属不易。例如,《广韵》中有 *ngjon* 这个音节,但是却没有 *ngjen*;有 *kjon* 却没有 *kjen*。像 *Kjon* 和 *Kjen* 在韵图代表的晚期中古汉语(Pulleyblank 1984: 71)里已经合并了,而且在《切韵》代表的一种或几种基础方言里,也可能早已合并。因此,我们并不确

定 *Kjen* 应该总是被构拟为带 *-r-介音，而 *Kjon* 不应被构拟为带 *-r-介音的形式。在唇音声母后，上述的最小对立是存在的。例如："晚" *m[o][r]ʔ > *mjonX* > wǎn '晚'和"勉" *mr[o][r]ʔ > *mjenX* > miǎn '尽力'。唇音在 MC -*jon* 之前变为唇齿音，但在-*jen* 之前保持不变。

397 30. 在《诗经・邶风・匏有苦叶》(34)第二章里，"軌"guǐ < *kʷruʔ 与"牡"mǔ < *muwX*(<*mjuwX*) < *m(r)uʔ '雄性动物'相押。其他以"九"jiǔ < *kjuwX* < *[k]uʔ为声符的字也同样可以与 *u 相押(*[k]在这里表示我们不知道应该构拟 *kuʔ 还是 *kʷuʔ，很可能同一个声符可以同时用来记录这两个读音)。高本汉没有在其上古汉语构拟中解释这个现象。他把"軌"guǐ < *kʷruʔ 构拟为 *Ki̯wəg，对应我们的构拟形式 *Kʷrəʔ，他把"軌"的主元音处理为 *ə。

397 31. 这个例子中发生了三个音变：(1) *-r 变为 *-n，(2) 锐音音首和锐音韵尾之间的非前元音变成前元音，(3) 咽化音节中高元音的低化。我们不知道这些变化的时间顺序，可能在不同的方言中各不相同，但是中古音的结果是相同的。

397 32. 表中所列斯塔罗斯金构拟的"*-āks"属于他的"早期上古汉语"。在他称为"上古汉语"的阶段，早期的 *-ks 已经变为了 *-h，早期的 *-ps、*-ts 也已双双变作硬腭音的 *-ć，而早期的 *-s 在鼻音之后也变为 *-h(1989：332)。本书中的上古汉语更加接近于斯塔罗斯金所谓的早于上古汉语的这一历史阶段，这一时期 *-s 仍然存在(见 § 1.1 的讨论)，因而此表及以下相似表格中我们都将引用斯氏系统中的早期阶段的构拟形式。

397 33. 根据前元音假设，在一般情况下一个上古韵部会有中古一等韵的对应形式(主元音为非前元音)，或者中古四等韵的对应形式(主元音为前元音 *i 或 *e)，但不会同时拥有。只可在一种情况下出现例外，即，当 *ə 处于锐音声母和锐音韵尾之间时发生前化音变，如是，则 *-əj、*-ət(-s)、*-ən、*-ər 会同时有一等的对应形式(在钝音声母后)和四等的对应形式(在锐音声母后)。参见 § 5.5.5。

397 34. 由于 *-ar、*-er、*-or 当中的 *-r 韵尾一般会变为 MC -*n*，这几个韵母一般都被归入到传统的元部。参看 § 5.5.2。

397 35. 请记住，在我们的中古音标写系统中，*tsyoX* 是 *tsy*-＋-*joX* 的缩写，而 *tsyaeX* 是 *tsy*-＋-*jae* 的缩写。因此两个对立的韵母是 MC -*jo* 和-*jae*。

397 36. 我们在另外两种情况中使用同样的标写方法：*-Ak(MC -*jek* <OC *-ak)和 *-Aj(MC -*jae* <OC *-aj)。参看 § 5.4.1.2 和 § 5.4.2.2。另外一个处理方法是构拟相当于中古音的上古区别。例如斯塔罗斯金把"渚" *tsyoX* 构拟成 *taʔ，把"者" *tsyaeX* 构拟成 *tiaʔ(1989：687—688)，郑张尚芳(2003)的构拟则是："渚" *tjaʔ，"者" *tjaaʔ。然而，这些对立在他们的系统中的分布极为少见。我们觉得还是把这些问题暂不处理，留待以后解决为上。

397 37. 例如，在《小雅・蓼萧》(173)首章、《小雅・裳裳者华》(214)首章和《小雅・车臯》(218)第四章中，-*joX* < *-aʔ 和-*jaeX* < *-Aʔ 通押。

38. 通常 *-r-会导致生成中古音的卷舌音声母：*Tr*-或 *Tsr*-。但也存在另一种可能的结果：*t-q^{h}rA > *t-ṛa > *t-hA > *t^{h}A > *tsyhae*。 397

39. 这些字音在白一平(Baxter 1992)中都被错误构拟为边音声母，参见沙加尔(Sagart 1993b：256—257)及本书第四章注 51。 397

40. 例(894)和例(895)分别是上声字和去声字，但它们却在字形上与入声音节发生关联，这种现象很不寻常；参见："舃" *s.q^{h}Ak > *sjek* > xì ‘拖鞋，鞋’和“度” *[d]^{ʕ}ak > *dak* > duó‘测量(动词)’。这可能提出一个线索，能解释为何我们在这些例子里的韵母是-*jae*，而不是-*jo*。 397

41. “飼”字中的次级声符“司” *s-lə > *si* > sī ‘主管’是平声字，“飼”这个写法反映出 *-ək-s > *ə-s 的音变。此字大概是一个晚起字，它不见于《说文》，在早期文献里大概也找不到“飼”字的用例。 398

42. 支部中除了来自 *-e 的字之外，还可能包括一些可以被构拟为 *-ej 韵母的字，参看 § 5.5.3.1。 398

43. 錫部中除了主元音为 *-ek(-s)的字之外，还包括一些韵母被我们构拟为 *-ik(-s)的字，参看 § 5.4.4。 398

44. 耕部中除了构拟为 *-eŋ 的字之外，还包括一些韵母被我们构拟为 *-iŋ 的字，参看 § 5.4.4。 398

45. 目前还不清楚这一保守方言的使用区域，不过目前找到的例子反映出在山东和会稽(今浙江绍兴)一带仍保留有-*ik* < *-ik，两地都位于东部沿海。又见下文例(956)及注 51。 398

46. 《鄘风 · 蝃蝀》(51)第三章、《唐风 · 扬之水》(116)第三章、《小雅 · 采菽》(222)第三章、《大雅 · 假乐》(249)首章、《大雅 · 卷阿》(252)第八章、《大雅 · 韩奕》(261)首章及《大雅 · 江汉》(262)第五章中，“命”皆与一般被构拟为 *-in 的字押韵。(其中有些韵脚字可能也应该构拟为 *-iŋ，这表面上不规则的现象，可能是由中古音材料中的方言混杂造成的。) 398

47. 义为“命令”(名、动)的“令”在《齐风 · 东方未明》(100)第二章中的押韵似为 *-in，但《经典释文》将此字读音注为 *lingH*(*JDSW* 66)，而《秦风 · 车邻》(126)首章里的“令”，《经典释文》给了三个音注：*ljeng*，*ljengH*，*leng*(《经典释文》69)。 398

48. 上古音中“命”在押韵中的表现说明，它与中古音所保留的“命”的调类不同，这种不一致并不是罕见的现象。《广韵》中只记录了“命”的去声一读：*mjaengH*，但在《诗经》当中“命”一般与平声押韵，即很可能其音节中没有 *-s 后缀。我们推测最初是应当同时有带 *-s 和不带 *-s 的音节形式的。“令”也是一个很相似的例子，“令”所在的大多数韵段都是押平声的。 398

49. 实际上，义为“长矛”的“矜”在中古音里的读音是 *gin*。无论如何，普通话中读 398

作 jīn 的“矜”应该规则对应中古音 *kin*，而不是 *king*。

398 50. 之前的诸家构拟都主要依靠规范化的标准文字来进行研究，由于中古声母 *sy-* 在上古音中有多个来源，因而很难确定“身”的上古声母。在缺少直接证据的情况下，一般都按照书母 *sy-* 的默认对应形式把“身”构拟为带边音声母的“*hljin”（参见：Baxter 1992），相当于本书的“*l̥in”，详参看 § 2.3 的讨论。

398 51. “山东及会稽，[䖨 shī]皆音色[MC *srik*]”，此段又见引于汉文大藏经 CBETA（2013），http://tripitaka.cbeta.org/C057n1163_017，2013 年 7 月 14 日查询。

398 52. 引自 Suwilai Premsrirat（2002）。具体语料可参在线页面：http://sealang.net/monkhmer/database/，2011 年 11 月 17 日查询。

398 53. 传统幽部中除了 *-u 以外，还包括一些我们构拟为 *-iw 的字，参看 § 5.6.3.1。

398 54. 高本汉没有为我们构拟为 *K^{w}ru 的音节单独构拟一个音节类型，而是把它们当作是相当于我们系统中的 *K^{w}rə。因此他把“軌”guǐ < *kwijX* ‘车辙’和“簋”guǐ < *kwijX* ‘礼器’都构拟成“*ki̯wəg”，以为它们都属于传统的之部，就像“龜”guī < *kwij* < [k]^{w}rə‘爬行动物’一样。但是在《诗经》《邶风 · 匏有苦叶》(34)第二章、《秦风 · 权舆》(135)第二章、《小雅 · 伐木》(165)第二章很明显它们和 *-u 押韵。

398 55. 我们把“九”jiǔ < *kjuwX* 的构拟形式写作 *[k]uʔ，方括号意味着我们对声母的构拟还不确定。例(987)、例(988)皆以“九”为声符，说明“九”的上古音可能就是 *k^{w}uʔ，此形式符合我们的基本预设，但是另一方面也没有办法获得确证。“九”和“肘”zhǒu < *trjuwX* ‘肘部’之间的关系（“九”一般被认为“肘”的更早字符形式）似乎说明“九”的上古音形式应该包含一个音节前置辅音 *t-。

399 56. 传统“覺”部除了 *-uk(-s)以外，还包括一些我们构拟为 *-iwk(-s)的字，参下文 § 5.6.3.2。

399 57. 《毛诗 · 小雅 · 伐木》(165)第六章：“坎坎[*[k]^{hˤ}omʔ-[k]^{hˤ}omʔ]鼓我”，《说文》“竷”条下引作“竷竷舞我”（段玉裁改作“竷竷鼓我”），《毛诗》的“坎”*[k]^{hˤ}omʔ 在《说文》中作“竷”*[k]^{h}omʔ（《说文诂林》2320b）。

399 58. 王仁昫《刊谬补缺切韵》里“晨”有两个读音：一读 *dzyin*，义为“早”；一读 *zyin*，意为“平旦”（‘黎明’）。根据我们的构拟：*dzyin* < *[d]ər ‘早’，*zyin* < *sə-[d]ər ‘早晨’。参看 § 4.5.3.2。

399 59. Ahom、Lü 和 Dioi 都是台语支语言。据 Ethnologue（www.ethnologue.com）的介绍，Ahom 是一种濒于灭绝的西南台语，通行于印度阿萨姆邦（ISO 码：aho）；Lü（ISO 码：khb）也是一种西南台语，目前通行于云南南部、老挝、缅甸、泰国和越南；Dioi，又名 Bouyei（中文名：仲家；ISO 码：pcc）是一种北部台语，通行于贵州。

399 60. 此音变在汉代的韵部中即已体现，汉代诗文中“加”jiā < *kˤraj ‘加’开始与“家”jiā < *kˤra ‘家’一类的音节通押。参看罗常培、周祖谟（1958：20—24）。

61. Rhodes 中原来的葡萄牙语和拉丁语释文是："phải：tocar ou empeçer em algũa cousa por desastre：impingere in aliquid ex infortunio；… phải tàu：fazer naufragio：pati naufragium." 399

62. "番"见于他处又读 fān <*phjon*，更进一步地支持了 *-r 韵尾的构拟。 399

63. 此处的"阿" *qˤa[j]已经变为了 *ʔa。亦请注意去声字"會"huì < *hwajH* < *ɦˤwajs <* m-kˤwat-s < *m-kˤot-s < *m-kˤop-s 用来对 *bhās-*，这个例子可以支持去声反映早期 *-s 的假说。细绎对音材料，汉字所对的语言可能并不是梵语，而是中亚的另一种印度-雅利安语系的语言，梵文中处于元音之间的-bh-在这种语言中变为-w-。根据许理和(Erik Zürcher 2007：35)的说法，支娄迦谶[MC *tsye-luw-kja-tsrhimH*]是印度-斯基泰人(Indoscythian，也译作月氏人)，其被认为是将大乘佛教传入中国的僧侣。此例出自支娄迦谶所译《般若道行经》，见大正藏卷 224[高楠顺次郎 Takakusu 1924—1932：431]，源于梵文的 *Aṣṭasāhasrikā prajñā pāramitā*)。 399

64. 其他有关"山"带 *-r 韵尾的证据，请参看 § 4.4.3.4 中的例(595)、例(596)、例(597)及相关讨论。 399

65. 虽然《广韵》中"諫"jiàn '劝诫'只有一个读音：*kaenH*，但是这个字在《诗经》中两次入韵(《大雅·民劳》(253)第 5 章，《大雅·板》(254)首章)都像是读如 *kˤranʔ。 399

66. 汉语辞书中一致将"單于"的读音标若 chányú，但是在西方汉学文献中一般都将它转写为"shan-yü"(威妥玛式 Wade-Giles 罗马字)或是"shanyu"(拼音)，这一惯例可能肇源于翟理思(Giles)的《华英字典》(*Chinese-English Dictionary*)(1892：1050)，其中就将"單于"的"單"的读音标为"shan^2"(拼音"shán")。翟理思开始编纂这部辞书时，普通话的标准规范还远未问世。现在的普通话中不存在读为"shán"的字。 399

67. 有关段落引自《魏书》卷三十《乌丸鲜卑东夷传》。 399

68. 例如在下列《诗经》的韵段中，可确证的 *-ar 韵母字跟从"𦥑"得声的字通押反复出现：《王风·中谷有蓷》(69)首章，《小雅·桑扈》(215)第三章，《大雅·文王有声》(244)第四章，《大雅·板》(254)第七章，《大雅·崧高》(259)第四章和第七章，《大雅·江汉》(262)第四章，《大雅·常武》(263)第五章。 400

69. 此族名又可写作"烏丸"。虽然"桓"和"丸"在现代普通话中读音不同，但在中古汉语中它们都读 *hwan*。 400

70. 以下对此韵的解释与我们有关 *-r 韵尾的假设是相一致的：(1) 此诗所用方言中的 *-n、*-r、*-j 相互独立，三个韵脚字都带 *-r 韵尾，不规则的中古音读音是由方言混杂造成的。(2) 此诗所用方言中已发生 *-r > *-j 的音变，原来的 *-j韵尾和 *-r 韵尾已相混，"泚" *tshjeX* 和/或"瀰" *mjieX* 原来都收 *-j 尾，而"鲜" *sjen* 当收 *-r 尾。"邶"地正位于我们所认为发生了 *-r > *-j 音变的方言区域 400

的边缘地带上。参看§5.5.1.4。无论是哪种情况，“鲜”*sjen* 都应该构拟为 *[s]ar或 *[s]er。

400 71. 例如在 Niebuhr 的“Ex historia Menandri Protectoris Excerpta de legationibus barbarorum ad Romanos”(Niebuhr 1829：281—437)中就有相关希腊原文及拉丁语的译文。

400 72. 目前也不能确认这个例子中的中古影母需构拟为 *ʔˤ-还是 *qˤ-，因此暂且在声母辅音外用方括号标示。

400 73. 传统歌部除了 *-aj 韵母以外，还包括我们构拟为 *-oj 和(可能为) *-ej 的一些字，参看§5.5.3.1 和§5.5.3.1。被我们构拟为 *-ar、*-er、*-or 的字，如果服从 *-r > *-j 的音变，有时也会被归入歌部中去。

400 74. 须注意虽然现代汉语方言一般都会显示经历了 *Tsrj-* > *Tsr-*的音变，但普通话中“参差”(‘不齐貌，不规则的’)的读音却是对应类似中古音形式：*tsrhim*. *tsrhje*，这一读音完全切合《经典释文》关于《关雎》(1)的反切音注。

400 75. 传统月部除了韵母 *-at(-s)以外，还包括我们所构拟的韵母为 *-et(-s)和 *-ot(-s)的字；参看§5.5.3.2 和§5.5.4.2。此外，由于早期发生了 *-p-s > *-t-s 的音变，原本韵尾为 *-ap-s、*-ep-s、*-op-s 的字经常会被当作 *-at-s、*-et-s、*-ot-s的音节形式而被归入月部①。

400 76. 有几个声符为“犮”的字的确与 *-at(-s)相押：“茇” *m-pˤat > *bat* > bá ‘息于郊野’，见《召南 · 甘棠》首章。“軷” *[b]ˤ[a]t > *bat* > bá ‘道祭’，见于《大雅 · 生民》第七章。此两字都不见于其他先秦文献中，因而很可能是晚起字，其声符已反映出 *Pat 和 *Pot 的合并。

400 77. 这个韵段中唯一出韵的例子是发生在《商颂 · 长发》(304)第二章中，在六个连续相押的读 *-at 的韵脚之后，突然出现了读 *-et 的“截” *[dz]ˤet > *dzet* > jié ‘截断，裁剪’。

400 78. 《说文》云：“髮”，“根也。”(《说文诂林》3988a)，季旭昇(2010：733)认为《说文》的解释不正确；这个词的本义可能是指形如须发的小的植物根系。从这个意义上看，“髮”很可能与“拔” *bˤ<r>ot > beat > bá ‘拔出’在语义上有关联。

400 79. 传统元部除了韵母 *-an 以外，还包括我们所构拟的韵母为 *-en 和 *-on 的字(参看§5.5.3.3 和§5.5.4.3)；我们构拟为 *-ar、*er、*-or 的字，后来经历了常见的 *-r > *-n 音变，因而传统上也归入元部。

400 80. 传统月部除了韵母 *-et(-s)以外，还包括我们所构拟的韵母为 *-at(-s)和 *-ot (-s)的字(参看§5.5.2.2 和§5.5.4.2)。此外，由于早期发生的 *-p-s > *-t-s 音变，原来的 *-ap-s、*-ep-s、*-op-s 等韵母经常被当作 *-at-s、*-et-s、*-ot-s 一类，这些字也归入传统的月部。

---

① 译注：此处“*-et(-s)”“*-ot(-s)”，原书作“*-et(s)”“*-ot(s)”。

81. 传统元部除了韵母 *-en 之外,还包括我们所构拟的韵母为 *-an 和 *-on 的字(参看 § 5.5.2.3 和 § 5.5.4.3)。我们构拟为 *-ar、*er、*or 的字之中,后来经历了常见的 *-r > *-n 的方言音变的字,因而习惯上也归入元部。 400

82. 以“巷”为声符的字在押韵上的表现有些模棱两可(《卫风 · 氓》(58)第二章,《小雅 · 巷伯》(200)第四章,《小雅 · 宾之初筵》(220)第三章,《商颂 · 殷武》(305)第六章)。但是此字从“囟” *[s]ə[r]-s > *sinH* > xìn ‘囟门’,似当与收 *-r 的字如“西” *s-nˤər > *sej* > xī ‘西方’有关。《说文》中“遷”又有古文字形“拪”,由左“手”右“西”构成(《说文诂林》757b),“西”可能是表声的声符(但是元音不配)。 401

83. 传统歌部除了 *-oj 以外,还包括我们所构拟的韵母为 *-aj 的字(参看 § 5.5.2.1)。我们构拟为 *-ar、*-er、*-or 的字之中,在方言中经历了 *-r > *-j 音变的字,因而习惯上也归入歌部。 401

84. 传统月部除了 *-ot(-s)以外,还包括我们所构拟的 *-at-s 和 *-et-s(参看 § 5.5.2.2 和 § 5.5.3.2)。此外,由于早期发生的 *-p-s > *-t-s 的音变,原来的 *-ap-s、*-ep-s、*-op-s 经常会被当成 *-at-s、*-et-s、*-ot-s,这批字也归入月部。 401

85. 传统元部除了 *-on 以外,还包括我们所构拟的韵母为 *-an 和 *-en 的字(参看 § 5.5.2.3和 § 5.5.3.3)。我们构拟为 *-ar、*er、*-or 的字之中,后来经历了常见的 *-r > *-n 的方言音变的字,因而习惯上也归入元部。 401

86. 罗杰瑞认为闽语的这一词当作“苫” *s.tem > *syem* > shān ‘茅草屋顶’
(Norman 1996: 26),但是闽语中的对应形式似当构拟为原始闽语的 *-tsun 401
C,除了福州的读音/tsaiŋ 5/已如罗杰瑞指出似为例外。福州话的/tsaiŋ 5/对应于原始闽语的 *-ən C(Norman 1981: 58)。根据罗杰瑞(Norman 1981)所提供的对应关系,原始闽语的 *-un 和 *-ən 都可以合理地对应上古汉语的 *-ən或 *-ər,但与任何原始闽语中收 *-m 的韵母都对不上。中古音的-*m* 一般都对应原始闽语的 *-m,因此“苫”shān < *syem* 似乎不能在这里被视为闽语这些形式的语源。我们认为原始闽语 *-tsun C‘茅草屋顶’所代表的是“薦” *Cə.tsˤə[r]-s> *tsenH* > jiàn ‘草,草料’。

87. 传统微部除了 *-əj 以外,还包括我们所构拟的韵母为 *-uj 的字(参看 § 5.5.7.1)。我们构拟为 *-ər 和 *-ur 的字之中,在方言中经历了 *-r > *-j 音变的字,因而习惯上也被归入微部。 401

88. 在少数情况下,我们怀疑韵母可能当作 *-ər 而非 *-əj,遇到这种情况我们就写作 *-ə[j]。 401

89. 含“夷”yí < *ləj 的韵段见于《召南 · 草虫》(14)第三章、《郑风 · 风雨》(90)首章、《小雅 · 出车》(168)第六章、《小雅 · 节南山》(191)第五章、《大雅 · 桑柔》(257)第二章和《周颂 · 有客》(284)首章(《有客》中包含一处 *-əj 和 *-uj 通押的出韵)。 401

401 90. 实际上,我们怀疑这个在殷商契刻上常见的与商人起冲突的“人方”不是什么其他部落,而正是甲骨文中提到的商人的敌人——“夷方”[赵诚(1988: 145)即提过这一说法]。虽然这样的“尸”字很像“人”字,可是当时的人容易根据上下文判断此处指的当是{夷},而不是{人}。

401 91. “尸”的韵例有一些模棱两可之处:在《小雅·楚茨》(209)第五章中它与 *-əj 相押(韵脚字:尸 *l̥əj 歸 *[k]ʷəj 遲 *l<r>ə[j] 私 *[s]əj),但在《大雅·板》(254)第五章当中它又可以同全部都是 *-ij 的字相押(韵脚字:懠 *[dz]ˁ[i]j 毗 *[b]ij,迷 *mˁij,尸 *l̥əj,屎 *[qʰ]ij,葵 *gʷij,資 *[ts]ij,師 *srij)。如果我们把“尸”构拟为 *-əj,那么我们就可以把《板》中的韵例解释成为在锐音声母之后发生的 *-əj > *-ij 晚期音变的结果(当然我们也怀疑《板》此章中有一些待解决的文献问题)。但是如果“尸”的韵母被构拟为 *-ij 的话,《楚茨》当中 *-əj 的韵例就不容易得到合理的解释。因此从这些韵例中,我们得出“尸”作 *l̥əj 才是正确的构拟。

401 92. 例如,与原始藏缅语 *-əy 之间最好的对应(Matisoff 2003: 201)——早先也构拟为 *-iy(Benedict 1972: 57, n.188)——应该是上古汉语的 *-ij,而不是 *-əj。参见:白一平(Baxter 1985)。

401 93. 传统物部除了 *-ət(-s)以外,还包括我们所构拟的韵母为 *-ut(-s)的字(参看 § 5.5.7.2)。此外,由于早期发生的 *-p-s > *-t-s 的音变,原来的 *-əp-s 和 *-up-s 也经常会分别被当成 *-ət-s 或 *-ut-s,这些字习惯上也归入物部。

402 94. 传统文部除了 *-ən 以外,还包括我们所构拟的韵母为 *-un 的字(参看 § 5.5.7.3)。我们构拟的 *-ər 和 *-ur,如果其在中古音的对应形式带-*n* 的话,那么这批字习惯上也归入文部。

402 95. 传统脂部除了 *-ij 以外,我们构拟 *-ir 的字之中,后来经历了 *-r > *-j 音变的字习惯上也被归入脂部(参看 § 5.5.6.4)。

402 96. 传统質部除了 *-it(-s)以外,还包括我们所构拟的韵母为 *-ik(-s)的字,这些字在方言中都经历了 *-ik > *-it 的音变(参看 § 5.4.4)。此外,由于早期发生的 *-p-s > *-t-s 的音变,原来的 *-ip-s 也经常被当成 *-it-s,这批字也归入質部。

402 97. 传统真部除了 *-in 以外,还包括我们所构拟的韵母为 *-iŋ 的字,这些字都经历了 *-iŋ > *-in 的音变(参看 § 5.4.4)。我们构拟的 *-ir 经历了常见的 *-r > *-n 的音变,可能也应该归入到真部中来。

402 98. 此条音注出自梁简文帝(503—551)的《老子》注,此书全帙今佚。我们感谢王弘治对释读此章的协助。

402 99. 传统微部除了 *-uj 以外,还包括我们所构拟的韵母为 *-əj 的字(参看 § 5.5.5.1)。我们构拟的 *-ər 和 *-ur 在方言中经历了 *-r > *-j 音变的字,一般也归入微部。

402 100. 传统物部除了 *-ut(-s)以外,还包括我们所构拟的韵母为 *-ət(-s)的字(参看 § 5.5.5.2)。此外,由于早期发生的 *-p-s > *-t-s 的音变,原来的 *-əp-s 和

-up-s也经常会分别被当成-ət-s 或*-ut-s,这些字也常归入物部。

101. 传统文部除了*-un 以外,还包括我们所构拟的韵母为*-ən 的字(参看 402
§ 5.5.5.3)。我们构拟的*-ər 和*-ur 经历了常见的*-r > *-n 音变的字,习惯上也归入文部。

102. 传统宵部除了*-aw 以外,还包括我们所构拟的韵母为*-ew 的字,参 402
看 § 5.6.2.1。

103. 传统藥部除了*-awk(-s)以外,还包括我们所构拟的韵母为*-ewk(-s)的字, 402
参看 § 5.6.2.2。

104. 传统宵部除了*-ew 以外,还包括我们所构拟的韵母为*-aw 的字,参看 402
§ 5.6.1.1。

105. 传统藥部除了*-ewk(-s)以外,还包括我们所构拟的韵母为*-awk(-s)的字, 402
参看 § 5.6.1.2。

106. 传统幽部除了*-iw 以外,还包括我们所构拟的韵母为*-u 的字,参看 402
§ 5.4.6.1。

107. 传统"覺"部除了*-iwk(-s)以外,还包括我们所构拟的韵母为*-uk(-s)的字, 402
参看 § 5.4.6.2。

108. 其余为收元音韵尾的字。这里的数据只是一些粗略的估计。在我们的数据 402
库中包含 11 000 条记录,每一条记录代表一个汉字形式及其读音,但大量的字都往往有不止一个读法。

109. 请参考"Are there any words that rhyme with orange"? < http://oxforddictionaries.com/words/are-there-any-words-that-rhyme-with-orange>, *Oxford English Dictionary*(第二版 1989;在线版本 2011 年 12 402
月),<http://www.oed.com.proxy.lib.umich.edu/view/Entry/187451>,2011 年 12 月查询。

110. 中古韵母*-en*、*-et*、*-ej* 可以来自*ə 在锐音声母和锐音韵尾之间发生的前化音 403
变,这是一个系统性的例外,参看 § 5.5.5。

111. 在《大雅 · 召旻》(265)第三章中,"玷"diàn < *temX* < *tˤemʔ'黑点'(明显与 403
"點"diǎn < *temX* 是同一词的分化字)和"貶"biǎn < *pjemX*'使变小'押韵,不过虽然 *pjemX* 可能来自*premʔ,因而也是符合我们系统的规则变化,但我们还是不能够排除 *pjemX* 来自*pramʔ 或*promʔ 的可能性。

112. 董同龢也把中古韵母*-em* 的上古来源构拟成*-iɐm("談"部),他承认从谐声 403
上看,这些字倾向于与(我们构拟的)*-am 保持分立。董氏的*-iɐm 对应于我们系统中的*-em,且实际上又与董氏自己的*-ɐm 有少数交互接触。

113. "窮訪蜀土,呼粒[lip]為逼[pik],時莫之解。吾云:'《三蒼》《說文》,此字白下 403
為匕,皆訓粒。《通俗文》音方力反[pik]。'眾皆歡悟。"转引自《汉语大词典》(2001)。

403 114.“皀”还被用来写读 xiāng <*xjang*‘香气’的同形字，一般就写作“香”。

403 115.高本汉把“逮”构拟为 *d’əd、*d’iəd。李方桂构拟为 *dədh，但这在他的系统中属于不规则现象(这个构拟形式应该对应中古音 ***dwojH***)。董同龢认同要构拟唇音韵尾：*d’ə̂b。

403 116.我们在此处用 *[u]来代替 *u，因为也可能存在一种方言，其中原来的 *-əp 直接变作 *-up，然后就以 *-up 的形式一直发展下去；同理又见以下的其他例子。

403 117.此器著录于《金文文献集成》(刘庆柱等编，2004)第 2748 号。我们的讨论依据的是陈剑(2007)的详细研究。陈剑指出，“贛”和“貢”在后来的字体发展中发生了功能的分工，但从源头上讲，它们都是表示‘贡纳’，只是表示动作施受的方向有所不同。

第 六 章

403 1.当然，最早的印欧语之间，在时间上，还和没有远离它们的祖语的确有一些共同的结构特征。

参考书目

Aurousseau, Léonard. La première conquête chinoise des pays annamites (IIIe siècle avant notre ère) [J]. *Bulletin de l'École française d'Extrême-Orient* 1923(23): 136—264.

白一平 Baxter, William H.上古汉语*sr-的发展 [J].语言研究.1983(1).22—26.

白一平."执""势""设"等字的构拟和中古 sy-(書母=審三)的来源 [J].简帛.2010(5).161—178.

白于蓝.简牍帛书通假字字典 [M].福州: 福建人民出版社,2008.

Bailey, H. W. Gāndhārī. *Bulletin of the School of Oriental and African Studies* 1946(11): 764—797.

Barrett, T. H.列子 [M]// *Early Chinese texts: a bibliographical guide*, ed. Michael Loewe, 298 - 308. Berkeley: Society for the Study of Early China: Institute of East Asian Studies, University of California, Berkeley, 1993.

Baxter, William H. Old Chinese origins of the Middle Chinese chóngniǔ doublets: a study using multiple character readings [D]. Ph.D. diss., Cornell University, 1977.

Baxter, William H. Tibeto-Burman cognates of Old Chinese *-ij and *-ɨj [M]// *Linguistics of the Sino-Tibetan area: the state of the art — papers presented to Paul K. Benedict for his 71st birthday* (Pacific linguistics, series C, no. 87), ed. Graham Thurgood, James A. Matisoff, and David Bradley, 242 - 263. Canberra: Australian National University, 1985.

Baxter, William H. *A handbook of Old Chinese phonology* [M]. Berlin: Mouton de Gruyter, 1992.

Baxter, William H. Where does the "comparative method" come from? [M]// *The linguist's linguist: a collection of papers in honor of Alexis Manaster Ramer*, ed. Fabrice Cavoto, 33 - 52. München: Lincom, 2002.

Baxter, William H., and Laurent Sagart. Word formation in Old Chinese [M]// *New approaches to Chinese word formation: morphology, phonology and the lexicon in Modern and Ancient Chinese*, ed. Jerome L. Packard, 35 - 76. Berlin: Mouton de Gruyter, 1998.

北京大学中国语言文学系语言学教研室.汉语方言词汇(第二版)[M].北京：文字改革出版社,1995.

北京大学中国语言文学系语言学教研室.汉语方言字汇(第二版重排本)[M].北京：语文出版社,2003.

Benedict, Paul K(保罗·本尼迪克). *Sino-Tibetan: a conspectus* [M]. ed. James A. Matisoff. Cambridge: Cambridge University Press, 1972.

Benedict, Paul K. Sino-Tibetan: another look [J]. *Journal of the American Oriental Society* 1976(96): 167-197.

Benedict, Paul K. Archaic Chinese initials [M]// *Wang Li memorial volumes*. English volume, 25-71. Hong Kong: Joint Publishing Co, 1987.

Bhattacharya, Pramod Chandra. *A descriptive analysis of the Boro language* [M]. Gauhati: Department of Publication, Gauhati University, 1977.

Bivar, A. D. H. The political history of Iran under the Arsacids [M]// *The Seleucid, Parthian and Sasanian periods*; vol.3, part 1 of *The Cambridge history of Iran*, 21-99. Cambridge: Cambridge University Press, 2000.

Bodman, Nicholas C(包拟古). *A linguistic study of the Shih Ming: initials and consonant clusters* [M]. Cambridge: Harvard University Press, 1954.

Bodman, Nicholas C. Proto-Chinese and Sino-Tibetan: data towards establishing the nature of the relationship [M]// *Contributions to historical linguistics: issues and materials*, ed. Frans van Coetsem and Linda R. Waugh, 34-199. Leiden: E. J. Brill,1980.

Boltz, William G. Textual criticism and the Ma wang tui *Lao tzu*, review of *Chinese classics: Tao te ching* [J]. by D. C. Lau. *Harvard Journal of Asiatic Studies* 1984(44): 185-224.

Boltz, William G. The *Lao tzu* text that Wang Pi and Ho-shang Kung never saw. *Bulletin of the School of Oriental and African Studies*. 1985(48): 493-501.

Boltz, William G. Shuo wen chieh tzu 说文解字 [M]// *Early Chinese texts: a bibliographical guide*, ed. Michael Loewe, 429-442. Berkeley: Society for the Study of Early China and the Institute of East Asian Studies, University of California,1993.

Burling, Robbins. *The language of the Modhupur Mandi (Garo), Vol. 1: Grammar* [M]. New Delhi: Promilla,2004.

蔡俊明.潮语词典[M].香港：香港中文大学出版社,1976.

曹志耘,秋谷裕幸,太田斋,赵日新.吴语处衢方言研究[M].东京：好文出版社,2000.

CBETA [Chinese Buddhist Electronic Text Association].汉文大藏经.http://

tripitaka.cbeta.org,2013.

Chao, Yuen Ren (赵元任). Distinctions within Ancient Chinese [J]. *Harvard Journal of Asiatic Studies*. 1941(5): 203 - 233.

陈初生.金文常用字典[M].西安：陕西人民出版社,1987.

陈剑.释西周金文的"竷(赣)"字[M]//甲骨金文考释论集,8—19.北京：线装书局,2007.

陈澧.切韵考;切韵考外篇[M].上海：上海古籍出版社,1995[1842].

陈新雄.古音学发微[M].台北：嘉新水泥公司文化基金会,1972.

陈章太、李如龙.闽语研究[M].北京：语文出版社,1991.

Coblin, W. South(柯蔚南). *A handbook of Eastern Han sound glosses* [M]. Hong Kong: Chinese University Press, 1983.

Coblin, W. South. *Comparative phonology of the Central Xiāng dialects* [M]. Taipei: Institute of Linguistics, Academia Sinica,2011.

Coedès, G. L'origine du cycle des douze animaux au Cambodge [J]. *T'oung pao*. 1935(31): 315 - 329.

戴家祥.金文大字典[M].上海：学林出版社,1995.

Damrong Tayanin and Kristina Lindell. The Khmu cycles of 60 days and 60 years. *Mon-Khmer Studies* 1994(23): 103 - 118.

Dell, François, and Mohamed Elmedlaoui.Syllabic consonants and syllabification in Imdlawn Tashlhiyt Berber. *Journal of African Languages and Linguistics*. 1985(7): 105 - 130.

邓享璋.闽北、闽中方言语音研究[D].厦门大学博士论文,2007.

Dien, Albert E(丁爱博). 1957. A note on Hsien "Zoroastrianism." [J]. *Oriens 10*. 284 - 288.

Diffloth, Gérard. *The Dvaravati Old Mon language and Nyah Kur* [M]. Bangkok: Chulalongkorn University Printing House,1984.

丁度.集韵[M].北京：中华书局,1985[1039].

丁声树,李荣.汉语音韵讲义[M].方言.1981(4).241—274.

Doerfer, Gerhard. *Türkische und mongolische Elemente im Neupersischen*; *unter besonderer Berücksichtigung älterer neupersischer Geschichtsquellen*, *vor allem der Mongolen- und Timuridenzeit*. 4 vols [M]. Wiesbaden: F. Steiner, 1963 - 1975.

董同龢.上古音韵表稿[J]."中研院"历史语言研究所集刊 1948(18): 1—249.

董同龢.四个闽南方言[J]."中研院"历史语言研究所集刊 1960(30): 729—1042.

Douglas, Carstairs(杜嘉德). *Chinese-English dictionary of the vernacular or spoken language of Amoy*, *with the principal variations of the Chang-chew and Chin-chew dialects* [M]. New ed., with corrections by the author. London: Presbyterian Church of England, 1899.

Downer, Gordon B. Tone-change and tone-shift in White Miao [J]. *Bulletin of the School of Oriental and African Studies*. 1967(*30*): 589 - 599.

Downer, Gordon B. 1973. Strata of Chinese loanwords in the Mien dialect of Yao [J]. *Asia Major n.s*. *18*.1—33.

段玉裁.说文解字注[M].上海：上海古籍出版社,1981[1815].

Dyson, F. W., A. S. Eddington, and C. Davidson. A determination of the deflection of light by the sun's gravitational field, from observations made at the total eclipse of May 29, 1919. *Philosophical Transactions of the Royal Society of London. Series A, Containing Papers of a Mathematical or Physical Character*. 1920(220): 291 - 333.

Edmondson, Jerold A. (艾杰瑞), and Quan Yang (杨权). Word-initial preconsonants and the history of Kam-Sui resonant initials and tones [M]//. *Comparative Kadai: linguistic studies beyond Tai*, ed. Jerold A. Edmondson and David B. Solnit, 143 - 166. Dallas: Summer Institute of Linguistics, 1988.

Evans, Jonathan. Origins of vowel pharyngealization in Hongyan Qiang [J]. *Linguistics of the Tibeto-Burman Area*. 2006a(29): 95 - 126.

Evans, Jonathan. Vowel quality in Hongyan Qiang [J]. *Language and Linguistics*. 2006b(7): 937 - 960.

冯爱珍.福州方言词典[M].南京：江苏教育出版社,1998.

Ferlus, Michel(米歇尔·费吕). Du nouveau sur la spirantisation ancienne en vietnamien [J]. *Bulletin de la Société de Linguistique de Paris*. 1976(71): 305 - 312.

Ferlus, Michel. Spirantisation des obstruantes médiales et formation du système consonantique du vietnamien [J]. *Cahiers de linguistique — Asie orientale*. 1982(11): 83 - 106.

Ferlus, Michel. Histoire abrégée de l'évolution des consonnes initiales du vietnamien et du sino-vietnamien [J]. *Mon-Khmer Studies*. 1992(20.1): 1 - 125.

Ferlus, Michel. 1996. Langues et peuples viet-muong [J]. *Mon-Khmer Studies*. *26*.7 - 28.

Ferlus, Michel. 1997. Le maleng brô et le vietnamien [J]. *Mon-Khmer Studies*. *27*.55 - 66.

Ferlus, Michel. 2009a. Lexique de racines Proto Viet-Muong (Proto Vietic)

[M]. Unpublished manuscript. Adobe Acrobat file. Cited with the author's permission.

Ferlus, Michel. 2009b. What were the four divisions of Middle Chinese? [J] *Diachronica 26*.184 - 213.

Franklin, Karl J. Kutubuan (Foe and Fasu) and proto Engan [M]//. *The boy from Bundaberg: studies in Melanesian linguistics in honour of Tom Dutton*, ed. Andrew Pawley, Malcolm Ross, and Darryl Tryon, 143 - 154. Canberra: Pacific Linguistics, Research School of Pacific and Asian Studies, Australian National University, 2001.

高亨.古字通假会典[M].济南：齐鲁书社,1989.

高明.帛书老子校注[M].北京：中华书局,1996.

GD：荆门市博物馆.郭店楚墓竹简[M].北京：文物出版社,1998.

Gernet, Jacques. *Le monde chinois* [M]. Paris: Armand Colin,1990.

格桑居冕(Skal bzang 'gyur med)、格桑央京(Skal bzang dbyangs chan).藏语方言概论[M].北京：民族出版社,2002.

GG：古文字诂林编纂委员会.古文字诂林(12卷)[M].上海：上海教育出版社,1999.

Graham, A. C. The date and composition of *Liehtzyy* 列子 [J]. *Asia Major*. 1960 - 1961 (*8*): 139 - 198.

Graham, A. C. *Disputers of the Tao: philosophical argument in ancient China* [M]. La Salle, IL: Open Court,1989.

GSR: Karlgren, Bernhard. Grammata serica recensa [J]. *Bulletin of the Museum of Far Eastern Antiquities 29*.1 - 332,1957.

郭建荣.孝义方言志[M].北京：语文出版社,1989.

郭锡良.汉字古音手册[M].北京：北京大学出版社,1986.

国家文物局古文献研究室.马王堆汉墓帛书(一)[M].北京：文物出版社,1980.

汉语大词典(共22卷)[M].上海：汉语大词典出版社,2001.

郝懿行、王念孙、钱绎、王先谦.尔雅·广雅·方言·释名(清疏四种合刊附索引)[M].上海：上海古籍出版社,1989.

Harrell, Richard Slade. *A dictionary of Moroccan Arabic: Arabic-English* [M]. Washington: Georgetown University Press,1966.

Haudricourt, André-Georges(奥德里古尔). Comment reconstruire le chinois archaïque [J]. *Word*. 1954a(*10*): 351 - 364.

Haudricourt, André-Georges. De l'origine des tons en vietnamien [J]. *Journal asiatique*. 1954b(*242*): 68 - 82.

Haudricourt, André-Georges. Les mutations consonantiques des occlusives initiales en mon-khmer [J]. *Bulletin de la Société de Linguistique de Paris*.

1965(60)：160－172.

何琳仪.战国古文字典：战国文字声系(共2卷)[M].北京：中华书局,1998.

Hegel, Georg Wilhelm Friedrich(黑格尔). *The philosophy of history* [M]. Trans. John Sibree. Rev. ed. New York: Colonial Press,1899.

Hirata Shōji(平田昌司).闽北方言第九调的性质[J].方言.1988(1)：12—24.

侯精一.晋语研究[M].东京：东京外国语大学アジア・アフリカ言语文化研究所,1989.

黄布凡.藏缅语族语言词汇[M].北京：中央民族学院出版社,1992.

黄良荣、孙宏开.汉嘉戎词典[M].北京：民族出版社,2002.

黄焯.经典释文汇校[M].北京：中华书局,1980.

Jakobson, Roman(罗曼・雅各布森). K xarakteristike evrazijskogo jazykovogo sojuza [M]//. *Selected writings*. *1*.144－201. The Hague: Mouton, 1971 [1931].

Jakobson, Roman. Mufaxxama: The "emphatic" phonemes in Arabic [M]// *Selected writings*. *1*: 510－522. The Hague: Mouton, 1971[1957].

Jaxontov, Sergej Evgen'evič (雅洪托夫). Consonant combinations in Archaic Chinese [M]//. *Papers presented by the USSR delegation at the 25th International Congress of Orientalists*, *Moscow*, 1－17, 1960a. Moscow: Oriental Literature Publishing House. [English version of Jaxontov 1963.]

Jaxontov, Sergej Evgen'evič. Fonetika kitajskogo jazyka 1 tsysjač eletija do n. e. (labializovannye glasnye) [M]// *Problemy vostokovedenija*. *1960b*: 102－115.

Jaxontov, Sergej Evgen'evič. Sočetanija soglasnyx v drevnekitajskom jazyke [Consonant combinations in Archaic Chinese]. *Trudy dvadcat′ pjatogo meždunarodnogo kongressa vostokovedov*, Moskva, 9－16 avgusta 1960 g. Vol.5: Zasedanija sekcij XVI－XX [Works of the 25th International Congress of Orientalists, Moscow, 9－16 August 1960. Vol.5: Sessions of sections XVI－XX, 89－95. Moscow: Izdatel′stvo vostočnyj literatury, 1963.

JDSW：陆德明.经典释文[M].北京：中华书局,1983.

季旭昇.说文新证[M].福州：福建人民出版社,2010.

Joseph, U. V., and Robbins Burling. *Comparative phonology of the Boro-Garo languages* [M]. Mysore: Central Institute of Indian Languages,2006.

Karlgren, Bernhard(高本汉). Word families in Chinese [J]. *Bulletin of the Museum of Far Eastern Antiquities*. 1933(5): 9－120.

Karlgren, Bernhard. Grammata serica: script and phonetics in Chinese and Sino-

Japanese [J]. *Bulletin of the Museum of Far Eastern Antiquities*. 1940(12): 1-471.

Karlgren, Bernhard. Glosses on the Book of odes [J]. *Bulletin of the Museum of Far Eastern Antiquities*. 1942(14): 71-247, 1944(16): 25-169, 1946(18): 1-198.

Karlgren, Bernhard. *The book of odes* [M]. Stockholm: Museum of Far Eastern Antiquities, 1950.

Karlgren, Bernhard. Compendium of phonetics in Ancient and Archaic Chinese. *Bulletin of the Museum of Far Eastern Antiquities*. 1954(26): 211-367.

Kennedy, George A. Metrical "irregularity" in the Shih Ching [J]. *Harvard Journal of Asiatic Studies*. 1939(4): 284-296.

L-Thongkum, Therapan. A preliminary reconstruction of Proto-Lakkja (Cha Shan Yao) [J]. *Mon-Khmer Studies*. 1992(20): 57-89.

L-Thongkum, Therapan. A view on Proto-Mjuenic (Yao) [J]. *Mon-Khmer Studies*. 1993(*22*): 163-230.

Lau, D. C. *Tao te ching* [M]. Baltimore: Penguin Books, 1963.

Leong, Sow-Theng (梁肇庭). *Migration and ethnicity in Chinese history: Hakkas, Pengmin, and their neighbors* [C], ed. Tim Wright; introduction and maps by G. William Skinner. Stanford, CA: Stanford University Press, 1997.

Li, Fang-kuei (李方桂). Some Old Chinese loan words in the Tai languages. *Harvard Journal of Asiatic Studies* 1945(8): 333-342.

李方桂.上古音研究. *Tsing Hua Journal of Chinese Studies*. 1971(9): 1—61.

Li, Fang-kuei. *A handbook of comparative Tai*. Honolulu: University Press of Hawaii, 1977.

李家浩.释"弁"[M]//古文字研究.1979(1): 391—395.

李家浩.战国竹简《民之父母》中的"才辩"[J].北京大学学报.2004(41): 96—98.

李锦芳.布央语研究[M].北京: 中央民族大学出版社, 1999.

李如龙、陈章太.论闽方言内部的主要差异[M]//闽语研究, 58—138.北京: 语文出版社, 1991.

李如龙、潘渭水.建瓯方言词典[M].南京: 江苏教育出版社, 1998.

李如龙、张双庆.客赣方言调查报告[M].厦门: 厦门大学出版社, 1992.

李如龙等.粤西客家方言调查报告[M].广州: 暨南大学出版社, 1999.

梁敏.毛难语简志[M].北京: 民族出版社, 1980.

林素清.释吝——兼论楚简的用字特征[J]."中研院"历史语言研究所集刊.2003(74): 293—305.

刘纶鑫.江西客家方言概况[M].南昌：江西人民出版社,2001.

刘庆柱,段志洪,冯时.金文文献集成[M].香港：香港明石文化国际出版有限公司,2004.

龙宇纯.唐写全本王仁昫刊谬补缺切韵校笺[M].香港：香港中文大学,1968.

Lorrain, J. Herbert, and Fred W. Savidge. *A grammar and dictionary of the Lushai language* (*Dulien dialect*) [M]. Shillong: Assam Secretariat Printing Office,1898.

罗常培.切韵鱼虞之音值及其所据方音考[J].“中研院”历史语言研究所集刊.1931(2): 258-385.

罗常培、周祖谟.汉魏晋南北朝韵部演变研究(第1卷)[M].北京：科学出版社,1958.

罗杰瑞(Jerry Norman).闽方言中的来母字和早期汉语[J].民族语文 2005(4): 1—5.

Mackenzie, D. N. Khwarazmian language and literature [J]. *The Cambridge history of Iran, volume 3, part 2: The Seleucid, Parthian and Sasanian Periods*, ed. Ehsan Yarshater. 1983: 1244-1249.

Maddieson, Ian, and Richard Wright. The vowels and consonants of Amis: a preliminary phonetic report [J]. *UCLA Working Papers in Phonetics*, 1991 (91): 45-63.

Manomaivibool, Prapin. A study of Sino-Thai lexical correspondences. Ph.D diss [D]. University of Washington, 1975.

Maspero, Henri (马伯乐). Études sur la phonétique historique de la langue annamite: les initiales [J]. *Bulletin de l'École française d'Extrême-Orient*. 1912(12): 1-124.

Mathews, R. H. *Mathews' Chinese-English dictionary* [M]. Revised by Y. R. Chao and M. Y. Wang. Cambridge, MA: Harvard University Press, 1943.

Matisoff, James A(马提索夫). *Handbook of Proto-Tibeto-Burman: system and philosophy of Sino-Tibetan reconstruction* [M]. Berkeley: University of California Press, 2003.

Mayr, Ernst (恩斯特·迈尔). *The growth of biological thought: diversity, evolution, and inheritance* [M]. Cambridge, MA: Belknap Press, 1982.

梅祖麟.上古汉语*s-前缀的构词功用[J].*Proceedings of the Second International Conference on Sinology* (*Section on Linguistics and Paleography*). 1989: 33—52.台北：“中研院”.

梅祖麟.现代吴语和“支脂鱼虞,共为不韵”[J].中国语文.2001(1): 3—15.

Mei, Tsu-lin(梅祖麟). The causative *s- and nominalizing *-s in Old Chinese and related matters in Proto-Sino-Tibetan [J]. *Language and Linguistics*. 2012 (13): 1 - 28.

Michaud, Alexis, Guillaume Jacques, and Robert L. Rankin. Historical transfer of nasality between consonantal onset and vowel: from C to V or from V to C? [J] *Diachronica* 2012(29.2): 201 - 230.

Nguyễn Phú Phong, Trần Trí Dõi, and Michel Ferlus. *Lexique vietnamien-rục-français: parler d'une minorité ethnique des montagnes de Quảng Bình, Vietnam, avec notes ethnographiques et introduction linguistique* [M]. Paris: Université de Paris VII, Sudestasie, 1988.

Niebuhr, Barthold Georg (ed.). Ex historia Menandri Protectoris Excerpta de legationibus barbarorum ad Romanos [J]. *Corpus scriptorum historiae byzantinae* 1829(5): 281 - 437. Bonn: Impensis Ed. Weberi. http://catalog.hathitrust.org/Record/001222061.

Norman, Jerry(罗杰瑞). *A guide to the Chien-yang dialect* [M]. Washington, DC: Office of Education, Department of Health, Education, and Welfare, 1971.

Norman, Jerry. Tonal development in Min [J]. *Journal of Chinese Linguistics* 1973(1): 222 - 238.

Norman, Jerry. The initials of Proto-Min [J]. *Journal of Chinese Linguistics* 1974a(2): 27 - 36.

Norman, Jerry. The Shaowu dialect [J]. *Orbis: Bulletin international de documentation linguistique* 1974b.(*23*): 328 - 334.

Norman, Jerry. Chronological strata in the Min dialects [J]. 方言. 1979(4): 268—273.

Norman, Jerry. The Proto-Min finals [M]//"中研院"国际汉学会议论文集：语言文字组,1981: 35—73.台北："中研院".

Norman, Jerry. The classification of the Shaowu dialect [J]."中研院"历史语言研究所集刊,1982(53): 543—583.

Norman, Jerry. The origin of the Proto-Min softened stops [J]. *Contributions to Sino-Tibetan studies*, ed. John McCoy and Timothy Light, 1986: 375 - 384. Leiden: E. J. Brill.

Norman, Jerry. *Chinese* [M]. Cambridge: Cambridge University Press, 1988.

Norman, Jerry. What is a Kèjiā dialect? [J] *Proceedings of 2nd International Conference on Sinology: Linguistics*, 1989 (vol. 1): 323 - 344. Taipei: Academia Sinica.

Norman, Jerry. Nasals in Old Southern Chinese [J]. *Studies in the historical phonology of Asian languages*, ed. William G. Boltz and Michael C. Shapiro, 1991: 205 - 214. Amsterdam: John Benjamins.

Norman, Jerry. Pharyngealization in Early Chinese [J]. *Journal of the American Oriental Society* 1994(114): 397 - 408.

Norman, Jerry. A glossary of the Herpyng dialect [J]. *Yuen Ren Society Treasury of Chinese Dialect Data* 1995(1).107 - 126.

Norman, Jerry. Tonal development in the Jennchyan dialect [J]. *Yuen Ren Society Treasury of Chinese Dialect Data* 1996(2): 7 - 41.

Norman, Jerry. Voiced initials in Shyrbei [J].语言变化与汉语方言：李方桂先生纪念论文集,ed.丁邦新、余霭芹,2000: 271—280.台北:"中研院"语言学研究所筹备处.

Norman, Jerry. A glossary of the Lianduentsuen dialect [J]. *Yuen Ren Society Treasury of Chinese Dialect Data* 2002(3): 339 - 394.

Norman, Jerry. Miin animal body parts [J]. *Bulletin of Chinese Linguistics* 2006 (1): 133 - 143.

Norman, Jerry, and W. South Coblin. A new approach to Chinese historical linguistics [J]. *Journal of the American Oriental Society* 1995 (115): 576 - 584.

Norquest, Peter K. A phonological reconstruction of Proto-Hlai [D]. Ph.D. diss, University of Arizona, 2007.

Ostapirat, Weera. Proto-Kra.(许家平) *Linguistics of the Tibeto-Burman Area* [J]. 2000(23): 1 - 251.

Ostapirat, Weera. Proto-Hlai sound system and lexicons [J].汉藏语研究：龚煌城先生七秩寿庆论文集,ed.林英津 et al.,2004: 121 - 175.台北:"中研院"语言学研究所.

Ostapirat, Weera. Alternation of tonal series and the reconstruction of Proto-Kam-Sui.山高水长：丁邦新先生七秩寿庆论文集,ed.何大安、张洪年、潘悟云、吴福祥,2006: 1077—1121.台北:"中研院"语言学研究所.

Ostapirat, Weera. Linguistic interaction in South China: the case of Chinese, Tai and Miao-Yao [J]. Paper for the symposium "Historical linguistics in the Asia-Pacific region and the position of Japanese," at the 20th International Conference on Historical Linguistics, Osaka, June 30, 2011.

潘渭水.建瓯方言词典.南京：江苏教育出版社,1998.

潘悟云.喉音考[J].民族语文 1997(5): 10—24.

Peiros, Ilia, and Sergej Starostin. *A comparative vocabulary of five Sino-Tibetan langauges* [M]. 6 vols. Melbourne: Department of Linguistics and Applied

Linguistics, University of Melbourne, 1996.

Pelliot, Paul. Tokharien et Koutchéen [J]. *Journal asiatique* 1934 (224): 23-106.

Pelliot, Paul. Le nom du χwārizm dans les textes chinois [J]. *T'oung pao* 1938 (34): 146-152.

Pittayaporn, Pittayawat(张高峰). The phonology of Proto-Tai [D]. Ph.D. diss., Cornell University, 2009.

Plaisier, Heleen. *A Grammar of Lepcha* [M]. Tibetan studies library: Languages of the greater Himalayan region 5. Leiden: E. J. Brill, 2007.

Pulleyblank, Edwin G(蒲立本). The consonantal system of Old Chinese [J]. *Asia Major* 1962-1963(9): 58-144, 206-265.

Pulleyblank, Edwin G. Some new hypotheses concerning word families in Chinese [J]. *Journal of Chinese Linguistics* 1973(1): 111-125.

Pulleyblank, Edwin G. The final consonants of Old Chinese [J]. *Monumenta Serica* 1977-1978(33): 180-206.

Pulleyblank, Edwin G. The Chinese and their neighbors in prehistoric and early historic times [J]. *The origins of Chinese civilization*, ed. David N. Keightley, 1983: 411-466. Berkeley: University of California Press.

Pulleyblank, Edwin G. *Middle Chinese: a study in historical phonology* [M]. Vancouver: University of British Columbia Press, 1984.

秋谷裕幸.吴语处衢方言(西北片)古音构拟 [M].东京: 好文出版社,2003.

秋谷裕幸.福建石陂方言音系 [J].方言.2004(1).76—91.

裘锡圭.释殷墟甲骨文的"远""𣏟"(迩)及有关诸字.古文字研究 1985(11): 85—98.

裘锡圭.文字学概要[M].北京: 商务印书馆,1988.

裘锡圭."畀"字补释[J].古文字论集,北京: 中华书局,1992: 90—98.

裘锡圭.古文献中读为"设"的"埶"及其与"执"互讹之例[J].东方文化 1998(36): 39—46.[实际 2002 年出版]

Qiú Xīguī(裘锡圭). *Chinese writing* [M]. Trans. Gilbert Louis Mattos and Jerry Norman. Berkeley: Society for the Study of Early China and the Institute of East Asian Studies, University of California, 2000. [Translation of Qiú Xīguī (1988).]

裘锡圭.释郭店《缁衣》"出言有丨,黎民所訁": 兼说"丨"为"针"之初文[J].中国出土古文献十讲.上海: 复旦大学出版社,2004.

Ratliff, Martha(玛莎·拉特利夫). *Hmong-Mien language history* [M]. Canberra: Pacific Linguistics, 2010.

Rhodes, Alexandre de. *Dictionarium Annamiticum Lusitanum et Latinum, ope Sacrae Congregationis de Propaganda Fide* [M]. Romae: Typis & sumptibus eiusdem Sacr. Congreg, 1651.

Rule, Murray. *The culture and language of the Foe, Lake Kutubu People of the Southern Highlands Province, Papua New Guinea* [M]. Published by the author, 1993.

Sagart, Laurent(沙加尔). *Les dialectes gan* [M]. Paris: Langages Croisés, 1993a.

Sagart, Laurent. New views on Old Chinese phonology [J]. [Review of Baxter (1992)]. *Diachronica* 1993b(10): 237 - 260.

Sagart, Laurent. The Chinese and Tibeto-Burman words for "blood." [J] *Studies on Chinese historical syntax and morphology: linguistic essays in honor of Mei Tsu-lin*, ed. Alain Peyraube and Chaofen Sun, 165 - 181. Paris: École des Études en Sciences Sociales, Centre de Recherches Linguistiques sur l'Asie Orientale, 1999a.

Sagart, Laurent. The origin of Chinese tones [J]. *Proceedings of the symposium Cross-Linguistic Studies of Tonal Phenomena, Tonogenesis, Typology, and Related Topics: December 10 -12, 1998, Takinogawa City Hall, Tokyo*, ed. Shigeki Kaji, 91 - 104. Tokyo: Institute for the Study of Languages and Cultures of Asia and Africa, Tokyo University of Foreign Studies, 1999b.

Sagart, Laurent. *The roots of Old Chinese* [M]. Amsterdam: John Benjamins, 1999c.

Sagart, Laurent. Sources of Middle Chinese manner types: Old Chinese prenasalized initials in Hmong-Mien and Sino-Tibetan perspective [J]. *Language and Linguistics* 2003(4): 757 - 768.

Sagart, Laurent. The Chinese names of the four directions [J]. *Journal of the American Oriental Society* 2004(124): 69 - 76.

Sagart, Laurent, and William H. Baxter. Reconstructing Old Chinese uvulars in the Baxter-Sagart system (version 0.99) [J]. *Cahiers de linguistique Asie orientale* 2009(38): 221 - 244.

Sagart, Laurent, and William H. Baxter. Reconstructing the *s- prefix in Old Chinese [J]. *Language and Linguistics* 2012(13): 29 - 59.

SB: 马承源(ed.).上海博物馆藏战国楚竹书[M].上海: 上海古籍出版社,2001.

Schlegel, August Wilhelm von(奥古斯特·威尔汉姆·冯·施莱歇尔). *Observations sur la langue et la littérature provençales* [M]. Paris: Librairie grecque-latine-allemande, 1818. http://hdl.handle.net/2027/hvd.hxjg66.

Schuessler, Axel(许思莱). The time of emergence of medial yod [J]. *Studies in honor of Jerry Norman*, ed. Anne O. Yue and W. South Coblin, 305 - 310. Hong Kong: Ng Tor-tai Chinese Language Research Center, The Chinese University of Hong Kong, 2010.

沙加尔(Laurent Sagart)、白一平(William H. Baxter).上古汉语的 N-和 m-前缀[J].汉藏语学报 2010(4): 62—69.

Shar, Saeed, and John Ingram. Pharyngealization in Assiri Arabic: an acoustic analysis [J]. *Proceedings of the 13th Australasian International Conference on Speech Science and Technology 2010*, 5 - 8. Adelaide: Causal Productions.

司马迁.史记[M].北京: 中华书局,1982.

So-Hartmann, Helga. *A descriptive grammar of Daai Chin* [M]. Berkeley: Sino-Tibetan Etymological Dictionary and Thesaurus Project, 2009.

Solnit, David B. The position of Lakkia within Kadai [J]. *Comparative Kadai: linguistic studies beyond Tai*, ed. Jerold A. Edmondson and David B. Solnit, 219 - 238. Dallas: Summer Institute of Linguistics, 1988.

Starostin, Sergej Anatol'evič (斯塔罗斯金). *Rekonstrukcija drevnekitajskoj fonologičeskoj sistemy* [M]. Moskva: "Nauka," Glavnaja redakcija vostočnoj literatury, 1989.

Starostin, Sergej Anatol'evič. The historical position of Bai [J]. *Moskovskij Lingvističeskij Žurnal* 1995(1): 174 - 190.

Sun, Jackson T.-S. Variegated tonal developments in Tibetan [J]. *Language variation: papers on variation and change in the Sinosphere and in the Indosphere in honour of James A. Matisoff*, ed. David Bradley, Randy J. LaPolla, Boyd Michailovsky, and Graham Thurgood, 35 - 51. Canberra: Pacific Linguistics, 2003.

Suwilai Premsrirat. *Thesaurus of Khmu dialects in Southeast Asia* [M]. Salaya, Nakhon Pathom, Thailand: Mahidol University at Salaya, 2002.

SWGL 说文解字诂林: 丁福保(ed.).说文解字诂林: 及补遗[M].17 vols.台北: 台湾商务印书馆,1931.

Takakusu Junjirō(高楠顺次郎)编. *Taishō shinshū Daizōkyō* 大正新修大藏经[M]. 85 vols. Tōkyō: Taishō Issaikyō Kankōkai 大正一切经刊行会, 1924 - 1932.

Thompson, Laurence C. Proto-Viet-Muong phonology [J]. *Austroasiatic studies*, ed. Philip N. Jenner, Laurence C. Thompson, and Stanley Starosta, 1113 - 1203. Honolulu: The University Press of Hawaii, 1976.

Thompson, P. M. *The Shen Tzu fragments* [M]. Oxford: Oxford University

Press, 1979.

Thurgood, Graham. Notes on the reconstruction of Proto-Kam-Sui [J]. *Comparative Kadai: linguistic studies beyond Tai*, ed. Jerold A. Edmondson and David B. Solnit, 179 - 218. Arlington: Summer Institute of Linguistics: University of Texas at Arlington, 1988.

Ting, Pang-hsin (丁邦新). *Chinese phonology of the Wei-Chin period: reconstruction of the finals as reflected in poetry* [M]. Taipei: Institute of History and Philology, Academia Sinica, 1975.

Ting, Pang-hsin. Derivation time of colloquial Min from Archaic Chinese [J]. *Bulletin of the Institute of History and Philology, Academia Sinica* 1983 (54): 1 - 14.

Unger, Ulrich(翁有理). Finger [J]. *Hao-ku* 1995(46): 131 - 137.

Vendler, Zeno(泽诺·万德勒). Verbs and times [J]. *The Philosophical Review* 1957(66): 143 - 160.

王辅世.苗语方言声韵母比较[M].北京：中国社会科学院民族研究所,1979.

王辅世.湖南泸溪瓦乡话语音[J].语言研究,1982：135—147.

王辅世、毛宗武.苗瑶语古音构拟[M].北京：中国社会科学出版社,1995.

王力.上古韵母系统研究.汉语史论文集,77—156.北京：科学出版社,(1937)1958.

王力.汉语史稿[M].3 vols.北京：科学出版社,1958.

王力.诗经韵读[M].上海：上海古籍出版社,1980.

王力.汉语音韵学[M].Vol.4 of 王力文集.济南：山东教育出版社,1985.

王力.汉语史稿[M].Vol.9 of 王力文集.济南：山东教育出版社,1988.

王力.古代汉语(校订重排本)[M].4 vols.北京：中华书局,1999.

王力等.王力古汉语字典[M].北京：中华书局,2000.

王引之.经传释词：附孙经世补及再补[M].北京：中华书局,[1798]1956.

魏慈德.从出土文献的通假象看"改"字的声符偏旁.文与哲 2009(14)：1—30.

Weingreen, J. *A practical grammar for classical Hebrew* [M]. 2nd ed. Oxford: Clarendon Press, 1959.

Whitney, William Dwight(威廉·德怀特·惠特尼). *Language and the study of language: twelve lectures on the principles of linguistic science* [M]. New York: Charles Scribner, 1867.

吴昌莹.经词衍释[M].北京：中华书局,[1873]1956.

伍云姬、沈瑞清.湘西古丈瓦乡话调查报告[M].上海：上海教育出版社,2010.

厦门大学中国语言文学研究所汉语方言研究室.普通话闽南方言词典[M].福州：福建人民出版社,1982.

向柏霖(Guillaume Jacques).嘉绒语研究[M].北京：民族出版社,2008.

许维遹.吕氏春秋集释[M].北京：中华书局,2009.
徐仲舒主编.甲骨文字典[M].成都：四川辞书出版社,1988.
杨树达.词诠[M].北京：中华书局,1954.
俞敏.虚词诂林[M],ed.谢纪锋.哈尔滨：黑龙江人民出版社,1992.
余迺永编.新校互注宋本广韵[M].上海：上海辞书出版社,2000.
于省吾.双剑誃殷絜骈枝续编[M].北京：大业印刷局,1941.
于省吾.甲骨文字释林[M].北京：中华书局,1979.
于省吾、姚孝遂.甲骨文字诂林[M].4 vols.北京：中华书局,1996.
曾运乾.喻母古读考[J].[1927]1972, Reprinted in 陈新雄(1972：674—700).
张振兴.漳平方言研究[M].北京：中国社会科学出版社,1992.
赵诚.甲骨文简明词典：卜辞分类读本[M].北京：中华书局,1988.
郑张尚芳.上古韵母系统和四等、介音、声调的发源问题[J].温州师院学报(社会科学版)1987(4)：67—90.
郑张尚芳.上古汉语声母系统[M].未刊稿,1995.
郑张尚芳.上古音系[M].上海：上海教育出版社,2003.
"中研院"历史语言研究所.汉籍电子文献资料库.台北："中研院"历史语言研究所,2013.
周法高.玄应一切经音义[M].台北："中研院"历史语言研究所,1962.
周祖谟.颜氏家训音辞篇注补[J].问学集,405-433.北京：中华书局,[1943]1966.
周祖谟.切韵的性质和它的音系基础[J].问学集,434-473.北京：中华书局,1966.
Zhōu Zǔmó(周祖谟). Chou Tsu-mo on the Ch'ieh-yün [J]. Trans. Göran Malmqvist. *Bulletin of the Museum of Far Eastern Antiquities* 1968(40)：33-78. [Translation of Zhōu Zǔmó 1966.]
Zürcher, E(许理和). *The Buddhist conquest of China: the spread and adaptation of Buddhism in early medieval China*. 3rd ed., with a foreword by Stephen F. Teiser. Leiden: E. J. Brill., 2007.

内 容 索 引

（条目后的数字为原书页码，见本书边码）

B

C

D

H

I

K

L

M

O

P

Q

S

U

Y

图书在版编目(CIP)数据

上古汉语新构拟/[美] 白一平,[法] 沙加尔著;
来国龙,郑伟,王弘治译.—上海:上海教育出版社,
2019.11 (2021.7重印)
(上古汉语研究丛书/潘悟云主编)
ISBN 978-7-5444-9477-9

Ⅰ.①上… Ⅱ.①白…②沙…③来…④郑…⑤王
… Ⅲ.①古汉语—语音—研究 Ⅳ.①H109.2

中国版本图书馆 CIP 数据核字(2020)第 038134 号

责任编辑 廖宏艳
封面设计 周 吉

上古汉语研究丛书
潘悟云 主编
上古汉语新构拟
[美] 白一平 [法] 沙加尔 著
来国龙 郑 伟 王弘治 译

出版发行 上海教育出版社有限公司
官 网 www.seph.com.cn
地 址 上海永福路 123 号
邮 编 200031
印 刷 上海展强印刷有限公司
开 本 640×965 1/16 印张 39.25 插页 4
字 数 564 千字
版 次 2020 年 12 月第 1 版
印 次 2021 年 7 月第 2 次印刷
书 号 ISBN 978-7-5444-9477-9/H.0323
定 价 168.00 元

如发现质量问题,读者可向本社调换 电话:021-64377165